O ESTADO DE ALTO NÍVEL
ÉTICO-PROFISSIONAL

MANOEL ANTÔNIO DE ALBUQUERQUE

O ESTADO DE ALTO NÍVEL ÉTICO-PROFISSIONAL

Via única para a segurança e o desenvolvimento das nações

EDITORA
Labrador

Copyright © 2020 de Manoel Antônio de Albuquerque
Todos os direitos desta edição reservados à Editora Labrador.

Coordenação editorial
Pamela Oliveira

Preparação de texto
Vitória Oliveira Lima

Projeto gráfico, diagramação e capa
Felipe Rosa

Revisão
Maurício Katayama

Assistência editorial
Gabriela Castro

Imagem de capa
Freepik (www.freepik.com)

Dados Internacionais de Catalogação na Publicação (CIP)
Angélica Ilacqua – CRB-8/7057

Albuquerque, Manoel Antônio de
  O Estado de alto nível ético-profissional : via única para a segurança e o desenvolvimento das nações / Manoel Antônio de Albuquerque. – São Paulo : Labrador, 2020.
  848 p.

ISBN 978-65-5625-032-8

1. Ciência política 2. Estado 3. Educação política I. Título

20-2137   CDD 320

Índice para catálogo sistemático:
1. Ciência política

Editora Labrador
Diretor editorial: Daniel Pinsky
Rua Dr. José Elias, 520 – Alto da Lapa
05083-030 – São Paulo – SP
+55 (11) 3641-7446
contato@editoralabrador.com.br
www.editoralabrador.com.br
facebook.com/editoralabrador
instagram.com/editoralabrador

A reprodução de qualquer parte desta obra é ilegal e configura uma apropriação indevida dos direitos intelectuais e patrimoniais do autor.

A editora não é responsável pelo conteúdo deste livro. O autor conhece os fatos narrados, pelos quais é responsável, assim como se responsabiliza pelos juízos emitidos.

EXORTAÇÃO

Homens de Estado! Concebam e executem em suas nações projetos de ordem, liberdade, paz, justiça e igualdade para os que nelas habitam. Lembrem que a única razão de existência de um Estado é a coletividade e que somente ela deve guiar suas ações. Não procureis status, poder e riqueza no Estado em detrimento de sua nação, pois se assim os encontrarem é em razão do sacrifício alheio.

Não esqueçam que, apesar de o Estado não poder resolver todos os problemas da humanidade, por meio dele estes poderão ser amenizados. Assim, pratiquem a ética e o profissionalismo nos negócios estatais, sem subserviência ao que é contrário ou alheio à coletividade, e protejam e valorizem os que se regem por esses fundamentos, pois somente eles poderão desenvolver de modo sustentável uma nação.

DEDICATÓRIA E AGRADECIMENTOS

A Deus, pela vida, pela paz, pela saúde, pela sabedoria e pela permissão para eu realizar esta obra.

Aos meus pais, Antônio Corsino e Marina Rosália (*in memoriam*), pelos ensinamentos de alto nível ético-profissional que sempre me deram enquanto estiveram em suas vidas terrenas.

À minha esposa, Suzana Albuquerque, pela paciência e contribuição com esta realização.

Às minhas filhas, Haná Marina e Maria Cláudia, por terem já contribuído em seus primeiros anos de vida para que eu me dedicasse a estes escritos.

SUMÁRIO

PREFÁCIO 13
INTRODUÇÃO 19

PARTE I
O ESTADO NO CONTEXTO DA ÉTICA E DO PROFISSIONALISMO 37
    Um olhar sobre o Estado...39
    O espírito do Estado democrático 48
    A atuação do Estado e de seus agentes 56
    O Estado e a educação geral e ética da nação..............................65
    Democracia e legitimidade do Estado 72
    O Estado ético-profissional 85
    A ética e o profissionalismo no Estado...89
    Obstáculos ao Estado de alto nível ético-profissional e ao desenvolvimento das nações...108
    A ordem pública do fim privado 118
    O servilismo no Estado e os males que ele provoca 128
    O Estado indevidamente apropriado..145
    Empecilhos ao Estado da nação para a nação............................162
    O mal do personalismo, do patrimonialismo e do baixo nível ético-profissional no Estado...174
    O predomínio do alto nível de personalismo e patrimonialismo e do baixo nível ético-profissional no Estado e seus efeitos sobre sua nação 184

Dificuldades no combate ao personalismo, ao patrimonialismo e ao baixo nível ético-profissional no Estado 199

PARTE II
O ESTADO BRASILEIRO NO CONTEXTO ÉTICO-PROFISSIONAL 211
O Estado brasileiro 213
As normas brasileiras e a realidade nacional 234
O Estado brasileiro e suas consequências sobre sua nação 250
A persistente carência ético-profissional no Estado brasileiro 269
O domínio de características personalistas, patrimonialistas e de baixo nível ético-profissional no Estado brasileiro 279
A nação aprisionada 291
A percepção do Estado brasileiro pela população brasileira 306
Casos concretos de características de alto nível de personalismo e patrimonialismo e de baixo nível ético-profissional no Estado brasileiro 317
O Estado brasileiro e sua lição para o mundo 344

PARTE III
AS PRINCIPAIS TEORIAS DA ADMINISTRAÇÃO E O ESTADO 357
Fundamentos para o comando ou a gestão profissional do Estado 359
Abordagem Clássica 365
Administração Científica 366
A Administração Científica e o Estado 372
Teoria Clássica 377
A Teoria Clássica e o Estado 382
Abordagem Humanística 386
Teoria das Relações Humanas 386
A Teoria das Relações Humanas e o Estado 399
Abordagem Neoclássica 412

Teoria Neoclássica 412
A Teoria Neoclássica e o Estado 429
Abordagem Estruturalista 442
Teoria da Burocracia 443
A Teoria da Burocracia e o Estado 451
Teoria Estruturalista 462
A Teoria Estruturalista e o Estado 471
Abordagem Comportamental 483
Teoria Comportamental 484
A Teoria Comportamental e o Estado 506
Teoria do Desenvolvimento Organizacional 524
A Teoria do Desenvolvimento Organizacional e o Estado 544
Abordagem Sistêmica 558
Tecnologia e Administração 559
A Tecnologia, a Administração e o Estado 567
Teoria Matemática 576
A Teoria Matemática e o Estado 586
Teoria dos Sistemas 596
A Teoria dos Sistemas e o Estado 606
Abordagem Contingencial 616
Teoria da Contingência 617
A Teoria da Contingência e o Estado 651

PARTE IV
A CONSTRUÇÃO DO ESTADO DE ALTO NÍVEL ÉTICO-PROFISSIONAL..........685
A importância, a finalidade e os problemas do Estado 687
O grande problema das nações e uma possível solução 701
Entraves à administração estatal 715
Ética, profissionalismo, legitimidade e confiabilidade do Estado 730
Uma nova gestão estatal e um novo Estado 746
A transformação do Estado para o alto nível ético-profissional 758

A construção da verdadeira democracia e do verdadeiro Estado
voltado para sua nação 769
Um modelo global de diagnóstico e ação para construção do
Estado de alto nível ético-profissional..784
Quadro-resumo de diagnóstico e ação para construção do
Estado de alto nível ético-profissional..816

CONCLUSÃO **833**
CONCEITOS...**835**
REFERÊNCIAS BIBLIOGRÁFICAS E BIBLIOGRAFIA RECOMENDADA **842**

PREFÁCIO

O Estado pode ser considerado a maior invenção social da humanidade. E, ainda, o maior poder terreno. É um gigante que, independentemente de seu grau de intervenção na sociedade, pode colocar sob seus pés qualquer indivíduo ou domínio privado em seu território. Dele dependem a segurança e o desenvolvimento das nações, não como único responsável, mas como ente máximo cuja permissão é necessária para que ocorram. Mas esse ente terreno todo-poderoso pode ser facilmente capturado por indivíduos que retiram dele a função coletiva e o fazem servir a outros interesses. É o que ocorre em maior ou menor intensidade em todas as nações, de todos os tamanhos, em todos os lugares e dos mais diversos níveis de riqueza, com o Estado podendo ser-lhes enorme empecilho.

Mas o que define se o Estado é ou não um empecilho à sua nação? A resposta está diretamente relacionada ao nível de ética e profissionalismo com que é conduzido, podendo ser classificado quanto a ele, em seus entes, seus poderes e suas organizações, e estando diretamente relacionado ao nível ético-profissional de seus agentes eleitos e gestores que o comandam. Como organização constituída de seres humanos, é impossível que ele apresente nível ético-profissional inexistente ou total, mas a busca pelo nível máximo deve estar em todas as decisões e ações de seus agentes, que devem ser sempre vigiados e cobrados pela população para que o elevem cada vez mais.

Falar de democracia, de administração pública, de ciência da administração, ciência política, econômica, sociológica, do direito e de outros assuntos não requer muito mais do que estudos formais e informais, acadêmicos ou não, pois existem muitos escritos sobre eles. No entanto, encontrar solução para os problemas práticos que acometem as nações requer muito mais do que isso. Exige boa vontade, ética, profissionalismo e rejeição ao personalismo e patrimonialismo, que cegam os que veem no Estado um meio de obter status, poder e riqueza indevidos em detrimento de sua nação.

Tomando o Brasil como exemplo, tem-se uma nação grande e rica, uma das maiores economias do mundo, mas com muitos indicadores econômico-sociais incompatíveis com seu tamanho e sua riqueza, como os altos índices de violência, injustiça, desigualdade e exclusão social. Muitos de seus agentes falam de soluções para os imensos e recorrentes problemas nacionais e apresentam ideias e defesas cujo palavreado faz remeter ao último estágio do desenvolvimento humano. Entretanto, tudo fica na teoria, com suas práticas mostrando que a solução para os muitos problemas nacionais está distante de ocorrer, persistindo a enorme concentração de renda em poucos, a injustiça, a desigualdade, a violência e a escassez de muitos itens essenciais à sobrevivência, como segurança, saúde e educação.

Este livro traz ao debate o problema da ética e do profissionalismo na gestão ou no comando do Estado em todas as nações, tratando-o de forma simples e de fácil compreensão no sentido de levá-las à segurança e ao desenvolvimento econômico-social sustentável. Nele, é feita ampla análise da Teoria da Administração[1] e de sua aplicação no Estado para que possa ser conhecida, compreendida e aplicada, visando à melhoria de seu funcionamento e seu resultado. Ela é muito útil ao profissionalismo da gestão do Estado, mas somente será bem aplicada se em conjunto com o alto nível ético dos agentes que o comandam, sem o qual não há como se conceber e manter o Estado de alto nível ético-profissional.

A ideia principal é trazer elementos que permitam entender os motivos que levam muitos Estados a utilizar cada vez mais recursos da população e

---

1. CHIAVENATO, I. *Teoria Geral da Administração*. Barueri: Manole, 2014. v. I e II.

pouco amenizar seus problemas e suas dificuldades. As situações apresentadas pretendem esclarecer os motivos da ineficiência, do desvio do fim coletivo e da corrupção no Estado, como os que se presenciam em várias nações ainda no século XXI. O livro parte do pressuposto de que ao agente estatal é dada a responsabilidade de direcionar o Estado a uma contribuição cada vez maior para a melhoria das condições de vida da população, sem que, para isso, retire dela a responsabilidade também por seus sucessos e fracassos. O que não se pode permitir ao Estado é que dificulte ou inviabilize o desenvolvimento e o sucesso individual e coletivo de sua nação.

Outro pressuposto é o de que o Estado não pode ser uma propriedade individual e, por esse motivo, sua atuação deve contar com a participação ativa da população, o que somente é possível quando suas decisões e ações são regidas pela verdadeira democracia. Estados submetidos a regimes totalitários, não constitucionais ou não normatizados não têm como sustentar um alto nível ético-profissional, pois não permitem a participação e a vigilância constante da população. Podem até agir com ética e profissionalismo em momentos pontuais, mas isso não se mantém sem a participação dela. Além disso, na fase em que se encontra a humanidade, não deve haver mais espaço para que indivíduos ou grupos assumam o comando e a direção do Estado de forma autocrática ou totalitária.

Não há como fugir da verdadeira democracia, a qual deve ser sempre aperfeiçoada no sentido de legitimar o Estado, que não deve existir sem o consentimento e a satisfação de sua nação. Os que comandam os Estados têm a obrigação de ser legitimados pela maioria da população, e esta, por sua vez, deve possuir instrumentos ágeis e eficazes para retirá-los do comando se contrários ou alheios a ela. Somente deve ser permitido ao agente estatal atuar em benefício da coletividade, sendo inibido, corrigido ou excluído do Estado caso sua atuação a ela seja contrária ou alheia. O interesse maior que se busca não é o do indivíduo como agente estatal, mas o da população que mantém o Estado, pois somente assim haverá o verdadeiro Estado voltado para o fim coletivo e a verdadeira democracia.

O ser humano jamais deveria ter deixado de ser o foco do Estado e deverá sê-lo cada vez mais a partir do século XXI. À medida que se distancia dele, o Estado deixa de atender ao seu objetivo maior de segurança e desenvolvimento de sua nação. Apesar de não ser o único responsável pela proteção e pelo desenvolvimento de todo ser humano, ele deve, de forma clara, objetiva e previamente definida, protegê-lo e contribuir com seu desenvolvimento econômico-social sustentável em questões coletivas ou comuns a todos. Quaisquer ameaças que atentem contra a vida e o desenvolvimento humano devem ser motivo de ação e combate por parte do Estado, pois, se assim não for, não há justificativa para sua existência, já que foi criado e é mantido para realizar essa missão.

Neste livro, são apresentadas situações genéricas com o fim de levantar reflexões em todos que dependam do resultado de seu Estado, isto é, todo ser humano, esteja ele entre os menos ou mais favorecidos de suas nações. É uma leitura recomendada para quem quer fazer uma análise crítica de sua função na sociedade e para quem acredita ter alguma responsabilidade pela situação de menor ou maior segurança e desenvolvimento humano existente em sua nação e no mundo. Também para os que não estão em busca apenas de uma visão acadêmica ou de comandante estatal sobre o Estado, mas de uma visão prática, ética e profissional deste – a base para a segurança e o desenvolvimento da nação.

Utilizo a observação e a experiência adquirida em aproximadamente 30 anos como agente estatal brasileiro, em seus entes, nacional e subnacional, seus poderes e em algumas de suas mais reconhecidas organizações, em vários níveis hierárquicos, estratégicos, táticos e operacionais, quase exclusivamente como agente não eleito nem gestor. No Estado brasileiro, sempre observei sua concepção, seu funcionamento, sua estrutura, sua organização, suas decisões, suas ações e suas inter-relações com indivíduos e organizações públicas não estatais e privadas. Nestas também atuei, mas nunca deixei de estudar e observar os Estados, principalmente o brasileiro, com o qual sempre tentei contribuir.

Como administrador e agente estatal, ex-consultor de empresas, ex-professor universitário nas áreas de gestão e empreendedorismo, utilizo sempre as teorias administrativas aqui apresentadas. Neste livro, busco analisá-las sob a ótica da estrutura, do funcionamento e do objetivo do Estado, utilizando, para isso, o Estado brasileiro. Elas são utilizadas, conscientemente ou não, em organizações bem-sucedidas em todo o mundo e aqui não proponho simplesmente importá-las para a administração estatal, mas utilizá-las no contexto do Estado para melhor administrar seus entes, nacional e subnacionais, seus poderes e suas organizações, em todos os níveis hierárquicos, objetivando assim seu resultado em benefício da coletividade de acordo com seu custo e potencial.

Para contar com essas teorias, é necessário que os agentes estatais, aqui genericamente classificados como eleito, gestor e não eleito nem gestor, possuam, em sua imensa maioria, alto nível ético, sem o que não as aplicarão e não se chegará jamais ao Estado de alto nível ético-profissional, voltado exclusivamente para o benefício à coletividade. Utilizando conceitos da teoria administrativa, deve-se focar esse tipo de Estado, o que pressupõe ser democrático e que tenha como fim exclusivo a segurança e o desenvolvimento econômico-social sustentável de sua nação, aplicando com eficiência e eficácia os recursos obtidos da população.

Este deve ser o modelo empregado em todas as nações, voltado para o benefício exclusivo à coletividade, pois somente assim será capaz de fornecer um resultado compatível com seu custo e potencial, trazendo ordem, liberdade, paz, justiça, igualdade e itens essenciais à sobrevivência humana, como segurança, saúde e educação. Será o último nível do Estado, sempre apto a se aperfeiçoar, eficiente e eficaz para proteger e desenvolver sua nação sem restringir a liberdade individual além do necessário à vida em comunidade, com resultado de sua atuação compatível com o custo que impõe a ela.

Trago o caso brasileiro como exemplo de uma imensa e rica nação com um Estado com características de alto nível de personalismo e patrimonialismo e de baixo nível ético-profissional, como se verá na parte IV deste livro. Por conta disso, sua alta carga tributária, uma das maiores do mundo, não implica um Estado melhor e que contribui de acordo com seu potencial com sua nação.

Para responder à questão ética, há muitos escritos e ensinamentos, mas remeto de forma bastante sutil à Bíblia, em seu foco no bem comum, no amor e no respeito ao próximo, na ordem, na liberdade, na paz, na justiça e na igualdade, isso pelo seu conteúdo e independentemente de religião ou de discussões históricas. Em resposta à questão profissional da gestão, trago as principais abordagens e teorias administrativas tendo como base a excelente obra de Idalberto Chiavenato *Teoria geral da administração*. Utilizo bastante essa obra na parte III e remeto a suas tabelas, gráficos, glossário e fontes, além de literatura complementar, os que queiram melhor conhecer e se aprofundar nas teorias administrativas.

Sempre focado no Estado brasileiro por nele atuar e por bem conhecê-lo, procuro comparar essas abordagens e teorias com o que ocorre no dia a dia, em sua prática de comando ou gestão, em suas decisões e ações. Faço isso no intuito de mostrar quanto são díspares as abordagens e teorias administrativas utilizadas com sucesso em muitas organizações bem-sucedidas no mundo e a prática estatal brasileira, comparação essa que pode ser extrapolada para os Estados de todas as nações.

Assim, baseado nas constatações gerais do Estado no contexto da ética e do profissionalismo, abordado na parte I; no caso brasileiro no contexto ético-profissional, na parte II; e nas principais teorias administrativas confrontadas com o Estado, na parte III, trago premissas para construção do Estado de alto nível ético-profissional, na parte IV. Nesta, apresento um quadro-resumo de diagnóstico e ação para construção do Estado de alto nível ético-profissional. Não vejo alternativa às nações fora deste contexto, construindo sua segurança e seu desenvolvimento, o que requer alto nível ético-profissional de seus agentes estatais, com fomento de organização internacional concebida para esse fim, com seu apoio e sua contribuição.

INTRODUÇÃO

As nações são realidades que remontam a séculos, necessitando de Estados para sua condução. Mas quem são os Estados, estes entes que se tornaram responsáveis por tão nobre e peculiar missão? São seres divinos ou estranhos à humanidade? Claro que não. São organizações terrenas, humanas, e que devem se submeter obrigatoriamente à boa gestão, como todas as organizações que existem em qualquer lugar do mundo e que objetivam sobreviver e obter sucesso. O que diferencia os Estados das demais organizações é o poder e os recursos que eles possuem, de longe os maiores terrenos de todos os tempos, com imensa capacidade de construir ou destruir a depender de como são conduzidos.

Não há como negar: os Estados podem permitir ou impedir, aumentar ou reduzir a felicidade de uma nação. Entes tão poderosos, deles dependem o sucesso ou o fracasso nacional. A ordem, a liberdade, a paz, a justiça, a igualdade, a segurança, a saúde, a educação e outros itens essenciais, ou a qualidade de vida de sua nação, dependem totalmente de sua atuação. O Estado não retira a responsabilidade de cada indivíduo pelo sucesso ou fracasso individual, mas se constitui em ente essencial que o conduz para um ou para o outro. Por isso, deve estar sempre ao lado de sua nação, contribuindo para tornar mais segura e feliz a vida da população, pois do contrário não teria motivo ou razão para existir.

O Estado não pode nem deve ser eliminado ou desprezado, nem se pode fazer de conta que ele não existe. Ao contrário, deve-se reconhecer sua existência, sua importância e seu poder e lutar incessantemente para que possua alto nível ético-profissional, pois, se assim não for, a nação não será protegida por ele, mas será atacada, subjugada, prejudicada e impedida de se desenvolver. O fato de ser obrigatório e de estar incrustado na vida de sua nação lhe dá imenso poder, participando ativamente da vida nacional mesmo quando se omite em relação aos seus problemas e às suas dificuldades.

Ele é um grande comprador de produtos e serviços em todas as nações, sendo ao mesmo tempo o maior custo a ser sustentado por elas, recorrendo quase sempre de modo coercitivo à população para obter seus recursos. Por tudo isso, regula totalmente a vida nacional, independentemente de ser estatizante ou liberalizante, pouco adiantando a acirrada discussão entre estatismo e liberalismo que toma o tempo dos que lidam com o Estado ou tentam compreendê-lo. A essência da questão é outra e está oculta ou não é enfrentada em muitas nações, que é o nível ético-profissional dos agentes eleitos e gestores que o comandam, pois são eles que definem como ele atua e como contribui com sua nação.

Os candidatos a agentes estatais eleitos não colocam essa questão em seus programas de governo quando se apresentam à população. Quando são eleitos, também não a enfrentam, pois ela não interessa a muitos dos atuais e futuros comandantes estatais. Isso porque o enfrentamento impede a apropriação indevida do Estado por parte dos que se incrustam nele com o objetivo de atender apenas aos seus fins pessoais indevidos em detrimento de sua nação. Combatem o Estado de alto nível ético--profissional, sendo a busca do fim coletivo declarada por eles uma farsa para esconder seus verdadeiros interesses pessoais.

Triunfa assim o Estado de alto nível de personalismo e patrimonialismo e de baixo nível ético-profissional, que arruína a vida das nações e faz com que apresentem baixos níveis de segurança e desenvolvimento econômico-social, o que alcança praticamente todas as nações, pequenas e grandes, pobres e ricas, jovens e seculares, em menor ou maior intensidade. No lugar de se discutir o nível ético-profissional do agente estatal e do Estado, muitas vezes se discutem outros assuntos que não resolvem o problema central da carência de segurança e desenvolvimento das nações, como é o caso das discussões sobre estatismo, liberalismo, comunismo, socialismo, capitalismo e outros.

Não se percebe ou se finge não perceber que a discussão sobre esses assuntos é secundária, de menor relevância, mas que sempre dominou os debates como se fossem as variáveis realmente importantes e delas dependessem os resultados dos Estados e das nações. Estes dependem na realidade do tipo de comando do Estado, sendo seu nível de estatismo ou liberalismo e outras questões consequências diretas dos fundamentos ético-profissionais dos que o comandam.

O Estado possui alto nível ético quando seus fins são verdadeiramente coletivos e seus comandantes não se apropriam indevidamente dele nem permitem que outros o façam, não deixando dúvidas sobre sua atuação nesse sentido. Possui alto nível profissional quando seus fins são coletivos e seus comandantes possuem alta capacidade técnica e de gestão para alcançá-los. No Estado de alto nível ético-profissional, a ética e o profissionalismo são inseparáveis e os meios que os garantem são objetivos e claros para a população. Os agentes eleitos e gestores que o comandam são inquestionáveis nesses quesitos, pois só assim estarão verdadeiramente a serviço de sua nação.

Para o agente eleito, a capacidade profissional exigida é mais genérica e diretiva na atuação do Estado. Para o agente gestor, ela é mais voltada para a gestão e obtenção de resultados. Para o agente não eleito nem gestor, a capacidade profissional exigida é a da execução do comando dos agentes gestores a partir das diretrizes dos agentes eleitos. Esses três tipos de agentes estatais devem atuar de modo participativo, integrado e alinhado nos objetivos, nas diretrizes e nos planos dos agentes eleitos e gestores, em suas decisões e ações, sempre ouvindo a população em suas necessidades.

O agente eleito será sempre votado pela população, que o elegerá a partir de objetivos apontados por ele para serem buscados em seu mandato. Depois de eleito, deverá buscar esses objetivos, tendo que construir caminhos junto com o agente gestor. Para isso, o candidato a agente eleito não pode prometer o que não sabe se poderá cumprir, pois poderá ter que devolver seu cargo à população. O agente gestor deve atuar com o agente eleito no alcance dos objetivos com que este se comprometeu perante a população, sendo responsável por gerir o Estado. Para isso, é imprescindível conhecer e aplicar as teorias administrativas com foco no resultado em benefício da coletividade, sem subserviência a indivíduos e grupos que dele se desviem.

Nações fracassadas em segurança e desenvolvimento econômico-social podem creditar seu fracasso aos agentes eleitos e gestores que comandam seus Estados. Muitos podem alegar que a culpa é somente do agente eleito, porém a responsabilidade pela condução estatal é compartilhada pelos dois, pois fazem parte de um mesmo conjunto inseparável, principalmente quando muitos agentes gestores são recrutados direta ou indiretamente por critério pessoal do agente eleito, como ocorre no Estado brasileiro. Esses dois tipos de agentes comandam o Estado, cabendo a eles a responsabilidade quase total pelo sucesso ou fracasso de sua atuação.

O terceiro tipo de agente estatal, o não eleito nem gestor, é o que executa o comando do agente gestor. Seu profissionalismo deve estar totalmente voltado para o fim coletivo, o que só ocorre se não sucumbir ao gestor contrário a esse fim. Como é subordinado ao agente gestor, depende muito dele para realizar seu trabalho. Porém, essa dependência não pode se dar ao ponto de cair na armadilha imposta por muitos agentes gestores no sentido de silenciar ou contribuir com a má atuação estatal. Agindo profissionalmente, sua produção não será nula nem negativa, o que ocorrerá se sucumbir aos que comandam o Estado em busca apenas do fim pessoal indevido.

Esses gestores estatais invocam o princípio da hierarquia da teoria administrativa para fazer com que seu subordinado, gestor ou não, cumpra suas ordens de mesma característica. No entanto, devem ser descumpridas se não visarem ao fim coletivo. No agente não eleito nem gestor resta esperança de que não sucumba aos agentes eleitos e gestores que se apropriam indevidamente do Estado. Sua missão não é nada fácil e, para cumpri-la, quase sempre é excluído do banquete dos muitos que estão no Estado, mas não atuam em benefício de sua nação. Nações que queiram contar com Estados de alto nível ético-profissional têm que quebrar toda essa cadeia, pois com ela não há forças para construí-los.

A capacidade profissional requerida de cada tipo de agente estatal só será posta em prática se ele possuir alto nível ético. Se esse nível for baixo na maioria de seus agentes, o Estado não atuará profissionalmente em busca do fim coletivo, sendo contrário ou alheio à sua nação, que ficará desprotegida e não alcançará o desenvolvimento econômico-social sustentável. Somente o conjunto formado pela ética e pelo profissionalismo do agente estatal levará ao Estado de alto nível ético-profissional, voltado exclusivamente para o fim coletivo, que inspira pelo exemplo e fomenta a ética e o profissionalismo em sua nação. Surgem, assim, as nações também de alto nível ético-profissional, a partir do Estado, não o contrário, como propagam os que dele se apropriam indevidamente e impedem seus resultados.

Deve-se buscar a sequência: agente estatal de alto nível ético-profissional, que leva ao Estado de alto nível ético-profissional, que leva à nação de alto nível ético-profissional. Ética e profissionalismo são inseparáveis e a ausência deles na maioria dos agentes estatais faz com que o Estado e a nação sejam também carentes deles. Se os agentes eleitos não fazem boas normas nem praticam a boa gestão, se os agentes gestores também não o fazem nem a praticam, ambos atuando em benefício próprio e dos que os recrutam e os mantêm, e se os agentes não eleitos nem gestores contribuem com eles em seus fins pessoais indevidos, o que se pode esperar do Estado?

Se não busca exclusivamente o fim coletivo, para que serve? Será que o problema da segurança e do desenvolvimento das nações está mesmo em questões como estatismo, liberalismo, comunismo, socialismo, capitalismo, parlamentarismo, presidencialismo e outras que sempre dominaram os debates sobre o Estado? Não será o cuidado com a ética e o profissionalismo do agente estatal, principalmente eleito e gestor que comanda o Estado e que define seu formato e sua atuação, obedecidas premissas básicas, genéricas, comuns a todos, que evitará sua atuação indevida e o levará ao melhor resultado para sua nação? Não será o nível ético-profissional dos agentes estatais e do Estado que define a segurança e o desenvolvimento ou não de uma nação?

Estados com agentes de mais alto nível ético-profissional e, como consequência, os próprios Estados com essa característica claramente melhoram a vida de suas nações. Por sua vez, Estados cujos agentes não a possuem, não seguindo princípios ético-profissionais rigorosos de recrutamento e permanência em seus quadros, têm sido fardos para elas. São perniciosos e dificultam ou impedem a segurança e o desenvolvimento nacional. Crescimento econômico e riqueza podem até ocorrer, porém mais por questões naturais ou ações estatais pontuais que privilegiam indevidamente uns em detrimento de outros, do que por justiça e igualdade em benefício dos que os buscam com alto nível ético-profissional.

Não se pode negar que crescimento econômico e riqueza nacional tendem a melhorar a situação social de uma nação, porém essa melhoria será sempre injusta e desigual, não sustentável, se o Estado não for gerido com alto nível ético-profissional. Estados de mais alto nível ético-profissional são comandados ou geridos por indivíduos em sua maioria de mais alto nível ético-profissional, daí a maior possibilidade de resultados compatíveis com seu custo e potencial. Isso é diferente do que ocorre em Estados cujo comando, ou gestão, é constituído de muitos agentes eleitos e gestores que buscam neles apenas seus fins pessoais indevidos, possuindo, assim, alto custo e baixo resultado.

Seus gestores geralmente não são os mais capazes de produzir resultados em benefício da coletividade compatíveis com seu custo e potencial, mas os que se apropriam indevidamente do Estado para si e para os que possuem poder e domínio sobre eles, de dentro ou de fora dele, que silenciam ou contribuem com sua má atuação. Para comandá-lo, muitas vezes não devem comprovar capacidade de gestão, mas apenas de manter sua apropriação indevida. Nesse contexto, são raros os agentes estatais que conseguem sair da lógica perversa que torna a nação refém de seu Estado e conseguem atuar em benefício dela. São como pequenas luzes ofuscadas pela imensidão da escuridão estatal predominante.

Enquanto isso, a população desprotegida não consegue se livrar do sistema perverso que o Estado lhe impõe e, sem ter a quem recorrer, acredita que nas eleições será chamada a decidir os destinos nacionais. Engana-se profundamente, pois seu voto terá que ser dado apenas aos que o Estado permite como candidatos, com chances de serem eleitos quase sempre os de mais baixo nível ético-profissional, na maioria das vezes por meio de partidos políticos também de baixo nível ético-profissional. Por isso, são raros em nações menos desenvolvidas os candidatos a agentes eleitos com chances de eleição que possuem alto nível ético-profissional, sendo mais raros ainda os que são eleitos. O dinheiro define as eleições, sendo que muitas vezes não é conseguido com alto nível ético-profissional.

No entanto, apesar da imensa dificuldade em se candidatar e serem eleitos, alguns raros candidatos de alto nível ético-profissional o conseguem. Só que, depois de eleitos, são postos diante de um Estado altamente personalista, patrimonialista e de baixo nível ético-profissional, que não atua em benefício exclusivo da coletividade nem pretende fazê-lo. Passam, assim, a ser muitas vezes minorias insignificantes, atadas aos que se apropriam indevidamente do Estado, para si e para os que lhes mantêm, de dentro ou de fora dele, ficando impotentes diante deles. Dificilmente conseguem reverter essa situação, pois contam com uma estrutura viciada de recrutamento e permanência de agentes estatais que mantêm o Estado como ele é, de onde se garante o benefício pessoal indevido a muitos que o comandam.

Não podem contar com muitos outros agentes eleitos, pois muitos destes não obtiveram os cargos por conta de sua ética e seu profissionalismo, certamente não pautando suas ações por esses elementos. Não poderão contar ainda com muitos agentes gestores, pois muitos deles são recrutados, direta ou indiretamente, por agentes eleitos não pautados pela ética e pelo profissionalismo. Não contam, também, com muitos agentes não eleitos nem gestores, pois muitos destes são aprisionados pela estrutura dominante. Nesse ambiente, estão mergulhadas várias nações do mundo, em menor ou maior intensidade, pequenas e grandes, pobres e ricas, jovens e antigas, restando-lhes apenas a esperança de modificar seus Estados, pois são os principais responsáveis por muitos males que as acometem.

Soluções a partir do que já existe são tentadas de modo recorrente em muitas delas, porém os insucessos são seguidos, certamente porque planejadas para tal. Isso leva muitos a desacreditarem no sucesso de iniciativas que conduzam o Estado para sua verdadeira direção em busca do fim coletivo. Por sua vez, os que o desviam de seu fim fazem coro à população descrente, desinformada ou vencida pelo cansaço, de que é impossível transformar seu Estado. Resta algo novo e ainda não tentado pela maioria das nações, algo que quebre a corrente enferrujada que as ata ao atraso, à violência, à injustiça e à desigualdade. Esse algo é o Estado de alto nível ético-profissional, que não vem consertar os Estados que já existem, mas trazer a revolução pacífica que falta a muitos deles para que alcancem o seu fim coletivo.

Algumas nações já se aproximaram bastante dele, mas devem continuar sua busca para alcançar o nível mais alto possível, pois o total jamais será alcançado por uma organização composta de seres humanos. A nação brasileira poderia dar o exemplo de transformação de seu Estado em Estado de alto nível ético-profissional, revertendo a carência histórica nacional de segurança e desenvolvimento econômico-social. Daria um grande salto e faria escola, deixando de ser uma nação tão caracterizada pela violência, injustiça, desigualdade e exclusão social.

Não é fácil mudar para esse tipo de Estado, pois os que lhe são contrários são ferrenhos opositores. São poucos em relação às populações nacionais, mas muitos em número absoluto e poderosos por terem se apropriado indevidamente dos Estados e os terem a seu serviço. Viciam tanto suas nações que os que lhes sucedem ou com eles assumem o comando dos Estados utilizam suas mesmas práticas, tornando o mal permanente entre muitos comandantes estatais. Nos discursos e círculos sociais de que participam, externam preocupações com a injustiça e a desigualdade, com a carência de segurança e desenvolvimento de suas nações, o que são apenas aparências, visando se perpetuarem no comando estatal.

Nos postos de comando, eletivo e de gestão, prevalece a atuação em interesse pessoal indevido e dos que também desviam o Estado de seu fim coletivo, de dentro ou de fora dele. O cargo eletivo serve muitas vezes como instrumento de perpetuação no comando, com o cargo de gestão utilizado também para alcançar esse propósito, fazendo com que o discurso de muitos agentes eleitos e gestores estatais seja apenas falácia, desmentido em suas práticas. O agente não eleito nem gestor que quiser comandar esse tipo de Estado geralmente deve silenciar ou contribuir com os que se apropriam indevidamente dele para poder alcançar também o comando.

Quando o voto da população tenta impedir a permanência de alguns indivíduos que buscam apenas seu fim pessoal indevido no Estado, os demais vitoriosos lhes concedem outros cargos estatais. Utilizam ainda com esse propósito organizações públicas não estatais e privadas cujos comandantes se relacionam indevidamente com o Estado e com seus agentes em busca também apenas de seus fins pessoais indevidos. Percebe-se, desse modo, claro revezamento de indivíduos e grupos no comando do Estado como prática da vida nacional, perpetuando-se nele geralmente em benefício próprio, como muito ocorre no Brasil.

Diante dessa realidade, é difícil a uma nação alcançar um Estado de alto nível ético-profissional e, como consequência, segurança e desenvolvimento econômico-social sustentável. O modo como os Estados obtêm seus principais recursos, geralmente por meio de tributos coercitivos da população, não lhes permite desperdiçá-los. Por isso, sua estrutura e organização devem ser a que melhor atenda aos seus objetivos em benefício de sua nação de acordo com seu custo e potencial, sendo imprescindível que apenas indivíduos de alto nível ético-profissional sejam recrutados e mantidos como seus agentes.

Quando se permite ao Estado recrutar e manter seus agentes sem critérios impessoais, ético-profissionais, principalmente eleitos e gestores, seus resultados sempre ficarão aquém de seu custo e potencial, pois, como qualquer organização, ele necessita de gestão ou comando de alto nível ético-profissional para poder obter o melhor resultado. É principalmente a gestão de alto nível ético-profissional, fundamentada na ética e no profissionalismo do gestor, que permite a criação e manutenção do Estado de alto nível ético-profissional, voltado exclusivamente para o benefício à coletividade, contando, para isso, com o auxílio da tecnologia existente, que inclui fartas teorias administrativas.

Esse tipo de Estado já foi alcançado por algumas nações, sendo que o que mais importa não é o tamanho, a riqueza, a idade ou outras características delas, mas o tipo de Estado que as nações possuem. Não é somente ele que lhes dá segurança e as desenvolve, mas é somente ele que os permitem ou não, pois é o maior poder terreno em todas as nações. Por isso, todas devem buscar o Estado de alto nível ético-profissional, e mesmo as que já chegaram a ele têm a missão de elevar ainda mais esse nível e vigiar para que não ceda às fortes pressões a ele contrárias.

Por isso, não se deve esperar que o Estado alcance apenas naturalmente seu alto nível ético-profissional, pois até lá muitos indivíduos terão sido suas vítimas, até com suas próprias vidas. Algumas nações já o alcançaram, obtendo alto nível de ordem, liberdade, paz, justiça, igualdade e de itens essenciais, como segurança, saúde e educação, sendo exemplos de que é possível chegar a ele. A lógica do ser humano é a de não entregar seu recurso sem obter o devido retorno. Desse modo, a ação humana deve ser no sentido de elevar cada vez mais o nível ético-profissional de seu Estado, evitando o quanto antes e sempre sua tomada pelos que o conduzem em benefício pessoal indevido.

Ao chegar ao Estado de alto nível ético-profissional, a nação só terá a ganhar, pois o Estado cada vez mais avançado em ética e profissionalismo certamente fomentará sua segurança e seu desenvolvimento. Por isso, essa importante invenção social humana chamada Estado não pode ser apropriada indevidamente por indivíduos que a desviam da única razão de sua criação e existência, o fim coletivo. Para chegar a ele, deve contar com estrutura e organização em que os níveis decisórios sejam legitimados em suas decisões e ações exclusivamente pela ética e pelo profissionalismo.

Assim, sementes perniciosas devem ser impedidas de germinar no Estado, o que somente será possível por meio do recrutamento e da permanência de indivíduos comprovadamente de alto nível ético-profissional em seu comando, que com elas não habitará, mas as combaterá incessantemente. A qualquer sinal delas, impeditivos e contrários ao fim coletivo, eles saberão agir no sentido de eliminá-las.

Isso será possível quando a maioria da população possuir alto nível de educação geral e ética, pois será mais independente em relação ao Estado e aos seus agentes, participará mais dele e cobrará seus resultados, não mais apoiando seus algozes que dele se apropriam indevidamente. Estes buscam apenas seus fins pessoais indevidos, e a nação, por causa deles, não consegue se libertar de muitos males que a atormentam.

Esse é certamente o caso da nação brasileira, assim como de muitas outras nações de riqueza semelhante e que também convivem com o mesmo mal. Seu Estado é distribuído em todo o território nacional, composto pela União, congregando várias unidades federativas, estados, Distrito Federal e municípios, pelos seus poderes, Executivo, Legislativo e Judiciário, e por outras organizações, como ministérios públicos, tribunais de contas e agências reguladoras.

Essa composição permite relativa autonomia de seus entes, porém associados a um governo central no desempenho de suas competências e atribuições. À União, cabem os poderes Executivo, Legislativo e Judiciário, o Ministério Público Federal, o Tribunal de Contas da União, entidades reguladoras e outras. Aos estados e ao Distrito Federal, os mesmos poderes da União, só que estaduais, o Ministério Público, o Tribunal de Contas, entidades reguladoras e outras. Aos municípios, os poderes Executivo e Legislativo e, em alguns, o Tribunal de Contas do Município e outras organizações. Os tribunais de contas possuem autonomia e são responsáveis pelo controle externo da gestão e das operações estatais, auxiliando o Poder Legislativo em suas competências e atribuições.

O Estado brasileiro está presente em praticamente todo o território nacional, de modo que a população pode dele dispor de forma mais próxima. Ao mesmo tempo que está assim estruturado, tem a missão de retornar à população o que dela recebe por meio de uma das mais altas cargas tributárias do mundo, o que pode não estar ocorrendo, com fortes evidências de resultado incompatível com seu custo e potencial. Em riqueza, o Brasil está entre as primeiras nações do mundo, mas não está bem em vários indicadores de funcionamento e de resultado do Estado, de confiança nele e em seus agentes e econômico-sociais nacionais. O gigantismo de seu Estado visivelmente não consegue fornecer nem fomentar a segurança e o desenvolvimento econômico-social à imensa maioria da população.

Os indicadores de violência e de concentração de renda são altos, e a saúde, a educação e muitos outros itens essenciais são precários. Enquanto isso, alto é o indicador de percepção da corrupção em sua nação, sendo quase sempre insatisfatórios os indicadores de confiança no Estado e em seus agentes e de funcionamento e resultado estatal. A nação caminha mal, com milhares de pessoas assassinadas anualmente, outras mortas por falta de atendimento em hospitais estatais mal gerenciados, e outras muitas analfabetas por não frequentarem a escola ou por nela pouco aprenderem. Parece até que o mal nacional está em seu extenso território, o que não resiste à análise mais elementar.

Como explicar que, com tanto recurso e tanta estrutura cobrindo todo território nacional, o Estado brasileiro não consegue fornecer melhor resultado para sua nação? Fortes evidências mostram que sua menor ou maior estrutura não altera seu resultado, não estando o problema da insegurança e da carência de desenvolvimento nacional associado a ela, mas certamente à carência ético-profissional de muitos que o comandam, que não planejam, não organizam, não dirigem nem controlam com foco no resultado em benefício da coletividade. Para chegar a essa conclusão, basta atentar para o que ocorre na capital do país, Brasília. Cidade jovem e planejada, farta em recursos e estrutura, porém atormentada por muitos problemas comuns a outras cidades nacionais pobres e centenárias.

Suas características poderiam levar ao que seria o novo Estado brasileiro, irradiando para o restante do país o melhor da ética e do profissionalismo estatal, ao contrário do que ocorre em outras unidades da federação em que o Estado foi tomado por indivíduos e grupos que dele se apropriaram indevidamente. Porém constata-se por trás de suas belas construções e paisagens, quase sempre bem cuidadas, o aflorar rápido também de um Estado contrário ou alheio à coletividade, sem diferenças em seu funcionamento e em sua apropriação indevida do que ocorre nos pequenos, antigos e pobres municípios espalhados pelo gigantesco território nacional.

Seus bem remunerados gestores estatais, muitos mestres e doutores com formação no exterior, praticam quase sempre o mesmo que o mal remunerado gestor estatal desses municípios. Isso porque nos dois casos a ânsia pelo fim pessoal indevido é a mesma e os levam às mesmas práticas de apropriação indevida do Estado e de subserviência aos que possuem poder de recrutá-los e mantê-los na gestão. Ambos muitas vezes não possuem foco no resultado exclusivo em benefício da coletividade, mas no Estado para satisfazer seus interesses pessoais indevidos e dos que possuem poder e domínio sobre eles, estes de dentro ou de fora dele, o que ocorre tanto com o agente gestor do ente federativo local, o Distrito Federal, quanto com o da União.

Assim, de norte a sul do Brasil, em todo ente, nacional e subnacional, todo poder e toda organização estatal, em todos os níveis hierárquicos, a prática é a mesma, com tão poucas exceções que dificilmente conseguem alterá-la. A capital federal poderia ser o modelo, porém é apenas mais um exemplo do que não se deve praticar nas demais partes do Estado nacional e no Estado das demais nações.

É quase sempre o agente eleito em busca dos seus fins pessoais indevidos, o agente gestor recrutado direta ou indiretamente por ele, que o subserve em troca do cargo de gestão e outros para atender aos fins pessoais indevidos dos dois, e o agente não eleito nem gestor perseguido e desprezado se não os atender da forma como eles querem. Essa é quase sempre a regra, com poucos agentes estatais conseguindo quebrá-la e possuindo o grande mérito de servir à sua nação mesmo em um Estado que busca servir primeiro ou unicamente aos fins pessoais indevidos dos que o comandam e dos que contribuem com eles, de dentro ou de fora dele. Esse é o Estado de alto nível de personalismo e patrimonialismo e de baixo nível ético-profissional que parece sempre prevalecer no Brasil.

Dificilmente um agente estatal de alto nível ético-profissional e a população têm a quem denunciar os desvios de muitos Estados. Isso porque o critério para comandá-los, definir e corrigir seus rumos muitas vezes não tem a ver com a ética e o profissionalismo, sendo o alto nível nesses quesitos quase sempre impeditivo para a posição de comando. Essas evidências estão em muitos indicadores de funcionamento e resultado dos Estados, de confiança neles e em seus agentes e econômico-sociais nacionais, assim como em fartas notícias divulgadas pela mídia, que mostram apenas uma pequena parte de seus desvios.

Indivíduos que atuam com alto nível ético-profissional nos Estados, em seus comandos ou não, saberão se identificar neste livro, podendo refletir com a população, porque alguns Estados, como o brasileiro, funcionam tão mal, com tantas crises, descontinuidades e ameaças, sempre indevidas, à democracia ao longo da história. Também os que não atuam com essa característica, em seus comandos ou não, saberão se identificar e terão bons motivos para refletir sobre sua responsabilidade ao deixar de contribuir com a segurança e o desenvolvimento econômico-social sustentável de suas nações, deixando de contribuir para uma vida mais feliz nelas e no mundo.

Para o profissionalismo da gestão, é de muita utilidade, além da ética do gestor, a experiência e o conhecimento das principais teorias administrativas trazidas na terceira parte deste livro. Estas devem ser aplicadas em todos os Estados, como o são em organizações estatais ou não de sucesso em todo mundo, muitas vezes inconscientemente. Foi a partir das práticas organizacionais e dos contextos ambientais que elas foram surgindo para responder às necessidades de sobrevivência e sucesso das organizações. Deixar de aplicá-las atende ao esforço feito pelo comando de Estados desviados do fim coletivo para perpetuá-los nessa condição.

Essas teorias surgiram no início do século XX, com a Administração Científica, e chegaram até à Teoria da Contingência nos dias atuais, com foco na tarefa, na estrutura, nas pessoas, na tecnologia e no ambiente como ingredientes essenciais para, por meio do planejamento, da organização, da direção e do controle, tentar levar as organizações ao melhor resultado. Atuar com base nelas é conhecê-las em seu conjunto e saber aplicá-las em cada situação específica, considerando o ambiente interno e externo, os recursos disponíveis, humanos, tecnológicos e outros, e o resultado que se pretende alcançar.

A partir de seu conhecimento e da análise comparativa das principais teorias administrativas com o Estado atual, tomando o Estado brasileiro como exemplo, pode-se constatar que o baixo nível ético-profissional dos Estados não é um mal que não possa ser vencido. Elas mostram caminhos para a gestão profissional que podem ser seguidos por todas as organizações, inclusive pelos Estados. A maior dificuldade quando se trata deles é que muitos indivíduos buscam atuar neles apenas para obter benefícios indevidos em detrimento de sua nação, o que geralmente ocorre porque muitos são seus recursos e seu poder, e distante está o controle de seu verdadeiro proprietário, o povo.

Deixar um Estado sob o comando de quem o domina e controla em benefício pessoal indevido, sem oferecer resultado compatível com seu custo e potencial, é condenar uma nação ao interesse de poucos que não se comprometem com ela. É o que ocorre em muitas nações, em que grande parte da população não possui acesso sequer a itens essenciais, como segurança, saúde e educação e até água e alimentação. Conhecer e compreender os meios utilizados pelo seu comando para manter o domínio e o controle sobre o Estado em benefício próprio é o primeiro passo para libertá-las de suas amarras.

A estratégia utilizada pelos que comandam muitos Estados sempre foi a mesma: baixa educação geral e ética da maioria da população e sua forte dependência em relação ao Estado e aos seus agentes; agentes eleitos com base no poder econômico, geralmente obtido com baixo nível ético-profissional; agentes gestores recrutados direta ou indiretamente por esses agentes eleitos, atuando em benefício próprio e dos que os recrutam e os mantêm; agentes não eleitos nem gestores que se submetem aos dois primeiros em busca também de ascender ao comando; e agentes não eleitos nem gestores que não se submetem aos dois primeiros, porém são subutilizados e desprezados para não colocarem em risco a situação atual.

Essa estratégia é utilizada por muitos comandantes do Estado brasileiro, que comandam uma das maiores e mais ricas nações do mundo, sendo certamente a mesma utilizada em muitas outras nações, em menor ou maior intensidade, o que explica as muitas guerras e dificuldades que atormentam suas populações e o mundo. Combater a tomada do Estado pelo fim pessoal indevido, com o mal que provoca, é o maior desafio das nações neste século XXI. A tecnologia existente, nela incluídas as teorias administrativas, já o permitem, faltando apenas garantir a ética dos agentes eleitos e gestores que comandam os Estados, sem a qual a gestão de alto nível ético-profissional e o melhor resultado estatal jamais serão alcançados.

A tomada do Estado dos que dele se apropriam indevidamente passa obrigatoriamente pela construção do Estado de alto nível ético-profissional. Esse processo é iniciado com o recrutamento e a permanência de agentes estatais somente com essa característica, que estabeleçam critérios de garantia de processos eleitorais somente com candidatos a agentes eleitos que a possuam. Enquanto o Estado não agir desse modo, cabe à população utilizar critérios como os apresentados na última parte deste livro para eleger seus agentes eleitos, abrindo caminhos para sua construção.

O objetivo deste livro é mostrar a problemática dos Estados de alto nível de personalismo e patrimonialismo e de baixo nível ético-profissional, tomando como exemplo o Estado brasileiro, e apresentar fundamentos para a construção do Estado de alto nível ético-profissional. É uma tentativa de oferecer à humanidade contribuição ao debate sobre os Estados, do estágio em que se encontram neste início de século XXI ao que poderão chegar daqui em diante. Acredito ser uma contribuição valiosa diante da realidade mundial, em que mentiras, discórdias e violências parecem imperar e mesmo nações ricas e desenvolvidas apresentam problemas de todo tipo, sofrendo do mesmo mal da apropriação indevida de seus Estados, que acomete, em maior ou menor intensidade, todas as nações, a infelicitar a vida da população.

PARTE I

O ESTADO NO CONTEXTO DA ÉTICA E DO PROFISSIONALISMO

UM OLHAR SOBRE O ESTADO

O Estado deve ocupar sua estrutura com indivíduos que olhem para fora e percebam as necessidades coletivas de sua nação no lugar de deter seu olhar para dentro, para si mesmos, para os espaços internos e os elementos que o compõem. Eles têm que perpassar o ambiente que lhe é próximo e visível, alongando-se até as fronteiras nacionais e fora delas de modo que as necessidades da população sejam percebidas para poderem ser atendidas. O que parece óbvio é na prática um grande obstáculo à atuação do Estado voltada para o fim coletivo, pois muitos deles se povoam de agentes que focam apenas o interno e seus interesses pessoais indevidos, esquecendo o fim de sua criação e existência.

O fim coletivo não está presente quando o olhar do agente estatal se atém à estrutura física que abriga o Estado. Nesse caso, sua estrutura e seus componentes o detêm, e ele pode até sair dela, mas adentra outras estruturas estatais, perdendo-se no interior de um Estado onde montaram sede os que dele se apropriam indevidamente e o dominam e controlam como patrimônio pessoal. Para esses agentes, a coletividade só tem obrigação de contribuir com o Estado, sendo suficiente dar-lhe em troca apenas estruturas bonitas e bem cuidadas, mas ocupadas por muitos comandantes ou gestores pouco úteis para a segurança e o desenvolvimento nacional. São Estados vazios de conteúdo, cujo retorno somente ocorre depois de atendidas as necessidades de muitos que os comandam ou gerem e que deles se apropriam indevidamente.

Nesses Estados, a rotatividade de gestores é intensa, causando enorme descontinuidade, com indivíduos circulando livremente em suas estruturas, ora como seus agentes ora como agentes não estatais, mudando continuamente inclusive de organização estatal. O espírito coletivo não faz morada nesse tipo de agente que o comanda e que afirma defender a coletividade por meio do Estado, mas que, na verdade, defende com afinco interesses visivelmente contrários ou alheios aos dela enquanto no

Estado ou já fora dele. Não constroem o tipo de Estado que a humanidade buscou ao longo de sua história, pois, na tenuidade entre o fim coletivo e o fim privado, atendem primeira ou exclusivamente ao segundo.

O Estado atual e o futuro devem ser comandados ou geridos exclusivamente por indivíduos de alto nível ético para que garantam o alto nível profissional de sua gestão. Ética entendida como o pensar e agir em busca exclusiva do fim coletivo, razão única da criação e existência de um Estado, e que de dentro ou de fora dele seu gestor paute sua atuação pelo compromisso com a coletividade. Profissionalismo, como a experiência útil adquirida para o comando ou a gestão e o conhecimento das teorias da Administração para poder produzir resultado compatível com o custo e o potencial do Estado, buscando por meio dele tornar mais feliz sua nação.

Esta não pode desperdiçar seus recursos ao permitir que seu Estado seja comandado ou conduzido por indivíduos que atuam em benefício pessoal indevido, contrários ou alheios a ela. Eles não olham além das estruturas físicas e dos componentes estatais internos para identificar e atuar com foco no interesse coletivo, mas buscam apenas o status, o poder e a riqueza que podem obter por meio do Estado, para si e para os que possuem poder e domínio sobre eles, estes de dentro ou de fora dele. Desse tipo de agente estatal as nações não necessitam, porém é deles que muitos Estados estão cheios e, por isso, não oferecem segurança e desenvolvimento sustentável às suas nações.

Os Estados precisam de comandantes ou gestores que olhem além de suas estruturas, que tenham posições firmes na busca de soluções para os problemas nacionais, não buscando apenas seus fins pessoais. Devem ser recrutados e mantidos somente se possuírem ética e profissionalismo devidamente comprovados para agir com independência e contribuir com sua nação por meio do Estado, não para atender a si e aos que lhes recrutam e lhes mantêm. De dentro ou de fora do Estado, devem atuar em benefício da coletividade, nunca em detrimento dela, motivados apenas por esse espírito para serem coerentes em sua atuação no Estado e em sua vida em sociedade quando fora dele.

No estágio em que se encontra a humanidade, não se deveria mais tomar tanto tempo no debate secular do que seria melhor para uma nação – se monarquia, república, capitalismo, socialismo, comunismo ou outros. A discussão atual deve focar como o Estado deve responder ao que arrecada da população, pois o que verdadeiramente interessa é o custo que impõe à sua nação e o resultado que ele lhe apresenta. Se este a satisfaz, não importa a discussão anterior. Por isso, deve-se focar apenas como o Estado funciona, se com alto nível ético-profissional ou com alto nível de personalismo e patrimonialismo e baixo nível ético-profissional, o que depende unicamente dos que o comandam ou gerem.

Os Estados de alto nível de personalismo e patrimonialismo e de baixo nível ético-profissional podem possuir qualquer formato, mas jamais darão resultado compatível com seu custo e potencial. Eles trazem instabilidade constante e não geram segurança nem desenvolvimento para suas nações. Em raros momentos, podem até ocorrer segurança e desenvolvimento, mas são passageiros e logo tudo volta a ser como antes, pois seus benefícios são apenas para os que possuem acesso indevido a ele, como os que os comandam e os que possuem poder e domínio sobre eles. Nesse contexto, multiplicam-se os comandantes estatais que dizem apresentar soluções para os problemas nacionais, porém não passam de ações ou promessas vazias, sem nada de concreto e sustentável que melhore verdadeiramente a vida da população.

A forte centralização e o autoritarismo são características desse tipo de Estado, e os agentes eleitos e gestores que o comandam necessitam de transações constantes e geralmente contrárias aos interesses da nação para se manter e, por isso, não apresentam resultados que os legitimem. Desse modo, ocorre um jogo de troca de benefícios indevidos entre os que comandam o Estado e o ambiente corrompido que lhes dá sustentação. A população permanentemente insatisfeita pelo alto custo e pelo resultado insatisfatório de seu Estado os enfrenta e os ameaça, manifestando-se concretamente em vários momentos, mas não consegue vencê-los e transformar o Estado.

Nesse ambiente, o Estado não consegue atuar com eficiência e eficácia, tornando-se um mal à sua nação, que fica impedida de se desenvolver e assiste em ciclos recorrentes a sérias instabilidades e conturbações econômico-sociais. Escassos períodos de tranquilidade cedem a fartos períodos de conturbações e fica visível que seu modelo de Estado não é capaz de proporcionar segurança e desenvolvimento sustentável à sua nação. Até nações aparentemente fortes e estáveis passam por esses ciclos, tanto maiores, mais graves e recorrentes quanto menor o nível ético-profissional de seu Estado e de educação geral e ética da maioria da população.

Não se pode afirmar que Estados de alto nível ético-profissional possuem estabilidade permanente, pois há infinitos fenômenos naturais, geográficos, biológicos, econômicos, sociais e outros que por si só geram instabilidades. No entanto, pode-se afirmar que esse tipo de Estado está mais preparado para agir ou reagir na solução dos problemas decorrentes desses fenômenos. Sua população é mais protegida e, quando os problemas ocorrem, as dificuldades são distribuídas entre todos, sem privilégios indevidos decorrentes da atuação estatal. Enquanto isso, outros tipos de Estados não as distribuem devidamente, privilegiando quase sempre alguns em detrimento de muitos outros. Além desses fenômenos, estes provocam crises recorrentes que têm a ver apenas com a forma como seus agentes eleitos e gestores os comandam, com muitos destes construindo patrimônios fora de suas nações a partir de recursos obtidos indevidamente, no Estado ou por meio dele, para se proteger.

A continuidade deste tipo de Estado é difícil de ser quebrada, pois os agentes que o utilizam indevidamente em benefício próprio e dos que os recrutam e os mantêm oferecem astutamente benefícios indevidos aos que porventura possam retirá-los do comando. Desse modo, mesmo novos comandantes, também conhecendo a fraqueza de um Estado que não existe para o benefício à coletividade e muitas vezes já fazendo até parte dele, juntam-se aos mesmos que existiam antes e dão continuidade ao mesmo tipo que afirmavam combater. Assim, permanecem os antigos e os novos comandantes usufruindo indevidamente do Estado e perpetuando a situação anterior.

Esse é o cenário atual de muitas nações que, ainda neste século XXI, possuem Estados de alto nível de personalismo e patrimonialismo e de baixo nível ético-profissional. Fora dele, existem outras nações cujos Estados avançaram para o alto nível ético-profissional e conseguiram elevar a segurança e o desenvolvimento econômico-social de suas nações. Sem avançar nesse sentido, a farta tecnologia existente, inclusive em literatura política, economia, sociologia, administração e outras, não resolverão o eterno problema da carência de segurança e desenvolvimento que ainda acomete muitas nações.

Isso porque, em todas, é o Estado o detentor de maior recurso e poder, acima dos indivíduos e das organizações públicas não estatais e privadas. Alguns indivíduos e algumas organizações não estatais podem até possuir recursos superiores a muitos Estados e atuar em muitas nações, mas sua atuação em territórios nacionais depende da permissão estatal. Isso tudo não impede que as nações aumentem suas riquezas, contudo jamais serão seguras e desenvolvidas, pois a riqueza em si contribui, mas não é suficiente para fornecer a segurança e o desenvolvimento de que necessita uma nação. Somente por meio do Estado de alto nível ético-profissional é possível consegui-los, o que não é fácil, pois contra ele se levantam todos que se apropriam indevidamente do Estado que já existe.

Indivíduos e organizações públicas não estatais e privadas têm que seguir normas econômicas, políticas, sociais, ambientais e outras criadas e exigidas pelo Estado da nação em que atuam. Daí se conclui que o maior poder terreno de todos os tempos são os Estados nacionais, que já foram criticados por um sem-número de estudiosos, escritores e outros, mas o que mais importa é que este importante ente terreno todo-poderoso possua instrumentos de funcionamento e controle que o levem a pautar sua atuação em benefício exclusivo da coletividade. Ele deve ser completamente direcionado para fomentar ou permitir a segurança e o desenvolvimento justo e igualitário de sua nação.

O Estado não possui vida própria, sendo suprido pelos recursos da população e dos negócios em que atua. Também não existe sem seus agentes (eleito, gestor e não eleito nem gestor), sendo eles que lhe dão forma, sendo responsáveis pela sua condução e ação. A nação o concebe e fornece seus recursos, devendo mantê-lo e controlá-lo para que não se desvie de seu único fim, o benefício à coletividade. Porém, os instrumentos históricos de funcionamento e controle dos Estados, sendo a separação de poderes talvez seu maior ícone, não têm se mostrado suficientes para fazer com que atuem em busca do fim coletivo, fornecendo muitas vezes resultado incompatível com seu custo e potencial.

Por isso, outros instrumentos precisam ser concebidos para que o conceito de Estado pertencente à sua nação não fique só na teoria, e esse ente todo-poderoso tenha seu funcionamento direcionado e controlado para o benefício exclusivo dela. Fora disso, resta sua apropriação indevida por indivíduos e grupos que o veem apenas como provedor de seu status, seu poder e sua riqueza indevidos, pouco afeitos à ética e ao profissionalismo em sua condução.

Estados desviados do fim coletivo não são próprios apenas de nações jovens, pequenas ou pobres. Nações antigas, grandes e ricas também os possuem. Nação não tão jovem, de imenso território e uma das mais ricas entre as existentes, a brasileira exemplifica o tipo de Estado com muito dessa característica. Muitos indicadores de seu funcionamento, de seu resultado, de confiança nele e em seus agentes e econômico-sociais nacionais mostram sua incômoda situação de alto custo e baixo resultado, com muita violência, injustiça e desigualdade ocorrendo em toda a nação.

Mesmo com os agentes eleitos e gestores que comandam o Estado brasileiro se esforçando para afirmar que procuram bem administrá-lo, poucas áreas em que ele atua apresentam bons resultados, sendo imensas as carências e os sofrimentos da população. Seu mau funcionamento nunca foi devidamente combatido, sendo este o mal que acomete muitas nações, em que os responsáveis por combatê-lo são os mesmos que obtêm por meio dele seus benefícios indevidos. É assim que sobrevivem os Estados provedores de status, poder e riqueza indevidos para os que deles se apropriam indevidamente e que retiram cada vez mais recursos de suas nações para si e para os que lhes recrutam e lhes mantêm, estes de dentro ou de fora deles, tornando-as injustas e desiguais.

Podem existir correntes filosóficas, administrativas, políticas, econômicas ou outras que divirjam quanto ao tamanho ou formato do Estado, mas, certamente, não divergirão quanto ao seu principal fim ou objetivo, que é a proteção e o desenvolvimento de sua nação, sem o que não teria razão de existir. Principalmente pelo custo e poder que representa, quaisquer outros fins que excluam a proteção e o desenvolvimento de sua nação não justificariam sua existência. Porém, para conseguir o seu objetivo, é necessário que os Estados sejam bem administrados, o que somente é possível com agentes estatais de alto nível ético-profissional em seu comando ou sua gestão, que saibam e queiram administrá-lo verdadeiramente em benefício exclusivo de sua nação ou da coletividade.

O Estado são seus agentes, não existindo sem eles, pois toda organização depende do ser humano, por maior e melhor que sejam os recursos monetários, materiais e tecnológicos. São eles que devem saber e querer administrar o Estado, dimensionando seu tamanho, estruturando, organizando e melhor utilizando seus recursos. As teorias administrativas oferecem contribuição significativa e fornecem as bases para que os Estados possam ser administrados profissionalmente e atinjam seus objetivos por meio do planejamento, da organização, da direção e do controle. Porém, o que ocorre em vários Estados é que muitos de seus agentes eleitos e gestores que os comandam se desvirtuam do objetivo estatal e buscam neles apenas seus fins pessoais indevidos.

Ao poder obter de forma coercitiva seus recursos, os Estados são economicamente os entes mais poderosos de todas as nações, o que atrai a ganância de muitos que procuram obter neles benefícios fáceis e indevidos. São indivíduos que atuam diretamente neles ou buscam os que atuam neles para obter fins pessoais em detrimento de suas nações. Para atuar neles e alcançar esses fins, buscam o recrutamento como seus agentes eleitos ou gestores, atendendo também aos fins pessoais indevidos dos que os recrutam e os mantêm. Assim, a oportunidade de se ter agentes eleitos e gestores que conduzam o Estado em busca do fim coletivo é desperdiçada, gerando o alto custo e o baixo resultado estatal.

Isso porque muitos que o comandam ou gerem não têm o benefício à coletividade como seu principal fim, mas seus interesses pessoais e dos que possuem poder e domínio sobre seus recrutamentos e suas permanências no Estado. É assim que surgem as carências de planejamento, organização, direção e controle no Estado, a impedir o resultado compatível com seu custo e potencial, sendo os agentes eleitos e gestores que o comandam ou gerem os responsáveis diretos por esse impedimento ao exercerem de modo indevido sua gestão.

Muitas vezes esses agentes até aparentam zelo e profissionalismo com os negócios estatais, mas, na verdade, fazem parte de uma cadeia que transforma o Estado em imenso mal à sua nação. Enquanto isso, os verdadeiros profissionais, pautados por princípios ético-profissionais, se afastam de seu comando por discordar dos que dele se apropriam indevidamente e querem obrigá-los a contribuir com eles ou silenciar perante eles. Nesse contexto, Estado, indivíduos e organizações públicas não estatais e privadas, sob a orientação, o comando e o controle do primeiro, seguem alinhados em sentido contrário aos interesses de sua nação.

Nesse formato, não há como se conceber uma nação justa e igualitária, segura e desenvolvida de modo sustentável, pois o Estado representa um fardo que atua em benefício de poucos e em detrimento da maioria da população. Sair desse tipo de Estado para um novo que atue em benefício exclusivo da coletividade é o que levará à segurança e ao desenvolvimento das nações, o que se constrói com a valorização da ética, da experiência e do conhecimento em gestão, combatendo a subserviência e o interesse pessoal indevido dos que comandam ou gerem muitos Estados atuais.

Estados em que prevalecem o alto nível de personalismo e patrimonialismo e o baixo nível ético-profissional são injustos e desiguais, concentradores de renda nos que os comandam e nos que se relacionam de forma indevida com eles, de dentro ou de fora deles. Em suas nações, alguns advogados costumam auferir grandes rendimentos, principalmente os mais conhecidos, não necessariamente os mais ético-profissionais. Isso porque as normas concebidas pelo Estado são falhas, insuficientes ou desnecessárias, tornando esses profissionais muitas vezes imprescindíveis à convivência social e com o Estado. Muitos deles são bem pagos para defender os muitos responsáveis por desvios do fim coletivo e corrupção estatal.

A justiça nessas nações é lenta, injusta e desigual, raramente punindo como deveria os que realmente praticam os maiores crimes contra o Estado e contra os indivíduos e a coletividade. Quase sempre se beneficiam dela os que possuem mais riqueza e poder, mesmo que obtidos indevidamente. O que é desviado do Estado dificilmente retorna a ele, levando à quase certeza de que o crime é compensador. Os advogados e profissionais do Direito utilizam com sucesso artifícios vários para negar crimes evidentes, como de desvio do fim coletivo e corrupção estatal, e, por isso, muitas vezes são muito mais bem remunerados do que professores, administradores, engenheiros, médicos e outros profissionais também de alta relevância econômico-social.

A nobreza de espírito de servir à nação por meio do Estado não faz parte da regra de conduta de muitos que comandam ou gerem os Estados. A ética e o profissionalismo na busca do fim coletivo, tanto no Estado como fora dele, claramente não fazem parte da atuação de muitos destes, o que lhes retira a confiança e a legitimidade para atuar no Estado e ser remunerado pela população que os mantém. Para ela, o conhecimento formal é importante, mas o que mais importa para servir-lhe como seu agente estatal é o exemplo ético-profissional em sua atuação no Estado e fora dele, em busca exclusiva do fim coletivo, pois somente dessa forma o conhecimento teórico-prático será transformado em resultado.

Quando a maioria dos agentes estatais, principalmente eleitos e gestores que comandam o Estado, age ética e profissionalmente, as áreas em que atua ou deve atuar tendem a funcionar em atendimento à sua nação, o que se evidencia na forma de bons indicadores econômico-sociais. Porém, quando age em benefício indevido, próprio e dos que possuem poder e domínio sobre eles, estes de dentro ou de fora do Estado, perde a oportunidade de fornecer resultado positivo de sua atuação, e sua nação é acometida por carências várias, o que impede a segurança e o desenvolvimento econômico-social sustentável da maioria da população. Os males causados pelos que agem dessa forma trazem grande sofrimento à sua nação, enquanto poucos se fartam do que é escasso para os demais.

O ESPÍRITO DO ESTADO DEMOCRÁTICO

O poder do Estado democrático vem da população, o que o torna o ente mais poderoso em seu território, com os fatores estruturais que lhe dão sustentação e poder baseados na força dos que elegem seus agentes eleitos. Para compor o Estado, estes se juntam aos demais agentes estatais, gestores e não eleitos nem gestores, sendo o comando exercido pelos dois primeiros por meio do poder dado diretamente pela população ao agente eleito. Assim, a composição estatal se dá por meio de um conjunto de agentes eleitos pela população, que recebe a missão de recrutar e manter, direta ou indiretamente, os outros agentes estatais, gestores e não eleitos nem gestores.

Esse conjunto de agentes estatais é responsável pela condução ou gestão e pela ação do Estado. Os agentes gestores e não eleitos nem gestores e até os que ofertam produtos ou serviços ao Estado, ou à população por meio dele ou por seu consentimento, são também recrutados e mantidos por critérios definidos pelos agentes eleitos, cuja legitimidade vem da população. Assim, os agentes eleitos são o quadro primário do Estado, daí o recrutamento, o acompanhamento e a avaliação dos demais agentes dependerem deles, o que coloca na população o verdadeiro poder do Estado democrático, vindo dela também o recrutamento e a permanência de todos os seus agentes, tendo imenso poder sobre eles.

Isso ocorre em todo ente, nacional e subnacional, todo poder e toda organização estatal, em todo nível hierárquico, dando ao conjunto dos agentes estatais o poder do Estado, desde os eleitos diretamente pela população até os gestores e não eleitos nem gestores recrutados direta ou indiretamente por eles. Há, assim, relação direta entre educação geral e ética da população, sua dependência em relação ao Estado e aos seus agentes, agentes estatais, Estado e seus resultados. Quanto melhor a educação geral e ética da população, menor sua dependência em relação ao Estado e aos seus agentes, maior o nível ético-profissional destes e do Estado e melhor o resultado estatal, como na Figura 1.1:

Figura 1.1 – Importância da relação entre o alto nível de educação geral e ética da população e o resultado do Estado compatível com seu custo e potencial

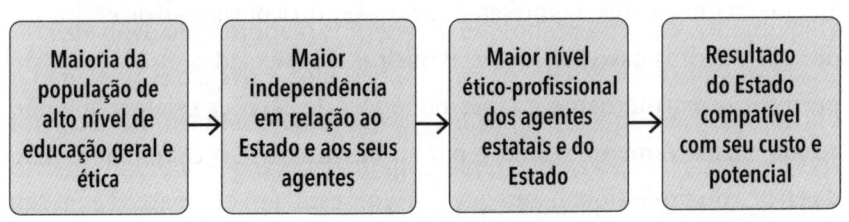

| Maioria da população de alto nível de educação geral e ética | → | Maior independência em relação ao Estado e aos seus agentes | → | Maior nível ético-profissional dos agentes estatais e do Estado | → | Resultado do Estado compatível com seu custo e potencial |

Fonte: elaboração própria.

Se o nível de educação geral e ética da maioria da população for baixo, toda fonte de poder que deveria construir o Estado democrático estará corrompida na origem, impossibilitando a existência do Estado verdadeiramente voltado para a coletividade ou para sua nação. Seu elemento vital, o povo, não estará saudável e não conseguirá independência suficiente em relação ao Estado e aos seus agentes, recrutando agentes eleitos mais pela perspectiva de atender aos seus fins pessoais ou pela carência de conhecimento sobre eles, além de deixar de participar do Estado e de cobrar seus resultados em benefício do fim coletivo. A estrutura e a organização do Estado estarão originalmente contaminadas ou viciadas.

Mal analisado, esse fato pode levar à conclusão de que a população que recruta os agentes eleitos é a responsável pela má atuação do Estado, já que recruta ou mantém por meio deles também os demais agentes estatais. Ocorre que aqui muitos Estados estabelecem seu controle, permitindo que sejam colocados à disposição para serem votados como agentes eleitos, com maiores chances de vitória, apenas os que se comprometam com a manutenção de sua situação atual, iniciando, assim, o ciclo que a mantém. Nesse caso, o Estado verdadeiramente democrático voltado para o fim coletivo não se realiza, sendo muito mais instrumento de poder, domínio e controle em benefício pessoal indevido do que de contribuição com sua nação.

O espírito do Estado democrático está em seus agentes, e estes devem ter como fim exclusivo o benefício à coletividade ou à sua nação. Para que esse espírito aflore, é necessário que o próprio Estado conceba instrumentos que impeçam o recrutamento de indivíduos contrários ou alheios ao fim coletivo como seus agentes, tendo a obrigação de excluí-los de seus quadros caso vençam as barreiras estabelecidas na entrada. Ao permitir o recrutamento e a permanência de agentes estatais que não atuam exclusivamente voltados para o fim coletivo, o Estado abre mão da ética e do profissionalismo que trariam resultado compatível com seu custo e potencial. Isso é muito grave, pois as nações não podem prescindir de seus Estados, mas também não podem ser prejudicadas por eles.

Por esse motivo, é necessário que haja instrumentos de garantia do alto nível ético-profissional dos agentes estatais, pois somente assim se obterá o Estado verdadeiramente voltado para o fim coletivo. Sem esses instrumentos, resta à nação o fardo de um ente todo-poderoso e imprescindível, porém que mais dificulta do que contribui com sua segurança e seu desenvolvimento econômico-social. Não se trata de negar direitos ou perseguir agentes estatais ou indivíduos que queiram sê-los, mas de buscar garantias de que nenhum deles deixará dúvidas em relação à sua conduta ético-profissional, dentro e fora do Estado. Deve ser dada a eles oportunidade de esclarecer dúvidas ou se defender de quaisquer acusações sobre sua conduta, porém em curto prazo, previamente definido.

Enquanto fatos que ponham em dúvida sua ética e seu profissionalismo não forem devidamente esclarecidos, os já agentes estatais devem ficar afastados de suas atividades para que não continuem atuando e prejudicando a confiança no Estado. Todas as oportunidades de esclarecimento devem ser-lhes dadas, com o Estado atuando de modo tempestivo e com alto nível ético-profissional na investigação, após o que atestará ou não a veracidade da suspeita ou da denúncia, mantendo ou não o agente estatal em seus quadros. Isso se aplica também aos que pretendam atuar como agentes estatais, que devem ser certificados quanto à sua ética e ao seu profissionalismo para poderem ser recrutados.

Segundo as teorias administrativas mais modernas, as organizações são como organismos vivos, porém sua vida é diferente da que existe no reino animal ou vegetal. O espírito de que necessitam não se encontra em seu próprio ser, tendo que buscá-lo nos seres humanos que as conduzem. A elas, é possível dar um formato interior ou exterior, mas nunca um espírito diferente do que existe no conjunto dos indivíduos que as conduzem. Nesse sentido, para que o Estado possua espírito de alto nível ético-profissional, voltado para o bem comum, é necessário que seus condutores ou gestores também o possuam, não sendo as normas suficientes para fornecê-lo, fornecendo-o apenas as práticas destes.

Desse modo, o indivíduo que aceita participar da vida coletiva como agente estatal não pode ter outro fim que não o benefício à coletividade. Somente os que aceitam verdadeiramente essa condição têm capacidade de dar ao Estado o verdadeiro espírito coletivo de que ele necessita. Não apenas o espírito expresso em sua Constituição e em suas demais normas, pois estas nunca conseguirão acompanhar as necessidades de uma nação. Trata-se do espírito vivo que se expressa, que se sente e que se visualiza nos indivíduos que verdadeiramente se dedicam à sua nação por meio de seu Estado, olhando para fora dele e buscando resultados em benefício da coletividade compatíveis com o custo que lhe impõe.

Não é possível afirmar que uma nação não está preparada, que não existe cultura coletiva em seu povo, que seus costumes não permitem construir o Estado de alto nível ético-profissional, pois a responsabilidade em construí-lo é de seus agentes em primeiro lugar, principalmente eleitos e gestores que o comandam, não apenas dos indivíduos que não participam diretamente dele, de suas decisões e ações. O Estado só se justifica em todas as nações se tiver o fim coletivo como objetivo exclusivo, o que somente conseguirá se deixar de recrutar ou se excluir prontamente de seus quadros os que não se pautam por ele.

Estados que permitem o recrutamento ou a permanência de agentes estatais com características contrárias ou alheias ao fim coletivo jamais alcançarão o nível ético-profissional necessário para fornecer ou fomentar a segurança e o desenvolvimento econômico-social à sua nação. O principal e mais poderoso ente nacional se transforma, assim, em obstáculo quase intransponível a esse propósito, já que, no lugar do espírito coletivo que deveria prevalecer nele, prevalece o espírito privado dos falsos agentes estatais que se apropriam indevidamente dele e prejudicam toda a nação. Estes não possuem o espírito coletivo e não seguem as normas e os regulamentos estatais comuns a todos ou os elaboram em benefício pessoal indevido.

Bem planejar, organizar, dirigir e controlar é o fundamento de sucesso de quaisquer organizações, estatal, pública não estatal e privada. Para os que não possuem experiência útil à gestão e não conhecem as teorias administrativas, essa afirmação pode parecer teórica, vaga e de difícil aplicação, o que de fato não é. Representa o fundamento da gestão de organizações bem-sucedidas em todo o mundo, como teoria e prática universal de profissionalismo gerencial em todos os tipos de negócios, cuja teoria administrativa é fortemente aplicada, conscientemente ou não, na obtenção de seus resultados.

É uma fórmula aparentemente simples: planejar, organizar, dirigir e controlar, visando à definição prévia e ao alcance de objetivos organizacionais. Quando se trata do Estado, é sua aplicação que garante o sucesso no alcance de seu objetivo exclusivo de atender ao fim coletivo de acordo com seu custo e potencial, fornecendo ou permitindo que forneçam segurança e desenvolvimento às suas nações. Se a fórmula é essa, por que tantas nações não conseguem nível razoável nesses quesitos, apesar de possuírem Estados que deveriam atuar nesse sentido? São nações violentas, injustas e desiguais, com Estados que não definem previamente objetivos em benefício delas, não elaboram e não executam planos que possam levar à modificação de suas situações atuais.

O Estado não é o único responsável pela segurança e pelo desenvolvimento de sua nação, mas é o único ente com poder suficiente para possibilitá-los ou não. O alto nível de personalismo e patrimonialismo e o baixo nível ético-profissional com que muitos atuam nele, principalmente em seu comando ou sua gestão, dificultam e até impedem seu sucesso em possibilitá-los. Estados que não conseguem se libertar dessas amarras são os que tornam suas nações mais carentes de ordem, liberdade, paz, justiça, igualdade e itens essenciais, como segurança, saúde e educação, pois são tomados por indivíduos que deles se apropriam indevidamente em detrimento da maioria da população.

Um Estado concebido e mantido com foco na segurança e no desenvolvimento nacional, com seus agentes de alto nível ético-profissional, é o que atua de forma planejada, organizada, dirigida e controlada, pela ação ou até pela não ação – esta quando a sociedade por si só não necessita de sua participação ou intervenção. Esse tipo de Estado consegue se estabilizar em busca do fim coletivo, em que forte é o Estado em seu conjunto, não suas partes ou seus agentes que nele atuam de forma individual ou pessoal. Por isso, o Estado deve garantir que indivíduos contrários ou alheios a essa sua atuação atuem em seus quadros, estabelecendo fortes barreiras de entrada e os impedindo de permanecer nele depois de recrutados.

Nesse contexto, a maior dificuldade de implantação das teorias administrativas no Estado é o fato de ele ter sido indevidamente apropriado por indivíduos contrários ou alheios ao fim coletivo. Estes são os indivíduos de alto nível de personalismo e patrimonialismo e de baixo nível ético-profissional que em seus quadros o mantêm com essas mesmas características. Como os Estados já existem, o mais complexo é fazer com que esses indivíduos neles já incrustados sejam excluídos ou passem a contribuir com a construção de um novo Estado, neutralizando resistências à perda de benefícios pessoais indevidos desses agentes e dos que lhes dão sustentação, de dentro ou de fora dele.

Nesse ponto reside a principal dificuldade de mudar a situação atual de muitos Estados, pois suas estruturas estão tomadas por esses indivíduos que os comandam ou os influenciam e resistem à sua transformação. Como modificá-los quando o nível de educação geral e ética da maioria da população é controlado por eles e dela depende sua transformação por meio do recrutamento de agentes eleitos de alto nível ético-profissional? Como modificá-los se muitos agentes eleitos não possuem alto nível ético-profissional? Como modificá-los se muitos dos demais agentes estatais, gestores e não eleitos nem gestores são recrutados e mantidos por esses agentes eleitos ou por critérios estabelecidos por eles?

Como se observa, o espírito do Estado está em seus agentes (eleito, gestor e não eleito nem gestor), dependendo de critérios impessoais, ético-profissionais, de recrutamento e permanência desses agentes o espírito democrático do Estado. Os que o dominam e controlam em busca apenas de seus fins pessoais indevidos possuem outro critério para recrutar e manter os agentes estatais, principalmente gestores, afirmando buscar flexibilidade para obter os melhores quadros. Só que isso não se sustenta, pois, por maior que seja a dificuldade de um recrutamento impessoal, ético-profissional, seu benefício jamais será suplantado pela subjetividade, pois esta é a porta de entrada dos que se apropriam indevidamente do Estado e impedem seu comando ou sua gestão em benefício exclusivo da coletividade.

Os males da subjetividade em recrutar agentes estatais começam já no processo eleitoral, que permite a eleição e o recrutamento de agentes eleitos de alto nível de personalismo e patrimonialismo e de baixo nível ético-profissional. Isso torna praticamente impossível corrigir as deficiências até desse processo, pois todo Estado passa a ser formado por muitos indivíduos com essa característica, já que são esses agentes os principais responsáveis pela condução do Estado e pelo recrutamento e manutenção, direto ou indireto, dos demais agentes. Há, assim, um ciclo que se repete ao longo do tempo, em que candidatos a agentes eleitos com essa mesma característica tornam-se agentes eleitos e montam um Estado formado quase completamente por indivíduos com ela.

Somente por meio de critérios impessoais, ético-profissionais, de recrutamento e permanência dos agentes estatais o Estado dará garantias de que busca o fim coletivo com eficiência e eficácia nas áreas em que atua ou deve atuar, indo ao encontro de seu verdadeiro objetivo de servir à coletividade. Daí terá o espírito verdadeiramente democrático e buscará a segurança e o desenvolvimento econômico-social sustentável de sua nação, libertando-a de agentes estatais que jamais darão resultado positivo de sua atuação.

Agentes estatais de alto nível ético-profissional transformarão o Estado de alto nível de personalismo e patrimonialismo, de baixo nível ético--profissional, ineficiente, desviado do fim coletivo e corrupto em Estado de alto nível ético-profissional, de resultado compatível com seu custo e potencial, com o apoio da população, que nele não encontrará máculas. Esses agentes são o centro da transformação do Estado, evitando sua tomada pelos que buscam obter apenas status, poder e riqueza indevidos em detrimento de sua nação. Por isso, deve-se utilizar sempre o critério impessoal, ético-profissional, de recrutamento e permanência de todo agente estatal como meio de transformar o Estado, dando a ele um verdadeiro espírito democrático em benefício de sua nação ou da coletividade.

A ATUAÇÃO DO ESTADO E DE SEUS AGENTES

O Estado não deve possuir uma burocracia estática, mas também não deve possuí-la de modo flexível a ponto de fragilizar sua atuação. Essa flexibilidade, defendida por alguns em benefício do Estado gerencial, tem servido mais para enfraquecer a impessoalidade e favorecer os que o dominam e controlam em benefício pessoal indevido. Nesse caso, a burocracia em si não é o problema, mas sua falha, sua inexistência ou seu excesso que direcionam o Estado para o benefício de indivíduos que a utilizam indevidamente, visando o alcance de seus fins pessoais indevidos e de outros e não o resultado em benefício da coletividade.

Ela beneficia os que obtêm vantagens indevidas no Estado, de dentro ou de fora dele, ao descumpri-la e ficarem mais bem posicionados em relação aos que são obrigados a ela. Os que se beneficiam dessa falsa burocracia contam com a contribuição ou a conivência do Estado, que ao mesmo tempo é rígido para inibir e colocar em desvantagem os que agem ética e profissionalmente de acordo com ela. Beneficia ainda os que se especializam no emaranhado de normas estatais de difícil compreensão pela maioria da população e obtêm enormes vantagens em relação aos que não conseguem compreendê-las.

Quando a burocracia estatal é desviada de seu objetivo de levar à eficiência e eficácia no alcance de resultados, favorece uma multidão de atores e intermediários em busca de obter benefícios baseados muito mais no fato de conhecer os agentes estatais e se relacionar indevidamente com eles do que propriamente de conhecer e obedecer a ela. Esse desvirtuamento da burocracia prejudica os indivíduos e as organizações públicas não estatais e privadas ao submetê-los a normas que dificilmente conseguem compreender, sendo que para cumpri-las muitas vezes têm que recorrer a intermediários.

Agentes estatais que praticam ou permitem a burocracia desviada de seu fim agem em benefício próprio ou servem, conscientemente ou não, a indivíduos que de dentro ou de fora do Estado se colocam em superioridade ao fim coletivo para obter vantagens indevidas. Essa é a antítese do Estado de alto nível ético-profissional, já que neste os agentes eleitos e gestores que o comandam o conduzem por meio de normas burocráticas apenas necessárias e de fácil compreensão, focadas na eficiência e eficácia do Estado e que impedem sua apropriação indevida.

O Estado de alto nível ético-profissional possui normas burocráticas que prezam pela cultura nacional e colocam o fim coletivo acima de quaisquer outros. Ao contrário, Estados em que indivíduos possuem mais relevância do que as normas e tudo podem sem que elas os impeçam e a justiça os alcance são Estados doentes e que prejudicam suas nações, predominando nelas a injustiça e a desigualdade. Nessas nações, pode até existir riqueza, porém muito mais decorrente de condições naturais e pontuais do que de uma atuação planejada, organizada, dirigida e controlada do Estado que a fomente junto com o desenvolvimento da nação.

Nesse caso, a maior parte da renda nacional é concentrada em verdadeiros "donos do Estado", que atuam dentro ou fora dele, principalmente seus agentes eleitos e os gestores por eles direta ou indiretamente recrutados e outros que possuem relações indevidas com eles, de forma individual ou por meio de organizações públicas não estatais e privadas. Desse modo, a burocracia ou a norma estatal clara, objetiva e de fácil compreensão, voltada para o resultado do Estado em benefício da coletividade, que colocaria todos em igualdade de condições nele e fora dele, em todas as situações, é inexistente ou desrespeitada, gerando sempre mais injustiça e desigualdade.

O tratamento desigual dado indevidamente a alguns indivíduos por meio de normas elaboradas pelo Estado e de sua exigência apenas de alguns faz surgir um Estado que, na verdade, é o principal empecilho à sua nação. Suas normas são injustas e desiguais, não exigidas igualmente de todos, criando indivíduos e grupos privilegiados a causar imensas divisões entre a população e prejuízo à maioria dela.

Ao Estado se deve garantir a impessoalidade como regra, com seus agentes completamente coibidos de qualquer fim não coletivo ou em prejuízo da coletividade. Jamais poderá haver nele "senhores e escravos", em que agentes obedecem fielmente a ordens superiores que não se mostram compatíveis com a eficiência e eficácia estatal em busca do fim coletivo. A subordinação do agente estatal ao seu superior hierárquico deve ser exclusivamente em relação a normas ou outros instrumentos que estruturam e organizam o Estado para o resultado em benefício da coletividade compatível com seu custo e potencial, nunca em relação ao fim pessoal em detrimento do fim coletivo.

Injustiças e desigualdades serão realizadas ou provocadas pelo Estado se não buscar a justiça e a igualdade para todos, tanto na elaboração de suas normas quanto na exigência de seu cumprimento. Não se pode permitir a utilização do Estado em benefício indevido de seus agentes ou dos que possuem poder e domínio sobre eles, como os que vendem produtos e serviços ao Estado, sonegam tributos ou contribuem com campanhas eleitorais de candidatos a agentes eleitos, descumprindo normas em troca de benefícios indevidos fornecidos aos agentes estatais em troca de benefícios indevidos fornecidos por eles. É preciso ter cuidado com os que defendem a flexibilidade burocrática, pois muitos não o fazem pensando verdadeiramente no fim coletivo.

Procuram, na verdade, reduzir controles para manipular indevidamente o Estado em benefício próprio, evitando, assim, melhorar as normas existentes ou criar novas. Não buscam elaborar normas que fortaleçam o Estado e o direcionem para o fim coletivo, mas apenas enfraquecê-lo para facilitar o alcance de seus fins pessoais indevidos. Essa clara estratégia de tomada do Estado somente será derrotada com o fortalecimento das barreiras de entrada e de permanência nele para que somente indivíduos de alto nível ético-profissional possam se tornar e permanecer seus agentes, tanto eleito quanto gestor e não eleito nem gestor. Dessa forma, pode-se ter o Estado de burocracia necessária e foco no resultado em benefício da coletividade.

Nações que não conseguem alcançar alto nível de segurança e desenvolvimento econômico-social geralmente possuem Estados que pouco buscam responder às suas necessidades. Isso ocorre por conta da forte subordinação de sua gestão e suas operações a uma política voltada para dentro, para os fins pessoais indevidos de muitos de seus agentes que os comandam e dos que possuem poder e domínio sobre eles, estes de dentro ou de fora dos Estados. Muitos Estados aparentam às vezes reações em áreas como segurança, saúde e educação, porém os que os comandam ficam quase sempre no discurso, abandonando suas ações repentinamente, raras vezes obtendo resultados satisfatórios por longo período.

Muitos gestores desses Estados são recrutados, direta ou indiretamente, por agentes eleitos de alto nível de personalismo e patrimonialismo e de baixo nível ético-profissional, eleitos por uma população de baixo nível de educação geral e ética, fortemente dependente do Estado e de seus agentes. Por esse motivo, por mais que esses gestores afirmem atuar ética e profissionalmente, não o fazem fora do atendimento de seus fins pessoais indevidos e dos agentes eleitos que os recrutam e os mantêm, focando em sua ascensão à gestão ou em sua permanência nela, não no resultado em benefício da coletividade.

Alguns desses gestores podem até nem se dar conta, mas sua contribuição, pela ação ou omissão, com o tipo de Estado que constroem ou mantêm é responsável pelo sofrimento de grande parte da população, pois é caro e não atende ao fim coletivo de acordo com seu custo e potencial. Ao obter coercitivamente recursos da população, privando-lhe do consumo e do investimento, e ao não lhe dar o devido retorno, o Estado deixa de cumprir sua nobre e peculiar missão de fornecer segurança e fomentar o desenvolvimento econômico-social de sua nação.

Isso causa sofrimento não só aos mais necessitados que perambulam e mendigam pelos campos e pelas cidades, carentes de itens básicos de sobrevivência, mas a toda a população, pois ninguém consegue independência do Estado, já que seu poder terreno é comparável ao poder Divino – está em toda parte e ninguém consegue se livrar dele. Todos sofrem os efeitos de sua má atuação, pois são obrigados a pagar altos tributos e a viver de acordo com suas normas e sua gestão que não focam o benefício à coletividade. Quando esse ente terreno todo-poderoso age contra sua nação, seus principais beneficiários são os que também agem dessa forma, de dentro ou de fora dele, contaminando, assim, toda a população.

Os agentes eleitos e gestores que comandam os Estados são os principais responsáveis pela sua estrutura e organização. Ocorre que muitos desses agentes não procuram inovar, buscar novas experiências, promover e dar continuidade a ações ético-profissionais voltadas para o fim coletivo, procurando atender apenas aos seus fins pessoais indevidos e dos que os recrutam e os mantêm, evitando avanços que incomodem ou ameacem a eles e a outros que com eles dominam e controlam o Estado em benefício próprio, de dentro ou de fora dele. Muitos Estados ainda são comandados por muitos agentes desse tipo.

Eles evitam o planejamento de curto, médio e longo prazo e, quando o fazem, é apenas na forma, respondendo sempre a demandas pessoais e pontuais dos que dominam e controlam o Estado em benefício pessoal indevido. Sem planejamento elaborado e executado com alto nível ético-profissional, voltado exclusivamente para o fim coletivo, com mudança constante de gestor e com enormes descontinuidades na atuação estatal, não há como se chegar ao Estado eficiente e eficaz, de resultado compatível com seu custo e potencial, o que pode ser facilmente evidenciado em áreas como segurança pública, saúde e educação.

As normas não devem ser instrumentos apenas de concepção, estruturação e materialização do Estado, mas de orientação geral voltada para o resultado estatal, que permita utilizar o planejamento, a organização, a direção e o controle visando o fim coletivo. Não se pode esperar um Estado eficiente, eficaz, justo e igualitário, se estiver contaminado por comandantes ou gestores contrários ou alheios à coletividade. Por isso, esse mal deve ser combatido de modo permanente nos agentes estatais para que neles predominem a ética e o profissionalismo, únicas armas eficazes no enfrentamento da ineficiência, do desvio do fim coletivo e da corrupção estatal.

Não se pode esperar a eliminação total desse mal em todos os agentes estatais, mas se deve atuar de modo permanente para reduzi-lo cada vez mais, pois do contrário o Estado não obterá êxito em alcançar o fim coletivo. Ele deve dispor de instrumentos que o impeçam, a fim de eliminar sua má atuação decorrente dele. Para atuar no Estado, principalmente no comando ou na gestão, deve-se estar comprometido exclusivamente com o fim coletivo – o que não tem ocorrido como deveria nos Estados de muitas nações. Cabe a ele próprio exigir correção e clareza de seus agentes para que se voltem exclusivamente para o benefício à coletividade.

Todas as nações devem dispor de instrumentos impeditivos do personalismo e patrimonialismo e do baixo nível ético-profissional de seus agentes estatais e de seus Estados, sendo as normas que os estruturam e os mantêm os mais conhecidos. Esses instrumentos devem servir para orientação e ação prévia e concomitante no sentido de que seus três tipos de agentes (eleito, gestor e não eleito nem gestor) possam ser ética e profissionalmente atestados em seus recrutamentos e em suas permanências no Estado. E, também, de modo que os resultados sejam alcançados, com os planos que levam a eles e os indicadores que os meçam podendo ser conhecidos, compreendidos, acompanhados e cobrados por todos os agentes estatais e pela população.

As normas estatais devem proteger o Estado de sua apropriação indevida e dos ataques ao seu fim coletivo, tornando-o eficiente e eficaz em benefício da coletividade. Devem ser justas e igualitárias, de fácil compreensão e exigidas de todos, pois, se assim não for, promoverão a injustiça e a desigualdade e se constituirão em grande mal à nação. Para isso, são necessários o recrutamento e a permanência de agentes estatais somente de alto nível ético-profissional, fazendo o Estado também de mesma característica, o que evitará a falha, o excesso e a insuficiência das normas, evitando que a população se torne refém delas, do Estado e de seus agentes.

É necessário que toda a população possa cumprir as normas elaboradas e mantidas pelo Estado, o que somente é possível se os indivíduos as compreenderem e entenderem sua necessidade em busca do fim coletivo, sabendo que terão grandes chances de serem punidos se as descumprirem. Para que isso ocorra, os que possuem atribuição de conceber ou manter as normas e exigir seu cumprimento devem possuir alto nível ético-profissional, evitando que gerem desvantagens para os que são obrigados a elas e vantagens para os que não o são ou que recebem normas em seu benefício pessoal indevido.

O Estado de alto nível de personalismo e patrimonialismo e de baixo nível ético-profissional possui normas necessárias e desnecessárias, com ambas mais pesadas para uns do que para outros. Nele, há pouca clareza, eficiência e eficácia. Muitos de seus agentes e os que com eles possuem relações indevidas, de dentro ou de fora dele, tornam-se os "donos do Estado" e os mais poderosos de sua nação. Em Estados desse tipo, o poder não está nas normas, mas em seus agentes que possuem poder de concebê-las, exigi-las e julgar com base nelas. Do mesmo modo, os indivíduos a quem são dirigidas possuem também poder a depender do status, do poder e da riqueza que possuem, sendo submetidos ou não a elas a depender também de suas relações indevidas com agentes eleitos e gestores que comandam o Estado.

Os profissionais do Direito lucram muito com isso e muitas vezes passam a ser mais valorizados e mais bem-sucedidos à medida que mais conhecem os agentes estatais e melhor se relacionam com eles, não porque melhor conhecem as normas concebidas ou mantidas por eles. O caos normativo é utilizado em prejuízo da nação, com o Estado exigindo de modo coercitivo contribuição da população, que o considera um desperdício às suas finanças e ao seu patrimônio pessoal, vendo-o como inimigo que se apropria indevidamente de seus recursos e não lhe dá o devido retorno. Com um Estado desse tipo, uma nação jamais conseguirá se desenvolver, pois uma pequena parte da população se incrusta nele e prejudica os demais indivíduos, inviabilizando sua segurança e seu desenvolvimento econômico-social.

Se na elaboração das normas, em sua exigência e no julgamento com base nelas houver interferência indevida, o fim coletivo não será alcançado e em seu lugar virão as injustiças e desigualdade que acometerão a nação. Por isso, todas as normas elaboradas ou mantidas pelo Estado devem ser claras, objetivas, voltadas exclusivamente para o fim coletivo e exigidas igualmente de todos que estejam em mesmas condições, sem jamais permitir benefícios indevidos ou evitar indevidamente punições a alguns agentes estatais ou outros indivíduos.

Só existe o Estado verdadeiramente voltado para o fim coletivo quando for baixa a possibilidade de desviá-lo desse fim, e as medidas ou punições aos que agirem dessa forma forem aplicadas igualmente a todos, evidenciando que não compensa atuar contra ele. Suas normas não devem tolerar a apropriação indevida do Estado por parte de seus agentes, combatendo os que agem dessa forma com a exclusão de seus quadros e a aplicação das devidas punições, quando for o caso. Se suas normas não forem nesse sentido, seu custo será sempre maior do que o resultado que fornece à sua nação.

O formato mais destruidor de atuação de um Estado se dá quando suas normas de prevenção ou combate à ineficiência, ao desvio do fim coletivo e à corrupção são desrespeitadas ou aplicadas apenas a alguns, deixando de fora outros sob a ação ou omissão de seus agentes. Nesse caso, a existência da norma serve muitas vezes apenas para impor dificuldades aos que não aderem aos seus agentes que buscam no Estado sua apropriação indevida, premiando ainda os que aderem a eles. A inexistência da norma ou a norma exigida apenas de alguns trazem consequências devastadoras ao resultado do Estado em benefício de sua nação, muito prejudicando a esta e causando-lhe injustiça enorme.

Bons princípios ético-profissionais existentes na Constituição do Estado, de observância obrigatória da parte dos agentes estatais, poderiam ser suficientes para fechar as portas à apropriação indevida do Estado, melhorando seu resultado em benefício de sua nação. Porém, se não estiverem no espírito da maioria dos agentes eleitos e gestores que o comandam, fortalecidos por uma forte educação geral e ética da imensa maioria da população, a probabilidade de serem seguidos e exigidos de todos é praticamente nula. Por isso, iniciativas de recrutamento e permanência de agentes estatais somente de alto nível ético-profissional e de educação geral e ética da população devem ser do próprio Estado.

Como o alto nível ético-profissional deste leva à segurança e ao desenvolvimento econômico-social sustentável de sua nação por meio de uma atuação eficiente e eficaz, justa e igualitária, é salutar que os princípios que levam a ele sejam definidos em sua Constituição e nas demais normas. Eles devem apontar para mecanismos que impeçam o recrutamento e a permanência no Estado de indivíduos contrários ou alheios à coletividade, pois estes sempre encontrarão meios de impedir a criação de normas que os inibam e burlar as existentes que tentarem inibi-los. Por isso, deve haver forte e persistente combate a eles por parte de todas as nações.

Os mecanismos desse combate devem ser claros, objetivos e de observância obrigatória por todos, devendo se constituir no ponto que o próprio Estado e a população devem focar. Devem trazer todo fundamento do Estado de alto nível ético-profissional, que foca o resultado em benefício da coletividade compatível com seu custo e potencial, devendo ser utilizados em conjunto com o acompanhamento dos indicadores de funcionamento e de resultado do Estado, de confiança nele e em seus agentes e econômico-sociais nacionais. É necessário que esses mecanismos forneçam meios de se conhecer o nível ético-profissional do Estado e de elevá-lo cada vez mais.

Pode-se concluir que a existência de bons princípios e boas normas que tenham a impessoalidade, a ética e o profissionalismo como critérios exclusivos para recrutar e manter os agentes estatais, exigidos igualmente de todos, é o melhor e talvez único caminho para instituir a ética e o profissionalismo de modo sustentável no Estado de todas as nações. É bom que estejam em sua Constituição e nas demais normas, porém a população deve ficar atenta ao seu cumprimento para que não fique refém dos que buscam se apropriar indevidamente do Estado em detrimento de sua nação.

O ESTADO E A EDUCAÇÃO GERAL E ÉTICA DA NAÇÃO

Uma nação não pode ser segura nem desenvolvida com uma população em sua maioria de baixo nível de educação geral e ética e em meio à degradação de suas práticas políticas e sociais. As normas gerais e específicas elaboradas e exigidas pelo Estado devem focar claramente o fim coletivo e ser cumpridas por todos, consideradas as exceções nelas explícitas, senão não deveriam existir. A ninguém pode ser dado poder superior à mais ínfima norma elaborada pelo Estado, e assim que ela, por questão social, política, econômica, ambiental ou outra, não puder ser obrigatória para todos, ressalvadas exceções lógicas, deve ser prontamente alterada ou extinta.

Não deve haver, ainda, norma contrária à ordem, à liberdade, à paz, à justiça e à igualdade dos indivíduos se não houver clara e defensável motivação coletiva. O Estado deve tomar o cuidado de não tolher ou regrar um indivíduo pela norma e outro não, criando uma divisão injusta e desigual, que tem a violência como principal e mais evidente consequência. Todos devem receber o mesmo tratamento do Estado, independentemente do nível econômico-social e de seu papel na sociedade. A norma deve distinguir e tratar de modo desigual apenas os desiguais e, sempre que o faça, tem que ser explícita e ter em conta o fim coletivo, visando sempre à proteção e ao desenvolvimento de todos.

Em nações cujos Estados não agem dessa forma, tendem a fracassar todas as tentativas de boa convivência social. O elemento maior que realmente protege as nações e fomenta seu desenvolvimento econômico-social sustentável é a educação geral e ética da imensa maioria da população. É por meio dela que se estabelecem as boas relações entre os indivíduos, entre eles e suas organizações, e entre todos e o Estado, de forma recíproca, obrigando este a recrutar seus agentes apenas entre os que buscam o fim coletivo, substituindo-os se não agirem dessa forma.

Nações de baixo nível de educação geral e ética veem muitos agentes estatais utilizarem seus Estados apenas para obter seus fins pessoais indevidos, não possuindo o nível ético-profissional necessário para atuar neles. Nessas nações, a regra é que indivíduos ascendam aos mais altos cargos estatais sem que tenham demonstrado sua ética e seu profissionalismo no recrutamento e em sua atuação. Seus Estados não costumam seguir a regra de que os agentes estatais devem estar sempre voltados para o resultado em benefício da coletividade, sem o que não existe razão para atuarem neles. Deve ser princípio básico e geral escrito na Constituição de todos os Estados que a evidente oposição ou não busca do fim coletivo é causa de não admissão no Estado ou de exclusão dele.

Essa oposição é possível de ser verificada a partir de um bom nível de educação geral e ética da imensa maioria da população, que a torne mais independente do Estado e de seus agentes e permita-lhe participar dele e cobrar seus resultados. É preciso definir elementos que tornem claras as carências ético-profissionais do candidato a agente estatal ou do já agente estatal, cabendo ao Estado criar instrumentos que impeçam o recrutamento e excluam de seus quadros os indivíduos que pretendam utilizá-lo ou o utilizem em benefício pessoal indevido. Não é questão apenas de norma, mas de um conjunto de princípios e instrumentos que permitam uma cultura geral, no Estado e fora dele, de completa rejeição aos que buscam dele se apropriar indevidamente, sendo dele a responsabilidade última por não lhes permitir em seus quadros.

Muitos Estados estão, certamente, repletos desse tipo de agente, que claramente não dá o devido retorno à sua nação, mas permanece neles, elevando seu custo e impedindo seu resultado. Ao contrário, Estados de alto nível ético-profissional têm em seus agentes exemplos de ética e profissionalismo, voltados exclusivamente para a coletividade, produzindo suas normas e exigindo seu cumprimento de todos no sentido de proteger sua nação e fomentar seu desenvolvimento econômico-social. A educação geral e ética da imensa maioria da população é sua prioridade e as normas concebidas ou mantidas por eles são libertadoras, claras, objetivas, justas, igualitárias, úteis e necessárias às suas nações.

Se a imensa maioria da população possui alto nível de educação geral e ética, ela não permite que uma norma beneficie indevidamente uns em detrimento de outros, obrigando o Estado a alterá-la ou eliminá-la. O mesmo ocorre com o agente estatal que não atua em benefício da coletividade, sendo obrigado a modificar sua atuação ou exigido que o Estado o elimine de seus quadros. Também o candidato a agente eleito não obterá aprovação da população para ser recrutado pelo Estado se não tiver sua ética e seu profissionalismo devidamente comprovados. Todos devem demonstrar, dessa forma, sua ética e seu profissionalismo, com foco no resultado em benefício da coletividade para poder atuar nele.

A educação geral e ética da imensa maioria da população deve prevalecer em todas as nações, pois somente ela impedirá que indivíduos se apropriem indevidamente de seu Estado e o utilizem em detrimento dela. Ninguém possui direito irrestrito de ser agente estatal, somente podendo sê-lo os que se pautem pela ética e pelo profissionalismo em benefício exclusivo da coletividade, tendo-os certificados no recrutamento e na permanência no Estado. Havendo dúvidas em relação à ética e ao profissionalismo do agente estatal, o Estado deve afastá-lo imediatamente de suas atividades, excluindo-o de seus quadros caso se confirme seu baixo nível ético-profissional. Deve afastar imediatamente também de suas relações com ele os de fora do Estado que buscam se apropriar indevidamente dele.

O Estado tem a obrigação de só permitir que participem dele, como seus agentes ou não, os que lhe agreguem valor no alcance de seu fim coletivo. Isso porque ele foi criado e é mantido para oferecer resultado do que obtém da população, e não para fornecer benefícios indevidos a agentes estatais ou outros. Ele deve agir de modo impessoal, ético-profissional, por isso não existe direito de atuar nele como seu agente ou de se relacionar economicamente com ele que não decorra da ética e do profissionalismo inquestionáveis dos que querem contribuir com sua nação por meio dele ou fazer negócios justos e igualitários com ele, garantindo benefícios recíprocos.

Isso não é o que ocorre em Estados em que prevalecem normas que mais prejudicam do que contribuem com sua nação. Muitos agentes eleitos e gestores que os comandam e que deveriam concebê-la e atualizá-la em benefício exclusivo da coletividade não o fazem porque se voltam quase sempre para seus fins pessoais indevidos, utilizando-a para obter benefícios pessoais em detrimento de sua nação. Impõem dificuldades à população para que não se liberte deles e do Estado, proferindo discursos diferentes de suas práticas e fazendo tudo que podem para manter sua apropriação indevida.

O poder desses Estados está em muitos de seus agentes eleitos e gestores que os comandam, em todos os seus entes, todos os seus poderes e todas as suas organizações, formando um conjunto inseparável e maléfico a comandar os destinos nacionais. Muitos que os comandam se voltam, explicitamente ou não, para impedir a educação geral e ética da maioria da população, evitando, assim, sua independência em relação a eles e ao Estado para não ameaçar seus benefícios pessoais indevidos. Isso leva a fortes carências para a maioria da população, que pouco recebe do que contribui com seu Estado.

Tudo isso será mantido enquanto for mantida uma situação de alto nível de personalismo e patrimonialismo e de baixo nível ético-profissional no Estado, fazendo-o se voltar para dentro e atuar para manter tudo como está. A população passa a ter a sensação de ter tido seu destino traçado por um ser atroz, sentindo-se tão desprotegida e excluída que acredita não haver mais solução para seus imensos problemas, que se mantêm ao longo do tempo. A carência de educação geral e ética da imensa maioria da população e sua falta de independência em relação ao Estado e aos seus agentes denigre os costumes sociais e políticos nacionais, com o Estado nunca se responsabilizando por essa situação.

Os agentes eleitos e gestores que comandam esse tipo de Estado aparecem em sua fragilidade humana também como vítimas de suas próprias ações ou dos males que causam. Porém, impressiona como circulam com pompas no meio da sociedade que tanto prejudicam, como se não tivessem nada a ver com o grande mal que causam às suas nações e sem se sentirem culpados pelas dificuldades que as acometem.

Somente o Estado de alto nível ético-profissional conseguirá amenizar os males de suas nações, sendo o responsável por melhorar o mundo ao combater as injustiças e desigualdades e suas consequentes violência, fome e guerra, que insistem em não cessar. Buscará o fim coletivo com sua ação, seu exemplo e seu controle para que indivíduos e organizações públicas não estatais e privadas também o busquem, todos atuando para o bem-estar de suas nações. Somente ele será capaz de mudar de modo sustentável, no que é de sua responsabilidade, práticas sociais, políticas e econômicas nacionais indevidas para práticas éticas e profissionais que devem prevalecer.

Nações que já possuem Estados de alto nível ético-profissional estão à frente das demais nações em segurança e desenvolvimento, como mostram muitos de seus indicadores econômico-sociais comparados internacionalmente. Isso não quer dizer que o Estado deva assumir e resolver todos os problemas nacionais e suprir todas as necessidades dos indivíduos, já que é necessário a estes possuírem liberdade para seguir seu caminho e obter seu sustento e de sua família. A verdadeira função do Estado consiste em não os atrapalhar, contribuindo com sua proteção e seu desenvolvimento econômico-social em situações em que eles não reúnam forças suficientes em sua atuação individual.

Inclui-se na responsabilidade estatal vir em socorro da população em situações emergenciais como as decorrentes de secas, enchentes, nevascas, terremotos e outras de grande destruição e difíceis de prever ou de atuar de modo sistemático e preventivo. Depois de ocorridas, o Estado deve atuar de forma eficiente e eficaz para amenizar os efeitos sofridos pela população. Nesses casos, quem deve ser assistido por ele é a coletividade, e não o indivíduo tomado isoladamente, recebendo benefícios indevidos em detrimento dos demais.

As nações devem definir por meio de seus agentes estatais o tamanho e a forma de atuação de seus Estados, sendo menos ou mais presentes de acordo com as condições do meio e as necessidades populacionais. Sua atuação deve focar o bem comum, utilizando apenas o recurso e o poder necessários para proteger sua nação e fomentar seu desenvolvimento sustentável. Não deve extrapolar suas competências, mas atuar como ente coletivo e aliado da nação. Isso somente ocorrerá de modo sustentável em nações cuja grande maioria da população possua alto nível de educação geral e ética, pois só assim votará em candidatos a agentes eleitos voltados para o fim coletivo, que recrutarão, direta ou indiretamente, agentes gestores e não eleitos nem gestores também voltados para a coletividade, e não para indivíduos ou grupos específicos em detrimento de outros.

Desse modo, o Estado atuará interagindo com a população, comunicando-se de forma inteligível com ela e obtendo participação e cobrança pelas suas ações, que só se justificam se agregarem valor aos recursos que obtém. Para isso, o Estado só deve permitir a sujeição de um indivíduo à população como postulante ao recrutamento como agente eleito se possuir alto nível ético-profissional devidamente comprovado. Permiti-la a indivíduo de baixo nível ético-profissional é o primeiro passo para o recrutamento de agentes eleitos, com o posterior recrutamento dos demais agentes (gestor e não eleito nem gestor), de mesma característica.

Como consequência, o Estado será de baixo nível ético-profissional, com a ineficiência, o desvio do fim coletivo e a corrupção imperando em suas ações. Nesse caso, a identificação dos problemas nacionais e a contribuição com sua solução serão substituídas pelo engodo dos que se tornaram seus agentes eleitos e dos gestores recrutados direta ou indiretamente por eles, ambos sem compromisso com o resultado estatal. O Estado será, então, desacreditado pela população e sua existência se dará mais pela coação do que pelo resultado que apresenta à sua nação.

A promoção de uma boa educação geral e ética para a imensa maioria da população é o único meio sustentável de permitir sua participação na construção e manutenção do Estado de alto nível ético-profissional. Caso isso não ocorra, o Estado será tomado pelos interesses pessoais indevidos de muitos de seus agentes, principalmente de muitos que o comandam e dos que possuem poder e domínio sobre eles, de dentro ou de fora dele.

São necessários quatro componentes básicos para que haja forte alinhamento entre Estado e nação: ao agente eleito cabe elaborar normas justas, igualitárias, claras, objetivas e apenas as necessárias, exigindo cumprimento de todos, bem como conduzir o Estado com justiça e igualdade em busca exclusiva do fim coletivo; ao agente gestor, gerir o Estado a partir das normas elaboradas pelo agente eleito e da condução deste em interesse exclusivo da coletividade; ao agente não eleito nem gestor, exercer suas atividades a partir das normas, da condução e da gestão dos agentes eleito e gestor, visando sempre o fim coletivo; e à população, votar em candidatos a agentes eleitos e, caso recrutados pelo Estado, atuar junto a eles, acompanhando e cobrando seus resultados em benefício da coletividade. Esses componentes estão esquematizados na Figura 1.2:

Figura 1.2 – Componentes necessários ao alinhamento entre Estado e nação

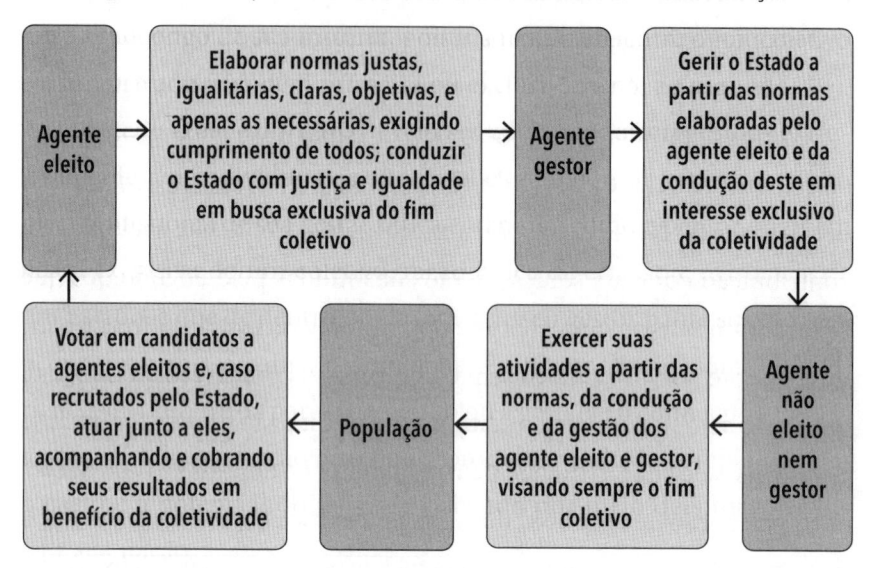

```
┌──────────┐   ┌─────────────────────┐   ┌──────────┐   ┌─────────────────────┐
│          │   │ Elaborar normas     │   │          │   │ Gerir o Estado a    │
│          │   │ justas, igualitárias,│  │          │   │ partir das normas   │
│ Agente   │ → │ claras, objetivas, e│ →│ Agente   │ → │ elaboradas pelo     │
│ eleito   │   │ apenas as necessárias│  │ gestor   │   │ agente eleito e da  │
│          │   │ exigindo cumprimento│   │          │   │ condução deste em   │
│          │   │ de todos; conduzir  │   │          │   │ interesse exclusivo │
│          │   │ o Estado com justiça│   │          │   │ da coletividade     │
│          │   │ e igualdade em busca│   │          │   │                     │
│          │   │ exclusiva do fim    │   │          │   │                     │
│          │   │ coletivo            │   │          │   │                     │
└──────────┘   └─────────────────────┘   └──────────┘   └─────────────────────┘
     ↑                                                             ↓
┌─────────────────────┐   ┌──────────┐   ┌─────────────────────┐   ┌──────────┐
│ Votar em candidatos │   │          │   │ Exercer suas        │   │ Agente   │
│ a agentes eleitos e,│   │          │   │ atividades a partir │   │ não      │
│ caso recrutados pelo│   │          │   │ das normas, da      │   │ eleito   │
│ Estado, atuar junto │ ← │População│ ← │ condução e da gestão│ ← │ nem      │
│ a eles, acompanhando│   │          │   │ dos agente eleito e │   │ gestor   │
│ e cobrando seus     │   │          │   │ gestor, visando     │   │          │
│ resultados em       │   │          │   │ sempre o fim        │   │          │
│ benefício da        │   │          │   │ coletivo            │   │          │
│ coletividade        │   │          │   │                     │   │          │
└─────────────────────┘   └──────────┘   └─────────────────────┘   └──────────┘
```

Fonte: elaboração própria.

O alto nível ético-profissional e de educação geral e ética são características comuns e obrigatórias em cada componente da Figura 1.2, sem o que não se obterá o Estado de alto nível ético-profissional. O início de todo ciclo é o recrutamento de agentes eleitos de alto nível ético-profissional, como consta na parte IV deste livro, que recrutarão gestores com essa característica, ambos impedindo que indivíduos de alto nível de personalismo e patrimonialismo e de baixo nível ético-profissional se apropriem indevidamente do Estado e o mantenham contrário ou alheio aos interesses de sua nação. Somente dessa forma o Estado buscará elevar o nível de educação geral e ética da maioria da população para libertá-la dele e de seus agentes e focará o resultado em benefício da coletividade.

DEMOCRACIA E LEGITIMIDADE DO ESTADO

A Constituição legítima de um Estado, elaborada por agentes eleitos pela população para esse fim, deve impedir a apropriação indevida dele, tanto pelos seus agentes quanto pelos que não o são. Deve prezar pelo poder soberano da população, o qual não pode ser exercido se o Estado não for conduzido com alto nível ético-profissional em todas as áreas em que atua ou deva atuar. No mesmo sentido, devem segui-la todas as normas dela decorrentes, obrigando à existência de estrutura e organização do Estado que possibilitem a atuação estatal de alto nível ético-profissional. Não sendo assim, o Estado não atenderá ao fim coletivo ou ao interesse da coletividade, com seu domínio e poder exercidos contra sua nação.

Se o Estado não atender a essas premissas, os recursos obtidos da população tendem a ser desviados em benefício indevido de muitos que o comandam, concretizando, assim, o que ela menos espera ao entregar seus recursos a ele. Nas sociedades modernas com bom nível de educação geral e ética, os Estados primeiramente são democráticos, e sua Constituição e suas demais normas não permitem a apropriação indevida dele por agentes estatais ou por quaisquer outros que lidem com eles.

Nessas sociedades, os Estados declaram princípios ético-profissionais em sua Constituição e nas demais normas para que sejam seguidos pelos agentes estatais, e para que estes os difundam para toda nação por meio da atuação, do exemplo, do poder e do controle que exercem sobre ela. Até Estados de sociedades cuja população não possui nível de educação geral e ética tão elevado e Estados não democráticos não arriscam deixá-los de fora de seus normativos, procurando nestes, em certa medida, declarar alinhamento com a ética e o profissionalismo como forma de evitar revoltas ou ameaças da parte da população.

Sendo assim, por que muitos Estados continuam com indicadores de funcionamento e resultado, de confiança nele e em seus agentes tão precários e suas nações com indicadores econômico-sociais tão ruins? Será que um ente tão poderoso e com tão fartos recursos como o Estado não conseguiria reverter essa situação se atuasse com alto nível ético-profissional, como declaram muitas vezes sua Constituição e suas demais normas? A resposta certamente é positiva para todos os Estados.

Em Estados de alto nível de personalismo e patrimonialismo e de baixo nível ético-profissional, mesmo que constem em sua Constituição e nas demais normas, a ética e o profissionalismo não são verdadeiramente aplicados neles nem devidamente exigidos de toda a população. Parece que constam apenas para dar satisfação às suas nações, bem como para criar obstáculos para alguns e facilidades indevidas para outros.

Os princípios ético-profissionais devem constar na Constituição dos Estados de todas as nações e devem ser verdadeiramente seguidos por todas as demais normas. Devem levar ao planejamento, à organização, à direção e ao controle do Estado e impedir quaisquer tentativas de sua apropriação indevida. Esses normativos devem estar acima de quaisquer indivíduos e organizações, pois o objetivo do Estado é exclusivamente o fim coletivo, e isso jamais será alcançado se nele prevalecerem fins pessoais que beneficiem indevidamente uns em detrimento de outros.

Os agentes estatais devem ser realizadores da vontade nacional e devem ser reconhecidos e remunerados pelo Estado apenas pelo seu trabalho e pelo resultado que fornecem em benefício da nação. Esta não pode ser enganada em sua participação por meio do voto, o que obriga o Estado a deixar se apresentar como candidatos a agentes eleitos apenas os que não deixam dúvidas quanto à sua ética e ao seu profissionalismo, certificando-os quanto a esses elementos para exercerem cargos eletivos e só assim permitindo sua submissão ao voto popular. À população, compete principalmente votar em candidatos a agentes eleitos que apresentem propostas compatíveis com a atuação e o resultado que ela espera do Estado, sabendo que todos os candidatos possuem alto nível ético-profissional, pois foram previamente certificados por ele.

Essa certificação se constitui em uma das principais atividades do Estado e não se trata de censura prévia, mas apenas de não permitir que indivíduos claramente de baixo nível ético-profissional sejam submetidos ao voto da população. Não é apenas a esta que se deve culpar pela existência de um agente eleito de baixo nível ético-profissional, mas ao próprio Estado, que não o impediu de ser candidato, assim como não o impediu de ser recrutado e não o excluiu de seus quadros ao não atender ao alto nível ético-profissional que todo agente estatal deve possuir.

Ao Estado, compete acesso à informação sobre todos que habitam em seu território, sendo dele também a estrutura, o instrumento e o poder dados pela população para acompanhar e controlar o recrutamento, a atuação e o resultado fornecido pelos seus agentes. A população não possui acesso irrestrito à informação sobre os indivíduos, não possui a estrutura, o instrumento e o poder do Estado e, por isso, é facilmente enganada pelos que o utilizam ou procuram utilizar em benefício próprio quando candidatos a agentes eleitos. Portanto, é obrigação do Estado impedir que se submetam ao voto popular os que carecem da ética e do profissionalismo necessários para atuarem como seus agentes.

Será certamente carente de ordem, liberdade, paz, justiça, igualdade e itens essenciais, como segurança, saúde e educação, a nação que permite o recrutamento e a permanência de muitos agentes estatais de alto nível de personalismo e patrimonialismo e de baixo nível ético-profissional, sendo contrários a ela todos que atuam em seu Estado e agem com essa característica ou silenciam diante dela. É assim que muitas nações, pequenas e grandes, pobres e ricas, jovens e antigas, vivem em dificuldades, com enormes injustiças e desigualdades, carentes de itens básicos de sobrevivência, enquanto muitos que comandam seus Estados são fartos de tudo. São recrutados e mantidos apenas para obter status, poder e riqueza indevidos, para si e para os que possuem poder e domínio sobre eles, de dentro ou de fora do Estado.

Enquanto isso, uma multidão de agentes estatais produz abaixo de seu potencial por não serem devidamente gerenciados, inutilizados ou não devidamente demandados pelos seus superiores hierárquicos, agentes eleitos e gestores, por não aceitarem e não silenciarem perante eles em suas buscas pelo fim pessoal indevido. Produzindo abaixo de sua capacidade ou com sua produção inutilizada, representam enorme desperdício à nação. Alguns conseguem até produzir, mesmo que aquém de seu potencial, mas outros sucumbem e parecem fantasmas a perambular pelo espaço físico do Estado, sofrendo tanto quanto a população com quem não consegue contribuir como poderiam.

Como pensar em segurança e desenvolvimento econômico-social sustentável de uma nação diante de uma realidade como essa em seu Estado? Mesmo que sua Constituição e suas demais normas afirmem expressamente a condição de Estado fundamentado na ética e no profissionalismo, a realidade muitas vezes é perversa e ele se torna refém de poucos em detrimento de muitos. Ao atender fundamentalmente aos fins pessoais indevidos de muitos que o comandam, o Estado deixa de agir com alto nível ético-profissional e perde legitimidade como protetor de sua nação e fomentador de seu desenvolvimento. Ao perdê-la, deixa de oferecer resultado compatível com seu custo e potencial e de dar o exemplo que influenciaria toda a nação a agir também com alto nível ético-profissional em busca do fim coletivo.

A democracia pode ser considerada a melhor forma de a população dispor de um Estado legítimo e que atua em seu benefício. Porém, isso somente é possível com o recrutamento e a permanência de agentes eleitos de alto nível ético-profissional, que levem ao recrutamento e à permanência de agentes gestores e não eleitos nem gestores também com essa característica, todos atuando em conjunto e em benefício exclusivo da nação. Ocorre que, quando a população possui baixo nível de educação geral e ética e é fortemente dependente do Estado e de seus agentes, o Estado não se compõe nem funciona dessa forma.

É daí que ocorre algo como uma dissociação democrática, que, na verdade, parece ser planejada por muitos que o comandam ou gerem e por outros que contribuem com eles, até de fora do Estado, para fazer a população alimentar, por meio do voto e de seus recursos, indivíduos falsamente democráticos que avançam sobre ela. Dominada e controlada, a população alimenta os que vivem do status, do poder e da riqueza fáceis e indevidos que uma democracia próxima da falsidade lhes proporciona, tomando o Estado para si e para os que lhes mantêm, sem retornar à população o que dela retiram na forma de tributos.

A democracia pode ser representada como um ponto em uma linha imaginária de dois extremos, podendo variar num gradiente entre inexistente, falsa ou verdadeira:

Democracia

Inexistente   Falsa   Verdadeira

O ponto em que se localiza é diferente de uma nação para outra, de acordo com a educação geral e ética da população e com sua independência em relação ao Estado e aos seus agentes. Quanto mais à direita esse ponto, maior a legitimidade do Estado e mais verdadeira a democracia de uma nação, o que tende a ocorrer quando a imensa maioria da população possui alto nível de educação geral e ética, com mais independência em relação a ele, participando, acompanhando e cobrando seus resultados.

O ponto mais à direita deve ser sempre buscado, saindo da inexistência democrática e se distanciando cada vez mais da falsa democracia. O remédio contra a inexistência democrática e a falsa democracia é o Estado de alto nível ético-profissional, planejado, organizado, dirigido e controlado para proporcionar, primeiramente, educação e alta independência da população em relação ao Estado e aos seus agentes, buscando sempre o melhor resultado em benefício da coletividade em todas as áreas em que ele atue ou deva atuar. O indivíduo educado e liberto jamais aceitará um Estado em que seus agentes sugam seus recursos e os utilizam em benefício pessoal indevido ou não prestam contas deles.

A inexistência democrática não é tratada neste livro, já que nela a população não participa da escolha dos agentes eleitos que comandam seu Estado, o que não se recomenda nas sociedades modernas. Na falsa democracia, a população é de baixo nível de educação geral e ética,[2]

---
2. Ver conceito de educação geral e ética, p. 837.

altamente dependente do Estado e de seus agentes, trazendo falsa legitimidade, pois em geral não escolhe devidamente os que comandam ou gerem seu Estado. Prevalecem assim os agentes estatais eleitos e os gestores por eles direta ou indiretamente recrutados, ambos de alto nível de personalismo e patrimonialismo e de baixo nível ético-profissional, que agem com ineficiência, desvio do fim coletivo e corrupção em busca de seus fins pessoais indevidos e dos que possuem poder e domínio sobre eles, de dentro ou de fora do Estado.

No contexto da falsa democracia, sobram geralmente desprezo e perseguição aos que se propõem a atuar com alto nível ético-profissional em benefício da coletividade por meio do Estado – o que levaria à verdadeira democracia. O Estado é, assim, indevidamente apropriado por muitos agentes eleitos e gestores que o comandam e, por isso, suas nações não obtêm segurança e desenvolvimento econômico-social sustentável, justo e igualitário. Pode-se até afirmar que os elementos formadores das nações e suas características atuais podem afetar seu nível de segurança e desenvolvimento, como características históricas e geográficas, mas nada a impedir que uma atuação de alto nível ético-profissional do Estado possa elevar esse nível cada vez mais.

O fato mais comum e evidente em nações carentes de segurança e desenvolvimento, injustas e desiguais, é a apropriação indevida de seus Estados por muitos que os comandam ou gerem e por outros, de dentro ou de fora deles, que lhes dão sustentação. A carga tributária praticada nessas nações geralmente é muito alta e aumenta cada vez mais, com o retorno do Estado sempre aquém de seu custo e potencial. Muitos agentes eleitos e gestores que o comandam tomaram-no da nação e buscam atribuir os problemas nacionais à sua herança histórica, cultural, religiosa ou outras, como se a nação estivesse condenada a assistir a tudo passivamente por estar presa à sua formação, sem que nada possa fazer para modificar sua situação atual.

A localização da democracia no último ponto à direita da linha imaginária, como totalmente verdadeira, é impossível, assim como é impossível ao ser humano o total nível ético-profissional, porém, como este, deve ser incansavelmente buscada, pois quanto mais verdadeira a democracia, maior a legitimidade do Estado, e certamente menor seu custo e melhor seu resultado. Em algumas nações, o alto nível de educação geral e ética da imensa maioria da população leva à participação, ao acompanhamento e ao controle das decisões e ações estatais, avançando em direção à direita na linha democrática, o que as leva a mais justiça e igualdade, melhorando a qualidade de vida da população.

Estados que não focam exclusivamente o fim coletivo ou o benefício à sua nação podem até aumentar o nível de segurança e desenvolvimento dela, mas momentaneamente, voltando, em ciclos, à fase anterior. Em movimentos também cíclicos, podem possuir menos ou mais eficiência e eficácia, mas são sempre empecilhos à democracia, à segurança e ao desenvolvimento de suas nações. Nesse contexto, o Estado de alto nível ético-profissional dificilmente se firmará, pois requer muitos agentes de alto nível ético-profissional em seu comando ou sua gestão.

Ocorre que esses agentes são combatidos no sentido de impedir que promovam mudanças no Estado, motivo pelo qual muitas nações antigas ainda possuem Estados contrários ou alheios ao fim coletivo e sofrem de carência várias. Enquanto isso, outras nações mais jovens já avançaram muito e conseguiram um lugar entre as nações mais seguras e desenvolvidas, com Estados de alto nível ético-profissional e democracias mais próximas da verdadeira.

Se mais verdadeira a democracia, maior o nível de educação geral e ética da maioria da população e mais independente do Estado e de seus agentes, não aceitando outro tipo de Estado que não o de alto nível ético-profissional; se falsa a democracia, menor o nível de educação geral e ética da maioria da população e maior sua dependência em relação ao Estado e aos seus agentes, tolerando o personalismo e o patrimonialismo, o baixo nível ético profissional deles.

Vencer as barreiras e implantar a verdadeira democracia que leva ao Estado de alto nível ético-profissional, reduzindo a níveis inofensivos o personalismo, o patrimonialismo, o baixo nível ético-profissional e, consequentemente, a ineficiência, o desvio do fim coletivo e a corrupção estatal, é o que tornará mais segura e desenvolvida uma nação. Segurança e desenvolvimento que se darão de modo sustentável, pois o ente terreno todo-poderoso chamado Estado deixará de ser empecilho e passará a exercer plenamente sua nobre e peculiar missão de proteger sua nação e fomentar seu desenvolvimento econômico-social. Essa é a grande e última revolução do Estado, que, junto com sua nação, em contribuição recíproca, atuará em benefício exclusivo da coletividade.

Participar e contribuir com o bem comum deve ser obra de todos, devendo ser parte da rotina, o que é obrigatório da parte do agente estatal (eleito, gestor e não eleito nem gestor). Mesmo que não participe como agente estatal, todos que formam uma nação devem contribuir com seu Estado na eleição de seus agentes eleitos e no pagamento de tributos, devendo participar de suas decisões e ações. Contribuir com sua nação, como agente estatal ou não, é se comprometer com ela, o que implica cidadania. Todos possuem o dever de construir junto com o Estado o bem comum em suas nações, participando, acompanhando e cobrando dele, e atuar para que outros também o façam.

A população tem, assim, grande responsabilidade de contribuir com seu Estado, participando dele e cobrando seus resultados em benefício da coletividade. Seus agentes são partícipes e responsáveis diretos pelo resultado que ele apresenta, mas a população que não atua diretamente nele tem também responsabilidade pela sua atuação, pois não se constrói uma nação segura e desenvolvida sem um Estado voltado para esse fim. Isso implica que todos devem contribuir e cobrar do Estado para que ele atue unicamente nesse sentido, impedindo-o de atuar em detrimento de sua nação. Deve-se evitar fugir dessa responsabilidade e jamais buscar benefícios indevidos no Estado em detrimento dela, buscando sempre contribuir para que ele alcance o alto nível ético-profissional em benefício de toda a população.

É fato que o Estado mais voltado para o fim coletivo existe mais em nações em que a maioria da população possui mais alto nível de educação geral e ética. O valor do Estado está no benefício que gera à coletividade, e não a indivíduos tomados isoladamente. Não se pode permitir que seus agentes busquem seus fins pessoais indevidos e dos que os recrutam e os mantêm, em prejuízo de sua nação. O Estado só é legítimo se construído e mantido com o objetivo exclusivo de retornar à população o que lhe retira na forma de tributos, não sendo digno desse nome se não obedecer a essa premissa nem digno de atuar nele quem não se pautar por ela.

Deixar de investir de forma continuada, eficiente e eficaz na educação geral e ética da população e em sua independência em relação ao Estado e aos seus agentes é condenar a nação à incapacidade de participar dele e cobrar seus resultados, o que se constitui na principal estratégia dos que buscam se apropriar indevidamente do Estado. Ao atuar nele, os agentes estatais não devem buscar benefícios indevidos para si nem para os que os recrutam e os mantêm, de dentro ou de fora dele, pois, se assim o fizerem, não terão legitimidade para serem seus agentes nem o Estado será legítimo se prevalecerem nele.

Pode-se aplicar à legitimidade do Estado a mesma linha imaginária aplicada à democracia:

Legitimidade do Estado

| Inexistente | Falsa | Verdadeira |

Quanto mais alto o nível de educação geral e ética da população, mais à direita estará o ponto da legitimidade do Estado. O contrário também é verdadeiro. Quanto mais baixo esse nível, mais inexistente ou falsa sua legitimidade, pois certamente não a terá a maioria dos agentes eleitos e gestores que o comandam. Somente a educação geral e ética da imensa maioria da população permitirá a ela participar do Estado, acompanhar e cobrar seus resultados, como seus agentes ou não, o que reduz sua apropriação indevida por indivíduos que buscam nele apenas seus fins pessoais indevidos e dos que possuem poder e domínio sobre eles.

Não se trata de qualquer educação formal obtida na escola ou certificada por ela, mas da educação voltada para o conhecimento e o autoconhecimento, comprometida com a vida em comunidade e com a construção coletiva que impedem o avanço sobre o direito do outro. Educação que leva ao Estado legítimo, ético e profissional, que permite a segurança e o desenvolvimento sustentável das nações. Sem ela, tem-se o Estado ilegítimo, em que muitos agentes que o comandam e outros que silenciam ou contribuem com eles são seus principais beneficiários, com a população recebendo apenas as sobras depois de sua apropriação indevida.

A melhor educação geral e ética da população leva à independência em relação ao Estado e aos seus agentes, que leva ao alto nível ético-profissional deles, contribuindo, assim, com a melhor localização dos pontos da democracia e da legitimidade do Estado, como mostrado na Figura 1.3:

Figura 1.3 – Consequências de uma melhor educação geral e ética da população

Melhor educação geral e ética da população → Independência em relação ao Estado e aos seus agentes → Alto nível ético-profissional do Estado e de seus agentes → Melhor localização do ponto da democracia / Melhor localização do ponto da legitimidade do Estado

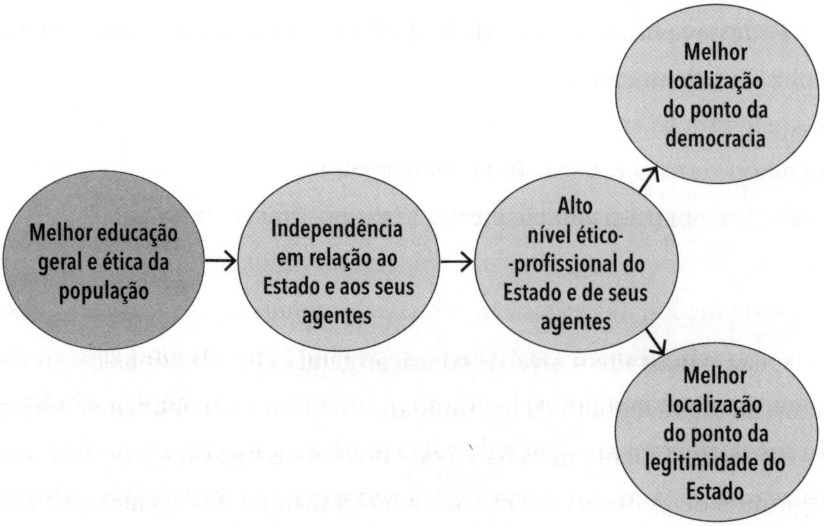

Fonte: elaboração própria.

O Estado voltado para a coletividade somente é possível de modo sustentável com o desenvolvimento da população que o mantém, sendo a educação geral e ética da imensa maioria da população a base de todo processo e o maior patrimônio de uma nação. Muitos Estados estragam o presente e comprometem o futuro de suas nações ao não investirem nela, pois não estão voltados para o fim coletivo, e sua atuação nessa área é tão carente quanto em qualquer outra em que atuam ou deveriam atuar. Os professores sofrem violência de pais e alunos, são mal capacitados, mal remunerados, pouco reconhecidos e pouco valorizados, com escolas inseguras, mal equipadas e mal gerenciadas, o que impede a educação geral e ética voltada para a formação de cidadãos de alto nível ético-profissional, comprometidos com a coletividade.

Sem priorizar a educação, muitos Estados encontram a estratégia perfeita para dominar sua nação, tornando-a dependente e refém deles. Um Estado assim é centralizador, autoritário e controlador, com democracia e legitimidade próximas da inexistência ou da falsidade. O alto nível de personalismo e patrimonialismo e o baixo nível ético-profissional de muitos de seus agentes eleitos e de muitos gestores recrutados direta ou indiretamente por eles são consequência direta da carência educacional planejada de sua nação, sendo também sua causa. Para construir a verdadeira democracia e o verdadeiro Estado legitimado pela sua nação, é necessário promover a educação geral e ética da imensa maioria da população, gerando discernimento para que participe dele e cobre seus resultados.

Do contrário, não dá para afirmar que o Estado se aproxima da verdadeira democracia e legitimidade, pois não existe conhecimento e independência da população em relação a ele e aos seus agentes para que possa haver o alinhamento benéfico entre Estado e nação. Nesse caso, em uma via de mão dupla, Estado e população se retroalimentam na manutenção de um Estado que não atende como deveria à sua nação ou à coletividade, de democracia e legitimidade claramente próximas da inexistência ou da falsidade.

Nessa situação, parte da população vê no Estado apenas a oportunidade de um dia ingressar nele, principalmente como seu agente eleito ou gestor, para também se beneficiar indevidamente dele. Dá, assim, continuidade à sua apropriação indevida, pois foi isso que a atraiu, agindo ou se omitindo em benefício próprio e dos que lhes recrutam e lhes mantêm. Dada à dificuldade de atuar neles com alto nível ético-profissional, muitos Estados quase não conseguem atrair indivíduos com essa característica para seu comando ou sua gestão.

Isso explica a busca incessante pelos cargos eletivos e de gestão de muitos Estados por parte de indivíduos sem compromisso com seus resultados em benefício de sua nação. Por esse motivo, muitos dos que não tiveram sucesso em atividades ou organizações não estatais conseguem, por artifícios vários, compor o comando estatal, levando junto parentes e amigos de mesma característica e criando o Estado que não protege sua nação nem fomenta seu desenvolvimento econômico-social. São esses os muitos agentes eleitos por uma população de baixo nível de educação geral e ética, que recrutam, direta ou indiretamente, outros de mesma característica para a gestão e outros cargos estatais, dominando e controlando em benefício pessoal indevido a parte da população que vive na dependência quase completa do Estado e de seus agentes.

Ao entender como funciona um Estado contrário ou alheio aos interesses de sua nação, interferindo negativamente nela, grande parte da população perde a esperança nele, pois não encontra valores ético-profissionais que fundamentem sua atuação. Indefesa e sem conseguir mudar o rumo e o formato de seu Estado, parte dela busca combatê-lo e se defender dele; e outra, de menor fundamento ético-profissional, adere a ele como meio de usufruir também de seus benefícios indevidos em detrimento de sua nação. Tudo isso impede a verdadeira democracia e a legitimidade do Estado e o transforma em exemplo negativo a destruir a ética e o profissionalismo de sua nação, influenciando-a e sendo influenciado por grande parte dela em um ciclo vicioso de difícil eliminação.

O ESTADO ÉTICO-PROFISSIONAL

Ético é o Estado voltado exclusivamente para o fim coletivo, cujos agentes não deixam dúvidas quanto à integridade com que atuam em benefício de sua nação ou da coletividade. Profissional é o Estado em que seus agentes são eticamente confiáveis e tecnicamente capazes de atuar em benefício de sua nação, definindo com ela os meios e os recursos necessários, arrecadando-os e gerindo-os com eficiência e eficácia. Seus agentes oferecem bens e serviços de modo impessoal à sua nação, em quantidade e qualidade compatíveis com o que o Estado arrecada da população, não deixando dúvidas sobre suas competências técnicas e de gestão.

O Estado ético-profissional decorre da junção da ética e do profissionalismo, representando o formato que justifica a criação e a existência de um Estado e possibilitando retorno dos recursos que obtém da população. A concepção e manutenção do Estado são formalizadas por meio de normas que obrigam a todos que compõem sua nação, sem privilégios indevidos a indivíduos, grupos ou organizações em detrimento de outros. Se a norma traz privilégios indevidos, deve ser prontamente modificada ou eliminada; e, caso não os traga, mas a prática ocorra dessa forma, medidas devem ser tomadas no sentido de evitá-los, devendo o Estado atuar junto à população sempre de forma ética, profissional, justa e igualitária, pois somente assim poderá contribuir devidamente com ela.

O nível ético-profissional existente em um Estado é certamente o que determina o nível de ordem, liberdade, paz, justiça, igualdade e itens como segurança, saúde e educação existentes em uma nação. Por isso, é necessário que todo Estado siga um modelo ético-profissional eficaz que evite o benefício indevido de uns em detrimento de outros.

Existem várias evidências de Estados de baixo nível ético-profissional, como: formalismo irracional, complexo e ineficaz, principalmente se cobrado apenas de alguns; instrumentos processuais complexos e intermináveis, como recursos administrativos e judiciais sem prazo de conclusão ou com prazos descumpridos; estruturas organizacionais complexas, ineficientes e ineficazes; recrutamento de agentes estatais por critério pessoal, como de gestores; má qualidade e debilidade das decisões e ações estatais; benefícios indevidos a agentes estatais e a indivíduos de fora do Estado; falhas, excessos ou insuficiência de normas; mudança de gestor estatal em curtos períodos; alta impunidade do agente estatal e de indivíduos de fora do Estado em suas relações com ele; e alto custo e baixo resultado estatal.

Tudo isso se evidencia em indicadores de funcionamento do Estado, de seu resultado, de confiança nele e em seus agentes, e econômico-sociais nacionais. Tais indicadores mostram a incompatibilidade entre o resultado do Estado, seu custo e potencial. Muitos que dominam e controlam os Estados em benefício pessoal indevido passam longos períodos em seu comando ou em sua gestão e ainda o transferem para seus descendentes, perpetuando assim diversas carências em sua nação que dependem da atuação estatal. A riqueza de suas nações quase sempre é mal distribuída, com muito para apenas alguns, geralmente estes que comandam ou gerem o Estado e outros que se relacionam indevidamente com eles, de dentro ou de fora do Estado. Tais agentes eleitos e gestores podem pregar o Estado mínimo ou máximo para reduzir os males de sua nação, porém, sem alto nível ético-profissional, o Estado será sempre um mal a prejudicá-la.

Desse modo, a discussão não deve ser em torno do tamanho do Estado, mas de sua função na vida da nação, o que deve estar em suas normas e, principalmente, na prática dos que o comandam ou gerem. A questão principal não é se o Estado deve ser menor ou maior, mas o tipo e o tamanho da necessidade que a nação possui do Estado e como este deve supri-la. Nesse contexto, entra a questão da ética e do profissionalismo que o Estado deve possuir para poder gerar resultado em benefício da coletividade. Os que elaboram suas normas, os que as aplicam, os que julgam com base nelas e os que o conduzem ou gerem devem possuir obrigatoriamente alto nível ético-profissional, pois, se não o possuir, a atuação do Estado será sempre contrária ou alheia ao fim coletivo, seja qual for seu tamanho.

O resultado que o Estado gera depende principalmente dos agentes eleitos e gestores que o comandam ou gerem, sendo a forma de seu recrutamento e o acompanhamento de suas decisões e ações, de retribuição e punição, os principais responsáveis para que ele ocorra. Os agentes eleitos e os gestores têm como missão apresentar resultados de acordo com o custo que o Estado impõe à sua nação, por isso não podem possuir mínimas suspeitas de que agem com baixo nível ético-profissional. Devem ser remunerados de acordo com a complexidade de seu trabalho e com o resultado que apresentam, porém com remuneração que obedeça às normas e possa ser acompanhada pela população, sendo constituída de valores não reprováveis por ela.

O Estado não alcançará alto nível ético-profissional com indivíduos atuando nele em busca de seus fins pessoais indevidos. Por isso, não pode haver dúvidas em relação à ética e ao profissionalismo no recrutamento e na permanência do agente estatal. Se já fizer parte do Estado, o agente deve ser imediatamente afastado dele e investigado se houver quaisquer suspeitas de desvio ético-profissional. O resultado da investigação deve ser apresentado à população, sendo excluído do Estado, obrigado a reparar o dano e devidamente punido se as suspeitas forem confirmadas, devendo ficar proibido de atuar no Estado e de se relacionar economicamente com ele por longo período.

Não se deve ser flexível para permitir a tomada do Estado pelos que buscam se apropriar indevidamente dele. Estes não causam somente os males da corrupção, mas, sistematicamente, excluem ou impedem a participação de outros que poderiam dar sua contribuição à coletividade por meio dele. Punem, ainda, os que discordam do Estado que retira recursos da população para o benefício pessoal indevido.

O mínimo que se pode esperar de um Estado em troca do esforço coletivo que se faz para mantê-lo é garantir que seus agentes sejam de alto nível ético-profissional para gerar resultado em benefício da coletividade compatível com seu custo e potencial. Estes têm que ter sempre o fim coletivo em suas decisões e ações, sem deixar dúvidas de que verdadeiramente o buscam. Somente com confiança plena da população nos agentes estatais é que ela busca contribuir voluntariamente com o Estado. Se não confiar neles, somente contribuirá de forma coercitiva e quando não puder se livrar dele.

Nesse caso, a população percebe que o retorno de seu recurso está aquém do resultado que o Estado pode gerar, procurando, assim, combatê-lo para evitar maiores danos à sua renda e ao seu patrimônio. Desse modo, a Constituição e as demais normas nacionais devem dar forma ao Estado e ser seguidas por todos, seus agentes ou não, sem que ninguém seja tratado de modo superior a elas, com todos combatendo permanentemente os que se voltam contra elas. A garantia da ética e do profissionalismo do agente estatal pode se dar pelo cumprimento da Constituição do Estado e das demais normas, mas não se restringe apenas a isso, devendo haver comprometimento total do agente estatal com o fim coletivo, pois a ética e o profissionalismo antecedem a Constituição e as demais normas.

Também em sua vida privada, como ser coletivo beneficiário do Estado e que possui relações com indivíduos e organizações estatais e não estatais, o agente estatal deve se comportar e agir com alto nível ético-profissional. Como exemplo, agentes estatais jamais poderão cometer atos como: sonegação fiscal; compra de produtos ou serviços de origem duvidosa; recebimento de benefícios indevidos do Estado; obtenção de renda ou patrimônio irregular; e cometimento de roubo, furto, homicídio e outros delitos; não podendo também se beneficiar deles. Muitos atos que o desabonam poderiam ser citados, mas esses são básicos no que se espera de um agente estatal na sociedade, pois esta o remunera para que lhe gere benefício e sirva de exemplo.

Tudo que for passível de pena ou sanção por parte do Estado e de reprovação para a maioria da população não pode ser praticado pelo agente estatal em sua atividade profissional nem em sua vida privada, em coletividade. O Estado jamais pode admitir dúvidas quanto à ética e ao profissionalismo de seus agentes, e, quando forem postos em condição duvidosa, ele deve, em curto período, atestar, corrigir ou condenar sua conduta. Ninguém deve servir ao Estado como seu agente sem que sua ética e seu profissionalismo estejam devidamente comprovados, devendo ser imediatamente excluídos dele os que não os comprovarem todas as vezes em que forem demandados por ele a fazê-lo.

A ÉTICA E O PROFISSIONALISMO NO ESTADO

A ética no Estado consiste em atuar sempre com honestidade, justiça e igualdade quando se exerce atividade estatal, o que o leva à busca exclusiva do fim coletivo para toda a nação. Somente a ética de seus agentes pode levar o Estado ao alcance do fim coletivo, motivo para o qual ele foi criado. Ela deve servir como guia de seus agentes para decisão e ação em todas as situações. Se não atuar com alto nível ético, o agente estatal não merece ser remunerado como tal pela sua nação, devendo ser eliminado de seu Estado e de suas relações econômicas com ele.

O primeiro teste ético de um Estado passa pela forma como recruta seus agentes. Nela, ele comunica o tipo de Estado que é, já que, como toda organização, ele é o conjunto dos indivíduos que o compõem. De modo genérico, há três tipos de agentes estatais: eleito, gestor e não eleito nem gestor. Para os três, o Estado deve dispor de mecanismos claros e objetivos de recrutamento e permanência nele em que prepondere o alto nível ético-profissional. Depois de recrutados, esse nível deve ser medido continuamente, somente sendo permitido permanecer no Estado os que o mantiverem.

Somente o alto nível ético do agente estatal permite sua busca pelo fim coletivo, pois somente assim buscará o profissionalismo que permite seu alcance. Estados em que preponderem agentes que agem em desacordo com as normas comuns a todos, no Estado ou fora dele, sonegam tributos, adquirem produtos ilicitamente, possuem patrimônio incompatível com sua herança e sua renda e praticam outros atos indevidos e prejudiciais à sua nação não têm como buscar o fim coletivo. Dos agentes estatais não se espera apenas conformidade com a norma, elaborada por eles mesmos, mas, principalmente, boa conduta no Estado e fora dele, em sua vida em coletividade.

Todas as normas devem ser-lhes exigidas assim como para os demais, jamais podendo ser beneficiados indevidamente em detrimento de outros. Se agirem com baixo nível ético, o sentimento coletivo é de que a contribuição que se presta ao Estado nada mais é do que espoliação de recursos e patrimônio da nação, com o Estado visto como um mal do qual muitos procuram se livrar, evitando quaisquer contribuições não obrigatórias ou não devidamente fiscalizadas. Para se conhecer o nível de ética, profissionalismo, justiça e igualdade existente em uma nação, basta conhecer como são recrutados e como agem seus três tipos de agentes estatais e seu Estado.

O predomínio de agentes estatais eleitos e gestores de baixo nível ético resulta em Estados que não investem na educação geral e ética da população, além de o recrutamento de outros agentes eleitos e gestores geralmente se dar por meio da manipulação indevida desta. Disponibilizam para serem votados com chances de serem eleitos muitos indivíduos que acumulam status, poder e riqueza indevidos por atuar com baixo nível ético-profissional, no Estado ou fora dele. Isso praticamente impossibilita o recrutamento de agentes eleitos somente de alto nível ético-profissional, por isso cada vez menos indivíduos que o possuem buscam concorrer às eleições em muitas nações. Enquanto isso, muitos que agem com baixo nível ético ofertam recursos indevidos à população em troca do voto e, depois de eleitos, retiram dela esses e outros recursos, alimentando, assim, sua riqueza indevida e se perpetuando no Estado.

Esses são os agentes eleitos pela democracia próxima da falsidade, que recrutam outros agentes por meio de competência normativa, como os gestores estatais. Desse modo, o vício do recrutamento indevido do agente eleito continua. Pouco se pode esperar, portanto, de indivíduos recrutados para os cargos eletivos do Estado por meio de um sistema eleitoral que privilegia os que se beneficiam indevidamente dele. Os gestores recrutados por esse tipo de agente eleito são, em regra, os que lhes são submissos na manutenção da situação atual, sem critério impessoal, ético-profissional, de recrutamento e permanência no cargo.

Por meio desses gestores, em complemento aos agentes eleitos pela população de baixo nível de educação geral e ética, o Estado exerce todo seu poder e domínio principalmente em benefício dos que se apropriam indevidamente dele, de dentro ou de fora dele. Conduzido por esse tipo de agente eleito e gestor, jamais buscará o fim coletivo, mas o fim pessoal indevido deles e dos que os recrutam e os mantêm, muitas vezes de fora do Estado. Por fim, o recrutamento dos agentes estatais não eleitos nem gestores fecha a totalidade dos que devem servir à sua nação por meio do Estado. No caso desses agentes não eleitos nem gestores, a força e o poder que possuem são ínfimos em relação aos eleitos e gestores e quase nada podem fazer para modificar a situação atual do Estado.

Por se constituírem na menor força e no menor poder existente entre os três tipos de agentes estatais, muitas vezes existem normas que tornam obrigatório seu recrutamento por meio de critérios impessoais, ético--profissionais, como o concurso público, instituindo até a estabilidade no emprego. Porém, é comum que até essas normas sejam burladas e se recrutem indivíduos submissos aos que comandam o Estado e pretendem mantê-lo como ele é. Para os que exercem poder e domínio indevidos sobre o Estado, de dentro ou de fora dele, nada melhor do que recrutar indivíduos de baixo nível ético-profissional como seus agentes, principalmente eleitos e gestores que o comandam, impedindo, assim, o Estado de alto nível ético-profissional, voltado exclusivamente para o fim coletivo.

Com muitos comandantes ou gestores estatais que não buscam exclusivamente o fim coletivo, os Estados jamais levarão suas nações à segurança e ao desenvolvimento econômico-social sustentável, produzindo muito mais para eles do que para ela. A nação pode até ser rica ou possuir crescimento econômico satisfatório, porém a carência de segurança e desenvolvimento será sempre sua marca, com parte da população sofrendo as consequências das ações e omissões de seu Estado, que pouco oferece em relação ao seu custo e potencial. Para transformá-lo, é necessária uma verdadeira revolução, não por meio das armas convencionais, mas da educação geral e ética da imensa maioria da população, formando cada vez mais indivíduos de alto nível ético-profissional para combater, de dentro ou de fora do Estado, sua apropriação indevida.

Somente por meio da educação geral e ética da imensa maioria da população é possível formar uma elite estatal de alto nível ético-profissional de forma sustentável e, como consequência, também privada, evitando os males provocados por um Estado indispensável, mas que não permite participação em suas decisões e ações, acompanhamento e cobrança da população pelos seus resultados. Como ele possui poder de influenciar e controlar a economia e outras áreas em que atua ou deve atuar, retirando da população os recursos que ela própria poderia aplicar, a partir de seus agentes e de suas ações ele pode contribuir imensamente com sua nação ou muito prejudicá-la.

Somente recrutando agentes eleitos e gestores de alto nível ético-profissional para seu comando ou sua gestão, o Estado poderá contribuir com sua nação de acordo com seu custo e potencial, capacitando-a para participar dele, acompanhá-lo e cobrar seus resultados. Desse modo, esta não aceitará mais a apropriação indevida de seu Estado nem contribuirá mais com os que o dominam e controlam em benefício pessoal indevido, de dentro ou de fora dele.

Todos que atuam em quaisquer tipos de organização, estatal, pública não estatal ou privada, possuem responsabilidade pelos seus resultados. Somente os que possuem alto nível ético atuam no Estado com profissionalismo, agindo com conhecimento e voltados para o benefício à sua nação. Somente a ética como condição essencial ao agente estatal permite o profissionalismo capaz de gerar resultado em benefício da coletividade compatível com o custo e o potencial do Estado. Ética e profissionalismo se complementam e formam o conjunto de elementos indissociáveis e indispensáveis que fundamentam o agente estatal voltado exclusivamente para o fim coletivo.

Assim como ocorre com a ética, no recrutamento se dá o primeiro teste profissional de um Estado, com seus comandantes estabelecendo como cobrá-lo em seus três tipos de agentes (eleito, gestor e não eleito nem gestor), evidenciando, assim, a totalidade ético-profissional existente nele. Suas decisões e ações devem deixar claro que o alto nível profissional é elemento essencial e complementar à ética do recrutado, não permitindo o recrutamento nem a submissão ao voto da população os que possuem máculas em relação à sua atuação ético-profissional precedente, no Estado ou fora dele, certificando seu alto nível ético-profissional.

Para todos os agentes estatais (eleito, gestor e não eleito nem gestor), o alto nível ético-profissional deve ser comprovado no recrutamento e na permanência no Estado. No caso do agente eleito, deve ser comprovado antes e depois das eleições, antes de ser recrutado, considerando sempre sua vida pregressa em coletividade. Depois de recrutados, o nível ético-profissional de todos os agentes estatais deve ser medido permanentemente, sendo excluídos do Estado os que atuarem abaixo do nível requerido.

O profissionalismo dos agentes gestores, mesmo que eleitos pela população, como o Presidente da República, deve ser medido por meio de objetivos, indicadores, metas e planos estabelecidos por eles, desde a submissão à eleição, pelo candidato a agente eleito, até à candidatura ao recrutamento a gestor pelos demais agentes. Depois de recrutados, devem planejar, com base nesses e em outros objetivos voltados para o resultado em benefício da coletividade, o que torna essencial o recrutamento de todo gestor por meio de critério impessoal, ético-profissional, justo e igualitário. Jamais poderão ser recrutados por conta apenas da lealdade aos que os recrutam e os mantêm, o que os levaria a atender indevidamente a estes e a si próprios, sem interesse em planejar, organizar, dirigir e controlar em benefício de sua nação.

O objetivo exclusivo do Estado em atender ao fim coletivo não pode ser colocado em último plano depois de atendidos os interesses pessoais dos que o comandam. Estados que recrutam e mantêm seus agentes sem critérios impessoais, ético-profissionais, claramente definidos, comunicados, compreendidos e aprovados pela maioria da população, não têm como gerar resultado em benefício da coletividade compatível com seu custo e potencial. Atendem primeiro aos fins pessoais de muitos que os comandam, sendo altos seus custos e baixos seus resultados, obrigando sua nação a ver seus comandantes obterem benefícios indevidos e tomarem o lugar de outros que lhe dariam melhor resultado.

Se esses Estados fossem organizações não estatais atuando em uma nação que possuísse Estado de alto nível ético-profissional, o ambiente se encarregaria de eliminá-los. Porém, como organizações estatais e sendo eles o próprio Estado, de baixo nível ético-profissional, sua eliminação é descartada. Partindo dessa realidade, esses estados se mantêm e os agentes eleitos e gestores que os comandam em busca do fim pessoal indevido se autoprotegem e se perpetuam em seu comando. Atendem a si próprios e se submetem a outros que também se apropriam indevidamente do Estado, de dentro ou de fora dele, utilizando-o em verdadeiro saque à sua nação. Não estão a serviço dela por meio do Estado, mas de si mesmos e dos que os recrutam e os mantêm.

O recrutamento desses agentes quase nunca está diretamente relacionado à sua ética e ao seu profissionalismo, mas às suas relações muitas vezes indevidas com os que possuem poder de recrutá-los e mantê-los no comando ou na gestão do Estado e à possibilidade de atendimento aos fins pessoais indevidos dos dois. Como não há o interesse em atuar na obtenção de resultados exclusivos em benefício da coletividade, muitas vezes não possuindo sequer conhecimento técnico e gerencial para tal, muitos agentes estatais recrutados sem critérios impessoais, ético-profissionais, e aqueles que os recrutam e os mantêm impõem altos custos e imensas dificuldades às suas nações.

Visando aparentar atuação de alto nível ético-profissional, agentes eleitos e gestores que se apropriam indevidamente dos Estados buscam muitas vezes recrutar o terceiro tipo de agente estatal, o não eleito nem gestor, por meio de critério impessoal, ético-profissional, como o concurso público. Ocorre que, mesmo por esse tipo de recrutamento, não focam devidamente a ética do candidato, medindo apenas o conhecimento em determinados assuntos por meios de provas e outros instrumentos. Aos agentes estatais recrutados por esse critério não dão poder de contribuir com os resultados do Estado de acordo com o potencial que possuem, tendo sua atuação geralmente tolhida ou cooptada por comandantes ou gestores de alto nível de personalismo e patrimonialismo e de baixo nível ético-profissional, recrutados também, direta ou indiretamente, por outros agentes eleitos e gestores de mesma característica.

Desse modo, esses agentes eleitos e gestores controlam e dominam o Estado que possui suas mesmas características, tomando-o para si e para os que de fora dele contribuem com eles e se beneficiam também indevidamente dele. Procuram afirmar para a nação a falsa premissa de que a cultura nacional não permite a existência do Estado de alto nível ético-profissional, daí a ineficiência, o desvio do fim coletivo e a corrupção estatal não terem como acabar. Ademais, tentam incutir nela que a carência de ordem, liberdade, paz, justiça, igualdade e educação geral e ética da imensa maioria da população são consequências dessa cultura, o que os ajuda a montar suas estratégias permanentes de poder e domínio indevidos sobre o Estado.

Ocorre que toda gestão organizacional tem na cultura talvez seu elemento mais complexo, a qual pode ser utilizada tanto do lado da ameaça como da oportunidade em termos de resultados. Como oportunidade, o gestor de alto nível ético-profissional estabelece estratégias de curto, médio e longo prazo para trabalhá-la, não no sentido de modificá-la de forma abrupta, mas de transformá-la de forma paulatina no sentido de contribuir com o alcance do resultado que almeja. Do lado da ameaça, quando o gestor carece de alto nível ético-profissional, utiliza a cultura organizacional existente para justificar o não alcance de objetivos organizacionais ou até mesmo a ausência de objetivos previamente definidos.

No caso de muitos Estados, seus gestores tentam justificar o não estabelecimento de objetivos ou seu não alcance alegando maior complexidade do Estado em relação às organizações não estatais e que os objetivos deste são mais difíceis de mensurar e acompanhar. Muitas vezes alegam que a cultura nacional atrapalha os resultados do Estado, o que é falso, pois a cultura nacional deve ser considerada apenas na análise de oportunidades e ameaças externas para direcionar suas ações. Essas alegações tentam, na verdade, esconder o ponto fraco desses Estados: a carência ético-profissional de muitos agentes eleitos e gestores que os comandam e que impedem seus melhores resultados.

Em qualquer tipo de organização – estatal, pública não estatal ou privada –, o tratamento da cultura interna é essencial, não fazendo sentido utilizar a cultura externa para justificar a não utilização de itens de gestão, como a não definição e o não alcance de objetivos. A cultura externa deve ser identificada como ameaça a ser arrefecida ou oportunidade a ser utilizada com o fim de se obter melhores resultados. Nos negócios privados, se a ameaça pode impedir a consecução de objetivos organizacionais futuros, estudos prévios de viabilidade do empreendimento orientam para seu devido tratamento ou até para o não nascimento do negócio. Se já em funcionamento, podem-se conceber estratégias no sentido de reorientar os negócios, podendo-se optar até pela saída do mercado.

No caso do Estado, que deve ter como objetivo exclusivo o benefício à coletividade – podendo ser traduzido de modo genérico em ordem, liberdade, paz, justiça e igualdade, fornecendo ou permitindo que outros forneçam itens essenciais, como segurança, saúde e educação –, a cultura nacional não pode jamais ser utilizada como impeditivo ao seu alcance. Não há como evitar o nascimento do Estado, ou como se desfazer dele, como ocorre nas organizações privadas, se a cultura nacional ameaçar seus objetivos, pois é ele o ente fundamental para a segurança e o desenvolvimento em todas as nações. Como não existe nação sem Estado, deve-se zelar por ele, evitando apenas a sua apropriação indevida que impeça o alcance de seu resultado em benefício da coletividade.

Assim, os agentes estatais não têm como alegar que a cultura nacional impede o resultado do Estado ou que seus problemas de ineficiência, desvio do fim coletivo e corrupção são inerentes a ela. Estes são exclusivos de sua forma de atuação, nada tendo a ver com fatores culturais externos, como tentam fazer supor os que dele se apropriam indevidamente. A cultura nacional não pode servir de pretexto para o alto custo e o baixo resultado do Estado, pois a cultura interna, além de ser a principal responsável por eles, é imposta pelo seu comando ou não devidamente trabalhada por ele. A cultura interna deve ser estrategicamente trabalhada para eliminar o mau funcionamento e o baixo resultado do Estado, sendo a cultura nacional influenciada pelas suas ações e pelo seu exemplo, não o contrário.

Não é a nação a responsável pelos males existentes no Estado, mas ele mesmo, em sua forma de atuação, e somente podem ser combatidos pelo alto nível ético-profissional de seus agentes, principalmente eleitos e gestores que o comandam. Assim, o baixo nível nesses quesitos o torna o ente obrigatório cujo mau exemplo prejudica e contamina toda a nação. Pode ser atribuída ao Estado que muito retira e pouco retorna à sua nação a responsabilidade máxima pelas dificuldades de uma população insegura e empobrecida, em que ele serve muito mais para dar benefícios aos que dele se apropriam indevidamente do que contribuir com ela. Ninguém consegue fugir do Estado, pois é ele ente obrigatório e onipresente, gerando imenso mal à sua nação quando de baixo nível ético-profissional.

O Estado não foi concebido para beneficiar indevidamente uns em detrimento de outros, mas para permitir que o fim coletivo prevaleça. Se não prevalecer, deve-se repensar o Estado para, de forma legítima e democrática, corrigir seus rumos. Essa correção jamais passará pela sua extinção, pois isso não é recomendável nem possível, mas pela sua melhoria, de modo que o benefício exclusivo à coletividade seja sempre obtido. Para isso, basta que seja planejado, organizado, dirigido e controlado nesse sentido, o que somente ocorrerá se prevalecerem a ética e o profissionalismo nos agentes que o comandam, independentemente da cultura existente fora dele ou em sua nação.

Nações inseguras, injustas, desiguais e de baixo nível de desenvolvimento socioeconômico geralmente são afetadas pelos seus Estados, sendo acometidas por seu mau funcionamento. Diferentemente do que tentam difundir os que deles se apropriam indevidamente, o baixo nível ético-profissional dos Estados não é decorrente da cultura nacional, mas esta é que é afetada por eles. Como forma de obter melhores resultados, todas as organizações procuram construir sua própria cultura. Por isso, afirmar que a cultura decorrente da formação nacional produz os males do Estado é uma tentativa de perpetuá-lo como ele é, buscando eliminar as cobranças da população pela sua eficiência e eficácia.

Tanto o Estado como qualquer outra organização devem definir claramente os fins de sua criação e existência, definindo periodicamente seus objetivos a partir deles, acompanhados de indicadores, metas e planos para obtenção de resultados que justifiquem sua existência. É preciso delimitar as fronteiras existentes entre o Estado e o ambiente que o circunda, fazendo com que prevaleça nele uma cultura interna de alto nível ético-profissional, expandindo-a, pelo exemplo e pela cobrança, para toda a nação. Não é da nação que deve partir a verdadeira transformação do Estado de modo sustentável, apesar de muito poder contribuir, como mostrado na parte IV deste livro, mas dele próprio, devendo, para isso, ser bem administrado.

Estados de alto nível de personalismo e patrimonialismo e de baixo nível ético-profissional têm seus entes, seus poderes e suas organizações acometidos por uma cultura interna fortemente focada no conservadorismo, na centralização e no autoritarismo como formas de obter e manter o status, o poder e a riqueza indevidos de muitos que os comandam e dos que possuem poder e domínio sobre eles, de dentro ou de fora deles. Essa cultura não é voltada para o resultado em benefício da coletividade, mas para o domínio e o controle destes em uma tentativa de impedir cobranças da parte dos comandados e da população, que espera o resultado de suas ações de acordo com o custo que lhes impõem.

Ela existe do mais baixo ao mais alto nível hierárquico, rege as ações dos que os comandam ou gerem e serve como critério de recrutamento para novos comandantes ou gestores. Fortes barreiras de entrada para o comando ou a gestão são estabelecidas, e indivíduos resistentes a essa cultura geralmente são impedidos de também comandá-lo, o que gera conflito permanente – luta que dificilmente será vencida por estes.

Nessa situação, os resultados desses Estados ficam sempre aquém de seu custo e potencial e, por esse motivo, sempre mais recursos são buscados da população. Ocorre que, por mais que sejam obtidos, são insuficientes, pois o problema não é de insuficiência deles, mas de gestão indevida. A cultura predominante na atuação desses Estados não é a da nação, mas a de muitos que os comandam ou gerem. Essa cultura é exclusivamente voltada para obtenção de status, poder e riqueza indevidos em detrimento da nação. Culpar a cultura nacional pela ineficiência, pelo desvio do fim coletivo e pela corrupção dos Estados, como muitos que os comandam tentam fazer, carece de fundamento, pois a construção de uma cultura ético-profissional voltada para resultados se dá internamente e, por conta do imenso poder do Estado, pode pautar a sociedade, não o contrário.

Os subordinados necessitam do exemplo que vem de cima, no caso do Estado, de seus agentes eleitos e gestores que o comandam, desde o mais baixo ao mais alto nível hierárquico. No dia a dia, as organizações leem e interpretam os sinais, os pensamentos e as ações de seus comandantes, sendo a ética e o profissionalismo do todo organizacional totalmente dependentes do que ocorre em seu comando ou sua gestão, cujo principal exemplo, para o bem ou para o mal, vem da alta administração. Organizações não estatais de nações que possuem Estados de mais alto nível ético-profissional procuram construir também culturas ético-profissionais voltadas para resultados, agindo de modo racional para obtê-los.

Nelas, há o cuidado da parte de seus gestores para que a ética e o profissionalismo sejam observados na tomada de decisão e ação cotidiana, pois sabem o risco de seus negócios não prosperarem. Procuram gerenciar bem o capital empregado, pois sabem que podem perdê-lo ou não gerar o resultado que esperam. Os ambientes interno e externo são monitorados e gerenciados para garantir a permanência e o sucesso organizacional no ambiente concorrencial, apesar de suas incertezas e hostilidades.

Em nações cuja população possui alto nível de educação geral e ética, com maior independência, participação e cobrança em relação ao Estado e aos seus agentes, os gestores estatais também buscam resultados de acordo com o custo e o potencial do Estado, prestando sempre contas de sua atuação. Nelas, agentes estatais eleitos, gestores e não eleitos nem gestores buscam cuidar do Estado, atuando com alto nível ético-profissional para obter resultados em benefício delas, senão não os obterão e poderão ser eliminados de seus quadros.

Entretanto, isso pouco ocorre em Estados de nações cuja população possui baixo nível de educação geral e ética, com forte dependência em relação a eles e baixo acompanhamento e baixa cobrança de seus resultados. Nessas nações, a cultura prevalecente no Estado não é a do resultado em benefício exclusivo delas, pois as condições educacionais da população não permitem acompanhá-lo e cobrá-lo em relação à ética, ao profissionalismo e ao resultado. Assim, o Estado é dominado pelos agentes eleitos por uma democracia próxima da falsidade – dificilmente os mais capacitados para os cargos –, com seus agentes gestores em geral também de mesma característica, pois recrutados e mantidos direta ou indiretamente pelos primeiros.

Com o baixo acompanhamento e a baixa cobrança por resultados, a cultura que prevalece no Estado e a forma como ele atua dificilmente contribuem com sua nação de acordo com seu custo e potencial. Mais uma vez, não é a cultura nacional que impede a existência do Estado de alto nível ético-profissional, gerador de resultado positivo em benefício de sua nação, mas a cultura existente em seu comando ou sua gestão.

O Estado não foi concebido nem é mantido para privilegiar alguns indivíduos em detrimento de outros. Desde sua concepção, ele deve ser direcionado para sua nação. Por isso, nos negócios estatais, decisões devem ser tomadas e ações devem ser realizadas levando em conta, exclusivamente, o fim coletivo, nunca indivíduos em detrimento de outros de mesmas características. O vínculo e as relações existentes entre Estado, indivíduos e organizações não estatais só se justificam se claramente visarem o fim coletivo, atendendo a critérios previamente definidos. O Estado que preza pelo fim coletivo deve ser firme, forte, ético, profissional, justo, igualitário e sem privilégios indevidos a uns em detrimento de outros.

Ocorre que muitos Estados promovem a injustiça e a desigualdade ao beneficiar indevidamente os próprios agentes que os comandam ou gerem e outros que possuem poder e domínio sobre eles. Isso se dá muitas vezes no detalhe, podendo passar despercebido pela grande maioria da população, o que, repetido várias vezes e tornado cultura, traz imenso prejuízo à nação. Muitos fatos indevidos aparentemente pequenos no Estado provocam grandes danos à população. Por isso, esta deve ser implacável em sua participação, vigilância e cobrança, impedindo que indivíduos com até pequenas suspeitas em relação à ética e ao profissionalismo se tornem seus agentes ou permaneçam como tal.

Os Estados não prejudicam suas nações apenas pelos grandes fatos indevidos divulgados na mídia. O maior prejuízo se dá principalmente pela rotina dos pequenos atos não divulgados que estão na mente, no dia a dia e na cultura dos agentes estatais, principalmente eleitos e gestores que os comandam ou gerem e agem em benefício próprio e dos que os recrutam e os mantêm. As grandes notícias na mídia servem para indicar o nível de personalismo e patrimonialismo, ético-profissional, de um Estado, mas nem sempre é o mais grave que nele ocorre, representando apenas pequena parte de seu dia a dia.

Ao analisar essas notícias, pode-se questionar: de que modo surgiram os fatos? O Estado tinha como evitá-los? Quem são seus personagens, são novos ou vêm de fatos similares anteriores? Como estão sendo investigados? Fatos similares anteriores foram devidamente investigados? O que aconteceu com os envolvidos? Houve punição, como devolução de recursos, exclusão dos quadros estatais e restrição da liberdade, se for o caso? Houve resposta satisfatória à coletividade? As respostas a questões como essas indicam o nível ético-profissional de um Estado. Se não responder satisfatoriamente à grande notícia de farta divulgação, pouco se pode esperar de sua atuação cotidiana, perdendo, assim, a confiança da população de que dará resultado compatível com seu custo e potencial.

Nesse caso, os agentes eleitos e gestores que comandam ou gerem o Estado, em todos os níveis hierárquicos que têm a ver com os fatos, não têm como obter a confiança e o reconhecimento da população, pois contribuintes da má atuação do Estado e do não atendimento ao fim coletivo. O Estado é nobre e ninguém pode ser alçado à condição de seu agente (eleito, gestor e não eleito nem gestor) sem espírito coletivo, com baixo nível ético-profissional, agindo em benefício pessoal indevido próprio ou de outros. Para conduzir ou gerir o Estado da nação para a nação, somente servem os que pensam e agem com alto nível ético-profissional, que visam exclusivamente o benefício à coletividade, sem jamais sucumbir aos que agem de outra forma.

Para se conhecer o nível ético-profissional de um Estado, não é necessário apenas que seus comandantes ou gestores apareçam na mídia em notícias de fatos indevidos ocorridos nele ou por meio dele. Basta olhar seus resultados nas áreas em que ele atua ou deve atuar. Os que o dominam e controlam em benefício pessoal indevido, de dentro ou de fora dele, geralmente atraem os que a eles aderem em troca também desse benefício, sendo a subserviência muitas vezes o principal critério de recrutamento e permanência em seus cargos de comando ou gestão. Mesmo que possa haver alguma vontade de obter resultados em benefício da coletividade, muitos recrutados para comandar ou gerir o Estado nas condições aqui expostas são obrigados a manter a situação atual deste ao serem obrigados a atender aos que possuem poder e domínio sobre eles, pois só assim poderão ascender ou ser mantidos em suas posições.

Nações com Estados que agem dessa forma podem até possuir riquezas, mas serão sempre injustas e desiguais, e a maioria da população não alcançará segurança nem desenvolvimento econômico-social de modo sustentável. Mesmo que os alcance, certamente não os sustentará no médio e longo prazo, vivendo da promessa eterna de um dia se desenvolver, mas condenada a permanecer carente de tudo, porque seu Estado, de imenso poder para permitir ou não sua segurança e seu desenvolvimento, não serve ao fim para o qual foi criado. A responsabilidade por dar segurança e desenvolver uma nação não é somente do Estado, mas ele possui grande poder para permiti-lo ou não, sendo empecilho praticamente intransponível quando voltado para interesses contrários ou alheios à coletividade, à segurança e ao desenvolvimento nacional.

Para que o Estado atue em benefício exclusivo da coletividade, não pode pesar sobre seus agentes quaisquer suspeitas de atuação a ela contrária ou alheia, sendo obrigado a protegê-los de ataques físicos ou psicológicos da parte dos que buscam apenas seus fins pessoais indevidos, de dentro ou de fora dele. Ocorre que atuar com alto nível ético-profissional em um Estado todo-poderoso que possua muitos comandantes ou gestores que buscam apenas seus fins pessoais indevidos é quase impossível sem fortes instrumentos de proteção aos seus agentes de alto nível ético-profissional. Por isso, o Estado deve se voltar claramente para a proteção destes contra os que os combatem, o que dificilmente ocorre quando ele está tomado pelos fins pessoais indevidos de muitos que o comandam ou gerem.

Somente agentes estatais de alto nível ético-profissional construirão um Estado de mesma característica, por isso forças contrárias a eles são geralmente arquitetadas para ocultá-los, inibi-los ou eliminá-los. No lugar de afastar agentes estatais suspeitos de desvio do fim coletivo e corrupção até à conclusão da devida investigação, muitos Estados permanecem com eles decidindo e agindo, protelando, dificultando e impossibilitando investigações, muitas vezes atuando diretamente nelas e nas decisões e ações sobre o fato de que são suspeitos. Muitos agentes estatais suspeitos e até com delitos comprovados utilizam a estrutura e a força estatal em sua proteção, com o Estado protegendo os que deveria coibir e punir.

Muitos desses agentes deveriam ser eliminados do Estado, bem como devolver os recursos obtidos indevidamente e até privados da liberdade, desestimulando os atos que praticaram. Talvez não haja nada mais desmotivador e que iniba tanto a atuação e a credibilidade de um Estado do que ver um agente estatal de evidente baixo nível ético-profissional recebendo benefícios dele que não condizem com sua atuação, principalmente quando se percebe que toma o lugar de outros que poderiam contribuir com ética e profissionalismo em benefício da nação.

O personalismo, o patrimonialismo e o baixo nível ético-profissional são males antigos nos Estados e que já enfrentaram combates em algumas nações, sofrendo derrotas consideráveis e enfraquecendo-se muito atualmente. Ocorre que em muitas outras nações continuam fortes e impondo dificuldades de serem eliminados ou arrefecidos, o que muito as prejudicam. Decorrem do instinto humano de buscar vantagens em detrimento de outros, encontrando no Estado campo fértil devido às suas características. A dificuldade em combatê-los consiste em que é o próprio Estado que deve fazê-lo, evidentemente com o apoio e a cobrança da população. Todavia, esta geralmente é enganada por agentes eleitos e gestores que comandam ou gerem Estados em busca de perpetuar seus benefícios indevidos.

Assim, o Estado, que deveria evitar o recrutamento e a permanência de agentes estatais contrários ou alheios à busca do resultado em benefício de sua nação, não o faz, permitindo que nele atuem indivíduos com clara evidência de que atuam em benefício pessoal indevido e dos que os recrutam e os mantêm, de dentro ou de fora dele. Somente com instrumentos que não os permitam como seus agentes é possível elevar o nível ético-profissional de um Estado, tornando seu resultado compatível com seu custo e potencial. Esses instrumentos devem ser colocados à disposição do agente estatal de alto nível ético-profissional para protegê-lo contra os que querem impedir ou inibir sua atuação.

Os Estados que permitem indivíduos voltados para seus fins pessoais indevidos como seus agentes acabam por ser mais empecilho do que aliado da vida nacional. Seria aliado se agisse de acordo com os interesses de sua nação, fornecendo segurança e desenvolvimento ou permitindo que outros os forneçam. O alto nível ético-profissional do agente estatal é a única segurança contra o mau funcionamento do Estado e contra sua apropriação indevida, o que permite elaborar normas e cobrar seu cumprimento, bem como exercer a gestão com justiça e igualdade em benefício de todos, visando à segurança e ao desenvolvimento da nação.

Estados de alto nível de personalismo e patrimonialismo e de baixo nível ético-profissional possuem normas falhas, insuficientes ou excessivas, geralmente contrárias ou alheias ao fim coletivo, com baixo nível de cumprimento e alta impunidade aos que as descumprem. Essas normas jamais garantirão o melhor resultado estatal em benefício da coletividade, pois somente a ética e o profissionalismo dos que as elaboram, cobram seu cumprimento, gerem o Estado e julgam baseados nelas são capazes de fazer.

O planejamento, a organização, a direção e o controle dos entes, nacional e subnacionais, dos poderes e das organizações estatais devem buscar somente objetivos em busca do fim coletivo. Ocorre que estes nem existem se não prevalecem nos agentes estatais, principalmente eleitos e gestores, o alto nível ético-profissional ou, mesmo que existam, não garantem que são os melhores nem que serão buscados. Nesse caso, a gestão não é o forte do Estado, já que seu comando não a pratica devidamente porque não a conhece ou não a quer, buscando apenas os próprios fins pessoais indevidos e de outros, não indo além nem de encontro a eles. Teorias administrativas não florescerão em Estados tomados por essa característica, tendo como consequência a ineficiência, o desvio do fim coletivo e a corrupção.

Prevalece, assim, o fim pessoal indevido de indivíduos e grupos contrários ou alheios à coletividade, de dentro ou de fora do Estado, o que é facilmente conseguido por meio de seus agentes responsáveis por elaborar normas e cobrar o cumprimento delas, assim como pela condução ou gestão do Estado e pelo julgamento com base nelas. Muitos que estão fora do Estado usam o poder econômico, muitas vezes obtido indevidamente, para contribuir com o recrutamento de agentes eleitos e gestores para alcançar também seus fins pessoais indevidos por meio dele. Tudo isso é parte de uma estratégia bem concebida e muitas vezes silenciosa que faz muitos Estados reféns dos que deles se apropriam indevidamente em prejuízo de suas nações.

Nessa estratégia, o verdadeiro agente estatal de alto nível ético-profissional, que deveria ser protegido pela sua nação por atuar no Estado em benefício dela, dá lugar, principalmente no comando ou na gestão, aos que estão em permanente evidência, mesmo que contrários ou alheios ao fim coletivo. Estes estão por toda parte e só existem porque a maioria da população possui baixo nível de educação geral e ética e de independência em relação ao Estado e aos seus agentes, o que lhes dá sustentação. Sustentam-lhes ainda muitos indivíduos de alto nível de educação formal, obtida até nas melhores universidades do mundo, mas carentes de ética e que contribuem com eles em troca de cargos de comando ou gestão, também contrários ou alheios à sua nação.

Assim, padecem a ética e o profissionalismo no Estado, com poucos a combater em seu favor e, por isso, desprotegidos e impedidos de fornecer resultados em benefício da coletividade compatíveis com seu potencial. Essa é a principal causa das fortes carências de segurança e desenvolvimento em muitas nações. Isso parece não ter fim em várias delas, enquanto se dão bem os que se apropriam indevidamente de seus Estados, estendendo pelas suas ações e omissões e pelo seu mau exemplo o baixo nível ético-profissional a toda a nação. Só se reverterá essa situação por meio da ética e do profissionalismo dos agentes estatais e do Estado, em combate permanente aos que não agem dessa forma por meio dele.

Trata-se do espírito de coletividade e de fidelidade à sua nação por parte do agente estatal, que deve agir por ele, no Estado e fora dele, independentemente de normas que o determinem. Muitos agentes eleitos e gestores que comandam os Estados dificilmente recrutam para o comando ou a gestão, do mais baixo ao mais alto nível hierárquico, indivíduos que possuam esse espírito. Esses comandantes ou gestores estão no Estado, mas não são do Estado voltado para sua nação, buscando apenas seus fins pessoais indevidos e dos que possuem poder e domínio sobre eles, de dentro ou de fora dele. Nenhuma norma os tolherá, ainda que tente, pois isso não é questão apenas de norma, mas de ética e profissionalismo dos que recrutam e dos que são recrutados para o Estado.

É comum em muitas nações que agentes estatais tenham atuado antes e atuem durante ou depois de sua atuação no Estado em contribuição e defesa de indivíduos e grupos visivelmente contrários ao fim coletivo, o que às vezes não é ilegal em termos de normas, mas sinaliza que o fim coletivo não está ou não esteve presente neles. Certamente, sente-se traída a nação que se vê afetada por práticas como essas vindas de indivíduos pagos por ela e que antes, durante ou depois de atuarem em seu Estado serviram ou servem a interesses que lhe são contrários, visivelmente em desacordo com a ética que se espera deles. Isso deve ser considerado ao se recrutar agentes estatais, não se devendo recrutar os que serviram ou servem a interesses contrários à coletividade, no Estado ou fora dele.

Reduz-se, dessa forma, a possibilidade de que atuem contra o fim coletivo enquanto estiverem no Estado e ao saírem dele, contrariando o interesse que deveriam defender, como agentes estatais ou não. Qual esforço estruturante em benefício do Estado de alto nível ético-profissional e da ética e do profissionalismo em sua nação pode realizar um agente estatal que antes de sê-lo agia visivelmente contra o interesse coletivo ou que, estando nele, ainda o faz? Não se trata apenas de questão normativa, mas da ética existente no ser humano de que servir à sua nação por meio do Estado é muito mais do que "ocupar" um cargo estatal, sendo mais uma missão, em que assume o compromisso de que se pautará pela ética e pelo profissionalismo sempre, como agente estatal e quando deixar de sê-lo.

Muitos são os que estão nos Estados, mas não se comprometem com o fim coletivo em sua atuação. Os Estados que já alcançaram alto nível ético-profissional também são afetados por esse tipo de indivíduo, só que em menor intensidade. São os agentes estatais que atuam com alto nível ético-profissional os principais responsáveis pela melhoria contínua de suas nações. Os que não atuam dessa forma são peças de uma engrenagem chamada Estado, mas contrárias ou alheias ao seu fim coletivo, em busca de seus interesses pessoais indevidos, que a sugam e impedem seu resultado em benefício de suas nações.

OBSTÁCULOS AO ESTADO DE ALTO NÍVEL ÉTICO--PROFISSIONAL E AO DESENVOLVIMENTO DAS NAÇÕES

A posição de uma nação em termos de segurança e desenvolvimento pode ser medida pela qualidade de vida da população. Os indicadores de saúde, educação e longevidade que compõem o Índice de Desenvolvimento Humano (IDH) podem ser uma boa medida nesse sentido. Saúde envolve alimentação, saneamento, moradia, água potável, acesso médico-hospitalar, medicamento e outros; educação envolve letramento a partir de conhecimento adquirido na educação formal e informal; e longevidade pode ser relacionada aos itens anteriores e à segurança pública que protege a vida e a integridade física e mental dos indivíduos.

Esses três elementos são de alta importância ao ser humano e devem ser buscados pelos Estados de todas as nações.

Eles são abrangentes e convergem para o ponto básico da utilidade que pode levar à felicidade humana, a qual tende a ocorrer com mais facilidade para quem os possui, já que levam diretamente à expectativa de viver mais e melhor. Muitas variáveis atuam em conjunto para se chegar ao melhor IDH, algo almejado por todo ser humano. Enquanto todos devem buscar melhor qualidade de vida e longevidade por seus próprios meios, não se pode negar a alta responsabilidade do Estado por elas ao tomar o ser humano como ser coletivo que contribui com ele e deve receber seu retorno.

Não se pode afirmar que toda a felicidade humana depende apenas do próprio indivíduo, pois itens coletivos essenciais a ela dependem do Estado como ente superior e abrangente que ultrapassa as forças de cada um. É certo que não cabe apenas ao Estado a responsabilidade pela vida dos indivíduos, mas cabe a ele a concepção e manutenção de instrumentos que regulem as relações econômico-sociais e outras no que se refere à vida em coletividade, pois ainda não se concebeu nada terreno melhor e mais abrangente do que ele no que se refere a esse aspecto.

É o Estado que possui poder, acima de indivíduos, grupos e organizações tomados isoladamente, de obter recursos de todos e redistribuir com mais valor para toda população, fornecendo ou fomentando a obtenção de itens como os que compõem o IDH. Nenhuma ação do Estado tem razão de existir se não visar exclusivamente ao fim coletivo, cujo principal objetivo é a segurança e o desenvolvimento econômico-social sustentável de sua nação. Não se pode negar jamais a importância do esforço e da ação individual como necessários à melhoria das condições de vida de uma nação, porém estes não bastam, já que a grandeza e a complexidade do coletivo exigem direção e regulação de um ente superior.

Esse ente é o Estado. Mas, se a ética e o profissionalismo não prevalecerem nele, seu desempenho será prejudicado, prejudicando assim toda a nação. Muitas obras literárias sobre o Estado foram escritas ao longo da História, muitas ideias surgiram e foram debatidas, e inúmeros pensamentos foram desenvolvidos. Porém, no estágio atual da humanidade, tudo isso pode ser resumido de forma prática na afirmação de que o Estado é o maior poder terreno de todos os tempos e que tão grande ele é que se tornou o maior responsável pelas condições que permitem ou não a existência da segurança e do desenvolvimento humano em sua nação e no mundo. O Estado não dá nem toma a felicidade que se encontra em cada indivíduo, assim como não toma o lugar do divino, mas submete a todos e possui o poder de facilitar ou dificultar muito suas vidas.

Independentemente de concepções como direita, centro, esquerda, liberalismo, estatismo, capitalismo, socialismo, comunismo, monarquismo, presidencialismo, parlamentarismo, formas de Estado, de governo e outras, todo Estado deve ter o mesmo objetivo ou fim: o benefício à sua nação ou à coletividade. Fora desse objetivo ou fim, não há Estado, mas um intruso que contribui mais para o mal do que para o bem de sua nação, que a obriga a entregar sua renda e seu patrimônio sem oferecer o devido retorno. Este é o Estado de alto nível de personalismo e patrimonialismo, de baixo nível ético-profissional, não racional, que em muitas nações teima em vencer o Estado de alto nível ético-profissional, impedindo o surgimento deste e mantendo as dificuldades que atormentam nações e o mundo, apesar do desenvolvimento científico e tecnológico já alcançado pela humanidade.

A premissa assumida neste livro é que a segurança e o desenvolvimento econômico-social sustentável das nações tendem a ocorrer de forma proporcional à ética e ao profissionalismo existentes em seus Estados, sendo obrigatório que eles busquem o nível 1 do eixo Y da Figura 1.4, pois dessa forma sua nação poderá se aproximar do nível 1 do eixo X, aproximando-se, assim, do ponto 1;1:

Figura 1.4 – Proporção entre o nível ético-profissional do Estado e o nível de segurança e desenvolvimento econômico-social sustentável da nação

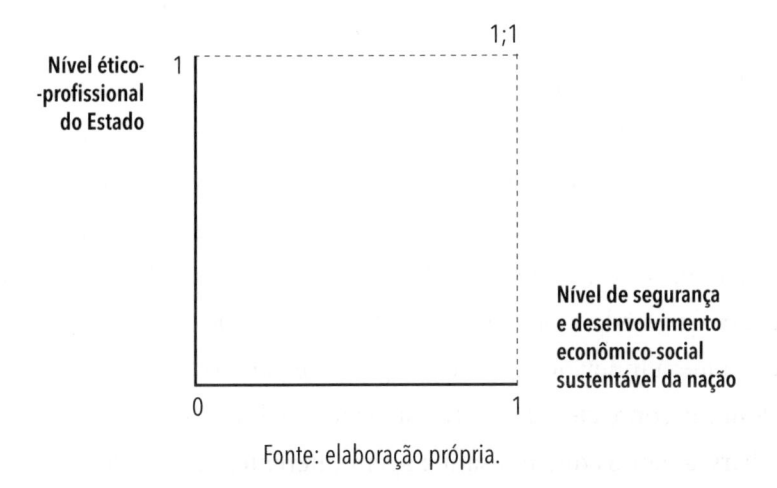

```
Nível ético-     1 ┌──────────────┐ 1;1
-profissional      │              │
do Estado          │              │
                   │              │  Nível de segurança
                   │              │  e desenvolvimento
                   │              │  econômico-social
                   │              │  sustentável da nação
                   └──────────────┘
                   0              1
```

Fonte: elaboração própria.

O ponto 1;1 representa o Estado totalmente ético-profissional e a segurança e o desenvolvimento econômico-social sustentável de sua nação totalmente alcançados. Jamais será obtido por um Estado e uma nação, pois representa a perfeição, só atribuível ao divino. Porém, ao Estado cabe buscá-lo continuamente, pois cada ganho nesse sentido reduzirá as dificuldades de sua nação. O ponto 0;0 representa o Estado de nenhuma ética e nenhum profissionalismo, com nenhuma segurança e nenhum desenvolvimento econômico-social alcançado pela sua nação, o que também é impossível, cabendo ao Estado buscar sempre se distanciar dele.

Para avançar em direção ao ponto 1;1, o espírito coletivo deve prevalecer nos agentes estatais, devendo atuar com foco exclusivo no benefício à coletividade, pondo-o acima de quaisquer interesses pessoais. O fato de todas as nações possuírem obrigatoriamente um Estado ao qual devem se submeter leva ao princípio básico de que todo agente estatal deve agir exclusivamente em função delas. Porém, se a maioria da população não possui alto nível de educação geral e ética e de independência em relação ao Estado e aos seus agentes para acompanhar e cobrar seus resultados, a estrutura e a organização estatal tendem a ser alheias à sua nação ou a se voltar contra ela. Isso muitas vezes afasta de seus quadros os que buscam verdadeiramente agir em benefício de sua nação.

Essa constatação se aplica certamente a muitos Estados, em que muitos de seus agentes eleitos e gestores que os comandam os têm como negócios privados, que pouco têm a ver com a população que os mantém, com suas práticas sempre diferentes de seus discursos. Em seu dia a dia, percebe-se o quanto muitos agem pelos seus interesses pessoais indevidos em lugar do resultado em benefício da coletividade que deveriam buscar. Comandam ou gerem Estados apenas pelo status, pelo poder e pela riqueza indevidos que obtêm para si e para os que possuem poder e domínio sobre eles, de dentro ou de fora deles.

Perseguem os que pensam e agem diferente, buscando removê-los do caminho para ficarem cada vez mais livres no alcance de seus fins pessoais indevidos. Assim, muitos Estados são todo estruturados para os que dele se apropriam indevidamente, com a segurança e o desenvolvimento nacional passando a ser um eterno sonho da nação, que dificilmente será realizado. Grande parte dos detentores de status, poder e riqueza de suas nações, agentes estatais ou não, são os que os obtêm de forma indevida ao se beneficiar das injustiças e desigualdades permitidas ou fomentadas por um Estado que pouco se interessa por elas. Muitos desfilam como grandes estadistas ou grandes gestores de organizações estatais, públicas não estatais ou privadas, o que, na verdade, serve para esconder o imenso mal que causam às suas nações.

Isso ocorre quando o Estado é tomado por indivíduos que não atuam com a ética e o profissionalismo necessários para tratar dos negócios estatais, não o tendo como organização composta por agentes eleitos, gestores e não eleitos nem gestores mantidos pela população, recebendo dela seus recursos e devendo atender às suas necessidades. Para que isso não ocorra, é necessário que todas as vezes que incidam dúvidas ou suspeitas de que um agente estatal atua de modo contrário ou alheio aos fundamentos da criação e existência de um Estado, ele deve ser prontamente afastado e investigado por outros em quem não haja dúvidas, para que as confirme ou descarte no menor tempo possível.

Os Estados só podem ter como seus agentes indivíduos que observem a ética e o profissionalismo em alto nível no trato dos negócios estatais, pois somente estes podem direcioná-lo para o fim coletivo. Jamais um agente estatal pode ser tido como suspeito em termos ético-profissionais e continuar atuando no Estado. O profissionalismo não existe onde a ética não o precede e o permeia, o que obriga os Estados a manterem em seus quadros apenas os que buscam atender exclusivamente ao fim de sua criação e existência, eliminando prontamente os que atuam de modo contrário ou alheio à coletividade ou que não possuam capacidade técnica ou gerencial de produzir resultados em benefício dela.

Estados que recrutam e mantêm muitos indivíduos com esta característica, principalmente em seu comando ou sua gestão, sobrevivem apenas pela coação, com alto custo e baixo resultado, criando sempre tributos e aumentando os que já existem. Seus centros decisórios, ou locais onde se planeja, organiza, dirige e controla estrategicamente sua atuação, são geralmente tomados pelo alto nível de personalismo e patrimonialismo e pelo baixo nível ético-profissional, que geram a ineficiência, o desvio do fim coletivo e a corrupção no topo e se espalham por toda sua estrutura. O personalismo, que muitos confundem com "confiança", no Brasil, é o critério preferido de recrutamento e permanência do gestor estatal para manter esses Estados como eles são.

Esse modelo mantém de modo eficaz a apropriação indevida dos Estados, recrutando e mantendo para definir e executar suas estratégias geralmente indivíduos que pouco servem à sua nação, voltados para si mesmos e para os que os recrutam e os mantêm, estes de dentro ou de fora deles. Suas estratégias, suas ações e seu mau exemplo se espalham por todo o Estado, do mais baixo ao mais alto nível hierárquico, por todos os seus agentes, em todos os seus entes, seus poderes e suas organizações, aumentando seus custos sem elevar seus resultados. Seu mau exemplo se espalha ainda pelos indivíduos e pelas organizações públicas não estatais e privadas, contaminando toda a nação.

Seu efeito é devastador, com o Estado não cobrando nem fomentando a ética e o profissionalismo de seus agentes, dos indivíduos e das organizações públicas não estatais e privadas, pois muitos de seus agentes eleitos e gestores que o comandam também não os possuem. Ao contrário, não praticam a ética e o profissionalismo nem dão o exemplo ético-profissional que direcionaria o Estado para seu fim coletivo, desperdiçando ainda a oportunidade de fomentar o alto nível ético-profissional para os demais agentes estatais e para toda a sociedade.

Jamais se profissionalizará o Estado enquanto candidatos a agentes eleitos para cargos de gestão não possuírem alto nível ético-profissional devidamente certificado e não apresentarem à população seus objetivos, seus indicadores, suas metas e seus planos para quando forem eleitos. Depois de eleitos, terão que ser certificados mais uma vez para serem recrutados, devendo ser acompanhados pela população em suas proposições que os levaram ao recrutamento e em suas realizações.

Sem objetivos, indicadores, metas e planos da parte dos agentes eleitos para cargos de gestão, os demais gestores estatais também não têm sua gestão estabelecida para seu alcance. É por isso que em muitos Estados, como o brasileiro, seus gestores não possuem mandato fixo, sendo recrutados por meio de critério pessoal e destituídos a qualquer momento sem justificativa. Assim, o Estado não tem como cumprir sua missão de gerar resultado em benefício da coletividade compatível com seu custo e potencial e tudo sucumbe ao fim pessoal de muitos de seus agentes eleitos e dos gestores por eles direta ou indiretamente recrutados, que juntos somam força e poder superiores aos do Estado.

Desse modo, ele não alcançará o fim coletivo, pois não terá estrutura sólida, ético-profissional, que o busque, planejando e executando o planejado de acordo com objetivos previamente definidos. Como os objetivos não existem desde a candidatura do agente eleito, este e os demais agentes, gestor e não eleito nem gestor, não têm como se comprometer com eles, impossibilitando a montagem de uma estrutura estatal eficiente e eficaz no alcance de resultados em benefício de sua nação.

Assim, saem vencedores o personalismo, o patrimonialismo e o baixo nível ético-profissional, com decisões e ações centralizadas em muitos indivíduos que atuam, na verdade, para manter a ineficiência, o desvio do fim coletivo e a corrupção estatal. Esses indivíduos não só deixam de produzir em benefício da coletividade por meio do Estado, mas impõem ainda barreiras aos que tentam fazê-lo. Apesar de fartas teorias administrativas e fartos instrumentos de gestão voltados para resultados, que possibilitam identificar e corrigir desvios que os impeçam, os Estados desse tipo não permitem utilizá-los, com muitos de seus comandantes ou gestores sendo recrutados para atender aos que os recrutam e os mantêm e não para atender à sua nação.

Nesse tipo de Estado, existe centralização excessiva e autoritarismo em todos os níveis hierárquicos, com quase tudo centralizado no "chefe". Procura-se, na verdade, esconder o fato de que a gestão é centralizada em muitos indivíduos que agem em busca de seus fins pessoais indevidos e de seus recrutadores, dentro de uma cadeia hierárquica comprometida em manter o Estado como ele é. Por isso, eles não confiam nem delegam decisões e ações a quem atua com alto nível ético-profissional, pois os têm como ameaças ou dificultadores de seus benefícios pessoais indevidos.

Nesse ambiente, o trabalho é excessivamente centralizado e controlado pelos que declaram tácita ou explicitamente apoio incondicional ao superior hierárquico ou a outros de dentro ou de fora do Estado. Aos demais agentes, não é dada quase nenhuma importância, sendo-lhes dadas apenas atividades da burocracia desvirtuada, que pouco contribuem com a obtenção do resultado estatal em benefício da coletividade. Os que contribuem com a situação atual ou mantêm o silêncio perante ela e não a ameaçam recebem cargas de trabalho excessivas, porém quase sempre voltadas para dentro, não para o benefício à sua nação. Os que negam fidelidade pessoal aos muitos que comandam o Estado de modo contrário ou alheio ao fim coletivo são colocados no anonimato para que não os ameacem.

Descartam-se, assim, as teorias administrativas que contribuem com o bom funcionamento e o melhor resultado de organizações estatais, públicas não estatais e privadas de alto nível ético-profissional, que funcionam como um todo composto de várias partes inter-relacionadas, cujos resultados são superiores à soma de suas partes tomadas isoladamente. Das teorias administrativas, obtêm-se elementos suficientes que possibilitam o movimento contínuo em busca da eficiência e eficácia, o que deveria ser aplicado em todos os Estados, em todas as suas partes. Seria a verdadeira gestão aplicada ao Estado, com entradas, processamento, saídas e retroalimentação para permitir correções.

Deveria haver nele planejamento que visasse a melhoria contínua de seus resultados. Ocorre que o planejamento, com as funções administrativas de organização, direção e controle em prol de resultados, constitui o profissionalismo da gestão, o que só se alcança com indivíduos que possuam a ética como fundamento de sua atuação, que não silenciam diante dos que buscam se apropriar indevidamente do Estado para obter seus fins pessoais indevidos em detrimento de sua nação. Ocorre que esses indivíduos representam ameaça aos que comandam muitos Estados e, por isso, enfrentam forte resistência de muitos que os comandam, dificilmente sendo aceitos em seu comando ou sua gestão.

A gestão que se permite nesses Estados é apenas a que mantém sua situação atual contrária ou alheia ao fim coletivo, com muitos de seus agentes eleitos e gestores que os comandam procurando sempre justificar as carências nacionais nas áreas em que eles atuam ou deveriam atuar. Isso gera violência, injustiça e desigualdade, com alta conivência e impunidade de muitos que afrontam as normas, sinalizando claramente que as entradas e os processamentos do Estado não estão gerando saídas ou resultados em benefício da coletividade compatíveis com seu custo e potencial, acusando, no mínimo, o imobilismo estatal. Chama atenção ainda as boas condições de vida de muitos agentes eleitos e gestores que comandam esses Estados e dos que com eles possuem boas relações, de dentro ou de fora do Estado, em relação ao restante da população.

Em suas nações, a mídia impressiona cotidianamente com a divulgação de fatos estatais de toda espécie contrários ou alheios a elas. Como resposta, agentes eleitos e gestores que comandam o Estado correm a dar falsas ou injustificáveis explicações à população e a afirmar que os fatos noticiados serão investigados, e os culpados, afastados do Estado e devidamente punidos. Esse quadro comum em muitas nações varia enormemente em relação à quantidade de ocorrências, ao volume de recursos e à investigação e punição dos responsáveis, sendo a intensidade dele, o volume de recursos e a eficácia das respostas estatais bons indicadores do nível ético-profissional de um Estado.

Frequentemente, indivíduos e grupos procuram benefícios pessoais indevidos em todos os Estados. Mesmo com todo o poder que possuem, estes se tornam presas fáceis dos que tentam se apropriar indevidamente deles em detrimento de suas nações, o que ocorre proporcionalmente ao nível ético-profissional dos que os comandam ou gerem. O planejamento, a organização, a direção e o controle reduzem ou anulam essas tentativas, mas só ocorrem da forma devida de acordo com o nível ético-profissional dos comandantes ou gestores estatais. Ocorre que, em Estados em que prevalecem o alto nível de personalismo e patrimonialismo e o baixo nível ético-profissional, seu comando é constituído de muitos agentes eleitos e gestores também com essa característica, que deixam de praticar a boa gestão que protegeria o Estado dos ataques indevidos.

Desse modo, eles se tornam os principais obstáculos ao Estado de alto nível ético-profissional e à segurança e ao desenvolvimento econômico-social sustentável de suas nações. A aplicação das teorias administrativas seria suficiente para quebrar esse ciclo, permitindo resistência e foco na coletividade. A grande dificuldade é que sua aplicação exige alto nível ético-profissional de seu comando para definir e buscar objetivos em benefício dela, o que implica quebrar a ordem estabelecida. Ocorre que os que se apropriam indevidamente do Estado da forma como ele é, de dentro ou de fora dele, constituem um obstáculo quase intransponível a essa quebra, aprisionando-o e procurando atribuir os males de sua nação à sua história, à sua cultura e à sua própria sorte.

A ORDEM PÚBLICA DO FIM PRIVADO

É bastante evidente que nações cujos Estados estão mais voltados para os fins pessoais indevidos dos que os comandam ou gerem do que para o fim coletivo tenham neles um empecilho e possuam baixo nível de segurança e desenvolvimento econômico-social. O benefício que se obtém desse tipo de Estado é decorrente das sobras depois de atendidos os fins pessoais indevidos de muitos que os comandam e dos que possuem poder e domínio sobre eles, o que os tornam um mal do qual suas nações dificilmente conseguem se libertar. Em muitas delas, o aparente benefício de seu Estado é enganador e em nome da ordem e da paz a população muitas vezes deixa de cobrá-lo e combatê-lo, perdendo, assim, a perspectiva de obter melhorias em seus resultados.

Essa ordem é estabelecida por meio do recrutamento e da manutenção de comandantes ou gestores que conseguem mantê-lo como ele é, de mau funcionamento e baixo resultado, sem que a população se dê conta dessa situação ou queira demonstrar sua insatisfação. Isso permite a obtenção de benefícios pessoais indevidos para eles e para os que possuem poder e domínio sobre eles, levando grande parte da população a privações, com um Estado caro e com vícios que o impedem de oferecer resultado compatível com seu custo e potencial. Muitos dos agentes eleitos e gestores que o comandam são utilizados apenas para manter a ordem estabelecida, interferindo indevidamente na sobrevivência e no sucesso dos indivíduos e das organizações públicas não estatais e privadas.

Assim, não procuram atuar e inovar em benefício da coletividade, pois atuam em nome de uma situação atual que os recruta e os mantém em troca do zelo para que tudo permaneça como está. Por isso, eles defendem de modo ferrenho o Estado em que atuam e a forma como ele atua, desde que sejam mantidos em seu comando ou sua gestão. Quando deixam de comandá-lo, geralmente por motivos alheios ao resultado em benefício da coletividade que geram, muitas vezes para dar lugar a outros mais leais ao Estado atual e aos que possuem poder de recrutar e manter em seu comando ou sua gestão, tornam-se inimigos dele, mesmo que permaneçam no Estado, mas sem o comandar ou gerir.

Como o principal critério de recrutamento de comandantes ou gestores desses Estados é a lealdade aos que possuem poder de recrutá-los e mantê-los nos cargos, os que a mantêm geralmente se tornam seus eternos condutores ou gestores em várias posições de comando, mesmo que não apresentem resultado positivo de sua atuação. Assim, muitas vezes sutilmente, outras nem tanto, o Estado é colocado a serviço de interesses privados contrários ou alheios ao fim coletivo. Sua estrutura, sua organização e seus recursos monetários, materiais e humanos são desviados do benefício à sua nação por indivíduos que agem nele de modo contrário ou alheio a ela.

Não são comandantes ou gestores estatais voltados para o fim coletivo, mas indivíduos voltados para seus fins pessoais indevidos e de outros por meio do Estado. Não atuam voltados para a coletividade, pois não são legitimados para tal, sendo gestores dos interesses privados próprios e dos que os recrutam e os mantêm. O Estado que gerem possui alto custo e baixo resultado, pois não é conduzido por comandantes ou gestores de alto nível ético-profissional, que estabelecem objetivos, indicadores, metas e planos em busca do fim coletivo. Na realidade, voltam-se para si mesmos e para os que os recrutam e os mantêm, por isso o resultado desse tipo de Estado é sempre aquém de seu custo e potencial.

Gostam de afirmar que "no Estado que gerem só quem trabalha é o chefe", mas isso se deve à enorme quantidade de "chefes" e à produção voltada para os interesses pessoais indevidos, internos ou externos, que geralmente só motiva a esses, não aos demais agentes. Essa parece ser a justificativa para a imensa quantidade de cargos e funções comissionados e de confiança existentes no Estado brasileiro, pois somente por meio deles muitos que o comandam ou gerem conseguem agir, só que geralmente voltados para dentro ou para interesses que geralmente não são os da coletividade. Isso faz com que o Estado muitas vezes pareça um balcão de negócios em que só quem trabalha e é aceito são os que recebem algo a mais de seu salário para, por ação ou omissão, mantê-lo como ele é.

Esse movimento é cíclico e quem contribui mais com a situação atual ou menos a ameaça possui mais chances de comandar ou gerir esse tipo de Estado, em conflito permanente pela preferência dos que o dominam e controlam visando o fim pessoal indevido. Assim, quase não há cobrança por resultados em benefício da coletividade, com comandantes ou gestores e subordinados que pretendam comandá-lo se revezando em um pacto tácito ou explícito para não incomodar um ao outro. A certeza de que gerar resultado para sua nação compatível com o custo e o potencial do Estado não garante ascensão ou permanência do gestor no cargo constitui alto estímulo à ineficiência, ao desvio do fim coletivo e à corrupção estatal.

Nesse contexto, uma multidão de agentes estatais de alto nível ético-profissional vive sem perspectivas, submersa pelo comando estatal e sem forças para reagir. Não consegue produzir de acordo com seu potencial, sendo instada por muitos comandantes ou gestores de alto nível de personalismo e patrimonialismo e de baixo nível ético-profissional a produzir apenas o que lhes agrada ou que serve de prestação de contas aos responsáveis pelos seus recrutamento e suas manutenções no comando ou na gestão do Estado. Daí resultam agentes estatais que perambulam por ele sem quase nenhuma produção útil à sua nação, grandes estruturas e imensos recursos que quase não servem a ela, alto custo e baixo resultado, com o Estado em busca de cada vez mais recursos da população.

A carga tributária desses Estados é muito alta para mantê-los e o retorno que fornecem é sempre aquém do que arrecadam da população, sendo imensos obstáculos a ela. Devido ao tamanho, à importância e ao poder do Estado, muitos indivíduos e muitas organizações públicas não estatais e privadas não conseguem se situar fora dessa ordem comandada por ele. Os que resistem a ela perdem espaço e competitividade diante dos que participam ativa ou passivamente dela. É o que ocorre com muitos agentes estatais de alto nível ético-profissional que passam suas vidas no Estado na mesma posição, sem ascender em suas carreiras, ou com muitos empreendedores que deixam de criar negócios ou os encerram por não poder pagar os altos tributos estatais nem aceitar sonegá-los.

Muitos que não conseguem pagá-los buscam defesas como a sonegação fiscal, ficando ainda mais dependentes do Estado e de seus agentes, pois estes podem autuá-los ou cobrar contribuições para não o fazer. Muitas vezes encerram suas atividades ou vão para a economia informal, como muitos outros empreendedores que não conseguem sair dela. Enquanto isso, outros obtêm sucesso por conta de atos estatais indevidos, como normas elaboradas pelo Estado em seu benefício pessoal indevido, vendas superfaturadas ou desnecessárias a ele, sonegação fiscal consentida e obtenção de renúncias fiscais não justificadas. São os protegidos de um Estado que utiliza esses e outros meios para manutenção de muitos de seus agentes que buscam nele apenas o fim pessoal indevido.

Esses agentes e os que se beneficiam indevidamente do Estado por meio deles continuam existindo nos Estados de várias nações, impedindo sua segurança e seu desenvolvimento econômico-social sustentável. Tem-se, assim, o Estado tomado, sequestrado, impedido de oferecer resultado à sua nação compatível com seu custo e potencial, a serviço de indivíduos e grupos que nele ou por meio dele obtêm status, poder e riqueza indevidos à custa do sofrimento de grande parte da população. Muitos agentes eleitos e gestores que comandam Estados agem ou silenciam para usufruir deles e obter benefícios indevidos em detrimento de populações esmagadas e sem forças para reagir. Esbaldam-se no falso e enganador sentimento do dever cumprido, agindo de modo contrário ou alheio à coletividade que lhes entrega seus recursos e pouco recebe em troca.

O Estado não é um ente abstrato nem irreal, mas concreto e de cujo resultado muito dependem a ordem, a liberdade, a paz, a justiça, a igualdade e itens essenciais como segurança, saúde e educação em todas as nações. Ele foi criado e é mantido para proteger a população e fomentar seu desenvolvimento, devendo obter dela seus recursos e oferecer resultados, sendo os agentes eleitos e gestores que o comandam os principais responsáveis por fornecê-los. Porém, ao recrutar seus agentes eleitos por meio de uma democracia próxima da falsidade e seus gestores pela ausência de critérios impessoais, ético-profissionais, não tem como oferecer resultado à sua nação compatível com seu custo e potencial.

A carência ética de muitos que o comandam ou gerem não permite a existência do profissionalismo no Estado, impedindo assim seu pleno funcionamento em benefício de sua nação. Agentes eleitos por meio de uma democracia próxima da falsidade possuem vícios de fundamento e geralmente não possuem compromisso com a coletividade. Os demais agentes por eles direta ou indiretamente recrutados sem critérios impessoais, ético-profissionais, também possuem seus mesmos vícios, atuando apenas para manter a situação atual do Estado. Mesmo que alguns agentes estatais sejam recrutados por critérios impessoais, ético-profissionais, como o concurso público, não têm como transformar o Estado, pois não possuem força nem poder suficientes para tal se não prevalecerem em seu comando ou sua gestão.

Estados cujos fundamentos não possuem forte presença ético-profissional não possuem gestão e ação transparentes para que a população possa contribuir com eles, acompanhá-los e cobrar seus resultados. Mesmo que estes sejam aparentemente positivos, ficam sempre aquém de seu custo e potencial, sendo a população permanentemente enganada por discursos separados da realidade, coagida a contribuir com cada vez mais recursos para manter a ineficiência e ineficácia estatal. Seus agentes eleitos e gestores que os comandam não buscam a segurança e o desenvolvimento econômico-social sustentável de suas nações, utilizando em seu lugar justificativas várias, mas nunca enfrentando o verdadeiro e persistente problema de sua má gestão e apropriação indevida.

Nesse caso, restam a violência, a injustiça e a desigualdade em suas nações, com longos períodos de dificuldade e curtos ou inexistentes períodos de bonança, enquanto persiste incólume seu Estado ineficiente e ineficaz gerando benefícios indevidos para os que dele se apropriam indevidamente. Essa é ainda a situação de grande parte das nações, muitas vezes ricas, mas repletas de dificuldades em um mundo cuja maioria dos seres humanos ainda não conheceu o Estado de alto nível ético-profissional, que verdadeiramente forneça ou fomente a segurança e o desenvolvimento sustentável de suas nações. Esse é o grande desafio atual: fazer com que os Estados sejam comandados ou geridos para suas nações, e não para os fins pessoais indevidos de muitos que neles atuam e dos que, de fora deles, possuem poder e domínio sobre eles.

Formas e sistemas de governo, assim como sistemas econômicos, receberam muita atenção até os dias atuais, mas, certamente, não definem por si só nem são os principais responsáveis pela segurança e pelo desenvolvimento das nações. Os elementos essenciais para que estes ocorram são o alto nível ético-profissional dos agentes estatais e do Estado e o alto nível de educação geral e ética da imensa maioria da população, com baixa dependência em relação ao Estado e aos seus agentes e forte participação nas decisões e ações estatais, com cobrança de seus resultados. Para que esses elementos estejam presentes, é necessário um sistema constitucional direcionado para que eles ocorram, o que por si só também não os garantem, sendo necessária forte participação da população.

Existem grandes e ricas nações, como a brasileira, com constituições bem definidas nesse sentido e que não alcançam esses elementos, podendo até crescer economicamente, mas sem conseguir fazer com que o desenvolvimento chegue à maioria da população. Não são a forma ou o sistema de governo escrito em suas constituições que levam as nações à ordem, à liberdade, à paz, à justiça e à igualdade, pois somente isso não é suficiente. Todas necessitam da ética e do profissionalismo dos agentes que comandam ou gerem seus Estados para evitar sua apropriação indevida, sem o que jamais chegarão à segurança e ao desenvolvimento econômico-social sustentável, justo e igualitário para a maioria da população.

O poder e a riqueza dos Estados fazem com que indivíduos e grupos sempre os procurem para neles obter benefícios indevidos, o que os tornam passíveis de cobiças várias em detrimento de suas nações. Estados de alto nível ético-profissional não eliminam todas as dificuldades e todos os sofrimentos de suas nações, mas, certamente, poderão reduzi-los, pois onde os Estados avançam nesse quesito há claras evidências de melhorias na qualidade de vida da população. Somente o fato de não terem a marca de indivíduos de evidente baixo nível ético-profissional comandando ou gerindo seus Estados e contaminando toda a sociedade já é suficiente para elevar a perspectiva de suas nações.

Quando prevalece no Estado as características do alto nível de personalismo e patrimonialismo e do baixo nível ético-profissional, é porque também prevalecem em seu comando ou sua gestão indivíduos com essas características, e muitos de baixo nível ético-profissional comandam as organizações públicas não estatais e privadas existentes em sua nação, com esses ascendendo econômica e socialmente e fazendo com que a ineficiência, a ineficácia e a corrupção sejam marcas nacionais. Isso ocorre porque espaços de status, poder e riqueza geralmente são preenchidos pelos que seguem o Estado como ele é, como seus agentes ou não. Ao contrário, quando o Estado possui alto nível ético-profissional, sua nação também o possui, prevalecendo nela a marca da honestidade, mais próxima da eficiência e eficácia no Estado e fora dele.

Indivíduos e organizações públicas não estatais e privadas encontram sérias dificuldades em atuar de modo contrário ou alheio aos que comandam Estados de alto nível de personalismo e patrimonialismo e de baixo nível ético-profissional. Estes dominam a economia nacional por meio do Estado e se pautam pela ineficiência, pelo desvio do fim coletivo e pela corrupção, com os indivíduos mais subservientes a eles ocupando as estruturas estatais como seus agentes eleitos e gestores e as estruturas das organizações públicas não estatais e privadas como seus proprietários ou gestores. Nesse ambiente, prevalecem práticas prejudiciais à nação, como a venda ao Estado de produtos ou serviços de modo indevido, superfaturados e de baixa qualidade, a sonegação fiscal e a impunidade de praticantes de crimes vários.

Tudo isso gera uma rotina de fraudes nos negócios estatais e privados, com o Estado participando ou sendo conivente com elas. Enquanto isso a nação assiste à ascensão econômico-social de parte da população livre de punições e de ressarcimento pelos males que causa, como verdadeira apologia ao crime, à ineficiência e à corrupção dentro e fora do Estado. Nesse ambiente, até quando o Estado consegue aplicar punições, muitas vezes são discriminatórias, deixando de punir outros que também deveriam sê-lo pelo mesmo crime ou por outros ainda mais graves, os quais são esquecidos e até incentivados a permanecerem com o produto deles.

Parece haver incentivo do Estado para uma cultura nacional de que o crime compensa e que pode ser praticado pelos que seguem seu comando ou não o perturba, o que gera prejuízo à vida em coletividade e imenso mal à nação. Muitas nações veem a transformação de seu Estado apenas por meio de guerras ou revoluções. Porém, uma atitude da nação no sentido de enfraquecer ou eliminar dele os que o utilizam em benefício pessoal indevido pode levá-lo ao alto nível ético-profissional e à busca do fim coletivo, não sendo empecilho a ser vencido apenas pela violência.

Uma nação somente progride econômica e socialmente, de modo sustentável, justo e igualitário, com ordem, liberdade e paz, onde impera o Estado de alto nível ético-profissional, sendo esse certamente o real motivo do equilíbrio interno das nações. A liberdade própria do ser humano como bem superior, sem que ultrapasse a fronteira a partir da qual prejudica a liberdade do outro. A ordem comandada pelo Estado, sem que ultrapasse os limites da regulação das relações econômicas e sociais e prejudique a liberdade individual dos que agem segundo os costumes aceitos e as normas estabelecidas pela maioria da população e que devem ser cobradas de todos.

Para que não se submetam indevidamente e tenham que obedecer ao Estado em prejuízo da liberdade que lhes é própria, os indivíduos devem possuir alto nível de educação geral e ética e de independência em relação a ele e aos seus agentes. Devem obedecer ao Estado, mas somente se sua atuação estiver claramente baseada em princípios democráticos, como garantia de que lhes pertence, e voltada para o fim coletivo. Normas contrárias a este ou que não traduzam a vontade da maioria da população não devem existir e as que estabeleçam tributos devem ser justificadas, o que somente é possível ao se perceber que o Estado é comandado ou gerido com alto nível ético-profissional. Agindo desse modo, ele será capaz de ser forte e confiável e estabelecer a ordem sem violência em sua nação, mas, do contrário, será desacreditado, podendo levar ao seu enfrentamento e à violência por parte da população.

Não se pode buscar a inexistência do Estado nem a justiça própria ou do mais forte. Há tempos isso não faz sentido, porém, em muitas nações em que o Estado não atua como deveria atuar, a ele pouco se pode recorrer, e a violência, a injustiça e a desigualdade crescem cada vez mais, lembrando os primórdios da humanidade. A ordem, a liberdade, a paz, a justiça e a igualdade só existem verdadeiramente em uma nação por meio do Estado, mas se este for bem-aceito e respeitado pela maioria da população. Estados em que sua Constituição e suas demais normas não definem clara e objetivamente seu fim coletivo e não o buscam de forma incontestável e pacífica não se voltam para sua nação, não são legitimados por ela e mais a prejudicam do que a beneficiam.

As tentativas do Estado de se reger exclusivamente pela literalidade das normas também não conseguem levá-lo ao alcance de seu fim coletivo, pois elas jamais poderão abranger todas as situações reais ou garantir o alcance de seu melhor resultado. As situações de carência de normas e de normas elaboradas que podem não ser aplicadas a todos com justiça e igualdade facilitam a atuação estatal em benefício de apenas alguns em detrimento de muitos. Nesses casos, agentes estatais contrários ou alheios ao fim coletivo buscam tirar proveito de sua interpretação pessoal, reduzindo ou eliminando a credibilidade e a legitimidade do Estado.

Quem elabora normas no Estado não as pode elaborar em desacordo com o fim coletivo; quem as aplica ou julga com base nelas não pode fugir desse fim; e quem gere o Estado ou atua nele tem que fazê-lo em função apenas do fim coletivo. Atuando a partir das normas ou em suas lacunas, sempre haverá dúvidas em relação à condução e atuação do Estado, por isso apenas os que possuem alto nível ético-profissional são legitimados para atuarem como seus agentes, pois farão crer que atenderão sempre ao fim coletivo que se espera dele. Os que não possuem alto nível ético-profissional não podem ser seus agentes, pois atuarão em benefício pessoal indevido próprio e dos que possuem poder e domínio sobre eles.

Normas apenas não impedem a atuação estatal contrária ou alheia ao fim coletivo, em sua elaboração e aplicação, no julgamento com base nelas e na gestão e ação estatal, não trazendo, sozinhas, credibilidade nem legitimidade ao Estado, nem resultado compatível com seu custo e potencial. Elas não abrangem todo caso concreto e sempre terão lacunas, devendo a Constituição do Estado declarar como princípio básico deste que seu objetivo é o benefício à coletividade e que toda norma, gestão ou execução contrária a ele é nula. Somente o recrutamento e a permanência de agentes estatais (eleito, gestor e não eleito nem gestor) comprovadamente de alto nível ético-profissional garantirão esse princípio básico que deve prevalecer no Estado de todas as nações, quebrando assim toda ordem pública do fim privado, contrária a elas ou à coletividade.

O SERVILISMO NO ESTADO E OS MALES QUE ELE PROVOCA

Servil aos que comandam ou gerem o Estado e aos que de fora dele possuem poder e domínio sobre ele é o indivíduo que compõe os quadros estatais, mas nesta condição não se encaixa no perfil de servir exclusivamente à sua nação ou à coletividade. Como comandante ou gestor, ou não, obedece ao seu superior hierárquico ou aos que possuem poder de recrutá-lo e mantê-lo em cargos, independentemente do conteúdo de suas ordens. Existe desse tipo em todos os Estados, em toda sua hierarquia, da base ao topo, impedindo o resultado em benefício de sua nação compatível com seu custo e potencial. Ele não faz normas em benefício do fim coletivo para exigi-las igualmente de todos, não julga de modo impessoal e não gerencia nem atua com foco no benefício exclusivo à sua nação.

O servilismo está principalmente nos agentes eleitos que obedecem a indivíduos e grupos a quem deve suas eleições; nos agentes gestores e em outros que conduzem ou gerem o Estado e obedecem a quem possui poder de recrutá-los e mantê-los no comando ou na gestão; e nos agentes não eleitos nem gestores que obedecem a quem possui poder de recrutá-los de modo pessoal para outros cargos, de comando ou gestão, ou não. O servil é comprometido com os que possuem poder e domínio sobre ele, de dentro ou de fora do Estado, e atende às suas ordens independentemente de seu conteúdo, mesmo que contrárias ou alheias ao fim coletivo. Compõe o grupo dos que obtêm benefícios indevidos para si e para outros, encarecendo o Estado e reduzindo ou impedindo seu resultado em benefício de sua nação.

Possui baixo nível ético e por esse motivo não alcança alto nível profissional, pois não existe profissionalismo onde há carência ética, não sendo jamais recomendável seu recrutamento e sua permanência como agente estatal. Serve apenas a si próprio e aos que possuem poder e domínio sobre ele, não atendendo aos requisitos ético-profissionais que fariam a nação arcar voluntariamente com o custo que lhe impõe. O Estado deve conceber suas normas e agir de modo a impedir sua entrada e sua permanência como seu agente, pois atua de modo contrário ou alheio ao fim coletivo.

Ocorre que Estados com características de alto nível de personalismo e patrimonialismo e de baixo nível ético-profissional procuram indivíduos exatamente com essa característica para compor seus quadros, principalmente eleitos e gestores que os comandam. São tomados por eles e, por isso, exigem alto custo de manutenção, fornecendo resultado sempre aquém do que arrecadam da população. Estes conseguem atuar com tanta discrição que muitas vezes conseguem esconder as verdadeiras causas do alto custo que o Estado impõe à sua nação e do baixo resultado que lhe entrega, com muitos deles passando a vida toda no Estado e ainda transmitindo suas posições para outros de mesma característica.

Procuram fazer crer que os males do Estado são impossíveis de combater e que são fardos eternos à sua nação. Atribuem culpa pela ineficiência e ineficácia estatal a fatores vários, principalmente à cultura nacional e à burocracia como condições impossíveis de serem superadas. Ocorre que a burocracia a que se referem não é a profissional, mas a insuficiente, falha ou excessiva, construída por eles mesmos para dominar o Estado e sua nação em benefício pessoal indevido próprio e de outros. Esta realmente gera ineficiência, desvio do fim coletivo e corrupção, mas é construída por eles para servi-los e aos que os recrutam e os mantêm para conceber e executar seus planos, em uma rotina que prejudica toda a nação.

Essa rotina está no cotidiano dos entes, nacional e subnacionais, dos poderes e das organizações estatais de muitas nações, em todos os níveis hierárquicos, e impede o Estado de funcionar em benefício da coletividade. Ela gera Estados fracos, usurpados e que não objetivam o fim coletivo, em que nem mesmo os grandes fatos indevidos ocorridos no Estado ou por meio dele noticiados na mídia são combatidos. Os principais responsáveis por ela dificilmente devolvem os recursos que muitas vezes desviam do Estado nem são excluídos dele e dos negócios estatais. Ao contrário, muitas vezes são apresentados à população para que os eleja novamente como seus agentes eleitos, quando já o são, com concorrentes nas eleições sem recursos até para sobreviver, o que alimenta continuamente a democracia próxima da falsidade.

Tudo isso sob a conivência de um Estado que se volta para muitos de seus comandantes ou gestores, com estes procurando se eximir de suas responsabilidades ao colocar a culpa na população que vota nos agentes eleitos e ajuda a recrutá-los. As grandes notícias na mídia sobre fatos indevidos ocorridos no Estado ou por meio dele são apenas a parte mais visível do imenso problema que existe em seu dia a dia. Neste, subjuga sua nação com agentes eleitos e gestores de alto nível de personalismo e patrimonialismo e de baixo nível ético-profissional, que se incrustam nele e o comandam impondo imensas dificuldades para retirá-los, combatendo os que os combatem, com estes dificilmente obtendo vitórias sobre aqueles.

Nesse contexto, nega-se à maioria da população a educação geral e ética que a libertaria de sua dependência em relação ao Estado e aos seus agentes e lhe daria condições para participar, acompanhar e cobrar uma atuação estatal de alto nível ético-profissional, eficiente e eficaz. Os que se beneficiam direta ou indiretamente desse tipo de Estado conseguem a educação formal que lhes permite sobreviver e muitas vezes obter sucesso mesmo que sua nação padeça de imensas dificuldades.

A corrupção é a parte mais visível do mal que acomete muitos Estados e a mais fácil de combater. Ocorre que, em muitos deles, grande parte dos que possuem a missão de combatê-la dela se beneficia. A ineficiência exige maior esforço porque não aparece de forma tão evidente, não existindo obrigatoriamente norma que a caracterize. Já o desvio do fim coletivo permeia a ineficiência e a corrupção e muitas vezes parece ser permitido pelas normas, apesar de indevidas. Os agentes eleitos e gestores que comandam os Estados em benefício pessoal indevido são a causa dos três, mas são muitas vezes apresentados de modo indevido às suas nações, como dignos de honrarias que não merecem, passando muitas vezes praticamente toda a sua vida no comando ou na gestão estatal e ainda transmitindo suas posições aos seus descendentes.

Na verdade, escondem o que são para suas nações, inimigos quase imperceptíveis, disfarçados ou apresentados de forma enganosa, muitas vezes como heróis que não são. O grande esforço que exigem para serem combatidos permite que resistam fortemente, pois são poucos os que possuem coragem de lutar contra eles sabendo que serão excluídos dos benefícios indevidos que também poderiam obter. Desse modo, fazem muitas vítimas dentro e fora do Estado enquanto não se aumenta o nível ético-profissional que este deveria possuir.

O dia a dia de Estados dominados e controlados por esse tipo de agente é repleto de práticas não éticas nem profissionais, impedindo seu resultado de acordo com o custo que impõe à nação. Essas práticas somente serão eliminadas ou reduzidas com a eliminação desses agentes do comando ou da gestão estatal, pois são tão perniciosos que sua presença fragiliza a atuação do Estado na busca do fim coletivo, minando sua confiança e levando-o até a hostilidades por parte da população. A profissionalização do Estado somente é possível com o recrutamento e a permanência de agentes eleitos e gestores de alto nível ético-profissional, com foco no fim coletivo.

Agentes eleitos e gestores que comandam o Estado não podem sequer ser suspeitos de atuar com baixo nível ético-profissional, pois depende totalmente deles o resultado estatal. Por isso, não se deve permitir a utilização de artifícios que os recrutem e os mantenham decidindo e agindo se sobre eles houver quaisquer suspeitas de ineficiência, desvio do fim coletivo ou corrupção. O maior instrumento para o combate desses males está na ética do gestor e nas teorias administrativas testadas, aprovadas e utilizadas, tácita ou explicitamente, pelas organizações mais bem-sucedidas do mundo.

Enquanto os males nem sempre silenciosos do personalismo, do patrimonialismo e do baixo nível ético-profissional, que permeiam a atuação de muitos Estados em seu dia a dia, não forem eliminados ou drasticamente reduzidos, suas nações serão suas presas e não terão segurança nem desenvolvimento, pois eles não os buscarão. A lição dada pelas nações mais seguras, justas, igualitárias e desenvolvidas é que o tamanho ou a presença de seus Estados não é o que as fazem assim, mas a atuação deles com alto nível ético-profissional, no tamanho ideal e com presença apenas necessária à vida nacional, sem dificultar a vida dos indivíduos e de suas organizações nem usurpar seus recursos e seus direitos. Como o Estado não existe sem seus agentes, somente se estes possuírem alto nível ético-profissional, principalmente comandantes ou gestores, é que ele atuará dessa forma.

Tudo isso só será possível de modo sustentável se a população possuir educação geral e ética suficiente para buscar sua sobrevivência e seu sucesso independentemente do Estado e de seus agentes, participando ativamente dele e cobrando seus resultados. O Estado não foi criado nem é mantido para suprir todas as necessidades da população, mas apenas as de fim coletivo e as que vão além das forças de cada um, como as causas naturais temporárias ou permanentes, muitas vezes não previstas, que reduzem a oportunidade de alguns em relação aos demais. Ele não pode usurpar os recursos nem a liberdade de sua nação, nem inibir os que buscam sobrevivência e sucesso independentemente dele.

A nação deve exercer vigilância contínua no dia a dia de seu Estado, pois não são os grandes fatos estatais ocorridos de modo indevido e fartamente divulgados na mídia que mais a prejudicam, mas a atitude cotidiana de seus agentes contrários ou alheios ao fim coletivo, principalmente que o comandam ou gerem. Nessa situação, a inovação e a gestão voltadas para o fim coletivo dão lugar à manutenção da situação atual a ele contrária ou alheia, com a proteção e a premiação desses agentes que contribuem para mantê-la. Os fatos noticiados na mídia são apenas a parte mais visível do que não se conseguiu ocultar na atuação estatal indevida em seu dia a dia.

As nações desses Estados vivem em guerra sem fim, tácita ou explícita, em conflito permanente, pois seu Estado é sua principal causa e não há outro a quem recorrer. Os principais sinais de que seu Estado não funciona como deveria aparecem nas carências em áreas mais visíveis como segurança pública, saúde e educação. De um lado, o Estado saqueador, de poucos; de outro, uma população saqueada, com muitos. Em sua nação, muitos que possuem baixo nível ético-profissional são mais reconhecidos e valorizados do que outros. Isso não somente em relação aos agentes estatais, mas também a toda população, já que o Estado assim age e assim induz.

Nessas nações, existe pouco reconhecimento por parte da população de que seu Estado é um ente confiável e comprometido com sua segurança e seu desenvolvimento e que age em busca do fim coletivo de acordo com seu custo e potencial. Sua força e seu poder são vistos com desconfiança por ela, que quase sempre o tem como um mal que serve mais para fornecer status, poder e riqueza indevidos a poucos em detrimento da maioria da população. Daí resulta uma verdadeira guerra, que em grande parte das nações não é declarada nem reconhecida, mas escondida por instrumentos utilizados pelo Estado, como manipulações estatísticas indevidas, coações e publicidade enganosa, apesar de a violência nas ruas bem a evidenciar.

Não há esperança na segurança e no desenvolvimento de nações que possuem Estados contrários ou alheios a elas se a população se acomodar e os aceitar como eles são. A insegurança e a dificuldade atingem com força grande parte da população e esta, ao invés de se opor e lutar democraticamente contra esse tipo de Estado que lhe é imposto, convive muitas vezes com ele como se o destino fosse culpado pelo seu infortúnio. Ocorre que essa acomodação quase sempre se dá porque a oposição e a luta contra ele representam sérias dificuldades até à sobrevivência dos muitos que dependem dele e de seus agentes. Quando o limite do suportável se excede, ocorrem as grandes conturbações sociais internas às quais o mundo está acostumado a assistir, muitas vezes se expandindo para outras nações e gerando até conflitos entre elas.

Essas conturbações levam, às vezes, à violência extrema e, outras vezes, a ações pacíficas de substituição dos comandantes ou gestores estatais, mas muitos retornam com os novos. Isso ocorre porque estes dão continuidade às mesmas práticas dos que os antecederam, com muitos comandantes anteriores aderindo aos novos e voltando a se apropriar indevidamente do Estado com eles. A transição para o Estado de alto nível ético-profissional requer o abandono de práticas antigas pelos seus agentes, porém sempre há forte resistência à sua transformação, motivo pelo qual dificilmente uma nação consegue transformar seu Estado da condição de empecilho para instrumento satisfatório de contribuição coletiva com ela.

É comum que, ao se tentar transformar um Estado por não se suportar mais seu jugo, surjam novas estratégias para mantê-lo como ele é. Essa é a grande dificuldade de implantação do Estado de alto nível ético-profissional, com as condições necessárias geralmente inexistentes na maioria das nações, pois os agentes mais capacitados de seu Estado sofrem muitas vezes do mal do servilismo ao Estado atual, seguindo as ordens dos que possuem poder e domínio sobre eles mesmo que contrárias ou alheias ao fim coletivo. Muitos desses agentes até possuem extensa educação formal obtida nas melhores universidades do mundo, mas se submetem à subserviência aos que se apropriam indevidamente do Estado, silenciando ou contribuindo com eles para mantê-lo como ele é.

Não possuem a coragem de combatê-los e corrigir o mau funcionamento e o mau resultado do Estado, aderindo a eles em troca de cargos de comando ou gestão, tornando-se também empecilhos à construção do Estado de alto nível ético-profissional. Assim, não possuem a iniciativa de transformá-lo em Estado que busca o fim coletivo de acordo com seu custo e potencial, pois este ameaça seus benefícios indevidos e dos que lhes recrutam e lhes mantêm. Não atuam com justiça e igualdade, pois isso não interessa aos que se apropriam indevidamente do Estado, de dentro ou de fora dele, e obtêm patrimônio e renda muito superiores ao restante da população.

Por motivos como esses, poucas são as nações que conseguem construir e manter o Estado de alto nível ético-profissional, eficiente e eficaz, voltado exclusivamente para elas. As poucas que conseguiram, devem zelar por ele, pois mesmo nelas são constantes as ameaças que venceram Estados e dominaram nações ao longo da História, e continuam fazendo suas vítimas nos dias atuais. A principal arma que as nações possuem contra o Estado contrário ou alheio a elas é o isolamento dos que o defendem, recusando seus apelos de direito individual de continuar causando mal à sua nação por meio do Estado, pois o que se deve proteger é a coletividade, não os que agem contra ela.

O fato de ser o ente terreno mais poderoso da História da humanidade não dá poder total ao Estado nem responsabilidade pela solução de todos os problemas nacionais, mas o torna o principal contribuinte ou empecilho à segurança e ao desenvolvimento das nações. A discussão histórica entre estatismo e liberalismo, esquerda e direita deve perder sua força e seu poder, pondo em seu lugar a questão ético-profissional do Estado. Isso porque, se este for apenas menos ou mais liberal, de esquerda, centro, direita ou sob quaisquer outras formas ou denominações, não contribuirá devidamente com a segurança e o desenvolvimento de sua nação se não for também de alto nível ético-profissional.

O ponto central da atuação estatal que permite ou não a segurança e o desenvolvimento de uma nação não é a menor ou maior presença do Estado na sociedade ou na economia, mas a forma como ela ocorre. De acordo com o que requer o ambiente ou as condições geográficas, econômicas, sociais ou outras, cabe ao Estado participar menos ou mais da vida de sua nação. O que mais importa não é o tamanho dessa participação, mas o nível de ética e profissionalismo com que ela se dá, contribuindo ou não devidamente com ela. A partir de regras genéricas previamente estabelecidas, cabe ao Estado cumpri-las e exigir o cumprimento de todos, indivíduos e organizações públicas não estatais e privadas.

Desse modo, indivíduos e grupos, negócios estatais, públicos não estatais e privados, todos cumprirão regras pactuadas entre Estado e população. Estas, claras, objetivas, garantidoras dos recursos do Estado e de seu retorno à nação, de modo que todos se sintam contribuintes e partes do Estado e não rejeitados por ele em benefício indevido de alguns, de dentro ou de fora dele. Nesse ambiente, prospera a confiança no Estado. Fora dele, encontra-se o Estado invasivo, fracassado em seu fim coletivo, com atuação aquém de seu custo e potencial, que causa mais dano do que benefício à sua nação, trazendo ou promovendo a insegurança, a injustiça e a desigualdade que lhe são muito prejudiciais.

É como se ela caísse em uma armadilha, em que a população se vê obrigada a manter um ente que a deveria proteger e fomentar seu desenvolvimento, mas que, na verdade, se torna seu algoz ao negar o retorno que poderia lhe dar a partir dos recursos que lhe retira coercitivamente. É o Estado mal gerenciado e que desconhece ou não quer aplicar as teorias administrativas, o planejamento, a organização, a direção e o controle, nem coloca nada em seu lugar que possa levá-lo ao alcance de melhores resultados em benefício de sua nação. Arruína, dessa forma, o patrimônio da população com cada vez mais tributos para manter o Estado como ele é.

Nele, as teorias administrativas são rejeitadas ou mal aplicadas, substituídas pelo personalismo e patrimonialismo de indivíduos que buscam no Estado apenas o status, o poder e a riqueza indevidos que ele lhes proporciona. A população é penalizada ao ser obrigada a entregar grande parte de seu patrimônio e sua renda a muitos agentes eleitos que atendem primeiro aos seus fins pessoais indevidos e dos que possuem poder e domínio sobre eles, a muitos agentes gestores servis, recrutados para manter a situação atual, e a muitos agentes não eleitos nem gestores servis ou impotentes diante dos dois primeiros. Todos estes atuando muitas vezes em contribuição com indivíduos de fora do Estado que obtêm também benefícios indevidos nele ou por meio dele.

O espírito coletivo pouco existe nesse tipo de Estado, pois seu comando se volta quase sempre para seus fins pessoais indevidos e dos que possuem poder e domínio sobre ele, em detrimento de sua nação ou da coletividade. Seus agentes gestores são geralmente apenas parte de um sistema concebido para não funcionar, o que impede o resultado do Estado em benefício da coletividade compatível com seu custo e potencial. Nele, sobressalta o gestor sem espírito coletivo, que aceita sê-lo sem experiência útil à gestão e sem conhecimento das teorias que a suportam e do negócio que deve gerir. A regra é a descontinuidade, a submissão e a subserviência aos que pretendem manter o Estado como ele é.

O Estado fica assim à deriva, pois sob o comando ou a gestão de indivíduos que não o gerem em busca do fim coletivo, entregue a quem busca o fim pessoal indevido, fazendo-o sobreviver apenas pela coação. Muitos de seus comandantes ou gestores são responsáveis pelo planejamento, mas não sabem ou não querem planejar; pela organização, mas não sabem ou não querem organizar; pela direção, mas não sabem ou não querem dirigir; pelo controle, que também não sabem ou não querem controlar. É um Estado de alto custo e baixo resultado, em que não se aplica o conceito de organismo vivo em constante interação com seu ambiente, oferecendo produtos e serviços que o façam sobreviver e obter sucesso pelos seus próprios méritos.

Ao invés de uma atuação que justifique sua existência, pouco oferece nas áreas em que atua ou deve atuar, recebendo em troca rejeição e baixo voluntarismo em contribuir com ele, apesar da retórica enganadora, com muitos agentes eleitos e gestores que o comandam tentando ocultar a realidade e fazer com que creiam que agem como deveriam. A carência educacional da população é a grande arma desses agentes, imprescindível para manter seu status, seu poder e sua riqueza indevidos, não tendo interesse verdadeiro pela educação que liberta e permite participação e cobrança por um Estado que acabe com seus benefícios indevidos. Agindo dessa forma, impedem completamente a segurança e o desenvolvimento de suas nações.

Pouco valem os recursos monetários, materiais e humanos dos Estados, menos ainda teorias administrativas, políticas, econômicas, sociais ou outras se prevalecem em seus comandos ou em suas gestões indivíduos que não os utilizam em benefício da coletividade, mas deles próprios e dos que possuem poder e domínio sobre eles, de dentro ou de fora deles. Os recursos estatais ficarão assim à disposição de poucos e apenas ínfima parte será destinada à grande multidão que mantém o Estado. Mais uma vez a discussão não é se deve haver menos ou mais capitalismo, socialismo ou outros, mas o que o Estado faz com os recursos dos que o mantêm e esperam em seus resultados.

Estados não possuem vida própria, sendo constituídos de indivíduos que lhes dão existência e proteção. São entes coletivos que tomam a forma do pensamento e da ação prevalecentes no consciente e inconsciente dos que os compõem. Para lhes dar direção, estes constroem estruturas e definem regras com o objetivo de fornecer resultados de sua atuação. No entanto, como entes compostos de seres humanos, estruturas e regras apenas não conseguem impedir seus agentes de atuarem de modo contrário ou alheio ao objetivo de sua criação e existência. Por isso, é imprescindível o recrutamento e a permanência de agentes estatais somente de alto nível ético-profissional, que canalizem claramente seus pensamentos e suas ações exclusivamente para o fim coletivo.

Como em quaisquer organizações, os agentes estatais devem conciliar seus objetivos pessoais com os organizacionais, com total transparência em suas decisões e ações em busca do benefício à coletividade e sem jamais suplantar os objetivos estatais. Seus comandantes ou gestores não podem buscar o fim pessoal em detrimento do fim coletivo, tendo a obrigação de combater os que o fazem e que dificultam ou impedem o resultado estatal. Devem reagir energicamente a estes, protegendo os que agem com ética e profissionalismo ao invés de ocultá-los, inibi-los ou subutilizá-los para não ameaçar o interesse pessoal indevido dos que se apropriam indevidamente do Estado, de dentro ou de fora dele.

Ocultando, inibindo ou subutilizando os que agem com alto nível ético-profissional em busca do fim coletivo, muitos comandantes ou gestores estatais encontram a estratégia perfeita para se apropriar indevidamente do Estado, elevando seu custo e impedindo seus resultados. Praticam e promovem, assim, a ineficiência, o desvio do fim coletivo e a corrupção nele, com a carência de recursos não sendo o principal motivo de sua má atuação e seu mau resultado – apesar de a população ser sempre demandada a pagar mais tributos e ouvir cada vez mais que estes são insuficientes. Tudo isso não será modificado enquanto o silêncio ou a contribuição com o personalismo, o patrimonialismo e o baixo nível ético-profissional for condição para comandar ou gerir o Estado, por meio de seus cargos eletivos e de gestão.

É por meio dessa condição que muitos deles recrutam seus agentes que os comandam ou gerem, do mais baixo ao mais alto nível hierárquico, obrigando-os a agir em benefício pessoal indevido dos que os recrutam e os mantêm, de dentro ou de fora deles. Esses agentes também se apropriam indevidamente do Estado e o utilizam de modo contrário ou alheio à sua nação, fazendo-o por meio da ação ou omissão. Comandados ou geridos por eles, não se esperam resultados dos Estados compatíveis com seus custos e potenciais, com os que não silenciam nem aderem a eles podendo até combatê-los, mas em luta inglória que dificilmente será vencida.

Desse modo, a ineficiência estatal prevalece, quase sempre acompanhada do desvio do fim coletivo e da corrupção, com pouca ou nenhuma possibilidade de contribuição dos que não aderem ao seu comando ou à sua gestão com o resultado estatal. Estes passam a ter o Estado como verdadeira prisão, onde quem não concorda com o domínio prevalecente pede para sair ou permanece nele contribuindo de forma muito aquém de seu potencial. À população, resta apenas atender ao chamado corriqueiro e coercitivo para aumentar sua contribuição com o Estado, o que dificilmente leva à melhoria de seus resultados.

Nações que possuem Estados desse tipo não conseguem suplantar as dificuldades a que foram submetidas, sendo obrigadas a um Estado que geralmente despreza seus agentes e a população que não concorda, não silencia nem contribui com seu mau funcionamento, alto custo e baixo resultado. Estes não aceitam a apropriação indevida dele e o veem como uma engrenagem cara e concebida para não funcionar como deveria.

Os indivíduos que conseguem melhor posicionamento em sua estrutura geralmente são os que buscam o benefício pessoal indevido e os fornecem aos que possuem poder e domínio sobre eles, dificultando ou impedindo a atuação de outros que se voltam para o fim coletivo. Do mesmo modo, os que melhor se posicionam na sociedade são muitas vezes os que conseguem mais benefícios indevidos do Estado ou por meio dele, por sua ação ou omissão, como a venda de produtos ou serviços ao Estado de forma indevida, a sonegação fiscal e os benefícios fiscais indevidos. O Estado com essas características não obtém contribuição voluntária da população nem sobrevive pelos seus próprios méritos, mas pela coação, o que sempre consegue por meio do imenso poder que lhe é dado em todas as nações.

Sua sobrevivência se tornaria insustentável não fosse seu poder de se perpetuar mesmo quando não justifica sua existência. Ocorre que ela se dá com muita conturbação social e muito sofrimento da população, aprisionada a ele, insegura e afetada pela injustiça e desigualdade que ele pratica e promove. Tudo isso aparece nas estatísticas que mostram a realidade das nações, apesar do esforço de muitos em controlá-las e direcioná-las para mostrar uma realidade diferente da que existe.

Nações carentes de segurança e desenvolvimento econômico-social de modo sustentável sinalizam algo errado com seus Estados, apesar de os agentes eleitos e gestores que os comandam geralmente tentarem apresentar como suas causas o costume e a cultura nacional, assim como outros fatores alheios ao domínio estatal. Procuram fazer crer que o Estado nada pode fazer diante das carências nacionais e que fatores externos são os responsáveis por elas. Mantêm, por meio dessa falácia, aprisionada sua nação e conseguem a adesão dos que obtêm deles e junto com eles o status, o poder e a riqueza indevidos sem que lhes aflijam a consciência por levar ao sofrimento grande parte da população.

Diante dos que causam mal à sua nação por meio de um Estado que muito tem a contribuir e pouco faz nesse sentido, são raros os indivíduos que mantêm a nobreza de espírito e agem com a ética e o profissionalismo devidos como agente estatal. Se estes fossem maioria a comandar ou gerir os Estados de suas nações, certamente elas teriam segurança e desenvolvimento econômico-social compatível com sua riqueza, possuindo ordem, liberdade, paz, justiça, igualdade e itens essenciais, como segurança, saúde e educação satisfatórias. Seria diferente do que ocorre em muitas nações ainda neste século XXI, em que seus Estados são, claramente, sistemas concebidos para beneficiar a poucos em detrimento de muitos, usurpados pelos que neles encontram facilidades que não encontrariam fora do ente estatal.

A ética e o profissionalismo não interessam a muitos que comandam os Estados de muitas nações, pois ameaçam seus status, seus poderes e suas riquezas indevidos conseguidos à custa delas. O personalismo, o patrimonialismo e o baixo nível ético-profissional entram em seu lugar, ratificando, reforçando e aumentando cada vez mais seus benefícios pessoais indevidos. Agentes eleitos e gestores que possuem essas características incrustam-se nos Estados como obstáculos quase intransponíveis, fazendo suas nações sofrerem enormes consequências. Seus Estados não serão transformados se não tiverem como característica a busca exclusiva do fim coletivo, atuando com eficiência e eficácia de forma sistemática, com comandantes ou gestores em sua imensa maioria de alto nível ético-profissional.

Enquanto a transformação de seus Estados não vem, muitas nações terão neles grande empecilho à sua segurança e ao seu desenvolvimento. Não adianta tentar justificar as carências nacionais apenas com teorias matemáticas, sociológicas, econômicas, políticas ou outras, pois somente a construção de Estados de alto nível ético-profissional as fará arrefecer ou deixar de existir. Apenas teorias sem aplicação prática não resolvem as dificuldades que atormentam as nações; por isso, o alto nível de conhecimento científico e tecnológico atualmente existente não tem reduzido a violência, a injustiça, a desigualdade, a fome e as condições precárias que ainda afetam grande parte da humanidade.

Sem saber o que fazer para reduzir essas dificuldades ou sem querer fazer, buscam-se a ciência e a tecnologia, porém boa parte desses males não se resolve apenas com conhecimento científico ou tecnológico tomados isoladamente, mas com ética e profissionalismo no Estado e na sociedade. São os Estados os principais responsáveis pelo bem ou pelo mal maior que acomete suas nações, pois são os entes voltados para assuntos terrenos mais abrangentes e poderosos e de mais recursos e responsabilidades pelo ser humano em sua vida em coletividade.

Por isso, causa imenso mal à sua nação o Estado em que prevalece em seu comando ou sua gestão agentes eleitos e gestores que não se voltam para o fim de sua criação e existência, que se apropriam indevidamente dele e são servis a outros que também o fazem. Que defendem fortemente suas estruturas viciadas e são retribuídos com benefícios pessoais indevidos pagos por ele. Que combatem o Estado de alto nível ético-profissional caracterizado por um comando constituído de indivíduos pautados pela ética e pelo profissionalismo, sem servilismo, com estrutura e organização voltadas para o resultado em benefício da coletividade compatível com seu custo e potencial.

O comando ou a gestão desses Estados são constituídos de muitos agentes estatais eleitos e gestores que se impõem à sua nação com a aparente intenção de resolver os problemas que a afligem, mas que, na verdade, são os principais responsáveis por eles. São muitas vezes subservientes a indivíduos e grupos que de dentro ou de fora do Estado os recrutam e os mantêm. Não agem em busca do fim coletivo nem defendem o Estado quando atacado em sua busca por ele e, ainda, quanto mais atuam em benefício pessoal indevido próprio e dos que os recrutam e os mantêm, mais são reconhecidos e valorizados por estes. Incrustados no Estado, é difícil removê-los, atuando como seus verdadeiros proprietários em lugar de sua nação.

Nesse contexto, a nação fica a depender deles para comandar ou gerir seu Estado, que até transferem seu comando para sua descendência, não cessando de causar o mal, apesar dos muitos disfarces que utilizam para encobri-lo. A população mais esclarecida, mais ética e mais independente do Estado e de seus agentes, tenta removê-los, mas dificilmente consegue, pois são mantidos por uma população em grande parte de baixo nível de educação geral e ética, muito dependente deles, e por muitos indivíduos de baixo nível ético que recebem benefícios indevidos, como cargos estatais eletivos e de gestão e até empregos em organizações não estatais que se relacionam indevidamente com o Estado. Apoiam-lhes, ainda, até muitos que deveriam ser mais independentes por serem já recrutados pelo Estado por critérios impessoais, ético-profissionais, como o concurso público, mas optam pela subserviência a eles em busca da ascensão ou permanência em outros cargos ou funções.

Esses comandantes ou gestores estatais prejudiciais ao Estado e à sua nação não são apenas grandes nomes em evidência, mas também nomes do dia a dia, quase ocultos, que se incrustam nele e agem contra o fim coletivo em seus entes, nacional e subnacionais, seus poderes e suas organizações, em todos os níveis hierárquicos. As normas praticamente não os alcançam e seus vícios se arraigam por todo o Estado e toda a nação. Não decidem nem agem em busca do benefício à coletividade, mas do que mais agrada e beneficia a si mesmos, aos seus superiores e a outros que possuem poder e domínio sobre eles, até de fora do Estado. Quanto mais baixo o nível ético-profissional do Estado, mais eles proliferam e se voltam contra sua nação, mantendo-o como ele é.

Controlam todo o Estado, ocultando, negando ou combatendo toda ideia ou tentativa de inovação que os ameacem e aos seus superiores. Dominam e controlam também indivíduos, organizações públicas não estatais e privadas que, mesmo não fazendo parte do Estado, não conseguem se libertar deles. Todas as vezes que alguém os ameaça, é chamado a aderir a eles e, se não atender, é perseguido e até destruído. Contribuem com eles os que também se beneficiam indevidamente do Estado com práticas como venda indevida a ele e sonegação fiscal. Para identificar esses comandantes ou gestores, basta observar os que se perpetuam no comando do Estado ou em outras posições relevantes sem oferecer resultado que os justifiquem, de baixa transparência, visivelmente contrários ou alheios ao fim coletivo e de patrimônio e riquezas nunca justificados ou que nunca foram devidamente investigados.

Utilizam o Estado para buscar o fim pessoal indevido, não o fim coletivo. Como agentes eleitos, são bastante conhecidos e sempre colocados à disposição para serem reeleitos, ou, quando não, utilizam seus parentes. Quando eles ou seus parentes não são eleitos, mantêm-se no comando do Estado como seus gestores ou em outros cargos relevantes, assim como são conduzidos a dirigentes de partidos políticos ou de organizações públicas não estatais e privadas que possuem relações com o Estado, quase sempre indevidas, destino certo também dos que muito contribuem com eles. Contra eles quase não existem decisões administrativas ou judiciais que os impeçam de atuar no Estado ou de se relacionar economicamente com ele, mesmo que claramente merecedores delas, isso porque muitas vezes estão acima das normas criadas por eles mesmos para beneficiar indevidamente a si próprios.

Nos raros casos em que alguns são penalizados, o Estado geralmente deixa de fora outros visivelmente tão delituosos ou mais do que os que sofreram as penas, com muitos não devolvendo os recursos obtidos indevidamente nem sendo impedidos de atuar no Estado e de se relacionar economicamente com ele. A prática tem mostrado que, em muitas nações, dificilmente os que mais se apropriam indevidamente dos Estados sofrem condenações, sendo alta a impunidade entre eles. Isso porque normas que permitam sua condenação podem até existir, mas são falhas ou aplicadas com mais força apenas para alguns, servindo mais para proteger e dar vantagens indevidas a outros que agem contra a coletividade, no Estado ou por meio dele, mas que são blindados por conta de uma rede de proteção que, apesar de parecer invisível, sempre deixa suas marcas.

Estados que recrutam e mantêm esses comandantes ou gestores estatais praticantes e servis do personalismo e patrimonialismo e do baixo nível ético-profissional, ineficientes, desviados do fim coletivo e corruptos, de modo que prevaleçam em seu comando ou sua gestão, são facilmente identificados por meio de indicadores de seu funcionamento e seu resultado, de confiança neles e em seus agentes e econômico-sociais nacionais em comparações internacionais. Esses Estados pouco ou nada atendem ao fim coletivo e muitos agentes eleitos e gestores que os comandam, do mais baixo ao mais alto nível hierárquico, são facilmente identificados pela sua atuação claramente voltada para si mesmos e para os que os recrutam e os mantêm, de dentro ou de fora deles, sendo partícipes e beneficiários indevidos do Estado como ele é, em imenso prejuízo à sua nação.

O ESTADO INDEVIDAMENTE APROPRIADO

Forte centralização, poder e controle de cima para baixo foram importantes no pensamento administrativo do início da era industrial. Na modernidade, em que a informação está fortemente presente, favorecendo o aprendizado contínuo e a inovação, a descentralização geralmente predomina nas organizações bem-sucedidas. Não se acredita mais que fortes regras burocráticas centralizadoras darão sempre os melhores resultados. Algumas organizações ainda conseguem obtê-los sob elas, mas mesmo nestas ocorrem questionamentos e fortes resistências, com tendência de mais abertura, flexibilidade e afrouxamento de regras. O ambiente externo atual é muito dinâmico, obrigando-as a aprender, inovar, adaptar-se a ele e influenciá-lo para poder sobreviver e obter sucesso.

Nas organizações atuais, principalmente a partir da segunda metade do século XX, o diagnóstico contínuo do ambiente interno e externo tornou-se fundamental para definir o tipo de administração a utilizar. É importante conhecer profundamente a estrutura organizacional, os recursos disponíveis, as tecnologias existentes e o produto ou serviço que a organização fornece para poder utilizar todo seu potencial. Deve-se gerenciar a partir das abordagens administrativas, tendo-se sempre o cuidado de utilizá-las na dose certa, no sentido de melhorar continuamente o resultado organizacional. É necessário evitar a centralização excessiva e o autoritarismo dirigente para que as organizações possam melhor responder aos seus ambientes.

Com o Estado não é diferente, porém, em muitos deles, seus agentes eleitos e gestores que os comandam tendem a se voltar para dentro, pouco utilizando sua estrutura com foco no ambiente em que deveriam atuar. Neles, geralmente predomina o modelo centralizador, autoritário, contrário ou alheio ao ambiente ou à coletividade a que deveriam servir. As teorias administrativas utilizadas, tácita ou explicitamente, por organizações bem-sucedidas em todo mundo podem até ser conhecidas de seus comandantes ou gestores, mas são pouco utilizadas, em grave desalinhamento entre o objetivo da criação e existência do Estado e sua atuação.

Esse desalinhamento impede a existência do Estado exclusivamente voltado para o benefício à sua nação ou à coletividade, com muitos comandantes ou gestores de alto nível de personalismo e patrimonialismo e de baixo nível ético-profissional avançando e ganhando força apesar das mudanças por que passa o mundo atual, principalmente a partir dos avanços decorrentes da tecnologia da informação e da comunicação. Se antes os comandantes estatais atuavam na obscuridade por falta de informações, atualmente estas são abundantes, mas a centralização e o autoritarismo que muitos utilizavam para obter seus fins pessoais indevidos continuam predominando, mesmo com sua atuação exposta a toda a população.

Enquanto muitas organizações estatais e não estatais procuram atuar ética e profissionalmente, criando e dosando a burocracia apenas suficiente e necessária para obter resultados, principalmente em nações que possuem Estados com características de alto nível ético-profissional, muitos comandantes ou gestores estatais criam burocracias insuficientes, falhas ou excessivas que visam o domínio e o controle sobre o Estado e sua nação. Isso torna o ambiente externo das organizações não estatais, composto principalmente pelo todo poderoso Estado, de difícil convivência, com a evidente carência de ética e profissionalismo estatal se expandindo e prejudicando os indivíduos e suas organizações. Cria-se, desse modo, um ambiente estatal e privado ineficiente e corrupto, sob o comando de muitos agentes estatais eleitos e gestores de mesmas características.

O poder, o domínio e o controle que estes exercem se dão principalmente por meio da centralização excessiva, do autoritarismo e da burocracia desvirtuada, exigida ou não de acordo com seus interesses pessoais indevidos. A estrutura do Estado não atende assim à verdadeira burocracia, pois não a possui, mas à burocracia desvirtuada que serve a muitos agentes eleitos e gestores que o comandam e aos que possuem poder e domínio sobre eles e que visam apenas o status, o poder e a riqueza indevidos que obtêm em detrimento da nação. O agente estatal de alto nível ético-profissional, que foca o resultado do Estado em benefício da coletividade compatível com seu custo e potencial, geralmente é impedido de exercer o comando ou a gestão desse tipo de Estado ou é excluído dele para não ameaçar os que o utilizam em benefício pessoal indevido.

Isso parece explicar a existência de agentes estatais de boa formação técnica e gerencial comandando ou gerindo Estados, mas que são apenas mais um entre os muitos que não transformam sua experiência e seu conhecimento em resultado em benefício de sua nação. São indivíduos que, apesar de possuírem boa formação teórico-prática, estão no mesmo nível de baixa geração de resultados que acomete muitos agentes eleitos e gestores que comandam ou gerem Estados para servir apenas a si mesmos e aos que possuem poder e domínio sobre eles. São também recrutados por meio do pedido ou da declaração tácita ou explícita de fidelidade pessoal aos que verdadeiramente comandam o Estado, de dentro ou de fora dele, acometidos também pelo personalismo e patrimonialismo e pelo baixo nível ético-profissional existentes em muitos que o comandam ou gerem e que não permitem a geração do melhor resultado estatal.

Nações que possuem Estados de mais alto nível ético-profissional e, como consequência, maior nível de segurança e desenvolvimento econômico-social também já vivenciaram a cobiça dos que quiseram se apropriar indevidamente deles. No entanto, a ética e o profissionalismo estão vencendo e seus Estados passaram a contribuir mais com elas, sendo necessário que fiquem vigilantes para não perder o nível a que chegaram, devendo aumentá-lo cada vez mais.

Os indicadores econômico-sociais nacionais evidenciam mais ordem, liberdade, paz, justiça e igualdade, bem como melhor segurança, saúde, educação e outros itens essenciais, em nações que possuem Estados de mais alto nível ético-profissional. Essa constatação leva à conclusão de que não há outro caminho possível à segurança e ao desenvolvimento das nações que não a redução do personalismo e patrimonialismo e a elevação da ética e do profissionalismo em seus Estados. Se nações mais seguras e desenvolvidas avançaram por esse caminho e obtiveram sucesso, resta às demais também segui-lo para poder avançar.

Nações que já conseguiram chegar ao Estado de alto nível ético-profissional têm muito a contribuir com outras para que também consigam. Possui-lo deve ser condição para que uma nação receba ajuda e colaboração do Estado de outra nação fora de casos pontuais e urgentes. Não se trata de pretensão de domínio nem de desprezo por culturas nacionais e organizacionais, até porque deve fazer parte da ética e do profissionalismo dos Estados o respeito mútuo e a não exploração entre os povos. Trata-se apenas de contribuir para que os Estados não sejam indevidamente apropriados em detrimento de suas nações. Mesmo nas que já alcançaram Estados de alto nível ético-profissional, deve haver o objetivo de aumentar esse nível cada vez mais, não arrefecendo sua vigilância para que não retrocedam em seus avanços.

O risco de retroceder é alto em todas as nações devido ao poder e à riqueza de seus Estados e à facilidade com que podem ser tomados por interesses contrários ou alheios a elas. Eles são frutos de muitas cobiças e, se a população não estiver atenta, poderão facilmente ser desviados de seu fim coletivo. Muitos Estados não são motivados por este fim, mas por fatores internos que os mantêm focados no interesse pessoal indevido de muitos agentes eleitos e gestores que os comandam. Por isso, o mais importante passo para a criação do Estado de alto nível ético-profissional de forma sustentável é a educação geral e ética da imensa maioria da população, reduzindo assim sua dependência em relação ao Estado e aos seus agentes.

Por não agirem com alto nível ético-profissional, muitos comandantes ou gestores estatais não planejam, não organizam, não dirigem nem controlam o Estado visando o resultado em benefício da coletividade compatível com seu custo e potencial. Muitos deles não estão sequer presentes física ou psicologicamente nele, sendo remunerados e ocupando o lugar de outros que poderiam estar em seus lugares. Outros ficam além do horário de trabalho contratado, sem que isso represente a busca pelo fim coletivo. Nesse contexto, o resultado do Estado em benefício da coletividade fica restrito apenas às sobras do atendimento aos fins pessoais indevidos de muitos agentes eleitos e gestores que o comandam e dos que possuem poder e domínio sobre eles, de dentro ou de fora dele, restando à população pagar altos tributos para mantê-lo como ele é.

Cria-se, desse modo, um Estado gigantesco, porém fraco e desprotegido, sendo um mal que necessita de combate urgente, pois sua demora dificulta e até impede a sobrevivência de muitos, inclusive que fazem parte de classes sociais mais abastadas. Ocorre que somente é possível combatê-lo e contribuir com ele a partir da elevação do nível ético-profissional de seus agentes eleitos e gestores que o comandam, combatendo assim os que o tomaram para si e para os que possuem poder e domínio sobre eles, que até elaboram normas para eles mesmos e as exigem apenas em seu interesse pessoal indevido, impedindo a modificação de sua situação atual.

No sentido de contribuir com sua nação para fornecer ou promover sua segurança e seu desenvolvimento econômico-social de modo sustentável, Estado, indivíduos e organizações públicas não estatais e privadas devem estar alinhados, mas o primeiro comanda e é o responsável por todos, pois somente ele possui o monopólio do poder e da força, podendo promover a segurança e o desenvolvimento ou dificultá-los em sua nação. O Estado não existe para seus agentes, mas para fornecer resultado em benefício de sua nação compatível com seu custo e potencial. Seus agentes que se colocam em superioridade em relação aos demais agentes e à população para obter benefícios indevidos estão lhe usurpando, assim como o usurpam os que obedecem às ordens de seus superiores hierárquicos e de outros visivelmente contrárias ou alheias ao fim coletivo.

Cargos estatais não podem ser entregues a indivíduos em troca de contribuições com o fim pessoal indevido dos que possuem poder de recrutar e manter neles. O recrutamento para o Estado também não pode ser por conta de convite aos que declaram tácita ou explícita lealdade à situação atual e a pessoas que se apropriam indevidamente dele, nem por solicitação destes, não podendo ser recrutados nem permanecer como seu agente os que não contribuem de forma clara e objetiva com o resultado estatal em benefício exclusivo de sua nação.

São vários os artifícios utilizados para se apropriar indevidamente de um Estado, mesmo com normas que estabeleçam eleições populares para seus agentes eleitos, concursos públicos para recrutar seus agentes não eleitos nem gestores, tetos remuneratórios, proibições de acúmulos de cargos, quarentenas depois de se deixar o Estado e outras tentativas normativas. Muitas são válidas, porém suas lacunas e sua não observância sempre existirão e permitirão desviar o Estado de seu fim coletivo em proporção ao seu nível ético-profissional. Dependendo desse nível, todas podem ser infrutíferas e servir apenas para enganar a população.

Em muitos Estados prevalecem ainda os agentes eleitos e gestores voltados para dentro e que praticam e dão sustentação ao poder, domínio e controle indevidos, muitas vezes vindos de fora deles. Por conta de seu poder e seus recursos, da cobiça que provocam e dos benefícios indevidos que fornecem, dificilmente se consegue modificá-los, restando aliar-se ao seu comando ou combatê-lo sabendo da perseguição que virá. Nesses Estados, muitos de seus agentes que agem com alto nível ético-profissional em busca de resultados em benefício da coletividade são postos no ostracismo, silenciados e inibidos pela estrutura da qual discordam, mas que não conseguem modificar.

Muitos desses sucumbem e passam a perambular pelos espaços físicos do Estado quase sem produzir porque não acreditam nele ou porque têm sua produção subutilizada ou descartada ao não atenderem ao fim pessoal indevido de muitos que o comandam ou gerem. São vistos como fracassados por não ascenderem a outros cargos em um Estado estruturado para não funcionar em busca do fim coletivo, gerido em regra pelos que silenciam ou contribuem com seus superiores hierárquicos recrutados e mantidos, direta ou indiretamente, na origem, por meio de uma democracia muito próxima da falsidade. Muitos agentes eleitos e gestores que o comandam quase não possuem legitimidade ético-profissional perante sua nação, sendo recrutados quase sempre por conta de sua ação ou omissão em contribuição com os que se apropriam indevidamente dele.

Indivíduos, organizações públicas não estatais e privadas dificilmente obtêm sucesso se não se alinharem ao comando desse tipo de Estado. Como evidência da dificuldade que lhes impõe, basta ver o custo elevado de entrada e permanência de um empreendimento privado no mercado em muitas nações, imposto por uma burocracia estatal desvirtuada e onerosa, que serve mais para manter o controle indevido pelo Estado por meio de seus agentes em benefício pessoal indevido próprio e de outros até de fora dele.

Assim, o personalismo, o patrimonialismo e o baixo nível ético-profissional, muitas vezes silenciosos e quase imperceptíveis, são armas poderosas em favor da ineficiência, do desvio do fim coletivo e da corrupção estatal que impedem a existência do Estado voltado para a coletividade. Daí a elaboração de normas e a cobrança somente de alguns indivíduos em benefício pessoal indevido dos responsáveis por elaborá-las e cobrá-las, a compra governamental de forma indevida, a sonegação fiscal, o incentivo tributário e a renúncia fiscal injustos e desiguais, a negociação vantajosa de dívidas tributárias para quem não as pagou no tempo devido e uma infinidade de outros mecanismos que beneficiam a uns em detrimento de outros. Tudo isso fornece, ainda, o mau exemplo que contamina toda a nação.

Como entes mais poderosos e de mais recursos em todas as nações, os Estados tendem a ser seguidos pelos indivíduos e pelas organizações públicas não estatais e privadas em sua ética e seu profissionalismo. Dominam, direcionam e controlam, assim, os destinos nacionais, podendo, por conta disso, impor dificuldades e perseguir seus agentes, os indivíduos e as organizações públicas não estatais e privadas que não aderem a eles em seu mau funcionamento e mau resultado, podendo, ainda, oferecer facilidade e sucesso aos que aderem a eles. Por isso, deve prevalecer sempre em seu comando ou sua gestão comandantes ou gestores de alto nível ético-profissional.

As riquezas das nações podem até minimizar os problemas que as afligem, mas uma infinidade deles atormenta certamente a população se seu Estado não agir para solucioná-los. A segurança e o desenvolvimento econômico-social sustentável de uma nação não são responsabilidade exclusiva do Estado, mas é dele a capacidade maior de permiti-los ou não. Como responsável pelas questões coletivas e com o poder de retirar recursos da população e até de restringir liberdades, se não agir com alto nível ético-profissional, será um grande empecilho à sua nação, impedindo ou dificultando sua segurança e seu desenvolvimento, pois, além de não buscá-los, pode não permitir também que outros os busquem em seu lugar ou lhes cria enormes dificuldades.

Nações cujo Estado foi indevidamente apropriado por muitos que o comandam ou gerem vivem de promessas vãs de reformá-lo visando a promoção do bem comum. Porém, ao analisar seu funcionamento, geralmente se percebe que as promessas destes não passam de engodo com o fim de perpetuar seus benefícios pessoais indevidos e dos que os recrutam e os mantêm, às vezes até de fora dele. Jamais atacam a essência do grande problema do Estado, pois em suas alardeadas reformas existe sempre o desejo de dar continuidade a ele como ele é, impedindo sua transformação.

A ineficiência, o desvio do fim coletivo e a corrupção não cedem porque são esses elementos que permitem a continuidade de muitos que o comandam ou gerem, com muitos que pretendem também comandá-lo silenciando ou agindo para mantê-lo como ele é, todos envolvidos em um projeto de tomada do Estado em benefício pessoal indevido. Geralmente há indivíduos de dentro e de fora dele com raízes fincadas e profundas no Estado, usufruindo indevidamente dele e impedindo quaisquer reformas que os ameacem. Quando esses comandantes ou gestores o reformam, quase sempre têm como verdadeiro fim melhor acomodá-los, continuando, assim, a se apropriar indevidamente dele.

Estes desfilam status, poder e riqueza indevidos, enquanto a maioria da população enfrenta enormes dificuldades. São muito demandados para palestrarem e ministrarem cursos sobre gestão estatal, nos quais pregam quase sempre o vazio e tentam ensinar o que não praticam. Nem sempre, mas às vezes possuem invejável cultura livresca que deixa plateias inteiras impressionadas, mas estas não conhecem quão vazias ou indevidas são suas práticas diárias na gestão ou condução estatal. Alguns possuem alta popularidade e muitos acreditam em seus discursos, porém, se confrontados com seus atos, percebe-se que pouco ou nada contribuem com sua nação por meio do Estado.

Nações com esse tipo de agente eleito e gestor predominando em seu Estado não têm presente seguro e desenvolvido nem futuro promissor, pois estão entregues ao grande mal do Estado indevidamente apropriado por indivíduos contrários ou alheios a elas. A injustiça e a desigualdade imperam, com grande parte da população carente de itens básicos como segurança, saúde e educação. Seu Estado não atua de modo sistemático e permanente em busca do resultado em benefício da coletividade compatível com seu custo e potencial e as áreas em que ele atua ou deveria atuar não apresentam resultados satisfatórios, pois não foca o fim coletivo, mas a retirada de recursos da população em benefício de muitos que o comandam e dos que os mantêm.

Desse modo, o fim coletivo muitas vezes declarado em sua Constituição e nas demais normas não é posto em prática, com o Estado beneficiando quase sempre os que dele se apropriam indevidamente em detrimento da maioria da população. Com o Estado agindo dessa forma, o desenvolvimento não chega e muitos são condenados a padecer por conta da carência de itens essenciais, atormentados pela violência, injustiça e desigualdade crônicas. Quase sempre se enganam os que admiram e acreditam em indivíduos que comandam ou gerem Estados com essa característica, pois muitas vezes ascendem e se mantêm em seu comando ou sua gestão principalmente os que dele se apropriam indevidamente ou permitem que outros o façam, sugando seus recursos sem oferecer o devido retorno à sua nação.

O Estado é muito poderoso e não encontra poder terreno similar a ele ou que o afronte em sua nação, sendo de longe o maior poder terreno de todos os tempos. Porém, como toda organização, não é ser vivo nem autônomo, mas composto de um conjunto de indivíduos, que são seus agentes ou seus recursos humanos. As normas estabelecidas e cobradas por eles e a gestão que exercem devem ser garantias de seu melhor resultado. Porém, o resultado em benefício da coletividade só ocorre se o Estado for concebido e mantido com vistas ao fim coletivo, devendo ser exigido de todos os seus agentes que elaborem, cobrem e cumpram suas normas, bem como que julguem com base nelas e o comandem ou gerenciem com justiça e igualdade, o que somente ocorrerá se prevalecer em seu comando ou sua gestão o alto nível ético-profissional.

Deve ser fundamento de todos os Estados: agentes estatais criam suas normas, as cumprem e as fazem cumprir, bem como os conduzem ou gerem e agem sempre a partir delas em benefício da coletividade. Deve-se observar sempre quatro premissas: os que fazem as normas só as devem fazer se forem necessárias, justas, igualitárias e puderem ser cumpridas e exigidas de todos, excetuados casos previstos e necessários à vida em coletividade; os que as fazem cumprir devem fazê-lo de modo imparcial, justo e igualitário; os que gerem o Estado devem fazê-lo de modo imparcial, justo e igualitário, com foco na coletividade; e, por último, os que executam as ações do Estado devem fazê-lo sempre com foco no fim coletivo. Os responsáveis por esses eventos devem possuir, impreterivelmente, alto nível ético-profissional, atuar com justiça e igualdade, focados sempre na coletividade, pois, se assim não for, não obterão resultado positivo para suas nações e ainda lhes criarão imensas dificuldades.

Se o Estado não existe sem seus agentes, se para existir necessita de normas elaboradas por eles, se somente eles podem fazer cumpri-las e se somente as normas não gerem o Estado nem agem por ele, conclui-se que somente os agentes estatais são capazes de construir e manter o Estado voltado para sua nação, com resultado compatível com seu custo e potencial. Por isso, jamais poderá ter em suas estruturas, como seus agentes, indivíduos carentes de ética e profissionalismo ou que não os possam comprovar sempre que solicitados, o que deve ser feito de forma permanente.

Elaborar, cumprir e cobrar suas normas, bem como exercer a gestão e agir com foco no benefício à sua nação ou à coletividade, somente se garantem por meio de uma ética que foque o bem comum, pela experiência e pelo conhecimento técnico e de gestão, esta suportada muito mais pela experiência útil à gestão e pelas teorias administrativas do que pelas normas estatais. Os que exercem essas atividades têm que focar o fim coletivo, pois, se este não for o objetivo do Estado, ele não deveria sequer existir e, existindo, muito prejudica sua nação. É obrigação de seu agente agir sempre em busca do fim coletivo, nunca em detrimento dele e em busca de seu fim pessoal indevido, concebendo suas normas, cumprindo e fazendo cumpri-las, bem como gerenciando e agindo sem deixar dúvidas em relação ao seu alto nível ético-profissional.

Caso haja dúvidas em relação à ética e ao profissionalismo dos agentes do Estado, principalmente eleitos e gestores que o comandam, isso o enfraquece e impede a credibilidade e o apoio da população. Sobrevive, assim, apenas pela imposição de suas normas e pela busca coercitiva sempre por mais recursos.

Estados cujas normas são elaboradas por agentes eleitos e gestores contrários ou alheios ao fim coletivo tendem a tê-las para o fim pessoal indevido destes e dos que contribuem com eles, de dentro ou de fora dos Estados, pouco claras em seus fins coletivos, insuficientes, falhas ou excessivas. Ao exigir seu cumprimento, esse tipo de agente também não o faz de modo justo e igualitário, mas favorecendo a si mesmo e aos que possuem poder e domínio sobre ele, de dentro ou de fora do Estado, tendo geralmente a população como última ou, talvez, nunca beneficiária delas. Deixam, ainda, de incluir nelas itens importantes e de atualizá-las de acordo com as necessidades da população, procurando criá-las sempre de modo que mais dificultam do que contribuem com ela.

Suas nações formam mais advogados do que outros profissionais, como professores, médicos, engenheiros e administradores, sendo aprisionadas por normas estatais irracionais, tantas e tão complexas que poucos as conhecem e as põem em prática, com muitos tendo que recorrer a advogados para obter sucesso e, às vezes, até para sobreviver. Os advogados passam a representar, assim, uma classe profissional numerosa, muitas vezes cara e imprescindível, buscada pela população para interpretar normas e a defender dos ataques de seu Estado e de outros que com ele possuem relações indevidas.

Existe sempre uma cultura perniciosa implantada e promovida por Estados de características de alto nível de personalismo e patrimonialismo e de baixo nível ético-profissional, que praticamente impede o sucesso de quaisquer tentativas de modificá-los. Os discursos de muitos agentes eleitos e gestores que os comandam são quase sempre falácias, descasados de suas práticas, buscando esconder a apropriação indevida que fazem do Estado. Os novos agentes que ascendem ao seu comando ou à sua gestão quase sempre dão continuidade às práticas existentes ao invés de apresentar alternativas a elas. Isso porque existe por trás de seus cargos uma verdade preocupante que mantém essas características no Estado, encarecendo-o e prejudicando ou impedindo seus resultados.

Seu sistema eleitoral, seus partidos políticos e tudo que se relaciona ao recrutamento de agentes eleitos e gestores obedece a normas elaboradas por esse tipo de agente que possui essas características e que tem como objetivo manter o Estado como ele é. Desse modo, a população de mais alto nível ético-profissional pouco pode fazer diante de cada vez mais domínio e controle por parte dos que dele se apropriam indevidamente. Tudo é tão bem planejado para manter a situação atual que poucos indivíduos de alto nível ético-profissional conseguem concorrer aos seus cargos eletivos e, menos ainda, os que conseguem se eleger. Conseguindo, ou aderem a ela ou são perseguidos e impedidos de modificá-la.

O custo de campanhas eleitorais pago por indivíduos e organizações não estatais para o recrutamento de agentes estatais eleitos é provavelmente o instrumento que mais joga contra a democracia no mundo. Poucos são os indivíduos e as organizações que se dispõem a contribuir com campanhas eleitorais sem que tenham interesse no retorno monetário, quase sempre indevido, do que investiram, muitas vezes até já obtidos indevidamente no Estado ou por meio dele. Esse retorno pode vir na forma de venda de modo indevido ao Estado, de sonegação fiscal consentida, de incentivo fiscal em benefício pessoal indevido, injusto e desigual, e de infinitas outras formas de captura indevida do Estado.

Muitas vezes esse retorno vem conforme normas elaboradas pelos agentes eleitos e pelos gestores recrutados por eles e que servem exclusivamente para permiti-lo a alguns em detrimento de outros. Parece ser questão de coerência que os Estados retirem de seus orçamentos os recursos necessários para que candidatos a agentes eleitos se apresentem à população em igualdade de condições com os demais. Se o objetivo do agente eleito é servir à coletividade e se ele é a origem de todo comando ou gestão e de toda ação estatal, o custo de sua campanha eleitoral deve ser da coletividade, não de indivíduos e organizações que certamente buscarão retorno pessoal indevido no Estado ou por meio dele.

Os defensores do pagamento do custo de campanhas eleitorais por indivíduos ou entes não estatais argumentam que não existe problema nesse instrumento e que o fato de os recursos virem todos normativamente do Estado não eliminaria a presença de recursos não estatais e até indevidos do próprio Estado, pois nenhum controle seria suficiente para evitá-los. Esse argumento nada mais é do que a ratificação da submissão do Estado a indivíduos de baixo nível ético nas eleições para seus cargos eletivos. Em quaisquer condições, os que tentam agir dessa forma devem ser impedidos de fazer parte de seus quadros ou excluídos dele se já o fizerem. Por isso, impedi-los é o primeiro passo para se criar o Estado de alto nível ético-profissional, eficiente e eficaz, que não permite burla na elaboração, na cobrança e no cumprimento de suas normas nem em sua gestão e ação.

Ao permitir o recrutamento desse tipo de indivíduo como seus agentes eleitos, os que estes recrutarão direta ou indiretamente para a gestão e outros cargos estatais serão, em regra, de mesmas características. Os recrutados por esse tipo de agente eleito não o são por conta da experiência útil e do conhecimento técnico e de gestão, mas por se voltarem para dentro, visando manter o Estado como ele é. Ambos certamente não focarão o fim coletivo, mas a busca de seus fins pessoais indevidos e dos que possuem poder e domínio sobre eles, de dentro ou de fora do Estado.

Mesmo que entreguem resultados à sua nação, serão sempre aquém do custo e potencial do Estado, pois sua prioridade é seu fim pessoal indevido e de outros que contribuem com eles, restando apenas as sobras para a população. Seus Estados não atenderão ao fim coletivo e, mesmo que seja grande a riqueza nacional, esta será sempre injusta e desigual, pois nunca se distribui espontaneamente, cabendo ao Estado fazê-la distribuir com justiça e igualdade, independentemente de sua menor ou maior participação na sociedade e na economia.

Somente uma atuação de alto nível ético-profissional dos agentes estatais eleito, gestor e não eleito nem gestor, principalmente dos dois primeiros, definirá o Estado necessário para garantir a criação e a distribuição justa e igualitária da riqueza de uma nação, levando-a à segurança e ao desenvolvimento econômico-social de modo sustentável. Isso somente virá por meio de critérios impessoais, ético-profissionais, de recrutamento dos agentes responsáveis por definir onde, quando, quanto e como o Estado atuará.

A remuneração ou o ganho dos agentes estatais deve ser compatível com o resultado que fornecem à sua nação, não com o que obtêm ou fornecem de modo injusto ou indevido aos que dominam e controlam indevidamente o Estado, de dentro ou de fora dele. O mal que agentes estatais eleitos e gestores que não focam o fim coletivo causam às suas nações é incalculável e se relaciona diretamente ao baixo nível de segurança e desenvolvimento que as acometem. Toda população é responsável pela segurança e pelo desenvolvimento de sua nação, mas é o Estado, como ente coletivo de maior poder e recurso, o principal responsável para que eles ocorram, definindo assim se as nações serão menos ou mais seguras e desenvolvidas.

A teoria administrativa ajuda a buscar resultados de acordo com o potencial das organizações, mas muitos Estados não a utilizam para buscar resultados em benefício de suas nações, pois isso não interessa a muitos que os comandam ou gerem. A ética, a experiência útil à gestão e o conhecimento das teorias administrativas voltadas para resultados contam menos no recrutamento de seus gestores do que o pedido e a fidelidade pessoal aos que possuem poder de recrutar e manter na gestão. Isso impede a legitimidade ético-profissional desses Estados, impossibilitando, assim, o seu foco na coletividade.

Essa realidade é comum também em organizações públicas não estatais e privadas protegidas por mecanismos estatais contrários ou alheios ao fim coletivo, que garantem sua sobrevivência e seu sucesso sem a necessidade de se mostrarem eficientes e eficazes. O Estado com características de alto nível de personalismo e patrimonialismo e de baixo nível ético-profissional e as organizações não estatais que possuem a proteção indevida dele não têm que lutar muito pela sobrevivência e pelo sucesso, não tendo que recrutar os melhores quadros, principalmente de comando ou gestão. São como seres vivos prejudiciais ao seu ambiente, mas que nele sobrevivem contaminando e prejudicando os outros, sem serem eliminados ou demorando a sê-lo, pois o Estado, autoprotegido, também as protege e auxilia indevidamente.

A autoproteção desse tipo de Estado e sua proteção às organizações públicas não estatais e privadas que não deveriam tê-la parece vir cada vez mais forte e ser diretamente proporcional ao mau funcionamento estatal. O comando desses Estados e dessas organizações não busca inovação e modernização, já que não sente tanta necessidade de inovar e modernizar para sobreviver e obter sucesso. Está focado para dentro, em regras burocráticas desvirtuadas, como fins em si mesmas, não porque acha que são as melhores, mas porque por meio delas protege seus interesses pessoais indevidos. Por isso, apoia incondicionalmente seu mau funcionamento e suas burocracias desvirtuadas, mesmo que claramente insuficientes, falhas ou excessivas.

Mantendo a análise nos Estados, se os controles desse tipo de Estado falham e são recrutados indivíduos de alto nível ético-profissional para seu comando ou sua gestão, que ameacem suas regras indevidas, motivos vários ele encontra para eliminá-los. O planejamento, a organização, a direção e o controle, nele, visam principalmente, pela ação ou omissão, manter o status, o poder e a riqueza indevidos de muitos agentes eleitos e gestores que o comandam, com os atos contrários a eles sendo fortemente combatidos, dificilmente obtendo êxitos. Se o mau recrutamento ocorre para muitos desses agentes, não deixa de sê-lo também para muitos agentes não eleitos nem gestores, com artifícios vários para fugir do recrutamento impessoal, ético-profissional, como o concurso público. São geralmente obrigados a servir indevidamente a muitos que o comandam ou gerem ou a outros a mando deles recrutados para cargos de gestão ou não pelo critério pessoal.

A regra é que mesmo agentes não eleitos nem gestores recrutados por critérios impessoais, ético-profissionais, como o concurso público, tornem-se subservientes aos interesses pessoais indevidos de superiores hierárquicos ou de outros, até de fora do Estado, em troca da ascensão e permanência em cargos de comando ou gestão e outros. A subserviência de agentes estatais não eleitos nem gestores a agentes eleitos e gestores que possuem poder de recrutá-los e mantê-los em outros cargos, incluindo os de gestão, de agentes eleitos aos que contribuem com suas campanhas eleitorais e de agentes gestores a esses agentes eleitos é fortemente utilizada para manter a apropriação indevida desse tipo de Estado.

Isso cria uma cultura desprezível, fomentada pelos que o utilizam em benefício pessoal indevido em prejuízo de sua nação, fortemente presente nos agentes estatais recrutados por critério pessoal. Desse modo, muitos que ascendem e se mantêm no comando ou na gestão de muitos Estados se submetem à subserviência aos fins pessoais indevidos dos que verdadeiramente os dominam e controlam, até de fora deles, pautando seu comando ou sua gestão por características de alto nível de personalismo e patrimonialismo e de baixo nível ético-profissional.

Enquanto isso, agentes estatais que passaram por processos de recrutamento impessoais, ético-profissionais, não subservientes a indivíduos ou grupos em detrimento de suas nações, são muitas vezes impedidos de participar de muitas decisões e ações dos Estados. Os que verdadeiramente decidem e agem neles são os que não ameaçam os agentes eleitos e gestores que os comandam, mesmo em suas atuações contrárias ou alheias ao fim coletivo, componentes de uma estrutura criada e mantida para beneficiar indevidamente a eles mesmos e aos que lhes recrutam e lhes mantêm, muitas vezes de fora do Estado.

Essa é a regra nos Estados de muitas nações que passam por grandes dificuldades, estas claramente associadas à apropriação indevida de seus Estados. Os que os comandam geralmente não a admitem, negando-a veementemente. Porém, os que conhecem profundamente seus Estados sabem que vários de seus comandantes ou gestores muito retiram de suas nações e pouco lhes retribuem em resultados. Ao contrário, os que se beneficiam indevidamente deles usufruem de poder e riqueza como se vivessem em ilhas protegidas, mas cujos males que provocam muitas vezes também as invadem e os ameaçam.

EMPECILHOS AO ESTADO DA NAÇÃO PARA A NAÇÃO

O Estado é o responsável por definir em último nível o que pode e o que não pode em uma nação. Por meio de seus agentes, principalmente eleitos e gestores, elabora as normas a serem cumpridas por todos, inclusive por ele próprio. Essa responsabilidade só deve ser exercida por agentes estatais de comprovado alto nível ético-profissional, que possuam o fim coletivo como objetivo exclusivo, considerando sempre a liberdade individual e os valores históricos, culturais, religiosos e morais de sua nação. Suas normas devem ser claras e objetivas e a imensa maioria da população deve possuir a educação geral e ética necessária para compreendê-las e cumpri-las, sendo exigidas igualmente de todos.

Quando as normas elaboradas pelo Estado não têm como objetivo o fim coletivo e não observam os valores nacionais, certamente haverá problemas em sua exigência e em seu cumprimento pela população. É muito grave quando, em sua exigência e no julgamento com base nelas, existe parcialidade ou indivíduos obtêm benefícios indevidos ou em desacordo com o fim coletivo objetivado em sua concepção. Esses problemas normativos desviam o Estado de seu fim, desacreditam suas decisões e ações e representam empecilhos à sua contribuição em benefício da coletividade.

É comum que problemas normativos ocorram, pois a linha que separa o que pode do que não pode, o interesse coletivo do não coletivo é tênue, mesmo que os responsáveis pela elaboração e cobrança das normas sejam bem-intencionados ao concebê-las e exigi-las, bem como ao julgar com base nelas. Em algumas situações, podem ser visivelmente concebidas e utilizadas para beneficiar uns em detrimento de outros, mas em outras é difícil identificar quando sua elaboração e exigência, bem como o julgamento com base nelas, são de fato utilizados nessa direção. Por esse motivo, é bom que princípios gerais claros, amplos e genéricos de atuação do Estado e de suas relações com sua nação estejam em sua Constituição.

Normas específicas ou pontuais que prevejam e impeçam completamente todas as formas de apropriação indevida do Estado são impossíveis de serem concebidas, mostrando-se sempre frustrantes as tentativas de prever e combater todos os casos em que dele se tenta apropriar indevidamente. Em seu lugar, dois elementos são mais pertinentes: a garantia de que seus agentes, principalmente eleitos e gestores que o comandam, possuem alto nível ético-profissional para identificar o que é ou não fim coletivo e atuar exclusivamente em função dele; e a educação geral e ética da imensa maioria da população, de modo que possa participar do Estado, como seus agentes ou não, acompanhar e cobrar seus resultados em benefício da coletividade de acordo com seu custo e potencial.

Ocorre que, para a existência desses elementos, é necessário que seus agentes atuais se guiem exclusivamente pela busca do fim coletivo, o que não é realidade nos Estados de muitas nações. Muitos dos agentes destes focam quase sempre seus fins pessoais indevidos e dos que possuem poder e domínio sobre eles e montam estratégias bem-sucedidas que resistem à sua eliminação do Estado. A ética e o profissionalismo que os fariam atuar nesse sentido para transformar o Estado e a sociedade por meio dele não estão presentes, impedindo assim sua transformação.

Muitos comandantes ou gestores estatais vêm vencendo a batalha do Estado indevidamente apropriado, e as normas que elaboram, das quais exigem cumprimento e com base nas quais julgam, se sobrepõem à sua nação, com pouco lhe oferecendo em troca. A premissa de que a norma concebida pelo Estado deve buscar exclusivamente o fim coletivo e ser exigida igualmente de todos não ocorre e ela passa a ser um empecilho à sua nação. Se não exigida de todos de modo justo e igualitário ou se moldada para beneficiar indevidamente uns em detrimento de outros, constitui grande mal e cria imensa dificuldade a ela.

Muitos agentes estatais eleitos e gestores maculados pelos vícios do personalismo, do patrimonialismo e do baixo nível ético-profissional, em todas as nações, utilizam a norma em benefício indevido próprio e dos que possuem poder e domínio sobre eles. Em seu dia a dia, em sua rotina, nos pequenos e nos grandes detalhes, decidem e agem de modo prejudicial à sua nação, procurando esconder dela os benefícios indevidos que obtêm no Estado. Esses agentes lhe causam imenso mal, aumentando cada vez mais os custos do Estado e fornecendo cada vez menos resultados. Aproveitam-se muitas vezes do silêncio de uma maioria populacional que possui baixo nível de educação geral e ética, fortemente dependente do Estado e de seus agentes, com este claramente planejado e organizado para não funcionar em benefício exclusivo de sua nação.

É desse modo que agentes estatais tomam o Estado por meio de suas normas, dominando-o e controlando-o para obter seus benefícios pessoais indevidos. Alguns chamam no Brasil de "jeitinho" para liberar o Estado de uma inflexibilidade prejudicial, o que, na verdade, é quase sempre uma apropriação indevida que beneficia apenas os que o desviam de seu verdadeiro fim. Essa suposta flexibilidade nada mais é, em quase sua totalidade, do que o personalismo, o patrimonialismo e o baixo nível ético-profissional prevalecendo em lugar da ética e do profissionalismo que deveriam prevalecer. Somente por meio de boas normas, focadas no fim coletivo e exigidas igualmente de todos, é possível modificar o Estado prejudicial, que ainda se faz presente em muitas nações.

Apesar das limitações e fraquezas comuns às normas, elas devem ser utilizadas para evitar que indivíduos se apropriem indevidamente do Estado, de dentro ou de fora dele. Como não podem tomar os bens estatais em seu benefício de forma direta, muitos agentes estatais eleitos e gestores que o comandam concebem e exigem normas em seu benefício indevido e dos que possuem poder e domínio sobre eles, assim como julgam com base nelas nesse mesmo sentido. Isso principalmente por meio da insuficiência, da falha ou do excesso delas para que possam ser sempre flexibilizadas em benefício deles. Contrariam por meio delas o interesse da nação, incrustando-se em seu Estado, apropriando-se indevidamente dele e beneficiando, ainda, outros de fora dele.

Muitos desses agentes passam toda sua vida no Estado e ainda transferem suas posições para seus descendentes, daí resultando que suas normas quase sempre são concebidas e exigidas mais de acordo com seus fins pessoais indevidos do que com os interesses da nação. Suas nações não alcançarão segurança nem desenvolvimento econômico-social sustentável, pois sempre serão reféns de um Estado que não permite que se libertem dele. A riquezas nacionais serão sempre injustas e desiguais, eternizando a injustiça e a desigualdade em benefício desses agentes e dos que com eles possuem relações indevidas.

Somente a eliminação desses agentes ou de suas práticas possibilitará a elevação do nível ético-profissional do Estado, fazendo com que suas normas sejam concebidas e exigidas de modo justo e igualitário, com os julgamentos baseados nelas também realizados dessa mesma forma, em benefício de toda a população, como já o fizeram satisfatoriamente algumas nações. Nestas, as normas de seus Estados quase não deixam dúvidas de que a coletividade é a beneficiária exclusiva em sua concepção, aplicação e no julgamento com base nelas, tratando de modo desigual apenas os desiguais, de modo claro e objetivo. Seus agentes estatais são mais transparentes, mais justos e mais igualitários no trato com as normas, pois sabem que serão também cobrados de acordo com elas.

Isso é diferente do que ocorre em muitos Estados comandados ou geridos predominantemente por agentes estatais eleitos e gestores que os utilizam em seu benefício pessoal indevido e que procuram fazer crer que agem em benefício da coletividade. A observação de suas ações cotidianas mostra que são motivados pelos seus interesses pessoais indevidos e dos que possuem poder e domínio sobre eles, e que elaboram e cobram as normas estatais, e julgam com base nelas, muitas vezes em busca desses interesses. São indivíduos que, para obterem sucesso nas eleições como agentes eleitos e serem recrutados pelo Estado ou para serem recrutados e mantidos como seus gestores e em outros cargos relevantes, agem de modo contrário ou alheio à justiça e à igualdade em suas nações.

A população que depende das ações desse tipo de agente tem que pagar muitas vezes com a própria vida, como mostram os baixos indicadores de segurança e saúde em muitas nações, que se perpetuam nesses níveis sob o olhar de agentes estatais eleitos e gestores que nada fazem de modo sustentável para melhorá-los. São raros os casos em que se consegue confiar neles ou atestar atuações de alto nível ético-profissional, com suas nações necessitando urgentemente de mudanças em seus Estados para que essa regra se torne exceção e mesmo esta seja combatida com força para que se eliminem suas raízes e seu imenso mal.

Para isso, é necessário garantir que somente agentes estatais de alto nível ético-profissional (eleito, gestor e não eleito nem gestor), inquestionáveis em seus atos e exemplos de atuação em benefício da coletividade façam parte do Estado. Isso melhor definirá caminhos confiáveis na tenuidade entre o que pode e o que não pode em uma nação, o interesse coletivo e o privado, evitando assim que se confundam e facilitem a tomada do Estado pelos que buscam nele apenas seus fins pessoais indevidos.

Essa será uma verdadeira reinvenção do Estado, consequentemente das relações econômicas e sociais nacionais, surgindo daí um mundo mais humano, já que a sociedade será conduzida pela ação, ou não ação, de um Estado confiável, pois de alto nível ético-profissional. A educação geral e ética da imensa maioria da população se tornará prioridade, pois essencial à segurança e ao desenvolvimento sustentável de sua nação; a saúde será igualitária, para todos; e a segurança pública porá fim ou amenizará o maior horror que aflige a humanidade, o extermínio de vidas sem que o Estado o impeça ou, pelo menos, busque impedir. Essas e outras áreas essenciais serão satisfatoriamente geridas pelo Estado de alto nível ético-profissional, beneficiando assim toda sua nação.

A liberdade dos indivíduos e de suas organizações públicas não estatais e privadas será também protegida pelo Estado, que não permitirá o avanço sobre o direito do outro nem as injustiças e desigualdades que beneficiam uns em detrimento de outros. A ninguém será permitido obter status, poder e riqueza indevidos no Estado ou por meio dele. O Estado ineficiente, desviado do fim coletivo e corrupto cederá, assim, ao Estado eficiente e eficaz, transmitindo seu exemplo para toda sua nação.

Isso não é sonho nem idealismo e já ocorre em várias nações que alcançaram mais elevados níveis ético-profissionais em seus Estados. Explicações históricas ou sociológicas de formação das sociedades são bem-vindas, mas não podem ser utilizadas como justificativa para perpetuar os males crônicos do mau funcionamento, alto custo e baixo resultado que atingem os Estados de várias nações e fomentam a violência, a injustiça e a desigualdades que as atormentam. Não se pode condenar eternamente uma nação por um passado longínquo que contribuiu com sua formação, pois o Estado possui a responsabilidade de levá-la em direção à segurança e ao desenvolvimento almejados por todo ser humano.

Só que isto dificilmente ocorrerá de modo sustentável enquanto o Estado tiver seus agentes eleitos por uma maioria populacional de baixo nível de educação geral e ética, fortemente dependente dele e de seus agentes, a impedir ou dificultar o recrutamento de agentes eleitos somente de alto nível ético-profissional, recrutando em seus lugares outros contrários ou alheios à sua nação. Também, enquanto esses agentes eleitos recrutarem, direta ou indiretamente, agentes gestores e outros, principalmente entre os que contribuem com eles pela ação ou omissão para manter a situação atual. Todos que contribuem com esse tipo de Estado, ao invés de combatê-lo, são responsáveis pelos seus males e, consequentemente, por muitos males que afligem suas nações.

É preciso impedir as tentativas recorrentes dos que comandam Estados em busca do fim pessoal indevido em recrutar e manter somente agentes eleitos e gestores que possuam essas mesmas características no sentido de manter sua situação atual. É preciso também que não contribuam com eles os agentes não eleitos nem gestores no que é contrário ou alheio ao resultado em benefício da coletividade. Essa não é uma tarefa fácil, pois muitos não resistem à tentação de ascender e se manter em seus cargos de comando ou gestão, mesmo que à custa do sofrimento dos que dependem fortemente do Estado até para sobreviver.

O Estado não pode ter como seus agentes, principalmente em seu comando ou sua gestão, os que buscam nele interesses pessoais indevidos. Quando isso ocorre, não são recrutados e mantidos por conta de sua ética e seu profissionalismo, mas, muitas vezes, pelo benefício indevido que geram para os recrutadores e mantenedores, permitidos por normas que estes elaboram, moldam aos seus fins pessoais indevidos e consentem o descumprimento apenas para alguns. Ele não pode ser concebido nem mantido para ser superior à sua nação, mas apenas necessário a ela. Mesmo sendo o maior poder terreno nela existente, nunca está autorizado a maltratá-la, prejudicá-la ou destruí-la, como se a criatura pudesse devorar seu criador. Ao contrário, deve buscar levá-la sempre à segurança e ao desenvolvimento econômico-social.

Deve ser sempre administrado com o cuidado de não ser mais prejudicial do que benéfico à sua nação. Não se trata de ter um Estado menos ou mais presente na vida nacional, mas de tê-lo com tamanho e atuação adequados à necessidade coletiva nacional, que promova e complemente a segurança e o desenvolvimento da população sem tolher ou prejudicar a liberdade e a convivência social. Ao indivíduo deve ser dada liberdade de se organizar, educar, praticar suas crenças e empreender, obtendo sua própria segurança e seu próprio desenvolvimento; ao Estado, a promoção e o complemento de tudo isso, jamais como ente primário autoritário a decidir e suprir todo destino nacional, pois isso lhe tornaria um intruso muito poderoso e apto a destruir.

Não se trata de negar a função do Estado em atender ao seu fim coletivo, mas de colocá-lo em seu devido lugar, de forma genérica, de ente de proteção coletiva, principalmente dos oprimidos e dos desvalidos por condição natural, momentânea ou permanente; de complemento ao progresso individual possível de ser alcançado por cada um; e de segurança e desenvolvimento no que requer sua atuação em benefício da coletividade. Isso é diferente de sua atuação atual em diversas nações, em que seus recursos atendem primeiro aos seus agentes, principalmente eleitos e gestores que o comandam, para só depois, se sobrarem, atender à coletividade.

Os indivíduos não deveriam ter medo ou desconfiança de seu Estado e de seus agentes, pois estes devem ser seus entes de proteção e desenvolvimento em promoção e complemento às suas ações individuais, sendo remunerados por eles exclusivamente para esse fim. Para serem confiáveis, seus agentes não podem ostentar riquezas sem que as justifiquem, por isso é necessário que o Estado utilize instrumentos sistemáticos e permanentes no sentido de atestar a idoneidade dos que o compõem para que não se elimine a credibilidade deste perante sua nação.

Para bem conhecer o nível ético-profissional existente em um Estado, um bom caminho é verificar o nível de confiança que a população possui nele e em seus agentes. Se ela remunera estes apenas coercitivamente e possui baixa confiança neles, há claro indicativo de que foram recrutados e lhes são impostos como fardos, não como promoção e complemento à sua proteção e ao seu desenvolvimento. Há, assim, um sério problema ético-profissional no Estado, que requer urgente correção. Quanto menor o nível ético-profissional de seus agentes, principalmente eleitos e gestores que o comandam, menor o nível ético-profissional do Estado, maiores seus custos e menores seus resultados.

São muitas as causas que levam ao baixo nível ético-profissional do Estado e ao seu benefício indevido para uns em detrimento de outros. Porém, uma das mais fortes e, por isso, certamente mantida de modo planejado por muitos comandantes estatais em todo o mundo, é a baixa educação geral e ética da maioria da população e sua dependência em relação a ele e aos seus agentes, combinação que reduz a participação desta e sua contribuição e cobrança por um Estado com resultado compatível com seu custo e potencial. A presença muito forte do Estado em uma nação pode levar à sensação de maior proteção e desenvolvimento desta, mas é possível que ocorra justamente o oposto.

Ele deve fornecer ou fomentar à imensa maioria da população a educação geral e ética que a liberte e gere o discernimento necessário para que empreenda e fomente sua própria segurança e seu próprio desenvolvimento, participando do Estado, acompanhando e cobrando seus resultados. Deve ensinar, dar o exemplo e complementar a ação dos indivíduos e de suas organizações, com sua Constituição e suas demais normas possuindo princípios e regras claros para evitar que exceda seus limites e sufoque sua nação. Isso requer planejamento e definição permanente do tamanho, da estrutura e da forma de atuação do Estado para que seja apenas o necessário, não menor nem maior do que deve ser.

Seus agentes não devem ser temidos pela população que cumpre os princípios e as regras de sua Constituição e de suas demais normas, devendo ser temidos, dentro de limites humanitários, apenas pelos que não os cumprem ou buscam subtrair o direito dos outros. Somente agentes estatais de alto ético-profissional são capazes de atuar nessa concepção de Estado, o que não ocorrerá por meio apenas de normas que tentem impedir sua apropriação indevida. Por isso, todas as vezes que um agente estatal for posto em dúvida quanto à sua ética e ao seu profissionalismo deve ser imediatamente afastado do Estado até que seja devidamente investigado. Se confirmado seu baixo nível ético-profissional, deve ser excluído dele por longo período, dando lugar a outro de mais alto nível em ética e profissionalismo.

As investigações devem ocorrer em prazo curto e por agentes estatais de comprovado alto nível ético-profissional, recrutados por critérios impessoais, ético-profissionais, para realizá-las, sem relação com o agente ou o fato investigado. O investigado deve ser remunerado durante o afastamento, mas impedido de atuar e acessar o ambiente físico e os meios eletrônicos relacionados à sua atuação.

Essas não são regras duras que inviabilizam a motivação de indivíduos de alto nível ético-profissional a atuarem no Estado, como muitos que comandam ou gerem Estados podem tentar fazer crer. Ainda, os benefícios que geram são muito superiores aos seus custos. Atitudes como essas levarão à confiança no Estado e aqueles que as seguirem proporcionarão grande benefício às suas nações, pois são muitos os indivíduos que gostariam de contribuir com elas por meio dele, mas são impedidos pelos que os tomaram indevidamente para si e para os que os recrutam e os mantêm.

Os que forem admitidos e mantidos no Estado por possuírem alto nível ético-profissional obterão os verdadeiros e devidos status, poder e riqueza por servirem honestamente à sua nação. O status de ser reconhecido por gerar resultado compatível com o custo e o potencial do Estado; o poder de contribuir com sua nação e enfrentar os que buscam benefícios pessoais indevidos em um Estado cujo proprietário, o povo, parece distante ou sequer existir; e a riqueza decorrente apenas de uma boa remuneração a quem fica feliz em servir à sua nação sem os benefícios indevidos que o Estado possa oferecer. Nada disso se aplica aos que, por ação ou omissão, agem de modo contrário ou alheio à sua nação ou o permitem a outros.

Ser implacável com a carência ético-profissional no recrutamento e na permanência de agentes estatais no Estado é o primeiro passo rumo ao Estado de alto nível ético-profissional. A nação é proprietária de seu Estado, não o contrário. Sobre ele não deve existir dúvidas de que atua exclusivamente em benefício dela ou da coletividade; por isso, os indivíduos que não comprovarem atuar dessa forma não podem ser recrutados nem mantidos como seus agentes.

Sua Constituição e suas demais normas devem estabelecer poderes, limites e controles claros e objetivos ao Estado e aos seus agentes, bem como limites e controles aos indivíduos e às suas organizações em seus relacionamentos com ele e com a população. Ao Estado e aos seus agentes, não se pode permitir força ilimitada, desproporcional ou descontrolada, que vá além do benefício à coletividade que devem gerar, senão os males que causam serão maiores do que os benefícios que geram.

Todo Estado deve possuir uma Constituição com princípios, direitos, deveres e obrigações claros, objetivos, compreendidos, respeitados, aplicados e exigidos igualmente de todos, seus agentes ou não. Isso evita que a estrutura e o poder estatal sejam desproporcionais, ilimitados e descontrolados, prejudicando imensamente sua nação, em que muitos dos agentes que comandam ou gerem seu Estado são recrutados e mantidos para, por meio da ação ou omissão, perpetuá-lo em prejuízo dela.

Este tipo de Estado não possui espírito coletivo e muitas vezes excede o que seriam os limites dele, evitando ou impedindo seus controles e se desviando de seu objetivo. Contamina com seu mau exemplo toda a nação, que passa a agir também como seu Estado e seus agentes. Suas nações jamais obterão segurança e desenvolvimento econômico-social sustentáveis, com a riqueza nacional direcionada apenas para uma pequena parte da população, que se beneficia indevidamente do Estado, de muitos agentes eleitos e gestores que o comandam e dos que possuem relações indevidas com eles. A outra parte vive na penúria e exclusão, não por culpa própria, mas pela ação ou omissão de um Estado que lhe é contrário ou alheio, que retira coercitivamente seus recursos e dificulta suas ações.

Ao não possuir limites nem controles previamente estabelecidos ou ao excedê-los ou desrespeitá-los em benefício pessoal indevido, o Estado e seus agentes não contribuem como deveriam com sua nação. Os que possuem mais educação geral e ética e maior nível ético-profissional dificilmente se beneficiam dessa condição, beneficiando-se dela os que não os possuem e comandam indevidamente o Estado em benefício pessoal indevido e dos que exercem poder e domínio sobre eles.

A estrutura do Estado, partindo de sua Constituição e das demais normas, deve ser apenas a necessária para o alcance do fim coletivo compatível com o que espera dele sua nação. Sua forma de atuação deve seguir princípios genéricos a serem observados por todos, seus agentes ou não. Jamais deve haver benefício indevido a indivíduos por meio da ação, omissão ou conivência do Estado em detrimento de outros. Quando não existe confiança nele, a tendência é o caos em sua nação, podendo levar a grandes conturbações econômicas e sociais, por isso deve haver plena confiança no Estado e em seus agentes, pois só assim serão devidamente legitimados pela população.

Em muitas nações, o Estado e vários de seus agentes não possuem alta confiança da população, e esta opta muitas vezes, sempre indevidamente — pois nada a justifica — pela violência ou até pela revolução armada, gerando grande instabilidade, morte e destruição. Isso ocorre por motivos vários, como: quando o custo do Estado é alto e seu retorno é baixo; a violência aumenta pela quase certeza da impunidade, como ocorre também com a apropriação indevida do Estado; agentes estatais e outros que possuem relações indevidas com eles obtêm benefícios indevidos do Estado ou por meio dele; e a carência de segurança e desenvolvimento ocorre para a imensa maioria da população.

Neste ambiente ou em sua ruptura violenta e indevida, pode até haver riqueza e crescimento econômico, mas não serão justos e igualitários, decorrentes mais de vocação natural onde não se sucumbiu aos ataques do Estado e dos que de fora dele agem junto com ele em benefício pessoal indevido, ou ainda de forte promoção deste a partir dos recursos que sobraram depois de sua apropriação indevida. Ainda assim, são alocados para os indivíduos que mais contribuem com a manutenção do Estado indevidamente apropriado. Essa promoção é mais concentradora de renda do que fomentadora do desenvolvimento econômico-social sustentável, justo e igualitário de sua nação, e os que dela se beneficiam geralmente são os mesmos que sempre estiveram ao lado dos detentores de poder e domínio indevidos sobre o Estado, não os que mais se adéquam a ela em termos de necessidades e competências ético-profissionais.

O Estado deve ser universal no atendimento à sua nação, devendo zelar de forma impessoal, ético-profissional, pelo atendimento ao fim coletivo, em busca sempre de ordem, liberdade, paz, justiça e igualdade como seu único fim. A população deve desde cedo e por toda vida receber educação geral e ética, e nesta deve ser ensinada a regra básica de que o Estado somente existe e sempre existirá para o seu bem, não para que alguns indivíduos dele se apropriem indevidamente em detrimento de outros. Deve ser continuamente ensinada a identificar e a se proteger dos que por meio dele lhe proporcionam o mal, ensinando ainda a combatê-los no sentido de evitar que se incrustem em seu Estado e se mantenham nele, transmitindo-o ainda à sua descendência como se fosse propriedade sua, impedindo, assim, a segurança e o desenvolvimento sustentável de sua nação.

O MAL DO PERSONALISMO, DO PATRIMONIALISMO E DO BAIXO NÍVEL ÉTICO-PROFISSIONAL NO ESTADO

O Estado foi criado e é mantido exclusivamente para o bem da coletividade e nada que esteja fora desse propósito pode ser considerado Estado. Os agentes eleitos e gestores que o comandam são os responsáveis pela sua condução ou gestão, sendo deles toda responsabilidade pelo seu resultado, assim como pela sua ineficiência, pelo seu desvio do fim coletivo e pela sua corrupção. A ele cabe a regulação da vida em coletividade e dos mercados, não devendo impor dificuldades indevidas aos indivíduos e à concepção e operação de empreendimentos não estatais. Deve atuar ainda como empresário, mas somente quando essa atuação for ética e profissionalmente recomendável ao alcance de seu fim coletivo.

No entanto, ocorre que muitos agentes eleitos e gestores que comandam Estados se afirmam defensores da sociedade em todas as áreas e em todos os negócios, buscando, desse modo, aumentar seu escopo com o fim, muitas vezes, de aumentar também seus benefícios indevidos e dos que os buscam por meio deles. Não deve prevalecer a atuação do Estado sobre os indivíduos e as organizações públicas não estatais e privadas nem destes sobre o Estado, mas a complementaridade entre Estado, indivíduos e organizações públicas não estatais e privadas, cada um com sua atribuição ou seu papel.

É preciso ter cuidado com os que defendem Estados de atribuições muito reduzidas ou de muitas atribuições, pois tanto um quanto o outro podem esconder interesses contrários ou alheios ao fim coletivo ao se basearem em teorias passíveis de serem defendidas nos dois modelos. A análise imparcial de um e de outro pode mostrar o quanto há de interesse pessoal indevido nos muitos que defendem modelos prontos de menor ou maior participação do Estado na sociedade e na economia, muitas vezes defendendo apenas seus interesses pessoais indevidos e de outros obtidos por meio deles.

Os interesses pessoais indevidos são facilmente percebidos ao se observar as atitudes de muitos comandantes ou gestores estatais que se dizem de esquerda, centro e direita, comunistas, socialistas, capitalistas e outros, quando no trato dos negócios estatais. Muitos pensam primeiramente em seu recrutamento e em sua permanência no comando ou na gestão do Estado, nem sempre por meio da verdadeira democracia em busca do verdadeiro Estado do fim coletivo, de alto nível ético-profissional e em benefício exclusivo de sua nação. Denuncia-lhes o modo como se relacionam com indivíduos e organizações públicas não estatais e privadas, tanto em suas relações diretas quanto em sua atuação como regulador ou fiscalizador, sendo muitas vezes de dependência em relação a esses, não de complementaridade em benefício da coletividade.

Três questões relativamente fáceis de responder fornecem diagnóstico rápido, preciso e significativo do tipo de relações do Estado e dos agentes que o comandam ou gerem com os indivíduos e as organizações não estatais: o sistema tributário é facilmente compreendido e cobra de modo justo e igualitário de todos, impedindo vantagens indevidas a uns em detrimento de outros? O sistema de compras estatais impede compras de modo indevido, que beneficiem uns em detrimento de outros? O Estado elabora, cumpre e exige com justiça e igualdade suas normas, a começar pelas que tratam desses dois assuntos?

Se a resposta for positiva para as três questões, as relações do Estado com os indivíduos e as organizações não estatais podem estar mais para o alto nível ético-profissional. Se uma delas for negativa, o Estado pode estar atuando com alto nível de personalismo e patrimonialismo e baixo nível ético-profissional, beneficiando indevidamente uns em detrimento de outros. Ao permitir ou fomentar vantagens indevidas no sistema tributário, nas compras estatais e em suas normas, os agentes que comandam ou gerem o Estado podem manipular indevidamente indivíduos e organizações não estatais em seu benefício pessoal indevido e dos que contribuem com eles, de dentro ou de fora do Estado.

O sistema tributário e o sistema de compras estatais bem como a elaboração e a exigência de normas são três instrumentos muito poderosos de um Estado no exercício de suas atribuições. Como maior ente de intervenção econômica por meio da questão tributária, de onde provêm seus recursos, e como maior consumidor individual em, certamente, todas as nações, o Estado não pode deixar dúvidas quanto à sua atuação de alto nível ético-profissional nessas duas áreas. O mesmo ocorre com suas normas, delas dependendo a ordem, a liberdade, a paz, a justiça e a igualdade, em sua concepção e em sua exigência da população. Por isso, se uma resposta ou mais dessas três questões for negativa ou se houver, ao menos, hesitação em respondê-las por grande parte da população, deve-se confiar pouco em seu Estado, que muito provavelmente é de baixo nível ético-profissional.

Está mais para o tipo interventor indevido e não confiável na sociedade e na economia, em que os indivíduos e suas organizações possuem alta dependência dele para nascer, crescer, sobreviver e obter sucesso. Os que tentam o empreendimento privado podem não conseguir sequer entrar no mercado; ou, conseguindo, ser obrigado a dele se retirar pelo alto custo e risco que o Estado lhes impõe se não contribuir indevidamente com muitos que o comandam ou gerem. São as amarras de um Estado que se expande para além de suas fronteiras e muito prejudica o funcionamento da sociedade e da economia.

No caso de resposta positiva para essas três questões, os indivíduos e suas organizações podem atuar com alto nível de independência em relação ao Estado e aos seus agentes. Esse ambiente é um bom indicativo de que a ética e o profissionalismo prevalecem em níveis elevados tanto no Estado quanto em sua nação. Logicamente, essas não são as únicas áreas ou assuntos que definem o nível ético-profissional de um Estado, mas servem como excelente e mais fácil indicativo de como ele atua nas outras áreas sob a sua responsabilidade de atuar.

Pode-se afirmar tranquilamente que a compatibilidade entre o custo tributário de uma nação e o que o Estado lhe oferece é diretamente proporcional ao seu nível ético-profissional. Quanto mais baixo este, mais a carga tributária da nação será superior ao que dele recebe. Seu poder de instituir e arrecadar tributos é muito forte e, enquanto estiver sob a influência de indivíduos que dele buscam se apropriar indevidamente, mais os indivíduos e as organizações não estatais serão obrigados a contribuir indevidamente com ele, que define de modo indevido quem pagará ou não os tributos e quanto pagará.

Essa condição é campo fértil para o Estado contrário ou alheio à sua nação, que possui poder de definir os indivíduos e as organizações que obterão sucesso ou não e até as organizações que nascerão e sobreviverão. A área tributária é muito sensível e possui o poder imediato de fazer o sucesso de agentes estatais desviados do fim coletivo e corruptos, tendo ainda o de dificultar a vida dos que agem com alto nível ético-profissional. Para o ambiente empresarial, sustentáculo da nação tanto quanto o Estado, o prejuízo causado por Estados que agem dessa forma é alto, sendo uma das principais causas da carência de desenvolvimento econômico-social de uma nação. O Estado de alto nível ético-profissional é o único meio de combater essa situação.

Do mesmo modo que o sistema tributário, as compras estatais também trazem importantes indicativos para se conhecer o nível ético-profissional de um Estado. Elas não representam apenas uma política de menor preço associada à melhor qualidade, assim como não representam apenas o melhor negócio para o Estado no sentido restrito de sua atuação como comprador. Vai além e envolve o fomento ao empreendedorismo e a todos os negócios, que têm no Estado provavelmente o maior comprador individual em todas as nações. Se o nível ético-profissional dele é baixo, não realizará suas compras levando em conta o melhor negócio para ele e para a cadeia produtiva conduzida por empreendedores não estatais que atuam com alto nível ético-profissional.

Nesse caso, o ambiente concorrencial está maculado pela atuação indevida do maior comprador individual existente em uma nação. Para analisar as compras estatais, pode-se observar o preço e a qualidade dos produtos e serviços comprados pelo Estado, assim como os produtos e serviços que oferece a partir deles. É preciso conhecer também os que lhe vendem e como agem em seu ambiente concorrencial.

Do conhecimento dos sistemas tributário e de compras estatais, pode-se ter uma boa percepção do tamanho, da estrutura e da forma de atuação de um Estado. Este deve ser apenas suficiente para dar resposta satisfatória à sua nação, não aos seus agentes que o comandam ou gerem e aos que possuem poder e domínio sobre eles, de dentro ou de fora do Estado. O debate apenas sobre se o Estado deve ter menos ou mais participação na vida nacional faz pouco sentido ao se garantir que os agentes eleitos e gestores que o comandam possuem alto nível ético-profissional, pois a gestão profissional, antecedida e permeada pela ética do comandante ou gestor, é suficiente para defini-lo. Isso porque este saberá agir em conjunto com a sociedade para construir e manter o Estado apenas necessário, não o Estado mínimo nem o máximo.

Para alcançar o fim coletivo, o Estado pode atuar de forma direta, executando atividades de interesse coletivo; ou indireta, regulando e fiscalizando atividades que ocorrem em sua nação. Pode ainda atuar de forma mista, direta e indireta. O importante é que as decisões e ações se deem de acordo com o interesse da nação, de modo a levá-la principalmente à ordem, à liberdade, à paz, à justiça, à igualdade e a itens essenciais, como segurança, saúde e educação. Somente com atuação de alto nível ético-profissional, os agentes eleitos e gestores que comandam os Estados definirão melhor seu tamanho, sua estrutura e seu funcionamento.

Um comando de características menos ou mais burocráticas também não é o que importa, mas a utilidade que dá à burocracia em busca do resultado em benefício da coletividade, dosando-a nesse sentido. A burocracia não é empecilho se utilizada com alto nível ético-profissional pelo comandante ou gestor, assim como sua inexistência não preocupa quando ele age dessa forma. Diferentemente do que pensa o desavisado ou propaga o mal-intencionado, a burocracia não é o mal a ser eliminado do Estado, mas sua inexistência, sua falha ou seu excesso, ou a burocracia desvirtuada que prevalece em muitos Estados, que impede sua eficiência e eficácia e permite sua apropriação indevida.

A impessoalidade da burocracia praticamente nem existe nesses Estados e muitas vezes nem é declarada pelas suas normas, com muitos agentes eleitos e gestores que os comandam não buscando o fim coletivo, mas fins pessoais indevidos próprios e dos que possuem poder e domínio sobre eles. É uma burocracia criada e alimentada principalmente para permitir a ascensão ou a continuidade nos cargos de comando ou gestão de muitos agentes estatais que buscam, pela ação ou omissão, apropriar-se indevidamente do Estado. Alimenta-se, ainda, pelo baixo nível de educação geral e ética da maioria da população, que pouco participa, acompanha e cobra seus resultados.

Nesse contexto, indivíduos de alto nível ético-profissional dificilmente são eleitos e recrutados como agentes eleitos, não podendo conduzir o Estado como tal. Também não podem conduzi-lo como seus gestores ou em outros cargos sob a responsabilidade direta ou indireta de recrutar do agente eleito. Daí resulta um Estado que muito retira e pouco retribui à sua nação, tomado por indivíduos que o comandam ou gerem autodenominando-se classe dirigente, sem burocracia ou com esta desvirtuada, separado do povo e contrário ou alheio ao resultado em seu benefício. De forma planejada, não investe nem fomenta devidamente o investimento na educação geral e ética que libertaria a nação de suas amarras.

Os que se apropriam indevidamente desse tipo de Estado não possuem a pretensão de proteger e desenvolver sua nação, mas de mantê-la sob seu jugo para que continuem dirigindo o Estado por meio do domínio e controle que exercem, o que ocorre em seus entes, nacional e subnacionais, seus poderes e suas organizações, em todos os níveis hierárquicos. Por isso, a educação como elemento de alta dependência estatal para que funcione de forma devida para todos dificilmente recebe investimento em quantidade e qualidade satisfatórias. Mesmo que os agentes eleitos e gestores que prevalecem em seu comando ou sua gestão não a impeçam explicitamente, a omissão ou a atuação indevida na educação já é suficiente para que não funcione como deveria funcionar.

Se a educação geral e ética não é fornecida devidamente para a imensa maioria da população em nações que possuem esse tipo de Estado, outras áreas em que ele atua ou deveria atuar não possuem melhor sorte, como se observa em desvios de alimentos destinados a populações carentes e até de medicamentos destinados a doentes terminais nos Estados de algumas nações. Em atos como esses e na impunidade dos que os praticam, evidencia-se mais uma vez o baixo nível ético-profissional existente em um Estado.

A condução das organizações se dá por meio de sua gestão. Enquanto tais, os Estados são conduzidos por seus agentes eleitos e gestores, sendo estes responsáveis diretos por seu sucesso ou fracasso. Se recrutados por meio de critérios impessoais, ético-profissionais, com permanência atestada periodicamente em termos ético-profissionais e a garantia de que permanecerão na gestão por tempo determinado enquanto buscam exclusivamente o fim coletivo, o Estado possuirá alto nível ético-profissional e tenderá a apresentar resultado compatível com seu custo e potencial. Se não, apresentará resultado incompatível com o que retira da população e com o que poderia lhe fornecer em troca.

Em Estados desse último tipo, o recrutamento de agentes eleitos e gestores não privilegia a impessoalidade, a ética e o profissionalismo, assim como não os exigem permanentemente dos já recrutados, não buscando comprometimento com os resultados em benefício da coletividade compatíveis com seu custo e potencial. Esses agentes agem ou permitem que ajam, muitas vezes, de modo contrário ou alheio à sua nação, assistindo sem remorsos aos males e às dificuldades que causam a ela, fazendo-se enganar ao acreditarem que nada têm a ver com eles.

Esses Estados rompem suas fronteiras e buscam atuar na sociedade e na economia, direcionando suas ações também para os indivíduos e o ambiente concorrencial em situações em que não deveriam atuar. Neste, atuam diretamente como empresário ou interferem indevidamente nas organizações públicas não estatais e privadas em assuntos que elas próprias deveriam tratar. Suas ações fora de seus limites tolhem, ainda, muitas vezes a liberdade dos indivíduos de forma indevida e não buscam o fim coletivo, mas apenas expandir o domínio e o controle além da atividade originária, no que visam apenas aumentar seu poder de modo indevido.

Ao contrário do que podem pensar alguns, por desconhecimento ou má intenção, para que o Estado alcance o alto nível ético-profissional, não há necessidade de grandes rupturas, violências ou revoluções. Necessita apenas de um processo de submeter todos os seus agentes, no recrutamento e na permanência em seus quadros, a regras claras e impessoais que garantam o alto nível ético-profissional.

A grande dificuldade para que isto ocorra são os comandantes ou gestores estatais que não farão nem permitirão que se faça algo nesse sentido, ao mesmo tempo em que mantêm a imensa maioria da população carente de educação geral e ética e dependente deles para que a apropriação indevida do Estado seja mantida. Buscam, assim, manter esse tipo de Estado e se perpetuar em seu comando ou em sua gestão, em todos os níveis hierárquicos, independentemente do resultado que apresentem. Os que os substituem quase sempre agem também dessa mesma forma. Passam, então, a se revezar no comando ou na gestão dos entes, nacional e subnacionais, dos poderes e das organizações estatais, em todos os níveis hierárquicos, bem como das organizações públicas não estatais e privadas que com eles possuem relações, muitas vezes também indevidas.

Desse modo, o Poder Executivo, que deveria administrar o Estado e fazê-lo funcionar, não o faz devidamente. O Poder Legislativo, que deveria elaborar e manter normas somente com aderência ao fim coletivo, controlando o Executivo, também não o faz como deveria. E o Poder Judiciário, responsável último por fazer justiça, também não o faz devidamente. Assim, todas as organizações estatais funcionam mal, pois a estrutura do Estado possui sérios vícios, com enormes consequências à sua nação.

Esse tipo de Estado está montado, principalmente, para beneficiar de forma indevida alguns indivíduos que atuam nele ou possuem poder e domínio sobre ele até de fora do Estado. Neste último caso, são beneficiados por terem contribuído em campanhas eleitorais ou em qualquer forma de ascensão ao comando ou à gestão do Estado. Como exemplo desses benefícios indevidos está a venda de produtos e serviços ao Estado de forma imprópria ou a obtenção de vantagens indevidas no ambiente concorrencial em que o Estado, por meio de suas normas, institui, arrecada e fiscaliza tributos e relações de mercado, sociais, trabalhistas, ambientais e outras, com amplo poder e domínio sobre os participantes.

Com muitos agentes eleitos nos poderes Executivo e Legislativo comprometidos muitas vezes com o interesse pessoal indevido dos que contribuem com suas campanhas eleitorais, o Poder Judiciário e outras organizações estatais são ocupados em grande parte por indivíduos que esses agentes recrutam a partir de suas normas, tendo que atuar e até julgar de acordo com as normas elaboradas ou mantidas por eles, inclusive a eles próprios. Os gestores do Estado também são, direta ou indiretamente, recrutados a partir desses agentes eleitos. Desse modo, agentes eleitos por uma democracia próxima da falsidade recrutam muitos outros agentes, como para o Poder Judiciário e para a gestão estatal, formando, assim, o Estado indevidamente apropriado que se mantém eternamente em detrimento de sua nação.

Volta-se, assim, grande parte dos comandantes ou gestores estatais para os interesses pessoais indevidos próprios e dos que contribuem com eles, de dentro ou de fora do Estado. Nesse contexto de estruturas estatais sob o controle de indivíduos recrutados como agentes eleitos por meio de processos eletivos pouco ético-profissionais ou pouco confiáveis, forma-se o Estado com muitos que o dominam e controlam em benefício pessoal indevido. Nessa formação, a ética e o profissionalismo acabam cedendo facilmente e dificultando ou impedindo o Estado de servir à coletividade de acordo com seu custo e potencial.

Por mais que muitos agentes estatais eleitos e gestores de Estados de muitas nações tentem afirmar que atuam com alto nível ético-profissional, o dia a dia deles claramente voltado para interesses pessoais indevidos, próprios e de outros, assim como os resultados que apresentam, refutam-nos completamente. Elevam o custo do Estado e apresentam resultado incompatível com ele, somente sendo recrutados para o comando ou a gestão estatal e mantidos nele indivíduos que não ameacem a situação atual. Os que a ameaçam dificilmente o comandarão ou exercerão a gestão, pois os que o tomaram indevidamente para si não os permitirão comandar ou gerir nem o mais baixo nível hierárquico.

São os agentes eleitos e gestores, em todos os entes estatais e níveis hierárquicos, que criam e mantêm toda a estrutura do Estado, sendo os responsáveis diretos pelo seu funcionamento e seu resultado. São eles os responsáveis por eliminar a ineficiência, o desvio do fim coletivo e a corrupção estatal, não podendo jamais negar essa responsabilidade ou se eximir dela.

Algumas nações, pequenas e grandes, pobres e ricas, jovens e antigas, com menor ou maior participação do Estado na sociedade e na economia, conseguem alto nível de segurança e desenvolvimento, enquanto outras não. Em todas, ele é perfeitamente possível diante do alto nível científico e tecnológico alcançado pela humanidade, porém em muitas delas os Estados lhes são empecilhos difíceis de transpor. Somente transformando-os em Estados de alto nível ético-profissional, comandados ou geridos exclusivamente por agentes estatais de mesma característica, é possível que a segurança e o desenvolvimento econômico-social sustentável ocorram de modo satisfatório em suas nações.

Do contrário, se os Estados são comandados ou geridos predominantemente por agentes estatais de alto nível de personalismo e patrimonialismo e de baixo nível ético-profissional, possuindo as mesmas características, o alto nível de segurança e desenvolvimento de suas nações jamais ocorrerá. Serão sempre injustas e desiguais, carentes de itens essenciais, como segurança, saúde e educação, independentemente de sua riqueza. Assim, nada há de mais pernicioso a uma nação do que um Estado com essas características, pois, além de não promover a segurança e o desenvolvimento dela, ele irá obstruir a capacidade dela de se proteger e se desenvolver, prejudicando também outras nações, atingidas muitas vezes pela violência e por guerras internas e externas insanas, provocadas muito mais pelo interesse pessoal indevido dos que o comandam ou gerem do que pelo interesse de sua nação.

O PREDOMÍNIO DO ALTO NÍVEL DE PERSONALISMO E PATRIMONIALISMO E DO BAIXO NÍVEL ÉTICO-PROFISSIONAL NO ESTADO E SEUS EFEITOS SOBRE SUA NAÇÃO

Indivíduos de alto nível de personalismo e patrimonialismo e de baixo nível ético-profissional, recrutados para o comando ou a gestão dos Estados e mantidos neles, formam Estados de mesmas características. Não possuem interesse em seus resultados em benefício da coletividade e ainda são exemplos negativos para suas nações. Não buscam conhecer as teorias e práticas administrativas nem o negócio que têm a comandar ou gerir, tendo como principais armas a subserviência ou a obediência aos que possuem poder de recrutá-los e mantê-los, de dentro ou de fora do Estado, mesmo que estes atuem de modo contrário ou alheio ao fim coletivo. Desse modo, não buscam a gestão necessária ao resultado em benefício da coletividade compatível com o custo e o potencial do Estado.

Suas nações não conseguem alcançar alto nível de segurança e desenvolvimento econômico-social, pois muitos responsáveis pela condução ou gestão de seu Estado são empecilhos, contrários ou alheios à ética e ao profissionalismo que as levariam ao seu alcance. Muitos agentes eleitos e gestores que o comandam ou gerem se voltam para obter e manter o domínio e o controle sobre o Estado em benefício próprio e dos que possuem poder e domínio sobre eles, de dentro ou de fora dele. Quase não possuem legitimidade e suas equipes são pouco produtivas, de alto custo e baixo resultado, pouco sendo medidas em quantidade e qualidade, pois isso não lhes interessa, devendo apenas contribuir com eles, pela ação ou omissão.

Quase não há cobrança, compromisso e responsabilidade com o resultado do Estado em benefício da coletividade, com muitos de seus agentes sendo até proibidos de produzir o que deveriam produzir para não ameaçar muitos que o comandam. Geralmente se cobra produção apenas dos que aderem a estes e se voltam para dentro visando manter a situação atual do Estado, ascendendo ou pretendendo ascender, também, ao comando dele. O gestor quase sempre não pertence verdadeiramente ao Estado, mas ao superior imediato, que pertence ao imediato e, assim, até o último nível hierárquico, com sua gestão estratégica, tática e operacional quase sempre proibida aos que possuem alto nível ético-profissional para não ameaçar os que dele se apropriam indevidamente.

Isso elimina do comando ou da gestão estatal muitos que não renunciam à sua ética e ao seu profissionalismo e dá lugar a muitos que o fazem e não fornecem resultado em benefício da coletividade compatível com o custo e o potencial do Estado. Desse modo, do mais baixo ao mais alto nível hierárquico, a verdadeira gestão é descartada ou subutilizada, controlada e direcionada para manter o Estado como ele é, entregue a muitos que o comandam ou gerem e que buscam nele apenas seus fins pessoais indevidos e de outros.

Todo agente estatal deve ser plenamente exigido em sua atuação, sendo obrigado a ser exemplo ético-profissional no Estado e fora dele.

Para que uma nação alcance alto nível de segurança e desenvolvimento, é necessário que Estado, indivíduos e organizações públicas não estatais e privadas se complementem, o que exige atuação de alto nível ético-profissional de todos. Como ente mais poderoso de sua nação, o Estado deve ser exemplo de ética e profissionalismo, o que obriga seus agentes, principalmente eleitos e gestores que o comandam, a serem inquestionáveis nesses quesitos, permitindo expandir essas suas características para toda a nação. Isso gera efeito transformador para que todos busquem agir dessa forma e combatam os que agem de modo contrário a ela.

O Estado é o guia máximo da vida nacional e, para que seja respeitado e possa influenciar positivamente, precisa ser exemplo ético-profissional inconteste para a imensa maioria da população. Como não há Estado sem comando humano, os que o comandam ou gerem são os responsáveis pelo seu mais baixo ou mais alto nível ético-profissional e pelo seu resultado. Se um Estado é comandado ou gerido por indivíduos que não são exemplos ético-profissionais ou deixam dúvidas se o são, não se espera que a população o siga voluntariamente, por isso tem que agir sempre por meio da coação. Porém, a coação pode fazer a população cumprir suas normas e determinações pontuais e apenas sob sua vigilância, mas sempre deixando de cumpri-las quando houver a possibilidade, buscando se livrar desse tipo de Estado.

Quando isso ocorre, o espírito coletivo nacional estará prejudicado ou eliminado, pois o Estado, que deveria fomentá-lo, não o faz, impedindo o sentimento de coletividade, que não se forma nem se mantém. É o que se observa claramente quando indivíduos se apropriam indevidamente do Estado e passam a obter nele benefícios indevidos em detrimento de sua nação. Nesse caso, a população passa a montar estratégias para se proteger dele ao invés de prestar-lhe contribuição voluntária. Ainda, indivíduos de dentro ou de fora dele que procuram agir com alto nível ético-profissional, vendo como age seu comando, abandonam muitas vezes suas pretensões de também comandar ou gerir o Estado por não acreditarem na possibilidade de sua transformação.

Desse modo, seus comandantes ou gestores passam a ser, principalmente, os que buscam benefícios pessoais indevidos no Estado e que contribuem com a manutenção dessa situação. Ele passa, assim, a ser comandado ou gerido quase completamente pelos que aceitam essa sua forma de atuação e que contribuem com ela, pela ação ou omissão. Como consequência, a nação será apenas contribuinte dele por meio da coação, não sendo participante voluntária de um Estado indevidamente apropriado e que provoca muitas injustiças e desigualdades por meio de sua ação ou omissão.

A população passa a acreditar assim que sua renda e seu patrimônio são tomados pelo Estado para serem utilizados em benefício dos que se apropriam indevidamente dele. Os indivíduos de alto nível ético-profissional, seus agentes ou não, tornam-se presas fáceis dessa estrutura estatal viciada, voltada para o benefício pessoal indevido de muitos que a comandam ou gerem, agentes gestores e agentes eleitos que, direta ou indiretamente, os recrutam e os mantêm, ambos em busca de benefícios pessoais indevidos em detrimento de sua nação. Nessa situação, esta dificilmente conseguirá ordem, liberdade, paz, justiça, igualdade e itens essenciais, como segurança, saúde e educação satisfatórios.

Tudo isso provocado por um quadro de muitos agentes estatais eleitos e gestores acometidos pelos efeitos perversos da busca de seus fins pessoais indevidos e dos que possuem poder de recrutá-los e mantê-los no comando ou na gestão, estes até de fora do Estado. Isso faz prevalecer o interesse de poucos em detrimento de muitos e o agir sistematicamente de modo contrário ou alheio ao fim coletivo. Somente a eleição verdadeiramente democrática, fundamentada em critérios de alto nível ético-profissional para recrutar agentes eleitos, e o recrutamento impessoal, ético-profissional, dos agentes gestores e não eleitos nem gestores poderão libertar o Estado de sua apropriação indevida e direcioná-lo para seu fim coletivo.

Esses instrumentos possuem o poder de libertar os agentes estatais e o Estado da ação dos que buscam dominá-los e controlá-los em benefício pessoal indevido. Não se conseguirá recrutar agentes eleitos de alto nível ético-profissional, voltados exclusivamente para o fim coletivo, se o candidato tiver seus custos eleitorais pagos por indivíduos e organização não estatais com interesse indevido no Estado, não se conseguindo também por meio dele recrutar agentes gestores de alto nível ético-profissional, voltados exclusivamente para o fim coletivo. Sem processo democrático que possa recrutar indivíduos de alto nível ético-profissional para os cargos eletivos e sem critério impessoal, ético-profissional, que recrute seus gestores, os Estados estarão viciados, tomados por interesses pessoais indevidos.

Assim, com o comando ou a gestão constituídos de agentes eleitos recrutados a partir de eleições que elegem poucos indivíduos de alto nível ético-profissional, de gestores recrutados direta ou indiretamente por esses agentes eleitos e com a maioria da população de baixo nível de educação geral e ética, fortemente dependente do Estado e de seus agentes, jamais se terá um Estado de alto nível ético-profissional, voltado exclusivamente para o fim coletivo. Essa é a base do Estado de alto nível de personalismo e patrimonialismo e de baixo nível ético-profissional, ineficiente, desviado do fim coletivo e corrupto, com a gestão escrava e mantenedora de sua situação atual, estéril na produção de resultados em benefício da coletividade.

Isso é certamente o que vem ocorrendo em nações de baixo nível de desenvolvimento, inseguras, injustas e desiguais, carentes de itens como segurança, saúde e educação, com seus Estados infestados de agentes eleitos e gestores contrários ou alheios a elas. Todos os Estados tendem a passar por isso, em menor ou maior intensidade, e nenhuma norma será capaz de modificar essa situação se não se garantir o recrutamento e a permanência de agentes eleitos e gestores em seu comando somente de alto nível ético-profissional, complementados por agentes não eleitos nem gestores de mesma característica. Só com essa garantia se formam as condições para o Estado de alto nível ético-profissional, que combate e elimina de seus quadros todos que atuam nele de modo contrário ou alheio ao fim coletivo ou à sua nação.

As soluções prometidas pelos Estados às suas nações para combater a injustiça, a desigualdade, a insegurança e o baixo nível de desenvolvimento não darão resultado enquanto forem recrutados e permanecerem em seus comandos ou suas gestões indivíduos que atuem de modo contrário ou alheio ao fim coletivo. Mesmo que suas nações possuam bons indicadores de riqueza e crescimento econômico, a segurança e o desenvolvimento econômico-social serão incompatíveis com eles.

Apenas o sucesso econômico não é suficiente para promover o desenvolvimento das nações de modo justo e igualitário, como se observa nas injustiças e desigualdades que acometem grande parte da população até de nações que já o conseguiram. Somente a gestão estatal de alto nível ético-profissional é capaz de amenizar as dificuldades por que passam bilhões de seres humanos em todo mundo ainda neste século XXI. Nesse sentido, as teorias administrativas têm contribuído, explícita ou implicitamente, com o sucesso de muitas organizações, porém sua aplicação tem encontrado imensas dificuldades em Estados de várias nações cujos comandantes ou gestores as veem como ameaça.

A gestão de organizações, estatais, públicas não estatais e privadas, exige a aplicação de teorias e técnicas administrativas ou de gestão, o que somente é possível por meio de gestores de alto nível ético-profissional, comprometidos com seus resultados. Em organizações bem-sucedidas, seu resultado é medido com frequência, permitindo certificar seus gestores pelo que eles apresentam. Em muitos Estados, seus resultados dificilmente são devidamente medidos, sob a alegação de que é muito complexo realizar sua medição. Quando a medida é realizada, atesta quase sempre apenas quantidade, dificilmente qualidade, pouco contribuindo com a correção de sua gestão e de suas ações.

Desse modo, a ação e o resultado obtido pelo seu gestor quase sempre não são aferidos ou o são com baixa precisão, o que compromete o planejamento, a organização, a direção e o controle com foco em resultados. Isso faz com que muitos comandantes ou gestores dos Estados se perpetuem neles mesmo que não se comprometam com seus resultados em benefício da coletividade, não os fornecendo ou fornecendo muito aquém dos custos e potenciais do Estado. Tudo isso tem como consequência a ineficiência e a corrupção dentro e fora dele, gerando o alto custo e o baixo resultado nele e também em muitas organizações não estatais.

O mérito em alcançar resultados em benefício da coletividade quase não faz parte do critério de recrutamento e permanência dos comandantes ou gestores de muitos Estados. Os mais leais e comprometidos com os fins pessoais indevidos dos que verdadeiramente os comandam, de dentro ou de fora deles, geralmente são os recrutados para seus comandos ou suas gestões, não os que possuem mais experiência útil à gestão e conhecimento das teorias administrativas e do negócio que devem gerir. Muitos desses comandantes ou gestores recrutados e mantidos não servem à sua nação, mas a si mesmos e aos que os recrutam e os mantêm, escondidos na ausência de medição dos resultados estatais e de sua cobrança por ela, tornando-a refém.

Nesse caso, o comando ou a gestão estatal, em todos os níveis hierárquicos, passa a ser um mantenedor da situação atual do Estado, impedindo que seja modificada. Os instrumentos de gestão baseados principalmente nas teorias administrativas, auxiliadas pela tecnologia da informação, que caracterizam o profissionalismo da gestão construtora de resultados, são descartados e em seu lugar entram a subserviência e a atuação voltada para dentro do Estado. Desse modo, este passa a ser visto como um mal, não como um bem à sua nação, em que indivíduos e grupos avessos à justiça e à igualdade e desrespeitosos com a sociedade que o mantém usufruem e ostentam fartos benefícios indevidos, usurpando os recursos de quem de boa-fé ou por coação contribui com ele.

Seus agentes (eleito, gestor e não eleito nem gestor) não produzem de acordo com seu custo e potencial, não havendo estratégias, táticas ou operações desenhadas, medidas e cobradas com foco em resultado, com uma gestão ilegítima, pois sem base ético-profissional. Muitos agentes que não aderem a esse tipo de Estado ou que o ameaçam são impedidos de produzir ou têm sua produção subutilizada ou descartada. Muitos gestores estatais são substituídos todas as vezes que mudam os grupos no poder ou que mostram menos lealdade pessoal em relação a outros que almejam seu lugar, tornando regra a descontinuidade que inviabiliza a gestão e a ação estatal com foco no resultado em benefício de sua nação.

Em Estados desse tipo, a ascensão de novos indivíduos e grupos ao comando ou à gestão causa correria naqueles que utilizam a lealdade pessoal e a subserviência para ascender ou se manter em seus cargos de gestão e em outros de recrutamento pelo critério pessoal. Aos que assim não procedem, o sentimento é de desesperança no que um dia poderia vir a ser o Estado de alto nível ético-profissional, promotor da segurança e do desenvolvimento econômico-social sustentável de sua nação.

Se a maioria dos comandantes ou gestores estatais fosse comprometida em construir resultados em benefício de suas nações, utilizando a experiência útil à gestão e as teorias administrativas que focam a sobrevivência e o sucesso organizacional, recusando e combatendo o interesse pessoal indevido dos que possuem poder e domínio sobre os Estados, seus resultados certamente seriam muito mais compatíveis com seus custos e potenciais. Não haveria ação ou omissão dos gestores em prejuízo de suas nações e estas não ficariam reféns de seus Estados, sem ter a quem recorrer, muitas vezes tendo que denunciar sua apropriação indevida aos próprios responsáveis por ela, comprometendo sua segurança e vendo a situação denunciada mantida como ela é ou até agravada.

Não existe norma capaz de fazer um gestor estatal buscar resultados em benefício da coletividade compatíveis com o custo e o potencial do Estado, se o critério para seu recrutamento e sua permanência no comando ou na gestão for a lealdade pessoal e a subserviência ao seu superior hierárquico e a outros que, possuindo poder e domínio sobre o Estado, agem de modo contrário ou alheio ao objetivo de sua criação e existência. Nessa situação, não se pode esperar jamais resultado do Estado em benefício de sua nação compatível com o que lhe retira em tributos.

O gigantismo deste, em tamanho, recurso, poder e responsabilidade, faz com que sua nação o tenha como centro da solução de seus problemas e de oferecimento de suas oportunidades. Sempre se dá muita ênfase ao Estado, como assunto essencial em debates e conversas formais e informais, pois é onipresente, ocupando todos os espaços em todas as nações. Mas, se, por um lado, aparece como o que deveria solucionar todos os problemas nacionais e oferecer todas as oportunidades que os indivíduos não conseguiriam sem sua atuação coletiva, por outro, se não bem administrado, cobrará cada vez mais tributos e espalhará o mal para sua nação, podendo expandi-lo para além de seu território.

Por esse motivo, tornou-se uma das principais fontes dos debates em todo o mundo, fazendo a população atentar cada vez mais para sua existência e seu funcionamento. Nessas circunstâncias, os debates muitas vezes se tornam acalorados, e o próprio Estado possui poder incalculável de criar paradigmas sobre sua existência e atuação. Atualmente, tornou-se corriqueiro em diversas nações atribuir-se a ineficiência e ineficácia do Estado ao modelo burocrático que visa sua proteção da apropriação indevida por parte de seus agentes e dos que exercem poder e domínio sobre eles. Ocorre que muitos desconhecem que poucos são os Estados que verdadeiramente alcançaram níveis burocráticos adequados ou satisfatórios.

A burocracia criticada por muitos comandantes ou gestores estatais e por grande parte da população pouco existiu verdadeiramente nos Estados. Muitos que os comandam ou gerem desvirtuam o que seria a burocracia que leva à impessoalidade na busca de seus resultados – condição indispensável para que estes ocorram. Visando fins pessoais indevidos próprios e dos que possuem poder e domínio sobre eles, muitos deles passaram a denominar de burocracia apenas seus defeitos quando desvirtuada. No lugar de buscar a impessoalidade e o fim coletivo por meio dela, transformam-na em empecilho ao funcionamento do Estado, com normas, regras e procedimentos insuficientes, falhos ou excessivos, que dificultam sua atuação.

Isso permite que muitos agentes eleitos e gestores que comandam o Estado e os que possuem relações indevidas com eles se utilizem de lacunas e falhas burocráticas para se beneficiar indevidamente dele. São implacáveis com alguns na exigência da burocracia desviada de seu verdadeiro fim e permissivos com outros, à sua livre escolha, ao descumpri-la, sem lhes imputar penalidades, criando, desse modo, indivíduos diferenciados em relação a outros. Essa situação permite o surgimento do Estado a serviço pessoal indevido de indivíduos e grupos, de dentro ou de fora dele, que concentram cada vez mais poder e riqueza ao utilizar a burocracia desvirtuada como arma poderosa para se manter em seu comando ou sua gestão e se beneficiar indevidamente dele em prejuízo de sua nação.

A burocracia passou a ser atacada pelas nações que a implantaram em seus Estados próximo à adequada ou satisfatória no que dificulta seus resultados, o que está levando as que não a implantaram devidamente a elegê-la também como causa do insucesso ou fracasso de seus Estados. Por esse motivo, é atacada implacavelmente pelas nações cujos Estados a implantaram e veem avanços possíveis com ela e além dela e pelas nações cujos Estados não a implantaram, mas em que seus comandantes ou gestores a desvirtuaram para atender aos seus fins pessoais indevidos, procurando assim encobrir a verdadeira causa do insucesso estatal. Nestas, a verdadeira burocracia não avançará, assim como nenhuma outra teoria que impeça a apropriação indevida de seu Estado caso prevaleça em seu comando ou sua gestão os que buscam por esta.

Se nestas nações nem mesmo o modelo burocrático, que representa a chave da mudança do Estado indevidamente apropriado para o Estado impessoal em busca do fim coletivo, conseguiu ser implantado, dificilmente se implantarão as teorias administrativas que levam ao Estado mais liberto da burocracia e mais focado em direção ao resultado em benefício delas. A cultura da apropriação estatal indevida, que valoriza a centralização e o autoritarismo, e que impediu a implantação da verdadeira burocracia em vários Estados, é a mesma que impede também a implantação de outras teorias administrativas que o direcionem para o resultado em benefício de sua nação ou da coletividade.

Muitos que os comandam ou gerem não as utilizam porque ameaçam seu poder e domínio, que mantêm seus benefícios pessoais indevidos e dos que os recrutam e os mantêm. Utilizam apenas a burocracia desvirtuada como instrumento de gestão, ao tempo em que criticam a verdadeira burocracia que nunca existiu em seus Estados, apresentando falsas propostas de arrefecê-la como se já a tivessem implantando. O problema de muitos Estados certamente nunca foi nem é a burocracia, como muitos afirmam ser, bem-intencionados ou não, mas a cultura de dominação personalista, patrimonialista e de baixo nível ético-profissional neles incrustada, que teima em se perpetuar. Essa cultura possui estratégia bem montada da parte de muitos que os comandam para que permaneça, resistindo fortemente a toda tentativa de modificá-la.

Gestão se faz com ética e profissionalismo, este compreendendo, de forma genérica, planejar, organizar, dirigir e controlar em busca de resultados. Ela não se faz quando interesses pessoais indevidos prevalecem em detrimento do fim organizacional. No caso do Estado, sua gestão deve se constituir de busca contínua por resultados em benefício da coletividade de acordo com seu custo e potencial, agregando valor ao recurso que arrecada da população, sem o que não teria razão de existir.

Muitos são ainda os Estados cujos agentes eleitos e gestores que os comandam se apropriam indevidamente de seus recursos enquanto suas nações sofrem os efeitos perversos de seu alto custo e baixo resultado. Este é claramente evidenciado nas áreas em que ele atua ou deve atuar, como segurança pública, saúde e educação, evidenciando nelas a carência ético-profissional de seus agentes, principalmente eleitos e gestores que se perpetuam em seu comando ou sua gestão apesar do pouco resultado que oferecem à sua nação.

Somente ao Estado são dados poder e recurso para atuar de modo coletivo e abranger a todos, sendo o maior poder terreno da História da humanidade, podendo atuar para seu bem ou para seu mal. Mesmo com o poder e os recursos que indivíduos e organizações públicas não estatais e privadas possam ter, encontram grande dificuldade se em conflito com o Estado, pois tudo requer sua permissão, regulação e fiscalização, podendo impor grandes dificuldades, por ação ou omissão, caso queira fazê-lo. Pressões sociais contribuem com sua atuação em benefício da coletividade, mas, caso queira atuar em seu prejuízo, o custo que impõe à sua nação na luta para que não permita fazê-lo é sempre muito alto.

Por isso, a sociedade moderna passou a exigir legitimidade democrática de seu Estado. Democracia pressupõe soberania exercida pelo povo, exigindo consentimento deste para que indivíduos governem, dirijam ou administrem seu Estado, não tendo jamais consentimento para atuar nele sem sua permissão e muito menos para se apropriar indevidamente dele. Muitas nações têm nela o modelo permanente e sustentável, dificilmente questionada ou ameaçada, de garantir sua segurança e seu desenvolvimento econômico-social com justiça e igualdade, o que fora da democracia dificilmente ocorre, pois os comandantes ou gestores do Estado não estarão sob a vigilância constante do povo, seu único e verdadeiro proprietário.

O consentimento da população para comandá-lo ou dirigi-lo pressupõe a atuação de seus comandantes ou gestores voltada para o que indivíduos, organizações públicas não estatais e privadas não conseguiriam de forma individualizada ou sem controles em benefício de toda a nação, como nas áreas de segurança pública, saúde e educação. Por isso o Estado deve atuar, direta ou indiretamente, tendo a segurança e o desenvolvimento econômico-social sustentável de todos como seu grande fim.

Estados fracassam quando não conseguem atuar nesse sentido, por isso, os que os comandam devem entregar sempre resultados positivos à população, que deve dispor de mecanismos, sempre democráticos, para atuar no recrutamento de seus agentes eleitos, bem como para eliminá-los do Estado caso se mostrem incapazes de entregá-los. Assim como os agentes eleitos, os agentes gestores devem ser substituídos ou eliminados do Estado sempre que não apresentarem resultados satisfatórios. Por isso, objetivos, indicadores, metas e planos devem ser apresentados pelos candidatos a agentes eleitos e gestores, devendo, quando recrutados, ser continuamente acompanhados para se decidir sobre sua permanência ou não no cargo.

Diante da constante insatisfação da população com os resultados estatais, tem-se que modificar os critérios de recrutamento desses agentes e de permanência deles no Estado, não devendo jamais possuir garantias de emprego independentemente do resultado que ofereçam à sua nação. Em muitas nações, muitos se perpetuam no comando ou na gestão de seus Estados sem apresentar resultados que as satisfaçam, o que se deve a uma democracia próxima da falsidade que beneficia os que não buscam exclusivamente o fim coletivo por meio deles. Começa com os agentes eleitos por conta do baixo nível de educação geral e ética da imensa maioria da população e de sua forte dependência em relação a eles e ao Estado, que os elege enganada por conta de seus status, seus poderes e suas riquezas muitas vezes obtidos indevidamente.

Esses agentes passam a comandar o Estado, concebendo normas e exigindo seu cumprimento em seu benefício pessoal indevido e dos que contribuem com eles, burlando a verdadeira democracia que deveria prevalecer. Recrutam, direta ou indiretamente, agentes gestores e outros de alto poder de decisão e ação para contribuírem com eles, por ação ou omissão, e se perpetuarem juntos no comando do Estado em lugar de outros que poderiam atuar verdadeiramente em busca do fim de sua criação e existência. Quando não mais aceitos pela população e não mais recrutados como seus agentes eleitos, são geralmente recrutados por outros para a gestão e outros cargos relevantes no Estado e em organizações públicas não estatais e privadas que se relacionam indevidamente com ele.

Tudo funciona de modo planejado para que se perpetuem no comando ou na gestão do Estado mesmo sem se comprometer com seu resultado em benefício da coletividade. Os agentes estatais e a população que possuem mais alto nível ético-profissional dificilmente conseguem eliminá-los do comando ou da gestão estatal, mesmo sabendo que, por meio de artifícios vários, burlam os instrumentos democráticos para se perpetuarem nele e manterem seus benefícios pessoais indevidos. Muitos são eleitos e recrutados recorrentemente para cargos eletivos e de gestão mesmo se sabendo que teriam muito a devolver à sua nação pelos seus atos, no Estado e fora dele, em muitos casos devendo perder até a liberdade se o Estado funcionasse como deveria e não fossem eles mesmos os responsáveis pela investigação e punição de seus próprios atos.

É desse modo que muitos agentes eleitos e gestores formam o comando ou a gestão de muitos Estados concebidos e mantidos para não funcionar como deveriam, utilizando em suas decisões e ações agentes não eleitos nem gestores que contribuem com eles, por ação ou omissão, para receber também benefícios indevidos, podendo chegar, assim, até ao seu comando ou à sua gestão. São esses os responsáveis pelas decisões e ações estatais que influenciam diretamente o destino de nações carentes de segurança e desenvolvimento, contando com uma cadeia hierárquica que vai do mais baixo ao mais alto nível hierárquico e que, ao atuar em detrimento do fim coletivo, contamina e dificulta a vida de toda nação. Isso eleva o custo do Estado e impede seu resultado em benefício dela, constituindo-se na raiz de grande mal que a acomete.

Em várias nações, parte dos agentes estatais é recrutada por meio de critérios impessoais, ético-profissionais, com base em conhecimento atestado por meio de provas aplicadas igualmente a todos que atendem a certas condições e aceitam se candidatar. Buscam protegê-los com estabilidade no emprego, visando independência e resistência em relação aos que buscam se apropriar indevidamente do Estado, de dentro ou de fora dele. Porém, sem lhes dar poder de decisão e ação, eles servem muitas vezes apenas para tentar legitimar o Estado, não conseguindo impedir o encadeamento lógico de sua apropriação indevida, que se dá por meio do recrutamento de agentes eleitos por meio de uma democracia próxima da falsidade, em que estes recrutam gestores e outros com poder de decisão e ação apenas entre os que, por ação ou omissão, contribuem indevidamente com eles.

O Estado é um gigante em todas as nações, independentemente de seu modelo, constituindo-se na maior e mais importante organização voltada para assuntos terrenos que atua em um determinado território. Por isso, não pode fracassar, devendo exercer suas atribuições com zelo e continuidade para que seu resultado seja tão grandioso quanto a importância que possui. Tudo que não está sob a sua responsabilidade deve ser exercido por indivíduos a sós ou por meio de suas organizações, sempre protegidos e acompanhados pelo Estado para que não sejam prejudicados nem prejudiquem os demais. Este deve regular e controlar as atividades de interesse coletivo em que não atue diretamente, garantindo que sejam exercidas com alto nível ético-profissional, de forma segura e satisfatória para o bem de todos.

Todos os seus agentes (eleito, gestor e não eleito nem gestor) devem atuar com alto nível ético-profissional, em conjunto e em complemento aos indivíduos e às organizações não estatais, sem jamais deixar dúvidas em relação à sua atuação em busca do fim coletivo. Indicadores de funcionamento e resultado do Estado, de confiança nele e em seus agentes e econômico-sociais nacionais comparados entre nações podem indicar o nível ético-profissional existente em um Estado, sua eficiência e eficácia.

Indicadores insatisfatórios nesses quesitos, apesar de poderem ser causados por motivos vários, podem mostrar a atuação insatisfatória de um Estado, pois muito têm a ver com ele. Certamente não possuirão bons indicadores econômico-sociais nações cujos Estados são comandados por agentes eleitos e gestores de alto nível de personalismo e patrimonialismo e de baixo nível ético-profissional, que põem na História e na cultura nacional a responsabilidade pelo baixo resultado de seu Estado, argumento falso e tanto mais forte quanto mais tomado este estiver por eles. É preciso que Estados mais avançados em comando ou gestão de alto nível ético-profissional contribuam para que outros também avancem nesse quesito, pois poderão evitar assim violências, guerras e conturbações internas e entre nações.

Ao Estado só se deve permitir atuar com eficiência e eficácia. Não conseguindo, deve-se reformá-lo para que assim atue. Ele não pode atuar de modo indevido nem causar mal à sua nação, beneficiando uns em detrimento de outros ou sendo seu algoz. Sua atuação deve servir de exemplo a ser seguido por toda nação. Agentes estatais de alto nível ético-profissional, principalmente que o comandam, geram Estados de alto nível ético-profissional, que geram sociedades também de alto nível ético-profissional. Agentes estatais e Estados sem essa característica geram sociedades também sem ela. Cabe, assim, às nações decidirem o Estado e a sociedade que pretendem possuir.

DIFICULDADES NO COMBATE AO PERSONALISMO, AO PATRIMONIALISMO E AO BAIXO NÍVEL ÉTICO-PROFISSIONAL NO ESTADO

O Estado não combate sua ineficiência, seu desvio do fim coletivo e sua corrupção agindo diretamente sobre eles sem combater suas causas: o alto nível de personalismo e patrimonialismo e o baixo nível ético-profissional de seus agentes, principalmente eleitos e gestores que o comandam. Muitos destes são muitas vezes sorrateiros e perniciosos em sua atuação, conseguindo montar estratégias permanentes a impedir seu combate, beneficiando-se indevidamente dele quase sem serem percebidos. Agem ou aparentam agir de acordo com as normas que eles mesmos concebem e mantêm para lhes beneficiar indevidamente, sendo portanto o principal obstáculo à concepção e à manutenção do Estado voltado exclusivamente para sua nação ou para a coletividade, com resultado compatível com seu custo e potencial.

Esse tipo de agente eleito e gestor ainda domina e controla muitos Estados, determinando o nível de segurança e desenvolvimento de suas nações. Nestas, a riqueza pode até existir, porém sua distribuição é injusta e desigual, geralmente concentrada em poucos. A corrupção é a consequência mais visível do tipo de Estado que comandam ou gerem e a mais fácil de ser combatida, mas mesmo esta prolifera em suas nações, dentro e fora dele, ao encontrar campo fértil devido à fragilidade ético-profissional dos que o comandam ou gerem. Os comandantes ou gestores estatais que a praticam ou não a combatem devidamente são os principais responsáveis por ela, que dificilmente será derrotada enquanto contar com suas ações ou omissões em seu benefício.

Ocorre que os males provocados pelos comandantes ou gestores estatais que agem dessa forma não param na corrupção, sendo mais maléficos em seu dia a dia ao praticarem ou serem coniventes com a ineficiência e o desvio do fim coletivo suportados ou não combatidos nas normas que eles mesmos criam e mantêm em seu benefício pessoal indevido e que não os caracterizam como corruptos. Desse modo, muitos comandantes ou gestores estatais podem até não cometer corrupção em sentido literal de acordo com as normas, mas a cometem ao impedir o bom funcionamento do Estado e ainda levar a ela.

Muitos deles recebem cargos de gestão e outros para contribuir com a ineficiência, o desvio do fim coletivo e a corrupção estatal, por ação ou omissão, beneficiando a si mesmos e aos que possuem poder de recrutá-los e mantê-los nos cargos. Não é a ética e o profissionalismo destes que permitem seu recrutamento e sua permanência no comando ou na gestão dos Estados, mas sua subserviência e lealdade pessoal a superiores hierárquicos e a outros até de fora do Estado. É comum que esses comandantes ou gestores tentem mostrar heroísmo à sua nação por comandar ou gerir o Estado, mas, no fundo, muitos são na verdade seus algozes ao contribuir ou silenciar para manter o Estado como ele é, contrário ou alheio ao seu fim coletivo.

Os verdadeiros heróis nacionais são os que pautam suas ações pelo benefício à coletividade, como agentes estatais ou não. Se estiverem no Estado como seus agentes, principalmente eleitos e gestores em seu comando, não se apropriam indevidamente dele em detrimento de sua nação nem permitem que outros o façam, independentemente dos domínios e controles a que alguns tentam submetê-los. Procuram transformar o Estado, apesar das forças contrárias que tentam subjugá-los e impedi-los de decidir e agir em benefício de sua nação ou da coletividade. Combatem a farsa que muitos Estados representam ao não buscar exclusivamente o fim coletivo, combatendo-a sem jamais aderir a ela em troca de cargos estatais ou outros benefícios pessoais indevidos.

O personalismo, o patrimonialismo e o baixo nível ético-profissional muitas vezes se entranham e se complementam nos comandantes ou gestores estatais, levando ao Estado de mesmas características. É necessário vivenciá-los ou estar no ambiente em que eles ocorrem para poder percebê-los, pois às vezes são tênues e de difícil percepção. É necessário combatê-los incessantemente, pois se constituem na principal causa do alto custo, mau funcionamento e baixo resultado dos Estados, passando despercebidos muitas vezes até de atentos observadores de dentro deles. Quase sempre aparecem de forma discreta e revestida de legalidade, escondendo grande mal a corroer o Estado e sua nação.

Seu combate é de extrema dificuldade, pois os que os praticam são os mesmos que comandam ou gerem o Estado e deveriam combatê-los, contando, ainda, com a contribuição de outros agentes, por ação ou omissão, que também pretendem comandá-lo. Certamente não sobrevivem em ambientes estatais sadios, com objetivos, indicadores, metas e planos definidos e comunicados à sua nação com clareza, buscados pelos seus agentes com o acompanhamento, a participação e a cobrança da população.

O Estado possui poder e grandeza suficientes para levar sua nação à segurança e ao desenvolvimento econômico-social, assim como os possui para dificultá-los ou impedi-los. Muitos que o comandam ou gerem buscam aparentar esforços contra o mau funcionamento e o baixo resultado estatal, mas jamais vencerão esse mal sem combater os responsáveis por ele, que muitas vezes são eles próprios. Quando se evidencia a ineficiência, estes não se consideram culpados e alegam cumprir as normas. Algo parecido ocorre com o desvio do fim coletivo, enquanto na corrupção a norma é claramente descumprida. No entanto, nos três casos, muitos comandantes ou gestores estatais que deveriam combatê-los são os mesmos que se beneficiam deles e beneficiam os que possuem poder e domínio sobre eles, por isso os mantêm.

Geralmente ocorre ação ou omissão do Estado para que se realizem, com os que deveriam combatê-los sendo muitas vezes os que são recrutados e mantidos para não o fazer. Os três são maléficos e carregam pesos similares pelo mal que acomete o Estado e sua nação, sendo o combate vencedor apenas o que ataca e elimina suas causas que impedem o Estado de se voltar para ela, o qual dificilmente é travado. Muitos Estados são acometidos por eles e, por isso, grande parte da humanidade passa, ainda, por imensas dificuldades.

Os Estados devem ser guiados por normas impessoais, elaboradas e exigidas apenas por indivíduos comprovadamente de alto nível ético-profissional, atestados continuamente em sua ética e seu profissionalismo. Se em sua elaboração e exigência não houver essa característica, os fins pessoais indevidos dos agentes estatais prevalecerão e o fim coletivo do Estado jamais será alcançado.

O personalismo, o patrimonialismo e o baixo nível ético-profissional são os maiores males que acometem um Estado e, como consequência, muito prejudicam sua nação. Quanto mais existem, menor a busca e o alcance do fim coletivo. Normas impessoais, elaboradas e exigidas por indivíduos de alto nível ético-profissional poderiam reduzi-los ao buscar eliminá-los, porém muitos que são recrutados e mantidos no comando ou na gestão de muitos Estados não o fazem, pois atendem primeiro ao seu fim pessoal indevido e dos que possuem poder de recrutá-los e mantê-los no comando ou na gestão, elaborando e interpretando as normas em benefício deles mesmos, em clara afronta ao interesse coletivo. Do mesmo modo, não realizam a gestão a partir da experiência útil a ela, das teorias administrativas ou de outras que vão de encontro aos seus fins pessoais indevidos e dos que os recrutam e os mantêm.

Por isso, nos Estados acometidos por esses males, dificilmente os cargos de comando ou gestão são ocupados por indivíduos de alto nível ético-profissional, sendo o principal critério de recrutamento o pedido ou a declaração tácita ou explícita de que o recrutado não ameaçará sua situação atual. O indivíduo que aceita o recrutamento ou manifesta pedido nesse sentido é tido como de alta fidelidade à situação atual e ao detentor do poder de recrutá-lo e mantê-lo no comando ou na gestão, dificilmente se negando a atender às ordens deste, mesmo que tenha como principal objetivo seu fim pessoal indevido ou de outros que possuem poder e domínio sobre ele.

Desse modo, a gestão profissional guiada pelas teorias administrativas e pela experiência útil na obtenção de resultados é ignorada, pois representa empecilho ao benefício pessoal indevido de muitos que comandam ou gerem o Estado. Em uma cadeia iniciada pelo alto comando estatal contrário ou alheio ao fim coletivo, que age em benefício pessoal indevido, os detentores de poder sobre o Estado, de dentro ou de fora dele, necessitam de gestores que contribuam com eles, pela ação ou omissão, em todos os níveis hierárquicos. Utilizam, assim, muitos gestores que usufruem de melhor salário em relação aos demais agentes estatais e que se satisfazem em se sentir prestigiados em relação aos outros agentes e à população, sem se sentir culpados pelo mal que causam a ela.

Não atribuem à sua gestão o mau funcionamento, o alto custo e o baixo resultado do Estado, como se não fossem responsáveis por eles. Tentam fazer crer que o insucesso estatal decorre sempre da gestão do outro, em outro nível hierárquico ou ente estatal, como se o Estado e todos seus entes, seus poderes e suas organizações não fossem um conjunto com um só fim, o que coloca em todos que o comandam ou gerem, em todos os níveis hierárquicos, a responsabilidade pelo seu sucesso ou não. Se não prevalece o alto nível ético-profissional nos que o comandam ou gerem, a Constituição e as demais normas estatais de nada servem, menos ainda os fartos currículos em educação formal que eles possam possuir, pois sucumbem facilmente aos que exercem poder e domínio sobre eles, mesmo que contrários ou alheios à coletividade.

Para manter a população alheia ou desinformada de sua atuação contrária ou alheia ao fim coletivo, da distância existente entre riqueza e desenvolvimento nacional e da perniciosidade de suas decisões e ações, muitos agentes eleitos e muitos gestores por eles direta ou indiretamente recrutados que comandam Estados gastam muitos recursos em propaganda. Contam com a oratória para convencer a população de que buscam o fim coletivo, assim como utilizam artifícios vários para reduzir a pressão sobre eles. Entre estes, estão a promoção ou conivência com atos contrários às normas, como invasões de terras públicas, até de preservação ambiental, e, às vezes, distribuição das sobras da apropriação indevida que fazem do Estado aos mais carentes.

O sucesso de atitudes como essas mantêm muitos deles no comando ou na gestão estatal e, mesmo que os indivíduos e grupos dominantes se alternem, a prática continua a mesma, com muitos se beneficiando indevidamente de um Estado concebido e mantido para não funcionar como deveria. Práticas que favorecem a segurança e o desenvolvimento econômico-social são às vezes implantadas e alardeadas como solução nacional, mas são quase sempre descontinuadas, com tudo voltando rapidamente à situação anterior. Ao perceber suas práticas, a população às vezes até pretere nas eleições alguns agentes eleitos responsáveis pelo fracasso ou engodo de seu Estado, mas os que ocupam seus lugares agem como eles e muitas vezes ainda os recrutam mais uma vez para o comando ou a gestão estatal.

Desse modo, muitos antigos agentes eleitos preteridos pela população nas eleições em uma tentativa de mudar a situação atual de seu Estado retornam a ele com os que até então se diziam seus combatentes e, juntos, mantêm tudo como está. Quando se acredita que foram eliminados, ressurgem com um "novo discurso" aderente aos que lhes substituíram e continuam no Estado. Isso ocorre porque as sementes do mal que plantaram germinaram e frutificaram e outros buscam seu apoio para também conduzir ou gerir o Estado. Assim, fica permanentemente montado um modelo de poder e dominação da nação por meio do Estado, obedecendo a esse modelo praticamente todos que chegam ao comando ou à gestão estatal, por não saber ou não querer desmontá-lo, com os novos comandantes se apropriando também indevidamente do Estado.

Curioso observar que muitos agentes eleitos e gestores que comandam ou gerem esse tipo de Estado se dizem maravilhados e enaltecem as virtudes de Estados e nações de alto nível ético-profissional quando em viagens internacionais. Muitas dessas viagens são inclusive realizadas com recursos de sua nação, como se fossem úteis ao trabalho, quando, na verdade, muitas vezes nem o são. Esses agentes tentam na verdade esconder sempre que, em sua nação, apropriados indevidamente de seu Estado e buscando nele seus fins pessoais indevidos e de outros, são parte de seus males, daí a diferença entre sua nação e a que os torna tão maravilhados. Com suas ações e omissões, destroem o alicerce ético-profissional do Estado, contribuindo com o baixo nível ético-profissional também de sua nação e com sua carência de segurança e desenvolvimento econômico-social.

São obstáculos quase intransponíveis à ética e ao profissionalismo no Estado, reduzindo-o à mediocridade que impede seu resultado compatível com seu custo e potencial. A propaganda estatal busca esconder essa realidade, porém basta olhar os indicadores de funcionamento e resultado do Estado, de confiança nele e em seus agentes e econômico-sociais nacionais para constatá-la. Comparando as nações, pode-se perceber claramente as que possuem Estados comandados ou geridos por indivíduos em sua maioria de alto nível ético-profissional, pois são mais seguras e desenvolvidas, já que a grandeza e o poder de seu Estado são utilizados em benefício delas, não contra, impondo-lhes apenas seu fardo.

A principal arma que comandantes ou gestores de Estados contrários ou alheios às suas nações utilizam é a carência planejada de educação geral e ética da imensa maioria da população, mantendo-a fortemente dependente deles, sem forças para reagir. Utilizam em complemento o combate ferrenho aos defensores do Estado de alto nível ético-profissional, de dentro ou de fora dele. Por meio da carência de transparência em sua atuação, buscam ocultar o mau funcionamento do Estado, porém não conseguem ocultar sua carência de resultados, principalmente em áreas como segurança pública, saúde e educação.

Preenchem, assim, a estrutura estatal com muitos outros agentes eleitos e gestores que não possuem como objetivo exclusivo a busca do fim coletivo, mas a manutenção do Estado como ele é. Desse modo, instrumentalizam a baixa educação geral e ética da imensa maioria da população, a carência de transparência das ações estatais, a proliferação de propagandas enganosas com o objetivo de ocultar a realidade e o combate aos que agem com alto nível ético-profissional dentro e fora do Estado. Obtêm, dessa forma, seus benefícios indevidos no Estado ou por meio dele, para si e para os que os recrutam e os mantêm, obrigando a população a despender sempre mais recursos para menos resultados, o que agrava as dificuldades em sua nação.

A transparência na atuação do Estado não implica apenas divulgar seus atos, mas em divulgá-los de modo inteligível, pelo menos: seu planejamento, com objetivos, indicadores, metas e planos, e seu alcance ou não ao executá-lo; responsáveis por elaborar e executar o planejamento; fornecedores, compras realizadas, valores pagos e comparações com os pagos por outras organizações; e estatísticas confiáveis de seu funcionamento e seus resultados. A imensa maioria da população precisa compreender seu Estado, quem o compõe, o que faz e como faz. Omissões ou publicações inverídicas devem levar à punição e eliminação do agente estatal do Estado e de suas relações econômicas com ele por longo período.

Permitir à população conhecer profundamente seu funcionamento e seu resultado deve ser um princípio geral do Estado em todas as nações. Ele pertence à sua nação e nada sobre ele pode ser omitido. Se, como exceção, algo não estiver às claras, basta o pedido de quaisquer indivíduos para que a informação seja prontamente apresentada. Raras são as informações que guardam segredos de proteção ao Estado e à sua nação e não devam ser divulgadas. Conceber normas de acesso à informação insuficientes ou falhas, que não permitam prestar informações permanentes, necessárias, confiáveis e inteligíveis à sua nação, que não garantam o controle social, não implica fornecer transparência às ações do Estado.

O combate à sua ineficiência, ao seu desvio do fim coletivo e à sua corrupção, com foco no resultado em benefício de sua nação ou da coletividade compatível com seu custo e potencial, não deve se dar por meio de ações discriminatórias ou apenas pontuais, não planejadas, nem ficar só na teoria ou na falácia. Deve ser prático, objetivo, contínuo, sistemático e envolver todo o Estado, o que implica todos os seus agentes (eleito, gestor e não eleito nem gestor). Evitará, assim, a falsa afirmação da parte de muitos agentes eleitos e gestores que o comandam ou gerem de que esses elementos perniciosos aparecem mais sob o seu comando porque nele são mais combatidos.

Na História, são fartos os exemplos de povos que foram ou são dominados por grupos restritos, muitas vezes autoritários e violentos, que lhes exploram sob a denominação de Estado, em que teoria e prática não se juntam nele para focar o benefício à sua nação. Para esses povos explorados e desprotegidos, tratados de forma injusta e desigual, com seus direitos negados, comandantes ou gestores estatais apresentam muitas vezes teorias complexas, mas vazias de conteúdo e incapazes de promover sua segurança e seu desenvolvimento econômico-social de forma sustentável, suportadas apenas por propagandas enganosas. Na realidade, suas nações vivem em dificuldades e sem esperança de sair do abismo em que foram jogadas por um Estado que não atua em seu benefício, como se pode observar em áreas de sua atuação como segurança pública, saúde e educação. Tudo serve apenas para manter os que o comandam ou gerem sem compromisso com sua nação, com benefícios pessoais indevidos e condições de vida incompatíveis com as da maioria população, como membros fora do corpo nacional.

A propaganda estatal tenta, e muitas vezes consegue, omitir ou distorcer a realidade para evitar cobranças no sentido de modificar Estados contrários ou alheios às suas nações. Enquanto isso, muitos de seus comandantes ou gestores se apresentam ou permitem que se apresentem como candidatos a agentes eleitos com chances de vitória muitos indivíduos comprometidos com sua manutenção, com promessas fora da realidade e abandonadas logo depois de serem eleitos. Depois de recrutados, recrutam gestores estatais e outros sob a sua responsabilidade de recrutar também comprometidos com o Estado como ele é, formando, assim, um comando quase sem compromisso e responsabilidade com o resultado em benefício de sua nação. Muitos desses agentes possuem patrimônio incompatível com sua herança e sua renda sem que o justifiquem e sem que sejam cobrados para justificar.

Estes sempre se fizeram presentes e continuam a atuar nos Estados de muitas nações. Só a transformação profunda destes será capaz de eliminá-los, porém esta não é fácil, pois eles detêm o domínio e o controle quase total sobre o Estado. Sempre que se tenta eliminá-los, conseguem se infiltrar nos novos grupos que o comandarão, alternando-se entre as várias partes do Estado e até em organizações não estatais que se relacionam indevidamente com ele. Provavelmente o sucesso pessoal deles se dá por conta da carência de educação geral e ética da imensa maioria da população e de sua forte dependência em relação a eles e ao Estado, planejadas por eles mesmos para se perpetuarem no comando ou na gestão estatal.

É desse modo que muitos comandantes ou gestores de vários Estados atuam permanentemente em desarmonia entre a teoria que pregam e a prática que utilizam, avessos à experiência útil à gestão e à teoria administrativa com foco em resultados. Suas nações jamais conseguirão obter segurança e se desenvolver com justiça e igualdade, pois possuem Estados falsamente administrados, mais empecilhos do que contribuintes com elas. São submetidas permanentemente à instabilidade econômico-social, com avanços momentâneos, porém seguidos de grandes recuos, em contínua insegurança e ameaça, pois sem o devido apoio de seu Estado.

Toda nação passa por crises momentâneas, já que são inerentes a todo ser humano, decorrentes de intempéries e de conturbações econômicas, políticas, sociais, ambientais e outras fora do controle estatal. Porém, o que diferencia as crises entre as nações são as respostas dadas pelos seus Estados. São difíceis e ameaçadoras em todas, mas, quando ocorrem, Estados de alto nível ético-profissional estão mais preparados para reagirem a elas, distribuindo seus efeitos entre todos. Além do melhor preparo do Estado, suas consequências são mais bem absorvidas pela população, pois compartilhadas com mais igualdade entre ela, de modo inclusivo, tanto no custo quanto no resultado de sua solução.

Nações que possuem Estados contrários ou alheios a elas são mais propensas a crises, pois eles próprios possuem alto poder de provocá-las e enormes dificuldades em reagir a elas. Seus efeitos pesam mais sobre determinada parte da população, a que não comanda ou gere o Estado e que não possui relações indevidas com ele. Isso ocorre porque muitos de seus comandantes ou gestores, que deveriam estar preparados para evitar ou reagir a elas, procuram primeiro obter benefícios indevidos para si e para os que contribuem com eles, distribuindo os efeitos nocivos maiores da crise para o restante da população.

Estados de alto nível ético-profissional funcionam com fundamento implícito ou explícito em experiências de gestão bem-sucedidas e em teorias administrativas que focam resultados. São como organismos vivos, agindo em constante interação com o ambiente, distribuindo benefícios e compartilhando dificuldades entre todos, com justiça e igualdade. Buscam soluções para os problemas nacionais de forma integrada com os indivíduos e as organizações públicas não estatais e privadas e são tanto mais eficientes e eficazes quanto mais alto o nível ético-profissional de seu comando ou sua gestão. Mitigam perigos e instabilidades para florescer a segurança e o desenvolvimento econômico-social sustentável mesmo nas turbulências que venham a ser provocadas pelo ambiente.

Quando instabilidades econômicas, políticas, sociais ou outras fora de seu controle ocorrem, seus efeitos são distribuídos entre todos, de forma justa e igualitária, reduzindo assim o peso a suportar de cada um. Suas consequências são mais bem combatidas porque seus comandantes ou gestores também são atingidos por elas de forma similar aos demais. O Estado é mais apto a evitá-las e a combatê-las, pois os que o comandam ou gerem possuem alto nível ético-profissional, algo imprescindível para fazê-lo.

Isso não ocorre em nações cujos Estados são afetados pelo alto nível de personalismo e patrimonialismo e pelo baixo nível ético-profissional da maioria dos agentes eleitos e gestores que os comandam ou gerem. Nelas, o perigo é constante, a instabilidade predomina e a população não possui segurança nem consegue se desenvolver de modo sustentável. Muitos que se apropriam indevidamente de seu Estado, de dentro ou de fora dele, ostentam status, poder e riqueza indevidos e, com crise ou sem crise, quase não sentem as dificuldades enfrentadas pela maioria da população. A injustiça, a desigualdade e o baixo nível de segurança e desenvolvimento econômico-social parecem só afetá-los de modo positivo, em seu benefício pessoal indevido, e, por isso, não atuam como deveriam para evitá-los ou enfrentá-los.

Não são poucos os males causados por Estados com essas características às suas nações. Neles, indivíduos de alto nível ético-profissional geralmente são impedidos de atuar de acordo com seu potencial, pois prevalecem em seu comando ou sua gestão indivíduos que agem em benefício pessoal indevido próprio e dos que possuem poder e domínio sobre eles, de dentro ou de fora do Estado, ambos se apropriando indevidamente deles. A segurança e o desenvolvimento econômico-social de suas nações são miragens e, quando ocorrem, geralmente por fatores não planejados pelo seu Estado, o retorno à situação anterior é iminente. As amarras para mantê-los dessa forma são muito fortes, contaminando toda a sua nação, que não consegue se libertar deles, não obtendo assim segurança nem desenvolvimento econômico-social satisfatórios por meio do Estado nem por conta própria.

PARTE II

O ESTADO BRASILEIRO NO CONTEXTO ÉTICO-PROFISSIONAL

O ESTADO BRASILEIRO

O Brasil possui um território de 8.515 mil km², onde vivem mais de 210 milhões de pessoas. É o quinto maior país do mundo em extensão territorial, atrás de Rússia, Canadá, China e Estados Unidos. Nessa imensidão territorial, é necessário que o Estado seja planejado, estruturado, organizado e dirigido de modo a contemplar todo o território e toda a população nacional. Considerando que o Estado é uma organização social criada e mantida por pessoas para atender ao fim coletivo, que não nasce nem sobrevive sem elas, por mais recursos não humanos que possua, como fazer, então, para construir e manter um Estado que verdadeiramente se volte para sua nação?

De forma genérica, uma nação é constituída de indivíduos e organizações estatais, públicas não estatais e privadas. Toda organização passa pelas fases de criação e desenvolvimento e seu comando ou sua gestão precisa dar atenção contínua ao ambiente interno e externo para sobreviver e obter sucesso. Possui entrada, processamento e saída, devendo possuir boa retroação para detectar possíveis necessidades de reforços ou correções na entrada e no processamento a fim de que suas saídas atendam ao objetivo que propõe. Necessita de recursos monetários, materiais e humanos, que devem ser bem geridos, tendo o ambiente externo como motivador de sua existência, que a mantém diante de uma infinidade de outras organizações que concorrem entre si ou se complementam.

Assim como as organizações públicas não estatais e privadas, o Estado ou as organizações estatais devem atender a tudo isso, devendo ter como direcionamento principal o ambiente externo, que voluntariamente deve aceitar sua criação e existência porque reconhece sua utilidade. Isso permite uma boa reflexão sobre os Estados, de como estão estruturados em termos de organização e compromisso com a coletividade na promoção de elementos como ordem, liberdade, paz, justiça, igualdade e itens essenciais, como segurança, saúde e educação.

A população pode e deve questionar o motivo da criação e existência de um Estado, suas entradas, seus processamentos e suas saídas, bem como o custo que lhe impõe. Ele somente se justifica enquanto tiver como finalidade atender às necessidades de sua nação, permitindo que outros também o façam. O Estado somente deve atuar diretamente se o fim coletivo o justificar ou se apresentar melhor resultado à sua nação em relação a outros que poderiam atuar em seu lugar. Assim, Estado, indivíduos, organizações públicas não estatais e privadas devem se complementar e oferecer segurança e desenvolvimento econômico-social à sua nação, com o Estado atuando e regulando todo esse ambiente sempre que necessário.

Tudo isso leva à reflexão sobre a estrutura e o funcionamento dos Estados, sendo aqui tomado o Estado brasileiro para fazê-la. Ele existe em uma nação grande e rica, das maiores em território e produção econômica, mas com imensa parte da população vivendo em níveis de segurança e desenvolvimento incompatíveis com seu tamanho e sua riqueza, como atestam diversos indicadores econômico-sociais nacionais. Nela, há muita injustiça e desigualdade e o custo de seu Estado, medido em termos de carga tributária, está entre os maiores do mundo. A partir da reflexão sobre ele, outras nações, até mais desenvolvidas, podem corrigir os rumos de seus Estados ou atuar estrategicamente para que não incorram nos mesmos erros que os seus ou não retrocedam no que já avançaram.

A organização político-administrativa brasileira, denominada República Federativa do Brasil, é formada pela União, por 26 estados, pelo Distrito Federal e por 5.569 municípios. A União abrange todo o território nacional e sua capital, Brasília, está no Distrito Federal, onde funciona o centro administrativo. Na União, existem os poderes Executivo, Legislativo e Judiciário, o Ministério Público Federal, que não faz parte dos três poderes, o Tribunal de Contas da União, ligado ao Poder Legislativo, mas independente dele, e outras organizações estatais. Essa estrutura é replicada nos estados e no Distrito Federal e um pouco nos municípios, conforme a Tabela 2.1:

Tabela 2.1 – Estrutura da República Federativa do Brasil

União	Área km²	Poderes e organizações	Estados e Distrito Federal	Área km²	Poderes e organizações	Municípios	Área média km²/município	Poderes e organizações
República Federativa do Brasil	8.515.759	Executivo, Legislativo, Judiciário, Ministério Público Federal, Tribunal de Contas da União e outras organizações estatais	AC	164.124	Executivo, Legislativo, Judiciário, Ministério Público Estadual, Tribunal de Contas do Estado e outras organizações estatais	22	7.460	Executivo, Legislativo, Tribunal de Contas do Município (em alguns) e outras organizações estatais
			AL	27.848		102	273	
			AM	1.559.147		62	25.148	
			AP	142.829		16	8.927	
			BA	564.732		417	1.354	
			CE	148.888		184	809	
			DF	5.780		1	5.780	
			ES	46.087		78	591	
			GO	340.106		246	1.383	
			MA	331.937		217	1.530	
			MG	586.521		853	688	
			MS	357.146		79	4.521	
			MT	903.202		141	6.406	
			PA	1.247.955		144	8.666	
			PB	56.468		223	253	
			PE	98.076		184	533	
			PI	251.612		224	1.123	
			PR	199.308		399	500	
			RJ	43.782		92	476	
			RN	52.811		167	316	
			RO	237.765		52	4.572	
			RR	224.301		15	14.953	
			RS	281.738		497	567	
			SC	95.738		295	325	
			SE	21.918		75	292	
			SP	248.220		645	385	
			TO	277.720		139	1.998	
			TOTAL	8.515.759		5.569	1.529	

Fonte: Instituto Brasileiro de Geografia e Estatística (IBGE). Disponível em: https://cidades.ibge.gov.br/brasil/panorama. Acesso em: 8 jan. 2020.

Observa-se que o Estado brasileiro busca estar presente em todo o território nacional. Ocorre que sua presença nem sempre representa atuação satisfatória em benefício de toda a nação. A observação de muitos indicadores econômico-sociais nacionais, de funcionamento e de resultado do Estado e de confiança nele e em seus agentes evidencia que estão muito aquém em relação a vários outros Estados e nações, variando até em seu próprio território. Mesmo entes subnacionais em melhores posições muitas vezes estão muito aquém de muitos outros Estados e muitas outras nações, certamente por conta da orientação e da condução do ente nacional, a União, e de seu reflexo sobre eles.

Não há aqui o objetivo de apresentar o resultado de indicadores de funcionamento, do Estado brasileiro ou de outros Estados, nem de indicadores econômico-sociais nacionais ou de confiança no Estado e em seus agentes, pois ficam rapidamente desatualizados, e os critérios utilizados podem ser diferentes em cada Estado e nação. Porém, apresento alguns indicadores úteis para que a qualquer momento possam ser obtidos e analisados seus resultados e se possa verificar os de um Estado e de sua nação e a posição deles em relação a outros Estados e suas nações, como na Tabela 2.2:

Tabela 2.2 – Alguns indicadores para análise e comparação de Estados e suas nações

QTD	Indicador	F = Funcionamento do Estado; R = Resultado do Estado ou econômico-social nacional; C = Confiança da população no Estado e em seus agentes	Índice ou medida	Posição do Estado ou da nação em relação a outros Estados ou outras nações
1	Índice de desenvolvimento Humano (IDH)	R		
2	Produto Interno Bruto (PIB) ou Produto Nacional Bruto (PNB)	R		
3	Renda *per capita*	R		

>

4	Índice de desigualdade de renda – Índice de Gini	R		
5	Percentual da população em pobreza e extrema pobreza	R		
6	Média de anos de estudo da população	R		
7	Percentual da população que sabe ler e interpretar um texto e resolver problemas matemáticos intermediários	R		
8	Índice de alfabetização da população (% da população de 15 anos ou mais alfabetizada)	R		
9	Taxa de analfabetismo funcional	R		
10	Índice de homicídios por 100 mil habitantes	R		
11	Percentual de esclarecimento de crimes de homicídios	F		
12	Violência contra a mulher (homicídio, estupro e tentativa de estupro por 100 mil mulheres)	R		
13	Índice de mortes no trânsito	R		
14	Índice de mortalidade infantil por 1.000 nascidos vivos	R		
15	Índice de mortalidade precoce	R		
16	Índice de mortalidade materna	R		
17	Índice de mortes evitáveis	R		
18	Médicos por habitante	R		
19	Leitos hospitalares por habitante	R		
20	Déficit habitacional	R		
21	Percentual de moradias inadequadas	R		
22	Percentual de imóveis irregulares, residencial e de outros fins	F		
23	Índice de saneamento básico	R		
24	Índice de coleta de esgotos	R		
25	Percentual de resíduos urbanos com destinação adequada	R		
26	Percentual de domicílios atendidos por coleta de lixo	R		
27	Proporção de domicílios beneficiados por rede de abastecimento de água potável	R		
28	Índice de competitividade	R		

29	Índice de qualidade econômica	R		
30	Produtividade do trabalho	R		
31	Nível de qualificação dos trabalhadores	R		
32	Investimento em pesquisa e desenvolvimento em relação ao PIB ou PNB	R		
33	Quantidade de patentes obtidas	R		
34	Percentual de processos em cada instância judiciária com duração superior a um ano	F		
35	Déficit de vagas no sistema penitenciário	F		
36	Percentual de homicídios em que houve condenação do autor	F		
37	Percentual de condenados pela justiça que estão foragidos	F		
38	Percentual de reincidência no crime	R		
39	Índice de assassinato de agentes estatais das áreas de segurança e controle (policiais e outros)	F		
40	Tempo médio de construção de obras estatais	F		
41	Percentual de obras estatais paralisadas	F		
42	Percentual de perda na produção e distribuição de energia	R		
43	Percentual de perda no tratamento e na distribuição de água potável	R		
44	Índice de impunidade de agentes estatais envolvidos em corrupção	C		
45	Índice de transparência do Estado	C		
46	Ataque à imprensa por agentes estatais	C		
47	Índice de percepção em relação ao combate à ineficiência, ao desvio do fim coletivo e à corrupção estatal	C		
48	Índice de corrupção	C		
49	Índice de percepção da corrupção pela população	C		
50	Índice de confiança na democracia	C		
51	Índice de confiança nos políticos	C		
52	Índice de confiança nos partidos políticos	C		
53	Confiança nos agentes estatais que comandam ou gerem o Estado	C		
54	Confiança no Poder Executivo	C		
55	Confiança no Poder Judiciário	C		

56	Confiança no Poder Legislativo	C		
57	Índice de percepção da impessoalidade no Estado	F		
58	Custo do Poder Executivo em relação ao PIB ou PNB	F		
59	Custo do Poder Judiciário em relação ao PIB ou PNB	F		
60	Custo do Poder Legislativo em relação ao PIB ou PNB	F		
61	Amplitude administrativa, de comando ou de controle no Estado	F		
62	Percentual de agentes estatais comissionados e de confiança similares aos do Estado brasileiro	F		
63	Percentual de agentes estatais recrutados por critério pessoal	F		
64	Carga tributária em relação ao PIB ou PNB	F		
65	Índice de burocracia tributária	F		
66	Índice de sonegação fiscal	F		
67	Estoque de dívidas com o Estado	F		
68	Percentual de arrecadação de dívidas com o Estado	F		
69	Índice de recuperação de valores desviados do Estado	F		
70	Percentual de recursos recebidos pelo Estado em decorrência de autos de infração	F		

Fonte: elaboração própria.

Se os indicadores do Estado brasileiro e de sua nação forem colocados na Tabela 2.2, percebe-se que vários estão aquém dos indicadores de muitos outros Estados e muitas outras nações. Seu alto custo e sua forte presença no território nacional seriam certamente suficientes para elevar a nação a melhores níveis de segurança e desenvolvimento econômico-social. Entretanto, existem fortes evidências de que essas características não têm sido acompanhadas do alto nível ético-profissional de muitos de seus agentes eleitos e gestores que o comandaram ao longo da História e ainda o comandam, em seus entes, nacional e subnacionais, seus poderes e suas organizações, como levam a crer o resultado de indicadores como os da Tabela 2.2 e como mostram diversos estudos e trabalhos de indivíduos e organizações estatais e não estatais, assim como várias notícias na mídia de farto conhecimento da população. Isso leva a entender que os resultados dos indicadores de segurança e econômico-sociais nacionais insatisfatórios não decorrem da falta de recursos nem da ausência física de Estado, mas de sua atuação muitas vezes indevida, contrária ou alheia à sua nação.

O Estado brasileiro sempre foi muito povoado em seu comando ou sua gestão por muitos indivíduos que geram desvio ou desperdício de recursos, sem foco no resultado em benefício de sua nação compatível com seu custo e potencial, impedindo que sua presença em todo o território nacional, com sua estrutura e seus recursos, promovam a segurança e o desenvolvimento justo e igualitário da população. É necessário que o Estado aja como verdadeiro indutor destes, não dificultador ou impeditivo de que eles ocorram, o que somente é possível por meio da maioria de seus agentes, principalmente eleitos e gestores que o comandam, de alto nível ético-profissional, que busquem verdadeiramente o fim coletivo.

Os resultados em benefício da nação ou da coletividade somente ocorrem se houver integração entre as partes que compõem o Estado, funcionando como sistema, com todos os agentes estatais atuando dessa forma, buscando resultado superior à soma delas. A Teoria Geral dos Sistemas utilizada na teoria administrativa poderia contribuir com o Estado brasileiro na integração de seus entes, seus poderes e suas organizações, sem comprometer a independência e a harmonia que deve existir entre os entes e os poderes estatais. Ocorre que o alto nível de personalismo e patrimonialismo e o baixo nível ético-profissional sempre ocorreram fortemente em muitos de seus comandantes ou gestores, em toda sua estrutura, em todos os níveis hierárquicos, o que dificulta ou impede seus resultados em benefício de sua nação.

Tratar um Estado como sistema é de enorme complexidade, principalmente de uma grande nação em termos territoriais como a brasileira.

É complexo conhecer todas as suas partes, as inter-relações existentes nelas e entre elas e as relações com o ambiente externo, porém é necessário conhecê-las e compreendê-las para que a atuação seja conjunta e integrada, formando um só Estado. Ocorre que isso só é possível em Estados que possuem como característica o alto nível ético-profissional, exigido pelo menos da maioria de seus agentes, principalmente eleitos e gestores que o comandam, o que muitas vezes não ocorre com seus agentes e, como consequência, não ocorre com o Estado brasileiro, o que impede seus resultados em benefício de sua nação compatíveis com seu custo e potencial.

As práticas de muitos agentes eleitos e dos gestores recrutados direta ou indiretamente por eles e que o comandam ou gerem impedem muitas vezes que o Estado brasileiro atue em busca de melhores resultados, o que resulta em baixos indicadores econômico-sociais nacionais, que persistem ao longo de sua História. Ainda, as partes que o formam atuam quase sempre de modo isolado, sem coordenação, ou são contaminadas por uma estrutura que anula os esforços individuais e coletivos dos que atuam como seus agentes. Certamente, isso ocorre também em muitos outros Estados, principalmente de nações inseguras e que não conseguem se desenvolver.

Essas nações podem perceber que seus Estados possuem problemas similares aos do Estado brasileiro aqui apresentados, dificultando ou impedindo também sua segurança e seu desenvolvimento, tornando-as carentes de itens essenciais. Estados de nações mais desenvolvidas também podem possuir os mesmos problemas, em menor intensidade, podendo corrigi-los para tornar seus resultados ainda mais compatíveis com seus custos e potenciais. No caso da nação brasileira, se seu Estado possuísse em seu comando ou sua gestão, em todas as suas partes, agentes eleitos e gestores em sua maioria de alto nível ético-profissional, certamente os indicadores de segurança e econômico-sociais nacionais seriam bem melhores.

Esses indicadores não serão melhores enquanto o Estado brasileiro não atuar como um sistema maior, a União, com suas partes, Distrito Federal, estados e municípios, funcionando de modo conjunto e integrado em busca do fim coletivo. Isso implica estrutura e recursos monetários, materiais e humanos, formando os entes federativos, seus poderes e suas organizações, com todos compondo e aceitando o sistema maior chamado Estado. Cada um funcionando ao mesmo tempo de modo conjunto e integrado, cuidando de seu planejamento, sua organização, sua direção e seu controle em benefício da coletividade. O funcionamento e o resultado desse sistema deve ser medido continuamente por meio de indicadores de funcionamento e resultado, de confiança nele e em seus agentes e econômico-sociais nacionais.

Para que isso ocorra, o comando ou a gestão estatal, constituído de seus agentes eleitos e gestores, deve possuir alto nível ético-profissional, pois só assim conseguirá estabelecer objetivos, indicadores, metas e planos, administrando o Estado em benefício exclusivo da coletividade. Isso não ocorrerá sem o alto nível ético-profissional desses agentes, que deve ser atestado no recrutamento e em sua permanência no comando ou na gestão estatal, em todos os entes e todas as organizações estatais, em todos os níveis hierárquicos.

O agente estatal de alto nível ético-profissional é o que procura sempre agir, no Estado e fora dele, com o objetivo de melhorar o funcionamento do Estado e seus resultados, melhorando também as condições de segurança e econômico-sociais de sua nação. Jamais toma decisões no Estado de modo a deixar dúvidas se sua atuação foi em interesse pessoal indevido ou não. Mesmo que as normas o permitam, não usufrui de benefícios estatais que dependam de sua ação se não estiver seguro de que são justos e igualitários. Sua ética e seu profissionalismo são incontestáveis, comprometido em atuar como parte de um todo em busca do objetivo maior: o benefício à sua nação ou à coletividade compatível com o custo e o potencial do Estado. O seu único interesse econômico no Estado é o salário, por isso, deve ser bem remunerado.

Na nação brasileira, o todo estatal é a União, responsável pelo Estado nacional, e suas partes, apesar de suas autonomias, são o Distrito Federal, os estados e os municípios. Todos com seus poderes e suas organizações, seus agentes eleitos, gestores e não eleitos nem gestores. O gestor maior do Poder Executivo da União é o Presidente da República; do Distrito Federal e dos estados, o governador; e dos municípios, o prefeito. Todos eleitos pela população. Em cada ente federativo, há o Poder Legislativo para elaborar normas e controlar o Poder Executivo, com representantes eleitos pela população. O Poder Judiciário possui representantes maiores recrutados por agentes eleitos pela população para os poderes Executivo e Legislativo, que recrutam, também, o representante maior do Ministério Público e os componentes dos tribunais de contas. Algumas outras organizações estatais têm também representantes maiores recrutados por agentes eleitos pela população, como o Banco Central e as agências reguladoras.

Os agentes eleitos pela população para os poderes executivos e legislativos e os recrutados por eles para os poderes judiciários, ministérios públicos, tribunais de contas e outras organizações estatais, por disposição normativa, são os mesmos que recrutam, direta ou indiretamente, muitos comandantes ou gestores estatais brasileiros. Para o recrutamento desses, geralmente, não utilizam critérios impessoais, ético-profissionais. O Poder Legislativo Federal no Brasil, junto com o Poder Executivo, concebe as normas gerais de recrutamento e permanência de todos os agentes estatais.

Assim se forma o Estado brasileiro, com entes, poderes e organizações, agentes eleitos, gestores e não eleitos nem gestores, todos sob o comando maior de uma Constituição Federal. Há uma estrutura que pode ser genericamente denominada de primária, diretamente relacionada às atribuições centrais de governo, como ministérios, secretarias, Câmara dos Deputados, Senado Federal, assembleias legislativas, câmaras de vereadores, tribunais de justiça, ministérios públicos e tribunais de contas. Existe ainda, em complemento a ela, as fundações públicas e as organizações estatais com capital total ou em sua maioria do Estado, como as empresas públicas e as sociedades de economia mista, contando ainda com o Banco Central e as agências reguladoras.

Para finalizar toda a estrutura, há ainda as Forças Armadas, que também compõem o Estado brasileiro. Como em todas ou quase todas as nações, espera-se delas principalmente a defesa do território nacional e dos princípios democráticos. Assim como todo Estado, devem se guiar pelas mesmas premissas aqui dispostas, obedecidas algumas peculiaridades devidamente normatizadas, no sentido de evitar ou impedir a apropriação indevida do Estado da parte de seus integrantes ou o desvio de sua finalidade.

O Estado brasileiro é conduzido ou gerido, assim, nos níveis estratégico, tático e operacional por agentes eleitos e gestores e operacionalizado pelos não eleitos nem gestores, todos remunerados pela população para atuar em benefício exclusivo de sua nação. Devem contribuir com o conhecimento técnico, de negócio e de gestão, gerindo ou executando atividades em benefício da coletividade por meio do Estado, com este dependendo completamente deles.

Ao agir, direta ou indiretamente, por meio de suas organizações primárias e outras, atuando, regulando, acompanhando ou controlando a economia e a sociedade, o Estado brasileiro, como qualquer outro, alcança imenso poder, acima de quaisquer indivíduos ou organizações não estatais que atuem em seu território. Por isso, é imprescindível o alto nível ético-profissional da parte de seus agentes, principalmente os que o comandam ou gerem, somado ao conhecimento do negócio e do ambiente em que atuam, para só assim alcançar resultado compatível com seu custo e potencial, devendo ser planejado, organizado, dirigido e controlado nesse sentido. Quando não alcança esse resultado, tem que ser modificado ou ter seu comando substituído, senão não interessa à sua nação.

Os recursos monetários, materiais e humanos do Estado brasileiro são visivelmente fartos, porém sua alta carga tributária, seu mau funcionamento e baixo resultado, como atestam os altos tributos em relação ao produto interno ou nacional, os indicadores de seu funcionamento e seu resultado, de confiança nele e em seus agentes e econômico-sociais nacionais, mostram que o mal nacional não está, certamente, na ausência de Estado, mas em sua ineficiência, seu desvio do fim coletivo e sua corrupção. Nesse contexto, somente a carência ético-profissional da maioria dos que o comandam ou gerem pode justificar seu persistente mau funcionamento e baixo resultado.

Começando pelo Poder Executivo, que administra no topo os recursos estatais. De seu comando ou sua gestão, tem origem um Estado bem ou mal administrado, que satisfaz ou não sua nação. Se não satisfaz, a solução está na modificação de sua estrutura ou na substituição de seus comandantes ou gestores. O Poder Legislativo elabora as principais normas nacionais e controla as ações do poder Executivo. Se o Estado e a nação não possuem boas normas e o resultado do Poder Legislativo não satisfaz, a solução está também na modificação de sua estrutura ou na substituição de seus comandantes ou gestores. Por último, o Poder Judiciário julga, quando provocado, a partir das normas elaboradas principalmente pelo Poder Legislativo junto com o Executivo, garantindo direitos individuais e coletivos ou evitando que sejam negados ou prejudicados. Se o resultado não satisfaz, a solução está também na modificação de sua estrutura ou na substituição de seus comandantes ou gestores.

Os três poderes devem ser independentes e harmônicos, mas contribuintes uns com os outros e complementares, bem geridos e formando um todo em benefício da nação ou da coletividade, o que, em regra, claramente não tem ocorrido de modo satisfatório no Estado brasileiro ao longo da História. Isso se comprova por vários meios, como nas fartas evidências possíveis de se obter a partir do conteúdo aqui exposto.

Além dos três poderes, existe o Ministério Público, não vinculado a nenhum deles, para fiscalizar o cumprimento das normas e agir em defesa da coletividade. Existe também o Tribunal de Contas, que auxilia o Poder Legislativo no controle do Estado, sendo também independente dos três poderes. Exerce o controle externo da gestão e da utilização dos recursos estatais, atuando por meio de auditorias e dando parecer prévio sobre as contas do governo a serem julgadas pelo Poder Legislativo, julgando ainda as contas dos gestores estatais. Apesar da independência teórica do Poder

Judiciário, do Ministério Público e do Tribunal de Contas em relação aos poderes Executivo e Legislativo, os representantes maiores deles são quase sempre recrutados por esses poderes, obedecidas normas constitucionais, na União, no Distrito Federal e nos estados. Os presidentes dos tribunais judiciários superiores e dos tribunais de contas são eleitos pelos seus membros, entre eles, para gestão bianual e anual, respectivamente.

As outras organizações estatais brasileiras são o Banco Central, as agências reguladoras, fundações públicas, empresas públicas e sociedades de economia mista. Apesar de já ter reduzido sua participação no ambiente empresarial, o Estado brasileiro continua proprietário de várias organizações que atuam no ambiente, às vezes como oligopólios e monopólios, sendo afetadas também, muitas vezes, pelos mesmos males que acometem os Estados.

Chama atenção o Supremo Tribunal Federal – STF como instituição judiciária máxima de proteção à Constituição Federal brasileira, tendo como principal atribuição decidir conflitos e emitir opinião quando demandado em relação à interpretação constitucional. É dele também a competência para julgar agentes estatais que possuem o foro privilegiado brasileiro, como os agentes eleitos para os poderes Executivo e Legislativo da União e os recrutados por estes por meio de disposição normativa para o Poder Judiciário, o Ministério Público e o Tribunal de Contas da União. Por conta desse foro, eles não podem ser julgados por outros tribunais judiciários no exercício de suas funções, com julgamento exclusivo no STF.

O presidente deste Tribunal possui mandato de dois anos, sem reeleição, eleito pelos seus próprios ministros recrutados pelo Presidente da República com aprovação do Senado Federal. No STF, o personalismo, o patrimonialismo e o baixo nível ético-profissional jamais deveriam prosperar, sendo obrigatória a total confiança de que atua com justiça, igualdade, imparcialidade, eficiência e eficácia, sem subserviência a interesses contrários ou alheios ao fim coletivo. No entanto, ao longo da História, a prática muitas vezes mostrou que muitas de suas decisões e ações são demoradas e pouco convincentes, principalmente nos vastos casos em que lhes são denunciados os detentores do foro privilegiado brasileiro, o que acaba contribuindo com a percepção de impunidade destes. Assim, seu nível de confiança é também muito baixo, como de todo o Estado brasileiro[3] e de muitos agentes estatais que atuam nele, o que requer ações do Estado e da população para elevação desse nível, como apresentadas na parte IV deste livro.

A população brasileira elege seus agentes eleitos, e estes estruturam e organizam seu Estado, que é, teoricamente, constituído e organizado por ela. Ocorre que a maioria da população brasileira possui baixo nível de educação geral e ética, esta no sentido de cidadania, do pensar e agir com foco no coletivo, no bem comum, possuindo também forte dependência em relação ao Estado e aos seus agentes. Por isso, a estrutura, o funcionamento e o resultado do Estado brasileiro dificilmente se voltam principalmente para ela, já que pouco participa, acompanha e cobra seus resultados.

Os problemas de comando, gestão e outros são tantos e tão evidentes no Estado brasileiro que se permite afirmar que ele não está voltado para o fim coletivo. Bem o exemplifica o período de gestão dos tribunais judiciários superiores, incluindo o STF, e do Tribunal de Contas da União,

---

3. Segundo o Relatório ICJBrasil, 1º Semestre 2017, da Fundação Getúlio Vargas (FGV--SP), Direito, a confiança da população na Polícia era de 26%; no Ministério Público, 28%; no Poder Judiciário como um todo, 24%; no STF, 24%; no Congresso Nacional, 7%; nos partidos políticos, 7%; e no Governo Federal ou Governo da União, 6%. Os dados desse relatório estão disponíveis nos links http://direitosp.fgv.br/publicacoes/icj-brasil e http://bibliotecadigital.fgv.br/dspace/bitstream/handle/10438/19034/Relatorio-ICJBrasil_1_sem_2017.pdf?sequence=1&isAllowed=y (acesso em: 8 jan. 2020).
O Relatório de Competitividade Global, do Fórum Econômico Mundial, 2017-2018, página 71, mostra que, de 137 países pesquisados, o Brasil é o que apresenta menos confiança da população nos políticos (disponível em: http://www3.weforum.org/docs/GCR-2017-2018/05FullReport/TheGlobalCompetitivenessReport2017%E2%80%932018.pdf. Acesso em: 28 abr. 2020).
Muitas outras pesquisas mostram também o baixo nível de confiança da população brasileira em seu Estado e, como consequência, em seus agentes, como na pesquisa Datafolha/*Folha de S.Paulo* de julho/2019, que mostra baixíssimo nível de confiança em algumas instituições, com nenhuma delas atingindo 50% de confiança dos entrevistados (disponível em: http://media.folha.uol.com.br/datafolha/2019/07/10/9b9d682bfe0f1c6f228717d59ce-49fdfci.pdf. Acesso em: 8 jan. 2020).

que às vezes não chega a um ano, quando seu presidente, eleito entre seus ministros, atinge no cargo, já de conhecimento no ato de sua eleição, a aposentadoria compulsória, aos 75 anos. Não completam, assim, o período já ínfimo de gestão estabelecido para eles, de dois anos e um ano, respectivamente, servindo talvez apenas para melhorar o currículo de seus presidentes. Com períodos tão curtos de comando ou gestão, mesmo completando um ou dois anos, objetivos, indicadores, metas e planos não são definidos nem buscados como deveriam ser, com enorme descontinuidade a impedir o profissionalismo e o resultado da gestão.

Os que defendem os curtos períodos de comando ou gestão podem até afirmar que existe planejamento estratégico com objetivos e indicadores definidos para períodos superiores ao mandato presidencial em algumas dessas organizações e que não há problema de se ter gestão tão curta. Porém, quem conhece tais organizações sabe que, quando um novo presidente assume, a descontinuidade administrativa é muito forte, com grandes modificações na estrutura organizacional e no quadro de seus comandantes ou gestores. Isso faz com que a carência ético-profissional decorrente dos curtos períodos de gestão, de sua consequente descontinuidade administrativa e do recrutamento de comandantes ou gestores sem critério impessoal, ético-profissional, em todos os níveis hierárquicos, impeça, quase sempre, o resultados dessas organizações de acordo com seu custo e potencial.

Outro grande problema do Estado brasileiro é que os ministros desses tribunais geralmente solicitam os próprios cargos a agentes eleitos que poderão ser julgados por eles, ou que já estão sendo julgados, podendo até presidi-los depois de recrutados. Isso ocorre porque não são recrutados por critério impessoal, ético-profissional, podendo ficar, assim, dependentes do recrutador. Isso ocorre inclusive na mais alta corte judiciária nacional, o STF, de alta importância e considerada a última fronteira de proteção ao Estado e à nação, o que exemplifica as fortes características de alto nível de personalismo e patrimonialismo, de baixo nível ético-profissional existentes em todo o Estado brasileiro, que geram sua ineficiência, seu desvio do fim coletivo, sua corrupção e seu alto custo e baixo resultado.

Ainda como imenso problema do Estado brasileiro, existem os cargos e as funções comissionados e de confiança, de comando ou de gestão – ou não –, distribuídos a muitos que se comprometem, tácita ou explicitamente, por ação ou omissão, em mantê-lo como ele é. Muitos os obtêm ao solicitar ou ser convidado; nos dois casos, muitas vezes, ascendendo e se mantendo neles apenas se não ameaçar sua atual forma de funcionamento. Os que os defendem da forma como eles são alegam que em outras nações o critério de recrutamento para a gestão e outros cargos estatais relevantes é similar. Não esclarecem, no entanto, que eles são muitos no Brasil, com critérios de recrutamento que não levam em conta a impessoalidade nem, muitas vezes, o nível ético-profissional do candidato, como se vê na nota 86, sendo muitos deles desnecessários.

É certo que, como organizações humanas, em todos os Estados existem problemas ético-profissionais, mesmo nos Estados de nações mais desenvolvidas, ao que se recomenda a busca contínua por sempre mais ética e profissionalismo. É bastante evidente que o Estado brasileiro sempre beneficiou indevidamente a muitos, seus agentes ou não, com os discursos de agentes eleitos e gestores que o comandam alardeando um Estado voltado para o fim coletivo sempre esbarrando em características contrárias de profundo conhecimento da população. Isso é o que mantém a realidade histórica nacional de violência, injustiça e desigualdade, sem elementos novos e concretos que garantam caminhos para um futuro mais promissor.

Pode ser que alguns agentes que o comandaram ou comandam possuíssem ou possuam a intenção de levar sua nação a um presente e futuro melhores, só que não quiseram ou não querem perceber que o grande salto para conseguir passa obrigatoriamente pela elevação do nível ético-profissional de seu comando ou sua gestão, em todas as suas partes e em todos os níveis hierárquicos. Como o Estado brasileiro sempre funcionou com muitos de seus comandantes ou gestores atuando de modo contrário ou alheio ao fim coletivo, ele jamais melhorará a vida da população de sua nação de forma sustentável sem uma profunda transformação.

Para criar e manter organizações privadas, investidores fazem estudos detalhados e confiáveis para verificar a viabilidade econômico-financeira dos empreendimentos. Nos Estados, deve-se verificar continuamente o benefício econômico-social. Se na organização privada o objetivo maior é o lucro, senão não se mantém, no Estado, o objetivo é o benefício à coletividade, senão não deveria existir. Por isso, é necessário que atue com alto nível ético-profissional em suas decisões e ações, pois elas oneram a população, muitas vezes de forma permanente. Exemplificando, a criação de muitos municípios brasileiros de reduzido território, pouca população e baixa capacidade econômica, sem outros fatores que os justifiquem, pode evidenciar um investimento que não traz boa contribuição com a população local e nacional.

Os recursos utilizados com essa finalidade talvez pudessem dar melhor retorno. Os responsáveis por decisões como essa afirmam que com ela o Estado mais se aproxima da população, quando, na verdade, muitas vezes é uma estratégia para fatiar recursos entre agentes eleitos e gestores que buscam se apropriar indevidamente dele, apenas para fins pessoais próprios e de outros que os recrutam e os mantêm. Agindo dessa forma, o Estado brasileiro muitas vezes fornece claramente resultado muito aquém de seu custo e potencial, o que ocorre na União, no Distrito Federal, em seus 26 estados, nos 5.569 municípios e nas diversas organizações estatais. Cria-se muitas vezes um Estado maior, mais caro e de menos benefícios à sua nação ou, talvez, tão pequeno que não atende às necessidades dela.

Como explicar que, com tanta presença no território de sua nação, o Estado brasileiro não consiga melhor resultado? Certamente não é por carência de recursos monetários, materiais e humanos, mas de ética e profissionalismo de muitos responsáveis por conduzi-lo ou gerenciá-lo. Ao se distribuir em todo território nacional com muitos entes e poderes, muitas organizações e muitos agentes, bastava apenas que estes, principalmente eleitos e gestores que o comandam ou gerem, possuíssem em sua maioria alto nível ético-profissional e atuassem dessa forma. Dariam o exemplo para que Estado, indivíduos e organizações públicas não estatais e privadas os seguissem na construção de uma nação melhor, mais justa, mais segura e desenvolvida.

É preciso pôr a ética e o profissionalismo como condições imprescindíveis à condução ou gestão do Estado para reverter o mau funcionamento e o mau resultado que o Estado brasileiro sempre apresentou à sua nação, em todas as suas partes, apesar dos fartos recursos vindos de uma das mais altas cargas tributárias impostas a uma nação. Ele não tem dado o retorno que daria se a sua atuação fosse focada no benefício exclusivo à coletividade. Desde a colonização, em 1500, passando pela independência, pelo Império, pela República, pela industrialização, pelas várias reformas administrativas, pelo crescimento econômico e outros, nunca forneceu ou promoveu devidamente a segurança e o desenvolvimento econômico-social de forma sustentável à sua nação.

Ao contrário do que procuram afirmar muitos que se apropriam indevidamente dele, não é só a nação que deve modificar o Estado, mas ele mesmo deve iniciar sua própria modificação e dar o exemplo para que ela também se modifique. De um personalismo e patrimonialismo e um baixo nível ético-profissional crônicos que sempre o acometeram, prejudicando toda a sua nação, para uma ética e um profissionalismo que geram resultados positivos no Estado, nos indivíduos e nas organizações públicas não estatais e privadas nacionais. Fora disso, resta apenas o engodo de inflamados e inúteis discursos de muitos agentes eleitos e gestores que o comandaram e comandam prometendo o que não cumpriram nem cumprirão em benefício de sua nação, sustentados por uma população de maioria de baixa educação geral e ética, fortemente dependente deles e do Estado.

Enquanto muitos carecem de itens básicos de sobrevivência, outros se fartam de riquezas indevidas ou não justificadas, quase sempre por serem agentes estatais eleitos ou gestores ou por se relacionarem com eles, muitas vezes indevidamente. A carência de segurança é tão grande que até estes muitas vezes são afetados por ela, apesar das muitas defesas que possuem em seu benefício. Se o Estado brasileiro não consegue proteger minimamente a vida da população, pouco se pode esperar dele nas demais áreas em que atua ou deveria atuar. O exemplo de seu mau funcionamento aqui trazido deve ser conhecido de outras nações para que elas possam livrar também seus Estados, e estes possam então obter resultados em benefício da coletividade compatíveis com seu custo e potencial, quando já não os obtêm.

Não se pode negar que sua estrutura e seus recursos, assim como sua expansão por todo o território nacional, fazem do Estado brasileiro uma grande obra e que, apesar dos imensos problemas que o caracterizam desde o Brasil Colônia até os dias atuais, a nação brasileira construiu um Estado que possui alto potencial a ser utilizado em seu benefício. Falta apenas elevar o nível ético-profissional dele, a começar pelos seus agentes, principalmente eleitos e gestores que o comandam, sendo principalmente destes essa responsabilidade.

Quando nações adotam a democracia, a ética e o profissionalismo dos agentes estatais dependem da ética e do profissionalismo existentes em seu sistema eleitoral, nos candidatos a agentes eleitos e na população que os elege. Tudo isso depende da educação geral e ética da população, que, quanto melhor, menos é dependente do Estado e de seus agentes, melhor seleciona os agentes eleitos, mais participa, acompanha e cobra seus resultados, aumentando, assim, a possibilidade de que esses resultados sejam compatíveis com o custo e o potencial do Estado. Quanto mais baixa a educação geral e ética da população, mais poder têm o Estado e seus agentes, podendo ser, assim, superior ao dos indivíduos e de suas organizações, dominando-os e controlando-os em evidente desequilíbrio e, muitas vezes, em benefício pessoal indevido.

Nesse caso, o Estado está mais para a falsa democracia, sem legitimidade, impedido de fomentar as condições para que ocorram a segurança e o desenvolvimento nacional. Só com muita dificuldade a nação quebrará as amarras que ele lhe impõe, o que deve ser buscado sempre no processo democrático e requer inteligência, paciência e tempo, como trazido na parte IV deste livro. A nação brasileira é exemplo de baixa educação geral e, certamente, também ética no sentido aqui trazido da maioria da população, com Estado, indivíduos e organizações públicas não estatais e privadas em permanente desequilíbrio, beneficiando muitos que se apropriam indevidamente do Estado, o que o torna de alto custo e baixo resultado. As normas que gera e mantém são insuficientes, falhas ou excessivas, com muitos dos agentes eleitos vindos de algo próximo da falsa democracia, sem a verdadeira legitimidade vinda de sua nação.

As fragilidades do Estado brasileiro o impedem de funcionar como um todo e de apresentar resultado compatível com seu custo e potencial em todos os seus entes, nacional e subnacionais, seus poderes e suas organizações. A elaboração de normas, a exigência de cumprimento delas, o julgamento com base nelas, a arrecadação e gestão de recursos, compras, fiscalizações e outros elementos essenciais ao seu funcionamento geralmente passam por evidentes problemas relacionados ao alto nível de personalismo e patrimonialismo e ao baixo nível ético-profissional do Estado. Esse seu mal nunca entra na pauta de enfrentamento nacional, substituído por promessas vãs e repetitivas, corriqueiras e impossíveis de cumprir por parte de muitos que buscam o voto da população.

Daí provém uma corrida inconsequente por parte de muitos já agentes estatais, ou não, em busca do recrutamento para o comando ou a gestão e outros cargos no Estado, quase sempre voltados para dentro, para o benefício pessoal indevido próprio e dos que os recrutam e os mantêm no intuito de manter tudo como está. A descontinuidade administrativa é imensa, pois todas as vezes que muda um alto comandante ou gestor de um ente, um poder ou uma organização estatal, e isso é corriqueiro para acomodar indivíduos por motivos vários, há intensa troca de comandantes ou gestores com essa característica, em todos os níveis hierárquicos, que recrutam também outros que a possuem. Nesse contexto, a ética e o profissionalismo não são, certamente, a prioridade no recrutamento e na manutenção de muitos comandantes ou gestores estatais.

O objetivo maior do Estado brasileiro parece muitas vezes ser o de não dificultar a sua apropriação indevida, atuando de modo contrário ou alheio à sua nação. Poderes executivos e legislativos com muitos representantes recrutados por meio de uma democracia próxima da falsidade, a partir do baixo nível de educação geral e ética da maioria da população sem que o Estado atue para elevá-lo. Poderes judiciários, ministérios públicos, tribunais de contas, agências reguladoras e outras organizações estatais com comandantes ou gestores, e outros, recrutados por eles e reflexos deles. Tudo isso tem levado a um Estado de alto custo e baixo resultado, a contaminar toda a nação ao longo de sua História.

Sua transformação de modo sustentável somente ocorrerá com a elevação do nível de educação geral e ética da imensa maioria da população, reduzindo, assim, sua dependência em relação ao Estado e aos seus agentes, com ela contribuindo por meio do voto no recrutamento de agentes estatais eleitos somente de alto nível ético-profissional. É assim que virá a elevação desse nível na maioria dos agentes estatais e no Estado. O problema é que a tarefa de educar nesse sentido compete muito ao Estado, como mais importante ente coletivo de todas as nações. Tudo isso é essencial e urgente e, enquanto não ocorrer, nações como a brasileira continuarão carentes de ordem, liberdade, paz, justiça, igualdade e itens essenciais, como segurança, saúde e educação. Isso é o que mostram os diversos indicadores econômico-sociais nacionais. É importante dotar os Estados de recursos monetários, materiais e humanos para responder às demandas de sua nação, mas, principalmente, dotá-los de recursos humanos de alto nível ético-profissional para que não atuem de modo contrário ou alheio a ela.

AS NORMAS BRASILEIRAS E A REALIDADE NACIONAL

Assim como todas as normas, a Constituição do Estado de uma nação deve refletir a realidade e os anseios desta, com respeito às suas heranças históricas e culturais. Em nações democráticas, como a brasileira, é comum que uma Assembleia Constituinte eleita pelo povo origine o Estado por meio de uma Constituição, com todos devendo segui-la e a todas as normas posteriores dela decorrentes. A Constituição brasileira de 1988 tem seu conteúdo, na essência, voltado para a segurança e o desenvolvimento econômico-social sustentável da nação. Porém, como toda norma, é uma declaração abstrata a aplicar no caso concreto, o que depende dos agentes estatais, principalmente eleitos e gestores que comandam o Estado.

Os constituintes que a elaboraram optaram por nela mencionar literalmente os princípios a serem observados pelos agentes estatais na administração do Estado. Em obediência a esses princípios, os agentes estatais, principalmente eleitos e gestores que o comandam, devem planejar, organizar, dirigir e controlar o Estado em busca do fim coletivo, o que implica estabelecer objetivos, indicadores, metas e planos que levem a ele. Pode-se afirmar que assim o diz o art. 37 ao estabelecer os princípios da legalidade, impessoalidade, moralidade, publicidade e eficiência, determinando formalmente, de forma explícita ou não, a ética e o profissionalismo na atuação do Estado brasileiro.

Em todo o seu texto, procura seguir esses comandos, devendo obedecer-lhes todas as normas infraconstitucionais. No entanto, ao se observar a prática cotidiana do Estado brasileiro, verifica-se que a interpretação e aplicação de sua Constituição no que se refere a esses princípios da administração estatal não são satisfatórios. Se ele não consegue muitas vezes atuar com alto nível ético-profissional apesar de possuir princípios nesse sentido declarados formalmente em sua Constituição, pouco se pode esperar de muitos Estados de nações que sequer os declaram. No caso do Estado brasileiro, resta a luta, até então pouco gloriosa, pela aplicação de sua norma constitucional para poder modificar sua situação atual.

Enquanto isso, a luta em muitas nações ainda deve ser certamente pela elaboração de uma Constituição que estabeleça a ética e o profissionalismo em seus Estados. No entanto, como exemplifica o Estado brasileiro, não bastam apenas normas, mas também a prática dos agentes estatais nesse sentido, principalmente dos eleitos e gestores que o comandam. Apesar do imenso valor da Constituição brasileira em termos de administração estatal, suas boas intenções nesse sentido parecem ter sido declaradas apenas com o intuito de alinhar o Estado nacional às melhores práticas democráticas internacionais e atender às pressões sociais da época, das quais os constituintes não conseguiram se livrar, mas já com a certeza de que não seriam devidamente cumpridas.

As práticas de muitos agentes estatais brasileiros desde a outorga ou promulgação de suas primeiras constituições até os dias atuais fazem crer que princípios ético-profissionais estabelecidos nelas para a administração do Estado muitas vezes são mera ficção. A História sempre registrou a grande dificuldade enfrentada pela nação brasileira em ter seus agentes estatais voltados para ela, o que quase não se modificou com nenhuma de suas constituições. Os casos recorrentes na História de ineficiência, desvio do fim coletivo e corrupção estatal fartamente noticiados pela mídia sem que se excluam do Estado e de suas relações econômicas muitos dos envolvidos, com a devida punição e devolução dos recursos, quando for o caso, ilustra a ineficácia das constituições e das demais normas nacionais.

Focando apenas sua última, de 1988, promulgada com pompas democráticas, talvez a mais democrática de todas, seus princípios constitucionais literalmente escritos da legalidade, impessoalidade, moralidade, publicidade e eficiência na gestão ou no comando do Estado e em suas ações, que o levariam ao alto nível ético-profissional, sempre foram nitidamente bastante desrespeitados por muitos de seus agentes eleitos e gestores que o comandaram e o comandam. Muitos desses utilizaram e utilizam o Estado principalmente para obter benefícios indevidos para si e para os que possuem poder e domínio sobre eles, de dentro ou de fora dele, como mostram fartos estudos e trabalhos realizados até pelo próprio Estado. Como exemplo de seu mau funcionamento, podem-se citar as muitas demandas administrativas e judiciais que lhe são feitas e que prescrevem sem respostas, e outras nem demandadas pela baixa confiança que grande parte da população possui nele.

Muitas de suas decisões e ações visivelmente não são guiadas pela justiça e igualdade, contribuindo assim com a não observância dos princípios constitucionais em sua atuação. Desrespeitam esses princípios os agentes estatais responsáveis pela gestão e execução dos negócios do Estado que não os observam e agem ou permitem que outros ajam de modo contrário ou alheio ao fim coletivo, em claro prejuízo à sua nação. Desobedecem-lhes os agentes estatais eleitos responsáveis pelas modificações constitucionais e pela elaboração das normas infraconstitucionais ao não os seguir.

Desrespeita-os também o Poder Judiciário, não os observando ao permitir que situações que afetam a vida nacional fiquem paralisadas por longos períodos ao serem demandadas a ele. Muitas de suas decisões são demoradas e contraditórias em relação a outras. São muitas vezes questionáveis, como na imensa quantidade de liminares concedidas e imediatamente anuladas por instâncias superiores. São inúmeros seus problemas, como no quase nenhum valor de muitas de suas decisões de primeira instância, assim como quando muitas destas e outras de instâncias superiores são injustas e desiguais, punindo uns e deixando de fora outros claramente em mesma situação, ou beneficiando indevidamente sem nenhum pudor até os que as tomam. Ainda, nos muitos recursos indevidamente permitidos a suas decisões e na aposentadoria de juízes claramente desviados do fim coletivo e corruptos como punição, com salários vitalícios.

Em consequência de seus muitos problemas de funcionamento, a prática de irregularidades e a impunidade são comuns entre os agentes estatais brasileiros e, também, entre os demais indivíduos sem que o Estado consiga combatê-los. Como última instância de proteção ao Estado e à nação, no Poder Judiciário pode-se observar claramente o mal de todo Estado brasileiro, mas até chegar a ele os males do Estado nacional não param de ocorrer. Isso é bastante visível na insuficiência, na falha e no excesso das normas estatais, assim como em muitos comandantes ou gestores que pouco se deixam ver verdadeiramente focados no fim coletivo ou na busca do verdadeiro benefício à sua nação, de modo permanente, o que gera o alto custo e o baixo resultado estatal.

Assim, o Estado brasileiro sempre fez pouco para cumprir os princípios ético-profissionais constitucionais da administração estatal, tanto no Poder Legislativo, ao elaborar normas e controlar o Poder Executivo, quanto neste, ao gerir o Estado, e no Poder Judiciário, ao julgar com base nas normas feitas pelos dois primeiros. Os que acompanham o Estado brasileiro, de dentro ou de fora dele, mas principalmente os que atuam nele, podem observar que o princípio da impessoalidade é pouco observado por muitos agentes que o comandam ou gerem.

Isso o comprovam as recorrentes notícias na mídia sobre ineficiência, desvio do fim coletivo e corrupção praticados por muitos de seus agentes eleitos e gestores que o comandam, em todas as suas partes, beneficiando indevidamente a si próprios e aos que com eles possuem relações indevidas. Basta observar também, de forma direta, o funcionamento do Estado brasileiro que facilmente se percebem muitas de suas atuações com essas máculas, que não cessam de ocorrer. Seu combate não é devidamente realizado por ele nem é permitido que o façam, pois muitos de seus comandantes ou gestores comprometem-se tácita ou explicitamente com eles para poderem ser recrutados e mantidos em seu comando ou sua gestão.

O princípio da publicidade na administração estatal, também expresso na Constituição brasileira, não é utilizado pelo Estado de modo satisfatório. Informações não são fornecidas ou o são de forma que a quase totalidade da população não as compreende, como no planejamento e em sua execução, sem informar devidamente como o Estado funciona, quanto custa e quais são seus resultados. Muitas informações podem até estar disponíveis para atender às normas, mas de modo extremamente complexo, que não permitem serem compreendidas até pelos intelectualmente mais capacitados.

O princípio da eficiência tem como fim a melhor aplicação dos recursos monetários, materiais e humanos, podendo ser associado à eficácia, esta como alcance de resultados com os recursos disponíveis. Eficiência e eficácia não serão alcançadas enquanto houver como critério de recrutamento para o Estado o comprometimento com a manutenção da situação atual e dos que possuem poder de recrutar e manter nos cargos estatais, sem observar a impessoalidade, a ética e o profissionalismo, principalmente para seu comando ou sua gestão, pois o recrutado atuará quase sempre para si mesmo e para os que o recrutam e o mantêm.

Lealdade e subserviência à situação atual e a pessoas muitas vezes são a regra no recrutamento para o comando ou a gestão do Estado brasileiro, em todos os seus entes, seus poderes, suas organizações e seus níveis hierárquicos, o que se evidencia em sua atuação cotidiana. Para também comandá-lo ou exercer a gestão, quase sempre, só solicitando aos que o comandam e, tácita ou explicitamente, mostrando-se aderente a eles, podendo ser também assim percebidos e convidados. Aqui sucumbe outro princípio constitucional da administração estatal brasileira: o da moralidade, que pode ser entendida como a ética do fim coletivo, que não frutifica se a lealdade e a subserviência definirem o recrutamento para o comando ou a gestão, impedindo, assim, a atuação de alto nível ético-profissional, voltada para a busca exclusiva do resultado em benefício da coletividade.

Esse princípio deve ser analisado em conjunto com os demais: legalidade, impessoalidade, publicidade e eficiência. A baixa observância do conjunto destes quatro princípios por muitos agentes eleitos e gestores que comandam o Estado brasileiro, como noticiado recorrentemente na mídia a partir de evidências trazidas por indivíduos e organizações estatais e não estatais, leva à conclusão de que o princípio da moralidade ou o nível ético do Estado quase sempre não satisfaz à sua nação. Esses cinco princípios deveriam guiar os Estados de todas as nações, mesmo que não escritos em suas constituições e nas demais normas. A nação brasileira os escreveu, mas muitos que comandaram e ainda comandam seu Estado muitas vezes não os seguiram nem os seguem, dificultando-o ou impedindo-o de se voltar para o benefício à sua nação.

Se uma nação não está satisfeita com o cumprimento de princípios como esses por parte de seu Estado, escritos ou não em sua Constituição e nas demais normas, sinaliza que está diante de um Estado que não lhe dá retorno compatível com o que lhe retira na forma de tributos, com seu custo e potencial claramente incompatíveis com seu resultado. Daqui se pode afirmar que a Constituição brasileira encontrou neles a forma de resumir e declarar um Estado de alto nível ético-profissional para sua nação. Ocorre que ainda não conseguiu transformar sua declaração expressa em realidade, pois o alto nível de personalismo e patrimonialismo e o baixo nível ético-profissional de seu comando ou sua gestão vêm triunfando claramente sobre a tentativa normativa de transformá-lo em Estado de alto nível ético-profissional.

Assim, o Estado brasileiro não prosperou ainda em direção à ordem, à liberdade, à paz, à justiça e à igualdade em sua nação, que lhe trariam certamente segurança e desenvolvimento econômico-social de modo sustentável. Diversos indicadores de seu funcionamento e seu resultado, de confiança nele e em seus agentes e econômico-sociais nacionais comparados com os de outros Estados e outras nações atestam que os princípios ético-profissionais de sua Constituição não são devidamente aplicados. São muitas as evidências nesse sentido que não deixam dúvidas sobre as atitudes de muitos de seus agentes que o comandam ou gerem e que possuem no Estado sua fonte de benefícios pessoais indevidos, perpetuando-se nele e o transferindo ainda para outros de mesma característica. Os que conhecem profundamente o Estado brasileiro, de dentro ou de fora dele, bem percebem essa realidade, que não os deixa confundir.

Também a atestam notícias fartamente divulgadas pela mídia e o reconhecimento por muitos agentes estatais, até comandantes ou gestores, em declarações públicas. Não é preciso enumerar casos nem apontar autores, pois sem muito esforço se percebe o quanto os princípios constitucionais da administração estatal brasileira são desrespeitados por muitos agentes estatais, principalmente eleitos e gestores que comandam ou gerem o Estado. Ao deixar de segui-los, tácita ou explicitamente, estes assumem claramente a apropriação indevida dele, que traz como consequência seu alto custo e baixo resultado.

São fartos os exemplos de mau funcionamento ou de fatos que levam a ele no Estado brasileiro, como: troca constante de comandantes ou gestores, muitos excluídos do comando ou da gestão apenas a pedido, depois de fartamente acusados de desvios do fim coletivo e corrupção, nunca devidamente esclarecidos e punidos; estabelecimento normativo de curtos períodos de gestão, até anuais e bianuais; imensa quantidade de demandas judiciais prescritas ou com julgamentos longos e inoportunos, principalmente envolvendo agentes estatais eleitos e gestores; normas insuficientes, falhas ou excessivas; e carência de transparência nas ações estatais.

Esses exemplos e fatos e muitos outros afloram fortemente contra uma população historicamente de baixo nível de educação geral e ética, condenada a viver eternamente com baixos níveis de segurança e desenvolvimento econômico-social, o que não deve ocorrer por acaso, mas por ação planejada de indivíduos que buscam apenas o status, o poder e a riqueza indevidos em seu Estado ou por meio dele. Tudo isso mostra descumprimento e descaso com os princípios da administração do Estado brasileiro definidos em sua Constituição.

De acordo com o preâmbulo dela, foi elaborada pelos representantes do povo, que elegeu seus constituintes e lhes deu plena legitimidade. Depois de elaborada, vieram revisão, alterações e normas inferiores, com diversas modificações em seu texto original, todas obedecendo a princípios democráticos, como nunca deve deixar de ser. Assim, tanto a Constituição original quanto suas modificações posteriores e demais normas do Estado brasileiro obedecem a princípios de legitimidade, elaboradas por representantes eleitos pelo povo, em um arcabouço teórico de verdadeira democracia e verdadeira legitimidade popular.

No entanto, para que estas ocorram, é imprescindível que o Estado seja comandado ou gerido com alto nível ético-profissional, o que somente ocorre se seus quadros forem compostos em sua maioria de indivíduos com essa característica, principalmente comandantes ou gestores. Caso não o sejam, principalmente em seu comando ou sua gestão, o arcabouço democrático e de legitimidade do Estado será mais teórico do que prático, porém muito voltado para criar e manter benefícios pessoais indevidos para muitos que o comandam ou gerem e para os que exercem poder e domínio sobre eles, de dentro ou de fora do Estado. Neste caso, mesmo que sua Constituição declare princípios ético-profissionais para sua administração, suas práticas serão na maioria das vezes contrárias ou alheias à coletividade.

Tendo em vista o Estado brasileiro e sua Constituição, o problema pode ser colocado da seguinte forma: de um lado, o Estado de alto nível ético-profissional declarado nos princípios constitucionais da legalidade, impessoalidade, moralidade, publicidade e eficiência da administração estatal; de outro, o Estado com características de alto nível de personalismo e patrimonialismo e de baixo nível ético-profissional, ineficiente, desviado do fim coletivo e corrupto, voltado para os fins pessoais indevidos de muitos que o comandam ou gerem e dos que possuem poder e domínio sobre eles, estes de dentro ou de fora do Estado. O segundo sempre pareceu prevalecer no Estado brasileiro, em todas as suas partes, apesar de escassas vitórias do primeiro em ações quase sempre individuais, não sistemáticas, de alguns de seus agentes.

Os que utilizam seus conhecimentos e suas habilidades para obter benefícios pessoais indevidos de sua nação no Estado ou por meio dele, como agentes estatais ou não, para si ou para outros, aderem ao segundo tipo, combatendo os defensores do primeiro e parecendo prevalecer no Estado brasileiro. Isso ocorre não porque a nação brasileira possui passado português, africano ou indígena, nem cultura, clima, geografia ou religião que o favoreçam, como afirmam alguns, por falta de conhecimento ou má intenção. Ocorre porque os benefícios pessoais indevidos obtidos por muitos agentes estatais, principalmente comandantes ou gestores, e pelos que se relacionam indevidamente com eles de fora do Estado, tornaram-lhes fortes o suficiente para permanecer nele ou se utilizar indevidamente dele, oferecer obstáculos e resistir à construção do Estado de alto nível ético-profissional, voltado para sua nação ou para a coletividade.

A cultura que impede o surgimento desse tipo de Estado não é a nacional, muitas vezes mencionada por comandantes ou gestores estatais para tentar justificar o mau funcionamento e o baixo resultado do Estado, mas a de muitos agentes eleitos e gestores que o comandam ou gerem, em todas as suas partes e em todos os níveis hierárquicos, e que dificultam ou impedem o recrutamento e a permanência de agentes estatais eleitos e gestores de alto nível ético-profissional. Como muitos agentes eleitos que não possuem alto nível ético-profissional são recrutados indevidamente por meio de uma democracia próxima da falsidade e a eles é dado o poder de recrutar, direta ou indiretamente, os demais agentes que comandarão o Estado ou exercerão a gestão nele, é comum que este seja comandado ou gerido por muitos que possuem os seus mesmos vícios.

Daí ocorre o que se tem visto historicamente no Brasil: uma nação rica e ao mesmo tempo acometida pela insegurança, injustiça e desigualdade, muitas vezes de liberdade cerceada, pouco desenvolvida econômica e socialmente, o que se comprova em muitos de seus indicadores econômico-sociais. O caso brasileiro aqui exemplifica, mas certamente os mesmos males ocorrem em muitas outras nações que também padecem por conta da carência ético-profissional de seus agentes estatais, principalmente eleitos e gestores, e de seus Estados, possuindo por esse motivo segurança e desenvolvimento econômico-social incompatíveis com sua riqueza. Mesmo nações mais desenvolvidas muitas vezes têm seus Estados indevidamente tomados por muitos que os comandam ou gerem, sendo imensamente prejudicadas por eles.

A esperança é de que um dia os Estados desse tipo sejam derrotados e substituídos pelos de alto nível ético-profissional, como previsto, mas não devidamente seguido, nos princípios da administração estatal existentes na Constituição brasileira, fornecendo assim segurança e desenvolvimento econômico-social sustentável às suas nações. Nem sempre é necessário criar riquezas, pois muitas vezes as nações já as possuem em abundância, basta que se administre ética e profissionalmente os seus Estados para que suas riquezas atuais sejam exploradas e distribuídas com justiça e igualdade entre toda população, melhorando, assim, as condições de vida de toda a nação.

O Estado brasileiro, de uma das maiores e mais ricas nações do mundo, poderia dar o exemplo de que a ética e o profissionalismo no comando ou na gestão estatal proporcionam imensos benefícios à sua nação. É necessário apenas que o Estado não dificulte a vida da população e impeça a existência de indivíduos superiores a outros para lhes causar o mal, como agentes estatais ou não. Ao se comandar ou gerir o Estado com alto nível ético-profissional, seus recursos monetários, materiais e humanos são utilizados com eficiência, permitindo, assim, a eficácia. Fora dessa realidade, podem restar apenas bons princípios constitucionais, mas flagrantemente desrespeitados, sem aplicação.

De tudo isso, pode-se concluir que nações que definem e tornam constitucionais princípios ético-profissionais para a administração de seus Estados dão um passo importante na consecução do benefício destes à coletividade. No entanto, esse passo se anula quando a prática de muitos agentes eleitos e gestores que os comandam ou gerem é diversa desses princípios e tornada cultura na administração estatal, como sempre pareceu ocorrer no Estado brasileiro. Isso porque a cultura organizacional é muito forte, fazendo com que até princípios constitucionais não sejam observados, mas afrontados pelos que não possuem interesse em segui-los.

Por isso, os princípios ético-profissionais para a administração estatal constantes no texto constitucional brasileiro geralmente são desrespeitados ou não devidamente seguidos. Sua observância por parte da maioria dos agentes eleitos e gestores que comandam o Estado já daria condições para o alcance do Estado de alto nível ético-profissional, voltado exclusivamente para sua nação. Porém, o fato de fazerem parte da Constituição brasileira e estarem presentes nos discursos políticos nacionais não implica que são seguidos pelo Estado brasileiro, pois faz parte da História nacional a desobediência contumaz a normas estatais desde o Brasil Colônia, passando pelo Império e permanecendo até hoje, na República.

São inumeráveis os casos de afronta a esses cinco princípios sem que os agentes estatais responsáveis por ela sejam combatidos e devidamente punidos. A alta corrupção estatal percebida pela população brasileira é apenas a última e mais visível consequência desse quadro, sendo a rotina de atuação de seu Estado repleta de afrontas a esses princípios ético-profissionais declarados em sua Constituição. Isso ilustra a pouca utilidade de normas escritas quando convivem com práticas a elas contrárias ou alheias, mais prejudicando do que beneficiando suas nações ao serem cobradas apenas de alguns.

Princípios como os declarados na Constituição brasileira para a administração estatal não precisam sequer ser escritos, pois legalidade, impessoalidade, moralidade, publicidade e eficiência devem estar no espírito de todos os agentes estatais, de todas as nações. Práticas em desacordo com eles deveriam ser abominadas em todos os Estados e seus praticantes excluídos deles por longo período. Ocorre que poucas são as nações verdadeiramente avançadas na aplicação desses princípios em seus Estados, o que as obriga a escrevê-los em suas constituições e nas demais normas. Apesar de escritos, muitas vezes não são tornados letras vivas, não sendo praticados, respeitados, seguidos e exigidos de todos os agentes estatais, como bem parece exemplificar o Estado brasileiro.

Nenhuma norma ou ato estatal deveria ser contrário a princípios como esses, escritos ou não. O agente estatal que não os observa deve ser identificado e corrigido ou excluído do Estado, conforme o caso. Normas constitucionais ou infraconstitucionais por si só não são capazes de obrigar sua observância, principalmente quando existe uma maioria populacional de baixo nível de educação geral e ética, fortemente dependente do Estado e de seus agentes, e um comando estatal que não busca elevar esse nível. Mesmo escritas, as normas não são autoaplicáveis, muitas vezes mais prejudicando do que beneficiando suas nações.

Como se não bastasse a clara afronta a esses princípios por muitos que comandaram e comandam o Estado brasileiro, existem ainda inúmeros casos de normas utilizadas por estes de modo contrário ao objetivo a que se destinam, servindo para beneficiar indevidamente a eles e aos que possuem poder e domínio sobre eles, de dentro ou de fora do Estado. Muitos que agem dessa forma são bastante conhecidos da nação, porém o Estado não os combate porque muitas vezes são eles mesmos os responsáveis por fazê-lo. Somente o Estado de alto nível ético-profissional é capaz de agir de acordo com princípios ético-profissionais como os da Constituição brasileira, até mesmo se não escritos em nenhuma norma.

Somente esse tipo de Estado é capaz de estabelecer ou permitir que estabeleçam a ordem, a liberdade, a paz, a justiça e a igualdade, garantindo assim itens essenciais, como segurança, saúde e educação em suas nações. Seus agentes não se deixam contaminar pela busca da apropriação indevida do Estado, que é a principal responsável por muitos males que acometem as nações. O Estado brasileiro é exemplo de estrutura fortemente tomada por muitos agentes estatais eleitos vindos de uma democracia próxima da falsidade e que agem de modo contrário ou alheio à sua nação e ainda recrutam e mantêm, direta ou indiretamente, muitos gestores e outros agentes que também agem dessa forma.

Esse tipo de estrutura impede a integração entre todas as partes do Estado, bem como entre seus agentes eleitos, gestores e não eleitos nem gestores, gerando, assim, o alto custo e o baixo resultado estatal. Isso leva a um Estado voltado para dentro, principalmente para seus agentes eleitos e gestores que o comandam, mas também para indivíduos de fora dele que possuem poder e domínio sobre eles. Muitos que o comandam ou gerem afirmam atuar de acordo com as normas em busca do fim coletivo, mas claramente não apresentam resultados neste sentido compatíveis com o custo e potencial do Estado.

Seus discursos não resistem às estatísticas, apesar de muitas vezes estas serem também indevidamente manipuladas por eles para levar a falsas conclusões sobre o funcionamento do Estado e seus resultados. Ocorre que mesmo estatísticas corretas que mostram seu alto custo e baixo resultado também não levam à devida cobrança de grande parte da população por resultados, já que a imensa maioria dela certamente não dispõe do conhecimento necessário para compreendê-las, assim como boa parte ainda depende fortemente do Estado e de seus agentes até para sobreviver. Quanto mais status, poder e riqueza indevidos possuírem os agentes eleitos e gestores que comandam ou gerem um Estado e os que possuem poder e domínio sobre eles, mais difícil se torna combatê-los.

Isso é o que ocorre na nação brasileira, com muitos de seus indicadores econômico-sociais comparados internacionalmente mostrando desenvolvimento muito aquém de sua riqueza. Nela se observa alta concentração de renda, muitas vezes não em indivíduos de alto nível ético-profissional, mantendo poucos de imensa riqueza e uma imensa quantidade de outros indivíduos em condições subumanas. Isso não decorre da "preguiça" e irresponsabilidade "típicas do brasileiro", como muitos que se apropriam indevidamente do Estado ou outros, por desconhecimento ou má fé, costumam afirmar, mas de um Estado que dificulta ou impede a segurança e o desenvolvimento nacional, beneficiando indevidamente uns em detrimento de outros.

A segurança pública, área de maior relevância sob a responsabilidade direta ou indireta do Estado em todas as nações, é a que mais evidencia a ineficiência e ineficácia do Estado brasileiro. É nessa área que estas são mais visíveis e possuem o efeito mais devastador e de mais curto prazo, com milhares de brasileiros assassinados anualmente e muitos cada vez mais fechados em suas residências, transformando-as em verdadeiras fortalezas e constatando que nem mesmo nelas estão mais seguros. A quantidade de homicídios, só para citar a mais brutal das atrocidades humanas, chega a suplantar as estatísticas das piores guerras da História da humanidade.

Também é bastante visível a ineficiência e ineficácia da atuação estatal brasileira em outras áreas sob a sua responsabilidade direta ou indireta, como na saúde e na educação, ambas de má qualidade, com a boa sendo privilégio de poucos. Mesmo construindo e mantendo escolas, o baixo nível do ensino e as baixas perspectivas futuras desmotivam os alunos na busca do aprendizado. Na saúde não há melhor resultado, com hospitais estatais mal geridos, carentes de estrutura, equipamentos e profissionais.

Diante dessa situação, constata-se que não existe tanto poder nos princípios da administração estatal existentes na Constituição brasileira nem nas demais normas nacionais que se voltam para a ética e o profissionalismo no Estado. É nos agentes eleitos e gestores que o comandam que está a raiz de sua ineficiência e ineficácia, pois são os principais responsáveis por conceber normas, aperfeiçoá-las e exigi-las de todos, bem como por gerir o Estado em benefício da coletividade. Muitos não o fazem como deveriam para não ir de encontro aos seus fins pessoais indevidos e dos que possuem poder e domínio sobre eles, deixando de servir à sua nação por meio do Estado para, por ação ou omissão, ser-lhe prejudicial.

O alto nível de personalismo e patrimonialismo e o baixo nível ético-profissional sempre prevaleceram claramente no comando ou na gestão do Estado brasileiro, o que o mantém com essa mesma característica e muito prejudica sua nação. O comando ou a gestão de alto nível ético-profissional nunca prevaleceu nele, por isso ainda não conseguiu ser transformado em Estado de alto nível ético-profissional, voltado exclusivamente para o fim coletivo ou para sua nação. Isso faz com que muitos de seus agentes pareçam mais poderosos do que sua Constituição e suas demais normas. Constituições brasileiras até tentaram impedir esse seu modo de funcionar e se comportar, mas sempre fracassaram, não conseguindo transformá-lo porque não buscaram atacar suas verdadeiras causas.

Desse modo, a nação brasileira pode até promover alterações na Constituição existente ou criar novas constituições e normas visando solucionar os recorrentes problemas nacionais, mas não obterá sucesso de modo sustentável se continuar com uma democracia pouco verdadeira, por conta do baixo nível de educação geral e ética da maioria da população, e com muitos comandantes ou gestores estatais que não possuem o alto nível ético-profissional como característica predominante. Estes continuarão aumentando assim seu poder e domínio sobre ela e decidindo em benefício próprio e de outros o destino dos indivíduos e de suas organizações.

Junto a eles proliferam novos advogados, elevando o Brasil a um dos países com maior quantidade desses profissionais, o que certamente não ocorreria se o Estado fosse planejado, organizado, dirigido e controlado exclusivamente para o fim coletivo. Isso é decorrente da alta complexidade promovida pelo Estado brasileiro, levando ao descumprimento das normas até por muitos que não o queiram e à burla da parte de outros com o consentimento estatal. Essa verdadeira multidão de advogados formados no ensino superior brasileiro poderia ser deslocada para outras profissões também necessárias ao desenvolvimento econômico-social.

Quando é comprovada a burla à norma por indivíduos que são tratados acima dela no Brasil, os que a praticam e os agentes estatais que a permitem são muitas vezes salvos por advogados com passagens pelo Estado ou com relações próximas a ele (pessoalmente ou por meio de parentes ou amigos), como se observa em recorrentes casos noticiados pela mídia. Assim, muitas vezes advogados ofuscam a administração estatal e a sociedade brasileira, sendo numerosos e com uma grande parte recebendo alta remuneração ao agir dentro ou fora do Estado, com quase tudo na vida prática dependendo de sua atuação. Isso representa sério problema de desvirtuamento da burocracia estatal, tanto na criação das normas quanto em sua aplicação e no julgamento com base nelas, assim como na gestão do Estado, o que não pode jamais ser atribuído ao profissional da advocacia, imprescindível a toda democracia.

Todos esses problemas normativos provocam baixo nível de qualificação profissional e de competitividade empresarial no Brasil, inibindo a atuação conjunta e complementar baseada na livre iniciativa entre Estado, indivíduos e organizações públicas não estatais e privadas, que levam a melhoria das condições de vida nas nações. Pode-se concluir assim que a estratégia histórica brasileira de buscar solucionar os problemas nacionais apenas por meio da elaboração de normas jamais dará resultado. Sua solução depende mesmo é da elevação do nível ético-profissional dos agentes eleitos e gestores que comandam ou gerem o Estado e que devem ter como atribuição elaborar suas normas, aplicá-las e julgar com base nelas, bem como administrá-lo com foco no resultado em benefício da coletividade.

O ESTADO BRASILEIRO E SUAS CONSEQUÊNCIAS SOBRE SUA NAÇÃO

O Estado brasileiro sempre possuiu carências de planejamento, atuando mais pontualmente e pela rotina, muitas vezes atendendo mais a fins pessoais indevidos do que às necessidades de sua nação. Isso decorre da carência ético-profissional de muitos de seus comandantes ou gestores, que inicia com a eleição dos agentes eleitos por uma população em sua maioria de baixo nível de educação geral e ética, fortemente dependente do Estado e de seus agentes. São esses agentes eleitos que definem as regras de recrutamento e permanência dos agentes estatais (eleito, gestor e não eleito nem gestor) e recrutam, direta ou indiretamente, os agentes gestores e muitos outros agentes, como para os poderes judiciários, ministérios públicos e tribunais de contas.

Em regra, os comandantes ou gestores maiores dos poderes judiciários são eleitos normativamente a cada dois anos e os dos tribunais de contas, a cada ano (estes podendo ser reconduzidos uma vez), todos por meio de eleição entre seus próprios agentes recrutados por agentes eleitos. O comandante maior dos ministérios públicos muda a cada dois anos, recrutado por agentes eleitos, podendo ser reconduzido. No Poder Judiciário e nessas outras organizações, observa-se que o recém-eleito para seu comando maior geralmente não preserva ou não continua a gestão anterior, preferindo orientação própria ao que chama de "sua gestão". Quase sempre substitui gestores, descartando produtos e serviços, desperdiçando assim conhecimento e gerando descontinuidade e custo desnecessário.

Nos poderes executivos, o comando maior muda a cada quatro anos por meio do voto da população, podendo ser reconduzido, e nos poderes legislativos, a cada dois anos, por eleição entre seus membros. Nesses dois poderes, existe o mesmo problema de descontinuidade existente nos poderes judiciários, nos ministério públicos e nos tribunais de contas. Essa troca constante do comando ou da gestão maior, em curtos períodos, geralmente provoca troca de comando ou gestor em quase todos os níveis hierárquicos, o que acaba por dificultar ou impedir o planejamento e sua execução.

Esse fato dificulta e até impede o resultado compatível com o custo e o potencial dessas partes do Estado e dele como um todo. Quase não ocorrem demissões e punições desses comandantes maiores quando atuam como não deveriam atuar; em geral, pedem para sair quando não há mais possibilidade de continuar, por exemplo, quando fatos que os desabonam são tornados públicos, no que quase sempre são atendidos sem que lhes sejam imputadas punições e reparações de prejuízos causados, mesmo que sejam devidos. Tudo isso encarece e reduz ou impede o resultado do Estado, indo de encontro ao objetivo de sua criação e existência: o benefício à coletividade.

O comando ou a gestão do Estado brasileiro é muito atrelado ao interesse pessoal indevido, em todas as suas partes e em todos os seus níveis hierárquicos. Isso é bastante evidente nos curtos períodos de gestão estabelecidos em normas, aqui apresentados, ou nos curtos e longos períodos não estabelecidos nelas, ambos sem relação com o resultado estatal. Também, no recrutamento de agentes gestores por meio do critério pessoal, sem levar devidamente em conta a ética e o profissionalismo do candidato.

O Estado é propriedade de sua nação, não o contrário. Sua abrangência, seu poder, sua importância e sua complexidade requerem comando ou gestão impessoal, ético-profissional. Por isso, em todas as suas partes deve contar com comandantes ou gestores de comprovado alto nível ético-profissional, com períodos de gestão que permitam o alcance de resultado compatível com seu custo e potencial, podendo ser razoável período de seis anos. Deve haver planejamento, organização, direção e controle, com definição prévia de objetivos, indicadores, metas e planos, divulgados em sua elaboração e execução para que resultados possam ser aferidos e cobrados e os comandantes ou gestores que não os alcançarem nem justificarem seu não alcance, eliminados do comando ou da gestão estatal.

Em complemento, o personalismo, o patrimonialismo e o baixo nível ético-profissional devem ser sempre combatidos para que não encontrem campo fértil para vicejar. Somente assim, os Estados deixarão de ser dominados e controlados por indivíduos e grupos que deles se apropriam indevidamente. Tudo isso é diferente do que sempre ocorreu no Estado brasileiro, em que muitos de seus comandantes ou gestores convergem visivelmente para essas características, em benefício pessoal indevido próprio e de outros que possuem poder e domínio sobre eles, muitas vezes de fora do Estado, não querendo modificá-lo nem permitindo que o façam.

A definição de objetivos, indicadores, metas e planos quase sempre não constitui a prática dos comandantes ou gestores do Estado brasileiro. Quase não os definem ou o fazem somente na forma, sem se voltar para resultados em benefício da coletividade nem permitir que sejam acompanhados e cobrados pelos demais agentes e pela população. Seus comandantes ou gestores são substituídos com frequência de acordo com o fim pessoal indevido de muitos de seus agentes eleitos e de outros recrutados direta ou indiretamente por eles, gerando imensa descontinuidade e impedindo o resultado do Estado compatível com seu custo e potencial.

Tudo isso dificulta e até impede o surgimento de comandantes ou gestores estatais de alto nível ético-profissional, especializados em obter resultados em benefício de sua nação. Coloca-se geralmente em lugar destes os cumpridores de ordens, subservientes aos que possuem poder de recrutá-los e mantê-los no comando ou na gestão, vindos geralmente de uma democracia próxima da falsidade e que não possuem a pretensão de modificar a situação atual do Estado. O resultado são entes, poderes e organizações estatais dominados muitas vezes por indivíduos que os têm como patrimônio pessoal, satisfazendo aos seus fins pessoais indevidos e somente as sobras destinando à sua nação.

Os que não aceitam contribuir com eles geralmente são impedidos de comandar ou gerir o Estado. Se já recrutados como seus agentes por critério impessoal, ético-profissional, como o concurso público, geralmente têm que aderir a eles se quiserem ascender à gestão e a outros cargos estatais relevantes. Se não aderirem, estacionam em suas carreiras e dificilmente conseguem utilizar seu potencial, pois eles se sentem ameaçados e dificultam ou impedem sua produção. Por isso, muitos comandantes ou gestores estatais brasileiros são, em regra, centralizadores e autoritários, trabalhando além do horário contratado para suprir a produção dos agentes que eles dificultam ou impedem de trabalhar, focados para dentro, para si e para os que lhes recrutam e lhes mantêm, buscando manter o controle da situação atual.

Costumam afirmar que são centralizadores porque suas equipes são ineficientes e não produzem para obter bons resultados, mas, na verdade, sobrecarregam-se porque quase sempre não contam com a equipe, assumindo o trabalho por não confiar nos demais agentes, já que temem perder o cargo, ou por não encontrar quem aceite contribuir com seus fins pessoais indevidos e dos que possuem poder e domínio sobre eles, contrários ou alheios à sua nação. São inseguros e veem em suas equipes ameaças ao cargo que conquistaram sem os devidos requisitos impessoais, ético-profissionais, geralmente não sendo o fim coletivo o que requer a extensão de sua jornada de trabalho e outros sacrifícios adicionais.

O que os sobrecarrega e impede sua gestão focada em resultados benéficos à sua nação é a centralização excessiva por não confiarem em suas equipes, sendo sua rotina geralmente tomada por assuntos contrários ou alheios ao verdadeiro fim do Estado. É certamente por isso que o Estado brasileiro possui imensa quantidade de cargos e funções comissionados e de confiança, de gestão ou não, em seus entes, nacional e subnacionais, seus poderes e suas organizações. O maior esforço de muitos de seus ocupantes é para atender aos seus fins pessoais e dos que lhes recrutam e lhes mantêm, contribuindo com eles, por ação ou omissão, de forma incondicional, impedindo, assim, o resultado do Estado compatível com seu custo e potencial e causando imenso mal à sua nação.

Mesmo que o comandante ou gestor estatal não se beneficie diretamente da ineficiência, do desvio do fim coletivo e da corrupção que muitas vezes acometem os Estados, muito contribui, por ação ou omissão, quando os que o recrutam e o mantêm agem dessa forma e ele não os combate quando deveria fazê-lo por receio de perder seu cargo ou não ascender a outros. Seu benefício indevido ocorre pelo menos ao aceitar se submeter a essa condição, contribuindo, assim, com a dúvida ou a certeza da população de que não vale a pena entregar seus recursos para um ente que em troca não oferece o devido retorno, só que este é o todo-poderoso Estado, que não permite se libertar dele.

Nesse contexto, resta às nações a esperança de que um dia seus Estados passem a agir com alto nível ético-profissional e gerem resultados que agreguem valor ao que lhes subtraem na forma de tributos. Do modo como o Estado brasileiro sempre atuou ao longo de sua História, dá para afirmar que muito o fez de forma avessa à boa gestão baseada na experiência útil a ela e nas teorias administrativas aplicadas, tácita ou explicitamente, pelas organizações mais bem-sucedidas do mundo. Os objetivos de muitos dos agentes eleitos e gestores que o comandaram e comandam são contrários ou alheios ao fim coletivo que deveria prevalecer, no que se tornaram ou se tornam mais empecilhos do que benefícios à sua nação, retirando dela seus recursos e não oferecendo o devido retorno.

O Estado brasileiro sempre careceu de planejamento, organização, direção e controle, descartando-os muitas vezes para não ameaçar sua apropriação indevida. Às vezes busca aplicar teorias importadas de outras nações, fora da realidade nacional, admitidas e descartadas com frequência. A cultura livresca e baseada em teorias e expressões estrangeiras é muitas vezes aliada de comandantes ou gestores vazios de conteúdo e ausentes de pensamento sistêmico, que não conhecem a realidade nacional ou a conhecem, mas não pretendem modificá-la. Muitas vezes contratam consultorias de alto custo para desenvolver produtos ou serviços, descartando ou deixando de utilizar competências profissionais existentes em seus próprios quadros, em clara afronta à busca de resultados em benefício de sua nação.

Essas consultorias nem sempre são as que oferecem os melhores produtos ou serviços, mas as que melhor atendem a interesses não devidamente justificados. Muitas vezes os produtos por elas entregues, quando os entregam, são descartados pelo atual ou próximo gestor, representando claro desperdício de recursos e falta de comprometimento com os resultados estatais. Quando não é por meio de consultorias externas, utilizam muitas vezes agentes internos comissionados ou de confiança para desenvolver novos produtos e serviços, nem sempre os mais qualificados ou comprometidos com os resultados do Estado, mas os que buscam seus próprios fins pessoais indevidos e dos que patrocinam seus projetos, que muitas vezes nada geram em benefício de sua nação.

Muito do conhecimento existente ou desenvolvido internamente e que com certeza geraria resultado positivo se aplicado por agentes estatais comprometidos com o fim coletivo muitas vezes não prospera no Estado brasileiro, assim como soluções eficientes e eficazes que possam ameaçar sua apropriação indevida. Tudo isso porque muitos comandantes ou gestores não planejam, não organizam, não dirigem e não controlam para atender ao interesse exclusivo da coletividade, em busca apenas de seus fins pessoais indevidos e de outros, até de fora do Estado.

A nação brasileira é composta em sua maioria por uma população de baixo nível de educação geral e ética, esta nos conceitos aqui trabalhados, fortemente dependente do Estado e de seus agentes, sem participar dele e sem cobrar seus resultados. Quando surge algum movimento dizendo-se de combate à corrupção no Estado, é quase sempre por imposição do pensamento de indivíduos e grupos que buscam ascender ao seu comando ou à sua gestão, ou retornar a ele e praticar o mesmo ou pior do que os que estão nele.

No centro do poder, na Capital Federal, não é diferente do que ocorre à medida que se afasta dele. No ente nacional, a União, em seus poderes e em suas organizações, a prática é a mesma dos demais entes e poderes e das demais organizações estatais. Em todos os níveis hierárquicos, observam-se práticas de comando ou gestão em desarmonia quase completa com o interesse coletivo nacional.

Assim, todo o Estado brasileiro, representado pela União, não tem muito a ganhar em seu conjunto se seguir a esta, já que ela, com todo seu poder e sua riqueza, também nunca foi nem é exemplo de Estado de alto nível ético-profissional, nem mesmo em sua cúpula, no centro de seu poder. Isso não diminui o consenso de que, apesar dessas constatações, ela é mais bem estruturada, podendo até ser mais bem gerida do que a maioria dos demais entes federativos, o que não implica funcionar adequadamente, o que se aplica também a muitos estados em relação a muitos municípios.

De tudo isso, pode-se concluir que nunca prevaleceu nos entes, nacional e subnacionais, nos poderes e nas organizações estatais brasileiros, o comando ou a gestão de alto nível ético-profissional, em benefício exclusivo de sua nação ou da coletividade. O Estado brasileiro sempre foi indevidamente apropriado por muitos que não conseguiriam com tanta facilidade obter o mesmo status, o mesmo poder e a mesma riqueza fora dele, ou sem contar com ele. Estes se consideram seus proprietários e de seus recursos, colocando-se acima das normas nacionais, acreditando que o Estado são eles próprios, vivendo indevidamente à custa de sua nação.

Assim, as teorias administrativas são ameaças a muitos que o comandam ou gerem, sendo descartadas ou combatidas por focarem no resultado estatal, o que não interessa a eles. Sua devida aplicação deixaria órfãos os que nele buscam apenas seus fins pessoais indevidos, sendo, por isso, fortemente combatidas, como se combate também os que defendem a gestão de alto nível ético-profissional. Estes não compartilham com a subserviência de muitos recrutados para o comando ou a gestão e que pretendem nele se manter ou ascender, indo, para isso, de encontro à busca do fim coletivo, em prejuízo de sua nação. Muitos que não contribuem com estes em seus fins pessoais indevidos são perseguidos e colocados no ostracismo, sendo até impedidos de produzir ou tendo sua produção subutilizada ou descartada.

Diante desse quadro, pouco se pode esperar do Estado brasileiro, em todas as suas partes, em termos de resultados em benefício de sua nação ou da coletividade compatíveis com seu custo e potencial. Seu alto nível de personalismo e patrimonialismo e seu baixo nível ético-profissional muitas vezes roubaram o passado, roubam o presente e comprometem o futuro de sua nação, com o Estado seguindo muitas vezes como problema, não como solução, para as imensas carências nacionais. Discursos e boas intenções sempre foram proclamados, mas muitos ficaram na falácia e a realidade é que a ordem, a liberdade, a paz, a justiça, a igualdade, a segurança e o desenvolvimento econômico-social sustentável de sua nação nunca possuíram campo fértil para prosperar. Todos os momentos mais promissores foram logo descontinuados, pois não se fundamentaram na ética e no profissionalismo do Estado.

A nação brasileira até cresce economicamente, sendo uma das maiores economias do mundo, mas a renda *per capita* é baixa e a concentração de renda, alta, com a imensa maioria da população não possuindo segurança nem desenvolvimento econômico-social satisfatórios. Para reverter essa situação, não são necessárias novas teorias sociológicas, econômicas, políticas, administrativas ou outras, nem novos métodos. A estrutura nacional, estatal e não estatal, está praticamente pronta, necessitando apenas de ajustes e melhorias. Há recursos monetários, materiais e humanos em quantidade e qualidade suficientes dentro e fora do Estado. Falta apenas prevalecerem a ética e o profissionalismo no comando ou na gestão deste, com a maioria dos agentes eleitos e gestores que o comandam ou gerem em busca permanente por resultados em benefício da nação ou da coletividade compatíveis com seu custo e potencial, sendo exemplos irrefutáveis para ela.

Existe alta tecnologia em seus agentes, nos equipamentos, como da informação e da comunicação, e nas teorias administrativas, porém o alto nível de personalismo e patrimonialismo e o baixo nível ético-profissional existentes no Estado brasileiro impedem sua devida utilização. Não basta anunciar reformas do Estado para que se volte para o fim coletivo enquanto não modificar essa condição. Outras nações, pobres e ricas, jovens e antigas, pequenas e grandes, passam pelas mesmas dificuldades quando seus Estados são acometidos por esse mal. O Estado brasileiro é, assim, exemplo para o mundo de uma nação relativamente jovem, grande e rica, porém fortemente acometida pela insegurança, pela injustiça e pela desigualdade, em que a ineficiência, o desvio do fim coletivo e a corrupção estatal são tão frequentes quanto a impunidade dos que os praticam e dos que se beneficiam deles, de dentro ou de fora do Estado.

Em mais de cinco séculos da chegada dos colonizadores portugueses, depois de Colônia e de nação independente, primeiro no Império e depois na República, das muitas reformas anunciadas, como nas décadas de 1930, 1960 e 1990, e do aumento substancial da remuneração dos agentes estatais, como na União, na primeira década do século XXI, nada eliminou ou reduziu essa característica do Estado brasileiro. Nada o aproximou do alto nível ético-profissional que o levaria ao resultado em benefício da coletividade compatível com seu custo e potencial.

O exemplo brasileiro serve para mostrar ao mundo que os problemas de segurança e desenvolvimento econômico-social que afetam toda a humanidade são, certamente, em sua imensa maioria, decorrentes de Estados com as suas características, que levam ao seu alto custo e baixo resultado. O Estado é o principal responsável pela existência ou não da segurança e do desenvolvimento em suas nações, o que não elimina o esforço e a responsabilidade dos indivíduos pela melhoria de suas condições de vida e de toda a população. O Estado só não pode ser empecilho, retirando coercitivamente recursos de sua nação e não os aplicando como deveria aplicar.

Não dá para amenizar a responsabilidade do Estado e atribuir a culpa pela carência de segurança e desenvolvimento à História e à cultura nacional, como tentam fazer muitos que se apropriam indevidamente do Estado brasileiro e outros, por desconhecimento ou má intenção. O Estado é muito poderoso e está presente na vida de todos, em todos os lugares, em todas as coisas e em todos os momentos da vida nacional, e, por mais que se queira, ninguém consegue se livrar dele. Como Deus está para os homens como Ser celeste, supremo e onipresente, o Estado está como ser terreno, também supremo e onipresente, em todas as nações.

É o Estado o responsável pelo bem ou pelo mal maior de sua nação em assuntos de segurança e econômico-sociais, no que depende de como é conduzido. Como ser coletivo, dependendo do nível de educação geral e ética da população e do como participa dele, acompanha e cobra seus resultados, o Estado pode sucumbir facilmente nas mãos de indivíduos e grupos que o comandam ou gerem e têm o fim pessoal indevido como objetivo. Daí, estes passam a satisfazer apenas às suas necessidades e dos que os recrutam e os mantêm, tornando-o maléfico à sua nação, que dele não consegue se libertar nem deixar de entregar coercitivamente seus recursos. Isso ocorre em nações que não alcançam segurança e desenvolvimento econômico-social satisfatórios, como bem o exemplifica a nação brasileira.

Nessa situação, não adianta tentar reformar apenas a estrutura do Estado, pois o problema está nos reformadores. Muitos desses atuam no sentido de atender primeiro aos seus fins pessoais indevidos e dos que os recrutam e os mantêm, o que não permite os avanços prometidos em suas muitas falsas reformas. Existe uma multidão de agentes eleitos e gestores nos entes, nos poderes e nas organizações estatais brasileiros que não possui interesse no Estado de alto nível ético-profissional, voltado para sua nação, pois, desse modo, não conseguiriam muitos de seus benefícios indevidos, no Estado ou por meio dele. Por isso, pode-se afirmar que todas as reformas do Estado brasileiro falharam, mantendo, ou até agravando, sua situação atual, ou com ganhos inexpressivos ou insustentáveis.

As teorias administrativas aplicadas, tácita ou explicitamente, nas organizações mais bem-sucedidas do mundo (estatais, públicas não estatais e privadas) não interessam a muitos que o comandam; por isso, não encontram campo fértil para aplicação, o que impede a obtenção dos resultados do Estado em benefício da coletividade compatíveis com seu custo e potencial. Enquanto muitos agentes eleitos e gestores que o comandam procuram sempre aumentar tributos para cobrir despesas indevidas, alguns deles são investigados por órgãos de controle por desvio do fim coletivo e corrupção, enquanto outros nem chegam a sê-lo, apesar de fortes evidências de mesmas práticas, com muitos responsáveis pelas investigações também incorrendo nelas.

Assim, muitas decisões e ações do Estado brasileiro que oneram a população e afetam totalmente a vida nacional vêm de agentes eleitos e gestores que não possuem credibilidade para atuar nele. Se, de um lado, o Estado aumenta continuamente seus tributos, de outro, absolve e utiliza com frequência em seus quadros indivíduos que foram até filmados recebendo dinheiro de clara proveniência do desvio do fim coletivo e da corrupção, como mostra com frequência a mídia a partir de farta documentação. Raras são as vezes em que estes são levados à devolução dos recursos, à eliminação do Estado e de suas relações econômicas com ele e à devida punição. As imagens e os fatos chocam os que possuem a ética e o profissionalismo como orientação, estando no Estado ou fora dele.

Há uma retórica falaciosa de muitos agentes eleitos e gestores que comandam ou gerem o Estado brasileiro, quase sempre saindo evasivamente, sem resposta convincente, quando cobrados em relação ao mau funcionamento e ao baixo resultado estatal, bem como aos demais problemas nacionais. Estão quase sempre à procura de aumentar tributos, quando a principal fonte de recursos está no próprio Estado, em muitos de seus agentes de alto nível ético-profissional que gostariam de servir à sua nação por meio dele, mas que são impedidos de fazê-lo. Outros indivíduos com essa característica também gostariam de entrar nele, principalmente como agente eleito, mas enfrentam forte barreira de entrada. Sem contar com a maioria dos agentes com essa característica em seu comando ou sua gestão, o Estado busca cada vez mais recursos em uma população indefesa que o atende sem ter como negar.

A criação e o aumento recorrente de tributos sem mudar sua forma de funcionamento fazem encarecer o Estado e produzir cada vez menos resultados em benefício de sua nação. Seu comando ou sua gestão procura encobrir esse problema por meio da retórica falaciosa, ao tempo em que busca cada vez mais recursos de uma nação que já está entre as campeãs mundiais em tributação. Isso tudo encarece o Estado brasileiro, consome a esperança da população e protela infinitamente a segurança e o desenvolvimento econômico social de uma das mais jovens, grandes e ricas nações do mundo.

O Estado brasileiro exemplifica bem a desarmonia existente entre o discurso e a prática nos negócios estatais. A urbanidade, as boas maneiras e a muitas vezes extensa educação formal dos agentes eleitos e gestores que o comandam soam às vezes como sinais de que bem conduzem sua nação por meio dele. Isso geralmente se desfaz quando o resultado do Estado é medido e expostos à população. Indicadores e fatos mostram que muitos que o comandam ainda mantêm práticas nocivas existentes no Estado português da época do descobrimento nacional, nos anos 1500, perpetuando-as e fazendo com que a nação brasileira se eternize na violência, na injustiça e na desigualdade, no baixo nível de segurança e desenvolvimento econômico-social.

Muitos destes recorrem continuamente ao benefício pessoal indevido para si e para os que possuem poder e domínio sobre eles, burlam as normas desde sua elaboração e não praticam o comando ou a gestão estatal de alto nível ético-profissional, voltado para sua nação, como se o Estado existisse apenas para eles mesmos. Acreditam que os negócios estatais são seus e que o fim coletivo é uma abstração que não deve prejudicar suas pretensões pessoais. Apropriam-se assim indevidamente do Estado e impõem alto custo à sua nação, o que ocorre dos mais baixos aos mais altos cargos eletivos e de gestão, em todos seus entes, seus poderes e suas organizações.

Essa é a causa secular dos problemas e das dificuldades nacionais, e, enquanto muitos falam da corrupção estatal, esta é apenas a última e mais visível consequência de um mal maior que está no dia a dia do Estado brasileiro. Trata-se de sua apropriação indevida no cotidiano, não tão percebida pela imensa maioria da população, e, às vezes, até por quem está dentro dele, o que permite a perpetuação dos que a praticam em seu comando ou sua gestão, recrutados diretamente por uma democracia próxima da falsidade ou indiretamente por meio dos que são eleitos por ela.

Os negócios estatais exigem posição firme, forte, ética e profissional, sem nenhuma suspeição da parte dos que os fazem, pois só assim o Estado será útil à sua nação de acordo com seu custo e potencial. Contraria seu fim coletivo a busca do fim pessoal indevido, nele ou por meio dele, e a subserviência a indivíduos e grupos, de dentro ou de fora dele, que também buscam o fim pessoal. Porém, essa tem sido a prática de muitos comandantes ou gestores estatais brasileiros ao longo de sua História, não conseguindo fornecer segurança nem desenvolvimento satisfatórios à sua nação, nem permitindo que outros os forneçam. É necessário combater a corrupção como consequência, mas investir somente contra ela não basta, pois, mantidas suas causas, novos casos sempre surgirão.

O êxito somente virá se o Estado combater não só a corrupção em sua forma acabada, mas, antes dela, sua origem, no recrutamento e na permanência de seus agentes, principalmente eleitos e gestores que o comandam ou gerem. Os eleitos, por meio da educação geral e ética da população, de modo que a imensa maioria dela a possua em alto nível, levando à sua independência em relação ao Estado e aos seus agentes, permitindo assim bem recrutá-los, acompanhá-los e cobrar seus resultados. Os gestores, consequência dos primeiros, resultando em comandantes ou gestores estatais de alto nível ético-profissional, em busca exclusiva do fim coletivo. E os não eleitos nem gestores, consequência dos dois. Todos fazendo o Estado de alto nível ético-profissional, algo que claramente nunca se alcançou no Estado brasileiro.

Fora dessa lógica, muitos agentes eleitos não são os de mais alto nível ético-profissional, não buscam exclusivamente o fim coletivo, ocupam o lugar de outros que poderiam buscá-lo e ainda são empecilhos aos que o buscam. Todos esses males estão também em muitos agentes recrutados direta ou indiretamente por eles, gestores ou não, juntando-se a eles para manter o Estado como ele é. Desse modo, sua estrutura pode ser utilizada para fazer crer à população que está atuando em benefício dela, como no falso combate à corrupção como forma mais visível do mal que eles causam, porém em um combate que quase não dá retorno enquanto não se combater suas verdadeiras causas.

Chega-se no Brasil à situação em que muitos que fazem as normas são os que possuem mais interesse em se beneficiar delas, o que ocorre também com muitos que deveriam aplicá-las ou julgar com base nelas. Ainda, em que há fortes evidências de atuação contrária ou alheia ao fim coletivo contra eles, às vezes em intermináveis ações judiciais que prescrevem ou resultam em absolvições aparentemente indevidas ou em penas ínfimas e que não os excluem do Estado nem de suas relações indevidas com ele. Tudo isso ocorre também com muitos comandantes ou gestores estatais originados a partir de uma democracia próxima da falsidade, que deveriam construir e administrar o Estado em benefício de sua nação, mas que agem contra ela, ficando impunes e ainda se perpetuando nele.

Tudo isso é consequência do tipo de Estado que sempre existiu na nação brasileira. Seu modelo tem que ser modificado, o que somente é possível por meio do recrutamento e da permanência em seu comando ou sua gestão de agentes eleitos e gestores de alto nível ético-profissional em lugar de muitos que sempre o comandaram e comandam sem essa característica. Nesse sentido, devem ser utilizados métodos sistemáticos partindo das teorias administrativas que, tácita ou explicitamente, deram certo nas organizações mais bem-sucedidas do mundo, estatais, públicas não estatais e privadas, tornando-as eficientes e eficazes, com resultado compatível com seu custo e potencial. Isso somente ocorrerá de modo sustentável com uma população de alto nível de educação geral e ética, que participe do Estado, acompanhe e cobre seus resultados.

Estados de alto nível ético-profissional dificilmente nascem e, se nascerem, não se sustentarão sem o primeiro passo dado na educação. Não apenas a formal que muitos comandantes ou gestores do Estado brasileiro já possuem, muitas vezes obtida nas melhores universidades do mundo. Trata-se da educação geral e ética que liberta e leva agentes estatais e população a buscar o benefício à coletividade ou à sua nação, incentiva o empreendedorismo e a atuação ético-profissional no Estado e fora dele, todos atuando com transparência em busca do bem comum. Somente assim a imensa maioria da população terá condições de ajudar a recrutar agentes estatais eleitos com foco no fim coletivo, participando do Estado, acompanhando e cobrando seus resultados, sem arrefecer nesse empreendimento.

Se não houver independência do agente estatal para atuar exclusivamente em busca do fim coletivo, com investimento em educação geral e ética da população para que os agentes eleitos possam ser devidamente recrutados, acompanhados e cobrados por ela, jamais se alcançará o Estado de alto nível ético-profissional de forma sustentável. Não se terá, assim, uma nação justa e igualitária, segura e desenvolvida.

Muitas das grandes reformas anunciadas pelo Estado brasileiro ficaram no discurso dos responsáveis por concebê-las e implantá-las, ou foram descontinuadas. Tentaram mudar a estrutura do Estado e sua presença na vida nacional nas décadas de 1930, 1960 e 1990 e valorizar a remuneração dos agentes estatais na primeira década dos anos 2000, mas não houve reforma em seu elemento essencial: no comportamento dos agentes eleitos e gestores que o comandam ou gerem, que não constou verdadeiramente em nenhuma reforma até os dias atuais. Assim, muitos destes continuaram a dominá-lo e a controlá-lo em benefício pessoal indevido, próprio e de outros, com as mesmas práticas dos tempos coloniais, quase sem avanços ético-profissionais e sem foco na coletividade.

Na década de 1990, tornaram-se corriqueiros os discursos de muitos de seus comandantes ou gestores no sentido de abandonar a Administração Burocrática em troca da Administração Gerencial. Era um discurso moderno, apesar dos erros que estavam por trás dele, mas vindo de muitos dos mesmos agentes eleitos e gestores de alto nível de personalismo e patrimonialismo e de baixo nível ético-profissional que sempre comandaram o Estado brasileiro e que nunca o levaram à verdadeira burocracia, ao planejamento e à definição de sua estrutura e seu funcionamento visando o resultado em benefício de sua nação compatível com seu custo e potencial.

Não havia como implantar a Administração Gerencial em um Estado em que sequer nasceu e prosperou a verdadeira burocracia, a que impede indivíduos e grupos de o desviarem de seu fim coletivo ou de o tomarem para si e para outros. Esta nunca existiu no Estado brasileiro, existindo em seu lugar a insuficiência, a falha ou o excesso burocrático, com fins diferentes dos objetivos estatais e que serve apenas para dar poder a muitos que dela se utilizam para dominá-lo e controlá-lo em benefício pessoal indevido. É a burocracia desvirtuada, que facilita a atuação apenas de quem conhece suas lacunas e desconformidades, que pode burlá-la ou descumpri-la e continuar se beneficiando indevidamente do Estado, nele ou fora dele, sem reparar prejuízos e sem sofrer penalidades.

Ainda na década de 1990, surgiu no Estado brasileiro o termo "choque de gestão", que teve como principal consequência banalizar a palavra "gestão". Este se transformou em chavão nos discursos de muitos agentes eleitos e gestores, citado quase sempre sem conteúdo e sem ações que atestassem a verdadeira intenção de conduzi-lo em benefício da coletividade. Na verdade, mostrava mais uma vez discursos inflamados e apartados da realidade sobre um assunto cuja base existente na burocracia profissional não havia sido implantada. Pretendeu-se assim vendê-lo como algo novo, mas, mais uma vez, sem combater a verdadeira causa que impede o comando ou a gestão estatal profissional.

O fato é que muitos agentes eleitos e gestores que comandaram e comandam o Estado brasileiro nunca aceitaram a burocracia profissional, agindo quase sempre de modo contrário ou alheio a ela. Não escondem suas práticas avessas à verdadeira burocracia, agindo assim não porque discordam dela, mas porque se beneficiam de seu desvirtuamento ao garantir ascensão e permanência nos cargos que lhes dão status, poder e riqueza indevidos em detrimento de sua nação. O que se implantou no Estado brasileiro foi o desvirtuamento burocrático, a insuficiência, a falha ou o excesso de normas que impedem o alcance de seu fim coletivo, impedindo ainda a participação e a cobrança de seus resultados por grande parte da população que o mantém.

A verdadeira burocracia, impessoal, prática, objetiva, de baixa complexidade e lacuna, sem excesso, com foco em resultados, impediria a quase totalidade dos recrutamentos realizados para o comando ou a gestão estatal brasileiros. Até o concurso público, elevado à categoria de norma constitucional, é burlado com frequência para permitir o recrutamento de indivíduos que atendem aos interesses pessoais indevidos de muitos que possuem poder e domínio indevidos sobre o Estado.

É comum o recrutamento de comandantes ou gestores e outros agentes estatais para cargos e funções relevantes sem critério impessoal, ético-profissional, a pedido ou por meio de convite ao declarar, tácita ou explicitamente, fidelidade pessoal aos que possuem poder de recrutá-los e mantê-los. Disso se conclui que o fim coletivo quase nunca foi o principal objetivo do Estado brasileiro e seu alcance ocorreu apenas quando restou oportunidade depois de atendidos os fins pessoais indevidos de muitos que o comandaram e o comandam, evidenciando, assim, a diferença de propósitos entre o Estado e sua nação. Não adianta reformar estrutura, criar normas ou realizar discursos para a transformação do

Estado se o mal está em muitos de seus comandantes ou gestores e estes não pretendem eliminá-lo.

São muitas as evidências de mau funcionamento no dia a dia do Estado brasileiro, tendo como consequência seu alto custo e baixo resultado. Muitas dessas são fartamente noticiadas pela mídia a partir de trabalhos, estudos e diversos indicadores de seu funcionamento e seu resultado, o que mostra sua ineficácia na condução da nação em direção à segurança e ao desenvolvimento econômico-social sustentável. Por isso, suas pretensas reformas estruturais nunca deram certo, à exceção de melhorias pontuais, mais decorrentes de fatores naturais do que de gestão planejada para o alcance do fim coletivo.

O caminho para sua transformação passa obrigatoriamente por uma verdadeira reforma do Estado, que não inicia pelas suas estruturas nem pela escolha entre monarquia, república, presidencialismo, parlamentarismo, capitalismo, socialismo, comunismo ou outras nomenclaturas e outros formatos. Tudo isso é consequência, sendo o que importa a ética e o profissionalismo dos agentes eleitos e gestores que o comandam ou gerem, que deverão buscar exclusivamente o fim coletivo, o que quase sempre deixaram de fazer. A verdadeira reforma inicia pelo seu comando ou sua gestão, elevando seu nível ético-profissional e, consequentemente, o do Estado e de toda nação, levando à sua melhor estrutura, ao seu melhor funcionamento, ao seu melhor resultado e ao Estado necessário, nem mínimo nem máximo.

As reformas do Estado brasileiro até os dias atuais serviram muito mais para beneficiar de modo indevido indivíduos e grupos, praticamente da mesma forma como beneficiavam antes delas, apesar dos inúmeros discursos de muitos de seus comandantes ou gestores tentando afirmar o contrário. Com elas ou sem elas, o fim coletivo nunca prevaleceu e os benefícios que o Estado deveria fornecer à sua nação sempre ficaram aquém de seu custo e potencial. Os benefícios pessoais indevidos obtidos por muitos que o comandaram e o comandam ou pelos que possuíam ou possuem poder e domínio sobre ele, de dentro ou de fora do Estado, podem ser facilmente observados em imensas riquezas acumuladas por eles sem que sejam chamados a explicá-las, obtidas quase sempre no Estado ou por meio dele.

Uma atuação de alto nível ético-profissional da maioria dos que o comandam ou gerem, em todos os níveis hierárquicos, certamente transformaria o Estado brasileiro, assim como o faria com o Estado de todas as nações. Indivíduos de alto nível ético-profissional até existiram e existem em seu comando ou sua gestão, em todas as suas partes, porém nunca foram suficientes para transformá-lo. Quando recrutados para o comando ou a gestão do Estado, quase todos têm que servir primeiro ou unicamente, por ação ou omissão, aos que os recrutam e os mantêm, mesmo que estes não estejam em busca do fim coletivo em suas decisões e ações.

Por esse motivo, muitos indivíduos de alto nível ético-profissional arrefecem e desistem de atuar no comando ou na gestão do Estado brasileiro como agente eleito ou gestor, o que permite ainda mais o avanço do personalismo, do patrimonialismo e do baixo nível ético-profissional dos que os praticam ou silenciam perante eles. Isso o encarece cada vez mais e impede seus resultados em benefício de sua nação de acordo com seu custo e potencial, constituindo-se no cerne do que sempre foi o maior problema nacional, que não é a estrutura do Estado nem a sua menor ou maior participação na sociedade e na economia, como muitos tentam fazer acreditar.

Vários formatos de Estado já foram tentados no Brasil, nenhum com resposta satisfatória. A reforma que se deve fazer no Estado brasileiro ainda não foi feita, é a que está dentro do homem de Estado, a do espírito, da cultura dos agentes estatais, principalmente eleitos e gestores que o comandam ou gerem, em seus entes, seus poderes e suas organizações, em todos os níveis hierárquicos. Sua verdadeira e grande reforma só pode ser conduzida pelos que o comandem ou gerenciem com alto nível ético-profissional, sem buscar fins pessoais indevidos e que não se dobrem diante dos que os buscam em detrimento de sua nação, nele ou por meio dele. Sem atuação de alto nível ético-profissional da maioria dos agentes que comandam ou gerem o Estado, não se construirá um Estado de alto nível ético-profissional, impossibilitando também assim a construção de uma nação com essa mesma característica.

A PERSISTENTE CARÊNCIA ÉTICO-PROFISSIONAL NO ESTADO BRASILEIRO

O objetivo e o funcionamento do Estado sempre foram objeto de análises, estudos, críticas, sugestões e questionamentos em todas as nações. Essa atenção ao negócio estatal vem da consciência social construída ao longo da História de que os Estados retiram recursos da população e possuem a obrigação de devolvê-los em valor pelo menos igual ao que os indivíduos conseguiriam se os aplicassem por conta própria. Assim, os Estados devem ser cobrados em relação ao atendimento ao fim coletivo, o que deve ser alcançado por meio da gestão, principalmente pela definição de objetivos, indicadores e metas e pela elaboração e comunicação de planos que levem a eles, devendo suas decisões e ações serem transparentes para permitir o acompanhamento por todos seus agentes e pela população.

No aspecto do profissionalismo da gestão, a literatura é farta em teorias administrativas que objetivam o melhor funcionamento e o melhor resultado das organizações. Quanto à ética que o permite, existe farta literatura filosófica, religiosa e outras que mostra caminhos para sua prática, devendo se solidificar nos indivíduos por consentimento próprio, mas também por cobranças do ambiente em que eles vivem. Em sua criação, sua estruturação e seu desenvolvimento, as organizações criam cultura própria a partir de seus participantes internos, mas com farta contribuição de elementos externos, levando assim à diversidade cultural, com elementos internos e do meio ambiente externo.

Não existe gestão que leve ao melhor resultado organizacional de modo sustentável sem que seja antecedida e permeada pela ética, assim como esta sem boa gestão não leva a ele. A ética e o profissionalismo da gestão são mutuamente dependentes e somente por meio de seu conjunto é possível obter os melhores resultados, de forma sustentável, em quaisquer tipos de organizações, estatal, pública não estatal e privada. No Estado, suas características de poder e riqueza despertam cobiças várias, o que o obriga, até mais do que em outras organizações, a ser gerido com alto nível ético-profissional, pois de outra forma não obterá resultado em benefício da coletividade compatível com seu custo e potencial.

Em se tratando do Estado brasileiro, sua característica secular de normatização insuficiente, falha ou excessiva não permite foco em resultados em benefício de sua nação de acordo com o que obtém dela por meio de seus tributos. Isso vem de muitos de seus agentes eleitos por meio de uma democracia próxima da falsidade e de seus agentes gestores e outros recrutados direta ou indiretamente por eles sem critério impessoal, ético-profissional, priorizando a contribuição com eles e com a situação atual, mesmo que contrários ou alheios ao fim coletivo. Por esse motivo, o Estado brasileiro não define objetivos, indicadores, metas e planos com foco no resultado em benefício de sua nação ou os estabelece apenas para cumprir formalidades, sem compromisso verdadeiro com eles.

É o mesmo caso dos códigos de ética e das normas de conduta existentes em algumas de suas partes, que não são observados nem fundamentam as decisões e ações de seus agentes, principalmente eleitos e gestores que o comandam ou gerem, quase sempre não inibindo as práticas que lhes são contrárias. Boa parte de seus agentes sequer os conhece e, quando os conhece, não procura cumpri-los, servindo apenas para comunicar uma ética estatal que muitas vezes não existe.

Muitos comandantes ou gestores estatais brasileiros são visivelmente recrutados e mantidos com base no personalismo, no patrimonialismo e no baixo nível ético-profissional, inclusive muitos eleitos diretamente pela população, dificilmente respeitando ou zelando pelo cumprimento das normas do Estado, incluindo sua própria Constituição. Muitos deles se sentem mais poderosos do que elas, recrutando e movimentando outros agentes de acordo com seus interesses pessoais indevidos. Códigos de ética e normas de conduta deveriam orientar em casos pontuais, mas, principalmente, impedir que indivíduos com essas características fossem recrutados e mantidos como agentes do Estado, principalmente em seu comando ou sua gestão.

Sem alto nível ético devidamente comprovado no recrutamento e na permanência no Estado, códigos de ética, normas de conduta e todas as normas nacionais, inclusive a Constituição, muitas vezes serão desrespeitados sem que o Estado o coíba, pois sempre haverá ação ou omissão de seus agentes nesse sentido, principalmente dos eleitos e gestores que o comandam. Para que nenhuma suspeita de baixo nível ético-profissional incida ou permaneça sobre o agente estatal, é necessário que sua ética e seu profissionalismo sejam atestados no recrutamento e continuamente enquanto permaneça no Estado.

Sem providências como esta, não adianta existirem códigos de ética, normas de conduta e outras no sentido de garantir a ética e o profissionalismo no Estado, sendo apenas dispositivos sem eficácia, como geralmente ocorre no Estado brasileiro, em que prevalece muitas vezes o interesse contrário ou alheio ao da coletividade. No oposto, Estados em que seus agentes possuem alto nível ético-profissional devidamente comprovado no recrutamento e em sua permanência neles, suas estruturas e seus recursos monetários, materiais e humanos estão certamente voltados para o benefício à coletividade.

Os indicadores de funcionamento e de resultado do Estado brasileiro, de confiança nele e em seus agentes e econômico-sociais nacionais sempre indicaram suas carências ético-profissionais, consequência do alto nível de personalismo e patrimonialismo e do baixo nível ético-profissional de muitos de seus comandantes ou gestores. Estes são agentes eleitos recrutados a partir do voto de uma população em sua maioria de baixo nível de educação geral e ética, que recrutam, direta ou indiretamente, outros agentes, gestores ou não, todos recrutados sem que sua ética e seu profissionalismo sejam atestados na entrada e em sua permanência no Estado. Escravizam sua nação ao não investirem ou não permitirem que outros o façam na educação geral e ética que a liberte deles, com muitos conseguindo, desse modo, manter-se por longos períodos em seu comando ou sua gestão mesmo sem apresentar resultado satisfatório em benefício dela.

Em todo o território nacional aflora essa característica do Estado brasileiro nas decisões e ações de muitos de seus agentes municipais, distritais, estaduais e federais, em seus poderes e em suas organizações, em todos os níveis hierárquicos. Desse modo, a ineficiência, o desvio do fim coletivo e a corrupção são corriqueiros no Estado, gerando muitas vezes sonegação fiscal consentida, venda superfaturada ou indevida a ele, pagamento por parte de indivíduos e suas organizações a agentes estatais em troca de benefícios indevidos, infração a normas, roubos, homicídios e uma infinidade de outras práticas que atentam contra a coletividade e que não foram nem são devidamente combatidas pelo Estado brasileiro.

A mídia não para de noticiá-las, o que parece pautar a vida nacional, esvaindo a esperança dos que sonham com a ordem, a liberdade, a paz, a justiça e a igualdade em sua nação. Quando se está esquecendo uma notícia sobre elas ou não despertam mais atenção, outras aparecem, dificilmente poupando a população de sua convivência diária com elas. Enquanto estão no noticiário, acredita-se que os envolvidos serão punidos e, quando agentes estatais, excluídos do Estado e de suas relações econômicas com ele, o que dificilmente ocorre como deveria.

As notícias na mídia do mau funcionamento e baixo resultado estatal são apenas pequena parte do imenso problema de gestão que afeta o cotidiano do Estado brasileiro e que causa efeito sistêmico devastador em sua nação, contando sempre com a ação ou omissão de muitos agentes eleitos e gestores que o comandam ou gerem. Os agentes eleitos e gestores são os responsáveis principais pela condução do Estado, sendo assim também pelos seus males, pois está sob a sua responsabilidade evitá-los ou combatê-los e muitas vezes não o fazem como deveriam fazer.

Mesmo não os evitando ou combatendo como deveriam, muitos não são excluídos do Estado, pois essa decisão em diversas ocasiões cabe a eles mesmos. Por esse motivo, muitos permanecem nele e não o direcionam para o fim coletivo, mas apenas para si mesmos e para os que possuem poder e domínio sobre eles, de dentro ou de fora do Estado, contribuindo assim com o Estado de alto custo e baixo resultado. Muitos que possuem alto nível ético-profissional e tentam combatê-los são repelidos e dificilmente conseguem ser eleitos pela população, pois não possuem os recursos necessários nem os adquirem para concorrer em igualdade de condições com os que os adquirem, muitas vezes de forma indevida, dificilmente sendo também recrutados para o comando ou a gestão e outros cargos estatais relevantes.

Considerada a dimensão territorial brasileira, pode-se imaginar que há imensa dificuldade em se fazer com que o Estado abranja todo o território e toda a população nacional, elaborando normas e fazendo cumpri-las, realizando uma gestão promotora da segurança e do desenvolvimento econômico-social de sua nação. Porém, não é a dimensão territorial que o impede, mas sua carência de condução ou gestão de alto nível ético--profissional, que permite sua apropriação indevida por indivíduos e grupos que se perpetuam em seu comando ou sua gestão e até transferem suas posições para seus descendentes e outros de mesma característica.

O Distrito Federal é exemplo de que não é a extensão territorial o obstáculo ao bom comando ou à boa gestão do Estado brasileiro. Nele está a Sede da União. É jovem, de pequeno território e elevada receita, com práticas estatais idênticas às da União e às dos estados e municípios maiores, mais antigos e mais pobres do país. Em seu território, são comuns invasões de terras públicas, até de proteção ambiental, parcelamento irregular de terras, venda de produtos ilegais em feiras livres, roubos e homicídios recorrentes, compras superfaturadas pelo Estado e muitas outras práticas consentidas ou não devidamente combatidas por conta da ação ou omissão de seus agentes, principalmente eleitos e gestores que o comandam.

Nada nele é muito diferente do que ocorre nos demais entes, nacional e subnacionais, nos poderes e nas organizações estatais brasileiros distribuídos por todo território nacional, com muitos dos agentes eleitos e gestores que o comandam atuando de modo similar aos demais em sua busca pelo fim pessoal indevido. Enganam-se os que se sentem desprotegidos pelo Estado em localidades pobres e distantes do centro do poder nacional acreditando que seria diferente se estivessem mais próximos dele. Nele, o Estado também foi tomado por muitos indivíduos e grupos que dele se apropriaram indevidamente e praticam o mesmo que caracteriza muitos comandantes ou gestores estatais brasileiros.

O que o diferencia do restante do país talvez seja sua pouca idade, por abrigar ainda a Capital Federal, Brasília, planejada e construída na segunda metade do século XX, por possuir mais receita e uma população com mais alto nível de educação geral, mas não sendo possível afirmar que também ética. Basta sair de sua área planejada e que abriga os que possuem mais recursos para se perceber a insegurança que transformou áreas do Distrito Federal em algumas das mais violentas do país, segundo indicadores nacionais de segurança pública. Mesmo no chamado Plano Piloto, área nobre e central, roubos e assaltos a indivíduos, residências e comércios são rotineiros e assustam a população.

O que chama mais atenção na Capital Federal é que a ineficiência, o desvio do fim coletivo e a corrupção estatal nos entes local e nacional, bem como diversas práticas indevidas que ocorrem dentro e fora deles, vêm muitas vezes de agentes estatais, principalmente eleitos e gestores, de alto nível de educação formal e alta renda, até com formação nas melhores universidades do mundo, muitos sendo responsáveis pelo comando ou pela gestão central do país. Feiras livres com produtos contrabandeados, falsificados ou de origem duvidosa, sem comprovação fiscal, são frequentadas e têm esses produtos adquiridos por muitos deles e até mansões são erguidas por muitos em áreas públicas, até de proteção ambiental, ou cuja norma proíbe ou destina a outros fins.

Muitos desses agentes incumbidos de combater práticas irregulares estão nelas envolvidos, como noticia recorrentemente a mídia a partir de comprovações do próprio Estado e de indivíduos e organizações não estatais, evidenciando que os males do Estado brasileiro estão também, de forma similar, na Capital Federal. Tudo isso encarece o Estado e os produtos e serviços produzidos por indivíduos e organizações não estatais de alto nível ético-profissional, gera insegurança, injustiça e desigualdade.

É o caso do produto sem comprovação fiscal, que pode ser proveniente de falsificação, contrabando ou roubo – este ocorrendo no transporte ou contra indivíduo, indústria ou comércio, inclusive com a prática de homicídios para os subtrair de seus proprietários. Seus compradores o adquirem por menor preço, ao contrário de outros que não os adquirem ou são obrigados a pagar alto preço pelo produto adquirido honestamente. Perde o Estado, ao não arrecadar o tributo decorrente dessas práticas, o produtor, por não conseguir competir com elas ao ter que praticar preço mais alto e vender menos, e a população, ao pagar mais caro pelo produto adquirido com honestidade ou deixar de possuí-lo.

Nesse caso e em muitos outros, o tributo estatal também aumenta para compensar os que não o pagam, aumentando a injustiça e a desigualdade ao aumentar a renda e o patrimônio dos que seguem práticas indevidas em relação aos demais. Quando os que as seguem são agentes estatais pagos para combatê-las, o dano é ainda maior, incorrendo em alto risco quem tenta denunciá-las, pois pode fazê-lo ao próprio transgressor. Essa e outras práticas similares em danos são comumente praticadas por agentes estatais eleitos e gestores recrutados e mantidos para conduzir ou gerir o Estado brasileiro, como muito noticia a mídia. Certamente causaria sobressalto, por exemplo, a quantificação e a divulgação do valor do patrimônio adquirido de modo contrário às normas na Capital Federal e, também, em outras partes do país, por agentes estatais ou não.

Por tudo isso se pode concluir que muitos indivíduos de alto nível ético-profissional, que poderiam comandar ou gerir o Estado brasileiro em busca do fim coletivo, combatendo práticas como essas, dificilmente são recrutados e mantidos como seus agentes eleitos e gestores, o que dificulta ou impede o Estado de possuir legitimidade ético-profissional e o transforma em exemplo negativo para sua nação, empecilho à sua segurança e ao seu desenvolvimento econômico-social sustentável. Se na pequena, jovem, rica e ostentosa Capital Federal práticas como essas são fartas, pela ação ou omissão, dos que comandam ou gerem o Estado nacional e local, o que se pode esperar em localidades nacionais remotas?

A ética e o profissionalismo em busca exclusiva do fim coletivo ainda não prevaleceram no Estado brasileiro, principalmente em muitos de seus agentes eleitos e gestores que o comandam, daí seu alto custo e baixo resultado, trazendo como consequência a violência, a injustiça e a desigualdade, com forte carência de itens essenciais, como segurança pública, saúde e educação em todo o território nacional. Seus programas sociais são paliativos que jamais darão conta de proteger e desenvolver sua nação, pois isso deveria ser feito de forma direta ou fomentado pela estrutura e organização estatal, mas esta quase sempre não os permite. Somente a implantação do Estado de alto nível ético-profissional será capaz de modificar sua situação atual, pois nele está a base da segurança e do desenvolvimento econômico-social sustentável na nação brasileira e em todas as nações.

O exemplo brasileiro tem muito a ensinar. Uma nação relativamente jovem, grande e rica, de imensos recursos naturais, porém muito acometida pela violência, pela injustiça e pela desigualdade. Enquanto as condições de vida de poucos estão entre as melhores do mundo, muitos não possuem acesso sequer a itens essenciais, como saúde, educação e até água e alimentação. Enquanto isso, alguns agentes estatais bem remunerados, alguns indevidamente e muitas vezes de patrimônio e renda não justificados, incrustam-se em seu Estado e permanecem nele por toda a vida como se não tivessem nada a ver com a situação nacional e pouco fazendo para modificá-la, colocando nele ainda seus descendentes de mesma característica para dar continuidade à sua situação atual.

Por meio de seu exemplo, é preciso mostrar ao mundo que todo Estado deve possuir em comum a ética e o profissionalismo em seu comando ou sua gestão, sem o que nenhuma nação alcançará alto nível de segurança e desenvolvimento de modo sustentável. Uma nação de imensa dimensão territorial como a brasileira, de diversos tipos de clima e riqueza natural, com uma só língua entendida e utilizada por todos, culturas diversas que não se excluem mas se complementam com boa aceitação, excelente parque industrial, com universidades e escolas em todo o território nacional, não pode admitir a insegurança e a carência de desenvolvimento que a caracterizam. Tamanha contradição certamente se explica pelo tipo Estado que possui – consequência direta de seu comando ou sua gestão.

São, certamente, seus agentes eleitos e gestores vindos, na origem, de uma democracia próxima da falsidade os principais responsáveis pela situação de alto custo e baixo resultado em benefício de sua nação que acomete o Estado brasileiro. Sempre foram evidentes as imensas carências dele, em todas as suas partes e em todos os seus níveis hierárquicos, em gestão ou planejamento, organização, direção e controle com foco no resultado em benefício dela, como mostram diversos indicadores de seu funcionamento e seu resultado.

Enquanto isso, algumas ações pontuais de indivíduos, de dentro ou de fora do Estado, e de organizações públicas não estatais e privadas produzem excelentes resultados, elevando o otimismo nacional. Isso faz pensar no que seria o Brasil sem seus milhares de agentes estatais marcados pela ineficiência, pelo desvio do fim coletivo e pela corrupção que praticam ou deixam praticar, principalmente eleitos e gestores que comandam ou gerem o Estado, voltados para seus fins pessoais indevidos e de outros, de dentro ou de fora dele. Muitos destes ocupam eternamente cargos de comando ou gestão nos entes, nos poderes e nas organizações estatais, em todos os níveis hierárquicos, sem nunca apresentar à sua nação resultado satisfatório de sua atuação.

O mal que causam a ela é tanto maior quanto a impunidade que gozam, mantendo-se eternamente no Estado brasileiro, combatendo e impedindo a atuação de outros que se propõem a atuar praticando a verdadeira gestão voltada para o resultado em benefício da coletividade. Os que se apropriam indevidamente dele tornam infinita a busca sempre por mais recursos da população sem apresentar resultados que a justifiquem. Nem a nação brasileira nem quaisquer outras nações se dispõem a pagar pelo mau funcionamento de seu Estado, mas este possui o poder de obrigá-las também a isso.

Transformar o Estado brasileiro que sempre existiu em Estado de alto nível ético-profissional não é tarefa fácil. A imensa violência, injustiça e desigualdade que acometem sua nação são suas principais consequências, com muitos recursos tomados coercitivamente da população para abastecer o patrimônio e a renda de muitos agentes estatais que não lhe dão o devido retorno, como noticia frequentemente a mídia. Esses recursos fazem falta ao investimento de indivíduos e organizações não estatais para proporcionar a segurança e o desenvolvimento nacional no lugar de um Estado que pouco faz nesse sentido e ainda dificulta ou impede que outros o façam.

Há muitas normas elaboradas e mantidas por ele que claramente não servem para beneficiar a nação. Não são normas apenas que resolverão os problemas dela, pois muitas vezes elaboradas por agentes estatais que lhe são contrários ou alheios. Enganam a nação com normas ineficazes de combate aos problemas nacionais que, muitas vezes, eles mesmos criaram e que não possuem interesse em eliminar, por isso avançam cada vez mais.

O Brasil passou de Colônia para nação independente no início do século XIX, como Monarquia, passando quase setenta anos depois para República. Porém, as fortes carências nacionais persistem até hoje e não cederão enquanto seu Estado não for transformado de Estado com características de alto nível de personalismo e patrimonialismo e baixo nível ético-profissional em Estado de alto nível ético-profissional, como o fizeram os Estados de nações mais seguras e desenvolvidas. É preciso mudar os critérios de recrutamento e permanência de seus agentes eleitos e gestores que o comandam, permitindo comandá-lo ou exercer sua gestão apenas os que tiverem o alto nível ético-profissional atestado continuamente, no recrutamento e em sua permanência nele, o que nunca foi nem é feito atualmente.

Somente assim, a ética e o profissionalismo sairão vencedores, com os que sempre comandaram e comandam ou gerem o Estado brasileiro e lutam para mantê-lo como ele é sendo derrotados e excluídos dele. Desse modo, o mau funcionamento e o baixo resultado em benefício de sua nação que geram e que têm como consequência o alto custo e o baixo resultado estatal a dificultar a vida da população cederão. Haverá, assim, a internalização de práticas ético-profissionais em todos os seus agentes, espalhando-se pelos indivíduos e pelas organizações públicas não estatais e privadas. Esse é o último passo para a segurança e o desenvolvimento econômico-social sustentável de sua nação, com os benefícios do Estado acontecendo para todos como jamais foram vistos.

O DOMÍNIO DE CARACTERÍSTICAS PERSONALISTAS, PATRIMONIALISTAS E DE BAIXO NÍVEL ÉTICO-PROFISSIONAL NO ESTADO BRASILEIRO

Por meio de fartas evidências, pode-se afirmar que o Estado brasileiro é exemplo de domínio e controle de indivíduos e grupos que sempre o comandaram e comandam ou gerem com alto nível de personalismo e patrimonialismo e baixo nível ético-profissional, o que é um empecilho ao seu resultado em benefício de sua nação compatível com seu custo e potencial. Por esse motivo, os indivíduos e o mercado concorrencial como instrumentos de contribuição com o desenvolvimento nacional não encontram campo fértil em seu território, com o Estado não protegendo devidamente a vida nem o patrimônio dos que procuram atuar sem se aliar a essas suas características. Ele domina indevidamente a nação por meio de normas insuficientes, falhas ou excessivas – verdadeira tortura aos que são obrigados a viver sob elas.

Depois das várias transformações ocorridas no Estado em muitas nações, nele persiste ainda o benefício pessoal indevido obtido por muitos de seus agentes eleitos e gestores que o comandam. Vários fatores contribuem com isso, mas provavelmente a carência de educação geral e ética da maioria da população e sua forte dependência em relação a ele e aos seus agentes são os mais consistentes para sua manutenção. Esse talvez seja o principal responsável pela permanência de um comando ou uma gestão em que muitos possuem essa característica, o que se torna cada vez mais forte em decorrência da baixa qualidade do processo eleitoral, que visivelmente permite maiores chances de serem eleitos aos que a possuem.

Muitas nações migraram para a democracia ao longo da História, e seus Estados alcançaram alto nível ético-profissional, o que somente foi possível quando os agentes estatais, principalmente comandantes ou gestores, alcançaram também esse nível. A migração para a democracia próxima da verdadeira somente ocorre quando o Estado deixa de beneficiar indevidamente apenas alguns indivíduos, de dentro ou de fora dele, e passa a atuar com justiça e igualdade em benefício de toda sua nação. No Estado brasileiro, essa fase ainda não chegou, com indivíduos e grupos acima das normas, tanto nos negócios estatais quanto privados e na sociedade como um todo. Muitos de seus comandantes ou gestores visivelmente não agem com alto nível ético-profissional, em busca exclusiva do fim coletivo, e ainda combatem os que agem dessa forma.

Nações pouco seguras e desenvolvidas certamente possuem como característica a forte atuação de indivíduos e grupos que obtêm benefícios indevidos em seu Estado ou por meio dele. Dentro ou fora dele, sós ou por meio de organizações públicas não estatais e privadas, ascendem econômica e socialmente, não porque atuam com alto nível ético-profissional, mas porque contam com a ação ou omissão do Estado para alcançar seus fins pessoais indevidos.

A base do profissionalismo da gestão requer experiência útil a ela, teorias administrativas e continuidade para chegar ao melhor resultado de acordo com o potencial de uma organização. Elementos que claramente não são devidamente seguidos pelo Estado brasileiro. Só para exemplificar, a mudança de seus comandantes ou gestores ocorre em períodos muito curtos, podendo ser de até dois e de um ano estabelecidos em norma. Isso dificulta e até impede que a população conheça os comandantes ou gestores principais de cada uma de suas partes, dificultando ou impedindo, ainda, a geração de resultados, por conta da forte descontinuidade que provoca.

Indivíduos que não conhecem o negócio, que possuem nenhuma ou quase nenhuma experiência útil à gestão, que não conhecem as teorias administrativas e que não questionam o comando ou a gestão, mas servem ativa ou passivamente a ele, geralmente são os preferidos para serem recrutados para o comando ou a gestão estatal brasileira. Para recrutado e recrutador, geralmente não interessam o tempo de permanência no cargo ou na gestão nem o resultado que apresentam à coletividade, mas o status, o poder e a riqueza que obtêm, mesmo que indevidos, no Estado ou por meio dele, sendo de mais importância que não ameacem um ao outro nem aos demais que agem dessa forma.

Leva-se quase sempre em consideração apenas o relacionamento pessoal entre quem recruta e quem é recrutado ou quem pede e quem fornece o cargo de comando, gestão ou outros, obtendo-se primeiro garantias tácitas ou explícitas de que não se ameaçará o comando ou a gestão e a situação atual, quase sempre não se exigindo alto nível ético-profissional do recrutado. É comum encontrar no Estado brasileiro indivíduos que em curtos períodos são recrutados para diversos cargos, de gestão ou não, em várias áreas, vários entes, vários poderes, várias organizações e vários níveis hierárquicos, com permanências insuficientes até para conhecer o negócio ou a finalidade do cargo que ocupam.

Esse fato só gera perda, nenhum ganho à nação, e os responsáveis por práticas como essas não se preocupam com o mal que causam a ela, com o custo que geram e o resultado que deixam de gerar. Conta para eles apenas os ganhos obtidos, mesmo que em detrimento de uma população que muitas vezes nem os conhece, mas, ingenuamente, chega a acreditar no resultado que fornecem. Mantêm-se, dessa forma, uma situação de alto custo e baixo resultado do Estado, vinda de uma cadeia que nasce nas eleições de uma democracia próxima da falsidade e passa pelo recrutamento para seu comando ou sua gestão e pela permanência nele de agentes eleitos e gestores que muitas vezes mais prejudicam do que beneficiam sua nação.

Estes passam a falsa impressão de primorosa competência no comando ou na gestão do Estado, muitas vezes desfilando e palestrando nele e na sociedade com vestimentas e palavreados capazes de enganar até os mais experientes no local em que atuam e fora dele, mas conseguindo fazê-lo apenas com os que não conhecem suas atuações vazias de conteúdo e de resultados a oferecer. Praticam o comando ou a gestão voltados para dentro, para seus interesses pessoais indevidos e dos que de dentro ou de fora do Estado contribuem com eles, por ação ou omissão, para obter também benefícios indevidos.

Na realidade, muitos são os agentes eleitos e gestores que comandam ou gerem o Estado brasileiro, em todas as suas partes e em todos os níveis hierárquicos, sem que estejam comprometidos com o resultado em benefício da coletividade, com suas práticas mostrando que se preocupam muito mais consigo mesmos e com os que possuem poder de recrutá-los e mantê-los. O concurso público e a estabilidade no emprego trazidos pela Constituição Federal são tentativas de garantir a independência ou autonomia do agente estatal, mas geralmente não se aplicam aos que comandam ou gerem o Estado. Mesmo positivos para evitar a subserviência a interesses contrários ou alheios ao fim coletivo, são praticamente anulados ao se recrutar para seu comando ou sua gestão e para outros cargos estatais relevantes por critério pessoal e sem estabilidade no emprego, como em seus cargos e suas funções comissionados e de confiança.

Na prática, esses cargos e essas funções levam muitos agentes estatais brasileiros a perderem sua independência ou autonomia profissional, já que, muitas vezes, exigem ação ou omissão para manter a situação atual de apropriação indevida do Estado, somente assim podendo-se chegar a eles. Isso faz com que muitos de seus detentores e dos que os pretendem atuem em benefício próprio e dos que dominam e controlam o Estado em busca do fim pessoal indevido, o que ocorre em todas as suas partes. Esse é o critério muitas vezes utilizado também pelos agentes eleitos pela população para recrutar outros agentes por meio de atribuição normativa, como em muitos casos bastante conhecidos da população brasileira.

O fato de o recrutamento para os cargos de comando ou gestão estatal depender de modo pessoal de alguns indivíduos, principalmente eleitos por meio de uma democracia próxima da falsidade, tende a gerar dependência do recrutado em relação a quem o recrutou. Ao ser convidado para o cargo por ser "da confiança" de quem o recruta, o recrutado já indica a que e a quem servirá, a depender de como atua o recrutador. Se este atua com alto nível ético-profissional, assim também se acredita que atuará o recrutado, o que não deverá ocorrer se o recrutador atuar de outra forma.

Desse modo, em pleno domínio e controle de indivíduos sobre o Estado sob a alegação de que o processo de recrutamento para o comando ou a gestão estatal e para outros cargos relevantes obedece a comandos democráticos originários, interesses contrários ou alheios aos da nação, muitas vezes, são negociados e garantidos, como se vê recorrentemente na mídia. Isso ocorre no Estado brasileiro para mantê-lo como ele sempre foi, com poucas chances de mudar se mantido o processo atual. Há aqui o claro domínio personalista, patrimonialista e de baixo nível ético-profissional que arruína sua nação desde a época colonial, em que nem o concurso público nem a estabilidade no emprego para alguns agentes estatais garantiram o alto nível ético-profissional do Estado, já que não há estabilidade nem critério impessoal, ético-profissional, para recrutar e manter os que o comandam ou gerem e outros agentes estatais.

É isso o que se vê no Estado brasileiro, em que seus comandantes ou gestores são recrutados, direta ou indiretamente, pelos agentes eleitos pela população. Ocorre que o baixo nível de educação geral e ética da maioria dela e sua forte dependência em relação ao Estado e aos seus agentes levam a uma democracia próxima da falsidade, dando-se, assim, a essa população o poder de recrutar, direta ou indiretamente, o comando ou a gestão estatal, que passa a ser composto muitas vezes de indivíduos contrários ou alheios a ela. Isso se evidencia no mau funcionamento do Estado, em seu baixo resultado e na baixa confiança da população nele e em muitos de seus agentes que o comandam ou gerem, como se constata em diversas pesquisas e diversos estudos e indicadores. É assim que ele mantém uma cadeia que atende aos fins pessoais indevidos de muitos que o comandam ou gerem e dos que contribuem com eles, de dentro ou de fora dele.

Isso em detrimento de sua nação, sem planejamento, organização, direção e controle que levem ao resultado em benefício dela compatível com o custo e o potencial do Estado. Desde quando o indivíduo adere ao seu comando ou à sua gestão, em todos os níveis hierárquicos, em busca de benefícios pessoais sabendo que não terá como oferecer resultado positivo em benefício da coletividade, obrigado a manter a situação atual do Estado, mesmo que contrária ou alheia ao fim coletivo, sua ética e seu profissionalismo são eliminados. Desse modo, em uma infinidade de cargos e funções comissionados e de confiança sem critério impessoal, ético-profissional, para o recrutamento e a permanência neles, é repartido o comando ou a gestão do Estado brasileiro, contando, para isso, geralmente com os que o aceitam como ele é, buscando sempre mais recursos da população e pouco oferecendo em troca.

Os valores pagos nesses cargos e nessas funções correspondem ao total da remuneração quando o agente ainda não possui cargo efetivo no Estado, ou à parte dela quando já possui cargo efetivo, tornando os cargos e as funções comissionados e de confiança bastante cobiçados e quem os pretende ou os consegue se tornando geralmente dependentes e fragilizados, se para obtê-los ou para mantê-los, mesmo que já possua cargo efetivo. Ainda que a remuneração paga por eles seja baixa, ou até inexistente, em alguns casos, a fragilidade e a dependência também ocorrem, pois esses cargos e essas funções representam o status e o poder que muitos almejam. Por conta deles e das práticas que os envolvem, percebe-se que a Constituição Federal não conseguiu gerar e manter a independência do agente estatal brasileiro nem sua atuação de alto nível ético-profissional buscadas por meio do concurso público e da estabilidade no emprego, continuando assim sua dependência aos que possuem poder de recrutá-lo e mantê-lo de modo pessoal para o comando ou a gestão estatal e também para outros cargos e funções.

Desse modo, muitos indivíduos que buscam pautar sua atuação pelo alto nível ético-profissional, sem dependência em relação a indivíduos e grupos de dentro ou de fora do Estado, fatores indispensáveis à obtenção de resultados estatais em benefício de sua nação, dificilmente conseguem ascender ao comando ou à gestão e a outros cargos relevantes no Estado brasileiro. Os que conseguem são tão raros que não têm como modificá-lo. O comandante ou gestor estatal tem como atribuição definir previamente o resultado que pretende alcançar e buscar alcançá-lo, porém se busca seu fim pessoal indevido e dos que possuem poder e domínio sobre ele, o controle está posto e não obterá resultado de acordo com o custo e o potencial do Estado.

Isso ocorre em todas as nações que caíram na armadilha da inexistência democrática ou de uma democracia próxima da falsidade, de pouca participação, pouco acompanhamento e pouca cobrança da população, com Estados comandados ou geridos por muitos agentes de alto nível de personalismo e patrimonialismo, de baixo nível ético-profissional, ineficientes, desviados do fim coletivo e corruptos. Enquanto prevalecerem comandantes ou gestores e ocupantes de outros cargos relevantes com essas características, os Estados não farão sua parte e suas nações não serão seguras nem desenvolvidas. O concurso público e a estabilidade no emprego do Estado brasileiro são importantes para evitar a apropriação indevida do Estado, mas esta só não ocorrerá se prevalecer no agente estatal, eleito, gestor e não eleito nem gestor, mas principalmente eleito e gestor, o recrutamento e a permanência nele por meio de critério impessoal, ético-profissional. Sempre observada a eleição verdadeiramente democrática para o agente eleito, como ocorre em todas as nações mais seguras e desenvolvidas do mundo.

Assim, a estabilidade no emprego e o concurso público criados pela Constituição Federal Brasileira de 1988 no sentido de recrutar e proteger agentes estatais de alto nível ético-profissional, eficientes e eficazes, em contraposição ao histórico que sempre caracterizou o Estado brasileiro, não estão sendo eficazes. São aplicados apenas a agentes não gestores, sendo muitas vezes ainda burlados ou desvirtuados no recrutamento destes para atender a interesses pessoais indevidos. A quase totalidade de seus comandantes ou gestores e ocupantes de outros cargos relevantes não passam por critério impessoal, ético-profissional, de recrutamento e permanência no Estado.

O alto nível ético-profissional é estranho a muitos que comandam ou gerem o Estado brasileiro, apesar de constar, implicitamente, ou nem tanto, nos princípios constitucionais de sua administração. Seus agentes que atuam com alto nível ético-profissional muitas vezes são desprezados ou combatidos, como os concursados que não aderem a muitos que o comandam ou gerem e pretendem permanecer em seus cargos ou ascender a outros mesmo que para isso tenham que atuar de modo contrário ou alheio à sua nação. Muitos que o comandam ou gerem não atuam como parte de um todo em busca de resultados em benefício dela, mas focam o interesse pessoal indevido próprio e dos que os recrutam e mantêm. Assim, o planejamento, a organização, a direção e o controle quase não existem ou existem apenas na forma no Estado brasileiro.

Nele é comum a expressão "é assim na norma, mas na prática é diferente", o que se explica pela estranheza que seria normatizar o benefício pessoal indevido no Estado, mas é para esse fim que ela muitas vezes serve. Suas normas são apenas normas, inclusive as constitucionais, com a prática mostrando que muitas são apenas decorativas, quase não sendo aplicadas nem respeitadas na atuação estatal cotidiana, não sendo exigidas de muitos de seus agentes e de outros de fora do Estado.

Predominam muitas vezes no Estado brasileiro ações e omissões dos que o dominam e controlam em benefício pessoal indevido, muitos, claramente, sem legitimidade ético-profissional para atuar nele. Dificilmente, as formas de recrutamento e permanência de muitos agentes eleitos e gestores que o comandam são questionadas e suas posições ameaçadas, com muitos que se atrevem a fazê-lo, agentes estatais ou não, sendo perseguidos e levados ao descrédito por meios diversos para desestimular novas tentativas nesse sentido. Disso se conclui que o concurso público e a estabilidade no emprego do agente estatal brasileiro não contribuem como deveriam com a melhoria do comando ou da gestão e do resultado do Estado, mas, visivelmente, o mal não está nesses instrumentos, mas nos que não se submetem a eles e nos que os burlam.

Atribuir à estabilidade no emprego estatal o alto custo e a carência de resultados do Estado brasileiro é muitas vezes parte de campanhas difamatórias dos que se apropriam indevidamente dele e querem retirar um dos poucos obstáculos a dificultar suas ações. Na verdade, o que contribui com sua carência de resultados em benefício da coletividade de acordo com seu custo e potencial é seu problema crônico de deficiência no comando ou na gestão, com o recrutamento e a permanência de comandantes ou gestores voltados para mantê-lo como ele é. Sem a estabilidade de seus agentes, certamente sua relação custo-benefício seria piorada, mantendo e agravando sua apropriação indevida, que se perpetua desde o Brasil Colônia, sobrevivendo à sua independência e aos quase duzentos anos de soberania nacional.

Sempre foi clara a tomada do Estado brasileiro por muitos de seus agentes eleitos e gestores que não praticam o comando ou a gestão de alto nível ético-profissional. Incrustam-se nele e o dominam e controlam em benefício pessoal indevido e de outros, até de fora do Estado, obtendo, para isso, a aderência dos que também o buscam no Estado ou por meio dele. Nessa condição, pouco serve a existência de recursos monetários, materiais e humanos, com tecnologias como as da informação e da comunicação e modernas teorias administrativas, pois ele será sempre tido como propriedade pessoal.

Os recrutados para seu comando ou sua gestão e para outros cargos relevantes por critério pessoal muitas vezes não contestam seus recrutadores mesmo que contrários ou alheios ao fim coletivo, pois geralmente buscam atender a si mesmos e a eles. Muitos que resistem a essa prática quase sempre são impedidos de exercer o comando ou a gestão e excluídos das decisões e ações estatais relevantes. Dificilmente são excluídos do Estado, pois possuem a estabilidade disposta na Constituição e não se deseja chamar atenção para o que nele ocorre, mas quase sempre são confinados em verdadeiros limbos, desperdiçando-se certamente os melhores quadros estatais. Nestes deve estar a salvação do Estado brasileiro, pois possuem fundamentos ético-profissionais, isentos do fim pessoal indevido e da contribuição e subserviência aos que o buscam.

Para quem não conhece o cerne do Estado brasileiro, em todas as suas partes e em todos os seus níveis hierárquicos, uma forma de conhecê-lo é verificar o passado e o presente de seus comandantes ou gestores, ocupantes de seus cargos e suas funções relevantes, verificando ainda quem são os responsáveis por recrutá-los e mantê-los. Talvez se verifique que muitos recrutados e recrutadores são responsáveis, ou bem suspeitos de serem, por atuações contrárias ou alheias à coletividade, ou às normas nacionais. Os que o conhecem profundamente sabem que ele não tem conseguido se livrar do alto nível de personalismo e patrimonialismo e do baixo nível ético-profissional que o fizeram ineficiente, desviado do fim coletivo e corrupto ao longo de sua História. Dão-se bem em seus cargos eletivos, de comando ou de gestão e outros relevantes e permanecem neles por toda a vida muitos indivíduos reconhecidos por atuarem com essas características, que, certamente, jamais seriam permitidos atuar em um Estado de alto nível ético-profissional.

Transferem ainda suas posições aos descendentes e outros de mesma característica, de forma hereditária, completando assim várias gerações de parentesco dentro do Estado, em todas as suas partes, sem dar o devido retorno à sua nação. Como afronta a quem paga altos tributos, apresentam elevados status, poder e riqueza, quase sempre indevidos, circulam livremente e até são aplaudidos por parte da população de baixo nível ético ou que não os conhece devidamente, mantendo sua nação distante da ordem, da liberdade, da paz, da justiça e da igualdade que deveria ter. Seus níveis ético-profissionais são baixos, mas continuam no Estado, elevando seu custo sem oferecer resultado compatível com ele.

É forte o domínio dos que possuem essa característica no Estado brasileiro ainda no século XXI. Muitos de seus agentes eleitos e outros por eles direta ou indiretamente recrutados, gestores ou não, atuam em benefício próprio, contrários ou alheios à sua nação, voltando-se para dentro, para obter benefícios indevidos em detrimento dela. Por meio de suas ações e omissões, promovem o mau funcionamento do Estado que afeta toda a nação, enquanto grande parte da população passa por imensas dificuldades por conta de um Estado que não retorna a ela o que lhe retira coercitivamente.

Arregimentam muitos indivíduos que contribuem com eles, por ação ou omissão, muitas vezes em troca de cargos de gestão e outros, subutilizando e perseguindo muitos que lhes são contrários. Os recursos disponíveis no Estado (monetários, materiais e humanos), com suas tecnologias, como as da informação, da comunicação e das teorias administrativas, não são suficientes para vencê-los, pois obtêm benefícios indevidos no Estado, ou por meio dele, suficientes para se manter e aos que lhes garantem fidelidade pessoal, impedindo assim o alto nível ético-profissional do Estado e a eliminação de sua apropriação indevida.

Desse modo, o mau funcionamento do Estado brasileiro impera, enquanto ele parece adormecido diante das oportunidades de promover a segurança e o desenvolvimento sustentável de sua nação. Carece cada vez mais de comando ou gestão de alto nível ético-profissional, com muitos agentes eleitos contrários ou alheios ao fim coletivo recrutando gestores e outros de mesma característica, em todas as suas partes. Tudo isso permite o recrutamento e a permanência de indivíduos que se apropriam indevidamente do Estado e se fartam de seus recursos obtidos coercitivamente da população. Sua moderna estrutura construída de pouco serve, pois a proximidade da falsidade que caracteriza a democracia brasileira sempre gerou e continua gerando agentes eleitos poderosos que se apropriam indevidamente do Estado e geram comandantes, gestores e outros iguais a eles.

Tudo funciona como um sistema promotor do domínio pessoal indevido sobre o Estado, que dessa forma não trará resultado compatível com seu custo e potencial, nem segurança e desenvolvimento satisfatórios à sua nação, como mostram diversos indicadores de seu funcionamento e econômico-sociais nacionais. Evidenciam-no ainda diversos agentes eleitos, gestores e outros como réus no Poder Judiciário, muitos com ações prescritas ou com decisões judiciais que não convencem a população, outros que nunca foram réus, mas nos quais grande parte da população tem baixíssima confiança. Mais grave ainda: possíveis inocentes, praticantes de pequenos delitos e de crimes, condenados, mas que assistem a outros que praticaram ou praticam crimes conhecidos de mesma gravidade ou pior que os seus e que nunca são condenados da mesma forma. A população até tenta lutar contra essa situação de seu Estado, mas não consegue modificá-lo, pois é quase sempre tolhida ou enganada pelos que se apropriam indevidamente dele ou que buscam se apropriar.

É muitas vezes indevidamente manipulada e até utilizada por estes, sem se dar conta, em seus projetos de apropriação indevida do Estado. As manobras para mantê-lo como ele é são tão fortes que dificilmente será transformado, incluindo normas insuficientes, falhas ou excessivas, cobradas apenas de alguns, inclusive, muitas vezes, pelo próprio Poder Judiciário. É assim que se garante o recrutamento e a permanência no comando ou na gestão do Estado brasileiro de indivíduos contrários ou alheios à sua nação, que se beneficiam indevidamente dele e beneficiam os que contribuem com eles, de dentro ou de fora dele.

Sua transformação passa, obrigatoriamente, por comandantes ou gestores em sua maioria de alto nível ético-profissional, cuja ausência ou minoria leva à ineficiência, ao desvio do fim coletivo, à corrupção e ao alto custo e baixo resultado estatal. Como ele ainda não consegue tratar devidamente nem os muitos casos explícitos de corrupção noticiados com frequência pela mídia, de amplo conhecimento da população, pouco se pode esperar que combata suas causas, o alto nível de personalismo e patrimonialismo e o baixo nível ético-profissional de muitos de seus agentes eleitos e gestores que o comandam ou gerem, em seus entes, seus poderes e suas organizações, em todos os níveis hierárquicos. Sem eliminá-los do Estado brasileiro ou em muito reduzi-los, não se eliminará nem reduzirá jamais sua apropriação indevida à custa de sua nação.

A NAÇÃO APRISIONADA

Muitos comandantes, agentes eleitos e gestores, e outros que contribuem com eles, de dentro ou de fora do Estado brasileiro, conseguem manipular indevidamente o voto da população e muitas vezes obter nas eleições o resultado que lhes interessa. Assim já afirmou Joaquim Nabuco[4] na época do Brasil Império, o que continua bastante atual, com modificações apenas na forma. O Estado não deve ser o dono de sua nação, mas o contrário, com esta devendo comandá-lo e controlá-lo em seu benefício por meio do processo democrático e claramente respeitadas as normas nacionais. Esse ente todo poderoso chamado Estado tem que ficar sob o comando e o controle da população que o criou e o mantém, respeitadas a ordem e a liberdade que constroem a paz, a justiça e a igualdade, a segurança e o desenvolvimento econômico-social sustentável das nações.

---

4. "No Brasil Império, a faca de ponta e a navalha, exceto quando a baioneta usurpava essas funções, tinham sempre a maioria nas urnas... A máquina eleitoral é automática; e, por mais que mudem a lei, o resultado há de ser o mesmo." Raymundo Faoro, *Machado de Assis: a pirâmide e o trapézio*, 4. ed. rev., p. 160-161, citando Joaquim Nabuco, *O Abolicionismo*.

A realidade descrita por Nabuco não acabou com o fim do Império, sendo poucos os indivíduos a acreditar que o resultado da maioria das eleições nos tempos atuais representa a manifestação consciente do povo brasileiro. Como na época imperial, as eleições brasileiras, em seus entes nacional e subnacionais, costumam levar à vitória muitos indivíduos que se aproveitam do baixo nível de educação geral e ética da maioria da população e de sua forte dependência em relação a eles e ao Estado, bem como das imensas injustiças e desigualdades que caracterizam a nação brasileira. A violência física nas eleições pode até ter sido reduzida, porém continua imensa, juntando-se a outros instrumentos da época, como a falta de informação ou a informação falsa e a oferta de emprego no Estado e em organizações que se relacionam com ele, muitas vezes de forma indevida, a quem adere a alguns candidatos que buscam o voto da população.

A promessa de recrutamento ou de permanência nos cargos de comando ou gestão e outros do Estado ou de organizações públicas não estatais e privadas que possuem relações com seus agentes que o comandam ou gerem, muitas vezes indevidas, junto com outras ofertas a eleitores, dão a quase certeza da vitória a muitos candidatos a agentes eleitos. Se não vitoriosos, muitos destes são recrutados para cargos de comando ou gestão e outros, no Estado e em organizações não estatais que possuem relações com os comandantes ou gestores do Estado, muitas vezes indevidas. Os que aderem a essas práticas geralmente se perpetuam no comando ou na gestão do Estado brasileiro ou nas relações indevidas com ele, muitas vezes transmitindo ainda suas posições a outros que possuem suas mesmas características.

É por isso que a atuação de grande parte dos que comandam ou gerem o Estado brasileiro, em todas as suas partes, é, muitas vezes, voltada para atender a fins pessoais indevidos, eleitorais, econômicos ou outros, em desacordo com os princípios da administração estatal estabelecidos em sua Constituição, da legalidade, impessoalidade, moralidade, publicidade e eficiência. Muitos deles burlam até o concurso público, se necessário, para se apropriar indevidamente do Estado, utilizando os cargos estatais para o sucesso eleitoral, econômico e outros.

Muitos indivíduos de alto nível ético-profissional que almejam atuar no Estado brasileiro conseguem por meio do concurso público, por critério impessoal, ético-profissional, mas dificilmente conseguem comandá-lo ou exercer sua gestão se não declararem, tácita ou explicitamente, lealdade a muitos que o comandam ou gerem em benefício pessoal indevido, próprio ou de terceiros. Assim, o recrutamento e a permanência de agentes estatais sem critério impessoal, ético-profissional, como para seus cargos e suas funções comissionados e de confiança, de comando ou gestão, ou não, vão de encontro aos indivíduos de alto nível ético-profissional que também gostariam de comandar ou gerir o Estado, mas não aceitam se submeter a critério pessoal de recrutamento e permanência nele, por considerá-lo indevido.

Esses cargos e essas funções são essenciais para os que buscam se apropriar indevidamente do Estado, de dentro ou de fora dele, e que sem eles dificilmente conseguiriam. Estabelecem com a contribuição deles o Estado dominador de sua nação, que decide êxitos e fracassos, aprisionando-a e criando barreiras de difícil transposição. O agente estatal brasileiro eleito no Império e na atualidade, com exceções irrelevantes, não é legitimado por uma população de alto nível de educação geral e ética, independente dele e do Estado, por isso muitos deles possuem como características o alto nível de personalismo e patrimonialismo e o baixo nível ético-profissional. Estes recrutam outros agentes para a gestão e outros cargos estatais relevantes, priorizando desse modo as mesmas características.

Isso faz com que muitos agentes eleitos e gestores estatais brasileiros continuem com as mesmas características de certamente muitos de seus ancestrais do Império. Manipulações de baixo nível ético realizadas por eles tornam, assim, o processo eleitoral viciado, impossibilitando a criação do Estado de alto nível ético-profissional. Carentes de educação geral e ética, pressionados ou seduzidos, desinformados, enganados, temendo dificuldades por não terem seguido candidatos vitoriosos e com cada vez menos opções de candidatos de alto nível ético-profissional com chances de serem eleitos, multidões vão às urnas no Brasil sem perspectivas de que o resultado das eleições melhore sua segurança e seu desenvolvimento econômico-social.

Principalmente nesse contexto, o comando ou a gestão do Estado jamais pode ser atribuído aos que o solicitam ou são convidados para ele por fidelidade à situação atual e a pessoas que possuem poder de recrutar e manter nele mesmo que estes atuem de modo contrário ou alheio ao fim coletivo, como ocorre no Brasil. A cobiça nacional não pode ser por cargos estatais em atendimento a essa condição, mas por eles, por cargos privados e pelo empreendedorismo em atendimento ao alto nível ético-profissional, pois só assim há verdadeira contribuição com a segurança e o desenvolvimento nacional. Todos que possuem esta cobiça devem ter o apoio e a proteção do Estado como política coletiva para que possam prosperar e não ser suas vítimas, prejudicados por ele. Há aqui, certamente, uma enorme inversão no modo histórico de atuação do Estado brasileiro e de suas relações com o empreendedorismo estatal e privado.

O critério de recrutamento para os cargos estatais (eleito, gestor e não eleito nem gestor) deve ser comum a todos, impessoal, ético-profissional, para recrutar apenas os que possuem como fim exclusivo servir à sua nação por meio do Estado, respeitada sempre a eleição popular para o agente eleito. No recrutamento está a oportunidade de elevar o nível ético-profissional dos Estados de todas as nações, permitindo-lhes fornecer resultados em benefício delas ou da coletividade compatíveis com seu custo e potencial. Este é o único meio de derrotar a ineficiência, o desvio do fim coletivo e a corrupção estatais, fazendo dos Estados propriedades de suas nações, não de muitos de seus agentes e outros que o utilizam para obter benefícios indevidos em detrimento delas.

O Estado brasileiro não conseguiu solucionar ainda o problema do recrutamento de seus agentes. No caso dos eleitos, muitas manipulações de baixo nível ético definem candidatos que, certamente, terão êxito nas eleições. Os partidos políticos quase sempre possuem baixo nível de confiança da população, como mostram várias pesquisas, e assim os candidatos que manterão o Estado como ele é serão muitos dos que vencerão as eleições e serão recrutados como seus agentes eleitos. Estes recrutarão para o comando ou a gestão e para outros cargos estatais relevantes, direta ou indiretamente, os indivíduos que melhor atendam a eles, beneficiando de forma indevida os que, de dentro ou de fora do Estado, ajudaram-lhes a vencer as eleições.

O concurso público para recrutamento dos agentes estatais estabelecido na Constituição brasileira de 1988 muitas vezes é burlado ainda em 2020. Quando não é burlado, os critérios de recrutamento para o comando ou a gestão e outros cargos relevantes, que incluem a lealdade pessoal aos que comandam ou gerem o Estado e a outros que possuem poder e domínio sobre ele, seduzem muitos agentes estatais já concursados que pretendem ascender a eles ou se manter neles. Ao buscar o recrutamento para o comando ou a gestão e para outros cargos por esses critérios, os agentes estatais concursados se igualam aos não concursados que buscam emprego no Estado, perdendo, assim, sua independência profissional, pois ambos geralmente chegam a eles, com exceções irrelevantes, pelo compromisso em manter a situação atual e os que os recrutam e os mantêm.

Daí surge a nação aprisionada, com o Estado que deveria ser do povo para o povo, visto que criado e mantido por ele, passando a beneficiar indevidamente alguns indivíduos e grupos em detrimento da maioria da população. Desse modo, o Estado que deveria fomentar a ordem, a liberdade, a paz, a justiça, a igualdade, a segurança e o desenvolvimento econômico-social sustentável de sua nação passa a aprisioná-la na forma como é conduzido.

Assim, para grande parte da população, o voto define seu êxito ou fracasso pessoal, dependendo de como se comporta antes, durante e depois das eleições. O conformismo e o amoldamento aos muitos que dominam e controlam o Estado brasileiro em benefício pessoal indevido, de dentro ou de fora dele, para também fazer parte dele, principalmente no comando ou na gestão, sobreviveram à evolução nacional e não arrefeceram até o início deste século XXI. Desse modo, fundamentado em uma democracia próxima da falsidade, seu comando, composto de agentes eleitos e gestores, possui o poder de recrutar e manter outros agentes eleitos e gestores, construindo por meio deles uma verdadeira fortaleza contra sua transformação em benefício de sua nação. Ao serem fortemente combatidos por não aceitarem essa condição, muitos indivíduos de alto nível ético-profissional são impedidos de também comandá-lo ou de exercer sua gestão.

Os que a aceitam são geralmente os que ascendem e se mantêm em seus cargos de comando ou gestão, com exceções tão irrelevantes que não servem para transformá-lo. Dessa forma, seu comando ou sua gestão obtém multidões de aderentes que ocupam dos mais baixos aos mais altos cargos de gestão e outros, em seus entes, nacional e subnacionais, seus poderes e suas organizações. O Estado aprisiona, assim, sua nação por meio de sua cadeia de comando ou de gestão formada por meio do recrutamento pelo critério pessoal, que não tem a ética e o profissionalismo como condição imprescindível, o que explicita claramente o motivo de sua ineficiência, seu desvio do fim coletivo e sua corrupção, de seu alto custo e baixo resultado.

Não se pode negar a influência histórica e cultural na formação das nações, mas não se pode atribuir a esta ou ao seu passado longínquo e colonial a existência de um Estado de alto nível de personalismo e patrimonialismo e de baixo nível ético-profissional, ineficiente, desviado do fim coletivo e corrupto, como muitos querem fazer no Brasil. A nação brasileira não pode acreditar que os males de seu Estado e de sua nação decorrem da cultura do colonizador português e esperar muito mais para revertê-los naturalmente. Não é isso que deve ser feito, mas uma mudança profunda na concepção do Estado atual para uma nova que liberte sua nação e a torne mais justa, igualitária, segura e desenvolvida.

Essa nova concepção é a única que pode eliminar os males que seu Estado causa em decorrência de suas características, responsável por eternizar uma situação em que pequena parte da população possui muito poder e muita riqueza, muitas vezes obtidos indevidamente, enquanto grande parte dela vive com dificuldades em obter itens essenciais até para sobreviver, como habitação, água e alimentação. Muitos dos que se fartam na nação injusta e desigual são os mesmos que se beneficiam indevidamente de seu Estado, nele ou por meio dele, de dentro ou de fora dele.

Um novo Estado precisa surgir na nação brasileira, o Estado de alto nível ético-profissional, que elimine a adesão, o conformismo e o amoldamento aos que possuem status, poder e riqueza, muitas vezes obtidos indevidamente, como condição para ascender aos seus cargos de comando ou gestão e a outros também relevantes, e se manter neles. Nesse novo Estado, seu comando ou sua gestão será entregue somente a indivíduos de alto nível ético-profissional, recrutados por critério impessoal, comum a todos, com poder de decisão e ação para planejar, organizar, dirigir e controlar em benefício exclusivo da coletividade, não dos que possuem poder de recrutá-los e mantê-los nos cargos.

Somente assim seus agentes eleitos, gestores e não eleitos nem gestores buscarão resultados em benefício de sua nação compatíveis com o custo que lhe impõem. Isso é completamente diferente do que sempre existiu no Estado brasileiro, em que muitos dos agentes eleitos e gestores que o comandam ou gerem, em todas as suas partes e em todos os seus níveis hierárquicos, quase não atuam em benefício da coletividade, mas de seus fins pessoais indevidos e dos que os recrutam e os mantêm, vindos originalmente de uma democracia muito próxima da falsidade. No Estado de alto nível ético-profissional, não existe espaço para indivíduos que agem dessa forma, com todos tendo que atuar com alto nível ético-profissional; caso contrário, serão excluídos dele, pois a nobre missão de servir à sua nação por meio do Estado não lhes é compatível.

Não adianta a uma nação possuir uma Constituição, fartos enunciados normativos e fartos discursos dos que comandam ou gerem seu Estado se tudo for vazio, letras e palavras mortas que não a libertam do aprisionamento imposto por ele. O que a liberta, protege e desenvolve é o espírito coletivo de seus agentes estatais, principalmente eleitos e gestores que comandam ou gerem seu Estado, e suas decisões e ações despidas de interesses contrários ou alheios aos dela. Que não o utiliza para suprir apenas seus fins pessoais indevidos e de outros, mas decide e age com claro fundamento na ética e no profissionalismo, elaborando normas para todos e cobrando seu cumprimento de todos, focados no fim coletivo.

Toda nação possui pessoas influentes na condição de líder, que participam de seu Estado ou não. Deve-se aceitar e até aplaudir essa condição, com suas ideias sendo acatadas e utilizadas dentro e fora do Estado desde que sejam exemplos de alto nível ético-profissional para ela e sejam tratados como os demais em direitos e obrigações. O Estado só não pode permitir que indivíduos de baixo nível ético-profissional ascendam à condição de líder, dentro ou fora dele, ou que alguns sejam tratados de forma diferente em direitos e obrigações aos demais, pois tendem a influenciar de forma negativa a população e, certamente, contribuir com essa característica no Estado e em sua nação.

Esse é um grande mal que de modo claro estimula historicamente o problema ético-profissional brasileiro, em que muitos ascendem econômica e socialmente de forma claramente imprópria, às vezes até justificados pela norma indevida concebida por eles mesmos. São indevidamente beneficiados por ações e omissões do Estado sob a responsabilidade de seu comando ou sua gestão, exercido muitas vezes por eles mesmos, isentos de obediência às normas comuns aos demais indivíduos ou não cobrados por elas, pois isso também cabe muitas vezes a eles. Muitos destes estão visivelmente em todas as partes do Estado brasileiro. Muitos outros indivíduos, sequer estando nele, agem por ele e se beneficiam de modo inapropriado dele até mais do que seus próprios agentes, adquirindo também ascensão econômica e social claramente indevida.

Organizações estatais brasileiras como tribunais de contas, agências reguladoras de serviços públicos, entidades de fiscalização ambiental, arrecadação tributária, regulação de mercados e até o Poder Judiciário muitas vezes deixam de estabelecer débitos e multas devidos, estabelecem-nos aquém do valor ou, ainda, estabelecem-nos corretamente, mas jamais serão pagos pelos que comandam ou gerem o Estado ou que possuem relações indevidas com eles. Também, sonegação fiscal e venda indevida ao Estado não devidamente combatidas e até consentidas por ele, como fartamente divulgados pela mídia, são todos exemplos de práticas comuns de ação ou omissão do Estado em benefício pessoal indevido de indivíduos que o comandam ou gerem e de outros que se relacionam indevidamente com eles, de dentro ou de fora dele.

Muitos que desobedecem às normas, mas contribuem com o Estado como ele é, dificilmente são corrigidos ou punidos, pois muitos destes são também os responsáveis por promover a correção ou punição, que, logicamente, não farão deles próprios. Muitos outros de fora do Estado também usufruem dessa condição quando possuem relações indevidas com agentes estatais que a permitem, principalmente com comandantes ou gestores e detentores de outros cargos relevantes.

Os que pagam tributos de acordo com as normas são muitas vezes também prejudicados, porque o Estado brasileiro cobra deles a parte dos muitos que não os pagam. Além disso, os que não pagam seus tributos no tempo devido renegociam frequentemente seus débitos e são beneficiados em relação aos que os pagam no tempo certo. Muitos que atuam no ambiente concorrencial praticam também a sonegação fiscal com a certeza de que não serão chamados a pagar seus tributos nem serão punidos a depender de suas relações indevidas com o Estado. Essas situações afetam significativamente os indivíduos de alto nível ético-profissional, pois os tributos representam alto custo para eles e para seus empreendimentos.

Muitas práticas irregulares não são devidamente combatidas pelo Estado brasileiro ou são consentidas por ele, por ação ou omissão, como invasões de terras públicas e outras práticas que dão retorno garantido e enriquecem indevidamente indivíduos de baixo nível ético, muitos deles até agentes estatais. Exemplifica-as a frequente invasão de terras públicas, até de proteção ambiental, e os parcelamentos irregulares de terra na Capital Federal, proporcionando enorme vantagem econômica para muitos beneficiários deles. Essa prática decorre da ação ou omissão de comandantes ou gestores estatais e impede a justiça e a igualdade em se obter patrimônio pessoal. Serve ainda de mau exemplo à nação ao beneficiar indevidamente indivíduos de baixo nível ético em detrimento dos que agem com alto nível nesse quesito.

Não são poucas as ações e omissões do Estado brasileiro que beneficiam indevidamente uns em detrimento de outros. No mercado concorrencial, em que o tributo possui peso fundamental no custo dos produtos e serviços, os que o sonegam ou deixam de pagá-lo no tempo certo obtêm enorme vantagem em relação aos que o pagam na forma e no tempo devidos. Com perdões e renegociações constantes, o Estado beneficia os que venceram seus concorrentes que cumpriram suas obrigações fiscais. Ainda, subvenções fiscais injustas ou sem justificativa também são bastante comuns.

Desse modo, problemas fiscais de vários tipos, vendas indevidas ao Estado e infinitas outras irregularidades que beneficiam indevidamente indivíduos de baixo nível ético, com o Estado agindo ou se omitindo em relação a eles, fornecem uma amostra cruel do Estado brasileiro, em que muitos obtêm ascensão econômica e social de modo indevido. A população sente, assim, o quanto ele a aprisiona e dificulta a vida dos que se baseiam na ética e no profissionalismo em busca de uma evolução justa e igualitária em qualidade de vida e patrimônio. Muitos aderem ao Estado contrário ou alheio à sua nação por carecerem de fundamentos éticos voltados para a coletividade, como os do bem comum e do amor ao próximo tão bem ensinados pelo cristianismo, por outras religiões e até não religiões, geradores da paz, da justiça e da igualdade, não do benefício indevido de uns em detrimento de outros.

Muitos que o comandam ou gerem possuem imensa facilidade, mesmo em desacordo com a Constituição e as normas, de impedir que boas normas sejam concebidas, de criar normas falhas ou excessivas, de obrigar a elas apenas alguns e de gerir o Estado em benefício pessoal indevido, próprio ou de terceiros. As recorrentes notícias na mídia de ineficiência, desvio do fim coletivo e corrupção no Estado brasileiro mostram que tudo isso ocorre com frequência, sendo noticiada apenas uma ínfima parte do que acontece em seu dia a dia. É um Estado que age muito baseado em normas concebidas para beneficiar apenas alguns em detrimento de muitos ou que deixa de concebê-las para poder permiti-lo. Certamente pouco há de mais destrutivo para uma nação do que um Estado em que a maioria de seus agentes, principalmente eleitos e gestores que o comandam ou gerem, agem dessa forma.

Não se trata apenas de não se cumprir as normas, mas de elas próprias serem instrumentos de apropriação indevida do Estado pelos seus agentes que o comandam ou gerem e pelos que contribuem com eles, de dentro ou de fora dele. Nesse caso, indivíduos de alto nível ético--profissional, agentes estatais ou não, geralmente enfrentam grandes dificuldades enquanto outros ascendem profissional, política, econômica e socialmente no Estado ou por meio dele.

O diagnóstico aqui realizado do Estado brasileiro e de sua nação vale para o Estado como um todo e para cada uma de suas partes e, certamente, não se aplica somente ao Brasil, mas a muitos outros Estados e muitas outras nações, principalmente naquelas em que imperam a violência, a injustiça e a desigualdade, o baixo nível de segurança e de desenvolvimento econômico-social. Seus Estados aprisionam suas nações de tal forma que é difícil identificar quem de seus agentes ou quem dos que pretendem sê-los representa o bem ou o mal. Isso gera uma multidão de agentes estatais a comandar ou gerir o Estado para si mesmos e para os que possuem poder e domínio sobre eles, impedindo assim que sua nação se liberte do domínio e controle que eles lhe impõem.

Estes geralmente impedem que indivíduos de alto nível ético-profissional comandem ou exerçam a gestão do Estado, pois ameaçam seus benefícios pessoais indevidos. O status, o poder e a riqueza indevidos que obtêm lhes dão a condição necessária para combater os que não abandonam seus princípios ético-profissionais. Por isso, estes dificilmente conseguem ser eleitos e recrutados como agentes eleitos, pois não utilizam os ardis muitas vezes necessários para vencer eleições em uma democracia próxima da falsidade. Dificilmente são recrutados também como comandantes ou gestores estatais, pois têm que aderir aos agentes eleitos por meio dela. Resta-lhes atuar apenas como agente não eleito nem gestor recrutado por meio de critério impessoal, ético-profissional, como o concurso público, mas, desse modo, não conseguem modificar o Estado, pois não lhes é permitido comandá-lo ou exercer a gestão nele, muitas vezes sequer sendo ouvidos nas decisões e ações estatais relevantes.

Nesse contexto, também indivíduos e organizações não estatais enfrentam grandes dificuldades para sobreviver e obter sucesso se não aderirem ao Estado indevidamente apropriado. Muitos que o comandam ou gerem contam com a carência de educação geral e ética da maioria da população e com sua forte dependência em relação a eles e ao Estado para se apropriar indevidamente dele. Tudo planejado para dominar e controlar sua nação sem serem ameaçados, fechando, assim, o ciclo utilizado para aprisioná-la. O nível de educação que a população possui depende sempre da atuação de seu Estado, que deve fornecê-la ou permitir que outros a forneçam, o que só ocorre de modo sustentável por meio do Estado de alto nível ético-profissional, que a tem como objetivo principal. Assim, o baixo nível de educação da população de uma nação por si só já constitui forte evidência do baixo nível ético-profissional de seu Estado.

Sem a imensa maioria da população de alto nível de educação geral e ética, os problemas nacionais só tendem a aumentar. Não se trata apenas da educação geral formal fornecida por instituições de ensino, mas também da educação ética e da informal, que permitem a convivência social pacífica, justa e igualitária entre as pessoas e entre estas e o Estado, contribuindo uns com os outros na busca do fim coletivo ou do bem comum por meio do conhecimento obtido na escola e fora dela. É necessário que os Estados forneçam condições para que a população obtenha conhecimento, dentro ou fora dos cursos regulares de ensino, sendo sua obrigação fornecer ou permitir que outros forneçam educação para a imensa maioria dela a fim de que participe deles, acompanhe e cobre seus resultados.

Nações que não alcançam essa condição geralmente estão condenadas a se eternizar na violência, na injustiça e na desigualdade, no baixo nível de segurança e desenvolvimento econômico-social até que ela seja alcançada. É o que ocorre na nação brasileira, em que seu Estado claramente nunca conduziu nem conduz a educação da população de forma planejada, eficiente e eficaz. A educação nacional sempre foi um grande problema, como o comprovam as estatísticas e a realidade observada. Muitas escolas estatais são exemplos de má gestão, descuidadas, sem equipamentos e quase sempre com professores mal remunerados e sem segurança, desestimulando estes e os alunos, mal formando e dificilmente dando perspectivas para um futuro melhor.

O Estado brasileiro busca nelas muitas vezes mais a melhoria das estatísticas do ensino formal do que o aprendizado, este insuficiente ou de pouco aproveitamento na vida pessoal e profissional dos alunos. Muitos destes formam uma multidão sem perspectivas, que buscarão muitas vezes favores do Estado por meio de seus cargos comissionados, da burla ao concurso público estabelecido na Constituição Federal e, ainda, de empregos em organizações públicas não estatais e privadas com relações muitas vezes indevidas com o Estado, tudo isso até em pagamento de contribuições recebidas no processo eleitoral por candidatos a agentes eleitos. Ao buscar esses favores, ficam muitas vezes à disposição de interesses pessoais indevidos de muitos indivíduos que estão no comando ou na gestão do Estado apenas para se apropriar indevidamente dele.

Outros alunos mal formados se juntam aos que não foram à escola, com muitos sendo contratados pelo crime organizado e acabando vítimas precoces dele. Pouco se pode esperar de uma nação cujo Estado não educa pelo exemplo e que não fornece nem fomenta a educação, mantendo o baixo nível educacional da população, talvez para não ameaçar os benefícios pessoais indevidos de muitos que se apropriam indevidamente dele. Se exemplo de ética e profissionalismo fosse a maioria dos agentes eleitos e gestores que comandam ou gerem o Estado brasileiro, em todas as suas partes e em todos os seus níveis hierárquicos, os milhões de agentes estatais que atuam nele certamente atuariam também com alto nível ético-profissional e disseminariam a ética e o profissionalismo para toda a população, elevando assim o nível ético-profissional dele e da nação.

Ocorre que muitos de seus agentes eleitos e gestores que o comandam ou gerem, na verdade, causam muitas vezes repulsa nos que de dentro ou de fora do Estado não abandonam seus princípios ético-profissionais. Ao mesmo tempo, causam atração nos que aceitam contribuir com eles, por ação ou omissão, para ascender também ao comando ou à gestão estatal ou se manter nele, dando continuidade assim à apropriação indevida do Estado em prejuízo de sua nação.

Esse contexto do Estado é transportado para a sociedade, sendo mais fácil se dar bem econômica e socialmente se contribuir ou não se opuser ao seu comando ou à sua gestão, mesmo que contrário ou alheio a ela, como seus agentes ou não. Se, por ação ou omissão, o comando ou a gestão do Estado contribui com o baixo nível educacional da população e não valoriza os indivíduos que agem com alto nível ético-profissional, nele ou fora dele, desmotiva a busca pela educação e, ainda, a atuação de alto nível ético-profissional dos demais agentes estatais e dos indivíduos que atuam fora dele. No Estado brasileiro, muitos que o comandaram e o comandam, em todas as suas partes e em todos os níveis hierárquicos, claramente não foram nem são exemplos de alto nível ético-profissional, obtendo adesão apenas dos que possuem suas mesmas características, agentes estatais ou não.

Desse modo, ao deixar de agir com alto nível ético-profissional e não valorizar os que agem dessa forma, muitos comandantes ou gestores estatais não fomentam a ética e o profissionalismo no Estado nem fora dele. Seus maus exemplos tendem a ser seguidos pelos indivíduos e pelas organizações públicas não estatais e privadas, causando assim enormes dificuldades na construção e manutenção da vida em coletividade. Ainda, o baixo nível de educação geral e ética da maioria da população dificulta práticas ético-profissionais, com o ambiente social de aprendizado, onde o indivíduo atua, sendo muito influenciado pelo Estado que não as valoriza e que deseduca em termos de coletividade. A carência educacional da população e a influência maléfica que seu Estado possui sobre ela fazem, assim, com que o letramento decorrente do meio em que se vive, da experiência de vida e do hábito da leitura deixe de ser incentivado. Nesse ambiente, comandantes ou gestores estatais que se beneficiam indevidamente do Estado montam estratégias bem-sucedidas de preservação de sua situação atual.

Desse contexto vêm os agentes eleitos dos poderes legislativos brasileiros, que elaboram normas e controlam os atos dos agentes eleitos dos poderes executivos, de mesma origem. Vindos de um ambiente de carência de educação geral e ética da maioria da população, de forte dependência desta em relação ao Estado e aos seus agentes e de má influência estatal, os agentes eleitos dos poderes legislativos e executivos recrutam os de maior relevância dos poderes judiciários, dos tribunais de contas, dos ministérios públicos e de outras organizações estatais, bem como, direta ou indiretamente, outros agentes do Estado, gestores ou não. Muitos desse conjunto de agentes estatais claramente não atuam em benefício de sua nação, mas do status, do poder e da riqueza indevidos que obtêm para si e para os que possuem poder e domínio sobre eles, de dentro ou de fora do Estado.

É nesse quadro que funcionam as democracias próximas da falsidade, como ocorre no Brasil e, certamente, em muitas outras nações, em que a soberania do povo e a liberdade de votar conscientemente são mais letras mortas do que realidade. Nelas, a maioria da população não possui educação geral e ética, formal ou informal, suficiente para participar do Estado, acompanhar e cobrar seus resultados, sendo altamente dependente dele e de seus agentes. Não possui, assim, conhecimento, nem informação, nem liberdade total para votar, não se permitindo a muitos concorrer aos cargos eletivos em igualdade de condições. São nações aprisionadas por armadilhas como essas que mais carecem de ordem, liberdade, paz, justiça e igualdade, de segurança e desenvolvimento econômico-social sustentável, mesmo que possuam imensa riqueza.

A PERCEPÇÃO DO ESTADO BRASILEIRO PELA POPULAÇÃO BRASILEIRA

Há muitas evidências a indicar que muitos agentes eleitos e gestores que comandam ou gerem o Estado brasileiro se beneficiam de práticas que deveriam combater e que muitas vezes as normas servem mais a eles mesmos, ou são desrespeitadas por eles, em benefício pessoal indevido, sem que sejam devidamente combatidos, punidos e excluídos do Estado. Isso tudo contribui para evidenciar que ele não é planejado, organizado, dirigido e controlado com foco no fim coletivo, o que impede seus resultados em benefício de sua nação compatíveis com seu custo e potencial.

Evidencia-se também que as normas elaboradas por muitos deles sempre foram insuficientes, falhas ou excessivas, não exigidas igualmente de todos. Muitos desses agentes não atuam de modo impessoal ao elaborá-las, mantê-las e exigir seu cumprimento, criando, assim, benefícios indevidos para si e para outros, muitas vezes de fora do Estado. Não buscam elaborar e atualizar normas nem comandar ou gerir o Estado em benefício exclusivo da coletividade, com tudo isso elevando seu custo e o tributo a ser pago pela população.

É diante do alto custo que o Estado brasileiro impõe à sua nação e de seus graves problemas normativos e de funcionamento que afloram sua ineficiência, seu desvio do fim coletivo e sua corrupção. A população convive com sua falta de transparência, com benefícios indevidos a muitos agentes eleitos e gestores que o comandam ou gerem e aos que contribuem com eles, agentes estatais ou não, com alta violência, carências de itens essenciais, como segurança pública, saúde e educação, injustiças, desigualdades e uma infinidade de problemas e dificuldades que poderiam ser minimizados ou eliminados por ele. Mesmo assim, cobra cada vez mais tributos da população sem lhe oferecer o devido retorno.

Débitos e multas que deveriam ser aplicados e não são, outros aplicados que nunca serão cobrados, normas perdoando quem não as cumpriu, irregularidades praticadas sem coibição, inclusive por agentes estatais, feiras livres de produtos roubados, contrabandeados ou sem procedência comprovada, fartos crimes ambientais, milhares de homicídios, muitos nunca esclarecidos nem devidamente punidos, clara apropriação indevida do Estado por agentes eleitos e gestores que o comandam ou gerem, e por outros com eles, alta impunidade e uma infinidade de outras situações são apenas alguns exemplos que reduzem a confiança no Estado brasileiro. Tudo isso gera desvantagem aos que procuram cumprir suas normas e benefício indevido aos que não as cumprem sem serem incomodados.

Sua tolerância com uns e não com outros, agindo apenas no que é interesse pessoal indevido de muitos de seus agentes eleitos e gestores que o comandam ou gerem, possibilita sua atuação, às vezes silenciosa, em detrimento de sua nação. Isso sempre gerou ou, no mínimo, contribuiu imensamente com a injustiça e a desigualdade crônicas existentes em sua nação, não havendo previsão para acabar. Os exemplos que comprovam seu alto nível de personalismo e patrimonialismo e seu baixo nível ético-profissional são fartos e responsáveis pela sua carência de confiança junto à população.

Agindo quase sem transparência, muitos comandantes ou gestores do Estado brasileiro se voltam para si mesmos e para os que buscam também o fim pessoal indevido, de dentro ou de fora dele, vendo os problemas nacionais aflorarem sem a devida atuação estatal. Muitos responsáveis pela elaboração e atualização das normas nacionais são eleitos e recrutados por meio de eleições vencidas por possuírem status, poder e riqueza obtidos claramente de modo indevido. Desconhecem ou desprezam assim a realidade nacional e, por isso, elaboram normas de pouca utilidade ou que servem apenas para beneficiar a si mesmos e a outros que contribuem com eles.

Isso leva a uma infinidade de normas dispostas no ordenamento jurídico nacional de tamanha inutilidade e complexidade que beneficia muito mais agentes estatais e advogados e seus clientes do que a população. Isso explica a imensa quantidade de advogados e a supervalorização da profissão no Brasil, sendo que em muitos casos parece contar menos para o sucesso o conhecimento das normas do que o conhecimento que possuem com alguns agentes estatais. Chama atenção a quantidade de advogados ex-agentes estatais e parentes de agentes estatais defendendo causas contrárias ao Estado e à sua nação.

Profissionais da Educação, Administração, Engenharia, Medicina e outros geralmente possuem ganhos inferiores a muitos advogados, com alguns abandonando essas profissões para seguir a carreira jurídica, pois esta representa muitas vezes o topo da remuneração nacional, no Estado e fora dele. Daí o Brasil ser um dos maiores formadores de advogados do mundo, o que certamente não representa ser nação mais segura nem desenvolvida, nem mais acometida pela justiça e igualdade, mas um Estado doente e que adoece sua nação ao não atuar como deveria em busca do fim coletivo, ao claramente não prevalecer nele uma atuação de alto nível ético-profissional.

No Estado dominado pelo mau funcionamento e baixo resultado, muitos comandantes ou gestores estatais recrutados e mantidos por indivíduos que se apropriam indevidamente dele, muitas vezes de fora do Estado, em todos seus entes, seus poderes e suas organizações, não buscam atender ao objetivo de sua criação e existência. Satisfazem-se com seus objetivos pessoais indevidos, não importando o resultado que fornecem à sua nação. De outro lado, o povo desprotegido no cotidiano, carente de segurança, saúde, educação e outros itens essenciais, injustiçado, sob forte desigualdade e deterioração socioeconômica e ambiental, sem a devida atenção de seu Estado, como se existisse apenas para pagar os altos tributos impostos pelo seu comando ou sua gestão.

Uma nação somente será segura e desenvolvida se seu Estado cumprir sua função de fornecer, fomentar ou, pelo menos, não dificultar nem impedir sua segurança e seu desenvolvimento econômico-social. Isso é possível quando ele é eficiente e eficaz, o que somente ocorre quando possui alto nível ético-profissional. Assim ele tornará seu resultado compatível com seu custo e potencial e a população poderá utilizar mais recurso próprio para se desenvolver e desenvolver sua nação. Para chegar a esse ponto, a população deve tomar medidas ético-profissionais para contribuir com o recrutamento de seus agentes eleitos.

No Brasil, várias pesquisas mostram a baixa credibilidade do Estado, em todas as suas partes. Como o Estado não existe sem seus agentes, sua credibilidade é proporcional à deles, principalmente eleitos e gestores que o comandam ou gerem, em todos os níveis hierárquicos. Essa baixa credibilidade do Estado brasileiro vem de muitos fatores, mas é reforçada pela sua ineficiência, pelo seu desvio do fim coletivo e pela sua corrupção frequentemente mostrados na mídia, pelo seu alto custo e baixo resultado, pela realidade econômico-social nacional mostrada pelas estatísticas e observada no dia a dia dos que se relacionam com ele ou necessitam dele e ainda pelo enriquecimento não justificado de muitos que o comandam ou gerem ou que se relacionam com eles.

Para modificar essa situação, é necessário elevar o nível ético-profissional dos agentes estatais, principalmente eleitos e gestores que comandam o Estado, permitindo assim que elaborem boas normas e as exijam igualmente de todos, promovam a justiça e a igualdade, tratando de modo desigual apenas os desiguais normativamente definidos como tais, e exerçam o comando ou a gestão com planejamento, organização, direção e controle com foco no fim coletivo. Os Estados não devem permitir que indivíduos, de dentro ou de fora deles, obtenham benefícios pessoais indevidos neles ou por meio deles, e também que os que buscam esses benefícios persigam outros que de dentro ou de fora deles os combatem ou não contribuem com eles.

É necessário tempo para mudar um ente social, como uma organização, uma comunidade ou uma nação. No caso das organizações, empregados de alto nível ético-profissional devem buscar contribuir com elas para o alcance de seu melhor retorno de modo sustentável, com este somente ocorrendo por meio de comandantes ou gestores com essa característica. As teorias administrativas mostram caminhos que passam pela cultura interna no sentido de melhorar continuamente o resultado organizacional, o que se aplica a todos os Estados, devendo partir deles a busca por essa cultura, o que deve ser feito por meio de ações sistemáticas.

Muitos comandantes ou gestores do Estado brasileiro claramente nunca investiram em ações nesse sentido, prejudicando assim seus resultados em benefício de sua nação. Prejudicam ainda os que vão de encontro a eles ao buscar construir uma cultura com foco em resultados, muitas vezes combatendo estes, subutilizando ou descartando sua produção. O Estado deve atuar junto com sua nação, devendo, por meio de estratégias continuadas de elevação de seu nível ético-profissional e de seu exemplo, moldá-la para que também ela eleve o seu. É principalmente o Estado que deve atuar com essa característica, moldando assim sua nação, não o contrário, como afirmam muitos agentes eleitos e gestores que comandam ou gerem o Estado brasileiro em busca de se apropriar indevidamente dele.

Não é correto colocar a culpa na população brasileira pelo mau funcionamento e mau resultado de seu Estado, como muitos que o comandam ou gerem buscam fazer. É certo que fornece, direta ou indiretamente, seus agentes eleitos e gestores que o comandam ou gerem, mas é certo também que estes não fornecem ou impedem, direta ou indiretamente, tácita ou explicitamente, sua educação geral e ética e sua independência em relação a eles e ao Estado, o que o faz continuar como ele é. A população certamente não votaria na imensa maioria de seus comandantes ou gestores se assim não fosse ou se tivesse opção de candidatos a agentes eleitos de alto nível ético-profissional com possibilidade de vitória. Disso se pode concluir que cabe ao Estado uma atuação de alto nível ético-profissional que a irradie para toda a sua nação e contribua para que ela assim também atue.

A população brasileira sempre possuiu elementos ou evidências suficientes para classificar seu Estado como sendo de alto nível de personalismo e patrimonialismo e de baixo nível ético-profissional – como apresentado na parte IV deste livro –, ineficiente, desviado do fim coletivo e corrupto, de alto custo e baixo resultado. Ela possui poder de reagir a ele, porém, até que o faça e o modifique, tem que enfrentar todos os artifícios e todas as estratégias de muitos de seus comandantes ou gestores para mantê-lo como ele é, o que a impediu de construir até o momento o Estado de alto nível ético-profissional, diferentemente do que já ocorreu em algumas nações.

Se o Estado brasileiro tomar o caminho de um comando ou uma gestão de alto nível ético-profissional, em benefício exclusivo da coletividade, certamente trará a ordem, a liberdade, a paz, a justiça e a igualdade, consequentemente a segurança e o desenvolvimento econômico-social de modo sustentável para sua nação. Porém, só o conseguirá se abandonar suas práticas que sempre o caracterizaram ao longo de sua História e que insistem em não ceder. Modificar essa situação e permitir que ela se sustente não cabe unicamente à população, que sozinha jamais conseguirá, mas ao Estado, sendo muito importante o primeiro passo dado por ela, como se verá na parte IV deste livro.

Atribuir os males da nação brasileira aos portugueses que aqui estiveram do século XVI ao início do século XIX, às pessoas que trouxeram para ocupar suas terras, à religião e a outros fenômenos históricos, culturais, sociais, econômicos ou outros é lugar-comum e fácil de fazer pelos que comandaram e comandam seu Estado nos dias atuais, porém retira indevidamente destes suas responsabilidades pelos imensos males nacionais. É inegável que desde sua independência, em 1822, o alto nível de personalismo e patrimonialismo, o baixo nível ético-profissional, a ineficiência, o desvio do fim coletivo e a corrupção de muitos de seus comandantes ou gestores nunca deram trégua ao Estado brasileiro, em muito prejudicando sua nação.

O critério prevalecente de recrutamento e permanência dos agentes eleitos e gestores que o comandam ou gerem sempre foi a aderência e a contribuição com o Estado como ele é. Muitos desses se incrustam nele, em todas as suas partes e em todos os níveis hierárquicos, para agir ou se omitir em benefício pessoal indevido, próprio e dos que possuem poder e domínio sobre eles, de dentro ou de fora do Estado, procurando colocar a culpa dos males nacionais na história e na cultura da nação. Agem, assim, de modo contrário ou alheio a ela, sem planejar, organizar, dirigir e controlar o Estado em benefício dela, como deveriam fazer.

Enquanto isso a nação brasileira segue seu caminho sufocada pelas notícias recorrentes que explicam o motivo do alto custo e do baixo resultado de seu Estado. Ao mesmo tempo, muitos que o comandam ou gerem buscam se manter e manter em seus quadros eletivos e de gestão indivíduos subservientes a eles e à sua situação atual, assistindo passivamente aos movimentos pontuais e quase sempre inócuos da população exigindo reformas que não sabe onde nem como fazer. São tantos esses movimentos ao longo da História nacional quanto as manobras para anulá-los e manter o Estado como ele sempre foi, intocável e servindo a muitos que dele sempre se apropriaram indevidamente e à sua descendência.

Contribui ainda para mantê-lo como ele sempre foi o fato de que muitos que participam de movimentos contra o Estado buscam na verdade pressionar seu comando ou sua gestão para aumentar seus benefícios pessoais indevidos, fazer parte dele ou substituir os que o comandam ou gerem e utilizá-lo também em benefício pessoal indevido. São muitas vezes indivíduos, agentes estatais ou não, que também se beneficiam indevidamente do Estado atual ou contribuem com ele, praticando atos indevidos como suborno a agentes de fiscalização, obtenção de produtos roubados, falsificados ou contrabandeados, sonegação fiscal, obtenção de benefícios indevidos no Estado ou por meio dele e invasão de terras públicas.

Costumam emergir desses movimentos novas lideranças que se transformam em agentes estatais, quase sempre comandantes ou gestores, tão ou mais maléficos para sua nação quanto os que substituem. Percebem que o Estado brasileiro pouco pertence à sua nação e se infiltram em movimentos em busca de visibilidade e reconhecimento para tornarem-se também seus agentes eleitos e gestores e eternizarem-se nele mantendo-o como ele é.

Desse modo, existem quase sempre "novos" agentes eleitos e gestores a comandar ou gerir o Estado brasileiro que se originaram desses movimentos e até que foram recrutados inicialmente por meio de concurso público, por critério impessoal, ético-profissional, mas que possuem o mesmo comportamento dos que buscam substituir. Utilizam os mesmos instrumentos, como os cargos e as funções comissionados e de confiança, de gestão ou não, para dominar e controlar o Estado em benefício pessoal indevido, próprio e dos que lhes recrutam e lhes mantêm, montando uma cadeia em todas as suas partes e em todos os níveis hierárquicos, para, por ação ou omissão, manter o Estado como ele sempre foi. Agem de modo tão ou mais maléfico à sua nação quanto os que buscam substituir, dando a muitos destes até proteção e sustentação em busca de também se proteger e se manter.

Muitos que se dizem contrários ao Estado brasileiro como ele sempre foi estão ávidos para se beneficiar também indevidamente dele. É necessário que os que protestam contra seus comandantes ou gestores não utilizem suas mesmas práticas no dia a dia, dentro ou fora dele, não contribuam com eles nem silenciem diante de suas ações ou omissões contrárias ou alheias ao fim coletivo. É necessário também que suas práticas sejam de alto nível ético-profissional, sem jamais se beneficiar de modo pessoal indevido ou beneficiar a outros a partir de sua atuação no Estado ou por meio dele, como agente estatal ou não. Somente os que agem dessa forma poderão modificá-lo, eliminando dele os que o tomaram para si em detrimento de sua nação.

Não se pode transformar um Estado quando os que formam movimentos contra seu comando ou sua gestão também se desvirtuam do fim coletivo, atuando em busca apenas de seus fins pessoais indevidos, nele ou por meio dele, com práticas similares às dos que pretendem retirar do comando ou da gestão ou até substituir. Por motivos como esse, a forte atuação contrária ou alheia ao fim coletivo do Estado brasileiro vai do Império à República, podendo mudar apenas suas formas de governo, seus comandantes ou gestores, mas permanecendo de mesmo conteúdo, sem instrumento eficaz que verdadeiramente o transforme em Estado de alto nível ético-profissional. A busca pelo fim pessoal indevido nele é tão forte e estrategicamente tão bem montada que até movimentos sociais que surgem propondo modificá-lo são muitas vezes manipulados no sentido de mantê-lo como ele é.

Os Estados devem atuar como exemplo de alto nível ético-profissional, expandindo essa característica para toda a população. O Brasil possuía em 2017, em seus entes, União, estados, Distrito Federal e municípios, em seus poderes e suas organizações, sem contar empresas estatais, 11,4 milhões de agentes estatais, o que correspondia a 5,49% da população nacional[5], de 207,7 milhões de habitantes[6]. Neles devem ser depositadas as esperanças de que atuem com alto nível ético-profissional, suficiente para promover, direta ou indiretamente, o benefício à sua nação. Basta apenas que atuem nesse sentido, diferentemente da forma como muitos deles atuam, claramente contrários ou alheios a ela.

Cabe ao Estado garantir a atuação de alto nível ético-profissional de seus agentes por meio de critérios impessoais, ético-profissionais, de recrutamento e permanência nele, que os levem a atuar em benefício exclusivo de sua nação. A atuação ética do agente estatal deve fazê-lo pensar sempre no outro no contexto coletivo, orientando-se no sentido não só de fazer o bem individualmente, mas principalmente de fazê-lo por meio do Estado em benefício da coletividade. Não se trata da ética definida apenas nas normas estatais, muitas vezes concebidas por indivíduos de baixo nível ético, contrários ou alheios ao fim coletivo, que ficam como letra morta e não levam ao resultado em benefício de sua nação.

É a ética com foco no bem comum ou no fim coletivo, sem a busca do fim pessoal indevido, que deve prevalecer em todo agente estatal, não

---

5. Lopez, Félix; Guedes, Erivelton. *Três Décadas de Evolução do Funcionalismo Público no Brasil (1986-2017)*: Atlas do Estado Brasileiro. Disponível em: http://www.ipea.gov.br/portal/index.php?option=com_content&view=article&id=35222&Itemid=6. Acesso em: 28 abr. 2020.

6. Disponível em: https://agenciadenoticias.ibge.gov.br/agencia-sala-de-imprensa/2013-agencia-de-noticias/releases/16131-ibge-divulga-as-estimativas-populacionais-dos-municipios-para-2017. Acesso em: 28 abr. 2020.

podendo agir de modo contrário ou alheio a ela, mesmo que a norma o permita. É ela que leva ao profissionalismo no Estado, cujas teorias administrativas existentes dão suporte em termos de gestão, devendo ser seguidas por ele de acordo com o contexto em que ele atua. As organizações bem-sucedidas as utilizam, conscientemente ou não, ocorrendo obstáculos a elas apenas quando os objetivos de seus comandantes ou gestores são diferentes dos objetivos da organização. Por meio do planejamento, da organização, da direção e do controle obtém-se a base da gestão organizacional, o que é perfeitamente aplicável a todos os Estados.

Quem conhece bem o Estado brasileiro sabe que ele pouco caminhou em termos ético-profissionais, pois os objetivos de muitos de seus comandantes ou gestores claramente nunca se voltaram de modo verdadeiro para sua nação. Estes não buscam aplicar as teorias administrativas com foco no resultado do Estado em benefício dela compatível com seu custo e potencial, buscando apenas seus fins pessoais indevidos e dos que possuem poder e domínio sobre eles, de dentro ou de fora dele. No lugar de se basear nas teorias administrativas, implícita ou explicitamente, suas decisões e ações são muitas vezes pontuais e pessoais, em atendimento a si mesmos, ao seu superior hierárquico e a outros que contribuem com eles, por ação ou omissão, em uma cadeia que vem do mais baixo ao mais alto nível hierárquico, em todas as partes do Estado. Os indicadores de seu funcionamento e seus resultados, de confiança nele e em seus agentes e econômico-sociais nacionais bem evidenciam esse fato.

É certo que sempre haverá personalismo, patrimonialismo e baixo nível ético-profissional em todos os Estados, porém o que os diferencia é sua intensidade e o modo como são combatidos. No Estado brasileiro, nunca se observou estratégias predominantes da parte dos agentes eleitos e gestores que o comandam ou gerem para evitar que ocorram, mas uma conciliação constante entre Estado, alguns indivíduos e algumas organizações não estatais, incluindo partidos políticos, para garanti-los sob a falsa afirmação de defesa da governabilidade. Isso sempre ocorreu no

Brasil e pode ser tido como uma conspiração contra o interesse coletivo nacional, implicando cobertura e proteção recíproca entre agentes estatais que agem dessa forma e os que os mantêm, de dentro ou de fora do Estado, beneficiando indevidamente poucos em detrimento de muitos.

Um Estado jamais deve ser conduzido ou gerido por agentes estatais que atuam com essas características, em nenhum de seus níveis hierárquicos, não podendo agir com elas também os que elaboram suas normas e cobram o cumprimento delas, nem os que julgam com base nelas, o que não ocorreria se todos que atuam dessa forma fossem afastados dele e penalizados como exemplos para outros agentes estatais. Se assim não for, o Estado jamais alcançará o fim coletivo de acordo com seu custo e potencial. Deve haver conciliações apenas como forma maleável de resolver problemas pontuais, impessoais e que resultem de situações econômicas, sociais e políticas derivadas de contingências não previstas pelo ordenamento normativo nacional. É um meio de unir pessoas de pensamentos diferentes na defesa e no encaminhamento de questões relevantes ao interesse coletivo, comprometidas com este e não com o benefício pessoal indevido de alguns.

Somente a partir do momento em que os Estados começarem a agir com alto nível ético-profissional e montarem estratégias sistemáticas de combate aos que não agem dessa forma, não os recrutando ou eliminando de seus quadros, arrefecendo sua força e seu poder, sua nação terá dado passo importante rumo à segurança e ao desenvolvimento econômico-social de modo sustentável. Enquanto isso não ocorrer, os Estados seguirão como entraves às suas nações, sem confiança da população, pois retiram indevidamente de muitos para entregar indevidamente a poucos, principalmente a agentes eleitos e gestores que os comandam ou gerem e aos que os recrutam e os mantêm, de dentro ou de fora deles. Isso sempre esteve bastante visível no Estado brasileiro e, certamente, ocorre nos Estados de muitas nações.

CASOS CONCRETOS DE CARACTERÍSTICAS DE ALTO NÍVEL DE PERSONALISMO E PATRIMONIALISMO E DE BAIXO NÍVEL ÉTICO-PROFISSIONAL NO ESTADO BRASILEIRO

A mídia sempre mostrou a ineficiência, o desvio do fim coletivo e a corrupção que ocorrem com frequência no Estado brasileiro, em seus entes, nacional e subnacionais, seus poderes e suas organizações. Um dos muitos casos noticiados ficou conhecido como *Mensalão* e foi investigado por várias organizações de controle, entre elas o Congresso Nacional por meio da Comissão Parlamentar Mista de Inquérito – CPMI dos Correios. Sua vinda a público se deu a partir de filmagens no ano de 2005, em que um funcionário da Empresa Brasileira de Correios e Telégrafos, agente estatal comandante ou gestor, comissionado ou de confiança, de organização estatal da União, apareceu recebendo dinheiro claramente de forma indevida.

Logo depois um agente estatal eleito do Poder Legislativo da União, confessadamente envolvido no caso, deu sua versão do fato: *O esquema envolvia empresários e a compra de apoio parlamentar em votações de interesse do Poder Executivo da União.* Segundo esse agente confesso, a compra de apoio era feita por meio de pagamento a agentes eleitos do Poder Legislativo em troca de votos no Congresso Nacional, o que envolvia também a troca de partidos políticos para ingressar na base de apoio ao governo. Os recursos eram decorrentes de corrupção estatal e envolviam o ente nacional, a União, por meio de seus poderes Executivo e Legislativo e de diversas organizações estatais, envolvendo ainda organizações públicas não estatais e privadas, como partidos políticos e empresas, agentes estatais eleitos e gestores, estes sempre comissionados e de confiança, e outros indivíduos.

Não foi o primeiro grande caso brasileiro de corrupção estatal, nem o maior, nem o último, e infinitos outros sequer foram mostrados ou investigados, mas este é um dos que mais se investigaram até então e serviu bem para mostrar como funciona o Estado brasileiro. Iniciou em 1997, oito anos antes de começarem as investigações de 2005, e já envolveu, no início, entes federativos, poderes, organizações estatais e não estatais, como partidos políticos e empresas, e agentes estatais eleitos e gestores, estes, comissionados e de confiança.

Sua ocorrência de 2003 a 2005 foi julgada pela mais alta instância judiciária nacional, o Supremo Tribunal Federal – STF, em 2012. Houve algumas penas de privação de liberdade, devolução de pequenos débitos, imposição de algumas multas, poucas demissões de gestores estatais ocupantes de cargos ou funções comissionados e de confiança e apenas três cassações de agentes eleitos do Poder Legislativo da União, com outras pequenas consequências. As quase 2.000 páginas de relatório da CPMI dos Correios e os trabalhos de outros órgãos de investigação e controle evidenciaram que não se tratava de um caso isolado e pontual, mas remontava a vários anos e se referia ao ente nacional e a entes subnacionais, aos poderes Executivo e Legislativo deles, a várias organizações estatais e não estatais, como partidos políticos e empresas, a vários agentes estatais eleitos e gestores e a vários indivíduos.

Sua parte de 1997 a 2002 foi julgada bem depois de 2012, apenas em 2018 em segunda instância, sem julgamento definitivo, em última instância, 23 anos depois, em 2020, com várias prescrições e poucas consequências para muitos envolvidos. O caso claro de corrupção deste *Mensalão*, de 1997 a 2005, sobreviveu, assim, por longo período e causou imenso dano à confiança do Estado, retirando-lhe recursos que poderiam ter sido utilizados em benefício da população. Teria trazido alívio se as investigações sobre ele tivessem levado à devida punição de todos os envolvidos, à exclusão dos quadros estatais e de suas relações econômicas com o Estado e à devolução dos recursos obtidos indevidamente, assim como contribuído com a redução do mau funcionamento do Estado brasileiro.

Porém, quase nada disso ocorreu e tudo continuou como antes, com inúmeros casos anteriores e concomitantes não devidamente investigados nem seus responsáveis punidos, bem como muitos posteriores também não evitados ou não devidamente investigados e seus responsáveis punidos, com muitos outros continuando a ocorrer e a mostrar a imensa fragilidade estrutural, normativa, de gestão e de julgamento do Estado brasileiro, como mostrado claramente em caso posterior, da *Operação Lava Jato*, iniciado em 2014. Muitos envolvidos no *Mensalão* continuaram atuando no Estado ou se relacionando indevidamente com ele, como mostram diversos casos posteriores. Tudo isso evidencia a persistente carência ético-profissional do Estado brasileiro, raiz de muitos males nacionais, como pode ser visto pelos que o observam com atenção, de dentro ou de fora dele.

O cerne do *Mensalão* pareceu inicialmente ser a carência ético-profissional do agente estatal filmado nas gravações que originaram as investigações, mas ele era apenas um dos últimos a se beneficiar indevidamente na escala dos que se apropriam indevidamente do Estado brasileiro. Era um dos agentes estatais de uma organização estatal da União, comissionado ou de confiança, gestor ou não, que operava o desvio do fim coletivo e a corrupção estatal, que recebia recursos para si e para os que o recrutaram e o mantinham. Antes dele havia agentes eleitos que receberam contribuição de indivíduos e organizações estatais ou não estatais para serem eleitos por uma democracia próxima da falsidade, que o recrutaram e o mantinham, bem como outros agentes, gestores hierarquicamente superiores a ele e, talvez, inferiores, também recrutados, direta ou indiretamente, por esse tipo de agente eleito.

Todos esses agentes faziam parte do comando ou da gestão estatal ou de suas operações, em uma cadeia de alto nível de personalismo e patrimonialismo e de baixo nível ético-profissional que sempre esteve presente no Estado brasileiro, em todas as suas partes, do mais baixo ao mais alto nível hierárquico. O agente estatal, de confiança ou comissionado, gestor ou não, filmado se apropriava indevidamente dele, que funcionava como um sistema alimentado na origem por uma população de baixo nível de educação geral e ética, fortemente dependente do Estado e de seus agentes, que faz uma democracia próxima da falsidade, que elegeu o agente eleito que o recrutou. Este agente é um dos que pede o cargo comissionado ou de confiança, de gestão ou não, ou é convidado para ele por contribuir, por ação ou omissão, com os que de dentro ou de fora do Estado se apropriam indevidamente dele e o mantêm como ele é: ineficiente, desviado do fim coletivo e corrupto. Atende aos seus fins pessoais indevidos e dos que o recrutam e o mantêm, em um sistema jamais aceito por indivíduos de alto nível ético-profissional.

Estes não admitem a condição de subserviência a situações como essas nem contribuem com elas, por ação ou omissão, por isso dificilmente são recrutados para o comando ou a gestão do Estado brasileiro, em todas as suas partes. Quase não são ouvidos em suas opiniões, sendo fortemente combatidos em suas tentativas de modificar o Estado e muitas vezes indevidamente acusados ainda pelos males que o acometem. Tentam transformá-lo, mas muitas vezes desistem, jamais aceitando ser apenas mais um a comandá-lo e a perpetuá-lo com seu alto custo e baixo resultado, sem foco na coletividade. O caso citado é apenas um exemplo do que ocorre no dia a dia do Estado brasileiro, com muitos similares a este sempre ocorrendo desde o início de sua História até os dias atuais.

Participam ou contribuem com eles, pela ação ou omissão, muitos de seus agentes eleitos e gestores que o comandam ou gerem, em todos os níveis hierárquicos, originários de uma democracia próxima da falsidade, assentada no baixo nível de educação geral e ética da maioria da população e em sua forte dependência em relação a eles e ao Estado. Muitos agentes não eleitos nem gestores recrutados por meio de critério impessoal, ético-profissional, como o concurso público, aderem também a eles para comandar ou gerir o Estado e contribuir também, por ação ou omissão, com sua apropriação indevida, no que perdem sua característica ético-profissional.

Nada se fez ainda que modifique o Estado brasileiro, nem os princípios da administração estatal, nem o concurso público, nem a estabilidade no emprego dos agentes estatais, dispostos em sua Constituição, pois os males maiores de muitos que o comandam ou gerem, que nele vicejam e teimam em se perpetuar, nunca foram verdadeiramente combatidos. Isso é o que mostra o caso do *Mensalão* e praticamente todos os outros mostrados de apropriação indevida do Estado, como na *Operação Lava Jato,* iniciada em 2014 e que continua em 2020, sem prazo para acabar. Essa é a maior operação brasileira contra a corrupção, mas também não se pode afirmar que é o maior caso desse tipo, pois muitos sequer foram ou são devidamente investigados. Nela também se observam os diversos problemas do Estado brasileiro, com agentes estatais que atuam nela, como investigadores e julgadores, buscando e conseguindo benefícios diretos e indevidos de suas próprias ações, mostrando claramente que sua condução também não é de alto nível ético-profissional.

São necessárias medidas sistemáticas, preventivas e corretivas, que busquem continuamente o recrutamento e a permanência dos agentes estatais brasileiros somente de alto nível ético-profissional, principalmente em seu comando ou sua gestão. Isso inclui normas que imponham barreiras de entrada para impedir o recrutamento de agentes estatais (eleito, gestor e não eleito nem gestor) que não possuam essa característica e, consequentemente, não se comprometam exclusivamente com o fim coletivo. Sem essas medidas, os casos aqui citados continuarão como regra, não exceção, como mostram diversos casos similares ocorridos antes, durante e depois deles, e outros bastante conhecidos da população, mas que não foram nem são devidamente investigados pelo Estado.

No caso do agente eleito, é necessário elevar o nível de educação geral e ética da imensa maioria da população, reduzindo sua dependência em relação ao Estado e aos seus agentes, utilizando critérios impessoais, ético-profissionais, para permitir sua submissão ao voto e recrutá-lo depois de eleito. Para o agente gestor, são necessários critérios impessoais, ético-profissionais, que comprovem seu conhecimento do negócio, sua experiência útil à gestão e seu conhecimento nela, este vindo das principais teorias da Administração aqui apresentadas. Com isso, é possível recrutar gestores que em conjunto com os demais agentes, eleito e não eleito nem gestor, possam definir e alcançar objetivos com foco no benefício à coletividade de acordo com o custo e o potencial do Estado. Quanto ao agente não eleito nem gestor, o concurso público estabelecido na Constituição brasileira deve ser utilizado, pois em muitos casos tem sido exemplo de recrutamento impessoal, ético-profissional.

Ele precisa, no entanto, ser sempre aperfeiçoado e tornado mais abrangente. Na prática brasileira, é restrito ao agente não gestor, quase sem poder de iniciativa em suas decisões e ações, sendo o concurso muitas vezes indevidamente manipulado em benefício pessoal indevido de comandantes ou gestores do Estado e de outros de fora dele com poder e domínio sobre eles. Ainda, muitas vezes ele não recruta os melhores agentes estatais, já que muitos recrutados aderem depois aos que comandam ou gerem o Estado em busca do fim pessoal indevido e agem ou se omitem neste sentido, em busca da ascensão a outros cargos ou outras funções, de comando ou de gestão ou não, geralmente os chamados cargos e funções comissionados e de confiança do Estado brasileiro.

Tudo isso gerou nele um fenômeno inusitado e visível em todas as suas partes, que é a possível classificação de seus agentes não eleitos pela população em relação aos cargos e às funções comissionados e de confiança, de comando ou de gestão ou não, o que gera enorme disputa por eles e retira muitas vezes o foco da atuação desses agentes na busca do fim coletivo, como segue:

1. Possuem cargos e funções comissionados e de confiança e negociaram no recrutamento condições claras de comando ou gestão ou atuação de alto nível ético-profissional em busca do fim coletivo. Conseguem comandar ou gerir ou atuar dessa forma e sua produção em benefício da coletividade é positiva ou compatível com seu custo e potencial.

2. Possuem cargos e funções comissionados e de confiança, mas não negociaram no recrutamento condições claras de comando ou gestão ou atuação de alto nível ético-profissional em busca do fim coletivo. Não

conseguem comandar ou gerir ou atuar com alto nível ético-profissional em busca do fim coletivo e sua produção em benefício da coletividade é negativa ou incompatível com seu custo e potencial.

3. Querem possuir cargos e funções comissionados e de confiança, mas somente com negociação no recrutamento de condições claras de comando ou gestão ou atuação de alto nível ético-profissional em busca do fim coletivo, não aceitando comandar ou gerir ou atuar de outra forma. Conseguem produzir em benefício da coletividade de forma positiva ou compatível com seu custo e potencial.

4. Querem possuir cargos e funções comissionados e de confiança, mesmo sem negociar no recrutamento condições claras de comando ou gestão ou atuação de alto nível ético-profissional em busca do fim coletivo, aceitando comandar ou gerir ou atuar mesmo sem ser com alto nível ético-profissional. Sua produção em benefício da coletividade é negativa ou incompatível com seu custo e potencial.

5. Não querem de forma alguma cargos e funções comissionados e de confiança, mas conseguem produzir em benefício da coletividade de forma positiva ou compatível com seu custo e potencial.

6. Não querem de forma alguma cargos e funções comissionados e de confiança e sua produção em benefício da coletividade é negativa ou incompatível com seu custo e potencial.

Como se observa, é uma classificação baseada em cargos e funções comissionados e de confiança, o que mostra quanto eles estão presentes na cultura, no dia a dia do Estado brasileiro. Na verdade, tão presentes quanto prejudiciais à medida que são entregues por critério pessoal e utilizados muitas vezes para obter fidelidade a pessoas e à situação atual. Quase sempre apenas os que os possuem participam das principais decisões e ações do Estado, sendo cobrados por elas, só que muito utilizados em benefício pessoal indevido de seus recrutadores e de outros, de dentro ou de fora do Estado, tirando a independência e desperdiçando o foco na coletividade dos que temem perdê-los ou não ascenderem a eles. Desperdiçam assim também muitos que não se submetem a essa fidelidade e buscam transformar o Estado com foco no benefício à coletividade e que são por este motivo subutilizados ou descartados.

De acordo com trabalho do Tribunal de Contas da União – TCU[7], estimou-se que 34,61%, em média, dos agentes estatais federais possuem esses cargos e essas funções, número extremamente alto e aqui arredondado para 35%. Para efeito didático, tomo esses 35% como sendo de comando ou gestão, mas a análise é idêntica mesmo sabendo que alguns não o são. Para esse efeito, vou admitir que a menor parte inteira dos 35% faz parte do primeiro tipo, com a maioria sendo do segundo, senão o nível ético-profissional e o resultado em benefício da coletividade observados no Estado brasileiro certamente seriam muito mais altos. Vou tomar, assim, 17% para o primeiro tipo e 18% para o segundo. Admito ainda que os do terceiro e quarto tipos somados são metade dos 35%, 17,5%, possuindo, pelo mesmo motivo dos tipos 1 e 2, a proporção de 8,5% e 9,0%, respectivamente. Vou admitir, por fim, que os outros dois tipos possuem a mesma proporção dos 47,5% restantes, 23,75% para cada, como na Tabela 2.3:

Tabela 2.3 – Possível classificação atual dos agentes estatais brasileiros não eleitos pela população e sua participação no Estado

Classificação	Participação (%) no Estado
Tipo 1	17,00
Tipo 2	18,00
Tipo 3	8,50
Tipo 4	9,00
Tipo 5	23,75
Tipo 6	23,75
Total	100,00

Fonte: elaboração própria.

---

7. Ver nota 86.

Essa classificação parte de um número real apresentado pelo TCU, os 35%, em média, de detentores de cargos e funções comissionados e de confiança na Administração Pública Federal. Os demais números partem deste e são para efeito didático, sendo que, pela minha percepção em muitos anos de atuação estatal, de estudo e de busca de informação sobre o Estado brasileiro, podem ser considerados muito próximos da realidade em todo ente, todo poder e toda organização estatal brasileiros. Acredito, na verdade, serem muito conservadores e otimistas, com cada parte do Estado possuindo sua realidade, sendo certamente bem pior do que esta em muitas delas.

O tipo 1 comporta o agente estatal comandante ou gestor de alto nível ético-profissional, que busca e pode fazer o Estado de mesma característica. Sua ética do bem comum ou da busca do fim coletivo é alta, possui experiência útil à gestão, conhecimento do negócio que gere e das principais teorias administrativas aqui apresentadas, aplicando-as, mesmo que sem comunicação explícita delas. Por tudo isso, sua produção em benefício da coletividade é positiva ou compatível com seu custo e potencial.

O tipo 2 comporta o agente estatal comandante ou gestor de alto nível de personalismo e patrimonialismo e de baixo nível ético-profissional, que pode até não buscar o Estado com essa característica, mas o aceita e contribui com ele para alcançar seus objetivos pessoais, que, neste caso, são sempre indevidos, podendo fazer o Estado de mesma característica. Sua ética do bem comum ou da busca do fim coletivo é baixa, não possui experiência útil à gestão, nem conhecimento do negócio que gere, nem das principais teorias administrativas aqui apresentadas. Pode possuir também esses últimos três requisitos, mas só os aplica no que é de seu interesse pessoal indevido e de outros, pois sua carência ética o leva a isso. Sua produção em benefício da coletividade é negativa ou incompatível com seu custo e potencial.

O tipo 3 comporta o agente estatal não eleito nem gestor de alto nível ético-profissional, que busca o Estado de mesma característica e pretende ascender ao seu comando ou à sua gestão para poder contribuir com sua nação. Sua ética do bem comum ou da busca do fim coletivo é alta e procura contribuir sempre com a coletividade no que produz. Sua produção em benefício dela é positiva ou compatível com seu custo e potencial.

O tipo 4 comporta o agente estatal não eleito nem gestor de alto nível de personalismo e patrimonialismo e de baixo nível ético-profissional, que pode até não buscar o Estado com essa característica, mas o aceita e contribui com ele para alcançar seus objetivos pessoais que, neste caso, são sempre indevidos. Sua ética do bem comum ou da busca do fim coletivo é baixa e sua produção em benefício da coletividade é negativa ou incompatível com seu custo e potencial.

O tipo 5 comporta o agente estatal não eleito nem gestor de alto nível ético-profissional, que busca o Estado de mesma característica, mas não pretende ascender ao seu comando ou à sua gestão. Sua ética do bem comum ou da busca do fim coletivo é alta e procura contribuir sempre com a coletividade no que produz. Sua produção em benefício dela é positiva ou compatível com seu custo e potencial.

Por último, o tipo 6 comporta o agente estatal não eleito nem gestor que pode ser de alto nível ético-profissional ou não, sem pretender ascender ao comando ou à gestão, com sua produção em benefício da coletividade negativa ou incompatível com seu custo e potencial, por motivos vários.

Os dos tipos 1, 3 e 5 não agem com alto nível de personalismo e patrimonialismo nem com baixo nível ético-profissional, nem aderem aos que comandam ou gerem o Estado com essas características, e ainda os combatem buscando modificar o Estado para que foque o resultado em benefício de sua nação compatível com seu custo e potencial. Os casos de desvio do fim coletivo e corrupção aqui apresentados e tantos outros de conhecimento da população vêm claramente dos tipos 2 e 4, principalmente do tipo 2, cada um com seu nível diferente de participação. Estes não arriscam suas posições ou seus desejos de ascender a alguma nova, o que fica evidente nos fartos casos de ineficiência, desvio do fim coletivo e corrupção no Estado brasileiro ao longo de sua História, em seu enorme e persistente problema de funcionamento, em seu alto custo e baixo resultado e nos indicadores econômico-sociais nacionais insatisfatórios, como mostram diversos estudos, trabalhos e pesquisas realizados por indivíduos e organizações estatais e não estatais, muitos deles fartamente divulgados na mídia.

Em uma análise como essa, pode-se indicar que apenas os tipos 1, 3 e 5, ou 49,25% de todos os agentes estatais brasileiros não eleitos pela população, são verdadeiramente úteis em termos de custo e utilização de seu potencial em benefício de sua nação ou da coletividade. A pretensão aqui não é afirmar que essa análise está correta em termos quantitativos para todo o Estado brasileiro, mas suas premissas são verdadeiras, chamando a atenção para o fato de que ele claramente não entrega resultados compatíveis com seu custo e potencial e as causas disso podem estar explicadas por um quadro como este. As proporções desses tipos são diversas nos entes, nos poderes e nas organizações estatais brasileiros, mas eles são reais.

Por meio dos casos aqui apresentados e de outros conhecidos, dos indicadores de funcionamento e resultado do Estado brasileiro, de confiança nele e nos seus agentes, do dia a dia que se conhece dele e dos indicadores econômico-sociais nacionais, não se pode inferir quadro muito diferente deste, podendo ser pior. Sendo muito prudente ou otimista, coloco aqui que 48,57% de seus comandantes ou gestores, em média, possuem alto nível ético-profissional, o que equivale a 17% dos 35% que possuem cargos e funções comissionados e de confiança. Se esse número fosse ainda verdadeiro ou se eles fossem maioria, certamente os resultados do Estado seriam melhores do que os que apresenta. Observa-se que só o fato de o comandante ou gestor estatal brasileiro ser recrutado por critério pessoal e ser mantido apenas pelo tempo que alguém, também de modo pessoal, acha que deve mantê-lo, existindo pouca medição, definição prévia e acompanhamento do resultado que pretende entregar para recrutá-lo e mantê-lo, ou não, já é suficiente para as afirmações aqui contidas. Isso repele indivíduos de alto nível ético-profissional de buscar ascender e se manter no comando ou na gestão estatal.

Gestões normativamente definidas de um ou dois anos também repelem estes, assim como uma amplitude administrativa média de 2,86, considerados os 35% de cargos e funções comissionados da Administração Pública Federal informados pelo TCU como sendo de comando ou gestão. Mesmo sabendo que nem todos o são, o tratamento dado aqui não é diferente, pois, no caso deles, as atribuições são sempre bastante similares, de comando ou gestão, ou não, sendo que não se justificam se não for para comandar ou gerir o Estado, pois todas as demais atribuições estatais são comuns aos seus agentes, não justificando a diferenciação. Não é necessário enumerar outras práticas que inibem indivíduos de alto nível ético-profissional de buscarem ascender aos cargos de comando ou gestão do Estado brasileiro, mas quem bem o conhece sabe que elas são muitas e bem os justificam.

Daí, mesmo que cause sobressaltos, é bom que todo agente estatal brasileiro possa se localizar na classificação e no quadro aqui apresentados e refletir sobre como está ou se está contribuindo com sua nação por meio do seu Estado. Aos que possuem poder de decisão nele ou que de fora dele podem contribuir, sugiro que os analisem com atenção e busquem levar todos os seus agentes não eleitos pela população para os tipos 1, 3 ou 5. Enquanto não conseguir, o Estado brasileiro continuará com seu alto custo e baixo resultado, bastante prejudicial à sua nação. A grande contribuição dessa análise é que todos os Estados possam buscar o alto nível ético-profissional de seus agentes, sendo isso o que verdadeiramente importa para que suas nações possam obter resultados em seu benefício compatíveis com o que contribuem com eles.

Para que funcionem com eficiência e eficácia, é preciso planejamento, organização, direção e controle, o que só é possível se os que atuam neles, principalmente eleitos e gestores que os comandam ou gerem, forem recrutados e mantidos por meio de critérios impessoais, ético-profissionais. De outro modo, funcionarão como o Estado brasileiro sempre funcionou, como nos casos de corrupção aqui apresentados, com exceções entre seus comandantes ou gestores que visam verdadeiramente modificá-lo, tão insignificantes que nunca o conseguiram. O recrutamento de comandantes ou gestores estatais por meio do pedido ou do convite quando declara tácita ou explicitamente fidelidade a pessoas ou à situação atual do Estado contrária ou alheia ao fim coletivo deve ser abolido dos Estados de todas as nações.

Nações que possuem Estados acometidos pelo mau funcionamento e mau resultado geralmente possuem imensos problemas humanitários e muitas vezes os transferem para outras nações. Por isso, é recomendável que haja ação internacional preventiva e corretiva em todas as nações para que seus Estados possam atuar com alto nível ético-profissional e amenizar seus problemas e os de outras nações. Essa ação deve ter como fim evitar que Estados sejam tomados por indivíduos e grupos contrários ou alheios ao fim coletivo, que busquem neles apenas seus fins pessoais indevidos em detrimento delas. Não se trata de ação intervencionista e sem critério de uma ou mais nações sobre outras, mas de ação realizada por um conjunto delas em rigorosa obediência a princípios e procedimentos estabelecidos previamente por meio de critérios de alto nível ético-profissional.

Nenhum agente estatal pode estar por meio do Estado e de forma indevida a serviço de si mesmo ou de outros tomados individualmente, mas da coletividade que não está presente no dia a dia do Estado e, por isso, deve confiar plenamente em seus agentes, principalmente nos que o comandam ou gerem. Medidas de garantia do alto nível ético-profissional do agente estatal são essenciais no recrutamento e em sua permanência no Estado, devendo ser eliminados dele, em todas as nações, os que claramente não atuem em benefício do fim coletivo. Apesar de algumas normas nesse sentido já existirem no Brasil, não funcionam como deveriam funcionar, como quase toda norma nacional, fato muito evidente nos casos investigados no *Mensalão* e na *Lava Jato*, bem como em vários outros de amplo conhecimento da população. Mostrando ainda a gravidade do mau funcionamento do Estado brasileiro, nestes dois casos e em muitos outros de mesmo tipo ainda pairam sérias dúvidas sobre o alto nível ético-profissional de alguns investigadores e juízes que atuaram ou atuam neles.

Nenhuma influência pessoal indevida deve prevalecer sobre as normas estatais, que devem ser úteis e superiores aos indivíduos, elaboradas para todos e cobradas de todos, senão não teriam razão de existir. Por isso, o agente estatal deve ser permanentemente vigiado em suas ações e omissões para que prevaleça sempre no Estado o foco na coletividade. Seu poder não pode ser dele mesmo, mas da norma que está acima dele ou da obrigação que possui de atuar sempre com alto nível ético-profissional em benefício de sua nação. Provar que o possui deve ser premissa básica para se tornar agente estatal, sendo-lhe obrigatório prová-lo continuamente para manter essa condição. Essa é a essência do Estado voltado para o fim coletivo ou para sua nação, que tem a ordem, a liberdade, a paz, a justiça e a igualdade, a segurança e o desenvolvimento econômico-social sustentável como objetivos exclusivos de sua atuação. Ética do fim coletivo ou do bem comum no sentido de elaborar boas normas, aplicá-las da melhor forma e a todos, julgar de acordo com elas e conduzir ou gerir o Estado em benefício de toda a população.

Não a norma como fim, mas como propulsora do resultado do Estado em benefício da coletividade de acordo com seu custo e potencial, criando e fomentando a segurança e o desenvolvimento nacional, como meio de garantir o melhor para a população que mantém o Estado. Quando não alcançar esse fim, deve ser imediatamente extinta ou modificada e não protelada como forma de confundir, manter e perpetuar o domínio e o controle indevidos sobre ele. Sua elaboração, sua manutenção, sua aplicação e o julgamento com base nela devem visar com exclusividade o fim coletivo, nunca o indivíduo tomado isoladamente em detrimento de outros, jamais sendo aplicada ou omitida de acordo com o benefício pessoal indevido que se quer obter ou fornecer para outros.

Do mesmo modo funciona o profissionalismo, vindo da ética e permeado por ela, pois somente por meio dele se consegue atuar em busca dos melhores resultados estatais. Por meio dele os comandantes ou gestores aplicam experiências úteis à gestão e teorias administrativas para definir bons objetivos e buscar alcançá-los, com a participação de todos os seus agentes, como fazem as organizações bem-sucedidas que sobrevivem ao longo da História por bem utilizá-las, de forma tácita ou explícita. As que ficaram alheias ao profissionalismo da gestão existente na experiência útil a ela e nas teorias administrativas perderam capacidade e se extinguiram ou foram absorvidas por outras.

Isto porque ele é o responsável pelo resultado compatível com o custo e o potencial de uma organização, inclusive dos Estados. Tudo isso se aplica a eles, não somente às organizações não estatais, como querem fazer crer muitos que se apropriam indevidamente do Estado brasileiro. Somente normas preventivas e corretivas devidamente elaboradas e aplicadas por agentes estatais de alto nível ético-profissional com o fim de recrutar e manter agentes estatais somente com essa característica permitem ao Estado focar o resultado em benefício de sua nação. Isso não foi o que ocorreu nos casos investigados no *Mensalão*, na *Lava Jato* e em muitos outros similares bastante conhecidos, em que comandantes ou gestores estatais brasileiros eram os principais envolvidos, com muitos que atuaram nas investigações e nos julgamentos deixando dúvidas sobre o alto nível ético-profissional de suas atuações.

A ineficiência, o desvio do fim coletivo e a corrupção estatais jamais serão evitados ou combatidos com comando ou gestão realizados por agentes estatais de alto nível de personalismo e patrimonialismo e de baixo nível ético-profissional, ou com normas elaboradas ou aplicadas por eles. Somente agentes estatais de alto nível ético-profissional, voltados exclusivamente para o fim coletivo, elaboram e aplicam devidamente as normas estatais e gerem o Estado em benefício da coletividade, utilizando experiência, técnica e teoria administrativa em busca de resultados. Levam o Estado à eficiência e eficácia, contribuindo com a segurança e o desenvolvimento econômico-social sustentável de sua nação, o que nunca ocorreu como deveria no Estado brasileiro, não parecendo que esteja próximo de ocorrer.

Existe de modo claro forte carência ético-profissional em todas as suas partes. Por isso, ele sempre foi tomado por muitos indivíduos contrários ou alheios ao fim coletivo. Estes são recrutados e mantidos independentemente do resultado em benefício da nação que ofereçam, perpetuando-se nele principalmente como seus agentes eleitos e gestores, levando a crer que casos como os do *Mensalão* e da *Lava Jato* sejam a regra, a ponta de um imenso problema submerso e que a população pouco conhece nem sabe como resolvê-lo.

Esses e muitos outros casos anteriores, concomitantes e posteriores mostram o domínio e o controle indevidos sobre o Estado brasileiro. Envolvem todas as suas partes e geralmente se dão por meio de agentes eleitos e gestores que o comandam ou gerem e que atuam em conjunto com indivíduos e organizações públicas não estatais e privadas que possuem relações indevidas com eles. Todos buscando benefícios indevidos no Estado à custa de uma nação coagida a pagar cada vez mais tributos, o que explica seu alto custo e baixo resultado, a injustiça e a desigualdade históricas que acometem sua nação.

Tudo isso é bastante conhecido dos que atuam nele, com muitos não se deixando contaminar, mas também não conseguindo modificá-lo. Muitos são os que combatem a ética e o profissionalismo no Estado para não impedir o alcance de seus fins pessoais indevidos e dos que os recrutam e os mantêm. A educação geral e ética da maioria da população não lhes interessa, pois a levaria à independência, ao acompanhamento, à participação e à cobrança pelos resultados estatais, ameaçando assim os benefícios indevidos que obtêm para si e para outros. Casos como o do teto salarial estabelecido em norma constitucional e desrespeitado por muitos que comandam ou gerem o Estado brasileiro e por outros agentes estatais sob ocultações ou alegações diversas e infundadas ilustram bem o desrespeito às normas nacionais.

Casos como os do *Mensalão* e da *Lava Jato*, assim como outros similares conhecidos da população, sempre ocorreram na União e certamente em todos os estados, no Distrito Federal e em todos os municípios nacionais, continuando a ocorrer, como mostram alguns casos investigados e muitos outros que o próprio Estado consegue ocultar ou não investigar, mas que são bastante conhecidos da população. Isso vem do domínio e controle de indivíduos que nada têm a ver com o fim coletivo, mas que se incrustam no Estado brasileiro em busca do benefício pessoal indevido para si e para outros, fazem seu dia a dia e muitas vezes ainda transferem suas posições para sua descendência em detrimento de sua nação. Essa regularmente é a regra e quem não adere a ela pode fazer parte dele, mas quase sempre apenas como agente não eleito nem gestor concursado, sem poder de decisão e ação para não a ameaçar, como se observa em todos os casos de desvio do fim coletivo e corrupção mais bem investigados.

Os tipos 2 e 4 de agentes estatais não eleitos pela população aqui apresentados servem a ela e são utilizados por muitos agentes eleitos a partir de uma democracia próxima da falsidade, que os recrutam e os mantêm, de forma direta ou indireta, para atender aos seus interesses pessoais indevidos. O Estado brasileiro possui aproximadamente 35 agentes estatais comissionados e de confiança (tipos 1 e 2) para cada 100 agentes, podendo perder o cargo ou a função a qualquer momento; por isso, muitos destes 35 atendem ao que e como lhes for demandado, independentemente de atender ao fim coletivo ou lhe ser contrário ou alheio. Outros muitos que ainda não os possuem contribuem no que são demandados, pois visam também obtê-los. Pode-se observar que todo caso conhecido de apropriação indevida do Estado envolve principalmente agentes eleitos e os tipos 2 e 4 de agentes estatais não eleitos diretamente pela população.

Em cada ente, poder e organização estatal brasileiros existe um quadro diferente dos seis tipos de agentes estatais, em alguns casos com os comissionados ou de confiança, tipos 1 e 2, superando os 50%, restando poucos dos demais tipos. Para elevar o nível ético-profissional do Estado, é perfeitamente recomendável que o somatório dos que se chamam de comissionados e de confiança jamais ultrapasse os 15%, e somente de comandantes ou gestores, pois qualquer atribuição que não seja de comando ou gestão já está remunerada em seu salário, o que dá, em média, 6,67 subordinados por agente gestor; é diferente do que ocorre atualmente, em que os 35%, em média, de comissionados e de confiança, se de comando ou gestão, representariam 2,86 subordinados por agente gestor. O que os comandantes ou gestores estatais devem fazer é comandar ou gerir com alto nível ético-profissional, valorizando seus agentes com bons salários e reconhecimento por uma atuação voltada para o fim coletivo, não com benefícios indevidos dados de modo pessoal aos que, por ação ou omissão, contribuem com eles, muitas vezes, em seus fins pessoais também indevidos.

Tudo isso permitirá uma boa valorização para o conjunto dos agentes estatais não eleitos pela população, levando todos ou muitos deles por meio do critério impessoal, ético-profissional, aos tipos 1, 2 e 3 da Tabela 2.4, a seguir, podendo resultar em recuperação dos que se encontravam no tipo 6 da Tabela 2.3.

Tabela 2.4 – Nova classificação sugerida dos agentes estatais brasileiros não eleitos pela população

Classificação	Participação (%) no Estado
Tipo 1	15,00
Tipo 2	15,00
Tipo 3	70,00
Total	100,0

Fonte: elaboração própria.

O tipo 1 será, assim, o comandante ou gestor estatal de alto nível ético-profissional, focado no fim coletivo. O tipo 2 formará um banco de gestores estatais de alto nível ético-profissional, que será visto na parte IV deste livro, focados no fim coletivo, que substituem temporária ou permanentemente o comandante ou gestor do tipo 1. Por último, o tipo 3 será o agente estatal de alto nível ético-profissional, focado no fim coletivo, que pode participar por vontade própria do recrutamento impessoal, ético-profissional, para os dois primeiros tipos. Todos recrutados, mantidos e com movimentações internas por critério impessoal, ético-profissional. As análises que originaram as conclusões das Tabelas 2.3 e 2.4 são essenciais na construção do Estado de alto nível ético-profissional, sendo que na parte IV deste livro são mostrados os caminhos para se chegar a esse novo tipo de Estado em todas as nações.

Mantida a situação da primeira tabela ou outra de mesmo propósito, jamais um Estado levará sua nação à segurança e ao desenvolvimento econômico-social de modo sustentável. Pode estar coberto de normas, mas concebidas por muitos agentes eleitos e por muitos agentes gestores e outros recrutados por eles vindos, direta ou indiretamente, de uma democracia próxima da falsidade, pois formada, consequentemente, por uma população de maioria de baixo nível de educação geral e ética, mantida assim por eles para perpetuá-los no comando ou na gestão estatal. Dão o caráter de legalidade e legitimidade a eles próprios e ao Estado, mas, claramente, não harmonizam boas normas, boa gestão e bons julgamento com base nelas, pois quase sempre tudo é feito para eles mesmos, empecilhos à ética e ao profissionalismo no Estado e em sua nação.

Como já mencionado, essa realidade é evidente e se prova em todos os casos de ineficiência, desvio do fim coletivo e corrupção no Estado brasileiro em que mais se avançou nas análises e investigações, como no *Escândalo dos Anões do Orçamento*[8], no *Banestado*[9], nos *Mensalões* (Mineiro, Nacional, do Distrito Federal e outros), na *Lava Jato*, na *Petro-*

---

8. Caso de corrupção bastante conhecido no Brasil no final dos anos 1980 e início dos anos 1990, em que um grupo de congressistas se envolveu em corrupção com recursos do orçamento da União.
9. Caso de corrupção bastante conhecido no Brasil na segunda metade da década de 1990, envolvendo remessas ilegais de divisas pelo sistema financeiro público brasileiro.

bras[10] etc. Também em seu dia a dia, pelos que bem o conhecem. Sempre há uma mistura contrária ou alheia ao fim coletivo entre Estado, com muitos de seus agentes eleitos e gestores que o comandam ou gerem, indivíduos e organizações públicas não estatais e privadas, estas com seus proprietários e gestores, sem que separem o público do privado e valorizem a ética e o profissionalismo em seus comandos ou suas gestões.

Nesse contexto, fica sempre muito claro que dificilmente há ambiente propício para o comando ou a gestão de indivíduos de alto nível ético-profissional no Estado brasileiro, não havendo quase nunca exclusão dele e de suas relações indevidas com ele e outras punições para os que agem nele sem essa característica. Isso o comprova a existência dos mesmos indivíduos, em diferentes momentos, em vários casos investigados, como os aqui citados, fazendo vítima sempre a população, sem que o Estado consiga ou queira impedi-los.

Só quem conhece profundamente o Estado brasileiro sabe a gravidade da situação que inviabiliza seu resultado em benefício da coletividade compatível com seu custo e potencial. Muitos se apropriam indevidamente dele, escondidos, muitas vezes, com a ajuda do emaranhado de normas insuficientes, falhas ou excessivas, feitas por eles para eles mesmos. Outras vezes, agem até abertamente, sem receio de reprovação da população. Isso ocorre, certamente, em todas as nações, em intensidades diferentes, o que dificulta a vida dos que vivem nelas.

Tudo isso tem gerado monstruosidades como as guerras internas e externas que envergonham a humanidade e persistem ainda neste século XXI, com a utilização de cada vez mais tecnologias de destruição em massa que poderão levar o planeta à autodestruição. Estranhamente, os comandantes ou gestores estatais parecem não perceber a gravidade da situação, em que alguns indivíduos que causaram grandes destruições locais poderiam tê-lo feito em proporções mundiais e irreversíveis se possuíssem as mais modernas tecnologias bélicas.

---

10. *Mensalões*, *Lava Jato* e *Petrobras* são casos conhecidos também de corrupção mais recentes, de farta literatura.

Aos Estados, únicos poderes terrenos capazes de causar danos ou benefícios a milhões ou até bilhões de seres humanos ao mesmo tempo, resta atuar com alto nível ético-profissional em benefício de sua nação e, como consequência, de toda a humanidade. Para isso, é necessário que passem pela transformação ao Estado de alto nível ético-profissional, o que somente é possível elevando o nível ético-profissional de seus agentes, principalmente eleitos e gestores que os comandam, o que deve ser feito por meio de estratégias continuadas que não os permitam arrefecer nesse propósito.

Esse movimento não deve ser apenas de uma nação ou de um Estado, mas mundial, em que até nações mais avançadas em ética e profissionalismo, nelas e em seus Estados, deverão se ajustar também a ele e o fomentar cada vez mais nelas e também nas demais nações. Para isso, é preciso investir em educação geral e ética, de modo que o indivíduo do século XXI possua conhecimento amplo e deixe de pensar apenas em si mesmo, mas pense também no outro no contexto da coletividade, como agente estatal ou não, independentemente da nação em que vive. Os Estados devem iniciar o processo por meio da prevenção e coação contra os que buscam se apropriar indevidamente deles em prejuízo da coletividade, levando, pela ação e pelo exemplo, a ética, o profissionalismo, a ordem, a liberdade, a paz, a justiça, a igualdade, a segurança e o desenvolvimento para sua nação e, como consequência, também para outras nações.

Sem uma população de alto nível de educação geral e ética, uma nação não possui condições de recrutar de modo permanente seus agentes estatais eleitos e gestores de alto nível ético-profissional, não obtendo assim o Estado de mesma característica. Este, então, é tomado pelos que buscam se apropriar indevidamente dele, não obtendo, assim, legitimidade nem credibilidade perante a população. Surge desse modo o círculo vicioso, em que seus agentes eleitos por uma democracia próxima da falsidade se juntam aos gestores recrutados por eles e retiram os recursos do Estado para si e para os que contribuem com eles, de dentro ou de fora dele, tendo-o como propriedade pessoal. Essa prática permite o patrimônio indevido de muitos agentes estatais e de muitos que contribuem com eles de fora do Estado, ambos de baixo nível ético-profissional.

A análise dos casos aqui apresentados e de muitos outros de conhecimento da população evidencia que não são isolados ou pontuais, mas, muitas vezes, rotina no Estado brasileiro, explicando seu mau funcionamento, seu alto custo e seu baixo resultado. Isso ocorre principalmente porque muitos de seus agentes eleitos e gestores que o comandam ou gerem não são recrutados a partir de uma democracia próxima da verdadeira nem por critérios impessoais, ético-profissionais, não atuando, assim, com fundamento na ética e no profissionalismo. Vêm, na verdade, de uma democracia próxima da falsidade, a partir de uma população de baixo nível de educação geral e ética e que não possuem interesse em elevar.

Grande parte dessa população possui alta dependência do Estado e de seus agentes e, por isso, vota muitas vezes em candidatos a agentes eleitos que possuem status, poder e riqueza, independentemente de como os adquiriram, colocados à sua disposição para serem votados por conta da ação ou omissão estatal. Muitos destes possuem até patrimônio visivelmente em desacordo com as normas ou não justificado. Depois de eleitos e recrutados pelo Estado, recrutam, direta ou indiretamente, os gestores estatais ou se transformam neles, quando seu cargo eletivo já não era de comando ou gestão, para ceder a vaga aos mais próximos colocados nas eleições. Quando não eleitos, muitas vezes são recrutados pelos que os foram, tanto para o comando ou a gestão quanto para outros cargos estatais ou de organizações públicas não estatais e privadas com relações com o Estado, muitas vezes indevidas.

Tem-se por esse critério muitos agentes estatais eleitos e gestores brasileiros, com os gestores geralmente de mesmas características dos eleitos que os recrutaram, mesmo que muitas vezes procurem negar suas similaridades. Por fim, têm-se os agentes não eleitos nem gestores, muitos deles recrutados por meio de concurso público e que não possuem poder de decisão e ação no Estado. Essa é a regra no Estado brasileiro, com as exceções tão irrelevantes que não conseguem modificá-lo. Sua nação possui imensa riqueza, mas, quinhentos anos depois da chegada dos colonizadores portugueses e quase duzentos da independência, não consegue obter razoável nível de segurança e desenvolvimento econômico-social, como mostram diversas estatísticas nacionais.

Esse quadro somente será modificado de modo sustentável com programas educacionais que levem educação geral e ética à imensa maioria da população, permitindo, por meio de uma democracia mais próxima da verdadeira, o recrutamento de agentes eleitos de alto nível ético-profissional e, consequentemente, de agentes gestores e outros também com essa mesma característica. Esses devem ser acompanhados do recrutamento à permanência no Estado, não podendo existir sobre eles quaisquer suspeitas de atuação contrária ou alheia à coletividade, por ação ou omissão.

É necessário que o Estado crie mecanismos confiáveis que impeçam a entrada e eliminem dele todos que não se pautem exclusivamente pelo alto nível ético-profissional. É preciso que permita o acompanhamento, a participação e a cobrança da população sobre seus agentes e que estes jamais tenham a certeza da impunidade pelo desvio do fim coletivo e pela corrupção que venham a praticar. Deve protegê-los contra os que tenham como fim prejudicá-los por conta de sua atuação de alto nível ético-profissional, no Estado ou fora dele.

Sem rigor com seus agentes nesse sentido e ao mesmo tempo proteção, não há como o Estado funcionar com alto nível ético-profissional, dar o exemplo e cobrar ética e profissionalismo da população. Não se pode aceitar que ainda no século XXI uma nação permita prevalecer a apropriação indevida de seu Estado, com muitos de seus agentes que o comandam ou gerem utilizando-o claramente para si mesmos e para outros que os recrutam e os mantêm, de dentro ou de fora dele. É necessário que as nações concebam e mantenham seus Estados com estruturas suficientes para fornecer resultados compatíveis com seus custos e potenciais, combatendo implacavelmente os que procuram agir por meio deles em benefício próprio e de outros em detrimento delas.

Para isso, é necessário que os Estados elevem o nível de educação geral e ética da imensa maioria da população ou permitam que outros o façam, promovendo sua independência em relação a eles e aos seus agentes. Não se constroem Estados de alto nível ético-profissional de modo sustentável sem população de alto nível de educação geral e ética, preparada para ajudar a recrutar somente agentes eleitos de alto nível ético-profissional. Não se previne nem se combate o mau funcionamento do Estado com agentes estatais, principalmente eleitos e gestores que o comandam ou gerem, que se beneficiam indevidamente dele, pois atuarão desta forma e recrutarão outros de mesmas características, elevando seu custo e impedindo seu resultado de acordo com ele. É por isso que o Estado brasileiro sempre foi caro e apresenta baixos resultados em praticamente todos os seus entes, todos os seus poderes e todas as suas organizações. Muitos de seus agentes de alto nível ético-profissional sempre tiveram imensas dificuldades por não aderir aos muitos que se apropriaram e se apropriam indevidamente dele.

Sempre houve uma multidão de agentes estatais no comando ou na gestão do Estado brasileiro, em todas as suas partes e em todos os níveis hierárquicos, que possui claramente o interesse pessoal indevido como principal fim, sendo atores e beneficiários de atos que possuem a obrigação de evitar ou combater. Muitos agentes que não agem dessa forma muitas vezes não têm nem a quem denunciá-los, pois teriam que fazê-lo a eles próprios. Todos temem o Estado todo-poderoso e onipresente tomado por indivíduos que buscam nele apenas seus fins pessoais indevidos, beneficiados pela impunidade e que impõem alto custo à sua nação. É o que muitas vezes se observa no Estado brasileiro, em seu cotidiano, em seu alto custo e baixo resultado, como mostram diversos indicadores de seu funcionamento e seu resultado e econômico-sociais nacionais, beneficiando alguns indivíduos, de dentro ou de fora dele, em detrimento de sua nação.

O desvio do fim coletivo e a corrupção nos casos aqui citados não eram isolados, mas sistemáticos, praticados por agentes eleitos e gestores no comando ou na gestão do Estado brasileiro, muitos comissionados e de confiança, e por indivíduos, proprietários e gestores de organizações públicas não estatais e privadas que possuíam relações indevidas com eles. A ocorrência de casos como esses e sua gravidade são tanto mais frequentes e maiores quanto mais baixo o nível ético-profissional dos agentes eleitos e gestores que comandam ou gerem o Estado, mais insuficientes, falhas ou excessivas as normas elaboradas e aplicadas por eles e maior a impunidade que gozam.

O caso do *Mensalão* foi investigado pelo Congresso Nacional, por meio da CPMI dos Correios, pelo Ministério Público Federal, pela Polícia Federal, pela Controladoria Geral da União e pelo Tribunal de Contas da União, sendo logo depois encaminhado ao Supremo Tribunal Federal para julgamento de alguns envolvidos. Uma análise superficial pode levar à conclusão de que o Estado brasileiro finalmente assumiu sua função e respondeu de forma eficiente e eficaz à população por meio de seus agentes, suas organizações e seus poderes. Teria levado à derrota agentes estatais eleitos e gestores e os que com eles contribuíram em suas atuações de baixo nível ético-profissional, julgando e condenando exemplarmente, em uma amostra de que o Estado funciona e o crime não compensa.

Parece até que o prazo até o julgamento de alguns envolvidos, em 2012, foi curto, porém já decorriam nove anos desde os primeiros fatos que estavam sendo julgados, ocorridos de 2003 a 2006, com os fatos relativos ao período 1997 a 2002 continuando sem julgamento final até hoje, em 2020, 23 anos depois, muitos já prescritos. Mesmo com alguns envolvidos identificados, muitos deles continuaram no comando ou na gestão do Estado e de organizações públicas não estatais e privadas que se relacionam com ele, inclusive de partidos políticos, em prejuízo da coletividade, exemplificando mais uma vez que a ética e o profissionalismo ainda não venceram no Brasil.

No julgamento de 2012, na mais alta instância judiciária brasileira, o Supremo Tribunal Federal, observou-se nele uma organização marcada também por graves problemas ético-profissionais. Além dos fortes problemas estruturais e de comando ou gestão claramente evidenciados para a população, seus ministros, julgadores máximos nacionais, são recrutados pelo mesmo critério pessoal como são recrutados muitos agentes estatais brasileiros para cargos de alta relevância. Seus ministros são recrutados pelos agentes eleitos por uma democracia próxima da falsidade, tendo que solicitar o cargo ou ser convidado para ele, podendo ser recrutados os que, tácita ou explicitamente, mostram-se mais contribuintes com o Estado da forma como ele sempre foi.

No julgamento do *Mensalão*, alguns desses julgadores possuíam relações próximas com os réus, contrárias ou de afeição, estes muitas vezes responsáveis pelos seus recrutamentos. Nem assim se declararam impedidos de julgá-los nem foram declarados pelos demais, tornando o julgamento e a condenação, ou não, parciais ou suspeitos de sê-los. Se condenado, o réu "amigo" ou "colaborador" pode afirmar que foi injustiçado porque o julgador queria mostrar independência em relação a ele, não se podendo confiar ainda no tipo e no tamanho da condenação. Se absolvido, também não se pode confiar, pois um julgamento feito sobre um "amigo" ou "colaborador" traz enorme suspeição. São diversas as possibilidades de julgamento parcial do julgador que é recrutado por critério pessoal quando o julgamento se refere a indivíduos responsáveis pelo seu recrutamento ou a situações que interessam a estes.

Os fatos aqui apresentados e muitos outros fartamente conhecidos afetam a credibilidade do Estado brasileiro e prejudicam sua nação, sem contar os muitos outros que poucos conhecem. Enquanto seis organizações estatais de alta relevância atuavam no *Mensalão*, com a população comemorando o julgamento de alguns envolvidos, muitos outros casos idênticos estavam no Poder Judiciário, até no próprio Supremo Tribunal Federal, sendo prescritos ou sem nenhuma perspectiva de julgamento.

Muitos outros nem foram denunciados, por medo ou certeza da impunidade, outros sequer foram investigados, apesar de denunciados, e outros certamente foram arquivados por carência ético-profissional de investigadores e julgadores. O próprio julgamento do *Mensalão*, em 2012, deixou de fora a parte que o originou e seus beneficiários, sem decisão final até 2020 e sem prazo para que ocorra.

Ainda, enquanto essas organizações atuavam no *Mensalão*, outros muitos casos idênticos estavam em curso, como se viu posteriormente na *Lava Jato* e em outros semelhantes, inclusive com forte participação de envolvidos nele. Assim, o tão comemorado "julgamento histórico brasileiro" foi mais um capítulo entre os tantos que não permitem comemoração, podendo até ser tido como injusto e desigual pela perspectiva de ter dado a atenção que não foi dada a muitos outros casos similares, inclusive na parte que o antecedeu em seis anos. Sem tirar seu mérito, talvez seu maior ganho esteja em ter mostrado quanto o Estado brasileiro está distante do alto nível ético-profissional e que mais maléfico do que o Estado que não age é o que age de modo desigual em relação a fatos e pessoas em condições iguais, em benefício pessoal indevido próprio e/ou de outros, como muitos acusam ocorrer no caso posterior, ainda em curso, da *Lava Jato*. Neste, o evidente caso do juiz que, com suas decisões e ações, ajudou diretamente a eleger um agente estatal como comandante ou gestor e logo depois se tornou agente estatal recrutado por este por meio de critério pessoal e diretamente subordinado a ele parece confirmar essa percepção.

Nenhum agente estatal pode deixar dúvidas quanto à sua atuação de alto nível ético-profissional, jamais podendo se beneficiar de modo indevido de suas decisões e ações, mesmo que de acordo com a norma feita pelos homens ou não contrário a ela. Diante dos muitos casos concretos e das estatísticas nacionais, não restam dúvidas de que somente a elevação do nível ético-profissional dos agentes estatais brasileiros, principalmente eleitos e gestores que comandam ou gerem o Estado, permitirá reverter a situação histórica de apropriação indevida dele. É preciso valorizar os indivíduos de alto nível ético-profissional, permitindo somente a eles o recrutamento e a permanência no Estado de todas as nações, principalmente em seu comando ou sua gestão, evitando assim a carência ético-profissional dele e o seu foco no fim pessoal indevido de seus agentes ou de outros. Do contrário, os seus resultados em benefício dela serão sempre incompatíveis com o seu custo e potencial.

O ESTADO BRASILEIRO E SUA LIÇÃO PARA O MUNDO

Os muitos fatos mostrados pelas investigações do *Mensalão* e da *Lava Jato* e as muitas dúvidas que pairam sobre alguns de seus investigadores e julgadores, principalmente na *Lava Jato*, referentes a fatos e tratamentos dados a investigados, já seriam suficientes para mostrar o alto nível de personalismo e patrimonialismo e o baixo nível ético-profissional do Estado brasileiro, que origina sua ineficiência, seu desvio do fim coletivo e sua corrupção, seu alto custo e baixo resultado. Porém, muitos outros casos, em todas as suas partes, também o evidenciam. Os resultados estatais também confirmam essa sua característica, bastante evidente em áreas como segurança pública, saúde, educação e meio ambiente. Basta ver o alto índice de homicídios e a baixa taxa de esclarecimento e punição em relação a eles, a superlotação dos presídios, com suas carências de segurança e higiene, e a frequente fuga de presos, fatos que parecem contribuir fortemente com a alta reincidência no crime dos que passam por eles.

Inúmeras são as deficiências estruturais na segurança pública brasileira, como a existência de uma polícia civil e outra militar nos estados e no Distrito Federal, com enormes deficiências de comunicação e integração entre elas, fazendo com que lutem eternamente por espaço e poder na estrutura estatal. A primeira é investigativa, a outra preventiva, obedecendo a comandos diferentes e muitas vezes contraditórios, causando falhas nunca devidamente enfrentadas e corrigidas. A própria polícia é atacada constantemente em sua atuação, com sua presença, às vezes, nem inibindo mais os criminosos, vítima também deles, com muitos assassinatos de policiais no Brasil e, também, de outras pessoas por eles.

Agentes estatais que ocupam cargos de comando ou gestão na segurança pública muitas vezes estão envolvidos com a criminalidade, assim como policiais, ambos lucrando com os criminosos e colocando em risco suas próprias vidas e as dos demais que não aderem a eles, estes muitas vezes sendo obrigados a abandonar a carreira por não contar com a devida proteção. Esses e outros problemas colocam o Brasil como uma das nações mais inseguras e violentas do mundo, enquanto a população se fecha em suas residências como último refúgio, mas até nelas são presas fáceis da criminalidade que se beneficia de um Estado que pouco atua em benefício de sua nação ou da coletividade.

Se na segurança pública, área de proteção direta à vida, os problemas da ação ou omissão do Estado brasileiro são evidentes, pouco se pode esperar dele em outras áreas em que atua ou deve atuar. Nela, como em outras áreas, ele não atende ao princípio da Administração de que se descentraliza a atividade e não a responsabilidade, eximindo-se quase sempre de culpa e de possíveis penalizações o agente estatal eleito que recrutou e mantém no comando ou na gestão e em outros cargos relevantes, do mais baixo ao mais alto nível hierárquico, indivíduos sem a ética e o profissionalismo suficientes para garantir o resultado estatal.

Quase não existe no Estado brasileiro planejamento, organização, direção e controle fundamentados na ética e no profissionalismo, com foco no resultado em benefício da coletividade. Muitos que o comandam ou gerem, agentes eleitos e gestores, estes detentores de cargos e funções comissionados e de confiança, claramente não servem aos interesses de sua nação, mas aos seus próprios interesses e dos responsáveis por recrutá-los e mantê-los, o que torna o Estado ineficiente e ineficaz, como se evidencia claramente na segurança pública. Quando seus imensos problemas de mau funcionamento e baixo resultado são mostrados na mídia, muitos que o comandam ou gerem não buscam soluções, mas se eximir de responsabilidades e prometer o que não cumprirão sem elevar seus próprios níveis ético-profissionais.

Afirmam quase sempre que nada sabiam, como se não fosse deles a responsabilidade por decidir e agir em busca de resultados em benefício de sua nação. Tentam proteger os que praticam seus comandos, buscando esconder a verdade do Estado brasileiro: a de que muitos dos agentes eleitos e gestores que o comandam ou gerem, em todas as suas partes e em todos os níveis hierárquicos, não possuem o nível ético-profissional suficiente para exercer seu comando ou sua gestão. Muitos deles servem a uma situação atual e a pessoas que impedem a eficiência e eficácia do Estado, atuando em benefício pessoal indevido próprio e de terceiros, apropriando-se indevidamente dele e permitindo que outros também o façam.

Em nome de uma hierarquia que muitas vezes não está a serviço do resultado em benefício da coletividade, muitos comandantes ou gestores estatais cumprem ordens claramente em benefício pessoal indevido de seu superior hierárquico temendo perder o cargo ou a função no qual foi recrutado por critério pessoal, o que já deixa claro o benefício pessoal indevido dos dois, já que ambos não deveriam estar no comando ou na gestão. Isso é inerente a Estados que não alcançaram alto nível ético-profissional, não contribuindo com suas nações de acordo com seus custos e potenciais e que sustentam agentes eleitos e gestores em uma verdadeira e imensa rede dos que se apropriam indevidamente deles. Suas estruturas muitas vezes secularmente montadas para este fim só serão eliminadas por comandantes ou gestores de alto nível ético-profissional.

Diferentemente do que recomendam a ética e o profissionalismo no comando ou na gestão, que deve ter como base a experiência útil a esta e o conhecimento do negócio e das teorias administrativas voltadas para resultados, muitos agentes eleitos que comandaram e comandam ou gerem o Estado brasileiro vieram ou vêm de uma democracia próxima da falsidade e se perpetuam nele, com seus descendentes, ao recrutar comandantes ou gestores e outros cuja ética e cujo profissionalismo não precisam ser comprovados. Requerem como condição para recrutá-los e mantê-los, quase sempre, apenas subserviência às suas práticas muitas vezes contrárias ou alheias ao fim coletivo. Em áreas como a segurança pública, essa prática é literalmente mortal, como mostram as estatísticas nacionais sobre a violência, encarecendo a vida de muitos que buscam a segurança pessoal, e até eliminando ou permitindo eliminar a vida de outros.

Situação idêntica ocorre também em áreas como saúde, educação e meio ambiente, em que a carência ético-profissional do Estado brasileiro deixa suas marcas bastante visíveis, como mostram a realidade da atuação do Estado nelas e os indicadores que colocam o país em situação bastante desconfortável. No meio ambiente, a intensa destruição da Floresta Amazônica é exemplo da pouca eficiência e eficácia da atuação estatal brasileira, permitindo que uma das maiores riquezas da humanidade existente ainda neste século XXI seja dizimada ano a ano sem que o Estado consiga protegê-la. Ainda em relação ao meio ambiente, são exemplos da ineficiência e ineficácia estatais as constantes invasões e degradações de áreas públicas, muitas destas até de preservação ambiental, à vista de todos.

Analisando como o Estado brasileiro sempre utilizou e utiliza seus recursos, muitos são os exemplos de suas características de alto nível de personalismo e patrimonialismo e de baixo nível ético-profissional, conhecidos tanto por meio de notícias na mídia como de trabalhos recorrentes de indivíduos e organizações estatais e não estatais. São recursos monetários, materiais e humanos sendo desperdiçados em todos seus entes, nacional e subnacionais, seus poderes e suas organizações, quase sem controle e sem correção para não prejudicar os benefícios indevidos de muitos que o comandam ou gerem e dos que possuem poder e domínio sobre eles, de dentro ou de fora do Estado.

Assim, o Estado brasileiro busca cada vez mais recursos da população sob a alegação de que precisa de mais para fornecer melhor resultado. Ocorre que, sem comando ou gestão prevalecente de alto nível ético-

-profissional, pois com comandantes ou gestores recrutados de modo pessoal por agentes eleitos por uma democracia próxima da falsidade, já que formada por uma população de baixo nível de educação geral e ética, fortemente dependente deles e do Estado, jamais seus resultados serão compatíveis com seu custo e potencial. Sem planejamento e muitas vezes até sem prestações de contas, muitos recursos não são destinados ao fim coletivo, entregues a agentes eleitos e gestores que buscam apenas seus fins pessoais indevidos e dos que os recrutam e os mantêm, transformando-os em riqueza pessoal indevida.

Diante de tudo isso, fica bastante evidente que muitos agentes estatais eleitos e gestores que comandam ou gerem o Estado brasileiro e os que de dentro ou de fora dele contribuem com eles são os principais responsáveis pelos muitos males que o acometem e, como consequência, acometem sua nação no muito que é de responsabilidade estatal. Seu custo é quase sempre superior ao resultado que apresenta, pois há carência de planejamento, organização, direção e controle, visando à eficiência e à eficácia, ao resultado em benefício da coletividade compatível com seu custo e potencial. À carência de comando ou gestão de alto nível ético-profissional, tem-se como consequência também a alta impunidade aos que desviam seus recursos ou deles se apropriam indevidamente.

Em uma realidade como essa, tentativas de reformas do Estado brasileiro jamais modificarão sua situação se não agirem diretamente em suas causas. Em uma reforma mais recente, criaram-se agências reguladoras para controlar o fornecimento de serviços públicos essenciais, como energia, comunicações, saúde, água e outros. Porém, como sempre, essas adquiriram os mesmos vícios e se desvirtuaram também de sua finalidade, passando a gerar o mesmo alto custo e baixo resultado que caracterizam o Estado brasileiro. Foram dominadas e controladas rapidamente pela mesma cadeia de agentes estatais eleitos e gestores que sempre o comandaram ou exerceram sua gestão em benefício pessoal indevido ao longo de sua História.

Foi o que ocorreu ainda com uma das maiores organizações do mundo, a Petrobras, que, pertencente ao Estado brasileiro, continuou em pleno século XXI tomada também por essa cadeia de agentes estatais eleitos e gestores que vêm impedindo historicamente a segurança e o desenvolvimento econômico-social sustentável da nação. A realidade é tão grave que nem mesmo ela, negociada no mercado de ações nacional e internacional, controlada por vários órgãos de controle no Brasil e no exterior e observada de perto pelos seus acionistas, escapou dos que se apropriam indevidamente do Estado brasileiro, agentes estatais e indivíduos de fora do Estado que agem junto com eles. É mais um exemplo a inferir sobre o que ocorre em suas áreas de menor visibilidade e controle.

Muitos de seus agentes eleitos recrutam também, direta ou indiretamente, para o comando ou a gestão estatal indivíduos anteriormente recrutados para o Estado por meio de concurso público, procurando com isso aparentar ética e profissionalismo no recrutamento para sua condução ou gestão. Ocorre que a análise de praticamente todos os casos conhecidos de ineficiência, desvio do fim coletivo e corrupção estatais brasileiros mostram que esses comandantes ou gestores contribuem com eles da mesma forma que outros vindos de fora do Estado, não concursados anteriormente. Isso porque o critério de recrutamento e permanência no comando ou na gestão é quase sempre o mesmo: a subserviência a pessoas e à situação atual, com alinhamento na busca do fim pessoal indevido para si e para os que os recrutam e os mantêm.

Os recrutamentos para o comando ou a gestão que não seguem essa lógica são insuficientes para modificar o funcionamento do Estado brasileiro e melhorar seus resultados. Por isso, vários indicadores econômico-sociais nacionais comparados com os de outras nações colocam a nação brasileira em situação insatisfatória, apesar de suas imensas riquezas e de sua imensa extensão territorial. O funcionamento histórico de seu Estado é claramente obstáculo à ordem, à liberdade, à paz, à justiça, à igualdade, à segurança e ao desenvolvimento econômico-social satisfatórios de sua nação. Porém, apesar de seu funcionamento, ela concebeu uma das maiores economias do mundo e possui estrutura e conhecimento em várias áreas que contribuem com a melhoria de vida de parte da população, amenizando as consequências de um Estado preso a vícios antigos, que sempre contribuiu com sua nação muito aquém de seu custo e potencial.

A independência brasileira é de 1822, e desde a chegada dos colonizadores portugueses, em 1500, a nação brasileira passou pela Colônia Portuguesa e pelo Império e pela República independentes. Nesta, experimentou o presidencialismo, o parlamentarismo, a democracia e a ditadura. Em todo esse período a nação cresceu, mas não se desenvolveu como deveria se desenvolver. Houve várias tentativas de reforma de seu Estado, todas de pouco êxito, como mostram diversos indicadores de seu funcionamento e seu resultado, a realidade dos que atuam nele ou mais necessitam dele e as notícias recorrentes na mídia de seu mau funcionamento e mau resultado. Enquanto isso, não para de buscar mais recursos de uma população que já não aguenta mais e que confia cada vez menos em seu Estado.

Os baixos indicadores econômico-sociais nacionais, a baixa credibilidade do Estado brasileiro e de muitos de seus agentes, principalmente eleitos e gestores que o comandam, o noticiário a partir de estudos e trabalhos realizados por indivíduos e organizações, estatais ou não, são suficientes para o diagnóstico de que a nação brasileira é rica, porém possui um Estado mal administrado e que contribui com ela muito aquém do custo que lhe impõe. Este retira seus recursos e não entrega resultados de acordo com eles, contribuindo, por ação ou omissão, com a violência, a injustiça e a desigualdade, com seus imensos e recorrentes problemas.

Não restam dúvidas de que a principal causa de muitos males nacionais está no alto nível de personalismo e patrimonialismo e no baixo nível ético-profissional de muitos agentes eleitos e gestores que comandam ou gerem o Estado brasileiro e que se beneficiam indevidamente dele, beneficiando da mesma forma também a outros que contribuem com eles de dentro ou de fora dele. É esse conjunto de agentes estatais que mantém uma população em sua maioria de baixo nível de educação geral e ética, fortemente dependente deles para poder recrutá-los e mantê-los no Estado, apesar de atuarem claramente de modo contrário ou alheio a ela, em benefício pessoal indevido próprio e de outros que os recrutam e os mantêm, de dentro ou de fora dele.

Muitas nações sofrem com comandantes ou gestores estatais que possuem essa mesma característica e passam também por grandes dificuldades. Isso acomete até nações mais desenvolvidas, em menor intensidade, que sofrem ainda as consequências vindas de outras nações que os possuem. Como regra, nações que possuem Estados mais acometidos por eles têm suas populações de mais baixo nível de educação geral e ética, altamente dependentes deles, e vivem em uma democracia próxima da falsidade. Desse mal vêm muitos outros males, como as guerras, o terrorismo e a migração em larga escala, que geram grandes conturbações nas nações, com muitos indivíduos desesperados e em fuga da ausência do Estado de alto nível ético-profissional, voltado exclusivamente para o benefício à sua nação.

Como maior organização em todas as nações, o Estado quando indevidamente apropriado e a ciência a serviço das armas estão, certamente, entre os elementos que causaram maiores danos à humanidade até o início deste século XXI. Nações que chegaram ao Estado de alto nível ético-profissional precisam colaborar para que outras cheguem também a ele, o que não se fará com guerras ou violências, mas com agentes estatais de alto nível ético-profissional, contribuintes para que outros também o sejam. O ensinamento cristão de amar ao próximo como a si mesmo, estendendo-o para os próximos ou a coletividade, assim como de outras religiões ou não religiões neste sentido, é exemplo de ética do fim coletivo, que, complementado pelas teorias administrativas aqui apresentadas, leva ao profissionalismo da gestão, podendo levar, juntos, ao comando ou à gestão estatal de alto nível ético-profissional.

Eliminando ou reduzindo o personalismo, o patrimonialismo e o baixo nível ético-profissional no Estado, sua ineficiência, seu desvio do fim coletivo e sua corrupção, certamente, serão eliminados ou reduzidos em mesma proporção. Do contrário, ele não terá condições de fornecer ou fomentar a ordem, a liberdade, a paz, a justiça, a igualdade, a segurança e o desenvolvimento econômico-social de modo sustentável em sua nação. Na História humana, somente ao Estado foi dado poder de promover, direta ou indiretamente, o benefício à coletividade em larga escala, o que em um mundo globalizado não pode mais ser pensado apenas em seu território sem atentar para outras nações, o que faz do Estado de alto nível ético-profissional uma obrigação a ser seguida em todas elas.

O Estado brasileiro, com sua realidade e seus indicadores de funcionamento, de resultado, de confiança nele e em seus agentes analisados junto com os indicadores econômico-sociais nacionais, não é exemplo a ser seguido por outras nações visando elevar o nível ético-profissional de seus Estados. Seu alto custo e baixo resultado são claros, aparentando uma democracia próxima à verdadeira, mas seguindo sua trajetória com uma estrutura constituída de várias partes que oferecem baixo retorno em relação ao que arrecada da população que o mantém. Falta claramente o alto nível ético-profissional em muitos de seus agentes eleitos e gestores que o comandam ou gerem, que, se o possuíssem, fariam, certamente, com que seu custo e seu resultado fossem completamente diferentes do que são atualmente.

O alto nível ético-profissional somente será verdadeiramente alcançado de modo sustentável por um Estado com a elevação do nível de educação geral e ética da imensa maioria da população, o que só será obtido com a atuação de alto nível ético-profissional dos que o comandam ou gerem. Uma nação pode até alcançar riqueza, mas não alcançará segurança nem desenvolvimento econômico-social sustentáveis sem um Estado de alto nível ético-profissional. A carência dessa característica existe em todos os Estados, porém em maior intensidade em nações cuja maioria da população possui baixo nível de educação geral e ética, como bem o exemplifica a nação brasileira.

Parece até que a forma de atuação da maioria dos comandantes ou gestores de seu Estado nunca mudou desde a época colonial. Há de se reconhecer em alguns que o comandaram suas contribuições na construção do que é hoje a nação brasileira, independente, imensa, de mesma língua, que compartilha a mesma História e atua com relativa paz em suas manifestações políticas, culturais e religiosas, que todos esperam, jamais acabe. A grandeza nacional é digna de reconhecimento, mas, assim como o passado sempre preocupou, o presente e o futuro do Estado brasileiro preocupam e precisam ser repensados. Não é correto tentar justificar suas características de mau funcionamento e mau resultado com a herança do colonizador português, como muitos ainda tentam fazer.

Estes são principalmente os que se apropriam indevidamente dele, de dentro ou de fora dele, e buscam perpetuar seus benefícios pessoais indevidos em detrimento de sua nação. Por isso, buscam incutir, e muitas vezes conseguem, que o mal de seu Estado é hereditário, não tem cura e sempre existirá. O fato é que o Estado brasileiro está muito aquém de seu fim de promover a segurança e o desenvolvimento econômico-social sustentável de sua nação. Sua herança histórica e cultural, e a de nenhuma outra nação, pode justificar o alto custo e o baixo resultado de um Estado, sendo estes sempre decorrentes da atuação dos que o comandam ou gerem a cada momento, não sendo absurdo afirmar que pelo menos da maioria deles.

O Estado deve ser promotor, direto ou indireto, da segurança e do desenvolvimento de sua nação, não obstáculo a eles. O modelo do Estado brasileiro sempre foi mais obstáculo, mas, mesmo assim, trouxe à nação brasileira atual, independente, una, rica e continental. Aos que o comandaram com alto nível ético-profissional, o agradecimento, aos que o comandam ou gerem, a obrigação de conduzi-lo com essa característica, em busca exclusiva do fim coletivo. É preciso modificá-lo pacificamente, o que consiste apenas em ajustes, não em violências, guerras, revoluções ou outras formas de rupturas e sofrimentos. Apenas basta a atitude de alto nível ético-profissional dos agentes eleitos e gestores que o comandam ou gerem, e de seus agentes não eleitos nem gestores que operacionalizam suas ações, em todas as suas partes, com todos devendo obediência hierárquica apenas quando ordens não forem contrárias ou alheias ao fim coletivo.

A independência e a unidade nacional continental foram das maiores conquistas nacionais e datam do século XIX e início do século XX, neste, com a anexação do estado do Acre finalizando seu território como é hoje. Mas a grande obra nacional ainda não chegou e será a implantação do Estado de alto nível ético-profissional, eficiente e eficaz, via única para a segurança e o desenvolvimento de todas as nações. A nação brasileira é rica e está, há muito tempo, entre as maiores economias do mundo, mas dará passo gigante somente com a implantação de um novo Estado com essa característica, liberto das amarras dos que buscam se apropriar indevidamente dele, seus agentes ou não, e que a tornam injusta e desigual, insegura e pouco desenvolvida.

O Estado brasileiro já alcançou a fase da modernidade tecnológica, o que o permite voltar-se para a coletividade de acordo com seu custo e potencial. Falta apenas fazê-lo e esta é a parte mais difícil, pois não interessou a muitos de seus agentes eleitos e gestores que o comandaram e que foram sucedidos por outros de mesmas características que o comandam atualmente. Ocorre que nada mais está escondido por impossibilidade tecnológica de ser mostrado, mas apenas por não se querer dar a devida publicidade, o que também não se está mais conseguindo diante da imensa disponibilidade de informações vindas de toda parte. É preciso investir de forma sistemática e planejada na educação geral e ética da imensa maioria da população, visando libertá-la do Estado e de seus agentes para que participe dele, acompanhe e cobre seus resultados, como seus agentes ou não.

Ocorre que no Brasil o Estado sempre foi tido como propriedade pessoal de muitos que o comandam ou gerem e de outros que de dentro ou de fora dele contribuem com eles. Esses comandantes ou gestores sempre contaram com a carência de educação geral e ética da maioria da população e com sua dependência em relação a eles e ao Estado para se manterem em seu comando ou sua gestão com seus benefícios pessoais indevidos. Contam, para isso, com agentes estatais que, muitas vezes, possuem até boa educação formal, mas baixo nível ético, aderentes a eles para também comandá-lo ou exercer sua gestão e obter benefícios pessoais indevidos. Mantêm, assim, uma cadeia de comando ou de gestão de alto custo e baixo resultado em benefício de sua nação.

A tecnologia e a informação em si não são suficientes para combater os que buscam se apropriar indevidamente do Estado. Estes conseguem por meio de vários artifícios conceber normas ou não, exigir seu cumprimento de todos ou não, julgar em respeito a elas ou não, gerir em benefício da coletividade ou não e muitas outras ações mesmo que indevidas. Sem comando ou gestão de alto nível ético-profissional, a tecnologia e a informação existentes não servem para elaborar normas nem para exigir seu cumprimento de todos, nem para julgar em respeito a elas, nem para gerir o Estado em benefício de sua nação, nem muitas outras coisas mais. Bem o exemplificam as fartas informações existentes sobre ineficiência, desvio do fim coletivo e corrupção na História do Estado brasileiro até os dias atuais sem a sua devida resposta, muitas vezes até filmadas e divulgadas para toda a população.

Chega-se, assim, ao pior exemplo de Estado, o que afronta sua nação. Ele possui tecnologia e meios para obter, expor e utilizar a informação, mas não o faz como deveria fazer. É quando os agentes estatais e outros em conjunto com eles se apropriam indevidamente dele sob os olhares da população, de modo que muitos sabem quem são e o que fazem, ou deixam de fazer, em benefício pessoal indevido, próprio ou de outros, mas pouco podem fazer contra eles, pois se protegem na estrutura estatal autoritária e de democracia próxima da falsidade, cujo comando ou gestão é deles próprios, não se deixando eliminar nem devolvendo os recursos que obtêm indevidamente, muito menos permitindo-se à privação da liberdade quando deveriam ser privados dela. Por ação ou omissão, dominam e controlam o Estado para si mesmos e para os que contribuem com eles, de dentro ou de fora dele.

É a isso que o mundo deve ficar atento, e a nação brasileira serve de exemplo. Nação rica e extensa territorialmente, mas que não consegue melhorar de modo sustentável seus indicadores econômico-sociais, sendo extremamente acometida pela violência, injustiça e desigualdade. De um lado, possui imensas riquezas e avanços em algumas áreas, mas, de outro, possui um Estado caro e de baixo resultado. Enquanto isso, muitos de seus agentes eleitos e gestores que o comandaram ou exerceram sua gestão em busca do benefício pessoal indevido parecem ter se eternizado nele e o transferido para seus descendentes e outros de mesmas características que o comandam ou gerem, em todas as suas partes, à custa de sua nação, que é obrigada a pagar cada vez mais tributos para mantê-lo da forma como ele sempre foi. Nada conseguiu ainda modificar essa sua situação, o que somente se modificará com a sua transformação em Estado de alto nível ético-profissional, cujo primeiro grande passo pode ser dado a partir do conjunto de ações sugerido na parte IV deste livro.

PARTE III

AS PRINCIPAIS TEORIAS DA ADMINISTRAÇÃO E O ESTADO

FUNDAMENTOS PARA O COMANDO OU A GESTÃO PROFISSIONAL DO ESTADO

Administrar é um desafio. Algumas organizações foram administradas com tamanho sucesso que hoje são centenárias e até milenares. Os Estados são organizações que, independentemente da forma como são denominados – União, Província, Estado Federado, Distrito, Município, Condado etc. – ou como são organizados – Poder Executivo, Legislativo, Judiciário ou outros –, necessitam de bom comando ou boa gestão. Precisam ser planejados, organizados, dirigidos e controlados para oferecer resultados às suas nações compatíveis com seus custos e potenciais. Existe, porém, uma diferença entre a organização estatal e a não estatal, apesar de todas terem que ser administradas ou geridas com alto nível ético-profissional, de acordo com experiências úteis à gestão e teorias administrativas que permitam melhor resultado, estas utilizadas de modo explícito ou não.

Essa diferença está em seus requisitos de sobrevivência no ambiente. Enquanto as organizações não estatais são criadas com o objetivo de atender às necessidades de oferta de produtos ou serviços e sobrevivem enquanto as atendem, os Estados nascem da obrigação de existência de um ente que proteja sua nação e fomente seu desenvolvimento no contexto coletivo. Diferentemente do ente não estatal, sua existência é obrigatória e, por mais ineficiente e ineficaz que seja, sua eliminação pelo ambiente não ocorrerá, nascendo e sobrevivendo para sempre, mesmo que sob outra denominação ou incorporado a outro Estado, e mesmo que maléfico à sua nação, não havendo alternativa a ele como ser coletivo.

Mas o que fazer para que esse Estado obrigatório não se torne um empecilho ou um mal à sua nação? A resposta é a administração ou a gestão de alto nível ético-profissional, que não permite que seus agentes o dominem e controlem em benefício pessoal indevido, próprio ou de outros. É ela que faz com que organizações jovens ou antigas sobrevivam e apresentem resultados de acordo com seus objetivos. O fato de o Estado ser um ente obrigatório não o isenta da necessidade de ser também bem administrado. Ao contrário, obriga-o ainda mais para evitar que seja indevidamente apropriado por indivíduos e grupos que buscam fazê-lo, de dentro ou de fora dele. Porém, os Estados são carentes de administração ou gestão em diferentes intensidades de acordo com a participação, o acompanhamento e a cobrança da população.

Como ente poderoso e obrigatório, sua necessidade de ser bem administrado ou bem gerido é ainda maior e isso ele só consegue com comando ou gestão de alto nível ético-profissional, que deve vir do compromisso de seus comandantes ou gestores com o resultado em benefício da coletividade. Os ensinamentos cristãos e de outras religiões, ou até não religiões, com foco no bem comum, no amor e no respeito ao próximo, na ordem, na liberdade, na paz, na justiça e na igualdade contribuem com a ética do comando ou da gestão estatal, enquanto as teorias administrativas contribuem com o seu profissionalismo. Assim, o conjunto formado por essa ética e por esse profissionalismo leva ao comando ou à gestão do Estado voltado exclusivamente para o resultado em benefício de seu ambiente, de sua nação ou da coletividade.

Para que o Estado alcance a ética e o profissionalismo em sua atuação, buscando eficiência e eficácia, seus agentes que não os possuam em alto nível, principalmente comandantes ou gestores, devem ser eliminados dele ou reduzidos fortemente. Ao elevar seu custo e reduzir ou impedir seus resultados, estes promovem conturbações, violências, injustiças e desigualdades, levando até às guerras e aos conflitos internos e externos que afloram cada vez mais e prejudicam toda a humanidade.

O Estado de alto nível ético-profissional possui potencial para concretizar tempos de paz e prosperidade em suas nações e no mundo, sendo capaz de salvar a humanidade da catástrofe que ela mesma vem criando ao longo de sua História. Cabe aos comandantes ou gestores estatais de todas as nações trilharem o caminho sustentável do comando ou da gestão de alto nível ético-profissional no Estado, combatendo a todos que lhe são contrários e que geram dificuldades para milhões e até bilhões de seres humanos em todo o mundo. Tudo inicia pelo recrutamento e pela permanência de agentes estatais, principalmente eleitos e gestores que comandam ou gerem o Estado, somente por meio de critérios impessoais, ético-profissionais, que visem unicamente ao fim coletivo. Impessoalidade no sentido de que os cargos estatais não devem pertencer a alguém em particular ou em especial, sendo o critério de recrutamento para eles e de permanência neles imparcial, igual para todos.

As principais teorias administrativas são relativamente recentes e surgiram de estudos, pesquisas e observações realizados nas organizações e em seus ambientes. Tratam de tarefa, estrutura, pessoas, tecnologia e ambiente, mostrando formas de conduzir ou gerir organizações com foco em resultados. É fundamental ao gestor conhecê-las e aplicá-las para gerar resultados positivos, pois antecedem e permeiam a experiência útil à gestão, assim como técnicas específicas de gestão de recursos monetários, materiais e humanos. Conscientemente ou não, organizações bem-sucedidas em todo o mundo as utilizam, sendo obrigatório que a ética do gestor também as anteceda e as permeie.

A Igreja Católica e as organizações militares são exemplos clássicos de organizações milenares que as influenciaram e as utilizaram e que ainda as utilizam fortemente. A primeira aplica princípios organizacionais há aproximadamente dois milênios, o que contribui, ao lado da fé cristã, com sua ética do amor ao próximo e do foco no bem comum, para que seja ao mesmo tempo das maiores, mais antigas, mais abrangentes, mais reconhecidas e mais confiáveis organizações do mundo. O Estado representa outra das maiores e mais antigas organizações, com destaque para princípios administrativos utilizados em suas organizações militares desde épocas anteriores a Cristo. Os filósofos, as ciências, os economistas, a Revolução Industrial e os empreendedores do século XIX também contribuíram com seu surgimento, contribuindo com sua proliferação mundial a partir do século XX.

Começaram a ser concebidas e a se firmar a partir do início do século XX, iniciando com a Administração Científica, de Frederick Taylor[11], nos Estados Unidos, apesar de os egípcios já terem reconhecido a necessidade de planejar, organizar e controlar seus empreendimentos em 4.000 a.C. Na atualidade, são muitas as organizações que atuam em todo o mundo e com idade suficiente para comprovar a eficácia de sua gestão, algumas iniciadas antes da concepção de todas ou quase todas as teorias administrativas surgidas no decorrer do século XX. No entanto, muitas já as aplicavam, mesmo que inconscientemente, sendo mais fácil gerir organizações e obter sucesso depois da adoção consciente e sistemática de seus princípios e fundamentos, sem os quais muitas não existiriam mais.

A observância das teorias da Administração e a utilização das quatro funções básicas delas decorrentes – planejamento, organização, direção e controle – são de alta importância na obtenção de resultados positivos e na longevidade das organizações. Para cada teoria, existem métodos, técnicas e teorias complementares suficientes para aumentar as chances de sucesso organizacional, apesar das mudanças que sempre ocorrem no mundo. É comum surgirem pensamentos e técnicas administrativos aparentemente novos, mas quase sempre aplicados a partir de sete abordagens e doze teorias administrativas básicas, ou quase teorias, considerando sempre o processo administrativo de planejar, organizar, dirigir e controlar, o que forma a Ciência da Administração.

Antecede e permeia o profissionalismo da gestão trazido por elas, com seus métodos e técnicas, a ética do ser humano responsável pela gestão, que deve se comprometer com os objetivos da organização que gere. No caso das organizações não estatais, o lucro é um de seus principais objetivos, sem jamais esquecer a função social delas, com outros objetivos podendo ser também buscados, como o exemplifica as organizações sem fins lucrativos. Em se tratando do Estado, o benefício à coletividade deve ser seu único fim e os principais objetivos que justificam sua existência

---

11. Frederick Winslow Taylor (1856-1915). Engenheiro, nascido na Filadélfia, Estados Unidos. Criador da Administração Científica.

são a proteção dos indivíduos e o seu desenvolvimento econômico-social de modo sustentável, o que só consegue se atuar com eficiência e eficácia, em busca do resultado compatível com seu custo e potencial.

Como em toda organização, a utilização das teorias administrativas é imprescindível para o alcance dos resultados do Estado, podendo ser resumidas em sete abordagens[12]: Clássica; Humanística; Neoclássica; Estruturalista; Comportamental; Sistêmica; e Contingencial. Estas abrangem doze teorias, ou quase teorias: Administração Científica; Teoria Clássica; Teoria das Relações Humanas; Teoria Neoclássica; Teoria da Burocracia; Teoria Estruturalista; Teoria Comportamental; Teoria do Desenvolvimento Organizacional; Tecnologia Aplicada à Administração; Teoria Matemática; Teoria dos Sistemas; e Teoria da Contingência. Seu conjunto trata de forma abrangente dos principais elementos de funcionamento de uma organização: tarefa; estrutura; pessoas; ambiente; e tecnologia.

Essas teorias buscaram atender à imensa quantidade de organizações surgidas do meio do século XIX aos dias atuais, pois a partir da Revolução Industrial se percebeu que não era mais possível administrá-las de forma apenas empírica, como na produção e no comércio dos artesãos e vendedores individuais. Procurou-se, assim, propor medidas para a sobrevivência e o sucesso das organizações no novo ambiente que surgia. Suas origens e seus fins quase sempre não focaram o Estado, mas, confrontando-o com elas a partir do Estado brasileiro, pode-se obter possíveis explicações para a ineficiência e ineficácia de muitos Estados. A análise deste em comparação com essas abordagens e teorias administrativas mostra que elas quase não são aplicadas nele, o que se deve, certamente, às suas características de alto nível de personalismo e patrimonialismo e de baixo nível ético-profissional, o que provavelmente também ocorre em muitos outros Estados de muitas outras nações.

---

12. Idalberto Chiavenato, *Teoria Geral da Administração*, 7ª ed., Barueri, Editora Manole, v. 1-2, 2014. Utilizo bastante essa obra, inclusive muitas de suas referências, a qual muito facilitou a escrita desta parte deste livro. Utilizo as mesmas classificações do autor e remeto a ela todos que queiram se aprofundar no conhecimento das teorias da Administração.

A abordagem clássica é a pioneira, por meio da Administração Científica, de Taylor, em 1903, e da Teoria Clássica, de Henri Fayol[13], em 1916. A partir dela, outras abordagens foram desenvolvidas no decorrer do século XX, todas sendo bastante úteis até os dias atuais. Apesar de inserido no contexto das organizações, o Estado possui características diferentes das que ensejaram o surgimento da Teoria da Administração, mas não fica, por conta disso, fora do contexto de sua aplicação. A principal diferença é que, enquanto as demais organizações devem ser bem administradas para se manter no ambiente concorrencial, os Estados parecem sobreviver apenas pela força, pela importância e pelo poder que possuem, com menos ameaças à sua existência.

No ambiente concorrencial sadio, só as melhores organizações e os melhores profissionais conseguem sobreviver e, muitas vezes, obter sucesso, o que parece não se aplicar aos Estados e aos seus agentes. Por conta disso, muitos Estados passaram a ser grandes provedores de benefícios indevidos, muitas vezes até permitidos pela norma ou em seu claro descumprimento, a quem pretende obtê-los sem compromisso de gerar resultado em benefício de sua nação. Desse modo, a pouca ameaça à sua existência e a busca por benefícios pessoais indevidos são provavelmente os principais motivos pelos quais diversos comandantes ou gestores estatais são muitas vezes arredios e praticamente descartam a utilização das teorias da Administração, apesar do sucesso comprovado de sua aplicação, tácita ou explícita, nas organizações mais bem-sucedidas do mundo.

Nesse contexto, somente o alto nível ético do comandante ou gestor é capaz de fazê-lo aplicá-las no sentido de realizar uma gestão estatal verdadeiramente profissional, com foco no resultado em benefício de sua nação ou da coletividade. Ocorre que, mais de um século depois do surgimento da primeira delas, a Administração Científica, nem mesmo ela é devidamente aplicada em Estados como o brasileiro, como se pode observar claramente em seu funcionamento cotidiano. Uma das

---

13. Jules Henri Fayol (1841-1925). Engenheiro, nascido em Istambul, Turquia, foi o criador da Teoria Clássica da Administração.

dificuldades de sua aplicação no Estado é que não são exatas, como não são também muitas outras ciências, sendo descartadas ou aplicadas incorretamente e enganando os que não as conhecem em profundidade.

Nesta parte deste livro, mostro as sete abordagens e analiso as doze principais teorias da Administração, ou quase teorias, a partir da já citada obra de Idalberto Chiavenato, em comparação com o funcionamento do Estado brasileiro, visando mostrar desalinhamentos existentes entre seu comando ou sua gestão e a teoria abordada. Visualizam-se a partir deles possibilidades de mudança na condução ou gestão dos Estados para que possam cumprir os objetivos de sua criação e sua existência. Para isso, é essencial que se trate a questão ético-profissional já no recrutamento dos que os comandam ou gerem, devendo ser sempre acompanhados nesta questão enquanto permanecerem no comando ou na gestão estatal. Do contrário, não haverá comando ou gestão de alto nível ético-profissional e os Estados serão mais empecilhos do que contribuintes com suas nações, impondo-lhes altos custos e oferecendo-lhes baixos resultados.

ABORDAGEM CLÁSSICA

É a primeira da iniciante Ciência da Administração no início do século XX. O artesão e o vendedor individual começam a dar lugar à grande organização que cria, produz, vende e cuida de suas finanças. Suas teorias são a Administração Científica e a Teoria Clássica. A primeira trata da eficiência no nível operacional por meio da ênfase na tarefa, na análise e divisão do trabalho, no método, na padronização e definição do tempo de execução. A segunda, da eficiência organizacional, com ênfase na estrutura e no funcionamento da organização por meio de seu formato e suas inter-relações. Complementam-se, assim, na busca da eficiência das operações e da estrutura organizacional.

A eficiência dos trabalhadores ocorrerá se a estrutura da organização estiver desenhada para garantir fluidez, tanto no sentido de complementaridade das funções organizacionais quanto do fluxo de trabalho.

Seus autores tentam responder ao crescente e desordenado mundo empresarial pós-Revolução Industrial, buscando a melhor utilização dos recursos e a eficiência das organizações diante da concorrência que se inicia e aumenta cada vez mais. Por uma condição do ambiente, são as organizações privadas que iniciam os primeiros movimentos no sentido de tornar a administração organizacional uma questão científica para substituir o empirismo até então prevalecente.

ADMINISTRAÇÃO CIENTÍFICA

A Administração Científica foi fundada por Taylor, com ênfase na tarefa ou atividade do operário, tentando eliminar o desperdício e elevar a produtividade. Tinha como princípio que a administração devia pagar melhor salário e reduzir o custo unitário de produção. Para isso, eram necessários métodos científicos e padrões de processos de trabalho que permitissem o controle das operações. Preocupava-se com o recrutamento, o treinamento e as condições de trabalho do operário para que normas padronizadas pudessem ser cumpridas e a produção ocorresse em uma normalidade previamente definida. A estruturação da empresa devia acompanhar a racionalização do trabalho.

Taylor concluiu que as indústrias padeciam de vadiagem sistemática dos operários, decorrente principalmente do sistema defeituoso de administração, que os forçava à ociosidade para proteger seus interesses, e dos métodos empíricos ineficientes, que os levavam ao desperdício de tempo. A gerência desconhecia as rotinas de trabalho e o tempo de sua execução, faltando uniformidade nas técnicas e nos métodos de trabalho. Buscou repartir responsabilidades, com o planejamento e a supervisão do trabalho ficando com a gerência, que pensa, e a execução, com o operário, que executa. A Administração Científica busca maximizar a eficiência da empresa a partir da eficiência do operário.

Denominou-se Organização Racional do Trabalho – ORT à substituição dos métodos empíricos por científicos, em que o enfoque na produção se baseava em alguns aspectos que melhorariam a produtividade individual e, consequentemente, a eficiência organizacional. A análise do trabalho e o estudo dos tempos e movimentos visavam à racionalização por meio da identificação dos movimentos necessários à execução da tarefa. Assim, padronizava-se o trabalho e estabelecia-se o tempo de sua execução com o fim de obter o melhor método e a fixação do tempo padrão para execução das tarefas.

Objetivava eliminar, assim, o desperdício de esforço, adaptar o operário à tarefa, especializar, treinar e estabelecer normas de execução do trabalho como forma de aumentar a produtividade, com ênfase nas tarefas e nos meios, métodos e processos de trabalho para melhor utilizar os recursos. Seus autores se preocupavam com a fadiga humana, acreditando que ela predispunha o trabalhador à diminuição da produtividade, causando perda de tempo, aumento da rotatividade de pessoal, doenças e acidentes no trabalho. Para amenizá-la, a proposta era economizar movimentos por meio do arranjo material do local de trabalho e do uso de ferramentas e equipamentos mais apropriados, aspectos físicos do trabalhador e da fábrica, porém sem atentar para os aspectos psicológicos do ser humano.

A divisão do trabalho e a especialização buscavam elevar a produtividade do operário, especializando-o na execução de tarefa única ou de tarefas simples e elementares, de forma contínua e repetitiva, sem liberdade e iniciativa de definir seu modo de trabalho, submetido à execução automática, repetitiva e padronizada de tarefas. O desenho de cargos especificava tarefas, métodos de execução e relação com outros cargos, o que permitia recrutar operários de qualificações mínimas e baixos salários, minimizar custos de treinamento, reduzir erros de execução e facilitar a supervisão. Ao racionalizar tarefas e padronizar métodos e tempo de execução, recrutar cientificamente e treinar de acordo com métodos estabelecidos, restava motivar para o trabalho, visando colaborar com a empresa.

Daí se elaboraram planos de incentivos salariais e se estabeleceram prêmios de produção, partindo da premissa de que a remuneração baseada no tempo de trabalho não estimulava o operário, devendo ser substituída pela remuneração baseada na produção. Era o conceito do homem econômico, em que o trabalhador é influenciado exclusivamente por recompensas salariais, econômicas e materiais. Para aumentar a eficiência do operário e reduzir o desperdício, devia-se melhorar o ambiente físico das fábricas, padronizar métodos e processos de trabalho, máquinas, equipamentos, ferramentas, matérias-primas e componentes. Devia-se utilizar a supervisão funcional, que consistia na divisão do trabalho e na especialização do supervisor para que este exercesse autoridade sobre os operários na função sob a sua responsabilidade.

A Administração Científica estabeleceu ainda princípios a aplicar a todas as situações. Para Taylor, constituíam princípios gerenciais: o planejamento; o preparo; o controle; e a execução. O primeiro consistia em substituir a improvisação pela ciência, por meio do planejamento do método de trabalho; o segundo, em preparar o operário para produzir mais e melhor, atentando para a disposição de máquinas, equipamentos, ferramentas e materiais; o controle, em controlar o trabalho para atender aos métodos estabelecidos e ao plano previsto; e a execução consistia em distribuir as atribuições e responsabilidades entre os operários de modo a permitir que o trabalho fosse mais bem executado.

Taylor contribuiu, ainda, com outros princípios, todos no sentido de que o operário melhor executasse seu trabalho e aumentasse a eficiência das operações e da empresa. É dele também o princípio da exceção, em que o controle devia ocorrer nas exceções ou nos desvios dos padrões considerados normais de acordo com estudos prévios. Os administradores deviam se preocupar na tomada de decisão apenas com as exceções ou os desvios, com a rotina dentro da normalidade podendo ser delegada aos subordinados, gerando daí o princípio da delegação, amplamente utilizado nas organizações atuais.

Muitos seguidores de Taylor e estudiosos contribuíram com a Administração Científica, como Emerson[14], com seus doze princípios da eficiência, de 1912: definir plano de acordo com os objetivos a alcançar; estabelecer o predomínio do bom senso; oferecer orientação e supervisão competentes; manter disciplina; honestidade nos acordos ou justiça social no trabalho; manter registros precisos, imediatos e adequados; oferecer remuneração proporcional ao trabalho; fixar normas padronizadas para as condições de trabalho; fixar normas padronizadas para o trabalho; fixar normas padronizadas para as operações; estabelecer instruções precisas; e dar incentivo para maior rendimento e eficiência.

Também Ford[15] contribuiu com princípios, como: da intensificação, que consistia em reduzir o ciclo de tempo do produto, com o emprego imediato de equipamentos e matérias-primas e a rápida colocação no mercado; da economicidade, em reduzir ao mínimo o volume de estoque da matéria-prima em transformação; e da produtividade, que consistia em aumentar a capacidade de produção do operário por meio da especialização e da linha de montagem, acelerando a produção por meio de um trabalho ritmado, coordenado e econômico. A racionalização levou à produção em série por meio da linha de montagem. Ford definia o preço de venda de seus carros e buscava o gasto que o garantisse.

Com a Administração Científica, a Teoria da Administração tratou as organizações de modo similar a máquinas, construídas basicamente em torno da especialização e da divisão do trabalho. A produção em massa talvez seja a maior de suas criações, representando grande avanço empresarial em termos de redução de custos de bens manufaturados e aumento de ganho dos trabalhadores, ao contrário do que ocorria, em que o baixo custo dos produtos representava salário mais baixo.

---

14. Harrington Emerson (1853-1931). Engenheiro estadunidense.
15. Henry Ford (1863-1947). Engenheiro e empreendedor estadunidense, fundador da Ford Motor Company e o primeiro empresário a aplicar a montagem em série na produção de automóveis em massa, em menor tempo e menor custo.

Foi criticada, como em relação ao mecanicismo que a restringia a tarefas, cargos e funções dos operários sem considerar o seu lado humano. Buscou resultados projetados por meio de um formato estático, fechado e planejado. O estudo dos tempos e movimentos determinaria o melhor método de trabalho, a seleção científica do trabalhador e os cuidados para evitar a fadiga humana, que, junto com supervisão funcional, plano de incentivo salarial e boas condições ambientais, conduziriam à máxima eficiência e a maiores lucros e salários. Tudo baseado no conceito do homem econômico, em que o empregado motivado por salário e outros incentivos monetários é capaz apenas de receber ordens e cumpri-las, mesmo sem poder de iniciativa e influência na administração. Sua superespecialização é também criticada, pois, quanto mais especializado e padronizado o trabalho, menor a satisfação.

Com a Administração Científica, é possível conseguir maior eficiência no curto prazo por meio do recrutamento, do treinamento, da supervisão e da execução de atividades. Porém, sem considerar o lado humano, não se garante eficiência e produtividade no médio e longo prazo, pois o tédio e a carência motivacional podem levar o operário ao efeito inverso. Daí a crítica à visão microscópica do homem, tratado como ser individual, sem considerar seu aspecto humano e social. É uma concepção negativista, tratado como ser preguiçoso, indolente e ineficiente, competindo à gerência impor padrões e forçar cooperação e, ao trabalhador, apenas obedecer às suas ordens. É visto e tratado como apêndice ou acessório da máquina, a executar ordens, visando à eficiência, sem opinar nem participar das decisões.

O desenho de cargos e tarefas retrata concepções a respeito da natureza humana, o homem econômico, e tem como fundamento a estabilidade e a previsibilidade que justificariam os recursos investidos, o que, ao mesmo tempo, inibe a inovação na melhoria das operações da empresa. Assim, recebe críticas por utilizar uma abordagem incompleta da organização, restringindo-se aos aspectos formais, sem considerar a organização informal e os aspectos humanos, com preocupações praticamente exclusivas à fábrica, omitindo a administração do todo organizacional. É provável que a rápida proliferação de novas organizações e a tecnologia nascente a fizeram focar apenas a resolução dos problemas da fábrica, mas representando, mesmo assim, grande avanço na busca da eficiência.

Recebeu críticas ainda pela sua abordagem prescritiva e normativa ao buscar prescrever princípios como receituário para todas as organizações e situações, como se houvesse solução prévia para todos os problemas organizacionais. Também pela sua abordagem de sistema fechado, em que o ambiente parece não influenciar as organizações, como se fossem hermeticamente fechadas, mecânicas, previsíveis e determinísticas, com problemas e soluções apenas em seu interior. O "como" mais importante do que "o que fazer", desconsiderando a influência das variáveis ambientais na eficiência das organizações. Utilizou a competência técnica como principal requisito gerencial, em que mais engenharia, melhores métodos e equipamentos levariam obrigatoriamente a melhores resultados.

Para a Administração Científica, uma forma de ganhar dinheiro era deixar de perdê-lo, com um de seus principais ganhos vindo do fim do desperdício por meio do aumento da eficiência. Parte do mundo concreto em que a tarefa é realizada e por meio da observação contribui para melhorar a eficiência pontual, sem utilizar métodos reconhecidamente científicos. A crítica à pouca pesquisa e experimentação para comprovar cientificamente suas teses não reduz seu valor, pois utiliza em seu lugar métodos empíricos e concretos, conhecendo pela evidência, não pela abstração. Inicia a Teoria da Administração aplicada às organizações, principalmente em relação à análise e padronização do processo produtivo, visando racionalizar e aumentar a eficiência e a produtividade organizacional.

A ADMINISTRAÇÃO CIENTÍFICA E O ESTADO

O Estado sempre passou por crises recorrentes na forma de ser administrado. Ao estudar as organizações, percebe-se que a pressão existente nas estatais é diferente da existente nas não estatais. Se nas organizações não estatais o principal objetivo é o lucro ou o benefício aos seus proprietários, sobrevivendo em um ambiente que só permite a permanência das melhores, nas estatais o objetivo é o benefício à coletividade, com baixa preocupação com a sobrevivência. Os Estados sobreviverão independentemente de alcançarem ou não seu objetivo, sendo úteis ou não. Essa garantia não está em seus recursos nem em seus resultados, mas em uma concepção secular de que o homem não sobrevive sem eles, daí, eficientes e eficazes ou não, permanecerão sempre na vida de suas nações.

A Administração Científica surgiu para responder a pressões ambientais sofridas pelas organizações privadas em um ambiente em que proliferavam novas tecnologias e novas organizações empresariais e em que o empirismo com que eram conduzidas levava a perdas contínuas de recursos, gerando ineficiências e ameaças à sua sobrevivência. Não era o Estado a sofrer pressão, por isso, assistiu ao surgimento da Administração Científica sem estar na linha de frente de sua concepção e seu desenvolvimento. Alguns Estados europeus e os Estados Unidos até realizaram reformas administrativas nos séculos XVIII e XIX, respectivamente, visando combater o clientelismo e modernizar-se por meio da meritocracia[16], mas esse não era o mesmo movimento da Administração Científica do início do século XX.

A eficiência operacional buscada por esta, principalmente por meio da divisão do trabalho e de sua racionalização, não tinha o Estado como origem nem foco, mas isso não o impede de aplicá-la, pois é totalmente compatível com a eficiência que se deve buscar em quaisquer tipos de organizações. Muitas organizações não estatais devem muito de sua

---

16. Luiz C. Bresser Pereira, *Construindo o Estado republicano: democracia e reforma da gestão pública*, tradução de Maria Cristina Godoy, Rio de Janeiro, Editora FGV, 2009.

sobrevivência e seu sucesso aos fundamentos dessa teoria, podendo-se afirmar que, conscientemente ou não, toda organização a utiliza, em menor ou maior intensidade. O Estado que pretende profissionalizar seu comando ou sua gestão encontra nela ótima alternativa, que, junto com as outras teorias administrativas aqui tratadas e dosada de forma consciente, pode levar à eficiência das operações e ao melhor resultado em todas as organizações.

Entretanto, o que se observa na atuação de Estados como o brasileiro é que não a utiliza da forma como deveria utilizar. A ineficiência de sua atuação é claramente observada, com o desperdício de recursos monetários, materiais e humanos, elevando cada vez mais seu custo e reduzindo seu resultado. A observação de seu cotidiano, os trabalhos e estudos de indivíduos e organizações estatais e não estatais, as notícias na mídia e muitas estatísticas nacionais mostram uma realidade preocupante em sua forma de atuação no que se relaciona ao planejamento e à realização de muitas de suas atividade ou operações.

Para reverter essa situação, os fundamentos da Administração Científica que buscavam eficiência nas fábricas do início do século XX ainda fornecem excelente contribuição. Basta pegar o exemplo do que ocorre em organizações privadas que sofrem pressão do mercado concorrencial e que a aplicam, conscientemente ou não, com intensidade desde o início do século XX junto a outras teorias administrativas que vieram posteriormente, no que muito contribuem com a melhoria de seus resultados.

A ineficiência operacional combatida pela Administração Científica continua bastante presente na atuação estatal brasileira, não havendo o devido esforço no sentido de eliminá-la. Há em muitas de suas partes pouca ênfase na tarefa no intuito de eliminar o desperdício, aumentar a produtividade e reduzir o custo de sua atuação. Geralmente prevalece o improviso, não se aplicando muitas vezes regras, padrões e planos bem definidos de processos de trabalho que permitam continuidade e controle em busca da eficiência e produtividade. Mesmo que constem em seus normativos, é comum que não sejam seguidos; quando informatizados, a parte da gestão que os complementaria muitas vezes não é devidamente realizada.

O recrutamento e o treinamento também são falhos e muito baseados no personalismo dos que o comandam ou gerem, dificilmente possibilitando colocar a pessoa certa no lugar certo. A quantidade de agentes estatais distribuída em suas partes geralmente não é definida a partir das necessidades do trabalho, prevalecendo o excesso em umas e a carência em outras. O tempo é desperdiçado e os gestores costumam não enfrentar de modo adequado os problemas que ocorrem no local de trabalho. Alguns agentes estatais realizam grande quantidade de atividades enquanto outros quase não as realizam, e outros são até ausentes do local de trabalho ou, estando nele, são-lhes contrários ou alheios. Muitos gestores estatais desconhecem as rotinas e o tempo necessário para realizá-las, pois há baixa uniformidade de técnicas, métodos e procedimentos de trabalho, além de muita descontinuidade, tanto por troca constante de gestor como por novos direcionamentos impostos, ambos sem racionalidade.

A gestão estatal brasileira é marcada pela descontinuidade, com o gestor mudando de área ou de organização em curtíssimos períodos por motivo pessoal, dele ou de outros, o que o impossibilita de criar conhecimento do negócio. Quase sempre é cobrado apenas pelo curto prazo e muitas vezes pelo benefício pessoal indevido que gera, por ação ou omissão, aos que o recrutam e o mantêm, sendo comum a subserviência à situação atual, ao superior hierárquico e a outros, de dentro ou de fora do Estado, descartando o profissionalismo, em troca do recrutamento para a gestão e da permanência nela. Os que lhe são subordinados percebem a situação e entendem que seu superior hierárquico não possui compromisso com o resultado estatal, não tendo legitimidade ético-profissional para o cargo, passando, muitas vezes, a não obedecer às suas ordens e a combatê-lo.

Nesse contexto, os agentes não eleitos nem gestores sabem que, por mais que se esforcem, não obterão resultado satisfatório em benefício de sua nação, pois prevalecerá muitas vezes o direcionamento dado pelo seu superior hierárquico e por outros em benefício pessoal indevido. A análise do trabalho e o estudo de tempos e movimentos da Administração Científica ou similar, visando obter melhores métodos e tempos de realização do trabalho, são pouco encontrados na administração do Estado brasileiro. Por isso, atua com imenso desperdício, com sua força de trabalho muitas vezes distribuída e cobrada por critérios de domínio e poder que levam ao excesso ou à insuficiência, com seus agentes muitas vezes distribuídos para atender aos fins pessoais próprios e de muitos que o comandam ou gerem.

A fadiga humana que preocupou os autores da Administração Científica também não recebe tratamento adequado nele. São numerosos seus agentes submetidos a condições de trabalho precárias, como médicos do sistema de saúde pública, professores de escolas estatais, policiais e agentes penitenciários. O ambiente físico e psicológico em que atuam muitos de seus agentes é pouco motivador e pouco saudável. Ainda, agentes estatais como professores, fiscais, policiais e agentes penitenciários são vítimas constantes do descaso do Estado, sofrendo violências físicas e mentais, muitas vezes no local de trabalho, sem que providências sejam tomadas.

O conceito do homem econômico utilizado pela Administração Científica com o fim de motivar o operário por meio de incentivos salariais e prêmios de produção baseados na produtividade é também distorcido na administração do Estado brasileiro. Os salários pagos por ele geralmente não seguem lógica remuneratória, havendo imensas distorções entre seus agentes, como professores em escolas estatais recebendo remuneração inferior à de outros agentes que exercem atribuições de nível de escolaridade e relevância social bastante inferior. Há, ainda, agentes com carga de trabalho e produtividade bem maiores do que outros em atividades similares, muitas vezes remunerados de forma inferior. Essas e outras distorções são muito graves entre seus entes, seus poderes e suas organizações, mas também ocorrem dentro deles.

A supervisão funcional também não funciona no Estado brasileiro como sugerida pela Administração Científica. Muitos de seus comandantes ou gestores dificilmente criam conhecimento do negócio que gerem, pois mudam constantemente de área, de atividade e até de organização. Assim, sua autoridade funcional quase não é reconhecida, com poucos subordinados acreditando em sua competência técnica e de gestão. Suas ações visam quase sempre o curto prazo, pois é este seu tempo de comando ou gestão, independentemente do resultado que apresentam, mas sujeito a outros fatores, sendo geralmente excluídos do comando ou da gestão se não atenderem aos fins pessoais indevidos dos responsáveis por seu recrutamento e pela sua manutenção, que às vezes nem são agentes estatais.

Os autores da Administração Científica pretendiam substituir o improviso pela ciência, preparar o trabalhador e dispor-lhe de máquinas, equipamentos, ferramentas e materiais de forma a produzir mais e melhor. Pretendiam, ainda, controlar o trabalho no sentido de garantir sua execução de acordo com a responsabilidade do executor, com métodos e planos previamente estabelecidos e seguidos em direção ao melhor resultado. Quem bem conhece o Estado brasileiro sabe que não tem como regra essas pretensões e que atua muito no improviso e com imensas carências na gestão, na execução e no controle.

Seus processos de trabalho muitas vezes não são definidos previamente e, quando o são, não são devidamente seguidos, dificultando a identificação de exceções a serem corrigidas. Mesmo identificadas, quase sempre não recebem correção, pois há pouco interesse da parte de muitos que o comandam ou gerem em corrigi-las, prejudicando o controle gerencial pela exceção sugerido pela Administração Científica. Métodos profissionais propostos para execução do trabalho e medição do resultado geralmente são recusados ou desvirtuados sob o argumento de que fatores políticos, nunca devidamente justificados, impedem sua aplicação. Assim, o desempenho é quase sempre desconhecido ou conhecido apenas no que atende ao fim pessoal indevido de muitos que o comandam ou gerem.

Quase não há delegação de competências ao executor estatal para decidir na normalidade e deixar ao gestor apenas a decisão sobre a exceção.

Quem conhece bem o funcionamento do Estado brasileiro por nele atuar ou por dele muito necessitar sabe quanto é travado, cabendo somente ao gestor decisões sobre rotinas que poderiam facilmente ser decididas pelo executor. Por esse motivo, são muitos os cargos e as funções comissionados e de confiança, com gestores de si mesmos ou com quase nenhum subordinado, como se somente eles fizessem o Estado funcionar.

Princípios da Administração Científica como o de estabelecer planos de trabalho de acordo com objetivos a alcançar, com normas, instruções, padrões, procedimentos e controle contínuo, nele também não costumam funcionar. Não constituem regra, ainda, a divisão do trabalho e a especialização de seu agente de modo racional, visando aumentar a produtividade, mas quase sempre de acordo com o interesse pessoal indevido. Dessa forma, possui baixa produtividade e baixa qualidade no que entrega à população, apesar de seu alto custo, que serve muito mais para bancar sua estrutura ineficiente e ineficaz.

As críticas que recebeu e a evolução da teoria administrativa não eliminaram a imensa contribuição da Administração Científica às organizações da época e atuais, sendo seus fundamentos perfeitamente aplicáveis aos Estados. Tem-se que cuidar apenas de não a utilizar fora de seus propósitos, para o domínio e o controle em busca de benefícios pessoais indevidos, da mesma forma como sua ausência muitas vezes pautou e pauta muitos comandantes ou gestores estatais brasileiros. A ética deve prevalecer em todos os que comandam ou gerem os Estados, em todas as nações, pois somente ela permitirá a aplicação desta e das demais teorias administrativas neles, contribuindo assim com seus resultados em benefício de sua nação ou da coletividade compatíveis com seu custo e potencial.

TEORIA CLÁSSICA

A Teoria Clássica enfatiza a estrutura e o funcionamento das organizações, complementando a ênfase na tarefa, da Administração Científica, no sentido de gerar eficiência e melhorar o resultado organizacional.

Fayol tratou das funções empresariais, classificando-as como: técnica, comercial, financeira, de segurança, contábil, e administrativa. A administrativa integra e coordena as demais, e seus elementos são: previsão, ou visualizar o futuro e traçar planos a partir dele; organização, ou constituir a organização em termos humanos e materiais; comando, como direção e orientação do pessoal; coordenação, com o fim de harmonizar os recursos para atingir os fins organizacionais; e controle, para verificar se tudo está de acordo com os planos e as regras previamente estabelecidos.

De acordo com ele, esses elementos constituem as funções do administrador e compõem o processo administrativo, devendo fazer parte de suas atividades em todos os níveis da organização. A função de administrar não é apenas da cúpula, mas de todos os níveis organizacionais, sendo tanto mais forte quanto mais alto o nível hierárquico. As demais funções empresariais se tornam mais demandadas à medida que se desce na escala hierárquica, sem nunca prescindir da função administrativa, pois esta é a que permite a harmonização e a obtenção de resultados em todas as outras.

Outros autores clássicos também definiram elementos da Administração, sem se afastar muito dos definidos por Fayol, como Lyndall Urwick[17]: investigação, previsão, planejamento, organização, coordenação, comando, e controle. Também Luther Gulick[18]: planejamento, organização, assessoria, direção, coordenação, informação, e orçamento. Todos tentavam definir os elementos da Administração que tornariam as organizações mais eficientes por meio de sua estrutura e de seu funcionamento. Ainda hoje são utilizados nas organizações, com as devidas atualizações.

Os autores clássicos também estabeleceram princípios da Administração, que representavam condições ou normas gerais, nas quais as funções do administrador deviam ser aplicadas com o fim de resolver

---

17. Lyndall Fownes Urwick (1891-1983). Pensador e consultor britânico em gestão.
18. Luther Halsey Gulick (1892-1993). Cientista político estadunidense, especialista em Administração Pública.

os problemas organizacionais. Urwick propôs os seguintes princípios: da especialização, em que cada pessoa devia ser especializada no trabalho que dá origem à sua função; da autoridade, que deve ser conhecida e reconhecida por todos; da amplitude administrativa, em que cada superior deve ter certa quantidade de subordinados de acordo com o preparo dele e com a natureza e a complexidade do trabalho; e da definição, como a obrigatoriedade de que deveres, autoridade e responsabilidade dos cargos fossem definidos por escrito, comunicados e entendidos por todos.

Também Fayol estabeleceu princípios gerais da Administração. Não eram rígidos ou absolutos, mas flexíveis e adaptados às circunstâncias, ao tempo e ao lugar em que seriam aplicados, pois ele acreditava que, em matéria administrativa, tudo é relativo, questão de medida, ponderação e bom senso. Os princípios de Fayol tinham como fim a eficiência organizacional, considerando seus elementos da Administração: previsão, organização, comando, coordenação e controle.

Seus princípios foram: divisão do trabalho, no sentido de aumentar a eficiência por meio da especialização do empregado em um número limitado de tarefas; autoridade e responsabilidade, como o equilíbrio entre dar ordens e esperar obediência, bem como prestação de contas da parte de quem recebeu autoridade; disciplina, como obediência e respeito aos acordos estabelecidos; unidade de comando, ou autoridade única, em que cada indivíduo deve receber ordens de apenas um superior; unidade de direção, em que todos devem seguir um plano único, visando ao alcance dos objetivos organizacionais; subordinação dos interesses individuais aos interesses gerais da organização; justiça na remuneração, de modo que esta atenda aos fins do empregado e da organização.

Ainda, centralização, como concentração da autoridade no topo da organização; cadeia escalar ou de comando, com a linha de autoridade vinda do topo para a base; ordem, como lugar adequado para cada recurso, humano ou material, e cada recurso em seu lugar; equidade, como bom tratamento e justiça para alcançar lealdade; estabilidade do empregado, acreditando que a rotatividade prejudica a eficiência; iniciativa, em que todo empregado deve ter iniciativa nos limites impostos pela autoridade e disciplina; e espírito de equipe, como harmonia e união entre as pessoas para fortalecer a organização.

A ideia da Teoria Clássica era que a organização fosse além do empirismo da época em termos de estrutura e funcionamento, com a eficiência aumentando o lucro do empresário e permitindo a sobrevivência e o crescimento organizacional diante da concorrência. Baseava-se muito na divisão do trabalho, especialização das funções, coordenação e atividades de linha e staff, objetivando substituir o empirismo e a improvisação por métodos e técnicas científicos na formação do administrador. Foi fortemente influenciada pelas organizações militares e eclesiais em seu tradicionalismo, rigidez e hierarquia, buscando resultados por meio da estrutura e do funcionamento das organizações.

A divisão do trabalho conduz à especialização e à diferenciação das tarefas, levando os autores clássicos a acreditarem que, quanto mais divisão, maior a eficiência organizacional. Enquanto a Administração Científica se preocupava com a divisão do trabalho no nível do operário, fragmentando as tarefas, a preocupação da Teoria Clássica era com a divisão do trabalho no nível da organização, em termos de departamentos, divisões etc. Ocorria na direção vertical, com níveis de autoridade e responsabilidade, por meio do princípio escalar ou das linhas de comando; e horizontal, por meio da especialidade das unidades, definindo o responsável por atividades – conhecida como departamentalização, por processo, clientela, localização geográfica e outras.

Para os clássicos, a coordenação buscava reunião, unificação e harmonização das atividades e dos esforços na busca do fim organizacional ou na distribuição ordenada do esforço a fim de obter unidade na busca dos objetivos. Há um objetivo a alcançar, e este deve guiar todos os envolvidos com o pressuposto de que, quanto maior a organização empresarial e a divisão do trabalho, maior a necessidade de coordenação para assegurar eficiência. A coordenação é a guia que integra, harmoniza e unifica os esforços em busca do fim almejado. A Teoria Clássica defendia a unidade de comando ou supervisão única, em que cada subordinado devia possuir um único chefe, o que a diferencia da Administração Científica, que permitia mais de um por meio da supervisão funcional.

Defendia também a unidade de direção, em que todos os planos deviam estar integrados a planos maiores que almejassem alcançar os objetivos organizacionais. Defendia a centralização da autoridade no topo da organização e a cadeia escalar, na qual a autoridade devia estar disposta em uma hierarquia, com cada nível obrigatoriamente subordinado ao nível imediatamente superior, obedecendo ao princípio da unidade de comando em termos de estrutura organizacional. A autoridade podia ser de linha ou de staff, com a primeira seguindo o princípio da unidade de comando, em forma de pirâmide, e a segunda se referindo à atividade de especialista em alguma área ou de prestação de serviços, relacionada ao direito de aconselhar, recomendar e orientar os órgãos de linha.

Mesmo bastante aplicada e servindo de base às teorias administrativas posteriores, a Teoria Clássica recebeu críticas, como a de que simplifica a abordagem organizacional a termos lógicos, formais, rígidos e abstratos, sem a devida importância ao psicológico e social, acreditando que seus princípios gerais permitiam uma organização formal de máxima eficiência. Seu extremo racionalismo é também criticado, com seus autores considerando a organização também em termos mecânicos, como máquinas, esperando efeitos ou consequências previsíveis de ações ou causas determinadas.

Trouxe a mesma abordagem de sistema fechado da Administração Científica, como se a organização fosse composta de poucas variáveis, conhecidas e previsíveis, e de alguns aspectos manipuláveis por meio de princípios gerais e universais de Administração. A preocupação era com a forma e a ênfase na estrutura, sem se preocupar ou sem dar resposta ao comportamento humano como elemento fundamental da Administração. Ao cuidar apenas da organização formal, sem atentar para a informal, os autores clássicos criaram uma abordagem simplificada ou incompleta da organização.

Recebe críticas ainda pela ausência de trabalhos experimentais, pois os autores fundamentam seus conceitos na observação e no senso comum, baseados em um método empírico e concreto, por meio da experiência e do pragmatismo, sem rigor científico. Enquanto a Administração Científica enfatizou a tarefa no nível operacional como forma de aumentar a eficiência, a Teoria Clássica enfatizou a estrutura, buscando eficiência por meio da forma e da disposição interna da organização. Foi concebida em um momento mais estável e previsível, diferente do mundo atual, porém sua utilidade é imensa e seus fundamentos continuam aplicáveis na atualidade, em menor ou maior intensidade a depender da atividade, da área ou da circunstância em que a organização atua.

A TEORIA CLÁSSICA E O ESTADO

A ênfase dos clássicos na estrutura e no funcionamento das organizações por meio de elementos e princípios da Administração mostrou caminhos visando o alcance da eficiência por elas do início do século XX até os dias atuais. Mesmo possuindo forte garantia de existência e não enfrentando a mesma pressão para sobreviver que enfrentam as organizações não estatais, o Estado não deve se eximir de sua obrigação de buscar também a eficiência organizacional. Apesar de quase eternos, a História mostra exemplos de Estados poderosos que tiveram um fim que não gostariam de ter tido, muitos por conta de sua atuação contrária ou alheia à eficiência na busca do fim coletivo.

A Teoria Clássica complementou a ênfase na tarefa trazida pela Administração Científica, ambas buscando a eficiência organizacional e podendo ser aplicadas ao Estado para que utilize seus recursos de modo a alcançar da melhor forma seus objetivos. As funções empresariais e os elementos da função administrativa trazidos por Fayol focam a estrutura e a forma de conduzir as organizações para obter melhor resultado, podendo ser aplicados a todo tipo de organização, estatal, pública não estatal e privada. É um modelo que contribui para o alcance do resultado estatal, permitindo harmonizar recursos, planejar, executar e controlar em benefício da coletividade.

Entretanto, os elementos da Administração ou as funções do Administrador de prever, organizar, comandar, coordenar e controlar distribuídos por toda organização em busca da eficiência no alcance de resultados nunca foram devidamente utilizados pelo Estado brasileiro. Nele, há claro excesso de centralização e autoritarismo no topo de suas partes no sentido de dominar e controlar os níveis básico e intermediário, com os comandantes ou gestores desses níveis geralmente possuindo imensas limitações em exercer o comando ou a gestão.

Assim, a Administração com o fim de harmonizar recursos, planejar e controlar em busca do fim coletivo sempre ficou comprometida no Estado brasileiro, e, por esse motivo, seu resultado sempre foi visivelmente incompatível com seu custo e potencial. Sua estrutura quase sempre não é construída de acordo com o resultado que deve gerar, o que dá para exemplificar pela frequência com que se criam, reestruturam e extinguem ministérios e secretarias, impossibilitando à imensa maioria da população até saber quais são, o que fazem e quem são seus comandantes ou gestores. Criam-se, estruturam-se, reestruturam-se e extinguem-se com frequência suas partes, sem justificativa ou com justificativa contrária ou alheia ao fim coletivo.

A troca frequente de ministros e secretários de Estado, bem como de comandantes ou gestores estatais sem critério impessoal, ético-profissional, em todas as suas partes e em todos os níveis hierárquicos, é exemplo do descaso do Estado brasileiro com a eficiência. Também o exemplifica a pouca autoridade de seus comandantes ou gestores, sem ou quase sem legitimidade por não passar por esse mesmo critério no recrutamento e na permanência no comando ou na gestão estatal, sem depender ainda do resultado que apresentam. É comum o gestor de poucos subordinados e até o gestor apenas dele mesmo, apesar de investido no cargo, sem nenhum subordinado. Essas situações permitem afirmar que sua estrutura e organização não se voltam para o resultado em benefício da coletividade compatível com seu custo e potencial.

As normas elaboradas pelos que sempre o comandaram e comandam geralmente são insuficientes, falhas ou excessivas, o que é apontado por muitos como o "mal da burocracia", quando, na verdade, é o desvio burocrático, com ineficiências tão corriqueiras quanto os artifícios utilizados para omiti-las. As verdadeiras prestações de contas são raras e outras vezes tão vazias ou complexas que confundem até especialistas no assunto, sendo impossíveis de serem compreendidas pela imensa maioria da população. Desse modo, os princípios da Teoria Clássica trazidos por Fayol e outros autores esbarram em um tipo de funcionamento que claramente não os observa como deveria observar.

Iniciativa e espírito de equipe também não encontram campo fértil no Estado brasileiro. A estabilidade no emprego de seu agente é genericamente aplicada como forma de protegê-lo dos que o comandam ou gerem e de outros, mas acaba sendo acusada por esses de causar a ineficiência estatal. Isso ocorre porque seu comando ou sua gestão, em todas as suas partes, não apresenta resultado satisfatório, daí alega que não os apresenta por motivos como a estabilidade no emprego dos agentes estatais, o que serve, na verdade, para omitir o verdadeiro problema que está em seu comando ou sua gestão.

Desse modo, uma multidão de agentes estatais ocupa o comando ou a gestão do Estado brasileiro, do mais baixo ao mais alto nível hierárquico, mas poucos são os que convencem pela prática que fazem gestão com foco no resultado em benefício de sua nação. Os autores clássicos buscavam formar administradores profissionais para conduzir as organizações empresariais, pensavam suas estruturas em detalhes e as baseavam em fundamentos lógicos que as levassem a uma atuação orientada para o alcance de objetivos previamente definidos. Esse formato sempre foi aplicado nas organizações bem-sucedidas em todo mundo, e continua sendo, porém dificilmente se identifica sua aplicação satisfatória no Estado brasileiro.

Assim, os elementos e princípios da Administração trazidos pelos autores clássicos carecem da devida implantação nele, com ausência, carência ou tamanha distorção que impedem sua atuação de modo eficiente e eficaz. Isso se observa em seu funcionamento, no comportamento de muitos de seus agentes que o comandam ou gerem, na imensa descontinuidade administrativa, em todas as suas partes, no retorno que se obtém ao necessitar dele, nas notícias trazidas pela mídia e nos indicadores econômico-sociais nacionais comparados com os de outras nações.

Quem atua no Estado brasileiro ou observa seu funcionamento no dia a dia verifica que ele se volta geralmente para dentro, o que o confirma os resultados que apresenta. Ele podem até apresentar planos, métodos e procedimentos escritos, mas quase tudo não passa de aparente profissionalismo, com pouco sendo aplicado diante da ameaça de não se permanecer em suas posições de comando ou gestão ou de não ascender a elas. Para a população que não conhece o cerne de seu Estado ou não consegue ler os evidentes sinais que ele fornece, fica sempre a pergunta de por que tanto tributo para tão pouco resultado.

As críticas que a Teoria Clássica recebeu não refutam seus fundamentos nem recomendam seu abandono. A aplicação em organizações de sucesso em todo o mundo, conscientemente ou não, indica justamente o contrário, conclusão esta complementada com o empréstimo que faz de suas bases para as demais teorias administrativas que lhe sucederam. Assim, ela fundamenta e se junta a outras teorias para formar o arcabouço teórico de todas as teorias administrativas responsáveis por profissionalizar a gestão organizacional. Não só o Estado, mas quaisquer organizações que a apliquem, conscientemente ou não, possuem grandes chances de obter sucesso.

O Estado brasileiro nunca a aplicou devidamente, com o que existe de sua aplicação sendo, geralmente, mais para torná-lo centralizador e autoritário do que para conduzi-lo a obter o melhor resultado em benefício de sua nação. Por esse motivo, sua estrutura e seu funcionamento, em todas as suas partes, nunca deram resposta satisfatória a ela.

ABORDAGEM HUMANÍSTICA

Acrescenta o elemento humano à abordagem clássica, mudando a ênfase na tarefa e na estrutura para o ser humano e os grupos sociais. A máquina, o método de trabalho, a organização formal e os princípios da Administração cedem lugar a pessoas e grupos sociais, saindo do aspecto meramente técnico e formal para o psicológico e sociológico. A Teoria das Relações Humanas surgiu na década de 1930, nos Estados Unidos, relacionada com o desenvolvimento das ciências sociais, no início do século XX, principalmente da Psicologia do Trabalho, voltada para a adaptação do trabalhador ao trabalho e deste ao trabalhador. Sua característica democrática foi bem-aceita nos Estados Unidos desde então, sendo divulgada fora dele bem depois do final da Segunda Guerra Mundial.

As intensas modificações no panorama social, econômico, político e tecnológico da época sugeriam a incorporação de novas variáveis ao estudo da Administração. A depressão econômica de 1929 também fez com que as organizações buscassem mais eficiência, o que provocou, indiretamente, uma reavaliação dos conceitos e princípios clássicos da Administração. Procurou-se dar mais eficiência às organizações por meio de um melhor tratamento do ser humano, valorizando-o e tornando-o parte essencial, não apenas um número ou executor de tarefas. Como na abordagem clássica, o Estado não motivou a abordagem humanística nem era o foco dela, mas não deve se eximir de sua aplicação.

TEORIA DAS RELAÇÕES HUMANAS

Entre a abordagem clássica e a Teoria das Relações Humanas surgiram algumas concepções na teoria administrativa que não se classificavam em nenhuma destas. Criticavam o formalismo e o mecanicismo da abordagem clássica, sua autocracia e rigidez, e tentavam aplicar princípios da Psicologia e da Sociologia na teoria administrativa, que até então relutava ou era indiferente à aplicação dos conceitos das ciências humanas. Na Administração Científica, as pessoas estavam em um plano inferior, tratadas em seleção, treinamento, salário, incentivos, fadiga e supervisão funcional, vistas como apáticas, preguiçosas e motivadas pelo salário, no conceito do homem econômico.

Algumas organizações já afirmavam que seu maior patrimônio eram as pessoas, porém isso não era verdadeiro. Alguns pensadores começaram a afirmar que a satisfação do trabalhador além dos incentivos monetários era importante para o funcionamento das organizações, trazendo um conjunto não estruturado de ideias que fez a transição entre a abordagem clássica e a abordagem humanística da Administração. Na década de 1920, quando a noção de organização formal já era bem-aceita, Ordway Tead[19] começou a popularizar nos Estados Unidos a Administração sem preocupação estritamente científica, como um conjunto de indivíduos com a missão de ordenar, encaminhar e facilitar os esforços coletivos de um grupo em uma entidade para realizar objetivos previamente definidos.

Administrar era uma arte e o administrador devia ser um profissional e educador e seu papel devia ser uma atividade contínua de educação e liderança. Cada chefe devia ser um líder e este era um agente moral, sendo o sucesso de uma organização dependente de que os subordinados aceitassem os objetivos a serem alcançados e lutassem por eles, o que dependia do processo de influenciação utilizado pelo administrador. A liderança ganhou foco e a Administração meramente científica, por meio de processos formais e estruturais, começou a ser questionada. Passou a utilizar assim elementos humanos, psicológicos e sociais como forma de agregar valor e fazer com que as organizações fossem mais bem-sucedidas, abrindo, com a Psicologia e a Sociologia, uma nova visão da Administração.

Alguns autores começaram a pregar um tratamento mais humano na administração das organizações, alimentando a necessidade de revisão

---

19. Ordway Tead (1891-1973). Teórico organizacional estadunidense.

dos conceitos clássicos. Mary Parker Follett[20] defendia que a principal tarefa da gerência era criar uma situação na qual as pessoas contribuíssem espontaneamente, acreditando que os problemas de uma organização se constituíam basicamente em problemas de relações humanas, sendo ela não estática, mas força viva, móvel e fluida, com pessoas que reagem e respondem a estímulos que não se pode definir com precisão. A Administração precisava compreender as pessoas, os grupos e a comunidade na qual a empresa se situava.

Por meio de sua Lei da Situação, considerava que a situação concreta devia governar as ordens e o empenho das pessoas em executá-las. Elementos subjetivos como a vontade do chefe e os interesses pessoais deviam ser afastados, com a situação determinando o certo e o errado. Considerava que qualquer pessoa na organização era importante na medida em que intervinha para tomar uma decisão dentro de um processo geral, não porque fazia parte da hierarquia, com a autoridade e a responsabilidade derivando da função, pouco tendo a ver com a posição hierárquica. O que valia era a realização objetiva, não a vontade pessoal do administrador.

Acreditava que os problemas enfrentados pela Administração e suas soluções eram comuns em todas as organizações, não apenas na indústria, sendo que nestas os administradores mostravam maior vigor e agressividade em sua solução, na apresentação de ideias e na disposição em experimentá-las, sendo a Administração de empresas o aspecto mais dinâmico da sociedade ocidental. Suas ideias sobre o controle dos fatos, mais do que das pessoas e da evidente e necessária descentralização do controle, assim como seus princípios de coordenação, sugeriam relações e integração recíproca e contínua entre dirigentes e empregados na busca da eficiência do processo produtivo.

---

20. Mary Parker Follett (1868-1933). Autora estadunidense na Teoria das Relações Humanas.

A Teoria da Cooperação na Organização Formal, de Chester Barnard,[21] trouxe o conceito de grupo social, do qual decorre o de organização como um sistema cooperativo racional de atividades conscientemente coordenadas, de duas ou mais pessoas. Para ele, a cooperação era essencial para a organização, que somente existia enquanto houvesse pessoas capazes de se comunicar entre si (interação), dispostas a contribuir com ação (cooperação) e com propósitos comuns (objetivos). A organização é, assim, um sistema social baseado na participação e cooperação das pessoas para alcançar objetivos comuns, cooperando racionalmente em função de objetivos organizacionais e individuais.

Em sua Teoria da Aceitação da Autoridade, observou como as ordens são desobedecidas, concluindo que a decisão sobre a autoridade da ordem é da pessoa a quem é dirigida, não daquela que a emite. Segundo ele, a autoridade ocorre de acordo com a aceitação ou o consentimento da pessoa a quem é dirigida, sendo a desobediência a ela a negação da autoridade. O subordinado só pode aceitar e aceita uma ordem quando a pode compreender e a compreende, não a julga incompatível com o propósito organizacional, julga-a compatível com seus propósitos e interesses em geral e é mental e fisicamente apto a cumpri-la. As relações de autoridade dependem dos motivos pelos quais uma pessoa aceita as ordens e as decisões de outra.

Com esses estudos e a partir das teorias e experiências da abordagem clássica, bem como da experiência de Hawthorne[22], desenvolvida por Elton Mayo[23] e colaboradores, surgiu nos Estados Unidos a Teoria das Relações Humanas ou Escola Humanística da Administração. Deveu-se

---

21. Chester Irving Barnard (1886-1961). Executivo estadunidense, pensador da Escola das Relações Humanas.
22. Experiência realizada entre 1927 e 1932, sob a coordenação de George Elton Mayo, na fábrica da Western Electric Company, nos Estados Unidos. Ela visava inicialmente pesquisar a correlação existente entre a iluminação e a eficiência dos operários, medida por meio da produção, mas desencadeou uma série de outros desdobramentos.
23. George Elton Mayo (1880-1949). Psicólogo australiano e teórico organizacional. Considerado fundador do movimento das relações humanas nas organizações.

principalmente ao desenvolvimento das ciências humanas, particularmente da Psicologia e da Sociologia. Pode-se considerá-la uma reação e oposição à abordagem clássica, já que a forte cultura democrática dos Estados Unidos a colocava sob suspeição pelos empregados e sindicatos que viam em seus métodos rigorosos, científicos e precisos um meio sofisticado de exploração e desumanização do trabalho em favor do empregador.

As principais conclusões da experiência de Hawthorne ensejaram seus princípios básicos, como o de que o nível de produção resulta da integração social, não da capacidade física ou fisiológica dos empregados, como afirmava a abordagem clássica. O comportamento social do empregado era apoiado no grupo, agindo ou reagindo como seu membro, sendo recompensado ou recebendo sanções sociais em decorrência de seu comportamento nele, condicionando-se a suas normas e seus padrões. Sua motivação vinha da necessidade de reconhecimento, aprovação social e participação no grupo, não dos incentivos monetários ou econômicos, substituindo-se o homem econômico pelo homem social.

Passou-se a considerar os grupos informais, verificando-se que nem sempre seus objetivos e suas estruturas coincidem com a estrutura da organização formal, sendo muitas vezes contrapostos a ela. Enquanto a preocupação dos autores clássicos era com aspectos formais, como autoridade, responsabilidade, especialização, estudo de tempos e movimentos e princípios gerais da Administração, a dos humanistas era com aspectos informais, como grupos informais, comportamento social dos empregados, crenças, atitudes, expectativas, motivação e outros. As relações humanas no trabalho eram valorizadas em termos de participação nos grupos e de interação social, fazendo com que a compreensão dessas relações permitisse a obtenção de melhores resultados dos subordinados.

A importância dada ao conteúdo do cargo colocou em questionamento a especialização da abordagem clássica como a forma mais eficiente de divisão do trabalho e eficiência da organização. Segundo a Teoria das Relações Humanas, o conteúdo e a natureza do trabalho influenciam fortemente o moral do empregado, com sua satisfação e eficiência afetadas negativamente pelos trabalhos maçantes, rotineiros e repetitivos. Passou-se a enfatizar os aspectos emocionais, não planejados e até irracionais do comportamento humano, na busca da eficiência organizacional, com a organização cientificamente conduzida e tratada como elemento mecânico sendo repensada para incorporar elementos mais complexos do indivíduo, dos grupos sociais e de suas inter-relações.

Seus autores pensaram na cooperação humana não como resultado de determinações normativas ou da lógica organizacional. Elton Mayo defendeu que o nível de produção é influenciado mais pelas normas do grupo do que pelos incentivos salariais e materiais da abordagem clássica, e que os operários não reagem como indivíduos isolados, mas como membros de um grupo social. Segundo ele, a tarefa básica da Administração é formar uma elite capaz de compreender e se comunicar com os empregados, percebendo as limitações da lógica organizacional e entendendo a lógica deles, em vez de tentar fazê-los entender a lógica da administração da empresa. Sem descobrir e satisfazer suas necessidades psicológicas, não se obtém eficiência por meio do arranjo lógico e formal da organização.

Organizações que buscam objetivos por meio da eficiência sem compatibilizá-los com os objetivos individuais dos empregados certamente se envolverão em um conflito social que prejudicará seus resultados. As relações humanas e a cooperação por meio de uma administração humanizada, que aja preventivamente, são a chave para evitar esse conflito. Segundo Elton Mayo, "o conflito é uma chaga social; a cooperação, o bem-estar social". Roethlisberger e Dickson[24] conceberam a fábrica como um sistema social, em que a organização industrial tinha duas funções principais: econômica, produzir bens ou serviços, busca do equilíbrio externo; e social, distribuir satisfação entre os participantes, busca do

---

24. Fritz Jules Roethlisberger e William John Dickson. Autores da Escola das Relações Humanas e relatores da pesquisa de Hawthorne.

equilíbrio interno. A organização informal determina mais a colaboração humana do que a formal.

Conceitos clássicos como autoridade, hierarquia, racionalização do trabalho, princípios gerais de Administração e departamentalização passaram a ser contestados por conceitos relacionados ao homem social, como motivação, liderança, comunicação, organização informal e dinâmica de grupo. Substitui-se a ênfase na tarefa e na estrutura pela ênfase nas pessoas, com os fatores emocionais do ser humano e a participação nos grupos sociais passando a compor a Teoria Administrativa. O estilo de supervisão e liderança passou a ser fator essencial de influência no comportamento do empregado no sentido de direcionar seu padrão de desempenho e compromisso com os objetivos organizacionais.

A motivação dos trabalhadores passou a ser fator importante, com a experiência de Hawthorne demonstrando que o salário, mesmo que justo, não é o único fator de satisfação do empregado. O ser humano é muito motivado por recompensas sociais, simbólicas e não materiais. A Teoria de Campo, de Kurt Lewin[25], foi uma tentativa de explicar o comportamento humano baseada na suposição de que ele é derivado da totalidade de fatos coexistentes, com estes apresentando o caráter de um campo dinâmico, no qual cada parte depende de inter-relações com as demais partes. O comportamento humano é função ou resultado da interação entre a pessoa e o seu meio, sendo o ambiente psicológico ou comportamental o ambiente tal como é percebido e interpretado por ela.

Essa teoria é importante, pois a partir dela os humanistas estudaram as necessidades humanas e o comportamento dos empregados em busca de satisfações em um ambiente que fornece ou não condições de atendê-las. Assim, a compreensão da motivação do comportamento do indivíduo supõe o conhecimento de suas necessidades, sendo seu comportamento muitas vezes determinado por causas que escapam de seu

---

25. Kurt Lewin (1890-1947). Psicólogo alemão, inspirador dos autores da Escola das Relações Humanas e considerado por muitos autores como o fundador da Psicologia Social.

próprio controle e entendimento, e essas são, na verdade, necessidades ou motivos, forças conscientes ou inconscientes, que o levam a ele. A motivação diz respeito ao comportamento causado por necessidades que levam o indivíduo em direção aos objetivos que possam satisfazê-las.

Satisfeita uma necessidade, surge outra em seu lugar, sendo elas que motivam o comportamento humano e lhe dão conteúdo e direção. Em relação às necessidades, os autores humanistas identificaram três níveis ou estágios de motivação, correspondentes a necessidades fisiológicas, psicológicas e de autorrealização. As primeiras exigem satisfação periódica ou cíclica e correspondem às necessidades primárias ou vitais do indivíduo, relacionadas à sobrevivência, como alimento, sono, abrigo e proteção. São comuns também aos animais e, depois de satisfeitas, não mais influenciam o comportamento, que passa a ser motivado por outras necessidades, como as psicológicas.

Estas são secundárias e exclusivas do ser humano, sendo rara sua plena satisfação, como: necessidade de segurança, referente à autodefesa e proteção contra o perigo, a ameaça ou a privação; de participação, que é fazer parte, em conjunto com outras pessoas, de alguma coisa ou empreendimento; de autoconfiança, referente ao autorrespeito e à consideração para consigo mesmo; e de afeição, que corresponde a dar e receber afeto, amor e carinho. Quanto ao terceiro nível de motivação, necessidades de autorrealização, são as mais elevadas e dependem da educação e cultura das pessoas, sendo o potencial máximo de autodesenvolvimento que se pode alcançar, também de rara plena satisfação.

As teorias da motivação passaram a ser aplicadas nas organizações por se entender que o comportamento humano é motivado. Daí o conceito de ciclo motivacional: o indivíduo permanece em estado de equilíbrio psicológico até que um estímulo o rompa e crie uma necessidade, que provoca um estado de tensão, que substitui o equilíbrio anterior. Essa tensão cria um comportamento ou uma ação para satisfazer a necessidade. Se satisfeita, o indivíduo volta ao equilíbrio anterior até que outro estímulo surja e repita o ciclo. Se não satisfeita por causa de barreiras ou obstáculos, surge a frustração, em que a tensão não é liberada e ele se mantém no estado de desequilíbrio e tensão, ou a compensação, em que dirige sua tensão para satisfazer outra necessidade, complementar ou substituta.

Desses conceitos motivacionais, vieram os conceitos do moral e do clima organizacional. O primeiro decorre do estado motivacional provocado pela satisfação ou não de necessidades. Se satisfeitas, o moral se eleva; se frustradas, o moral baixa. É responsável pela atitude das pessoas, como a postura quanto a objetos, pessoas ou situações que as predispõem a determinados comportamentos. Se elevado, há interesse, identificação, aceitação e entusiasmo com o trabalho, reduzindo problemas de supervisão e disciplina. Se baixo, há desinteresse, negação, rejeição, pessimismo e apatia, aumentando os problemas de supervisão e disciplina. Quanto ao clima organizacional, decorre do conceito do moral, sendo o ambiente psicológico e social da organização, que condiciona os comportamentos.

Por influenciar o comportamento das pessoas, a liderança foi também enfatizada pela Teoria das Relações Humanas. Enquanto a Teoria Clássica enfatizava a autoridade formal, a experiência de Hawthorne apontou a existência de líderes informais que atuam a partir de grupos informais controlando comportamentos. Entendeu-se, então, que os administradores precisam saber liderar, isto é, conhecer a natureza humana e conduzir as pessoas a partir de influências interpessoais, de processos de redução das incertezas do grupo, de relações entre líder e subordinados como forma de satisfazer suas necessidades, bem como da combinação das características do líder, dos subordinados e da situação. O líder é a pessoa que sabe conjugar e ajustar essas características em um conjunto integrado.

As teorias sobre liderança foram classificadas em três grupos: teorias de traços de personalidade; teorias sobre estilos de liderança; e teorias situacionais. O primeiro representa as teorias mais antigas e diz respeito a características marcantes da personalidade do líder que podem influenciar o comportamento das pessoas. Responde àquilo que o líder é. Perdeu crédito e importância principalmente por não considerar a situação envolvida, mas é relevante levar em conta que características pessoais como confiança, inteligência, percepção e capacidade de tomar decisões são importantes no líder.

O segundo grupo responde àquilo que o líder faz e se relaciona ao seu estilo de comportamento em relação aos subordinados, ou como os orienta. Seus estilos são: autoritário, com ênfase no líder, em que centraliza as decisões e impõe suas ordens ao grupo; liberal, com ênfase no líder e nos subordinados, em que delega totalmente as decisões e deixa o grupo à vontade e sem controle; e democrático, com ênfase nos subordinados, em que conduz e orienta o grupo e incentiva a participação democrática. Pesquisas mostraram o estilo democrático como o mais eficiente, com grupos no mínimo tão produtivos quanto os dos demais, porém mais criativos. O líder utiliza os três estilos, a depender da situação, das pessoas e da tarefa, sendo seu desafio saber quando e em que circunstâncias os aplicar.

O terceiro grupo, teorias situacionais, é explicado em um contexto mais amplo. Tannenbaum e Schmidt[26] trouxeram em um gráfico[27] um *continuum* de padrões de liderança, autocrática, consultiva e participativa, sugerindo um conjunto de comportamentos que o administrador pode escolher em relação aos subordinados, devendo considerar e avaliar três forças que agem ao mesmo tempo – na situação: tipo de empresa, seus valores, cultura organizacional, eficiência dos subordinados, problema e tempo disponível para resolvê-lo; no gerente: seus valores pessoais, suas convicções, competências, confiança nos subordinados, inclinações

---

26. Robert Tannenbaum; Warren H. Schmidt, How to Choose a Leadership Pattern, *Harvard Business Review*, v. 36, p. 96, march-april, 1958.
27. Idalberto Chiavenato, *Teoria Geral da Administração*, 7 ed., Barueri, Editora Manole, v. 1, 2014, p. 197.

de como liderar e tolerância para a ambiguidade; e nos subordinados: competências, necessidades de autonomia, desejos de responsabilidade, compreensão do problema e desejo de participar das decisões.

Ao enfatizar o grupo, a Teoria das Relações Humanas tratou ainda da comunicação como processo fundamental da experiência humana e da organização social. Mostrou que as comunicações organizacionais eram falhas e que os administradores deviam assegurar a participação das pessoas dos escalões inferiores na solução dos problemas operacionais, bem como incentivar maior franqueza e confiança entre indivíduos e grupos. Ao buscar proporcionar informação e compreensão necessárias à condução das tarefas, assim como atitudes de motivação, cooperação e satisfação nos cargos, visava promover um ambiente condutor do espírito de equipe e do melhor desempenho das tarefas.

A comunicação deve ser de mão dupla, tanto do administrador para o subordinado quanto deste para o administrador. Sua importância se deve ao fato de que a pessoa trabalha melhor quando conhece seu trabalho, de que a organização é mais eficiente quando subordinado e superior possuem entendimento comum das responsabilidades e dos padrões de desempenho que a empresa espera deles e quando cada pessoa pode ser auxiliada e incentivada a dar a máxima contribuição e a utilizar ao máximo suas habilidades e capacidades. Os autores humanistas concluíram que nas organizações não existe uma melhor maneira de comunicar, pois, assim como na liderança, depende de fatores situacionais.

A Teoria das Relações Humanas focou ainda a organização informal como conjunto de interações e relacionamentos que se estabelece entre as pessoas na organização. Enquanto a organização formal é conduzida por práticas estabelecidas pela empresa e por uma política orientada para o alcance de objetivos organizacionais, de caráter essencialmente lógico, a organização informal diz respeito a caráter, usos e costumes, tradições, ideais e normas sociais do grupo, relacionando-se, principalmente, com senso de valores, estilos de vida e aquisições sociais que os indivíduos procuram defender e preservar. Entre as características desta estão relações de coesão ou de antagonismo entre as pessoas em diferentes níveis e setores da empresa, criando relações pessoais de simpatia ou de antipatia.

Também caracterizam a organização informal: o status que cada indivíduo assume em função de seu papel, sua participação e sua integração na vida do grupo, independentemente de sua posição na organização formal; a colaboração espontânea, que deve ser aproveitada pela organização; a possibilidade de oposição à organização formal, em desarmonia com os objetivos desta; os padrões de relações e atitudes que os grupos informais desenvolvem em tradução aos seus interesses e às suas aspirações; as mudanças de níveis e alterações dos grupos informais a partir de suas relações com a organização formal, acompanhando mudanças em sua estrutura; a transcendência da organização informal em relação à formal, que extrapola o ambiente físico e o horário de trabalho desta.

Existe ainda o fato de que os padrões de desempenho e de trabalho dos grupos informais nem sempre coincidem com os da organização formal, podendo ser diferentes em medida e harmônicos ou opostos a depender da motivação dos indivíduos em relação aos objetivos organizacionais. Os indivíduos se preocupam com o reconhecimento e a aprovação social de seu grupo e seu ajustamento social depende de sua integração a ele. Os grupos informais se formam a partir de interesses comuns que aglutinam os indivíduos, gerando adesão espontânea por meio da identificação com eles, e da interação provocada pela organização formal em termos de contatos e relações profissionais. Esta define também mudanças no grupo ao movimentar pessoal e promover períodos de lazer.

A dinâmica de grupo complementa os conceitos da Teoria das Relações Humanas de motivação, liderança, comunicação e organização informal. Representa a soma dos interesses dos participantes da organização e pode ser ativada por meio de estímulos e motivações. A organização é formada de pessoas, com suas atividades realizadas por grupos formados por elas, sendo mais fácil lidar com os problemas organizacionais ao se conhecer sua dinâmica. Os grupos formam processos vivos e dinâmicos que se autorregulam e mantêm o equilíbrio, não só como conjunto de pessoas, mas em interação dinâmica em que elas se percebem psicologicamente como seus membros.

Para os humanistas, a produção tende a aumentar quando há contatos sociais entre as pessoas no trabalho, pois há o desejo de fazer parte ou de ter um papel na organização ou em seu grupo. O convívio social e as experiências compartilhadas representam poderosas fontes de satisfação no trabalho, ao mesmo tempo que as pessoas possuem uma personalidade que precisa ser respeitada e necessidades que procuram satisfazer e que dirigem ou motivam seu comportamento. O administrador deve influenciar e orientar o sentido das relações humanas na organização, criando um clima positivo e favorável a elas, o que tende a se refletir em bons resultados por meio da cooperação entre as pessoas e seus grupos, criando equipes de alto padrão de desempenho em busca dos objetivos organizacionais.

A Teoria das Relações Humanas também foi criticada, por exemplo, em sua oposição à Administração Científica. Porém, atualmente é considerada mais uma compensação ou um complemento a ela do que uma oposição. Outra crítica foi que tentou evitar conflitos por considerá-los indesejáveis, ao invés de tirar proveito de seu lado positivo. Também se criticou a concepção ingênua e romântica do operário, imaginado como trabalhador feliz e, por isso, produtivo e integrado ao ambiente de trabalho, o que não se confirmou em pesquisas posteriores que identificaram trabalhadores felizes e improdutivos ou infelizes e produtivos, descaracterizando a correlação que se quis mostrar entre satisfação e produtividade. Criticou-se, ainda, sua limitação experimental à fábrica, tornando suas conclusões restritas e parciais.

A Administração Científica e a Teoria Clássica restringiram-se à organização formal e a Teoria das Relações Humanas, à informal, por isso possuíam escassez de variáveis que dificultaram suas generalizações. Outra crítica foi ao enfoque manipulativo das relações humanas como estratégia de enganar o operário e fazê-lo trabalhar mais e exigir menos, modificando seu comportamento em favor dos objetivos da empresa, reduzindo sua resistência ao invés de eliminar a degradação de seu trabalho. Recompensas salariais e materiais ficaram em segundo plano, com ênfase em recompensas sociais e simbólicas para apaziguar os operários. Apesar das críticas, avançou ao desviar o foco da motivação individual para a coletiva, entendendo que as normas sociais determinam o comportamento humano.

A TEORIA DAS RELAÇÕES HUMANAS E O ESTADO

A Teoria das Relações Humanas se formou a partir de estudiosos que queriam ir além do formalismo, do mecanicismo, da autocracia e da rigidez da abordagem clássica, buscando aplicar conceitos das ciências humanas para melhorar os resultados empresariais. O Estado brasileiro pouco a utiliza como deveria utilizar, assim como ocorre com a abordagem clássica. Muitos agentes que o comandam ou gerem carregam o formalismo, o mecanicismo, a autocracia, a centralização e a rigidez da abordagem clássica, mesmo assim desviada da busca do resultado que deveriam apresentar, desprezando e até impedindo a valorização de seus agentes que não aderem à sua forma de atuar. Por isso, geralmente buscam motivar seus agentes apenas por instrumentos como os cargos e as funções comissionados e de confiança, fornecendo aos que não aderem a eles apenas a estabilidade no emprego disposta na Constituição e, algumas vezes, salário satisfatório. Os recrutados para esses cargos e essas funções comandam ou gerem o Estado junto com os agentes eleitos pela população.

É comum que os agentes estatais que não aderem a essa situação sejam desmotivados, vistos como problemas a dificultar a ação ou omissão dos que aderem a ela, devendo ser combatidos ou até rejeitados. Ocorre que a atuação estatal dirigida por meio dos que aderem a essa situação leva o Estado brasileiro a contar, muitas vezes, apenas com estes para realizar suas atribuições, impedindo a participação e a contribuição de outros agentes que ameacem seu modo de funcionar.

Servem para manter essa situação recrutados dentro ou fora do Estado para cargos e funções como os comissionados e de confiança, mesmo os que já se submeteram a concurso público anteriormente. Os que não se submetem a ela dificilmente ascendem ao comando ou à gestão e a outros cargos relevantes, sendo desmotivados e tendo sua produção muitas vezes subutilizada ou descartada, não existindo a devida motivação para o esforço coletivo visando definir e alcançar objetivos com foco no resultado em benefício da coletividade.

Nele, sempre foram poucos os verdadeiros administradores, líderes e agentes morais que educam e lideram grupos para obter resultados. O comandante ou gestor estatal brasileiro muitas vezes busca seus fins pessoais indevidos e é subserviente e fiel a indivíduos que utilizam o Estado para também obtê-los, de dentro ou de fora dele. Isso se aplica a muitos recrutados que o foram sem critério impessoal, ético-profissional. Sem legitimidade dada pela ética e pelo profissionalismo e sem foco no fim coletivo, muitos de seus comandantes ou gestores não conseguem gerar resultado em benefício da coletividade compatível com o custo e o potencial do Estado e não motivam outros a fazê-lo, pois receiam que ameacem seus fins pessoais. Há exceções, mas tão irrelevantes que não conseguem mudar a situação histórica do Estado brasileiro, como sempre o denunciou seu alto custo e baixo resultado.

É comum se observar nele insuficiências, falhas e excessos de controles, em que a espontaneidade ou vontade de seus agentes são continuamente vigiadas, não como forma de direcioná-los para o melhor resultado em benefício da nação, mas de evitar que saiam do controle imposto pelo seu comando e ameacem seu formato muito baseado na apropriação indevida. Desse modo, ele não se constitui em força viva, móvel e fluida, com pessoas que reagem e respondem a estímulos em busca de resultados, sendo mais máquina arcaica, desatualizada e inflexível do que organização moderna que busca resultados.

É ele exemplo de Estado altamente voltado para vontades e interesses pessoais, com um comando formal muitas vezes intocável, composto de muitos agentes que raras vezes utilizam a ética e o profissionalismo em sua gestão, muitos sem conhecimento das teorias que tratam dela e sem experiência útil para exercê-la. Suas ordens geralmente são voltadas para dentro, independentes do ambiente externo, e suas vontades e interesses pessoais não permitem questionamentos, mesmo que emitam ordens erradas ou claramente contrárias ou alheias ao fim coletivo. Além dos agentes estatais eleitos, somente os recrutados direta ou indiretamente por eles, como para os cargos comissionados ou de confiança, podem ter iniciativa de decisão e ação. Mesmo assim, são desconsiderados se forem de encontro aos muitos que dele se apropriam indevidamente, o que raramente fazem, pois temem perder seus cargos ou suas funções.

Pouco se observa em seus comandantes ou gestores a busca de novas ideias e a disposição em experimentá-las em busca de resultados em benefício da nação. Controles desnecessários são impostos em todas as suas partes, obviamente não em busca da garantia do alcance do fim coletivo. Muitos de seus comandantes ou gestores controlam pessoas, não fatos e resultados, atentando para estes apenas quando questionados pela população, mesmo assim criando justificativas para tentar enganá-la. Quase não há a devida relação e integração entre comandante ou gestor e não gestor no sentido de definir e alcançar os objetivos pessoais, devidos, deste e, ao mesmo tempo, os do Estado, pois muitos que o comandam ou gerem focam quase sempre apenas seus fins pessoais, muitas vezes indevidos, e dos que possuem poder e domínio sobre eles, estes muitas vezes de fora do Estado.

Como existe pouca interação e poucos objetivos ou propósitos comuns individuais e estatais, existe também pouca cooperação que vise o resultado do Estado em benefício de sua nação compatível com seu custo e potencial. Muito se observam estratégias voltadas para o fim pessoal indevido de comandantes ou gestores que se apropriam indevidamente dele e buscam nele se manter ou ascender a outros cargos, praticamente eliminando a participação dos que não aderem a eles. Desse modo, suas ordens são desvirtuadas do fim coletivo e servem muito mais aos seus interesses pessoais indevidos, contrários ou alheios aos verdadeiros objetivos estatais, sendo obedecidos e tendo sua autoridade ratificada apenas pelos que aderem a eles em busca também do interesse pessoal contrário ou alheio à coletividade.

A evidente incompatibilidade entre os objetivos de muitos agentes eleitos e gestores que comandam ou gerem o Estado brasileiro com os verdadeiros objetivos estatais leva à obediência de suas ordens apenas pelos que também possuem interesses incompatíveis com estes. Muitos de seus agentes eleitos focam permanentemente seu fim pessoal indevido, que pode ser apenas a reeleição, com muitos agentes gestores também fazendo o mesmo em busca de não perder seu cargo ou de ascender a outros, o que ocorre também com agentes não eleitos nem gestores que pretendem ascender à gestão ou a outros cargos estatais relevantes, devendo, por isso, seguir os dois primeiros. Estes formam, assim, um conjunto a comandar o Estado com alto custo e baixo resultado, com apenas eles sendo utilizados, subutilizando ou desperdiçando quase sempre os que não se alinham às suas pretensões.

Muitos que agem com alto nível ético-profissional e combatem a apropriação indevida do Estado têm sua atuação prejudicada ou até desperdiçada, utilizados apenas residualmente em áreas ou atividades que não a põem em risco. Não são reconhecidos internamente por atuar com alto nível ético-profissional em busca de resultados em benefício da coletividade, mas rejeitados por atuar dessa forma. Nesse tipo de Estado, conhecimento técnico e de gestão vindos da experiência e da educação formal ou informal quase não possuem utilidade, contando muito mais para o sucesso o alinhamento a interesses pessoais indevidos contrários ou alheios aos da nação.

Muitos que exercem seu comando ou sua gestão são os que agem ou se omitem em benefício pessoal indevido próprio e dos que possuem poder de recrutá-los e mantê-los, estes de dentro ou de fora do Estado, o que ocorre em todas as suas partes e em todos os níveis hierárquicos. Há muito controle de seus agentes para o alcance do fim pessoal indevido de muitos que o comandam ou gerem, não para obter resultado em benefício da coletividade compatível com o custo e o potencial do Estado. Aspectos informais que poderiam levar a este resultado são combatidos, sendo pouco reconhecidos se em desacordo com os fins pessoais indevidos de muitos que o comandam ou gerem. O autoritarismo e a centralização são excessivos, baseados em uma estrutura formal quase sempre contrária ou alheia à sua nação, cedendo apenas para responder a pressões pontuais desta.

As relações humanas no trabalho são combatidas quando ameaçam sua situação atual, sendo os instrumentos do cargo e da função comissionados e de confiança o principal meio capaz de trazer os agentes estatais brasileiros para o lado dos muitos que se apropriam indevidamente do Estado. Isso cria um ambiente doentio de concorrência por esses cargos e essas funções, impeditivo da obtenção dos melhores resultados por conta do desalinhamento existente entre eles e o verdadeiro objetivo estatal. A especialização do trabalho é atrelada a uma estrutura formal que objetiva atender principalmente aos fins pessoais indevidos de muitos que comandam ou gerem o Estado, tornando o trabalho não planejado e não executado em conjunto ou complemento visando resultados em benefício da coletividade.

Desse modo, o conteúdo do trabalho e o resultado esperado da atuação do agente estatal brasileiro estão muitas vezes mais relacionados à obediência à hierarquia do que à definição e ao alcance de objetivos que visem o benefício à nação. O moral de seu agente é afetado por esse tipo de estrutura e funcionamento, sendo quase sempre visto e tratado como mero cumpridor de ordens e executor de tarefas para os indivíduos e grupos que comandam ou gerem o Estado e que muitas vezes não possuem a competência ético-profissional para fazê-lo. Elementos de motivação no trabalho para que exerça sua atividade da melhor forma são tolhidos por uma estrutura formal que quase sempre não se volta para o fim coletivo, mas para criar e manter benefícios pessoais indevidos para muitos que exercem seu comandam ou sua gestão.

Muitos que comandam ou gerem o Estado brasileiro exercem poder e domínio sobre ele por meio de normas feitas por eles para eles mesmos, estabelecendo incentivos monetários, materiais e outros apenas para os que aderem a eles. Comunicação e cooperação com o fim de alcançar eficiência e eficácia são, assim, combatidas e dão lugar a uma estrutura formal que foca muito o interesse pessoal indevido, cooperando entre si apenas os que aderem à atuação do Estado da forma como ele é. Sua organização formal torna-se assim fortaleza contra a organização informal e contra os que buscam quebrar suas amarras e impedir sua apropriação indevida.

Estados que se fundamentam nesse tipo de organização formal, com estrutura centralizadora e autoritária, voltada para dentro, jamais fornecerão resultados à sua nação de acordo com seu custo e potencial. Seu comando ou sua gestão pouco aplica os conceitos trazidos pela Teoria das Relações Humanas para o alcance de resultados em benefício da coletividade, como os de motivação, liderança, comunicação, organização informal e dinâmica de grupo. Muitos que os comandam ou gerem enfatizam estrutura e tarefa voltadas para eles mesmos, combatendo a ênfase nas pessoas e nos grupos para não ameaçar os benefícios indevidos que obtêm neles.

Isso impede o alcance do verdadeiro objetivo do Estado, que não é definido previamente ou é definido apenas na forma, sem ser buscado se for de encontro aos objetivos pessoais indevidos de muitos que o comandam ou gerem. Não há interesse em motivar seus agentes que vão de encontro a essa situação, o que parece ter levado à criação de uma infinidade de cargos e funções comissionados e de confiança no Estado brasileiro. Muitos destes servem, principalmente, para recrutar os contribuintes com o Estado como ele é, agentes gestores e outros que ajem ou se omitem em benefício próprio e dos que os recrutam e os mantêm, ao mesmo tempo que dificultam ou impedem que indivíduos de alto nível ético-profissional sejam recrutados para o comando ou a gestão estatal.

Assim, as teorias motivacionais dos humanistas que tratam das necessidades humanas e da busca de seu conhecimento por parte dos administradores, visando atendê-las e levar à cooperação e ao alcance dos objetivos organizacionais, muitas vezes não são aplicadas pelo Estado brasileiro quando se trata de seus agentes de alto nível ético-profissional. O alcance das necessidades fisiológicas é até expandido a eles, porém o alcance das psicológicas e de autorrealização lhes é quase sempre negado, pois eles representam ameaça ao Estado como ele é e, por isso, não se pretende que estejam muito motivados.

A maior realização dessas duas últimas necessidades fica quase sempre restrita aos agentes estatais que aderem ao Estado como ele é, com os arredios à sua característica atual sendo muitas vezes submetidos a diversas situações que lhes são contrárias, tendo que contar apenas com a satisfação das necessidades fisiológicas por meio do salário e da estabilidade no emprego. O critério de ascensão e permanência em seu comando ou sua gestão muitas vezes não possui a ética e o profissionalismo como elementos essenciais, daí impeditivos a muitos indivíduos que buscam por meio do Estado o verdadeiro benefício à sua nação.

A autorrealização como potencial máximo que o indivíduo pode alcançar em termos de desenvolvimento, relacionada à sua educação e cultura, dificilmente será obtida com algum grau de satisfação no Estado brasileiro por indivíduos que atuam com alto nível ético-profissional e percebem que esta característica quase sempre não é requisito para ascender ao seu comando ou à sua gestão e a outros cargos estatais relevantes. Não podem utilizá-la, assim, para se autorrealizarem atuando em um Estado que possui como ponto máximo de ascensão e desenvolvimento o recrutamento para o comando ou a gestão e outros cargos relevantes por meio de critérios pessoais, como a fidelidade a pessoas e à situação atual, principalmente aos que possuem poder de recrutar e manter neles, de dentro ou de fora do Estado.

O conceito de ciclo motivacional explica grande parte da ineficiência e ineficácia do Estado brasileiro. As barreiras ou os obstáculos que este impõe aos que buscam atuar nele com alto nível ético-profissional, visando o resultado em benefício da coletividade, provocam frustração ou compensação nestes, fazendo com que haja desequilíbrio e tensão constantes entre os que possuem essa característica. Muitos que o comandam ou gerem são os principais obstáculos à motivação dos que possuem alto nível ético-profissional, impedindo muitos destes de ascender e se manter, também, em seu comando ou sua gestão, em todos os níveis hierárquicos.

Esses comandantes ou gestores buscam cooptar sempre para o comando ou a gestão estatal indivíduos que possuem suas mesmas características, que aceitam a situação atual e aderem a ela, perseguindo, subutilizando e até descartando os que não a aceitam e lutam contra ela. Isso leva a Estados carentes de gestão, voltados para objetivos pessoais indevidos, não estatais, restando apenas frustração ou compensação por parte de muitos que possuem alto nível ético-profissional e não conseguem romper as barreiras ou os obstáculos impostos à sua atuação com foco no benefício à coletividade.

Tudo isso é evidenciado no Estado brasileiro, que possui alta carga tributária e imensos recursos monetários, materiais e humanos, no entanto, com resultado sempre aquém de seu custo e potencial. Pouco satisfaz à sua nação, procurando arrecadar sempre mais tributos, com seus entes, seus poderes, suas organizações e muitos de seus agentes de baixa confiança da população. O baixo moral de muitos de seus agentes de alto nível ético-profissional que não aderem a ele como ele é e o clima organizacional desfavorável que percebem pela baixa satisfação de suas necessidades psicológicas e de autorrealização criam-lhes muitas vezes atitudes de combate, frustração e compensação.

Disso se pode concluir que a causa do alto custo e do baixo resultado do Estado brasileiro não está em seus agentes que não arrefecem na luta para melhorar seu funcionamento e seu resultado, que reagem à forma como ele funciona e a combate. Está no recrutamento e na permanência de agentes eleitos e gestores que o comandam ou gerem e que lutam para mantê-lo como ele é. Estes o desviam de seu fim coletivo e abaixam o moral de muitos que se baseiam na ética e no profissionalismo em sua atuação, causando-lhes desinteresse, negação, rejeição, pessimismo e apatia no lugar de interesse, identificação, aceitação, entusiasmo e impulso positivo em relação à atividade estatal.

Muitos que o comandam ou gerem não possuem capacidade de liderar pelo resultado em benefício de sua nação, pois conduzem um Estado voltado para interesses contrários ou alheios aos dela. Pesquisas internas que apontam bom clima organizacional em várias partes do Estado brasileiro geralmente estão cheias de vícios e falhas, como a medição apenas da satisfação de necessidades fisiológicas ou da satisfação de seus agentes que possuem cargos e funções comissionados e de confiança ou que pretendem possuí-los, receando assim respondê-las como deveriam responder. O fato é que o clima organizacional nele geralmente não é dos melhores para muitos de seus agentes, principalmente indivíduos e grupos informais que se fundamentam na ética e no profissionalismo em sua atuação e têm que enfrentar uma organização formal que se volta para dentro e os combate.

Assim, a combinação das características pessoais do líder, dos subordinados e da situação que os envolve, conjugadas e ajustadas em um conjunto integrado em busca de objetivos em benefício de sua nação, não funciona, pois não interessa a muitos que comandam ou gerem o Estado. Em lugar desses objetivos, prevalecem os objetivos pessoais indevidos de muitos comandantes ou gestores e dos que os recrutam e os mantêm, de dentro ou de fora dele. Por isso, muitos destes geralmente são vistos pelos demais agentes estatais e pela população como os que buscam apenas seus fins pessoais indevidos e não os de sua nação, com sua liderança anulada ao não possuir alto nível de confiança em sua atuação.

Nesse contexto, o estilo de liderança autoritário é o mais aplicado no Estado brasileiro, sendo o mais útil por evitar questionamentos e esconder a apropriação indevida que muitos fazem dele. A subserviência e a fidelidade de comandantes ou gestores à situação atual e aos que os recrutam e os mantêm, de dentro ou de fora dele, fazem com que centralizem suas decisões e imponham suas ordens ao grupo, que quase sempre nem são suas. O estilo liberal, sem cobranças, também é utilizado quando se ocupa seu comando ou sua gestão, mas não se tem interesse em bem gerir, por ordem de quem verdadeiramente comanda ou gere essa posição em seu lugar. Por fim, o estilo democrático geralmente é incompatível com o Estado brasileiro, pois muitos que o comandam ou gerem não querem condução e orientação do grupo, nem incentivo à participação em busca de resultados, pois temem a ameaça às suas posição ou aos seus benefícios pessoais indevidos que possa vir deles.

Desse modo, os três estilos de liderança, autocrático, liberal e democrático, a depender da situação, das pessoas e da tarefa, com o desafio de saber quando e em que circunstância os aplicar, não são devidamente aplicados no Estado brasileiro por conta de suas características e de sua falta de foco no verdadeiro objetivo estatal. Enquanto seus agentes de alto nível ético--profissional atuam em busca do fim coletivo, muitos dos agentes eleitos e gestores que o comandam ou gerem buscam apenas seus fins pessoais indevidos e dos que os recrutam e os mantêm, prevalecendo assim o estilo autoritário, desvirtuando o liberal e quase não aplicando o democrático.

Por motivo idêntico, muitos comandantes ou gestores estatais brasileiros também não utilizam a teoria situacional de Tannenbaum e Schmidt em busca do fim coletivo. Esta trata de um conjunto de comportamentos que o administrador deve escolher em relação aos subordinados, considerando e avaliando forças na situação, no gerente e nos subordinados para obter maior eficiência, em um *continuum* de liderança autocrática, consultiva e participativa. Muitos deles buscam aplicar sempre a autocrática por melhor atender aos seus fins pessoais indevidos e dos que possuem poder e domínio sobre eles, estes de dentro ou de fora do Estado, e não aos verdadeiros objetivos estatais.

Na mesma linha da motivação e da liderança, também a comunicação trazida pelos humanistas como forma de assegurar participação das pessoas dos escalões inferiores na solução dos problemas organizacionais não prosperou no Estado brasileiro. A ausência ou carência de comunicação é uma de suas características, que se dá certamente por opção estratégica de manter dúvidas, sigilos e desinformações em seus agentes e na população em relação ao seu funcionamento e ao seu resultado. Isso objetiva manter os benefícios pessoais indevidos de muitos que o comandam ou gerem e evitar questionamentos que os ameacem.

Se Estados falham na organização formal que vem de teorias e modelos lógicos orientados para objetivos organizacionais, a organização informal, que trata do caráter, dos usos e costumes, das tradições, dos ideais, do senso de valores e dos estilos de vida, não é apenas desprezada, mas combatida para não pôr em risco as conquistas pessoais indevidas de muitos que os comandam ou gerem. Têm-se assim Estados centralizadores e autoritários, com enormes divisões entre os que os comandam ou gerem e os que os seguem mesmo que contrários ou alheios ao fim coletivo contra os que combatem os dois.

Comandam-nos e os seguem geralmente aqueles que se beneficiam indevidamente deles ou não se incomodam em vê-los tomados pelo fim pessoal indevido, atuando de modo contrário ou alheio ao fim coletivo. Combatem-nos os que não buscam benefícios pessoais indevidos neles ou não suportam vê-los tomados pelos que os buscam. Quando sua apropriação indevida é praticamente certa devido à forma de atuação dos que comandam ou gerem o Estado, indivíduos de alto nível ético-profissional os combatem ou abandonam a pretensão de atuar também nele, principalmente em seu comando ou sua gestão.

Um imenso conflito surge, assim, entre os que comandam ou gerem o Estado em busca do fim pessoal indevido e os que aderem a eles contra os que não aceitam sua apropriação indevida e os combatem. Por esse motivo, ele atua praticamente a partir da organização formal, utilizando seus cargos e suas funções, como os comissionados e de confiança do Estado brasileiro, para cooptar os muitos que os buscam mesmo que em detrimento de sua nação, contrários ou alheios a ela, prejudicando ou impedindo, desse modo, sua transformação.

Muitos agentes estatais brasileiros de alto nível ético-profissional que não aderem à forma como o Estado atua têm sua produção subutilizada ou descartada, somando-se a uma minoria que não produz por motivos vários, mas que é mantida dessa forma no Estado por carência de comando ou gestão que os leve a produzir ou os elimine dele. Desse modo, muito perde a nação, pois diversos de seus recursos mais importantes, seus agentes estatais de alto nível ético-profissional, não produzem de acordo com seu potencial, principalmente quando poderiam ser utilizados no comando ou na gestão, sendo vigiados e combatidos para que não coloquem o modelo de Estado atual em risco, quase sempre impedidos de cooperar e contribuir com os resultados estatais em benefício de sua nação.

A organização formal é utilizada muitas vezes no Estado brasileiro de modo contrário ou alheio ao fim coletivo, e a informal, vigiada e combatida, visando perpetuar a primeira. Nesse ambiente, o poder e a contribuição da organização informal geralmente são combatidos e desprezados, pois não há interesse na motivação, cooperação e satisfação de seus agentes de alto nível ético-profissional que levem ao resultado em benefício da coletividade. Desse modo, o conjunto formado pela organização formal e informal é inviabilizado em sua busca por resultados em benefício da nação e a cooperação passa a ser buscada apenas entre os cooptados por meio de cargos e funções como os comissionados e de confiança, de gestão ou não, excluindo-se os demais das principais decisões e ações estatais, o que mantém o Estado como ele é.

A dinâmica de grupo, que diz respeito ao conhecimento dos grupos para permitir ao administrador melhor lidar com os problemas organizacionais e focar o clima positivo, a valorização das pessoas, dos grupos e de suas relações, buscando cooperação para formação de equipes de alto desempenho em busca de objetivos organizacionais, também pouco se aplica no Estado brasileiro. Nele, raramente pessoas e grupos formam equipes de alto desempenho em busca dos objetivos do Estado, pois quase sempre prevalecem os objetivos pessoais indevidos de muitos que o comandam ou gerem, além de não haver continuidade voltada para os objetivos estatais, com estes muitas vezes sequer existindo.

As críticas que recebeu não retiram nem diminuem os méritos e a aplicabilidade da Teoria das Relações Humanas ao Estado. Ela complementa e eleva a teoria administrativa além da preocupação com a produtividade individual e com a estrutura organizacional e começa a formar, com a inclusão do ser humano, um conjunto de teorias possíveis de serem aplicadas em quaisquer tipos de organizações, estatais, públicas não estatais e privadas, permitindo a definição e a busca de objetivos organizacionais sem abrir mão do bom senso. Nos Estados, somente um comando ou uma gestão de alto nível ético-profissional poderá aplicá-la, contribuindo assim para que retornem à população o que dela retiram na forma de tributos.

No Estado brasileiro, suas características de alto nível de personalismo e patrimonialismo e de baixo nível ético-profissional, que sempre existiram, inibem sua aplicação, pondo em seu lugar centralização e autoritarismo para mantê-lo como ele é. O alto nível ético-profissional do comandante ou gestor estatal leva o Estado a definir e buscar objetivos por meio de pessoas e grupos, contribuindo assim com a eficiência e eficácia estatal. Sempre faltou ao Estado brasileiro, e certamente a muitos outros Estados, participação e valorização de todos os seus agentes que buscam atuar com alto nível ético-profissional para que se sintam integrados e possam contribuir com o seu resultado em benefício de sua nação ou da coletividade de acordo com o seu custo e potencial.

ABORDAGEM NEOCLÁSSICA

Ao final da Segunda Guerra Mundial, houve intenso desenvolvimento econômico e industrial, e as organizações passaram por grandes mudanças e transformações, exigindo cada vez mais respostas da teoria administrativa. A Teoria Neoclássica surgiu a partir da década de 1950 como remodelagem da abordagem clássica, com novos elementos e visões, mas, no fundo, atualizando essa que serviu de base ou crítica para toda a teoria administrativa posterior, partindo dela ou dela tentando se diferenciar. Conceitos clássicos, como princípios da Administração, departamentalização, racionalização do trabalho, estrutura linear e funcional, foram redimidos, apesar da influência das ciências humanas.

A abordagem neoclássica atualiza e redimensiona a abordagem clássica ao novo mundo e à nova realidade organizacional, com as contribuições de Taylor e Fayol sobre trabalho e estrutura organizacional ressurgindo com a Teoria Neoclássica, ampliadas, revistas e melhoradas. Esta tem como fundamento que a Administração é um processo composto pelas funções de planejamento, organização, direção e controle, que precisam se apoiar em princípios básicos e universais a orientar a conduta do administrador. Trata-as como as funções deste e, a partir delas, trata de princípios fundamentais da Administração, abarcando o processo administrativo para que as organizações busquem melhores resultados de modo racional, valorizando o indivíduo como elemento essencial.

TEORIA NEOCLÁSSICA

A Teoria Neoclássica é eclética e integradora. Surgiu a partir do fortalecimento do estilo de vida pragmático, principalmente nos Estados Unidos, e da necessidade de atualizar os princípios gerais da Teoria Clássica, com seu mecanicismo e rigidez exagerados. Buscou respostas às exigências do novo mundo dos negócios, em que a mudança era mais rápida e intensa a partir da expansão e do desenvolvimento posterior à Segunda Guerra Mundial, da globalização dos negócios e mercados e da internacionalização das empresas. Sua característica é o pragmatismo, enfatizando a prática e aplicação da Administração, a reafirmação e atualização dos postulados clássicos, os princípios gerais da Administração, os objetivos e resultados previamente definidos e alcançados e o ecletismo de opiniões.

Seu ponto forte é aproximar a teoria e a prática, buscando resultados concretos e palpáveis por meio de conceitos práticos e utilizáveis como instrumentos a serem utilizados pela Administração na obtenção de resultados. A influência das ciências do comportamento na Administração trazida pela Teoria das Relações Humanas em detrimento dos aspectos econômicos sofre quase que uma reação da Teoria Neoclássica, que retoma os aspectos da Teoria Clássica com um novo formato voltado para a busca mais intensa de resultados. Os princípios da Administração utilizados pelos clássicos como "leis científicas" são retomados como critérios de conduta elásticos para a busca de soluções práticas aplicadas genericamente, de forma maleável e flexível de acordo com o bom senso do administrador.

Tem como base que a organização não existe para si, mas para alcançar objetivos ou resultados, devendo ser dimensionada, estruturada, orientada e avaliada em função deles. A Administração Científica enfatiza o método e a racionalização do trabalho; a Teoria Clássica, a estrutura organizacional e os princípios gerais da Administração; e a Teoria Neoclássica considera os meios na busca da eficiência, mas enfatiza os fins ou resultados na busca da eficácia. Daí seu ecletismo, baseada na abordagem clássica, mas absorvendo outros conceitos e conteúdos para definir e alcançar objetivos.

Peter Drucker[28], provavelmente seu maior expoente, afirmou que "a sociedade moderna é uma sociedade de organizações que atuam em

---

28. Peter Ferdinand Drucker (1909-2005). Austríaco, escritor, professor e consultor administrativo. Considerado o pai da Administração moderna.

conjunto e de forma interdependente, fazendo serviços umas para as outras e tendo a mesma necessidade de serem administradas". Segundo os neoclássicos, as organizações possuem aspectos administrativos comuns, como: quanto aos objetivos, pois não vivem para si, mas para satisfazer objetivos sociais, sendo que, sem que estes sejam definidos claramente, não terão como avaliar resultados; quanto à administração, pois, apesar de cada uma ter objetivos, são similares na necessidade de se estruturar em termos de recursos humanos e materiais, organização e direção para alcançá-los; e quanto ao desempenho, pois são apenas ficção, dependendo de pessoas que planejam, decidem e agem.

Os conceitos de eficiência e eficácia são importantes para a Administração. A eficiência diz respeito a métodos, o como fazer da melhor forma, e a eficácia, a resultados. Não interessa à organização atuar da melhor forma sem obter o resultado desejado, assim como não interessa obter o resultado desejado se atuar com desperdício ou má utilização de recursos. Ela deve buscar a excelência, buscando ser eficaz, mas atuando com eficiência. Isso implica que o resultado pode ser racionalmente buscado por meio da definição prévia de objetivos e da administração e direção dos recursos para alcançá-los, dependendo das pessoas que planejam, decidem e executam suas ações.

Assim, a organização consiste em um conjunto de posições funcionais e hierárquicas orientado para objetivos. Os princípios básicos e fundamentais da organização formal são a divisão do trabalho, a especialização, a hierarquia e a amplitude administrativa. A divisão do trabalho é a decomposição de um processo complexo em pequenas atividades que o constituem. Iniciou-se com a Administração Científica, nos operários, e expandiu-se, com a Teoria Clássica, para os escalões mais elevados. Baseia-se no método cartesiano de análise/decomposição e síntese/composição, com a organização dispondo de três níveis: institucional ou estratégico; intermediário ou tático; e operacional ou técnico.

A especialização surgiu a partir dela, com cada unidade ou cargo passando a ter funções e tarefas específicas, o que facilita o processo de aprendizagem e torna o trabalho mais simples e fácil de executar, aumentando a produtividade e facilitando ainda a substituição de empregados, quando necessária. A hierarquia, ou princípio escalar, também consequência da divisão do trabalho, é uma resposta à especialização funcional, pois, à medida que a especialização horizontal de funções gera uma pluralidade delas, há a necessidade de cadeias de comando para dirigir as ações dos subordinados, direcionando a organização em busca de seus objetivos e do cumprimento de sua missão.

Segundo os clássicos e neoclássicos, autoridade é o direito formal e legítimo de tomar decisões, transmitir ordens e alocar recursos para alcançar os objetivos da organização. É focada em posições, e não em pessoas, e é aceita pelos subordinados por acreditarem que os superiores possuem o direito legítimo dado pela organização de dar ordens e esperar seu cumprimento. Espera-se responsabilidade do superior no desempenho de sua tarefa ou atividade proporcional à autoridade que recebeu. A delegação de autoridade e responsabilidade para o nível hierárquico inferior não exime a responsabilidade de quem as delegou, devendo ser acompanhadas e avaliadas para garantir o resultado organizacional.

Como último princípio básico e fundamental da organização formal, a amplitude administrativa, de comando ou de controle é a quantidade de subordinados que um administrador pode supervisionar. Decorre do princípio da distribuição de autoridade e responsabilidade e determina a estrutura formal da organização, mais achatada e de menos níveis hierárquicos se a amplitude for ampla, e com mais níveis hierárquicos se ela for curta. No auge da Teoria Neoclássica, as organizações tendiam a ser mais alongadas verticalmente, com mais níveis hierárquicos. Atualmente, tendem a ser mais achatadas, comprimindo estruturas para aproximar cúpula e base e melhorar a comunicação.

A Administração Científica defendia o comando disperso da organização funcional, e a Teoria Clássica, o comando único da organização linear. Já a Teoria Neoclássica abordou a centralização x descentralização em termos do nível em que as decisões são tomadas, na cúpula ou nos níveis inferiores. Como vantagens da centralização, a tomada de decisão por administradores com mais visão global da organização, teoricamente mais bem capacitados, e a eliminação de esforços duplicados, permitindo decisões mais consistentes com os objetivos organizacionais. Como desvantagens, a distância entre o tomador de decisão e o fato, o pouco contato entre quem decide e os envolvidos com a situação, a demora e a dificuldade de comunicação e a possível distorção entre fato e decisão.

A descentralização significa relativa autonomia e independência para decidir. É uma tendência moderna de melhor utilizar os recursos humanos e se baseia no princípio de que a autoridade para decidir ou iniciar uma ação deve se aproximar de onde ela ocorre. Como vantagens, a proximidade do fato que exige decisão, com conhecimento e rapidez, e a melhor utilização do tempo e da capacidade dos envolvidos, liberando os superiores para decisões mais amplas e importantes, gerando eficiência e motivação ao tornar as pessoas mais motivadas e conscientes de sua participação nos resultados. Como desvantagens, o risco da falta de uniformidade nas decisões, a subutilização de especialistas centrais e o risco de decisões voltadas para interesses locais em detrimento dos objetivos organizacionais.

A Teoria Neoclássica tem o processo administrativo como seu núcleo ou sua base, sendo conhecida também como Escola do Processo Administrativo. Os neoclássicos definiram como funções básicas do Administrador o planejamento, a organização, a direção e o controle, semelhante aos elementos da Administração trazidos por diversos autores clássicos, sendo definidos por Fayol como prever, organizar, comandar, coordenar e controlar. Por meio desse processo, o administrador planeja, definindo objetivos e meios para alcançá-los, organiza, dirige e controla os recursos e as atividades, visando obter resultados que garantam a sobrevivência e o sucesso das organizações.

É um processo cíclico e permanente, com suas funções formando um todo integrado em busca da melhor utilização dos recursos humanos e materiais, visando atingir os objetivos organizacionais. Ao se repetir continuamente, permite correções e ajustes no que está sendo feito. O planejamento é a definição de objetivos e planos para alcançá-los; a organização, a distribuição dos recursos e das atividades, junto com a atribuição de autoridade e responsabilidade para atingir os objetivos previamente definidos; a direção, o preenchimento dos cargos, a liderança, a motivação e a comunicação para o alcance dos objetivos; e o controle, a definição de padrões e medidas de desempenho para corrigir desvios e garantir a execução dos planos e o alcance dos objetivos.

Administrar requer conhecimento e atenção ao processo administrativo ou às funções do administrador, sem o que a organização pode nem possuir objetivos definidos ou possuí-los de modo precário, com a organização, a direção e o controle que deveriam partir deles sendo impossíveis de ocorrer. As organizações não devem atuar no improviso, agindo apenas de modo reativo à conjuntura e às demandas pontuais do ambiente, por isso o planejamento é a primeira função do processo administrativo e a base para as demais. Devem atuar de modo proativo, conhecendo a situação atual, prevendo a situação futura, definindo objetivos a alcançar, identificando os meios que levam a eles e estabelecendo e implantando planos que permitam a obtenção dos resultados desejados.

Os planos são dispostos em uma hierarquia: estratégico, tático e operacional. O primeiro é o maior e subordina os demais, de longo prazo, genérico, sintético e abrangente, voltado à eficácia no alcance dos objetivos globais. Parte de análises internas e externas, identificando, respectivamente, os pontos fortes e fracos, as oportunidades e ameaças. O tático subordina-se ao estratégico, de médio prazo, menos genérico e mais detalhado, e se refere a cada unidade. O operacional subordina-se ao tático, de curto prazo, detalhado e específico, e se refere a cada tarefa, operação ou atividade. Por meio deles, definem-se objetivos e meios para alcançá-los, onde e como a organização quer chegar.

O planejamento é um conjunto integrado e estruturado de planos com objetivos previamente definidos que requerem ações e atividades para alcançá-los. Os objetivos devem ser comunicados e compreendidos por toda a organização, mantendo coerência vertical, com o imediatamente superior, e horizontal, com os das unidades de mesmo nível hierárquico. A partir de sua definição, estabelecem-se as ações ou os meios mais adequados para alcançá-los. Diagnosticada a situação atual e determinados os objetivos a alcançar, escolhem-se as alternativas que levam a eles por meio de um processo formal de tomada de decisão antecipada que envolve questões como o que, quem, quando, onde e como fazer.

Essas decisões devem estar interconectadas de modo que os diversos níveis e as diversas áreas da organização, bem como as decisões anteriores e posteriores, se conjuguem e formem um todo em busca de objetivos, encadeando os objetivos operacionais, ou das ações, dos processos ou das atividades, táticos, ou das unidades, e globais, ou da organização. O administrador é o responsável pela tomada de decisão, tanto na definição dos objetivos quanto na alocação dos recursos, devendo sempre ponderar o efeito de sua decisão sobre o futuro. A informação para a decisão deve ser organizada e isenta de influências pessoais e distorções, podendo ser utilizadas a experiência, a experimentação, a Pesquisa Operacional, da Teoria Matemática da Administração, a árvore de decisões e outras técnicas.

Seja qual for a técnica utilizada, o importante é perceber as consequências da decisão, que devem ser avaliadas e comparadas para que se possa decidir pela melhor alternativa de ação no sentido de elaborar planos que levem ao alcance dos objetivos. A elaboração dos planos é a terceira fase do planejamento, depois do estabelecimento dos objetivos e da tomada de decisão a respeito das ações que levam a eles. Ao estabelecer objetivos, define-se o futuro desejado, daí se estabelece os cursos de ação e os meios que levam a ele, que são os planos elaborados e implantados, estratégico, tático e operacional. Cumpridas essas fases, o plano elaborado e executado deve levar ao futuro que se deseja.

Desde a Administração Científica, várias técnicas de planejamento foram utilizadas, sendo as mais conhecidas o Cronograma, o Gráfico de

Gantt[29] e a Técnica de Revisão e Avaliação de Programas – Pert, que servem tanto para o planejamento quanto para o controle[30]. Os neoclássicos definiram princípios universais de planejamento, sendo o da definição de objetivos e o da flexibilidade talvez os principais. No primeiro, o estabelecimento de objetivos de modo claro inicia o planejamento e permite determinar o que e o como fazer, bem como quando serão alcançados. O princípio da flexibilidade afirma que o planejamento deve ser flexível para aceitar ajustes nos elementos presentes e nos que irão ocorrer, pois trata de objetivos e decisões sobre o futuro, que não é totalmente previsível.

As organizações devem definir objetivos que representem o melhor futuro e as ações que levem a ele, devendo ser flexíveis diante de novas situações surgidas ou não previstas. O planejamento possui como principais características: ser sistêmico, iterativo, permanente e contínuo, voltado para o futuro, que visa à racionalidade na tomada de decisão e alocação de recursos, selecionando cursos de ação entre várias alternativas possíveis; permitir coordenação e integração de toda a organização para o alcance de objetivos, interagindo continuamente com as outras três funções administrativas, organização, direção e controle. Ele possui o poder de promover mudanças e inovações e, se bem elaborado e executado, representa excelente ferramenta que permite obter o sucesso em quaisquer tipos de organizações.

A segunda função do processo administrativo, a organização, é tida pelos neoclássicos como o ato de organizar, estruturar e integrar os recursos da organização, que é criada e mantida para alcançar objetivos. Depende das demais, planejamento, direção e controle, e vem logo depois do planejamento, já que, para executar planos e alcançar objetivos, os recursos e as atividades precisam ser alocados. Consiste em dividir o

---

29. Henry Lawrence Gantt (1861-1919). Engenheiro mecânico estadunidense, consultor em gestão e um dos autores da Administração Científica.
30. Essas e outras técnicas de Administração são aqui apenas mencionadas, existindo muita literatura sobre elas.

trabalho, agrupar atividades em uma estrutura lógica, designar pessoas para sua execução, alocar recursos, coordenar e integrar esforços. Pode estar no nível global, por meio do desenho organizacional ou da definição do tipo de organização: linear, funcional ou outra; no nível de unidade: tipo de departamentalização; e no nível de tarefas ou operações: desenho de cargos ou tarefas.

Existem quatro componentes a organizar: tarefas, pessoas, unidades e relações. As tarefas decorrem da divisão do trabalho e representam a subdivisão das funções organizacionais; as pessoas são os indivíduos que ocupam os cargos na organização formal; as unidades agrupam pessoas e tarefas; e as relações são os contatos ou relacionamentos entre unidades, pessoas e tarefas. Os neoclássicos definiram princípios gerais da Administração aplicados à função de organizar: especialização, que decorre da divisão do trabalho e se refere à concentração de esforços em unidade, cargo ou tarefa, sendo vertical, aumento dos níveis hierárquicos, ou horizontal, departamentalização no mesmo nível; definição funcional, como descrição dos cargos e de suas relações.

Ainda, princípio da paridade entre responsabilidade e autoridade, em que à autoridade atribuída deve corresponder responsabilidade equivalente, ou a cada responsabilidade deve corresponder autoridade que permita realizá-la; princípio das funções de linha e staff, em que as primeiras são diretamente ligadas aos objetivos organizacionais ou da unidade e as segundas, indiretamente; e princípio escalar, que se refere à cadeia de relações diretas de autoridade entre superior e subordinado. Esses princípios são encadeamentos lógicos e racionais a se observar na alocação dos recursos para que se alcance o que foi planejado ou definido como objetivo e elaborado como plano para alcançá-lo.

Existem várias técnicas relacionadas à função de organizar. Os gráficos são as principais e podem se referir à estrutura organizacional formal, organograma ou gráfico de organização, e às rotinas de trabalho e procedimentos, fluxograma ou gráfico de fluxo ou de sequência de operações. Os primeiros são estáticos e modificados de modo pontual quando se altera a estrutura da organização; os segundos, dinâmicos e se referem ao fluxo de trabalho ou das operações. Existem vários tipos de organogramas, todos com o objetivo de apresentar a estrutura da organização formal ou sua fotografia, definindo estrutura hierárquica, níveis, unidades, canais de comunicação e cargos existentes.

Os fluxogramas são gráficos de fluxo, rotinas ou procedimentos e permitem visualizar as atividades e as necessidades de abreviá-las, cancelá-las ou redistribuí-las. Indicam a sequência do processo de trabalho, as unidades envolvidas e os responsáveis por realizá-lo. Existem vários tipos, mas todos possuem como fim apresentar as operações necessárias a uma tarefa ou atividade específica e mostrar as ligações existentes entre as unidades e dentro delas, de onde vem, para onde vai e porque é realizado o trabalho. Enquanto o organograma define a estrutura organizacional formal, o fluxograma a complementa, pois trata das rotinas e atividades realizadas pelas pessoas nas unidades. Os objetivos e os planos da função de planejar encontram na função de organizar os meios de sua realização.

A terceira função do processo administrativo, a direção, vem depois das funções de planejar e organizar e está relacionada à ação ou a fazer acontecer depois delas. Relaciona-se principalmente à atuação sobre pessoas no sentido de alinhar todos os esforços para os objetivos comuns da organização, conduzindo e orientando para seu alcance. Enquanto as outras três funções administrativas, planejamento, organização e controle, são muito impessoais, a direção se volta quase exclusivamente às relações interpessoais dos administradores e subordinados em todos os níveis da organização, utilizando indivíduos e grupos por meio da orientação, comunicação, liderança e motivação para que atendam ao que deles se espera no alcance dos objetivos.

Ocorre tanto no nível global da organização, estratégico, quanto no tático e no operacional. Os administradores interpretam os planos e proporcionam orientações para que as pessoas possam executá-los e atingir os objetivos definidos pela organização. Para que a direção ocorra no sentido do alcance dos objetivos organizacionais, as organizações precisam exercer influência sobre as pessoas por meio de seus administradores, utilizando os conceitos de autoridade e poder. Autoridade é o poder institucionalizado, normativo, ou o direito de comandar e agir dado a determinada posição. Vem junto com a capacidade potencial de influenciar os subordinados na busca dos objetivos organizacionais.

Para influenciar as pessoas no alcance dos objetivos da organização, são utilizadas estratégias com base em tipos de poder: de recompensa; coercitivo; legitimado; de referência; e de perícia. O primeiro se baseia na percepção do indivíduo ou grupo de que outro possui capacidade de recompensar ou proporcionar vantagens em decorrência de sua função; o coercitivo representa a percepção de que uma pessoa ou grupo pode aplicar punições; no legitimado, o indivíduo ou grupo aceita como correto, justificável ou legítimo que outro lhe exerça influência; no de referência, há o desejo de um indivíduo ou grupo em identificar-se ou ser semelhante a outro que respeita e admira; e, no de perícia, há percepção de um indivíduo ou grupo de que outro possui conhecimento ou capacidade para ser seguido.

Esses diferentes tipos de poder devem ser utilizados pelo administrador e combinados de acordo com a situação, focando sempre o alcance dos objetivos organizacionais. A função de direção consiste principalmente em lidar com pessoas e saber conduzi-las no sentido de obter a maior e melhor participação humana no alcance de objetivos. Aplicada em excesso, de forma indevida ou com falta de equilíbrio, essa função pode tornar a organização apática, sem iniciativa e sem comprometimento com resultados, com as pessoas apenas cumprindo ordens quando coagidas a fazê-lo. Deve-se buscar apoio, participação e comprometimento dos indivíduos e grupos para que se sintam parte da organização e contribuam com seus resultados, pois ela é composta de pessoas, que possuem poderes que precisam ser considerados.

Os neoclássicos relacionaram princípios gerais da Administração à função de direção: o da unidade de comando, também denominado princípio da autoridade única ou do comando único, em que um subordinado deve receber ordens e prestar contas a apenas um superior; o da delegação, que consiste na distribuição de tarefas, delegação de autoridade e exigência de responsabilidade a níveis organizacionais ou pessoas de níveis hierárquicos inferiores. Neste, é necessário estabelecer controles amplos para garantir que a autoridade está sendo aplicada para realizar os planos e alcançar os objetivos da organização, considerando sempre que a responsabilidade última pertence a quem delega.

Ainda, princípio da amplitude administrativa, de comando ou de controle, que se refere à quantidade de pessoas que um administrador pode supervisionar com eficiência, bem como delegar autoridade. Os neoclássicos tentaram definir números ótimos de subordinados para cada administrador, mas estes variam conforme o tipo de organização, o nível hierárquico, o tipo de atividade e os perfis de administrador e subordinados. Por último, princípio da coordenação ou das relações funcionais, em que, por conta da divisão do trabalho e da especialização, as atividades são realizadas de modo isolado, necessitando de harmonia para não perder o foco nos objetivos da organização.

A quarta e última função do processo administrativo, o controle, visa assegurar que o que foi planejado, organizado e dirigido atenda aos objetivos da organização. O planejamento abre o processo administrativo e o controle o fecha. Como nas outras três funções, planejamento, organização e direção, o controle ocorre nos níveis estratégico, tático e operacional ou na organização, nas unidades e em cada tarefa ou operação. É preciso definir padrões de desempenho e monitorar o desempenho real, comparando-os para agir e garantir o alcance dos objetivos definidos. É essencial que haja objetivos ou fins predeterminados, padrões, critérios ou unidades de medida, meios de medir, procedimentos para comparar o medido com o fixado e ações corretivas para garantir o alcance do resultado desejado.

Existem vários padrões de desempenho, de quantidade, qualidade, tempo, custo, produção e outros de acordo com o negócio. Como exemplo, volume de produção e de vendas, qualidade do produto ou serviço, satisfação do cliente, tempo de produção ou execução, de espera do cliente, custo de produção e administrativo, imagem organizacional e padrões éticos. Já houve preocupação com padrões desde a Administração Científica, com seu tempo-padrão, no estudo de tempos e movimentos. O processo de controle visa garantir que padrões ou índices estabelecidos na forma de objetivos sejam atendidos, o que requer informações para que o desempenho real seja comparado a eles e as correções, se necessárias, realizadas no momento oportuno, podendo-se até redefinir os padrões ou índices.

A medição do desempenho deve facilitar a comparação entre o desempenho real e o planejado. A correção deve ser feita apenas quando a variação ou o desvio a justificar, concentrando-se apenas no que não for aceito dentro da normalidade, podendo-se admitir pequenos desvios que não afetem o resultado desejado. O sistema de controle não deve se ater apenas ao passado ou às correções presentes, mas visualizar o futuro, visando criar condições de melhoria contínua de resultados. Isso porque o controle fecha o ciclo do processo administrativo, mas este é permanente e, à medida que se planeja, organiza, dirige e controla, volta-se para os objetivos organizacionais, com cada função retroalimentando as demais para tornar a Administração dinâmica e garantidora do melhor resultado.

Os neoclássicos trouxeram também princípios gerais da Administração aplicados ao controle: da garantia do objetivo, em que o controle serve como garantia de que os planos serão executados e os objetivos alcançados, detectando e corrigindo desvios que os ameacem; da definição de padrões, em que o controle deve ser realizado a partir da definição de padrões de desempenho e de qualidade claros e precisos, de modo que obtenha a aceitação de quem executa a atividade e a atuação fácil e segura de quem a controla; da exceção, como necessidade de controlar apenas os desvios ou as exceções relevantes, deixando fluir atividades dentro da normalidade ou com desvios aceitáveis por não afetar o resultado; e princípio da ação, em que o controle só se justifica se a ação corretiva for realizada.

As técnicas de Cronograma, Gráfico de Gantt e Pert, utilizadas na função de planejamento, são utilizadas também na de controle, já que essas funções se complementam em termos de definição de objetivos e planos para alcançá-los e de acompanhamento para verificar se estão sendo alcançados como planejado. Elas iniciam e encerram o ciclo do processo administrativo, que representa, com suas quatro funções, o cerne da Teoria Neoclássica e é instrumento essencial utilizado por organizações bem-sucedidas que atuam de modo dinâmico e mantêm sua existência por meio de seus resultados.

No processo administrativo, continuando o pensamento contido na Administração Científica e na Teoria Clássica, os neoclássicos trataram fortemente a organização formal, principalmente os tipos de organização e a departamentalização, que representam o modo de organizar a estrutura formal das organizações, visando o alcance de seus objetivos. Trouxeram os tipos de organização linear, funcional e linha-staff e a departamentalização por função, produto ou serviço, localização geográfica, cliente, fases do processo ou processamento e por projeto. De acordo com a organização, com seu objetivo, seu tamanho, sua área de atuação e a conjuntura em que atua, deve-se estabelecer os tipos de estrutura e de divisão do trabalho que fornecem melhores condições de contribuir com seus resultados.

A Teoria Neoclássica trouxe a Administração por Objetivos – APO ou por Resultados, representando uma revolução na teoria administrativa ao se dirigir à busca por resultados, substituindo a atenção na eficiência, no como fazer, pela atenção na eficácia, nos objetivos ou fins da organização. Dela surgiu a ideia de descentralizar decisões e administrar por resultados, definindo objetivos por área. Verificou-se que a ênfase no controle provocava um círculo vicioso, em que, quanto mais se controlava, mais os gerentes resistiam, surgindo daí a necessidade de equilibrar objetivos organizacionais e individuais, com maior participação, descentralização das decisões e incentivo ao autocontrole e à autoavaliação.

A APO é um processo em que gerente e superior negociam objetivos comuns, definem responsabilidades pelos resultados e utilizam os objetivos como guias de suas ações. Tem como características: estabelecimento conjunto de objetivos entre gerente e superior para cada unidade ou cargo; interligação entre os objetivos das unidades; ênfase na mensuração e no controle de resultados; avaliação e revisão contínua dos planos; e participação atuante das gerências. Os objetivos devem ser entendidos pelos gerentes e o resultado que se espera deles deve contribuir com o resultado global, objetivamente medido, avaliado e comparado com objetivos previamente definidos por área.

O estabelecimento conjunto de objetivos entre gerente e superior parte da premissa de que o processo de planejamento deve ouvir ou ter participação dos gerentes para estabelecer objetivos por unidade organizacional, o que implica determinar, de forma participativa, os resultados que devem alcançar em suas unidades. Os objetivos precisam estar interligados, vertical e horizontalmente, de modo que formem um todo integrado com o fim de alcançar os objetivos da organização. A partir de sua definição, são elaborados os planos que permitem alcançá-los, sendo necessário, sempre que possível, quantificar, mensurar e controlar os resultados para compará-los com os objetivos definidos.

Partindo dos objetivos e do Plano Estratégico, gerente e superior estabelecem seus objetivos e elaboram o plano tático de sua unidade para alcançá-los, construindo, a partir deles, com seus subordinados, o plano operacional. Os resultados desses planos devem ser continuamente medidos, avaliados e comparados com os objetivos previamente estabelecidos, fornecendo elementos até para alterá-los ou para revisar os planos. Os objetivos devem estar alinhados e integrados, constituindo um processo sistêmico em que o fim é o resultado global da organização, com a participação das pessoas definindo seu sucesso ou não, o que requer excelente coordenação e integração de esforços. O ciclo da APO ocorre continuamente e sua realização permite o início de um novo ciclo.

Deve-se atentar para o estabelecimento de objetivos que proporcionem uma finalidade comum à organização, constituindo excelente meio de reduzir o personalismo de pessoas e grupos e de permitir uma atuação proativa, em vez de reativa e submetida ao acaso. Deve-se evitar que os objetivos sejam afetados pelo personalismo dos que exercem poder e tentam desviá-los para seu interesse pessoal em prejuízo da organização, devendo atentar para a compatibilidade entre os objetivos desta e os das pessoas que nela atuam, sem que isso represente algo indevido ou empecilho aos resultados, mas contribua com eles. Devem ser construídos com base ampla, representando os interesses do proprietário, de seus agentes e do público que se interessa na atuação e no resultado da organização.

Com a Teoria Neoclássica, surgiram ainda, a partir da década de 1960, a Administração Estratégica e seus conceitos, principalmente o de Planejamento Estratégico. Este representa o modo como a organização pretende aplicar determinada estratégia para alcançar seus objetivos. O modelo concebido pelos neoclássicos é utilizado mundialmente e se constitui de quatro etapas: formulação dos objetivos, em que a organização escolhe seus objetivos globais e de longo prazo ou em que direção seguir para estar na posição que definiu para seu futuro. Podem ser definidos como primeira etapa, mas, também, depois da segunda ou terceira, análise externa e interna. Sempre que possível, devem ser quantificados ou traduzidos em números para possibilitar a medição, o acompanhamento e a avaliação.

A segunda etapa, análise do ambiente externo, busca detectar ameaças e oportunidades presentes e futuras, na concorrência, nos mercados e na conjuntura econômica, social, cultural, política, legal e outras. A terceira, análise interna, visa identificar pontos fortes e fracos nos recursos internos, monetários, materiais e humanos, na divisão do trabalho, na distribuição dos objetivos por unidade e no desempenho atual. A última etapa, formulação e escolha da estratégia, visa alcançar objetivos tendo em vista ameaças e oportunidades externas e forças e fraquezas internas. As quatro etapas formam o Plano Estratégico, de longo prazo, que define onde a organização quer chegar. Este é desdobrado em planos táticos das unidades, de médio prazo, e estes, em operacionais, de curto prazo.

Os conceitos neoclássicos e suas concepções de Administração por Objetivos e Administração Estratégica formam processos cíclicos e permanentes que, a depender de como são conduzidos, oferecem ferramenta de grande potencial ao sucesso das organizações. A APO pode ser utilizada como processo democrático e participativo que compatibiliza os objetivos da organização e os de seus agentes, com objetivos, metas e resultados sendo formulados por consenso e participação entre superior e subordinado, todos recebendo apoio, direção e recursos e se comprometendo com eles. Devem ser realizadas reuniões periódicas de avaliação de resultados para redimensionar objetivos, meios e recursos, em um processo cíclico e permanente cujo objetivo é levar a organização ao melhor resultado.

Existem vários modelos de APO e de Administração Estratégica, todos com o fim de levar as organizações a atuarem de modo proativo no sentido de definir e alcançar objetivos. O ser humano é essencial em todos, não existindo método ou recurso que possa suprir a carência de conhecimento, motivação e comprometimento deste. Deve ser motivado a atuar de modo integrado com a organização, o que se consegue por meio da aproximação dos objetivos desta com os das pessoas que atuam nela, da participação na definição dos objetivos, da autonomia na busca de resultados, da melhoria contínua da cultura e do clima organizacional, de programas permanentes de desenvolvimento pessoal e profissional, do incentivo ao autodesenvolvimento e ao autocontrole, da justa remuneração e da atuação ética e profissional dos superiores hierárquicos.

A Teoria Neoclássica e seus conceitos podem levar as organizações à eficiência e eficácia, porém, deve-se evitar exageros, incorreções e interpretações equivocadas dela, que podem levá-las ao fracasso e até à destruição. Alguns autores lhe atribuem pontos fracos, talvez mais em decorrência de abusos, imposições, interpretações equivocadas, aplicações apressadas, regulamentações, formalizações e burocracias insuficientes, falhas ou excessivas. Para obter sucesso, todo processo e toda atividade humana necessitam da ética e do profissionalismo dos que atuam neles, exigência, também, para aplicar a Teoria Neoclássica e todas as outras teorias administrativas, impedindo assim que interesses pessoais indevidos prevaleçam em detrimento da Administração e impeçam o melhor resultado organizacional.

A TEORIA NEOCLÁSSICA E O ESTADO

A Teoria Neoclássica e seus conceitos, como do processo administrativo, da Administração por Objetivos – APO e da Administração Estratégica, são utilizados por organizações bem-sucedidas em todo o mundo, sendo focados no estabelecimento prévio de objetivos ou resultados e na busca contínua em alcançá-los. Porém, eles são pouco ou mal utilizados no Estado brasileiro, não se tendo verificado nele, ainda, a devida ênfase que deveria dar aos resultados em benefício de sua nação. Quando estes ocorrem, são mais em decorrência de conjunturas favoráveis ou de realizações pontuais do que de atuação planejada, organizada, dirigida e controlada de forma sistêmica, contínua e orientada para obtê-los, como sempre mostrou claramente diversos indicadores de seu funcionamento e seu resultado.

Nele, teoria e prática administrativa pouco se juntam, sendo as teorias administrativas pouco utilizadas e até desprezadas, talvez, por ameaçarem as práticas de muitos que o comandam ou gerem em benefício pessoal indevido próprio ou de terceiros. Esses comandantes ou gestores vão de encontro à Teoria Neoclássica, como na afirmação dos autores desta de que as organizações não existem para si, mas para alcançar objetivos ou resultados, dimensionadas, estruturadas, orientadas e avaliadas em função deles. Fazem o Estado existir quase sempre para eles mesmos, independentemente do resultado em benefício da coletividade que apresente, combatendo e desprezando por esse motivo teorias e práticas administrativas com potencial para o alcance de seu melhor resultado em benefício dela.

Não estabelecem objetivos previamente como deveriam estabelecer e não se preocupam em bem administrar o Estado, não o planejando, organizando, dirigindo e controlando em busca de resultados em benefício de sua nação. Não atentam para o desempenho global nem individual de seus agentes como deveriam atentar, acreditando que o Estado sempre existirá, independentemente do resultado que apresente, e que continuarão em seu comando ou sua gestão ou se beneficiando indevidamente dele.

Eficiência e eficácia podem até ser buscadas em algumas situações, mas poucas ou inexistentes são as estratégias continuadas para seu alcance. Exemplificando, a eficiência buscada já na Administração Científica como melhor forma de utilizar os recursos, sem desperdícios, dificilmente é levada em mais consideração do que o interesse pessoal indevido de muitos que o comandam ou gerem, em todas as suas partes e em todos os níveis hierárquicos, o que impede a obtenção também da eficácia ou de seu melhor resultado em busca do fim coletivo. Muitos destes atuam como se os recursos estatais fossem infinitos, dificilmente buscando sua melhor aplicação, daí fazendo com que sejam muito mal administrados.

A orientação para objetivos vinda da Teoria Neoclássica encontra resistências por muitos que o comandam ou gerem, talvez porque sua aplicação reduziria a apropriação indevida que obtém nele. Suas posições hierárquicas e funcionais, divisão do trabalho, especialização, hierarquia e amplitude administrativa servem quase sempre mais aos interesses destes do que aos verdadeiros objetivos do Estado. Seu nível estratégico é muitas vezes dimensionado, dividido e ocupado para atender a agentes eleitos e gestores que o comandam ou gerem ou a indivíduos que, de fora dele, possuem poder e domínio sobre eles, como doadores de campanhas eleitorais e vendedores de forma indevida ao Estado.

Alinhados com o nível estratégico, o mesmo ocorre com o nível intermediário, ou tático, e o operacional, ou técnico. Isso faz com que a divisão hierárquica e funcional, que deveria atender à estrutura formal para o alcance dos objetivos estatais, seja desviada para os objetivos de indivíduos e grupos que o dominam e controlam em benefício pessoal indevido, de dentro ou de fora dele. Objetivos estatais muitas vezes sequer existem ou são apenas formais. O princípio da especialização é também pouco aplicado, com recorrente troca de comandantes ou gestores e o superdimensionamento da quantidade dos cargos de comando ou gestão, os comissionados e de confiança, preenchidos muitas vezes por indivíduos sem conhecimento de gestão nem experiência útil a ela. Isso forma uma hierarquia composta de indivíduos de baixo ou nenhum comprometimento com objetivos estatais, que endurece e abusa do autoritarismo e da centralização, criando cadeias de comando que nada têm a ver com o objetivo do Estado em benefício de sua nação.

Nessa situação, não existe sistema permanente de controle de resultados e os cargos de comando ou gestão são geralmente distribuídos por critério pessoal, contando muito com a fidelidade a pessoas e à situação atual, nos níveis estratégico, tático e operacional, com muitos comandantes ou gestores recebendo autoridade, mas sem responsabilidade por resultados em benefício da nação. Desse modo, as ideias clássicas e neoclássicas de autoridade e responsabilidade pelos resultados perdem o sentido, com os subordinados também não atuando como deveriam atuar, pois muitas vezes são comandados ou geridos para fins contrários ou alheios ao fim coletivo. Isso gera não reconhecimento e não aceitação da autoridade, com muitos comandantes ou gestores desrespeitados ou ignorados pelos subordinados, e muitos destes aderindo a eles em busca apenas de seus fins pessoais indevidos.

A amplitude administrativa geralmente não decorre de fatores alinhados com objetivos e estratégias focados no resultado do Estado brasileiro em benefício de sua nação, sendo comum comandante ou gestor sem ou quase sem subordinado porque há indivíduos que não podem ficar sem cargo de comando ou gestão, ou equivalente, em seus denominados cargos e funções comissionados e de confiança. Assim, não há amplitude administrativa lógica ou racional, sendo a quantidade de subordinados por superior quase sempre definida pela necessidade de atendimento aos interesses pessoais indevidos dos que o comandam ou gerem e dos que, por ação ou omissão, contribuem com eles.

Centralização x descentralização é também um problema nele, estando entre suas principais características a centralização, o autoritarismo e a concentração de poderes em poucos e controlados como forma de mantê-lo como ele é. Como geralmente não existem ou são apenas formais os objetivos estatais, o atendimento ao fim pessoal indevido, próprio e de terceiros, é muitas vezes o principal objetivo de muitos de seus comandantes ou gestores, o que ocorre em quase todos os níveis hierárquicos, de todas as suas partes.

No Estado brasileiro, a descentralização é fortemente combatida, o que impede a motivação, a autonomia e a independência para decidir aos que estão mais pertos da situação e melhor a conhecem, o que tornaria a decisão mais rápida e coerente com o alcance de resultados. Muitos que o comandam ou gerem não querem dispersão de poderes, nem entre suas partes nem dentro delas, entre seus níveis hierárquicos e seus agentes, pois levaria à perda de controle e prejuízo aos seus benefícios pessoais indevidos e dos que possuem poder e domínio sobre eles, que os recrutam e os mantêm, de dentro ou de fora do Estado. Agindo dessa forma, o Estado não atua como um todo, com objetivos distribuídos pelas suas partes e pelos seus agentes e estes buscando obtê-los, não gerando, assim, resultado em benefício de sua nação compatível com seu custo e potencial.

Desse modo, os conceitos do processo administrativo de planejamento, organização, direção e controle não são devidamente aplicados no Estado brasileiro. Muitos que o comandam ou gerem não buscam bons objetivos nem bons planos para alcançá-los; não alocam recursos e atividades necessários nem atribuem autoridade e responsabilidade para definir e alcançar objetivos; não orientam nem encaminham pessoas em busca de objetivos por meio da liderança, comunicação e motivação; e não definem padrões e medidas de desempenho nem verificam continuamente se objetivos estão sendo alcançados, realizando as necessárias correções. Estados desse tipo não formam um todo integrado que utiliza seus recursos, monetários, materiais e humanos, com o fim de obter melhores resultados em benefício de sua nação.

Em todos os seus entes e seus poderes e em todas as suas organizações se evidenciam essa afirmação, sendo caracterizados pela dificuldade de gestão e controle e pelo resultado muito aquém de seus custos e potenciais. Neles, há inexistência, falha ou carência de planejamento, agindo quase sempre no improviso e de modo reativo à conjuntura e a demandas pessoais ou ambientais pontuais. Isso vem principalmente do fato de que muitos de seus comandantes ou gestores, em todos os níveis hierárquicos, não são recrutados por critério impessoal, ético-profissional, mas de lealdade à situação atual e aos que os recrutam e os mantêm, de dentro e até de fora do Estado. Por esse motivo, não buscam definir e alcançar objetivos de acordo com as necessidades da nação.

Assim, plano estratégico e planos táticos e operacionais geralmente inexistem, são falhos ou existem apenas na forma, não levando ao alcance de resultados em benefício da coletividade compatíveis com o custo e o potencial do Estado brasileiro. Nele quase não existe definição prévia de objetivos e, quando existe, não há comprometimento com eles, não sendo medidos nem controlados continuamente, visando alcançá-los. Os graves problemas de planejamento em todas as suas partes, com as enormes descontinuidades inerentes a estas, são evidentes. Sua estrutura é quase sempre montada de modo isolado, não como um todo integrado em busca de resultados em benefício da nação, como bem o exemplifica as polícias civil e militar, quase sem integração na mesma unidade federativa e em todo o território nacional.

Os comandantes ou gestores de todas as suas partes quase sempre agem de modo isolado em nome da autonomia e independência. Dentro destas e entre elas não buscam alinhamento entre sua estrutura e seus agentes de modo contínuo, o que impossibilita a definição de objetivos integrados e complementares e o planejamento a partir de uma visão do todo do Estado. Muitos de seus comandantes ou gestores dificilmente focam a definição e o alcance de objetivos em benefício da coletividade, mas sim a criação e manutenção de uma estrutura que mais os beneficia e os que os recrutam e os mantêm, quase sem responsabilidade pelo resultado estatal. Isso impede respostas sistêmicas e resultados compatíveis com o que ele arrecada da população.

Assim, muitos comandantes ou gestores carentes de ética e profissionalismo, falta de alinhamento entre as suas partes e dentro delas, curtos períodos de gestão por motivos vários, geralmente contrários ou alheios à busca do fim coletivo, e fragmentação de atividades com ausência de integração e complementaridade são apenas alguns fatores que impedem a definição de objetivos e seu alcance pelo Estado brasileiro. São esses e outros fatores que dificultam ou impedem seu planejamento como um todo e de cada uma de suas partes, impedindo a definição de seus objetivos a partir da situação atual e a elaboração de planos que levem a eles, o que impede a obtenção de melhores resultados em benefício da coletividade.

Atuando dessa forma, há pouca definição de objetivos, pouco planejamento para seu alcance, pouca continuidade e pouco controle de suas ações, o que dificulta ou inviabiliza sua função de promover a ordem, a liberdade, a paz, a justiça, a igualdade, a segurança e o desenvolvimento econômico-social de forma sustentável para sua nação. Perde quem paga seus altos tributos e o vê atuar secularmente quase da mesma forma, sem gerar inovação que traga ao menos compatibilidade entre seu custo e seu resultado em benefício da nação. Quase sem definir objetivos e quase sem planejar para seu alcance, a segunda função do processo administrativo, a organização, fica inviabilizada, pois depende da primeira. Sem bons objetivos e bons planos, não há alocação de recursos e atividades, coordenação e integração de esforços para alcançá-los.

Como seu planejamento inexiste ou possui sérias falhas ou carências, o Estado brasileiro atua geralmente de modo pontual e reativo, aumentando e reduzindo seu tamanho e se modificando de acordo com os interesses pessoais indevidos de muitos de seus agentes eleitos e gestores que o comandam. Seu desenho organizacional, formado por União, estados, Distrito Federal e municípios, possui estruturas cuja criação e existência quase não possuem racionalidade, mostrando claramente que não há propósito global de Estado e o que geralmente se observa neles e entre eles são verdadeiras guerras entre seus comandantes ou gestores por recurso e poder.

A administração estatal brasileira sempre se constituiu em exemplo do que não deve ser feito em termos de gestão, com seus recursos monetários, materiais e humanos geralmente alocados sem alinhamento com o alcance do fim coletivo ou o benefício à coletividade. A carência ou ausência de objetivos previamente definidos e de planejamento levam à alocação de recursos em benefício pessoal indevido de muitos indivíduos e grupos que o dominam e controlam de dentro ou de fora dele. Assim, princípios da função de organizar, como especialização, definição funcional, paridade entre autoridade e responsabilidade, funções de linha e staff e escalar não constituem encadeamento lógico e racional na alocação de seus recursos no sentido de alcançar objetivos em benefício de sua nação.

Desse modo, organograma, fluxogramas, estrutura organizacional, níveis hierárquicos, cargos, linhas de comunicação e relacionamentos, rotinas de trabalho e procedimentos apresentam sérios problemas de definição e atualização em decorrência da descontinuidade provocada pela carência de planejamento com foco em objetivos ou resultados. O organograma e os fluxogramas que o complementam quase não representam meios de implantar planos e alcançar objetivos, pois estes em geral não são devidamente definidos, não havendo direcionamento para o alcance de resultados.

Isso faz com que a terceira função do processo administrativo, a direção, também não seja devidamente aplicada, pois não há como agir ou fazer acontecer a partir de um planejamento e de uma organização inexistentes ou bastante falhos, o que impossibilita orientação, comunicação, liderança e motivação para alinhar esforços em busca de objetivos. Se há carência ou falha de planejamento e organização, sem objetivos ou com objetivos apenas formais, sem planos que levem a eles ou com planos apenas formais, não há como influenciar ou orientar pessoas para executar planos e alcançar objetivos em benefício da coletividade, o que impossibilita o resultado do Estado brasileiro em benefício de sua nação compatível com seu custo e potencial.

Nele, o quase único poder de recompensa existente, o de distribuir cargos e funções como os comissionados e de confiança e manter neles, é utilizado quase sempre apenas para mantê-lo como ele é. O poder coercitivo acaba sendo pouco utilizado, pois há muita alternância entre superior e subordinado, com sua aplicação dependendo do poder que este possui ou aparenta possuir de inverter sua posição com seu superior. O poder legitimado e o de perícia quase não exercem influência, pois o critério de recrutamento para seu comando ou sua gestão e de permanência nele quase não levam ao reconhecimento das características desses poderes, com muitos comandantes ou gestores de baixa legitimidade ético-profissional. Por último, o poder de referência é muito mais atribuído à subserviência para ascender e se manter em cargos e funções, como os comissionados e de confiança, de comando ou gestão ou não.

Assim, muitos comandantes ou gestores estatais brasileiros não utilizam os tipos de poder de acordo com a situação e com foco no fim coletivo, pois o Estado geralmente não é planejado nem organizado para alcançá-lo. Estes quase sempre não buscam participação e comprometimento de seus agentes com resultados em benefício de sua nação, pois são voltados para si mesmos, o que torna o Estado apático, sem iniciativa e sem comprometimento com a coletividade, com muitos de seus agentes cumprindo ordens apenas se coagidos ou se almejarem também ascender ao seu comando ou à sua gestão ou se manter nele. Raras são suas partes cujos comandantes ou gestores conseguem motivar seus agentes e obter participação sem a recompensa de cargos e funções como os comissionados e de confiança, pois o foco muitas vezes está no benefício pessoal indevido, não no resultado em benefício da coletividade.

Nesse contexto, o Estado brasileiro dificilmente utiliza princípios gerais de Administração aplicados à direção com foco no resultado em benefício de sua nação. O da unidade de comando muitas vezes é relegado, com o comandante ou gestor cumprindo ordens de quem o recrutou e o mantém no cargo, às vezes até de fora do Estado. Mesmo assim, a centralização é a regra, pois mantém o controle pessoal, que não é compartilhado com os níveis hierárquicos inferiores nem com os demais agentes para não ameaçar os interesses pessoais indevidos de muitos que o comandam ou gerem. A delegação delega na maioria das vezes a autoridade e a responsabilidade, isentando desta o agente que delegou, que também não cobra responsabilidade do delegado no que não interessa ao atendimento de seus fins pessoais indevidos.

O princípio da amplitude administrativa, de comando ou de controle também não é aplicado devidamente no Estado brasileiro, não existindo critérios que definam a quantidade mínima de pessoas que um superior pode supervisionar. Se o comando ou a gestão é distribuído muitas vezes de acordo com os interesses de indivíduos e grupos que o dominam e controlam em benefício pessoal indevido, existe comandante ou gestor de si mesmo ou quase sem subordinado, com uma infinidade de cargos e funções comissionados e de confiança, de gestão ou não, irracionais, desalinhados dos objetivos e das atividades estatais. Por último, o princípio da coordenação ou o das relações funcionais também não é devidamente aplicado nele para o alcance de objetivos em benefício da coletividade, pois não há como harmonizar atividades com foco em objetivos e planos se estes são falhos ou sequer existem.

Pelo que foi mencionado nas três primeiras funções do processo administrativo, percebe-se que sua quarta e última função, o controle, também não encontra campo fértil de aplicação no Estado brasileiro, principalmente porque são falhos ou não existem objetivos previamente definidos e padrões de desempenho para compará-los com o desempenho real e corrigir possíveis desvios. Desse modo, não há como assegurar o atendimento de objetivos estatais se eles não foram devidamente definidos, não se fechando assim o ciclo do processo administrativo de planejamento, organização, direção e controle. Nele, este é mais baseado em normas e procedimentos, não em objetivos e padrões de desempenho vindos do processo administrativo, este geralmente falho ou inexistente na forma como deveria ser.

Como nas outras três funções, seus problemas de controle estão também nos níveis estratégico, tático e operacional. Como fecha o ciclo do processo administrativo, é tanto mais eficaz quanto mais profissionalizado for o comando ou a gestão nas outras três funções. Em organizações que não possuem alto nível ético-profissional, não existem objetivos e padrões de desempenho a acompanhar ou existem, mas são falhos ou apenas formais, sem foco em resultados, não tendo como comparar o alcançado com o planejado, impossibilitando assim a identificação e a correção de desvios. Nesse caso, o controle não fecha o ciclo do processo de modo eficaz, não o retroalimentando para iniciar um novo ciclo, permanente, melhorado e que possa reverter uma atuação ineficiente e ineficaz.

No Estado brasileiro, os princípios aplicados ao controle sofrem das mesmas dificuldades mencionadas nas outras três funções administrativas. Os da garantia dos objetivos e da definição de padrões para alcançá-los não se aplicam, porque seus objetivos e planos, quando existentes, são falhos ou quase sempre descontinuados, raramente relacionados à busca de resultados em benefício da coletividade. Não se aplicam também os da exceção e da ação, pois desvios e exceções relevantes não se apresentam de modo claro diante da inexistência ou falha de objetivos e planos para alcançá-los. A regra é que seus objetivos não venham de um verdadeiro planejamento que busca resultados em benefício de sua nação compatíveis com seu custo e potencial, pois muitas vezes o Estado é tomado pelo interesse pessoal indevido em detrimento da nação.

Assim, a complementaridade que deveria existir entre planejamento e controle é falha, o que faz seus resultados ficarem sempre muito aquém de seu custo e potencial. Isso é bastante evidente até em elementos mais objetivos, como nas obras realizadas pelo Estado brasileiro, que quase sempre demoram além do necessário e custam mais do que o previsto, sendo muitas vezes entregues cheias de falhas.

Bem utilizado, o processo administrativo aumenta a possibilidade de gerar melhor resultado em todos os tipos de organizações, estatal, pública não estatal e privada. Composto por planejamento, organização, direção e controle, quanto mais bem conduzido, maior a possibilidade de o Estado apresentar melhor resultado. Basta definir onde o ente, o poder ou a organização estatal quer chegar e utilizar seus recursos monetários, materiais e humanos com essa finalidade. É preciso definir objetivos, construir, comunicar e executar planos, sem que fiquem apenas em declarações formais.

Todas as falhas existentes no Estado brasileiro referentes ao processo administrativo são percebidas também em relação à APO, não tendo como buscar eficácia se não buscar eficiência em sua atuação. Estabelecimento conjunto de objetivos entre subordinado e superior para cada unidade ou cargo, interligação dos objetivos das unidades, vertical e horizontalmente, no sentido de formar um todo integrado, ênfase na mensuração e no controle de resultados, avaliação e revisão contínua dos planos e participação atuante das gerências ameaçam sua situação atual e, por isso, são geralmente combatidos e descartados. Muitos que o comandam ou gerem não se interessam por descentralização, autonomia, participação, autocontrole e autoavaliação, pois tudo isso possui alto potencial de gerar mudança e inovação, o que os ameaça.

Os objetivos destes são mais bem atendidos sem o uso da APO e das funções do processo administrativo, por isso utilizam muito a burocracia desvirtuada, a centralização, o autoritarismo e o impedimento da participação de seus agentes de alto nível ético-profissional. Muitos que comandam ou gerem o Estado brasileiro, em todas as suas partes e em todos os níveis hierárquicos, possuem claramente objetivos incompatíveis com os da criação e existência de um Estado, por isso utilizam em sua cadeia hierárquica muitos outros comandantes ou gestores de mesma característica, com todos esses atuando, por ação ou omissão, em busca de seus fins pessoais indevidos. Com a maioria dos comandantes ou gestores estatais atuando dessa forma, o Estado não definirá nem alcançará objetivos em benefício de sua nação ou da coletividade compatíveis com seu custo e potencial.

Não há como aplicar nele também conceitos de Administração Estratégica e Planejamento Estratégico se seus objetivos em benefício da coletividade sucumbem aos objetivos pessoais indevidos de muitos que o comandam ou gerem. Nesse caso, os primeiros sequer existem, são falhos ou existem apenas na forma, pois sua formulação não se dá a partir de um comando ou uma gestão de alto nível ético-profissional que busca sua construção de modo contínuo e com foco em resultados em benefício de sua nação. Sua análise do ambiente interno e externo não se preocupa com a descoberta de forças e fraquezas, ameaças e oportunidades, visando fortalecer e usufruir de seus recursos no sentido de combater ameaças e aproveitar oportunidades, o que impede a escolha de melhores estratégias para fornecer melhores resultados em benefício dela.

A Administração Estratégica, visando melhores resultados presentes e futuros, requer alto nível ético-profissional dos comandantes ou gestores estatais, democracia próxima da verdadeira, participação, comunicação, continuidade, compatibilização ou harmonização entre os objetivos do Estado e os de seus agentes que não sejam indevidos. O Estado brasileiro quase não possui objetivos em benefício de sua nação formulados por meio da participação e do consenso entre superiores e subordinados, com participação de todos os seus agentes e apoio do superior em termos de direção e recursos para alcançá-los, em compromisso conjunto com eles.

Nele quase não há: participação democrática para definir objetivos e planos e para executá-los; autonomia na busca de resultados; busca de melhoria contínua do clima organizacional e de promoção e elevação do moral de seus agentes; programa permanente de desenvolvimento pessoal e profissional; incentivo ao autodesenvolvimento e autocontrole; e remuneração justa e igualitária. Há muita descontinuidade e muito descarte do elemento humano com sua cultura, motivação, comunicação, liderança, competência pessoal e comprometimento com os resultados em benefício da nação. Restam os recursos monetários e materiais, que, com a subutilização do ser humano, não levam à atuação proativa nem ao melhor resultado, impedindo, assim, a utilização de modelos como os da APO e da Administração Estratégica da forma como deveriam ser utilizados.

Muitos que comandam ou gerem o Estado brasileiro não valorizam seu agente de alto nível ético-profissional. Utilizam quase sempre centralização excessiva, autoritarismo, descontinuidade, incompatibilidade ou desarmonia entre objetivos e estrutura estatal, indefinições, ameaças e outras características e estratégias para sua manutenção no comando ou na gestão. Contam quase sempre apenas com seus agentes que possuem cargos e funções como os comissionados e de confiança ou que pretendem possuí-los, ambos para manter tudo como está, descartando geralmente os demais agentes que buscam atuar com alto nível ético-profissional e construir o Estado de mesma característica, voltado exclusivamente para sua nação. Concebem e mudam normas e até fazem discursos contrários ao Estado como ele é, mas, na verdade, não buscam transformá-lo e ele continua a ser um fardo para sua nação.

Estados que agem dessa forma são dominados por interesses contrários ou alheios aos fins de sua criação e existência, com muitos que os comandam ou gerem não atuando com alto nível ético-profissional, por isso sucumbindo facilmente à ineficiência, ao desvio do fim coletivo e à corrupção, por ação ou omissão. No Estado brasileiro isso é bastante evidente, o que beneficia a muitos que o dominam e controlam em benefício pessoal indevido, de dentro ou de fora dele, daí não prosperarem conceitos como os neoclássicos, eternizando, assim, sua ineficiência e ineficácia que muito prejudicam sua nação.

Como para todo tipo de organização, os conceitos neoclássicos possuem poder de gerar Estados eficientes e eficazes, porém é necessário evitar exageros, incorreções, abusos, más interpretações, aplicações apressadas, regulamentações e formalizações desnecessárias, burocracias desviadas de seu fim, autocracias e imposições, pois tudo isso leva ao fracasso. Tem-se que utilizar seus conceitos impedindo que interesses pessoais indevidos prevaleçam em lugar da boa gestão. Alguns Estados podem até comunicar a intenção de utilizá-los, porém não darão certo sem os cuidados necessários, principalmente se mantido um comando ou uma gestão que não foca o resultado em benefício de sua nação, com a experiência negativa servindo para que muitos afirmem que não se aplicam a eles.

ABORDAGEM ESTRUTURALISTA

É visualizada por meio das teorias da Burocracia e Estruturalista. A primeira, aplicada às organizações, surgiu no início do século XX, a partir dos estudos de Max Weber[31], podendo ser considerada uma reação às práticas administrativas desumanas e injustas do início da Revolução Industrial. Preocupou-se com a racionalidade na relação entre meios e recursos e os objetivos da organização. Até então, a teoria administrativa era muito introspectiva, prescritiva e normativa, voltada para dentro da organização, o que não deixa de se aplicar também à Teoria da Burocracia. A Teoria Estruturalista a expandiu, como uma transição para a Teoria dos Sistemas, para as pessoas e o ambiente.

A abordagem estruturalista deu enfoque intra e interorganizacional, saindo de uma visão prescritiva e normativa para uma mais descritiva e explicativa, passando a envolver a organização e suas relações com outras organizações dentro de uma sociedade maior. A Teoria Estruturalista representou o desdobramento da Teoria da Burocracia, esta como

---

31. Maximilian Karl Emil Weber (1864-1920). Intelectual alemão, foi jurista, economista e considerado um dos fundadores do estudo moderno da Sociologia.

avanço em relação à abordagem clássica. Desdobramento este em termos de flexibilidade e inovação, permanecendo com a ênfase na estrutura, mas trazendo novas variáveis e dimensões à visão teórica, enfatizando também as pessoas e o ambiente.

TEORIA DA BUROCRACIA

As críticas às teorias Clássica e das Relações Humanas, por volta da década de 1940, revelaram a necessidade de uma nova teoria administrativa, mais sólida e abrangente. Essas eram oponentes e contraditórias e não permitiam uma abordagem global e integrada das organizações, evidenciando a necessidade de um novo modelo racional capaz de envolver e integrar todas as variáveis. A Teoria da Burocracia iniciou principalmente em função das fragilidades e parcialidades dessas duas teorias anteriores e dos crescentes tamanho e complexidade das empresas, o que dificultava sua administração e requeria um modelo racional. A burocracia é uma forma racional de organização humana que busca adequar os meios aos fins, visando à máxima eficiência no alcance dos objetivos organizacionais.

Para melhor entendê-la, Weber estudou os tipos de sociedade e de autoridade existentes, chegando às sociedades tradicional, carismática e legal, racional ou burocrática. Na primeira, predominavam o patriarcalismo e o patrimonialismo, como a família e a sociedade medieval; na segunda, predominavam características místicas, arbitrárias e personalistas, como nos Estados das nações em revolução ou ainda não bem constituídos; e, na terceira, predominavam normas impessoais e racionalidade na escolha dos meios e dos fins, como nas grandes empresas e nos Estados mais bem constituídos. Para ele, a cada tipo de sociedade correspondia um tipo de autoridade, que não se baseava nos tipos de poder da Teoria Neoclássica, mas nas fontes e nos tipos de legitimidade.

À sociedade tradicional correspondia a autoridade tradicional, em que os subordinados aceitavam as ordens do superior como justificadas e legítimas porque sempre foi dessa forma. Seu poder não era racional, mas conservador e transmitido por herança. Mudanças implicavam rompimento das tradições, crendo-se no passado eterno, na justiça e na maneira tradicional de agir. O líder comandava por ser herdeiro ou sucessor e suas ordens eram pessoais e arbitrárias. Se o domínio envolvia muitas pessoas e vasto território, podia assumir a forma patrimonial, garantido por funcionários administrativos que o preservavam como servidores pessoais do senhor, dependentes dele. Assumia ainda a forma feudal, com funcionários mais autônomos, mas aliados e fiéis ao senhor.

À sociedade carismática, correspondia a autoridade carismática, em que os subordinados se identificavam com seu superior e aceitavam suas ordens como justificadas pela influência de sua personalidade e liderança. O carisma era algo extraordinário e indefinível em uma pessoa, por isso seu poder não tinha base racional, era instável e podia facilmente adquirir características revolucionárias. Não era transmitido por herança ou sucessão e sua legitimação se dava pelas características pessoais do líder e pela devoção dos seguidores. A dominação carismática ocorria por meio de muitos seguidores, discípulos e subordinados leais e devotados, mas inconstantes e instáveis, recrutados pela confiança do líder. Devoção e confiança valiam mais do que competência técnica.

À sociedade legal, racional ou burocrática, correspondia a autoridade legal, racional ou burocrática, em que os subordinados aceitavam as ordens do superior como justificadas porque concordavam com um conjunto preestabelecido de preceitos ou normas que acreditavam legitimar o comando. A autoridade era técnica, decorrente do mérito, cuja obediência não era devida a pessoas, mas a normas e regulamentos, legitimada porque estes eram aceitos como racionalmente definidos. A dominação ocorria por meio da Administração Burocrática, fundamentada em normas impessoais e escritas que delineavam a hierarquia, os direitos e deveres de cada posição, as relações entre superior e subordinado, os métodos de recrutamento e outros, buscando racionalidade dos meios e objetivos.

O crescimento das organizações, a superioridade técnica em relação às outras teorias administrativas do início do século XX, o desenvolvimento tecnológico e a crescente necessidade de prever e controlar os negócios contribuíram para o surgimento da burocracia. Diferentemente do que o leigo acredita, para Weber, a burocracia era a organização eficiente por excelência, pois suas características permitiam previsibilidade. Para ele, suas características evitavam que a organização atuasse por meio de decisões pessoais, sendo a racionalidade o que permitia a previsão e a eficiência dos meios para atingir os objetivos ou resultados, estes definidos também racionalmente.

Weber tinha como características burocráticas: o caráter legal das normas e dos regulamentos, formal das comunicações e racional da divisão do trabalho; a impessoalidade nas relações interpessoais; a hierarquia da autoridade; a padronização das rotinas e dos procedimentos; a competência técnica e a meritocracia; a especialização da administração, separada da propriedade; e a profissionalização.

Explicando cada uma, as normas e os regulamentos são escritos e almejam abranger todas as áreas e atividades da organização; as comunicações são escritas e formais, para dar entendimento único, e registradas, para documentar e comprovar; a divisão do trabalho se dá em termos de relações funcionais, autoridade e poder, buscando atender de modo racional aos objetivos da organização; a impessoalidade diz respeito à administração, que não considera as pessoas como pessoas, mas como ocupantes de cargos e funções, com obediência dos subordinados a estes, não àquelas.

Na hierarquia da autoridade, cada cargo está sob o controle e a supervisão de um cargo superior, com a autoridade e o poder no cargo, não nas pessoas, sendo o subordinado protegido da arbitrariedade do superior pelas normas e pelos regulamentos, pois ambos reconhecem o conjunto de regras da organização; as rotinas e os procedimentos padronizados, com as atividades realizadas segundo padrões previamente definidos que permitem avaliar o desempenho dos participantes e levam ao alcance dos objetivos da organização; a movimentação dos funcionários por meio de regras racionais, claras e válidas para todos, do recrutamento às promoções, sendo a competência técnica e o mérito os critérios que a definem, não as preferências e os critérios arbitrários das pessoas.

A administração é especializada e separada do patrimônio pessoal, com dirigentes profissionais, especializados em Administração, e responsáveis pelo resultado da organização sem que esta lhe pertença; e os participantes são profissionais, com gestores mais generalistas no topo e mais especialistas nos níveis hierárquicos mais inferiores. A carreira é importante e o empregado pode ser sistematicamente promovido à medida que mostra capacidade e competência técnica. É fiel ao cargo, identifica-se com ele e defende os objetivos da organização, não seu interesse pessoal ou de outros. A burocracia pretendeu prever completamente o funcionamento da organização e o comportamento dos empregados, tudo de acordo com normas e regulamentos que levariam à máxima eficiência.

Algumas vantagens da burocracia segundo Weber: continuidade da organização por meio da fácil substituição de pessoal por conta da definição de papéis e da racionalidade decorrente de normas e regulamentos que pressupõem critérios de recrutamento e promoção baseados na capacidade e competência técnica; constância e confiança nas decisões e na condução dos negócios ao eliminar a discriminação pessoal à medida que prevê decisões, com ocorrências previstas por antecipação, padronizadas e transformadas em rotinas que permitem o alcance da máxima eficiência, evitando a irracionalidade; redução de atritos, pois todos conhecem e respeitam as normas e os regulamentos; e benefícios para os participantes ao permitir ascensão por competência técnica ou mérito pessoal.

A burocracia pressupõe trabalho profissionalizado e equidade das normas, estas baseadas em padrões universais de justiça e igualdade, o que evita o nepotismo, favorece a moralidade e dificulta a corrupção. As regras serão cumpridas porque os objetivos globais da organização são valorizados e todos contribuem para seu alcance. Cria-se assim a racionalidade que torna as organizações eficientes por meio dos melhores meios para obter resultados. Para Weber, a dosagem ideal para organizar uma empresa deve envolver precisão, velocidade, ausência de ambiguidade, continuidade, unidade, rigor na subordinação e redução de atritos e custos, anulando o fim pessoal em benefício do fim organizacional.

Para o autor, o dilema da burocracia é que, de um lado, existem pressões externas sobre o burocrata para não seguir as normas da organização e, de outro, há da parte dos funcionários tendência ao enfraquecimento gradativo do compromisso em relação às regras. Isso decorre da dificuldade em se manter fiel a normas, regras e regulamentos quando estes exigem renúncia a desejos pessoais em benefício da organização e os objetivos desta são separados da vida pessoal de seus participantes. Por esse motivo, as organizações burocráticas são frágeis e sofrem pressões para tomar a direção tradicional ou carismática, já que nestas as relações disciplinares são mais naturais ou afetuosas.

Ele lembrou ainda que há chefes não burocráticos em alguns tipos de organizações, que recrutam subordinados, estabelecem regras e decidem objetivos a serem atingidos, sendo eleitos ou herdando sua posição, como políticos eleitos e recrutados para cargos de gestão estatal. Porém, mesmo nesses casos, deve existir racionalidade na busca do fim organizacional, pois a gestão não pode prescindir dela, sendo o resultado a única base que deve sustentar a existência ou a sobrevivência de uma organização.

Deve-se atentar para as disfunções da burocracia, que geralmente são tidas pelo leigo como a burocracia em si, mas, na verdade, são suas consequências não previstas ou indesejadas. Ao tratar organizações como sistemas mecânicos, ela não focou o ser humano como elemento essencial e que afeta a previsibilidade do funcionamento burocrático. Para cada característica da burocracia descrita por Weber, os estruturalistas apontaram suas disfunções ou anomalias e imperfeições que a levam a resultados diferentes do previsto. Para o caráter legal das normas, sua disfunção é a internalização e o apego a elas como sendo o objetivo, esquecendo que seu único fim é o alcance do objetivo da organização e que a flexibilidade é uma das principais características de qualquer atividade racional.

Já a necessidade de formalizar e documentar as comunicações leva ao excesso de formalismo e documentação, constituindo uma das principais críticas à burocracia. Ela traz ainda rotinas, padrões e previsões antecipados, o que gera forte resistência a mudanças, fazendo com que os empregados se apeguem a normas, regulamentos e procedimentos, passando a ser simples executores e deixando não só de propor inovações, como sendo contrários a elas em defesa da atuação baseada em normas que lhes dão mais segurança. A impessoalidade no relacionamento gera a despersonalização das relações pessoais, como se o ser humano fosse apenas um cargo, o que pode ir de encontro à sua valorização e às boas relações no trabalho, reduzindo, assim, a produtividade nas organizações.

A hierarquização da autoridade gera a categorização como base do processo decisório, em que a decisão é tomada por níveis hierárquicos, não por quem melhor conhece o assunto, fazendo com que o detentor do cargo de mais alto nível na hierarquia decida mesmo que não saiba o suficiente sobre a situação. Para facilitar seu trabalho, o tomador de decisão decide, muitas vezes, baseado em rotinas previamente estabelecidas, não na melhor decisão para o caso concreto. Rotinas e procedimentos previamente definidos geram alta conformidade e criam empregados limitados a fazer apenas o estabelecido e imposto pela organização, restritos a um desempenho mínimo e que parece não estar relacionado com os objetivos organizacionais, perdendo em iniciativa, criatividade e inovação.

Ainda como disfunção burocrática, a dificuldade da organização em atender ao cliente por ser toda regulamentada e inflexível a novas situações, principalmente a demandas externas não previstas, com os empregados preocupados com rotinas e regulamentos e com o atendimento ao superior hierárquico, enquanto pressões externas são vistas como ameaças a ignorar ou a combater. Isso leva ao fechamento da organização e ao combate ao cliente, impedindo-a de inovar, mudar e criar.

Essas disfunções geram ineficiência no lugar da eficiência máxima almejada, com a burocracia exigindo controles e consequências previstas e obtendo consequências imprevistas. Ainda, buscando prever comportamentos e obtendo insucesso por conta da imprevisibilidade do comportamento humano.

A partir do modelo weberiano de burocracia, de visão mecanicista e fechada, vários autores fizeram pesquisas e elaboraram modelos refutando a eficiência que se poderia alcançar por meio dela. Assim, muitos refutaram a ideia da inflexibilidade da burocracia, defendendo que ela não consegue sobreviver sem adaptação e interação com o ambiente interno e externo, adaptando-se ou se moldando a ele. Diferentemente da máquina ou do sistema fechado, à medida que se tenta estabelecer excesso de controles sobre o comportamento das pessoas, estas tendem a resistir e a encontrar alternativas que os ignorem ou lhes sejam contrários. Também, cada vez mais o ambiente externo ratifica ou não os produtos ou serviços das organizações, decidindo consequentemente pelas suas existências ou não.

Desse modo, pode-se pensar o processo burocrático como um ciclo instável que provoca tensões e conflitos interpessoais ao buscar estabilidade e equilíbrio, por isso não há um tipo único de burocracia, mas uma infinidade deles, variando desde a escassez quase completa até o excesso. Os autores estruturalistas analisaram suas dimensões, apresentando os diversos graus em que ela existe nas organizações, considerando que não há organização burocrática ou não burocrática, mas com graus variados de burocracia. Sua escassez corresponde à desordem e seu excesso, à rigidez. O meio-termo ou a burocracia necessária ou ideal corresponde à eficiência, sendo questão de dosagem: nem de mais, conduzindo à rigidez e à inflexibilidade; nem de menos, conduzindo à desorganização e à indisciplina.

A burocracia é um modo racional de organizar pessoas e atividades no sentido de definir e alcançar objetivos organizacionais. Foi criticada, como no excesso de racionalismo sem considerar o ambiente externo, o que só levará ao sucesso se as tarefas individuais forem mínimas e exigirem pouca criatividade, as informações do ambiente não precisarem ser processadas por todos, por serem claras e estáveis, a tomada de decisão exigir rapidez e o modelo se aproximar do sistema fechado, com poucas mudanças ambientais. Ao focar a estrutura interna da organização como máquina ou sistema fechado a executar tarefas e atingir objetivos, quase sem considerar o comportamento humano, a Administração Científica, a Teoria Clássica e a Teoria da Burocracia foram chamadas de "Teorias da Máquina".

A burocracia traz dificuldades em lidar com o ambiente interno e externo à organização, negligencia a organização informal e investe no arranjo organizacional rígido e estático. Associa-se a ela alto grau de conservadorismo, como: não observância do crescimento pessoal e do desenvolvimento da personalidade humana; desenvolvimento da conformidade e do espírito corporativista; distorção ou bloqueio das comunicações por conta da divisão hierárquica; não utilização plena dos indivíduos por causa da desconfiança, da concorrência por cargos, do medo de represálias etc.; e dificuldades de assimilar o influxo de novas tecnologias e novos processos de trabalho. Não atenta para o lado humano do ambiente interno, organização informal, nem para se adaptar ou moldar ao ambiente externo.

Atualmente se tem a burocracia como conservadora e contrária à inovação e o burocrata, como ritualista, apegado a regras e regulamentos e sem foco nos objetivos organizacionais, levando ao entendimento de que ela representa ineficiência, lentidão e apatia. Muito importante no início do século XX, exige na atualidade reformulações em um ambiente em rápida transformação, com tecnologias cada vez mais complexas e a exigir integração de atividades e pessoas, com comportamentos administrativos e filosofias de negócios exigindo cada vez mais flexibilidade das organizações. Porém, nada disso tira sua importância, desde que reconhecidos seus problemas e suas limitações, focada nos objetivos organizacionais e dosada para alcançá-los, sem inibir a criatividade e a inovação que levam a eles.

A TEORIA DA BUROCRACIA E O ESTADO

Os Estados mais desenvolvidos dificilmente se regem por fundamentos da sociedade tradicional ou carismática, mas pelos fundamentos legais, racionais ou burocráticos, o que exige autoridade legal, racional ou burocrática, com o predomínio de normas impessoais e racionalidade na escolha de seus meios e fins. O patriarcalismo e o patrimonialismo, o personalismo e a arbitrariedade das sociedades tradicional e carismática não devem mais prevalecer, sendo a democracia, certamente, o melhor regime político já construído na História da humanidade, o que vai claramente ao encontro dos fundamentos burocráticos. A grandeza e a complexidade do Estado exigem visão global e integrada de suas partes e alta racionalidade para obter respostas eficientes no alcance de seus resultados com o menor sacrifício da população, sendo muito útil a ele a Teoria da Burocracia.

As organizações modernas que conseguem sobreviver e obter sucesso a aplicam de acordo com suas necessidades, buscando sua evolução, o que não tem ocorrido ainda em muitos Estados. Estes quase não evoluem em direção a resultados em benefício de suas nações, não os apresentando de acordo com seus custos e potenciais, dependentes das características pessoais de muitos que os comandam ou gerem, que recrutam outros comandantes ou gestores entre os que contribuem com eles. Neles, há pouco da verdadeira burocracia, porque nunca existiu ou porque não resistiu aos ataques que sofreu, com comandantes ou gestores não se interessando por ela e pondo em seu lugar a insuficiência, a falha ou o excesso burocráticos.

O Estado é um ente todo-poderoso que desperta cobiças várias como nenhum outro tipo de organização, tendo o poder de obter facilmente imensa quantidade de recursos e, às vezes, nem prestar contas de sua aplicação e de seus resultados. A racionalidade trazida pela Teoria da Burocracia não pode ser tomada isoladamente e se pretender com ela resolver todos os problemas do Estado, mas, sem ela, avançam o domínio e o controle voltados para o fim pessoal indevido dos que o utilizam em benefício próprio e de outros, de dentro ou de fora dele. Neste caso, comandantes ou gestores decidem e cumprem decisões claramente em desacordo com os objetivos de sua criação e existência, que, muitas vezes, sequer são definidos previamente.

Desse modo, o superior hierárquico manda e é obedecido mesmo que não possua legitimidade ético-profissional como fundamento de sua atuação. Suas ordens são pessoais e arbitrárias e exerce o domínio de modo pessoal e patrimonial. Ocupa cargos e funções no Estado muitas vezes em busca apenas de seus fins pessoais indevidos e de outros que os recrutam e os mantêm, com todos ascendendo e se mantendo em suas posições por meio da fidelidade tácita ou explícita a pessoas e à situação atual. Influencia, assim, pelas características pessoais que impõe a outros, exercendo poder e domínio pessoal, sem base racional.

O Estado brasileiro pode ser tomado como exemplo de prática dominante de domínio do subordinado pelo superior hierárquico que exige fidelidade pessoal a ele e ao Estado como ele é. Muitos de seus comandantes ou gestores, provavelmente a maioria, em todas as sua partes e em todos os níveis hierárquicos, são recrutados por meio de critério pessoal, sendo a ética e o profissionalismo geralmente de pouca importância diante da confiança e fidelidade aos que os recrutam e os mantêm e que os dominam e controlam em benefício pessoal indevido, próprio ou de outros, substituindo-os à medida que os desagradem. Esse modelo vem da inexistência democrática ou de uma democracia próxima da falsidade, certamente não sendo admitido por uma população em sua maioria de alto nível de educação geral e ética, porque dificulta ou até impede o resultado do Estado em benefício de sua nação.

Enquanto ele não suplanta essa sua característica, seu custo é alto e seu resultado em benefício da coletividade, baixo. A norma para combater essa situação, que, segundo a Teoria da Burocracia, é a forma mais ética e profissional de combatê-la, não é elaborada ou não consegue se estabelecer, pois, mesmo que exista, é burlada ou desobedecida por muitos que comandam ou gerem o Estado se contrariar seus interesses pessoais indevidos ou não permitir que os alcancem. Ao mesmo tempo, normas podem ser certamente utilizadas contra os que de dentro ou de fora dele resistem à sua apropriação indevida e a combatem. Desse modo, a autoridade legal, racional ou burocrática, verdadeiramente baseada na legitimidade da norma racionalmente estabelecida, pouco existe no Estado brasileiro, com quase tudo baseado no desejo pessoal de muitos que o comandam ou gerem.

Assim, o subordinado obedece muitas vezes a pessoas, mesmo que elas atuem de modo contrário ou alheio ao fim coletivo, recrutadas para o comando ou a gestão pela lealdade a pessoas e à situação atual do Estado. Nesse contexto, não há como buscar racionalidade dos meios e objetivos em benefício da nação, pois a hierarquia, as relações entre superior e subordinado, os métodos de recrutamento e promoção e outros elementos essenciais ao comando ou à gestão não são impessoais, ético-profissionais. Tudo isso impede a confiança e a aceitação da autoridade estatal, impedindo assim a aplicação do verdadeiro modelo burocrático.

Por tudo isso, a burocracia em resposta ao crescimento, ao desenvolvimento tecnológico e à necessidade de previsibilidade e controle em busca de resultados quase sempre não encontra aplicação no Estado brasileiro. Seus comandantes ou gestores não a implantam devidamente, criando em nome dela normas e regulamentos insuficientes, falhos ou excessivos, sem alinhamento com os objetivos estatais em benefício de sua nação. Diferentemente da Teoria da Burocracia, que busca a organização eficiente por excelência, muitos de seus comandantes ou gestores utilizam a burocracia desvirtuada para controlá-lo em benefício pessoal indevido, próprio ou de terceiros, distorcendo ou desprezando o ponto central dessa Teoria de racionalizar meios e fins, visando resultados.

À legalidade da norma e do regulamento, utilizam artifícios vários para sua elaboração e aplicação com o fim de manter o domínio, o poder e o controle indevidos sobre o Estado. À formalidade das comunicações, utilizam barreiras que impedem sua fluidez entre pessoas e níveis hierárquicos, impedindo a comunicação ou criando ruídos que a dificultam e impedem a documentação e comprovação da atuação de seu comando ou sua gestão de forma transparente. À racionalidade da divisão do trabalho em termos de cargos, relações funcionais, autoridade e poder na busca racional e eficiente do fim coletivo, criam unidades, cargos e funções para atender aos fins pessoais indevidos de muitos que o comandam ou gerem e dos que contribuem com eles, de dentro ou de fora do Estado.

O que mais se observa em Estados desse tipo são relações de busca e manutenção de poder e domínio pessoal, com comandantes ou gestores recrutados e mantidos entre os que mais contribuem, por ação ou omissão, com os fins pessoais indevidos dos que os recrutam e os mantêm. Por isso, o principal critério para ascender e se manter no comando ou na gestão de todas as partes do Estado brasileiro, em todos os níveis hierárquicos, é ser fiel aos que verdadeiramente o comandam ou gerem e aos que possuem poder e domínio sobre estes, de dentro ou de fora dele, sem resistências ou ameaças. Sua autoridade hierárquica estabelecida por meio de normas e regulamentos muitas vezes não serve para levar o Estado ao resultado em benefício da coletividade de acordo com seu custo e potencial, mas para manter o benefício pessoal indevido de muitos destes.

Assim, muitos comandantes ou gestores estatais brasileiros buscam primeiro o fim pessoal indevido dos que exercem poder e domínio sobre eles, depois os seus e, por último, se ainda possível, o fim coletivo. Rotinas e procedimentos são pouco associados a resultados, não seguindo padrões que permitam medir e avaliar o desempenho, visando os objetivos do Estado em benefício de sua nação. Competência técnica e mérito do subordinado em busca do fim coletivo são pouco valorizados pelos que comandam ou gerem esse tipo de Estado, pois se voltam principalmente para seus fins pessoais indevidos e dos que os recrutam e os mantêm. Sem regras racionais, objetivas, claras e válidas para todos, seus agentes com frequência são geridos por meio de preferências e critérios pessoais e arbitrários do superior, que muitas vezes vê a ética e o profissionalismo como empecilhos ou ameaças a combater.

Com todas essas distorções em relação à verdadeira burocracia, é impossível acreditar em profissionalização da administração do Estado. Muitos de seus comandantes ou gestores não são especializados em Administração nem são responsabilizados pelos seus resultados. Têm o Estado como propriedade pessoal e dos que os recrutam e os mantêm, certos de que ele existe para servir primeiro ou exclusivamente a eles. As carreiras profissionais, se existentes, dificilmente premiam os melhores agentes estatais além de regras comuns a todos, sendo a ética e o profissionalismo, ou o mérito, de pouco interesse, ficando estacionados nelas se não declararem, tácita ou explicitamente, fidelidade aos que comandam ou gerem o Estado e à sua situação atual, pouco importando os objetivos ou resultados deste em benefício de sua nação ou da coletividade.

Perdem-se assim as vantagens trazidas pela Teoria da Burocracia, como o critério de recrutamento e promoção baseado na competência técnica, o trabalho profissionalizado e a justiça e equidade com os empregados, que, claramente, nunca foram regra no Estado brasileiro, sendo dos principais motivos pelos quais nunca forneceu resultado em benefício de sua nação compatível com seu custo e potencial. Isso é o que facilitaria a precisão, a velocidade nas decisões e ações, a unidade, a continuidade, a ausência de ambiguidade, o comando focado em objetivos em benefício de sua nação e os custos compatíveis com resultados, reduzindo ou anulando, assim, o fim pessoal indevido que impede o alcance do fim coletivo. Favoreceria a moralidade e dificultaria a apropriação indevida do Estado.

Observa-se nele forte carência das características burocráticas trazidas por Weber, predominando a dominação e o controle em benefício pessoal indevido de muitos de seus agentes que o comandam ou gerem e até de outros de fora do Estado. Seu nível de profissionalismo é baixo, pois este não se sobressai quando forte carência ética o antecede e o permeia, impedindo assim a utilização de tudo que ameace o domínio secular que atua sobre o Estado brasileiro. Sua atuação de alto nível ético-profissional se restringe a atos isolados de poucos que o comandam ou gerem com essa característica e que, por serem poucos, não conseguem modificar sua situação histórica e atual de apropriação indevida, de alto custo e baixo resultado em benefício de sua nação. Nesse ambiente, a máxima eficiência buscada por Weber por meio de normas e regulamentos racionais para o alcance de resultados não tem como ocorrer.

Em todas as suas partes e em todos os níveis hierárquicos, cargos e funções como os comissionados e de confiança, de gestão ou não, são, muitas vezes, distribuídos para atender a fins pessoais indevidos e manter o Estado como ele é, o que sempre ocorreu. Ainda, muitas de suas normas e muitos de seus regulamentos claramente não priorizam o fim coletivo ou o resultado em benefício de sua nação. O critério pessoal que utiliza quase sempre em sua atuação evidencia que o Estado brasileiro não conseguiu ou nunca pretendeu atuar como verdadeira burocracia, daí sua ineficiência, seu desvio do fim coletivo, sua corrupção, seu alto custo e seu baixo resultado.

O tipo de Estado que a nação brasileira sempre possuiu é facilmente vencido por pressões pessoais internas e externas, não por conta de sua burocracia, como muitos tentam fazer crer, mas principalmente por sequer se aproximar do formato burocrático ideal. O compromisso de seus agentes com as normas internas nem tende a enfraquecer, como mencionava Weber, mas a sequer existir, já que percebem que suas normas e seus regulamentos pouco têm a ver com os verdadeiros objetivos de um Estado e que são quase sempre desconsiderados a depender do interesse de indivíduos e grupos que possuem poder e domínio sobre ele, de dentro ou de fora dele. Assim, pressões internas e externas que a burocracia pode sofrer rumo à tradição e ao carisma nem chegam a ocorrer, pois pode-se observar claramente que nunca existiu o verdadeiro Estado legal, racional ou burocrático brasileiro.

Muitos de seus agentes eleitos vêm de uma democracia próxima da falsidade e desprezam a racionalidade, como se o recurso do Estado fosse ilimitado ou infinito e este se justificasse mesmo sem apresentar resultado à sua nação compatível com seu custo e potencial. Não definem objetivos em benefício de sua nação nem se interessam por planejamento que leve a eles, pois seus principais compromissos não são com a eficiência e eficácia estatais, mas com sua perpetuação no Estado e em seus benefícios pessoais, muitas vezes indevidos, que obtêm nele ou por meio dele. Pouco lhes interessa que comandantes ou gestores estatais possuam alto nível ético-profissional e busquem resultados em benefício da coletividade, mas que contribuam apenas com eles em suas permanências no Estado.

O que existe nesse tipo de Estado não é uma burocracia que o impede de gerar resultados em benefício de sua nação, mas, em seu lugar, normas insuficientes, falhas ou excessivas que fragilizam sua atuação. Diferentemente dos Estados que avançaram no modelo burocrático e que se veem compelidos a reduzir a burocracia em virtude de suas disfunções, Estados carentes dela, em que seus comandantes ou gestores afirmam querer melhorar resultados sem nunca a ter experimentado, não podem reduzir sua utilização. Afirmar que se pretende implantar o Estado gerencial, livre da burocracia, como se ela fosse contrária à boa gestão, é tentar esconder que a Teoria da Burocracia é menos inimiga dos resultados dos Estados do que muitos agentes eleitos e gestores que os comandam ou gerem.

Evitando suas disfunções, anomalias ou imperfeições, chega-se ao Estado legal, racional ou burocrático sem empecilho ao seu funcionamento e ao seu resultado. A burocracia falsa ou desvirtuada deve ser combatida, assim como as disfunções burocráticas, mas a verdadeira burocracia não pode deixar de ser utilizada, pois é a partir dela, devidamente dosada, que se chega ao Estado de alto nível ético-profissional. Nesse sentido, o ser humano de alto nível ético-profissional é elemento essencial, que deve ser motivado e utilizado com foco na eficiência e eficácia do Estado, sendo muito mais importante investir nele do que apenas em normas e regulamentos, que, muitas vezes, servem apenas para atender aos interesses dos que o dominam e controlam em benefício pessoal indevido, de dentro ou de fora dele.

Ao caráter legal das normas, cuja disfunção é a internalização e o apego a regulamentos que geram inflexibilidade, tem-se situação mais crítica na insuficiência, na falha ou no excesso delas, gerando atuação de acordo com os interesses pessoais indevidos, logicamente não escritos nem formalizados, de indivíduos e grupos que se apropriam indevidamente do Estado. Ao excesso de formalismo e documentação, mais crítico é agir sem eles, ocultando os verdadeiros fins dos que se apropriam indevidamente dele e o levam ao alto custo e baixo resultado.

Rotinas, padrões e procedimentos definidos com antecedência não geram apego a normas e regulamentos, nem resistência a mudanças, nem inibição da inovação se o Estado atuar com alto nível ético-profissional, dosando a burocracia e outras teorias administrativas com foco no resultado em benefício de sua nação. A maior resistência do Estado brasileiro à mudança e à inovação não está relacionada à disfunção de uma burocracia racionalmente implantada visando à melhoria de seus resultados, mas aos recrutamentos por critério pessoal de comandantes ou gestores que não têm como foco a busca do fim coletivo, com a inexistência de normas ou com um emaranhado delas falhas ou excessivas, que não são burocracia, mas desvirtuamentos burocráticos.

O recrutamento para o comando ou a gestão do Estado e a permanência nele sem critérios impessoais, ético-profissionais, dificulta e até impede que ascendam a ele e se mantenham nele indivíduos focados no resultado em benefício da coletividade. Estados que agem dessa forma têm seu comando ou sua gestão geralmente recrutado e mantido por fidelidade tácita ou explícita a pessoas e à situação atual com o fim de preservá-los como eles são, mantendo o que a burocracia tentou combater. Neles, iniciativa, criatividade e inovação são combatidas e em seu lugar entram normas, rotinas e procedimentos voltados para limitar seus agentes e levá-los a fazer o estabelecido e imposto pelo seu comando ou sua gestão, que cobra desempenho em seu benefício pessoal indevido e de outros, até de fora do Estado.

Desse modo, o resultado do Estado em benefício da coletividade encontra fortes barreiras na inflexibilidade, na regulamentação e na preocupação excessiva dos que o comandam ou gerem com o atendimento de seus fins pessoais indevidos e dos que possuem poder de recrutá-los e mantê-los no comando ou na gestão. As pressões vindas da população são vistas por estes como ameaças a combater ou a ignorar, levando-os a se fechar em si mesmos e a tentar justificar a existência do Estado sem oferecer resposta compatível com seu custo e potencial. Isso ocorre não por culpa da burocracia, mas da estrutura dele, de suas normas e seus regulamentos que objetivam responder primeiro ou exclusivamente aos interesses dos que o dominam e controlam em benefício pessoal indevido.

Não se pode atribuir à burocracia os males que acometem muitos Estados, pois certamente muitos destes sequer se aproximam dela. Exemplificando com o Estado brasileiro, são comuns diagnósticos simplistas de que ele é muito burocratizado e, por isso, caro e de baixo resultado. Assim, muitos atacam a burocracia sem perceber que atacam um elemento falso, desvirtuado ou praticamente inexistente, pois ele não conseguiu aplicá-la como deveria, racionalizando seus meios e seus fins de modo impessoal para definir e alcançar objetivos voltados para sua nação. Em todas as suas partes e em todos os seus níveis hierárquicos, são frequentes verdadeiras batalhas cotidianas da parte de muitos de seus agentes, principalmente que o comandam ou gerem, por mais status, poder e riqueza independentemente dos resultados que apresentam.

Sua falsa ou desvirtuada burocracia e seus controles sobre o comportamento de seus agentes para mantê-lo como ele é são dos principais fatores de seu alto custo e baixo resultado. Geralmente não há interesse da parte de muitos que o comandam ou gerem em interagir com o ambiente, captar suas necessidades e se moldar para oferecer melhor resultado e justificar sua existência. A carência de aplicação da Teoria da Burocracia e de outras teorias administrativas não chega a ameaçar a existência dos Estados, pois são altamente coercitivos e sobrevivem mesmo que contrários ou alheios às suas nações.

A aplicação dela com equilíbrio, continuidade e compatibilização com as características de cada Estado, afastada dos extremos da escassez e do excesso, é a base do Estado de alto nível ético-profissional. É necessário que as nações entendam que a imensa maioria dos problemas de seus Estados não está na burocracia, mas em seus comandantes ou gestores que a impedem e o desviam para seus fins pessoais indevidos e de outros até de fora dele. Os Estados devem buscar a burocracia necessária, que gera eficiência e eficácia, não a escassez, que gera desordem, desorganização e indisciplina, nem o excesso, que gera inflexibilidade.

Ela deve ser uma maneira impessoal e racional de organizar estrutura, pessoas e atividades estatais no sentido de definir e alcançar objetivos em benefício da coletividade, diferentemente do personalismo e da irracionalidade que impedem a definição e o alcance destes. A falsa ou desvirtuada burocracia de um Estado não permite que se perceba seu verdadeiro nível de burocratização, pois é mal-intencionada e esconde o verdadeiro sentido de suas normas e seus regulamentos. Seus falsos sinais burocráticos são, na verdade, entraves ao seu funcionamento e ao seu resultado, planejados e controlados para impedir sua profissionalização, o que, claramente, parece sempre ter ocorrido e ocorrer no Estado brasileiro.

Assim, as críticas à burocracia não se aplicam a ele, pois, na verdade, sempre careceu dela para aperfeiçoar seu comando ou sua gestão. A insuficiência, a falha ou o excesso de suas normas e seus regulamentos não são causados pela burocracia, mas pela clara busca dos fins pessoais indevidos por parte de muitos que o comandam ou gerem. Se o modelo weberiano, mais objetivo, não conseguiu prosperar nele e, certamente, no Estado de muitas nações, pouco se pode esperar de outras teorias administrativas mais abertas que poderiam aumentar sua eficiência e eficácia, dependendo ainda mais do alto nível ético-profissional de seus comandantes ou gestores.

Nesse tipo de Estado, não há foco em planejamento e estrutura, visando levá-lo à definição e ao alcance de objetivos em benefício da coletividade, por isso, não há sentido também em se criticar a burocracia por dificultar seus resultados ao deixar de fora a criatividade, a mudança e a inovação. O que as deixa de fora não é a burocracia, mas o evidente desinteresse de que elas ocorram da parte de muitos que o comandam ou gerem em benefício pessoal indevido e dos que possuem poder e domínio sobre eles, de dentro ou de fora do Estado.

Estes desprezam e combatem a organização informal e o crescimento pessoal de seus agentes de alto nível ético-profissional. Promovem o corporativismo, o bloqueio ou a distorção de informações e deixam de utilizar plenamente esses agentes, pois assim se torna mais fácil dominar e controlar o Estado em benefício pessoal indevido. O arranjo estatal rígido e estático, quase sem atenção às variáveis do ambiente interno e externo, é uma das fortes estratégias utilizadas por eles para alcançar seus objetivos e dos que possuem poder e domínio sobre eles, de dentro ou de fora do Estado. Mais uma vez, a crítica não deve ser à burocracia, mas à ação deliberada dos que promovem a insuficiência, a falha ou o excesso burocráticos.

Visam desse modo se perpetuar no comando ou na gestão do Estado e o transferir ainda para seus descendentes, não tendo sentido as críticas que, muitas vezes, fazem à burocracia de ser conservadora e contrária à mudança, à inovação e à criatividade, que gera lentidão e tira o foco dos objetivos ou resultados estatais. Estados que ainda carecem da verdadeira burocracia, como o brasileiro, devem buscá-la e dosá-la para que foquem o objetivo de sua criação e existência, fornecendo assim resultados em benefício de sua nação ou da coletividade compatíveis com seus custos e potenciais. Devem abandonar o critério da fidelidade a pessoas e à situação atual para recrutar e manter seus agentes, principalmente que o comandam ou gerem, evitando, assim, sua apropriação indevida em detrimento de sua nação.

TEORIA ESTRUTURALISTA

Ao final da década de 1950, a Teoria das Relações Humanas, que pregava a participação das pessoas nas organizações em contraposição ou oposição à Teoria Clássica, começou a declinar. A Teoria da Burocracia avançou no tratamento da organização formal da abordagem clássica, mas careceu da flexibilidade e inovação que requeriam uma sociedade em processo contínuo e acelerado de mudanças. A Teoria Estruturalista é mais uma transição à Teoria dos Sistemas do que uma teoria administrativa própria e distinta. Expandiu a Teoria da Burocracia e procurou levar a análise organizacional para as pessoas e o ambiente externo, desdobrando-a e aproximando-a da Teoria das Relações Humanas.

Parte do conceito de estrutura no sentido de visualizar as partes como componentes de um todo, subordinadas a ele e em que cada modificação em uma delas implica modificações nas demais e em suas relações. A partir da Teoria da Burocracia, procurou suprir a necessidade de abordar aspectos omitidos pela abordagem clássica e pela Teoria das Relações Humanas em suas formas isoladas, opostas e incompatíveis entre si. Visualizou a organização como uma unidade social grande e complexa, em que interagem grupos sociais que compartilham alguns objetivos e se incompatibilizam com outros. A preocupação dos estruturalistas era com o todo organizacional, constituído de um conjunto de partes interdependentes e inter-relacionadas, sempre maior do que a soma delas.

Observaram que o desenvolvimento da humanidade passou por várias etapas, iniciando pela da natureza, passando pelas do trabalho e do capital e chegando à da organização. Nesta, aconteceram várias fases: o universalismo da Idade Média, em que predominou o espírito religioso;

o liberalismo econômico e social dos séculos XVIII e XIX, caracterizado pelo desenvolvimento do capitalismo e pela tentativa de redução da influência do Estado; o Socialismo, no início do século XX, obrigando o capitalismo a buscar o máximo de desenvolvimento para não perder espaço; e a atualidade, caracterizada por uma sociedade em que prevalecem as organizações.

Assim, a sociedade moderna é composta por estas, das quais o homem depende totalmente, sendo diferentes e requerendo características diferentes de seus participantes, que atuam ao mesmo tempo e com papéis diferentes em várias delas. A Teoria das Relações Humanas estudou as interações entre grupos sociais nas organizações e os estruturalistas ampliaram o estudo para a interação entre elas. Existem vários tipos, tamanhos e complexidades de organizações em todos os setores da vida social, sendo partes integrantes e fundamentais na sociedade moderna. As etapas por que passou a humanidade permitiram o ambiente social compatível com elas, com a teoria administrativa buscando aumentar seu racionalismo por meio de técnicas para aumentar sua eficiência e seus resultados.

A vida moderna é cercada de organizações, cobradas cada vez mais por eficiência na utilização de seus recursos e eficácia no alcance de seus objetivos. Ao exercerem papel cada vez mais relevante, seus recursos exigem melhor alocação, sendo eficientes quando os aplicam na alternativa que gera melhor resultado. A Teoria Estruturalista se preocupa com as estruturas internas das organizações e com suas relações com outras organizações em busca de seus objetivos. Parte das grandes e complexas organizações formais, burocráticas, por causa do desafio que impõem à análise organizacional. Na burocracia, busca-se controlar o comportamento das pessoas para alcançar resultados racionalmente definidos, porém a complexidade organizacional tende a desvirtuá-lo e a impedir o alcance do resultado previsto.

A Teoria Clássica caracteriza o homem econômico, a das Relações Humanas, o homem social, enquanto a Teoria Estruturalista focaliza o homem organizacional, como o que desempenha papéis simultâneos em várias organizações. Ele precisa ser flexível para responder às constantes mudanças da vida moderna e à diversidade de papéis que desempenha em várias organizações, devendo ser tolerante para evitar o desgaste emocional decorrente das frustrações vindas do conflito existente entre necessidades pessoais e organizacionais. Reflete características cooperativas e coletivas e se junta em organizações sociais para cumprir seu papel e realizar seus objetivos, sendo este o conjunto de comportamentos que lhe são solicitados e que são reforçados pela sua própria motivação em cumpri-lo de modo eficaz.

Cada indivíduo pertence a várias organizações e desempenha papéis diferentes nelas, ocupa várias posições e atende a normas e regras diferentes, criadas e mantidas pela organização para uniformizar comportamentos e restringir seu papel. Porém, nem todos se dobram pacificamente a elas, o que gera conflitos que causam mudanças e inovações. A Teoria Estruturalista busca uma abordagem múltipla, em que, fundamentada na Teoria da Burocracia, tenta conciliar as teorias Clássica e das Relações Humanas, procurando utilizar simultaneamente as bases das duas. Envolve principalmente a organização formal e informal, as recompensas salariais e materiais, sociais e simbólicas, os diferentes níveis hierárquicos, os vários tipos de organizações e a análise intra e interorganizacional.

Tenta integrar as relações formais e informais intra e interorganização sem alterar os conceitos das outras teorias, em que a organização formal se refere ao padrão de organização definido pela administração e a informal, às relações sociais espontâneas que se desenvolvem acima e além da organização formal. Busca o equilíbrio entre organização formal e informal como ponto central da teoria administrativa, em que o sucesso de uma só ocorre caso se entenda a outra, pois interagem e se interpenetram. Isso está ligado à concepção de Gouldner[32] de modelo racional, com a organização concebida como meio deliberado e racional de alcançar metas,

---

32. Alvin Ward Gouldner (1920-1980). Sociólogo estadunidense.

focada em planejamento e controles, e de modelo do sistema natural, com autorregulação espontânea ou natural, equilibrada e estável.

No modelo de sistema natural, entende-se que, à medida que se tenta controlá-lo ou regulá-lo, advêm consequências indesejadas motivadas pela perturbação do equilíbrio que ele mesmo possui. Em todas as organizações existem os dois modelos, apesar de serem aparentemente contraditórios.

Em relação às recompensas salariais e materiais, sociais e simbólicas, os estruturalistas acreditam que os dois tipos motivam e não devem ser tratados de modo fragmentado e parcial, como nas teorias Clássica e das Relações Humanas. Acreditam que as sociais e simbólicas possuem mais efeito quando os empregados se identificam com a organização, mais comum em posições hierárquicas mais altas, não diminuindo a importância dos dois tipos em todos os níveis organizacionais.

Quanto aos níveis de hierarquia de autoridade ou diferenciação de poder, os estruturalistas praticamente reafirmam os níveis estratégico, tático e operacional dos neoclássicos, definindo-os em institucional, gerencial e técnico. Na questão dos tipos de organização, a abordagem múltipla dos estruturalistas ampliou o estudo da Administração para os vários tipos delas, diferentemente das teorias anteriores que focavam quase exclusivamente as fábricas da época. Assim, os diversos tipos possíveis de organização passaram a ser analisados, estudados e atendidos pela teoria administrativa, com todas precisando ser bem administradas, principalmente à medida que crescem e se tornam mais complexas.

Nesse sentido, inauguraram a preocupação com a análise interorganizacional, mantendo a análise interna, por entender que a abordagem de sistema fechado e o modelo racional de organização focado nos fenômenos internos precisavam ser expandidos para a análise externa, já que são os fenômenos externos que afetam os internos e lhes dão compreensão. Inicia-se assim a abordagem de sistema aberto e de modelo natural de organização, em que se expande a análise interna para suas relações com outras organizações e com fenômenos externos. A complexidade ambiental e a interdependência crescente entre organizações em um ambiente social maior composto de regras, regulamentos, valores e exigências várias não permitem se preocupar só com o interior da organização.

Ela precisa interagir com o ambiente coletivo ao buscar seus objetivos. Como os neoclássicos, principalmente na Administração por Objetivos, os estruturalistas se preocuparam com os objetivos organizacionais e visualizaram a organização como unidade social que procura alcançá-los, tendo-os como razão de existir. São definidos de várias formas, como pelo voto dos acionistas ou da pessoa que os representa, pelos que possuem e dirigem organizações ou pelo gestor organizacional. Servem como padrão de avaliação de resultados, sendo fontes de legitimidade que justificam as atividades e a existência da organização. A eficácia se mede pelo alcance dos objetivos e a eficiência, pelos recursos gastos para alcançá-los.

Toda organização deve buscar condições para sobreviver e funcionar com eficiência. Etzione[33] se refere a modelos de sobrevivência, quando a organização define objetivos apenas de continuidade, e de eficiência, quando seus objetivos a permitem existir com excelência e competitividade. Os estruturalistas têm a formulação de objetivos como intencional, mas nem sempre racional, constituindo-se em processo de interação entre a organização e o ambiente para definir como atender a uma sociedade que muda e se transforma continuamente, o que requer ajuste contínuo de objetivos, mudanças e novos ajustes. Fatores ambientais internos e externos não são estáticos, mas evoluem continuamente e provocam necessidades de mudança dos objetivos da organização, visando atendê-los.

Cada organização depende de outras para estabelecer e alcançar seus objetivos, não existindo organização autônoma ou autossuficiente, mas

---

33. Amitai Etzioni (1929). Sociólogo alemão e um dos mais importantes autores da abordagem estruturalista, principalmente da Teoria Estruturalista da Administração.

dependente umas das outras e da sociedade em geral para sobreviver. Possui interação com uma cadeia de outras organizações em seu ambiente, formando um conjunto em que todas interagem entre si e são mutuamente dependentes. À medida que ocorrem mudanças no ambiente externo, os objetivos da organização podem necessitar de modificações, existindo limitações em sua liberdade de atuação por conta do controle ambiental exercido sobre ela.

Como os neoclássicos, os estruturalistas desenvolveram também conceitos de estratégia organizacional, enfatizando o ambiente e a interdependência existente entre ele e a organização. Visualizam a estratégia na forma como a organização lida com seu ambiente para alcançar seus objetivos, podendo ser de adaptação aos fatores ambientais ou de tentativa de modificá-los de acordo com seus interesses e suas capacidades, utilizando estratégias de competição e de cooperação. Na primeira, disputam recursos com outras organizações e, na segunda, estabelecem seus objetivos em cooperação com outras, visando se proteger e atuar em conjunto com elas na busca de seus objetivos.

As organizações são compostas de vários indivíduos e grupos que possuem diferenças de valores, crenças, informações, interesses e percepções da realidade e que decidem sobre a alocação de recursos escassos. Eles são fontes geradoras de conflitos, exercendo papel central e tornando o poder o recurso mais importante da organização, com os objetivos e as estratégias desta passando a depender totalmente deles. A estratégia não decorre de um único indivíduo ou de um grupo homogêneo, mas da ação de vários indivíduos e grupos, principalmente dirigentes, e com forte influência também dos subordinados que perseguem seus próprios interesses. Daí os estruturalistas discordarem da existência de harmonia de interesses entre patrão e empregado ou de sua preservação pela administração.

As teorias anteriores ignoraram o problema do conflito-cooperação. Para os estruturalistas, o conflito significa a existência de ideias, sentimentos, atitudes ou interesses antagônicos que podem se chocar, sendo o elemento gerador de mudança e desenvolvimento organizacional. Existem fontes de conflito, localizadas em divergências de interesses entre indivíduo e organização, e fontes de cooperação, que residem em semelhanças de interesses entre eles, existindo sempre e de modo inseparável, conflito e cooperação em todas as organizações.

A solução do conflito é vista mais como uma fase do conflito-cooperação do que como sua solução definitiva, devendo a administração se preocupar em obter cooperação para saná-lo dentro da lógica de que deve ser controlado e dirigido em benefício dos objetivos organizacionais. Ao se deparar com o conflito, a resposta de um indivíduo ou grupo pode ser a tentativa de supressão total em um extremo até a negociação e solução dos problemas que o geraram em outro. Os estruturalistas discordam de seu disfarce ou de sua repressão artificial, pois acreditam que por meio dele é possível obter muitas vantagens, como a de revisar o poder e ajustar a organização. Ele gera também mudança e inovação ao gerar soluções que geram novos conflitos e novas mudanças e inovações, continuamente.

Se o conflito é disfarçado ou reprimido, pode provocar novas formas de expressão, geralmente prejudiciais à organização e ao indivíduo, como abandono do emprego, acidentes, atitudes de não colaboração, de compensação e outras. Há várias situações que provocam conflitos nas organizações, como a que existe entre o conhecimento, autoridade do especialista, e a hierarquia, autoridade administrativa. A questão é como criar, cultivar e aplicar conhecimento sem ir de encontro à estrutura hierárquica. Há conflito também entre o pessoal que possui autoridade de linha e o de assessoria nas estruturas linha-staff. Para Blau[34] e Scott[35], existem diferenças entre conflito e dilema. O conflito é um choque de interesses antagônicos e o dilema é uma situação diante de dois interesses inconciliáveis.

---

34. Peter Michael Blau (1918-2002). Sociólogo austríaco.
35. Willian Richard Scott (1932). Sociólogo estadunidense.

Definiram três dilemas básicos da organização formal, entre: coordenação e comunicação; disciplina burocrática e especialização profissional; e necessidade de planejamento centralizado e iniciativa individual. No primeiro, os escalões hierárquicos podem proporcionar coordenação eficiente, mas restringem o fluxo de comunicações e impedem a solução criativa de problemas, pois de modo isolado o indivíduo geralmente obtém desempenho superior em sua solução. No segundo, há oposição entre os princípios do comportamento burocrático e o comportamento profissional, com o primeiro ligado aos interesses da organização e o segundo, às técnicas e aos códigos de ética profissionais. A autoridade do primeiro vem de um contrato legal, e a do segundo, do conhecimento e da especialização.

Em relação ao terceiro dilema, o destino da organização depende da iniciativa e criatividade individual, mas a necessidade de planejamento e controle é vital, inibindo-as quanto mais centralizado estes forem. Esses dilemas são manifestações do dilema maior entre ordem e liberdade e respondem pelo desenvolvimento da organização via conflito que gera inovação. Os estruturalistas acreditam que o conflito possui aspectos positivos e negativos e, embora estes sejam mais visíveis, pode proporcionar potencialidades positivas, permitindo fortalecer a coesão grupal, a organização informal e o sentimento de pertencer à organização quando esta estiver envolvida em conflitos externos.

Com todas as diferenças individuais que compõem as organizações, não há que se pensar ou esperar que os conflitos possam ser desconsiderados ou reprimidos com sucesso. Esse talvez seja o principal motivo que levou aos maiores questionamentos às teorias administrativas anteriores, já que trataram as organizações como máquinas, cujos participantes se satisfazem em qualquer situação, mesmo que contrária a eles, dobrando-se ao conformismo exigido pela burocracia. Os estruturalistas e muitos outros autores criticaram a organização burocrática, apontando falhas e incongruências em sua aparente racionalidade, atribuindo-lhe uma série de mediocridades, incompetências e ineficiências, acusando-a, inclusive, de promover a incompetência e combater o sucesso que ameace a hierarquia.

Como Thompson[36], que fala em dramaturgia administrativa e defende que há sempre desequilíbrio ou choque entre o direito de decidir, autoridade, e o poder de realizar, habilidade e especialização, em um conflito entre a hierarquia conservadora que tenta se manter e o conhecimento que provoca mudança e inovação. Administrador, executivo ou burocrata tendem a desenvolver defesas para reforçar suas posições de autoridade à custa da racionalidade. Afirma que a especialização avança sobre a hierarquia por sua maior competência técnica e que as burocracias foram criadas na escassez de informação e lentidão no processo de inovação, o que é diferente da abundância de informação e rapidez na mudança e inovação posterior, que exigem inteligência, criatividade e rápida adaptação.

As observações de autores como ele são sempre no sentido de destravar as amarras burocráticas que impedem a mobilidade exigida por uma sociedade de organizações, em mudança constante e seletiva em sua busca por produtos e serviços. Para responder a ela, as organizações necessitam de flexibilidade para permitir melhor atuação de seus participantes, o que não ocorre por meio de uma burocracia fechada, que reprime ou esconde o conflito e inibe a inovação e a criatividade em nome da hierarquia. O estruturalismo superou a visão clássica, que privilegiou as partes em detrimento do todo, e passou a visualizar a organização como um todo, resultado de um conjunto integrado de partes ou das interações e relações existentes entre elas.

O administrador precisa visualizar além da organização e criar condições de mudança e transformação, mesmo que ela já seja excelente,

---

36. Victor A. Thompson (1885-1968). Cientista político estadunidense, foi professor de Administração do Instituto de Tecnologia de Illinois. Autor dos livros *Bureaucracy and Innovation* (1969) e *Bureaucracy and the Modern World* (1976).

pois atua em um mundo instável e de mudança contínua, que requer constante adaptação. A tentativa de conciliar e integrar conceitos clássicos e humanísticos, a visão crítica do modelo burocrático, a ampliação da abordagem organizacional para o ambiente externo e as relações interorganizacionais, o redimensionamento das variáveis internas e o avanço rumo à abordagem sistêmica foram ganhos incontestáveis trazidos pelos estruturalistas. Iniciam uma abordagem mais aberta da teoria administrativa, utilizando as teorias anteriores, mas saindo do ambiente interno e fechado da organização para o ambiente externo em que ela atua.

A TEORIA ESTRUTURALISTA E O ESTADO

A Teoria Estruturalista inaugurou uma visão mais inclusiva das pessoas e mais aberta para o ambiente externo, em lugar da visão interna e fechada até então prevalecente no estudo das organizações, o que aumentou ainda mais a distância existente entre Estados como o brasileiro e a teoria administrativa. Se este não consegue implantar uma visão mais mecânica e fechada, prescritiva e normativa, visando resultados em benefício da coletividade, a partir da Teoria Estruturalista, que contempla o participante interno e o ambiente externo, exigindo interação, flexibilidade, criatividade e inovação em um ambiente em constante mudança e interação, seus problemas aumentam ainda mais.

A existência obrigatória do Estado não o exime de atuar como um todo integrado em busca de resultados, utilizando suas partes de modo que contribuam e respondam de forma eficiente e eficaz aos objetivos de sua criação e existência. Assim como em quaisquer organizações, cabe a ele passar também pela racionalidade de suas tarefas, estruturas e pessoas, pelo planejamento, pela organização, pela direção e pelo controle, pelo tratamento burocrático, mas principalmente pelo avanço em relação a estes no foco de sua atuação, incluindo o ambiente externo, a partir de seus participantes internos.

A teoria administrativa busca o racionalismo das organizações, visando aumentar sua eficiência e eficácia. A definição e busca de objetivos por parte do Estado, combinando seus recursos monetários, materiais e humanos, devem prevalecer em todas as suas partes, pois seus recursos são escassos e exigem alocação eficiente, procurando gerar o melhor resultado. Ele faz parte de um universo ou de uma sociedade de organizações de vários tipos e tamanhos, altamente complexo, sendo ator importante e como tal deve seguir o que de melhor existe em gestão para que não seja obstáculo ao funcionamento e equilíbrio desse universo.

Estados que não conseguiram aplicar como deveriam a Teoria da Burocracia para racionalizar sua atuação e oferecer resultado compatível com seu custo e potencial dificilmente conseguirão avançar além dela, visando este fim. A complexidade do Estado e da sociedade moderna por si só já tende a desvirtuar o comportamento racional de seus agentes no formato tentado pela Teoria da Burocracia, dificultando assim seu resultado a partir dela. Para ir além da burocracia, chegando a outros fatores do ambiente interno e externo, o Estado necessita de dosagem burocrática e abertura democrática suficientes para levá-lo à eficiência e, como consequência, ao seu melhor resultado.

Fechar-se em si mesmo em nome da burocracia, muitas vezes desvirtuada, faz o Estado deixar de se repensar continuamente e responder com resultados em benefício da coletividade. Comandantes ou gestores estatais que desvirtuam a burocracia com o objetivo de atender aos seus fins pessoais indevidos se fecham a fatores internos e externos que os ameacem e jamais oferecerão o melhor resultado à sua nação por meio do Estado. Priorizam a si mesmos e aos que possuem poder e domínio sobre eles, de dentro ou de fora dele, ao alocar os recursos estatais, inibindo e combatendo assim a motivação, a criatividade, a mudança e a inovação necessárias ao melhor funcionamento e melhor resultado estatal.

Tentam coagir outros agentes estatais para que atuem em busca também dos fins pessoais deles, fazendo com que predomine o homem econômico e até, para alguns, o homem social em lugar do homem organizacional. Isso por meio de incentivos monetários e materiais, sociais e simbólicos, que ocorrem quase sempre somente por meio de cargos e funções como os comissionados e de confiança do Estado brasileiro, distribuídos, principal ou exclusivamente, aos que contribuem, por ação ou omissão, com eles e que não os ameacem nem à situação atual do Estado. Para ascender ao comando ou à gestão e se manter neles, prevalece quase sempre o comprometimento pessoal com eles e com a manutenção da situação atual.

Aos que não aderem a eles, mesmo quando atuam de modo contrário ou alheio ao fim coletivo, resta a dureza das regras e dos regulamentos que dificultam e até impedem suas atuações. Flexibilidade, cooperação e coletivismo voltados para os objetivos estatais em benefício da nação, que podem ser trazidos do conceito estruturalista do homem organizacional, são combatidos por muitos que comandam ou gerem o Estado brasileiro, pois necessitam geralmente de agentes estatais que apenas cumpram suas ordens em seu benefício pessoal indevido, não que desempenhem seus papéis em busca de resultados em benefício de sua nação. Os que aderem a eles em busca também do fim pessoal indevido são motivados por eles, mas os que não o fazem são desmotivados porque o objetivo a cumprir geralmente não é o do Estado, mas o dos que possuem poder e domínio sobre ele, de dentro ou de fora dele.

A frustração com Estados que possuem essa característica leva muitos indivíduos a atuarem neles apenas em troca de benefícios comuns a todos os seus agentes, que, no caso brasileiro, vão da estabilidade constitucional no emprego a até algumas boas remunerações. Porém, são muitas vezes obrigados a cumprir papéis irrisórios, aquém de seus potenciais, já que o foco desse tipo de Estado não é o resultado em benefício da coletividade. Caso não queiram contribuir com os muitos que o dominam e controlam em benefício pessoal indevido, de dentro ou de fora dele, deixa-se diversas vezes apenas que perambulem nele, desde que não os ameacem.

Não serão incomodados se não os ameaçarem, porém para ascender ao comando ou à gestão quase sempre só se aderirem a eles e lhes forem fiéis, o que gera imenso desperdício de recursos humanos, apesar de seus comandantes ou gestores quase sempre reclamarem de escassez destes.

Nem todo agente estatal brasileiro se dobra pacificamente a essa e a outras práticas de mesmo fim de muitos de seus comandantes ou gestores, aos regulamentos indevidos, ao seu mau funcionamento e baixo resultado, porém o conflito que poderia gerar mudança e inovação é engenhosamente reprimido por estes e poucos são os que se arriscam em lutar contra estruturas poderosas e seculares que levam à apropriação indevida do Estado. No entanto, muitos são os que aderem a eles para receber, muitas vezes, apenas seus cargos e suas funções como os comissionados e de confiança para o comando ou a gestão, mesmo sem possuir competência técnico-gerencial, ou a tendo, sabendo que têm que se desvirtuar de seu papel de verdadeiramente servir à sua nação ou à coletividade por meio do Estado.

Por tudo isso, no Estado brasileiro, a Teoria Estruturalista e sua abordagem múltipla fundamentada na Teoria da Burocracia, buscando conciliar as teorias Clássica e das Relações Humanas, é pouco utilizada. A organização formal como deveria ser e a informal, as recompensas monetárias, materiais, sociais e simbólicas justas e igualitárias e a análise interna e externa bem realizada, visando direcioná-lo para o melhor resultado em benefício de sua nação com menor custo, sempre foram claramente combatidas, pois muitos que o comandam ou gerem geralmente se voltam para seus fins pessoais indevidos e dos que possuem poder e domínio sobre eles, de dentro ou de fora do Estado. Constroem assim a organização formal pela insuficiência, pela falha e pelo excesso burocráticos ou das normas, combatendo ou desprezando a organização informal por achar perigosa, mantendo, desse modo, o Estado sempre sob seu controle.

Esse desvirtuamento do funcionamento do Estado mantém o domínio e o controle indevidos sobre ele e é característico de Estados de alto nível de personalismo e patrimonialismo e de baixo nível ético-profissional. A organização formal voltada de modo racional para objetivos em benefício da coletividade e a informal que a complementa são tidas como ameaças, sendo geralmente combatidas por meio de cargos e funções como os comissionados, de confiança e outros de recrutamento por critério pessoal. Estes objetivam, principalmente, obter contribuição ao Estado como ele é, pacificando e silenciando muitos que poderiam ir de encontro aos que o comandam ou gerem de modo contrário ou alheio ao fim coletivo. Isso impede uma organização formal que defina objetivos, planeje e controle em busca do fim coletivo e de uma organização informal que a complemente neste sentido.

A carência ou o desvirtuamento da burocracia no Estado brasileiro é um fenômeno que por si só elimina a possibilidade de utilização da organização informal como ponto de equilíbrio e resultado. Se sua estrutura formal sempre permitiu atender aos fins pessoais indevidos de muitos de seus agentes eleitos e gestores que o comandam ou gerem, a organização informal só se sobressai se atender também a eles. As recompensas monetárias e materiais, sociais e simbólicas que entregam aos seus agentes, além das recompensas comuns a todos, são muitas vezes injustas e desiguais, não observando a importância e a contribuição com os resultados em benefício da coletividade entregues por eles, dificilmente sendo o conhecimento, a responsabilidade e a contribuição com o fim coletivo que levam a elas.

Isso decorre da carência de comando ou gestão de alto nível ético-profissional no Estado como um todo e em cada uma de suas partes, o que serve para premiar e motivar muitos que não apresentam obstáculos à sua apropriação indevida. O salário é um custo quase não utilizado como motivação para exigir resultados em benefício da coletividade do agente estatal brasileiro, sendo geralmente cobrados por eles apenas os que possuem cargos e funções como os comissionados e de confiança, só que resultados voltados para dentro, para manter o Estado como ele é. Enquanto muitos agentes estatais de alto nível ético-profissional buscam resultados em benefício da coletividade, muitos agentes eleitos e gestores que comandam ou gerem o Estado brasileiro buscam apenas manter seus cargos e ascender a outros, mantendo-o dependente deles e impedindo seu foco no benefício à sua nação.

Nesse ambiente, a motivação das recompensas monetárias e materiais além do salário, sociais e simbólicas quase sempre só existem para os que aderem ao pacto, tácito ou explícito, de contribuição ou não conflito com o Estado como ele é. Aos que não aderem a ele, resta apenas a remuneração salarial, muitas vezes injusta e desigual, o que ocorre em todas as suas partes e em todos os seus níveis hierárquicos. Assim, muitos que comandam ou gerem o Estado brasileiro em busca do benefício pessoal indevido planejam e montam estruturas e estratégias que não permitem aos que não aderem a eles se libertar das amarras que lhes impõem. Desse modo, os poucos resultados que ele obtém em benefício da coletividade são graças aos esforços de alguns que não o utilizam em benefício pessoal indevido próprio ou de outros de dentro ou de fora dele.

A incompatibilidade entre seus custos e seus resultados decorre de má gestão e não de motivos como tamanho e complexidade, sendo impossível administrá-lo em benefício de sua nação se seus objetivos não se voltam para ela, mas para muitos que o comandam ou gerem em busca do benefício pessoal indevido. Estes desprezam as necessidades dela e prezam por regras e regulamentos desalinhados com os objetivos de criação e existência de um Estado, por isso não definem nem buscam objetivos em benefício da nação. Sem transformar seu comando ou sua gestão para o alto nível ético-profissional, não há como mudar o foco e a abordagem do Estado de sistema fechado para sistema aberto, que procura compreender o ambiente e responder às suas necessidades.

Se não há bons e claros objetivos de resultados em benefício de sua nação previamente definidos, não há como o Estado direcionar e legitimar suas ações em sua busca, assim como não há como medir a eficiência e a eficácia dessas ações. Isso ocorre porque muitos que o comandam ou gerem, em todas as suas partes e em todos os níveis hierárquicos, são recrutados apenas para manter uma situação atual contrária ou alheia aos objetivos que o Estado deveria buscar, sem foco no resultado em benefício da coletividade ou de sua nação.

Isso parece ocorrer de forma bastante clara no Estado brasileiro, em que os objetivos e planos de muitos de seus comandantes ou gestores são claramente voltados para a sobrevivência e o sucesso deles mesmos e dos que possuem poder e domínio sobre eles, sendo recrutados para manter o Estado como ele é, não para fornecer resultados em benefício de sua nação compatíveis com seu custo e potencial. Suas decisões e ações são, muitas vezes, as que garantem continuidade dos benefícios indevidos que obtêm nele e que fornecem aos que os recrutam e os mantêm, estes até de fora do Estado. Por isso, os objetivos e planos estatais em benefício de sua nação muitas vezes sequer existem ou, quando existem, são apenas formais, com o Estado ficando livre para atender aos fins pessoais indevidos dos que possuem poder e domínio sobre ele, de dentro ou de fora dele.

Desse modo, o Estado se fecha em si mesmo e sua interação com o ambiente se dá apenas no que interessa aos fins pessoais indevidos de muitos que o comandam ou gerem e que não atentam para as necessidades coletivas que deveriam pautar a definição e busca dos objetivos estatais. Essa forma de atuação sempre encontra adeptos em troca, às vezes, apenas de cargos e funções de recrutamento por critério pessoal, como os comissionados e de confiança do Estado brasileiro, levando estes adeptos à lealdade ao comando ou à gestão, mesmo que contrário ou alheio ao fim coletivo, e à situação atual. Perdem-se, assim, os elementos de dinamicidade e mudança que permitiriam a evolução do Estado a partir das necessidades captadas de seu ambiente.

Agindo desse modo, o Estado jamais atenderá ao seu ambiente ou à coletividade, às pessoas e ao conjunto de organizações que interagem entre si e são mutuamente dependentes, pois seu atendimento vai de encontro ao que muitos de seus comandantes ou gestores buscam para si mesmos. Por isso, não montam estratégias continuadas com foco no benefício à coletividade, atuando na certeza de que apenas devem controlar o ambiente interno e externo para evitar conflitos que gerem mudança e inovação e ameacem seus fins pessoais indevidos. Contam, para isso, com fiéis aliados que também o comandam ou gerem, em todas as suas partes e em todos os níveis hierárquicos, ou almejam também comandá-lo ou exercer sua gestão para mantê-lo como ele é.

Somente um comando ou uma gestão de alto nível ético-profissional pode promover ou permitir a criatividade, a mudança e a inovação que os Estados necessitam. Estes devem alocar seus recursos com foco no resultado em benefício da coletividade, utilizando as diferenças de valores, crenças, informações, interesses e percepções da realidade presentes em todos os seus agentes. Como toda organização, o Estado depende das pessoas para definir e buscar seus objetivos. Como elas tendem a buscar seus interesses em conflito com os de suas organizações, o recrutamento e a permanência do agente estatal, principalmente eleito e gestor que comanda ou gere o Estado, devem se dar apenas entre indivíduos de alto nível ético-profissional, comprovado continuamente para que o Estado não fique refém do interesse pessoal indevido.

Deve-se evitar o que ocorre no Estado brasileiro, em que muitos de seus agentes eleitos e gestores que o comandam ou gerem se perpetuam em seus cargos e ascendem a outros independentemente de como atuam e do resultado que apresentam à sua nação. Tomam o Estado para si mesmos, tornando-o refém, e definem seus objetivos e suas estratégias, ou deixam de fazê-lo, em busca apenas de seus fins pessoais indevidos. Nesse tipo de Estado, as regras e os regulamentos são insuficientes, falhos ou excessivos, servindo, muitas vezes, para permitir sua apropriação indevida. Muitos de seus comandantes ou gestores mudam com frequência de cargos, em todas as suas partes e entre elas, com o fim apenas de manter o Estado como ele é.

Muitos agentes eleitos que não conseguem se reeleger para seus cargos ou se eleger para novos são recrutados pelos que obtiveram êxito nas eleições, que os recrutam para o comando ou a gestão ou para outros cargos relevantes nos entes, nos poderes e nas organizações estatais e até em organizações públicas não estatais e privadas que possuem relações com o Estado, muitas vezes indevidas. Garante-se assim a perpetuação de indivíduos e grupos nele ou nas organizações que possuem relações com ele, dificilmente se cobrando dos agentes eleitos e gestores que se perpetuam no comando do Estado brasileiro resultados em benefício da coletividade compatíveis com o custo que ele impõe à sua nação e com o potencial que possui.

Por meio do recrutamento para seus cargos e suas funções mais relevantes de muitos que buscam nele principalmente seus fins pessoais indevidos e aceitam fazer parte de seu comando ou sua gestão ou colaborar com ele para também fazer parte dele, geralmente se excluem das principais decisões e ações estatais indivíduos que agem com alto nível ético-profissional. Ao mesmo tempo, obtém-se cooperação dos que não agem dessa forma com incentivos monetários e materiais, sociais e simbólicos entregues a eles em troca da contribuição, por ação ou omissão, com o Estado como ele é.

A repressão ou supressão artificial do questionamento e do conflito leva à perda de oportunidade de transformar continuamente o Estado com o objetivo de atender ao seu fim coletivo. Muitos que comandam ou gerem o Estado brasileiro não possuem interesse em conflitos e em suas causas, suprimindo-os ou reprimindo-os artificialmente para evitar a inovação e a sua transformação. Mesmo assim, esses conflitos continuam a existir, mas não afloram a ponto de transformá-lo, pois muitos que o dominam e controlam em busca do benefício pessoal, de dentro ou de fora dele, conseguem as adesões necessárias para manter o poder e o controle sobre ele, mesmo com o clima organizacional ruim que provocam, e com o alto custo e baixo resultado que apresentam à sua nação.

Ao reprimir ou suprimir artificialmente o conflito em lugar de utilizá-lo em busca dos objetivos do Estado em benefício de sua nação, obtém-se um dos principais motivos do alto desperdício de recursos humanos nos Estados. É o que ocorre claramente no Estado brasileiro, que possui forte e permanente conflito reprimido entre a autoridade administrativa, hierarquia, e a autoridade do especialista, conhecimento. Isso porque seu principal ou único critério de recrutamento e permanência no comando ou na gestão é o pessoal, contando muito a fidelidade à situação atual do Estado e a pessoas que possuem poder de recrutar e manter no cargo, não a ética e o profissionalismo, o que afeta diretamente seus custos e seus resultados.

Desse modo, muitos que ascendem e se mantêm em seu comando ou sua gestão estão aquém da ética e do profissionalismo necessários, o que torna praticamente impossível criar, cultivar e aplicar conhecimentos sem ir de encontro e entrar em conflito com a hierarquia e com os que possuem poder e domínio sobre ela. Muitos agentes eleitos e gestores que comandam ou gerem o Estado brasileiro possuem, quase sempre, objetivos inconciliáveis com os dos que não o comandam ou gerem, na busca exclusiva de muitos destes pelo fim coletivo. Isso agrava os dilemas da organização formal trazidos pelos estruturalistas: entre coordenação e comunicação; disciplina burocrática e especialização; e centralização e iniciativa individual.

Organizações que possuem alto nível ético-profissional também enfrentam esses dilemas, mas os transformam em conflitos geradores de mudança que levam à inovação, o que requer iniciativa e criatividade dos participantes. Já nos Estado que não o possuem, comandantes ou gestores que se apropriam indevidamente deles combatem os conflitos e não se interessam por suas causas, nem por iniciativa, criatividade, mudança e inovação, não fortalecendo grupos internos nem organização informal, pois tudo isso os ameaça.

A criatividade individual já tende a ser desperdiçada naturalmente pela organização formal, mas seu desperdício aumenta à medida que é combatida por comandantes ou gestores estatais que se apropriam indevidamente dos Estados. Nesse caso, a oposição entre disciplina burocrática e especialização profissional geralmente não se dá na defesa dos interesses destes em benefício da coletividade, mas, principalmente, do interesse pessoal indevido de muitos que os comandam ou gerem em detrimento dela. Exemplificando com o Estado brasileiro, claramente nunca foi estruturado e planejado da forma devida, em seu todo e em suas partes, para buscar o fim coletivo, mas para se manter sempre em seu formato histórico que permite sua apropriação indevida.

Muitos de seus comandantes ou gestores sempre procuraram reprimir ou suprimir o conflito interno, provavelmente não pensando em resultados em benefício de sua nação, mas deles próprios e de outros. Já os estruturalistas buscaram utilizá-lo na melhoria dos resultados organizacionais, acreditando que sua repressão ou supressão artificial leva a consequências como a não colaboração e o desperdício do recurso humano. Se estes já foram críticos em relação à verdadeira organização burocrática, acrescenta-se a muitos Estados não só a crítica a ela, mas uma crítica que a antecede e é ainda mais grave: à insuficiência, à falha ou ao excesso burocráticos planejados que inviabilizam completamente seus resultados compatíveis com seus custos e potenciais.

As falhas e incongruências apontadas pelos estruturalistas em relação à aparente racionalidade burocrática, acusando as burocracias de medíocres, ineficientes e promotoras da incompetência ao combaterem o sucesso que ameaça a hierarquia, ocorrem como regra em muitos Estados, não apenas porque são burocráticos, mas porque muitos deles sequer se aproximaram da verdadeira burocracia. Nestes, o conflito é permanente entre a hierarquia constituída, quase sempre sem critérios impessoais e ético-profissionais, e os especialistas de alto nível ético-profissional que buscam o fim coletivo, com ampla e evidente vitória da primeira em muitos Estados, como se observa claramente no Estado brasileiro.

Isso o acomete e o impede, em todas as suas partes, de fornecer resultado em benefício da coletividade compatível com seu custo e potencial, afetando negativamente também o ambiente de negócios, os indivíduos e as organizações não estatais. Nele, a ética e o profissionalismo que levam ao comando ou à gestão geradores de resultados continuam perdendo para a hierarquia do poder, do domínio e do controle voltados para dentro, para o status, o poder e a riqueza indevidos de muitos de seus agentes eleitos e gestores que o comandam ou gerem. Mesmo com essa realidade descoberta por conta das fartas informações existentes na atualidade, a ineficiência, o desvio do fim coletivo e a corrupção estatais teimam em prevalecer e a gerar benefícios pessoais indevidos para muitos que o comandam ou gerem, em todas as suas partes e em todos os seus níveis hierárquicos, o que gera seu alto custo e baixo resultado que muito prejudicam sua nação.

Falta a muitas nações uma população em sua imensa maioria de alto nível de educação geral e ética e indivíduos, organizações públicas não estatais e privadas em sua imensa maioria de alto nível ético-profissional, contribuindo assim com a criação e manutenção do Estado com esta mesma característica. Todos integrados em um ambiente que não aceite as amarras impostas por um Estado que se fecha em si mesmo e privilegia os benefícios pessoais indevidos de muitos que o comandam ou gerem e que combatem seus agentes de alto nível ético-profissional para mantê-lo como ele é. Ocorre que, devido à força e ao poder que muitos indivíduos conseguiram no próprio Estado ou por meio dele na busca por seus benefícios pessoais indevidos, é muito difícil combatê-los, fazendo com que muitos Estados continuem atuando quase exclusivamente em benefício deles. Estes recebem muitas vezes o nome de Estados burocráticos, mas não são verdadeiras burocracias, sendo quase sempre impedidos de comandá-los ou exercer sua gestão ou até de atuar neles os que agem com alto nível ético-profissional em busca de resultados em benefício de suas nações.

Por tudo isso, o início de um grande passo dado pela Teoria Estruturalista rumo às novas teorias administrativas, sem abandonar as teorias anteriores, mais uma vez ficou de fora de muitos Estados. Eles precisam ir além deles mesmos, mudar e se transformar rumo ao ambiente, o que passa obrigatoriamente por uma atuação de alto nível ético-profissional de seus agentes, principalmente eleitos e gestores que os comandam ou gerem. Alguns já alcançaram satisfatoriamente essa condição, mas todos fazem parte de um mundo em constante mudança e transformação, o que requer vigilância e adaptação constantes. Estados que pretendem atuar em benefício da coletividade ou de sua nação precisam conciliar e integrar conceitos clássicos e humanísticos da Administração, dosar o modelo burocrático e ampliar sua abordagem para o ambiente externo e suas relações, como bem trazido pelos autores estruturalistas.

ABORDAGEM COMPORTAMENTAL

Desenvolveu-se nos Estados Unidos a partir da década de 1950. Representou uma nova concepção da Administração, com conceitos e variáveis novos, além de uma nova visão teórica baseada no comportamento humano. Por meio das teorias Comportamental e do Desenvolvimento Organizacional, trouxe a mais forte ênfase das ciências do comportamento na teoria administrativa, buscando soluções democráticas e humanas para os problemas organizacionais. O estruturalismo foi bastante influenciado pela Sociologia, principalmente organizacional, e a abordagem comportamental, pelas ciências comportamentais, principalmente a Psicologia Organizacional. Mudou a ênfase na estrutura e no comportamento das pessoas para a dinâmica, o processo e o comportamento organizacional.

A ênfase nas pessoas inaugurada com a Teoria das Relações Humanas foi mantida, mas no contexto organizacional. As ciências comportamentais trouxeram à teoria administrativa conclusões a respeito da natureza e das características do homem. Ele é um animal social dotado de necessidades e de um sistema psíquico que o capacita a organizar suas percepções em um todo integrado, a articular a linguagem e o raciocínio abstrato e a comunicar, com aptidão para aprender e levar seu comportamento e suas atitudes em direção a padrões mais elevados, complexos e eficazes. É orientado por objetivos, com os individuais sendo complexos e mutáveis, o que leva à necessidade de conhecê-los e compreendê-los, pois cooperam ou competem de acordo com as necessidades de alcançá-los.

TEORIA COMPORTAMENTAL

Surgiu no final da década de 1940 a partir da oposição entre a Teoria das Relações Humanas e a Teoria Clássica. Enfatizou as pessoas no contexto da organização, no sentido dos aspectos organizacionais sem abandonar os aspectos humanos ou grupais. Redefiniu os conceitos administrativos, ampliou seu conteúdo e diversificou sua natureza. Representou um desdobramento da Teoria das Relações Humanas ao utilizar partes de seu conteúdo e criticar outras. Alguns de seus autores a tiveram como uma antítese da teoria da organização formal, dos princípios gerais da Administração, do conceito da autoridade formal e da posição rígida e mecanicista dos autores clássicos, criticando-os também. Incorporou ainda a Sociologia da Burocracia, apesar de criticar o modelo de máquina utilizado por ela.

Utilizou o comportamento individual para explicar o comportamento organizacional, com a motivação sendo um de seus temas fundamentais. Seus autores defendiam que o administrador deve conhecer as necessidades humanas para compreender o comportamento das pessoas e motivá-las para melhorar a qualidade de vida nas organizações. Maslow[37] utilizou a Hierarquia das Necessidades como teoria motivacional, com as necessidades do ser humano postas em pirâmide, das básicas às mais altas. Na base, as fisiológicas, de nível mais baixo, mas de alta importância, relacionadas à sobrevivência e à preservação, como alimentação e abrigo. Se não satisfeitas, dominam o comportamento. Em seguida, as de segurança, como proteção a ameaças ou perigos, que surgem a partir da satisfação das primeiras.

No terceiro nível, as necessidades sociais, como de associação, participação, aceitação, afeto e amor. Se não satisfeitas, o indivíduo pode se tornar resistente, antagônico e hostil com quem o cerca, e sua frustração

---

37. Abraham Harold Maslow Gaylord (1908-1970). Psicólogo estadunidense, mais conhecido pela Hierarquia das Necessidades de Maslow.

pode levar à falta de adaptação social e à solidão. O quarto nível, necessidades de estima, é como o indivíduo se vê e se avalia em itens como aprovação social, respeito, status, prestígio, consideração, independência e autonomia. Se satisfeitas, produz sentimentos de autoconfiança, valor, poder, capacidade e utilidade; se não, pode levar a sentimentos de inferioridade e fraqueza, que podem levar ao desânimo ou à atividade compensatória. As necessidades de nível mais elevado, do topo, são as de autorrealização, como de realização do próprio potencial e de autodesenvolvimento contínuo.

Os meios utilizados pelas organizações para satisfazer a essas necessidades, da base para o topo, vão de remuneração adequada, estabilidade no emprego, ambiente e trabalho bem estruturados, benefícios sociais, segurança no trabalho, interação social, prestígio, promoções, desenvolvimento, reconhecimento, responsabilidade por resultados, participação nas decisões, autonomia, trabalho criativo e desafiante etc. A frustração dessas necessidades pode decorrer de baixo salário, inadequação do local de trabalho, ambiente negativo, má estruturação do trabalho, confinamento no cargo e pouca interação no mesmo nível e em outros níveis, baixo status, sensação de injustiça e desigualdade, desprazer no trabalho, pouca participação, baixa autonomia, insucesso na profissão etc.

A teoria de Maslow tem como base que o comportamento para buscar o nível imediatamente superior de necessidade surge quando o inferior está satisfeito; nem todos chegam ao topo da pirâmide; quando as necessidades mais baixas são satisfeitas, as mais elevadas dominam o comportamento; cada pessoa possui sempre mais de uma motivação; e a frustração da satisfação de certas necessidades pode produzir reações no comportamento humano. Sua teoria é orientadora e útil ao administrador, mesmo que algumas pesquisas não a confirmem ou até a invalidem, porém deve-se atentar para o fato de que nem todas as pessoas são iguais em seus comportamentos e que é preciso lidar com as exceções.

Frederick Herzberg[38] tratou dos fatores higiênicos e motivacionais como orientadores do comportamento humano nas organizações. Os primeiros, chamados de extrínsecos, dizem respeito ao ambiente de trabalho e não estão no controle do indivíduo, como salário e benefícios sociais, tipos de chefia ou supervisão, condições físicas e ambientais, políticas e diretrizes da organização, clima e regulamentos internos. Até então, só eles eram utilizados na motivação dos empregados. Segundo o autor, se ótimos, evitam a insatisfação, mas, se elevam a satisfação, é apenas momentaneamente. Se precários, provocam insatisfação. São preventivos e evitam insatisfação, mas não provocam satisfação.

Os fatores motivacionais, ou intrínsecos, são relacionados ao conteúdo do cargo e à natureza das tarefas, estão sob o controle do indivíduo e são relacionados ao que ele faz. Envolvem responsabilidade, crescimento pessoal, reconhecimento e autorrealização. Até então, os cargos e as tarefas se voltavam para o aumento da eficiência e da economia, eliminando ou sem se ater ao desafio e à criatividade individual, desmotivando seus executores e criando apatia e desinteresse. O efeito dos fatores motivacionais é forte e estável, provocando satisfação, quando ótimos, e insatisfação, se precários.

Para o autor, os dois fatores são independentes, com os que provocam satisfação desligados dos que provocam insatisfação profissional, sendo o oposto da satisfação a ausência dela, não a insatisfação. Do mesmo modo, o oposto da insatisfação é sua ausência, não a satisfação. Para motivar o empregado, Herzberg recomendou o enriquecimento de cargos e de tarefas. O primeiro consiste em expandir o cargo ou deslocar para cima, para atribuições mais elevadas, e para os lados, atribuições laterais ou complementares. O segundo, em substituir tarefas simples e elementares, verticais ou horizontais, por tarefas mais complexas, com condições de desafio e satisfação profissional.

---

38. Frederick Herzberg (1923-2000). Psicólogo estadunidense, foi autor da Teoria dos Dois Fatores, que aborda a situação de motivação e de satisfação das pessoas.

O enriquecimento de tarefas pode provocar aumento da motivação e da produtividade e reduzir o absenteísmo e a rotatividade de pessoal. Seus riscos são gerar ansiedade perante tarefas novas e diferentes; aumentar o conflito entre expectativas pessoais e resultados das novas tarefas; e criar sentimentos de exploração se não acompanhado do enriquecimento da remuneração. As teorias motivacionais de Herzberg e Maslow concordam em certos pontos: os fatores higiênicos do primeiro se aproximam das necessidades fisiológicas, de segurança e sociais do segundo; os motivacionais se aproximam das necessidades de estima e autorrealização. A teoria de Herzberg possui também pontos de concordância com as teorias X e Y de McGregor[39], a ver mais adiante, em estilos de Administração.

McClelland[40] identificou três motivos ou necessidades na dinâmica do comportamento humano, com diferentes níveis em cada indivíduo: necessidade de realização, que implica êxito competitivo; de afiliação, que implica relacionamentos calorosos, cordiais e afetuosos; e de poder, ou de controlar ou influenciar outras pessoas. Enfatizou as necessidades de realização, ligadas às mais elevadas da hierarquia de Maslow e próximas dos fatores motivacionais de Herzberg. Sua maior contribuição foi o conceito de clima organizacional ligado à motivação. Acreditou que é importante conhecer a motivação do indivíduo, mas esta não é a única motivadora de seu comportamento.

Segundo ele, o clima organizacional molda o comportamento para realização, afiliação ou poder e é determinado pela estrutura da organização e pelos estilos de liderança e administração utilizados. A organização é composta de indivíduos com motivações singulares, e a interação entre eles traz combinações entre os estilos de liderança de pessoas-chave e entre as normas, os valores e a estrutura organizacional, o que cria o clima organizacional ou psicológico. Este pode aumentar

---

39. Douglas McGregor (1906-1964). Economista e professor universitário estadunidense, foi um dos pensadores mais influentes na área das relações humanas.
40. David Clarence McClelland (1917-1998). Psicólogo estadunidense.

a eficácia quando satisfaz as necessidades dos participantes e canaliza o comportamento motivado em direção aos objetivos da organização, permitindo integração entre os objetivos organizacionais e individuais.

Para o autor, existem sete dimensões cujos elementos influenciam os sentimentos em relação à organização, com seu conjunto formando o clima organizacional. Essas dimensões servem para avaliar o clima organizacional, com cada uma sendo medida em uma escala de um a dez: conformismo, que mede o nível de amarras criadas por meio de normas, regras, regulamentos, diretrizes e práticas com o fim de ajustar o indivíduo e inibir sua autonomia; responsabilidade, que mede o nível de poder que o indivíduo possui de tomar decisão, visando aproveitar oportunidades e resolver problemas sem ter que consultar continuamente seu superior; padrões, que medem o nível de sentimento dos participantes em termos de estímulo e comunicação quanto às metas estabelecidas.

Ainda, reconhecimento, que mede o nível de reconhecimento e recompensa ao trabalho ao invés de ignorar, criticar ou punir quando algo dá errado; clareza organizacional, que mede o nível de sentimento dos participantes em relação à clareza dos objetivos e das metas da organização; bom relacionamento e apoio, que mede o nível de confiança e de bom relacionamento que as pessoas percebem na organização; e liderança, que mede o nível com que as pessoas aceitam a liderança e a direção, pois reconhecem que são vindas de pessoas capacitadas e habilitadas, assumindo também suas próprias atitudes de liderança, pois sentem que suas capacidades e habilidades são reconhecidas e recompensadas e que a organização não é dominada por apenas alguns indivíduos.

Saindo da motivação propriamente dita, a Teoria Comportamental tratou também de estilos de administração. Os autores acreditam que a administração das organizações é condicionada por estilos que os administradores utilizam, e estes dependem de suas convicções sobre o comportamento humano. Essas convicções moldam a maneira com que conduzem as pessoas e a forma como dividem o trabalho, planejam, organizam, dirigem e controlam na organização. Ao administrar organizações, o administrador utiliza, conscientemente ou não, várias teorias administrativas e vários estilos de administração, possuindo diferentes convicções sobre o comportamento humano dentro delas.

McGregor compara dois estilos opostos e antagônicos de administrar e os chama de Teoria X, baseada na teoria tradicional, mecanicista e pragmática, e Teoria Y, baseada nas concepções modernas a respeito do comportamento humano. Para ele, as convicções sobre o comportamento do homem são incorretas na primeira, como a de que sua natureza é indolente e preguiçosa e que evita o trabalho ou o realiza no mínimo possível em troca de recompensas salariais e materiais, sem ambição e sem querer responsabilidade, preferindo ser dirigido; que é egocêntrico e seus objetivos são quase sempre opostos aos da organização, preferindo não assumir riscos que o levem a perigo, resistindo à mudança. Tudo isso o faria incapaz de autocontrole e autodisciplina, devendo ser dirigido e controlado pela administração.

O estilo de administrar baseado nessa teoria é duro, rígido e autocrático para fazer as pessoas trabalharem em padrões planejados e organizados com o fim de atender aos objetivos da organização. São tratadas como recursos ou meios de produção, e a administração procura organizá-las com os demais recursos no interesse exclusivo dos objetivos organizacionais. São dirigidas, incentivadas e controladas visando modificar seu comportamento em benefício da organização, sendo coagidas, recompensadas, punidas e controladas, com atividades padronizadas e dirigidas, pois se acredita que, se assim não for, serão passivas e até resistentes às necessidades organizacionais. A motivação é econômica, para recompensar ou punir os que não se dedicarem conforme exigido.

A Teoria X representa mais o estilo de administração da Administração Científica e das teorias Clássica e da Burocracia. O administrador impõe o trabalho de cima para baixo, controla o comportamento do subordinado e dificulta sua iniciativa e criatividade por meio de métodos e rotinas, forçando-o a fazer o que a organização quer, sem considerar opiniões ou objetivos pessoais.

Já a Teoria Y concebe a administração de acordo com a Teoria Comportamental e se baseia em concepções e premissas atuais sobre a natureza humana, como a de que as pessoas não possuem desprazer em trabalhar e não são por natureza passivas ou resistentes às necessidades da organização, mas possuem motivação, potencial de desenvolvimento, padrões de comportamento e capacidade para assumir responsabilidades. O controle e a ameaça de punição não são os meios ideais de se obter dedicação e esforço. Segundo essa teoria, o homem médio aprende a aceitar e a procurar responsabilidades, com a capacidade de imaginação e criatividade na solução de problemas distribuída entre os participantes internos da organização, apesar de a maioria não utilizar totalmente suas potencialidades intelectuais.

O estilo de administração da Teoria Y é aberto, dinâmico e democrático, em que administrar é um processo de criar oportunidades, liberar potenciais, remover obstáculos, encorajar o crescimento individual e orientar quanto aos objetivos da organização. Isso dá condições para que as pessoas se desenvolvam, motivem e sejam capazes de assumir responsabilidades e dirigir comportamentos para os objetivos organizacionais. A administração não cria essas condições, pois são próprias das pessoas, permitindo apenas que apareçam e sejam aproveitadas, levando ao alcance dos objetivos individuais ao tempo em que o empregado busca os objetivos organizacionais.

O estilo de administração da Teoria X se baseia no controle imposto às pessoas. O da Teoria Y é participativo, baseado em valores humanos e sociais, objetivando realçar a iniciativa individual. Esse último traz: descentralização de decisões e delegação de responsabilidades; ampliação do cargo, com maior significado ao trabalho, evitando a superespecialização e o confinamento de tarefas que omitem a contribuição individual com o todo organizacional; participação nas decisões e administração consultiva; e autoavaliação do desempenho, evitando a medição do chefe como verdade absoluta.

Para McGregor, se ideias como as da Teoria Y não produzem os resultados esperados é porque a administração afirma utilizá-las, mas as aplica segundo concepções tradicionais. Ele tratou ainda dos incentivos ou recompensas, classificando-os como extrínsecos e intrínsecos. Os primeiros são ligados ao ambiente, como salário, benefícios e promoções; os segundos, à natureza da tarefa, como o trabalho em si, aquisição de novos conhecimentos e novas habilidades, alcance dos objetivos individuais, necessidade de autonomia, autorrespeito, e capacidade de solucionar problemas. Eles não podem ser controlados externamente, embora as características do ambiente possam facilitar ou dificultá-los.

O autor salienta que a maior parte das organizações utiliza recompensas ou incentivos extrínsecos pela dificuldade em estabelecer conexão direta entre os intrínsecos e o desempenho. Também, pelas crenças sobre a natureza humana, acreditando que a motivação é mecânica e basta pagar mais para que haja contraprestação equivalente. Afirma que, apesar de essa visão mecanicista não estar propriamente errada, é insuficiente para explicar o comportamento do ser humano no trabalho, pois é motivado por natureza, não pela organização. Ele é um sistema orgânico cujo comportamento é influenciado pela relação entre suas características e o ambiente, por isso deve-se criar um ambiente organizacional em que todos possam alcançar seus objetivos ao buscar os objetivos da organização.

Ainda sobre estilos de administração, William Ouchi[41] formulou a Teoria Z, baseada no estilo japonês de administrar. Seus princípios são emprego estável; pouca especialização; avaliação de desempenho constante; igualdade no tratamento pessoal, independentemente do nível hierárquico; democracia e participação; e valorização das pessoas. As

---

41. William G. Ouchi (1943). Professor e consultor estadunidense e autor na área de Gestão Empresarial.

decisões devem ser tomadas com ampla participação e orientadas para o longo prazo, o que requer claro sentido dos objetivos e das crenças da organização para que todos participem, conheçam, compreendam seu papel e se comprometam com ela. A excelência é compromisso de todos, devendo ser bem especificada para ser sempre medida e refinada, com estratégias claras que tragam racionalidade e alcance dos objetivos organizacionais.

Deve haver mentalidade grupal voltada para aproveitar oportunidades e solucionar problemas, com estruturas de trabalho e informação analisadas e questionadas continuamente e mudanças decididas por consenso e participação de todos. As pessoas devem perceber que estão trabalhando para alcançar os objetivos organizacionais, mas que estão alcançando também os seus pessoais, por isso o conjunto de suas recompensas deve levá-las a se comprometer com a organização, devendo-se atentar para os meios com que se lhes recompensa, reconhece e desenvolve. Ninguém conhece mais sua tarefa do que o responsável por ela, só se atingindo eficácia com autonomia e liberdade para realizá-la, sendo o sucesso dependente do balanceamento entre o trabalho grupal ou de equipe e o esforço individual.

Rensis Likert[42] defendeu que não existem normas e princípios universais de Administração válidos para toda situação, mas que a Administração se constitui de um processo relativo que nunca é igual em todas as organizações, assumindo formatos diferentes de acordo com as condições internas e externas. Propôs uma classificação de sistemas de Administração em quatro perfis organizacionais, considerando o processo decisório, o sistema de comunicação, o relacionamento interpessoal e o sistema de recompensas e punições. O sistema 1, autoritário coercitivo, caracteriza-se por ser autocrático e forte, coercitivo e arbitrário, controlando tudo na organização. É o mais duro e fechado, com

---

42. Rensis Likert (1903-1981). Professor estadunidense de Sociologia e Psicologia, desenvolveu vários estudos sobre estilos de liderança e gerência.

processo decisório totalmente centralizado na cúpula, que decide tudo que sai da rotina definida.

Seu sistema de comunicação é vertical, de cima para baixo, e não há comunicações laterais. A informação é precária, o que faz a cúpula decidir com base em informações limitadas, incompletas ou errôneas. O relacionamento interpessoal é visto pela cúpula como prejudicial e, por isso, vê as conversas informais com desconfiança, buscando coibi--las para vedar a organização informal. O desenho de cargos e tarefas tem como fim separar as pessoas e evitar que se relacionem. Todos têm que obedecer a regras e regulamentos rígidos e executar suas tarefas de acordo com métodos e procedimentos previamente definidos. Seu sistema de recompensas e punições é baseado em medidas disciplinares e punitivas, gerando temor e desconfiança, sendo raras as recompensas, geralmente salariais e materiais.

O sistema 2, autoritário benevolente, é uma atenuação do sistema 1, mais condescendente e menos rígido. Seu processo decisório é centralizado na cúpula, mas permite algumas delegações para decisões de pequeno porte, sujeitas a aprovação posterior. O sistema de comunicação é precário, de cima para baixo, mas permite algumas comunicações vindas de baixo, como retroação das decisões superiores. Tolera a relação interpessoal, mas a interação é pequena e a organização informal é incipiente, podendo se desenvolver, mas considerada como ameaça aos interesses e objetivos da organização. O sistema de recompensas e punições ainda foca nas punições e medidas disciplinares, mas com menos arbitrariedade, com algumas recompensas salariais e materiais e raras simbólicas ou sociais.

O sistema 3, consultivo, é mais participativo e abranda a arbitrariedade. O processo decisório é participativo e as decisões são delegadas aos níveis hierárquicos, orientadas pelas políticas e diretrizes institucionais. As opiniões e os pontos de vista dos níveis inferiores são considerados, com as decisões submetidas à aprovação da cúpula. As comunicações descendentes são mais orientações gerais do que ordens específicas, com comunicações ascendentes e laterais. No relacionamento interpessoal, há mais confiança, ainda não completa e definitiva, sendo criadas condições relativamente favoráveis à organização informal sadia e positiva. Há punições, mas o sistema de recompensas e punições foca recompensas materiais, sociais e simbólicas, como incentivos salariais, promoções, status e prestígio.

O sistema 4, participativo, é mais democrático e aberto. No processo decisório, as decisões são totalmente delegadas aos níveis hierárquicos, cabendo à cúpula definir políticas e diretrizes e controlar resultados. Os altos escalões assumem apenas decisões emergenciais, porém submetem à ratificação dos envolvidos. A comunicação ocorre em todos os sentidos, pois a organização a considera necessária e investe em sistemas de informação. No relacionamento interpessoal, o trabalho é em equipe e as relações baseadas na confiança, não em formas definidas em organogramas. As pessoas são incentivadas a participar das decisões e a ser responsáveis pelo que fazem. As recompensas são mais simbólicas e sociais, mas também materiais e salariais, com poucas punições, até decididas pelo grupo.

O sistema 1 lembra a Teoria X, e o 4, a Y, de McGregor. Não há limites definidos, e a aplicação de cada sistema depende do tipo de organização e do recurso humano envolvido, podendo variar em relação ao processo decisório, ao sistema de comunicação, ao relacionamento interpessoal e ao sistema de recompensas e punições, que podem assumir características de 1 a 4. Podem ser utilizados também de forma diferenciada em cada área da organização, como produção, finanças e recursos humanos.

Para Likert, variáveis administrativas como estilos de administração, estratégia, estrutura organizacional e tecnologia são variáveis causais que provocam variáveis intervenientes, como lealdade, capacidade, atitude, comunicação e interação. As causais atuam nas intervenientes e criam respostas ou resultados, variáveis de resultados, como produtividade, custo e qualidade. As causais, como as dos sistemas 1 a 4, fazem a organização exibir as intervenientes, que levam a resultados. Como exemplo, no sistema 1, a pressão por produção, variável causal, pode levar a menor lealdade grupal, interveniente, e a menor qualidade na produção, variável de resultado. Relações de apoio e métodos grupais de supervisão podem levar a maior lealdade grupal e a melhor qualidade na produção.

A Teoria da Cooperação, de Chester Barnard, vista na Teoria das Relações Humanas, também colabora com a Teoria Comportamental. Segundo ele, a cooperação é o elemento essencial da organização e varia conforme as pessoas, pois estas cooperam com o alcance dos objetivos organizacionais de acordo com a percepção das satisfações e insatisfações que obtêm com sua cooperação. Aqui ocorre a racionalidade, em que as pessoas cooperam na medida em que percebem que seu esforço proporciona satisfações e vantagens pessoais que o justifique. Sendo a cooperação fundamental para a sobrevivência e o sucesso das organizações, cabe ao administrador criar condições de incentivo à coordenação e ao esforço cooperativo.

A Teoria Comportamental trata ainda do problema decisório por meio da Teoria das Decisões, de Herbert Simon[43], que procurou explicar o comportamento humano nas organizações. A organização é concebida como um sistema de decisões, em que cada pessoa participa de modo racional e consciente, escolhendo e decidindo a partir de alternativas racionais de comportamento. Não só o administrador decide, mas todas as pessoas, em todas as áreas, em todos os níveis e todas as situações, fazendo da organização um complexo sistema de decisões. As pessoas processam informações, criam opiniões e decidem a partir de suas percepções, de acordo com um modo próprio e cíclico de apreciar e desejar, que influencia o que veem e interpretam, o que, por sua vez, influencia o que apreciam e desejam.

Decisão é o processo de análise e escolha entre alternativas de cursos de ação, em que o tomador de decisão tem que escolher entre elas para

---

43. Herbert Alexander Simon (1916-2001). Economista estadunidense. Pesquisador no campo da Psicologia Cognitiva, Informática, Administração Pública, Sociologia Econômica e Filosofia.

alcançar objetivos ou resultados. O processo decisório é complexo e depende das características pessoais do decisor, da situação e do modo como a percebe. Possui sete etapas, cíclicas e interdependentes: percepção da situação que envolve o problema ou a oportunidade; análise e definição do problema ou da oportunidade; definição dos objetivos; procura de alternativas de solução ou cursos de ação; avaliação e comparação das alternativas; escolha ou seleção; e implementação da alternativa escolhida. A depender da situação, nem todas são seguidas.

As decisões individuais costumam ocorrer com alto nível de subjetividade, em decorrência, principalmente, de aspectos como: racionalidade limitada, em que as informações são incompletas devido a limitações de coleta e análise, permitindo conhecer apenas parte do problema ou da oportunidade; imperfeição nas decisões, pois não existe decisão perfeita, mas uma decisão melhor do que outra em termos de alcance de resultados; e relatividade das decisões, em que a escolha de uma alternativa implica o descarte de outras, criando uma sequência de novas alternativas – denominada árvore de decisão, com cada decisão tomada representando uma acomodação ou nível satisfatório e não ótimo diante da situação.

A racionalidade administrativa também limita a tomada de decisão, pois o comportamento organizacional é planejado e orientado como a organização acha mais adequado para alcançar seus objetivos. Seus processos administrativos constituem basicamente processos decisórios, com métodos rotineiros preestabelecidos para selecionar e determinar os cursos de ação. A tomada de decisão é limitada ainda pela influência da organização, que retira dos participantes a faculdade de decidir e lhes dá um processo decisório próprio, previamente definido, em que a rotina lhes retira a racionalidade.

Essa limitação ocorre por meio da divisão de tarefas, que restringe o trabalho a certas atividades e funções limitadas ao cargo; dos padrões de desempenho definidos, que servem como guia, orientação e controle; do sistema de autoridade, que influencia e condiciona o comportamento por meio da hierarquia formal e da organização informal influenciada por ela; dos canais de comunicação, em que a organização fornece apenas as informações que acha vitais ao processo decisório; e do treinamento e da doutrinação, em que a organização treina e condiciona para seus critérios de decisão.

As decisões organizacionais passam, assim, por critérios previamente definidos que limitam a capacidade individual de decidir. A tomada de decisão é uma das funções primárias da Administração, que determina o curso de ação, fazendo com que a teoria administrativa se ocupe não só da ação, mas da decisão que a antecede. Isso levou a uma mudança de foco: da ação para a escolha anterior que determina o que deve ser feito em relação às alternativas de ação em um ambiente que não revela todas as opções disponíveis e suas consequências. Por limitações, de conhecimento e outras, a tomada de decisão não parte do problema claramente definido, do conhecimento de todas as alternativas possíveis e de suas consequências, nem da escolha da alternativa ótima, mas da alternativa satisfatória.

Assim, a Administração não busca mais a máxima eficiência da Teoria Clássica, mas o desempenho satisfatório da Teoria Comportamental. Esta ressalta o homem administrativo em lugar do homem econômico, da Teoria Clássica, do homem social, da Teoria das Relações Humanas, e do homem organizacional, da Teoria Estruturalista. O homem busca a forma mais satisfatória, não a melhor forma de fazer seu trabalho, decidindo sem conhecer ou ter analisado todas as alternativas possíveis e suas consequências. A organização procura a alternativa que a satisfaça, não a solução ótima, como, por exemplo, o lucro adequado, não o máximo. O homem administrativo se caracteriza por querer evitar a incerteza e seguir regras padronizadas para tomar decisões, mantendo as regras e as redefinindo somente sob pressão.

Desse modo, as organizações se ajustam lentamente, insistindo em continuar utilizando o modelo atual mesmo diante das mudanças ambientais. Para reverter essa situação, mantêm áreas de pesquisa e desenvolvimento que procuram descobertas e inovações, mesmo quando vão bem. Essas áreas não as levam ao funcionamento ótimo nem se detêm quando elas funcionam bem, mas tentam levá-las para níveis de satisfação gradativamente mais elevados por meio de melhorias de seu desempenho. Essa é a base da melhoria contínua e da qualidade total, em que se busca manter o inconformismo sistemático em relação à situação atual, buscando aperfeiçoar continuamente a organização.

Com o estudo da dinâmica das organizações e de como os indivíduos e grupos nelas se comportam, a Teoria Comportamental tratou do comportamento organizacional. A organização é um sistema cooperativo racional e só alcança seus objetivos se seus participantes coordenarem seus esforços a fim de alcançarem o que dificilmente alcançariam de modo individual. Ela contrata pessoas esperando que contribuam com seus objetivos ou resultados, e as pessoas aceitam participar e cooperar desde que obtenham também seus objetivos individuais. A organização espera que seus participantes obedeçam à sua autoridade, e estes esperam que ela aja com justiça e se comporte bem com eles.

Há o contrato formal e o contrato psicológico entre a organização e seus participantes. O formal diz respeito ao cargo e ao conteúdo do trabalho, horário, salário e outros. O psicológico, ao que a organização e o indivíduo esperam obter com o relacionamento, não sendo discutido, mas interpretado como algo firme e seguro. É importante para a organização e o indivíduo que os dois sejam explorados, não apenas o formal. O indivíduo se sente satisfeito e contribui se perceber que suas recompensas ou seus retornos são maiores do que as demandas e as contribuições realizadas, mas tende a abandonar a organização se entender que seus esforços são maiores do que as recompensas. Do lado da organização, sente-se satisfeita se perceber que o investimento feito no indivíduo é menor que o retorno obtido.

As organizações oferecem incentivos aos seus participantes esperando cooperação. Os incentivos precisam ser percebidos para justificar o esforço em consegui-los, devendo ser vistos como equitativos e diretamente relacionados ao desempenho. Os comportamentalistas estudaram os motivos que levam as pessoas a cooperarem e passaram a ver as organizações como sistemas em equilíbrio, que recebem contribuições de seus participantes em troca de benefícios. É a Teoria do Equilíbrio Organizacional, que afirma que as organizações são sistemas sociais compostos de vários e diferentes participantes, que interagem com elas e as mantêm em equilíbrio, por isso deve-se conhecê-los e descobrir os motivos que os levam a contribuir.

Os participantes da organização são indivíduos e grupos que estão dentro e fora dela, que possuem relações de reciprocidade e proporcionam sua contribuição em troca do que recebem. Eles são empregados, fornecedores, investidores e clientes. Os primeiros contribuem com dedicação, trabalho, esforço, desempenho, lealdade, assiduidade etc., sendo motivados por salário, segurança no trabalho, benefícios, prêmios, elogios, oportunidades, reconhecimento e outros. Os segundos, com materiais, matéria-prima, tecnologia, serviços etc., recebendo preço, condições de pagamento e outros. Os investidores, com dinheiro, empréstimos, financiamentos e outros, recebendo rentabilidade e lucros. Os clientes, por fim, pagando por produtos e serviços e recebendo qualidade, satisfação de necessidades e outros.

Cada um contribui de acordo com sua motivação pessoal. Quanto ao empregado, a Teoria do Equilíbrio Organizacional traz conceitos básicos: incentivos, que são os pagamentos que ele recebe, como salário, benefícios, prêmios, gratificações, elogios, reconhecimento e crescimento ou promoção; utilidade dos incentivos, que é o valor que ele percebe nesses pagamentos e que varia entre eles de acordo com suas necessidades; contribuições, que são os pagamentos do empregado à organização, como trabalho, dedicação, esforço, desempenho, assiduidade e pontualidade; e utilidade das contribuições, que é o valor que a organização percebe nelas para o alcance de seus resultados.

Nesse sentido, a organização é um sistema sociointerativo de várias pessoas que dela participam e que recebem incentivos em troca de contribuições, aceitando contribuir enquanto percebem que a utilidade do que recebem é suficiente para manter sua participação. Ao mesmo tempo, as contribuições que fazem a ela permitem que continue existindo e oferecendo seus incentivos. A decisão em participar é essencial na Teoria do Equilíbrio Organizacional, e o equilíbrio reflete o êxito da organização em remunerar seus participantes, com dinheiro e outras satisfações não materiais, e motivá-los a continuar fazendo parte dela, garantindo sua sobrevivência e seu sucesso. O conflito existente entre os objetivos da organização e os de seus participantes é tema muito utilizado pelos comportamentalistas.

Chester Barnard[44] trouxe ainda a Teoria da Aceitação da Autoridade, que se contrapõe à autoridade da Teoria Clássica. Para ele, a autoridade não vem do poder de seu detentor, mas da decisão do subordinado em aceitá-la ou consenti-la de acordo com suas vantagens ou desvantagens. A Teoria Clássica enfatiza o papel e a autoridade formal do chefe; a Comportamental enfatiza a aceitação da autoridade e o papel do subordinado, que a aceita apenas em determinadas condições. Este pode aceitar e aceita uma ordem se a compreende, não a julga incompatível com os objetivos da organização e os seus e é mental e fisicamente capaz de cumpri-la. A autoridade não depende do superior, mas do subordinado em aceitá-la ou não, com a decisão de sua aceitação cabendo a este e não a quem a emite.

Chris Argyris[45] afirma existir conflito permanente entre indivíduo e organização, pois ambos possuem objetivos incompatíveis. A organização formal faz exigências incongruentes com as necessidades do indivíduo, gerando frustração e conflito. Confina-o em tarefas medíocres, dá pouca oportunidade para responsabilidades, autoconfiança e independência, exige o mínimo de sua capacitação e passa sua responsabilidade para seu

---
44. Ver nota 21.
45. Chris Argyris (1923-2013). Teórico organizacional estadunidense, foi professor de comportamento educacional e organizacional na Universidade de Harvard.

superior. Isso tira o sentido social e psicológico da tarefa e o empregado passa a considerar o trabalho um desprazer, sentindo-se humilhado. Se não recebe responsabilidade, pouca responsabilidade oferecerá; se é tratado como autômato, assim se comportará. Torna-se então passivamente hostil, reduz sua produção ou comete erros deliberadamente.

Inicia-se, assim, um abismo entre ele e os que controlam a situação. Porém, o autor conclui que é possível integrar as necessidades do indivíduo com as necessidades da organização, sendo mais produtivas as organizações que conseguem alto grau de integração entre objetivos individuais e organizacionais. Em vez de reprimir o desenvolvimento e o potencial do indivíduo, as organizações devem contribuir com sua melhoria. Para Argyris, a responsabilidade pela integração de objetivos é da administração, pois, enquanto o indivíduo busca satisfação pessoal, a organização busca necessidades, com grande interdependência e entrelaçamento entre eles. O objetivo de um não deve prejudicar ou tolher o objetivo do outro, mas contribuir mutuamente para o alcance dos dois.

Os comportamentalistas afirmam que o administrador geralmente trabalha em situações de negociação, o que implica tomar decisões conjuntas quando as partes possuem preferências ou interesses diferentes. Isso exige: habilidade de planejar e de pensar clara e objetivamente sob pressão e incerteza; conhecimento; capacidade de expressar ideias, ouvir e julgar; inteligência geral; integridade; habilidade de argumentação e persuasão; e muita paciência. Apresentar propostas claras e objetivas, entender a oferta do outro, argumentar de modo adequado e saber ouvir, pois envolve lados opostos de interesses conflitantes. Mais do que tudo, conquistar e conceder para que todos possam ganhar.

A liderança foi outro assunto bastante tratado pela Teoria Comportamental, apesar de a maior parte de sua literatura vir da Escola das Relações Humanas. James Burns[46] apresentou dois importantes tipos de

---

46. James MacGregor Burns (1918-2014). Historiador e cientista político estadunidense, desenvolveu estudos sobre liderança.

liderança, a transacional e a transformadora, em que a primeira foca a relação entre líder e seguidor em termos de transações, que consiste em dar algo em troca do apoio ou do trabalho das pessoas. A segunda foca as crenças, as necessidades e os valores dos seguidores e consiste em criar uma visão e levar as pessoas em direção a ela. A transacional foca o algo em troca pelo apoio, conservando e mantendo o *status quo*, enquanto a transformadora conduz à mudança, transformação e renovação.

Warren Bennis[47] pesquisou o comportamento de 90 líderes, identificando quatro competências comuns: gerência da atenção, em que a visão do líder desperta atenção e comprometimento de quem trabalha com ele, buscando também alcançá-la; gerência do significado, como hábeis comunicadores que conseguem reduzir a complexidade e comunicar por meio de linguagem simples; gerência da confiança, que se reflete na consistência de propósitos e no tratamento dado a todas as pessoas, que o admiram pela consistência de seus objetivos e propósitos mesmo que discordem deles; e gerência de si mesmos, em que identificam e utilizam seus pontos fortes, aceitando os fracos e buscando melhorá-los.

O autor diferencia líder e gerente, em que o líder conquista o contexto ou as condições ao seu redor, que às vezes são ambíguas, voláteis e turbulentas, enquanto o gerente se rende a esse contexto. Trouxe diferenças entre gerente e líder: o gerente administra, o líder inova; o gerente é uma cópia, o líder é original; o gerente mantém, o líder desenvolve; o gerente concentra-se no sistema e na estrutura, o líder, nas pessoas; o gerente se baseia no controle, o líder, na confiança; o gerente pergunta o como e o quando, o líder pergunta o quê e o porquê; o gerente tem visão de curto prazo, o líder, de longo prazo; o gerente tem olhos no resultado, o líder, no horizonte; o gerente aceita o *status quo,* o líder o contesta; o gerente é o bom soldado, o líder é ele próprio; o gerente faz corretamente, o líder faz a coisa certa.

---

47. Warren Gamaliel Bennis (1925-2014). Estudioso, consultor organizacional e autor estadunidense. Considerado um dos pioneiros no campo contemporâneo do estudo da liderança.

Alguns aspectos da Teoria Comportamental são importantes e definitivos para a teoria administrativa, como sair da ênfase na estrutura, influência das teorias Clássica, Neoclássica e da Burocracia, para enfatizar as pessoas, influência da Teoria das Relações Humanas. Para a Teoria Comportamental, o ativo mais importante das organizações são as pessoas, daí seu foco em conceitos relacionados à estrutura informal, como comportamento, cultura, crenças, valores, relações interpessoais, atitudes, desejos e expectativas dos participantes. Também é importante sua abordagem mais descritiva e explicativa e menos prescritiva e normativa. Não prescreve como lidar com os problemas, ditando princípios ou normas, o que deve ou não ser feito, mas busca apenas explicá-los.

É relevante sua crítica ao conceito autocrático, coercitivo e de diferenciação de poder, autoridade x obediência, substituindo-o por um conceito democrático e humano de colaboração, consenso e equalização de poder, mais horizontal e de menos hierarquia. Orienta como desenvolver condições de satisfação nas organizações: delegação de responsabilidades para o alcance de objetivos conjuntos; utilização de grupos e equipes autônomos; enriquecimento de cargos; retroação, como elogios e críticas construtivas; e desenvolvimento pessoal.

Com a Teoria Comportamental, a Administração deixa de ser pensada como ciência ou disciplina objetiva e imparcial, isenta de cultura, ética ou ponto de vista, e passa a ser vista como uma prática fundamentada em uma cultura ou em um código moral dentro de um ambiente social. A Administração deve ser considerada como um conjunto de descobertas objetivas, mas também como um sistema de convicções e pressuposições, em que a atividade do Administrador é influenciada pelos conceitos e pelas ideias que utiliza. Ela precisa pôr em prática a herança cultural de cada organização, sem o que o potencial organizacional não será alcançado. Sua função é tornar produtivos valores, aspirações e tradições de indivíduos, organizações, comunidades e sociedades.

Aspecto também importante da Teoria Comportamental é o uso que faz de dimensões bipolares e antagônicas em alguns de seus temas, como a análise teórica x empírica. Baseia-se mais no empirismo, em pesquisas, observações, experiências etc., do que na teoria, em proposições ou conceitos sobre as variáveis envolvidas. O empirismo se fundamenta mais no grau em que as predições ocorrem na realidade, enquanto a teoria especifica o que se espera que ocorra. Ambos não se separam e um complementa o outro, pois os dados empíricos não têm sentido se não alinhados com a teoria e esta, sem a realidade, é pura abstração. Por isso, ganhos são obtidos quando prática e teoria se juntam.

Outra de suas posições bipolares é a análise macro x micro, em que a análise do comportamento organizacional se dá na perspectiva global da organização e, também, na visão de seus detalhes, nas pessoas. É necessário analisar em conjunto a organização e o indivíduo para entender os complexos processos humanos e comportamentais que nela existem. Outra dualidade bipolar é a organização formal x informal, em que as organizações complexas são sistemas sociais construídos pelo homem, que envolvem a organização formal, com atividades e relações previamente definidas, e a informal, em que atividades e relações não são definidas previamente. As duas não se separam, mas se interpenetram e se influenciam reciprocamente.

Ainda, a análise cognitiva x afetiva, em que busca entender os fenômenos humanos nas organizações por meio do comportamento cognitivo-racional em conjunto com o afetivo-emocional. O primeiro é racional, baseado na lógica, no uso da mente e da inteligência; o segundo, sentimental, baseado na emoção e afetividade. Cada um prepondera de acordo com a situação envolvida.

As principais teorias da motivação que influenciaram a teoria administrativa vieram da Teoria Comportamental, como a Hierarquia de Necessidades, de Maslow, e a Teoria dos Dois Fatores, de Herzberg. Porém são relativas, não absolutas, e têm sido questionadas e postas em dúvida, apesar de continuarem sendo utilizadas na Teoria Administrativa e na gestão de pessoas, que geralmente se fundamenta em aspectos comportamentais e motivacionais. Parece não haver dúvidas de que as melhores e mais bem-sucedidas organizações são as que possuem empregados excelentes e motivados, com participantes, internos e externos, vendo-as como justas e que oferecem segurança e autoestima, vendo e tratando a todos que se relacionam com elas como possuidores de necessidades a satisfazer.

A Teoria Comportamental representa a maior influência das ciências do comportamento na Administração, tanto por meio de novos conceitos sobre o homem e suas motivações quanto sobre a organização e seus objetivos. As organizações surgem quando objetivos são muito grandes e complexos para serem alcançados por uma só pessoa, precisando ainda ser divididas em unidades administrativas menores para alcançá-los. As próprias pessoas são organizações complexas que produzem se isso lhes trouxer vantagens pessoais, sendo influenciadas pelo contexto organizacional e pelo conteúdo de seus cargos. Os comportamentalistas utilizam a estrutura e as tarefas, ou os processos, para melhorar o comportamento humano e organizacional.

Veem a organização como um sistema de decisões e olham os processos interpessoais na tomada de decisão sem se guiar apenas pela teoria das decisões como processo formal e exclusivo da organização formal, como se seu único objetivo fosse enfrentar e resolver os problemas atuais, o que significaria manutenção, não busca do futuro por meio da inovação e criatividade. Como crítica, a Teoria Comportamental se equivoca ao tentar padronizar proposições sem contar com as diferenças individuais, subjetivas e interpretativas da realidade, pois, mesmo mais descritiva e explicativa, tende a prescrever e normatizar ao tentar afirmar o que é melhor para a organização e seus participantes. Seu grande mérito é enriquecer o conteúdo e a abordagem da Teoria Administrativa, dando a esta novos rumos.

A TEORIA COMPORTAMENTAL E O ESTADO

A Teoria Comportamental faz perceber que há muita dependência das organizações em relação aos seus participantes no alcance de resultados. Com o Estado não é diferente, sendo essencial a participação de todos os seus agentes em seu alcance, principalmente pelas características que possui. As necessidades de seus agentes devem ser conhecidas pelos comandantes ou gestores estatais para que possam ser motivados a dar o melhor de si em busca de resultados; porém, erro comum facilmente percebido no Estado brasileiro é utilizar seus cargos e suas funções comissionados e de confiança como principais ou quase únicos fatores motivacionais além da estabilidade constitucional no emprego, quase sempre ainda sem evidente relação com o alcance de resultados em benefício da coletividade ou da nação.

As cinco necessidades básicas do ser humano trazidas por Maslow, fisiológicas, de segurança, sociais, de estima e de autorrealização, talvez se realizem de modo abrangente e com razoável nível de satisfação apenas até as duas primeiras para muitos de seus agentes que focam exclusivamente o fim coletivo. Ainda assim, dependem do governante atual, não de uma política sustentável, justa e igualitária de sua valorização. Em vários momentos, nem a primeira é atendida, com o salário, que serve para satisfazer as necessidades fisiológicas, de baixo poder aquisitivo e até recebido com atrasos em algumas de suas partes. A partir da terceira necessidade, sua satisfação dificilmente ocorre para muitos desses agentes, pois sua atuação com foco no benefício à coletividade muitas vezes não é bem recebida por muitos que o comandam em busca do benefício pessoal indevido.

No Estado brasileiro, a estima não costuma ocorrer em termos de aprovação social, respeito, status, prestígio, consideração, confiança, independência e autonomia do agente estatal nem para muitos que ascendem aos seus cargos e às suas funções como os comissionados e de confiança, de comando ou gestão. O controle exercido por muitos que o comandam ou gerem sobre os níveis hierárquicos inferiores muitas vezes é total, não para buscar objetivos estatais em benefício da coletividade, mas para garantir os interesses próprios dos que o dominam e controlam em benefício pessoal indevido, de dentro ou de fora dele. Assim, a estima de muitos recrutados mesmo para esses cargos e essas funções não é satisfeita, pois sabem que não teriam sido se estivessem dispostos a atuar com alto nível ético-profissional, voltados exclusivamente para o resultado em benefício de sua nação.

Do mesmo modo e pelo mesmo motivo, ocorre com a necessidade de autorrealização, a mais alta do ser humano. Teorias administrativas que poderiam contribuir com a melhoria dos resultados estatais dão lugar ao alinhamento personalista, patrimonialista e de baixo nível ético-profissional, utilizado por muitos que o comandam ou gerem para expandir o domínio e o controle por todo Estado, gerando assim uma burocracia falsa ou desvirtuada que o perpetua como ele é e causa muitos males à sua nação.

Não houve nem há interesse da parte de muitos que comandaram e comandam o Estado brasileiro em satisfazer às necessidades de seus agentes com o fim de direcionar seus esforços e comportamentos para o alcance de resultados em benefício da coletividade. Ao contrário, muitas vezes os combatem e os desperdiçam se não aderirem a eles. Os fins pessoais indevidos muitas vezes predominam e muitos que o comandam ou gerem contam para mantê-los com a distribuição de cargos e funções, como os comissionados e de confiança, de recrutamento por critério pessoal, para os que os aceitam em troca da ação ou omissão para manter o Estado como ele é. Muitos recrutados nessa condição percebem os males que causam à sua nação, mas aceitam esses cargos e essas funções no Estado em troca do benefício pessoal, neste caso, também indevido.

A remuneração justa e igualitária não é regra no Estado brasileiro e, mesmo quando poderia ser, muitos dos agentes eleitos e gestores que o comandam ou gerem utilizam a remuneração adicional de cargos e funções como os comissionados e de confiança, de comando ou gestão ou não, para torná-la injusta e desigual. Deixam de ser recrutados assim muitos que focariam o resultado em benefício da coletividade, com outros que não o fazem sendo recrutados em seus lugares, não sendo excluídos deles ainda muitos que não o focam. Em muitos casos, até existem boas estruturas de trabalho e de ambiente físico, estabilidade no emprego, bons salários, benefícios sociais e segurança no trabalho, mas somente isso não motiva ao ponto de levar ao resultado compatível com seu custo e potencial.

Isso porque muitos que o comandam ou gerem não atuam com alto nível ético-profissional nem incentivam a atuação com essa característica de seus agentes, não motivando nem promovendo a interação social interna dos que atuam com ela. Nesse ambiente, o prestígio, o desenvolvimento, o reconhecimento, a responsabilidade por resultados em benefício da nação, a participação nas decisões, a autonomia e o trabalho criativo e desafiante são combatidos por constituírem ameaça aos que buscam a apropriação indevida do Estado. Estados com essa característica não utilizam devidamente os fatores motivacionais de Herzberg, já que sentimento de responsabilidade, crescimento individual, reconhecimento profissional e autorrealização levam ao desafio e à criatividade e aumentam a motivação e a satisfação pessoal, o que ameaça muitos que os comandam ou gerem. Isso leva muitos de seus agentes que buscam atuar com alto nível ético-profissional à frustração, gerando baixa produtividade, hostilidade e atividade compensatória.

A característica de muitos que comandam ou gerem esse tipo de Estado é valorizar apenas os que contribuem com eles, por ação ou omissão, em suas buscas pelos fins pessoais indevidos, próprios e de outros. Nele, as necessidades de estima e autorrealização de Maslow e os fatores motivacionais de Herzberg carecem de aplicação com o fim de levar à melhoria de seus resultados em benefício de sua nação. Em seu lugar, muitos que o comandam ou gerem utilizam as amarras da burocracia falsa ou desvirtuada para atender a eles mesmos e aos que possuem poder e domínio sobre eles, de dentro ou de fora do Estado, dificilmente buscando conhecer as necessidades de seus agentes com o fim de utilizar suas competências ético-profissionais com vistas ao resultado em benefício de sua nação.

Também não utilizam devidamente os conceitos de McClelland de clima organizacional para aumentar a eficácia do Estado pela integração entre seus objetivos em benefício de sua nação e os objetivos de seus agentes, pulverizando a responsabilidade e a atuação voltada para os objetivos estatais. Analisando o funcionamento do Estado brasileiro, percebe-se o quanto ele está distante de conciliar estrutura e estilos de liderança e administração, visando integrar seus objetivos com os objetivos de seus agentes de alto nível ético-profissional. Muitos que o comandam ou gerem em busca do fim pessoal indevido, em todas as suas partes e em todos os níveis hierárquicos, procuram integrar apenas os objetivos, de mesma característica, dos que aderem a eles ou silenciam perante eles, impedindo assim os demais agentes de participarem do comando ou da gestão estatal.

Desse modo, em termos de motivação, Maslow, Herzberg e McClelland pouco acrescentam a Estados como o brasileiro da forma como ele sempre existiu. Conhecer seus agentes e agir em seu comportamento para alcançar o fim coletivo pouco interessa a muitos que o comandam ou gerem, que geralmente buscam manter sua situação atual e perpetuar seus benefícios pessoais indevidos em detrimento de sua nação. A valorização de seus agentes visando libertá-los das amarras existentes para poder aproveitar suas capacidades ético-profissionais pouco interessa a eles, buscando apenas obediência e manutenção da situação atual, o que impede o resultado do Estado em benefício de sua nação compatível com seu custo e potencial.

Muitos de seus comandantes ou gestores sempre controlaram assim a estrutura do Estado, suas atividades e pessoas, em todas as suas partes, buscando impedir ou limitar a iniciativa e a criatividade individual que os ameacem. Procuram fazer crer que os agentes estatais são ineficientes e evitam o trabalho ou o realizam apenas por recompensas materiais, são avessos à mudança e não querem assumir riscos ou responsabilidades e que são incapazes de autocontrole e autodisciplina, por isso devem ser dirigidos de modo centralizado. Só que o fazem em benefício pessoal indevido, próprio e de outros, conduzindo o Estado com rigidez e autocracia, contrários ou alheios a conceitos como os dos comportamentalistas e de outras teorias administrativas, sem definir objetivos nem mensurar resultados, procurando omitir a ineficiência, o desvio do fim coletivo e a corrupção que praticam ou que os beneficiam.

Ao tentar moldar o comportamento dos agentes estatais de modo autocrático, o controle que buscam exercer sobre estes visa à coação, recompensa ou punição de acordo com a aderência ou resistência a eles. Por isso, muitos comandantes ou gestores estatais brasileiros centralizam o trabalho neles próprios ou o impõem de cima para baixo buscando controlá-lo. Fazem prevalecer métodos e rotinas que interessam apenas a eles mesmos, impedem a iniciativa e a criatividade individual e combatem as opiniões e os objetivos dos que não aderem a eles ou não silenciam diante de suas ações ou omissões contrárias ou alheias ao fim coletivo.

Premissas comportamentalistas como a de que o homem não é passivo nem resistente às necessidades da organização, mas possui prazer em trabalhar, motivação, potencial de desenvolvimento, padrões de comportamento e capacidades para assumir responsabilidades, não interessam a muitos que comandam ou gerem os Estados. Esses comandantes ou gestores as veem como ameaças e as combatem, assim como combatem a administração dinâmica e democrática como processo de criar oportunidades, liberar potenciais, remover obstáculos, encorajar o crescimento individual e orientar quanto aos objetivos organizacionais. Tudo isso impede o autodesenvolvimento e o aguçamento da capacidade de seus agentes em assumir responsabilidades e dirigir o comportamento para o objetivo do Estado em benefício de sua nação.

No tipo de Estado comandado ou gerido por eles é comum que apenas os que aderem à busca ou à manutenção dos fins pessoais indevidos próprios consigam também comandá-lo ou exercer sua gestão por meio de seus cargos e suas funções, como os comissionados e de confiança do Estado brasileiro, de recrutamento por critério pessoal. O estilo de administração participativo, justo, igualitário, descentralizado e baseado em valores humanos que realcem iniciativas individuais cede assim à rotina e aos controles impostos por eles. São Estados apresentados como administrados burocraticamente, mas que não resistem à análise de seu funcionamento e seu comportamento, que mostra uma ética e um profissionalismo insuficientes para gerar resultados em benefício de suas nações compatíveis com seus custos e potenciais.

Ao se analisar o estilo de administração prevalecente no Estado brasileiro, não há dúvida de que se aproxima da Teoria X, de McGregor. A parte humana geralmente é negligenciada, já que o domínio e o controle utilizados para mantê-lo como ele é não comportam a utilização das teorias Y e Z. A Teoria Comportamental traz o ser humano como maior patrimônio de uma organização e sem ele, ou com sua utilização indevida, dificilmente ela atingirá seus objetivos. Nos Estados, deve-se buscar com a valorização do ser humano uma atuação de alto nível ético-profissional perene, que impeça sua apropriação indevida e o leve ao melhor resultado em benefício de sua nação.

Em relação aos sistemas de administração de Likert, o Estado brasileiro é muito próximo do sistema 1, autoritário coercitivo, em todas as suas partes. Ele geralmente é autocrático, coercitivo e arbitrário e controla tudo que ocorre por meio do processo decisório centralizado. Suas comunicações são de cima para baixo e, apesar da imensidão de informações existentes, muitos que o dominam e controlam em benefício pessoal indevido retêm as de seu interesse, tomando decisões e agindo apenas a partir delas, pouco ouvindo e aceitando contribuições dos que não aderem a eles.

Nele, observa-se clara intenção de inibir o relacionamento interpessoal entre todos, assim como a organização informal, sendo comum separar os que aderem ao seu comando ou à sua gestão mesmo quando ele atua de modo contrário ou alheio do fim coletivo, que mantêm a situação atual, dos demais. Estes muitas vezes sequer são ouvidos nas principais decisões e ações estatais, desprezados por não participarem do alinhamento com muitos que buscam se apropriar indevidamente do Estado, sendo quase sempre impedidos de comandá-lo ou exercer sua gestão e até de realizar muitas de suas ações.

A regra é que se alguém quer participar do comando ou da gestão ou opinar sobre os negócios estatais tem que aderir a comandantes ou gestores que muitas vezes não possuem o nível ético-profissional suficiente para comandar o Estado, contribuindo com eles ou silenciando perante eles sempre que for exigido. Seu sistema de recompensas e punições é implacável e premia com o status do cargo ou da função, o poder que deles decorre e a riqueza de gratificações exclusivamente os que aderem a muitos que o comandam ou gerem sem que ameace seus benefícios pessoais indevidos, podendo obter também estes para si sem serem incomodados. Os demais agentes estatais são recompensados unicamente pela estabilidade constitucional no emprego e pelo salário, quando este é satisfatório.

O temor e a desconfiança predominam neste tipo de Estado e em sua nação e, mesmo que normas incentivem a denúncia do desvio do fim coletivo e da corrupção, poucos se arriscam a fazê-la, pois sabem que seus efeitos geralmente são mais fortes sobre quem denuncia. Seus agentes têm que seguir normas e regulamentos rígidos e realizar suas atividades de acordo com métodos e procedimentos definidos por muitos que comandam ou gerem o Estado de modo contrário ou alheio ao fim coletivo. Inibe-se, assim, a iniciativa e a criatividade individual com normas, regulamentos, regras, métodos e procedimentos dificilmente relacionados com os objetivos que deveriam prevalecer no Estado. Ao contrário, muitas vezes estabelecidos para facilitar sua apropriação indevida por muitos que o comandam ou gerem, cuja rigidez é quebrada quando os ameaçam.

O sistema 4 de administração de Likert não interessa a muitos que comandam ou gerem o Estado brasileiro, em todas as suas partes, pois foca autonomia, participação, valorização, delegação de competência, ampla informação e boa comunicação, trabalho em equipe, confiança mútua, valorização da organização informal, responsabilidade, recompensas sociais e simbólicas, materiais e salariais. Tudo isso é pouco valorizado, sendo, ainda, combatido, pois ameaça a eles. O Estado pode até possuir algumas dessas características, mas de forma pontual, escassa e insustentável, pois está amarrado fortemente ao sistema 1.

As fortes características deste sistema de administração existentes no Estado brasileiro explicam em grande parte sua escassez de resultados em benefício de sua nação nas áreas em que atua ou deveria atuar. Nele, nada é mais desperdiçado do que seu recurso mais importante, o indivíduo de alto nível ético-profissional, que muitas vezes não consegue cooperar com seus resultados de acordo com seu potencial, pois é impedido de fazê-lo. Esse tipo de Estado vai de encontro também à Teoria da Cooperação, de Chester Barnard, que afirma que a cooperação é o elemento essencial das organizações e que o indivíduo coopera ao perceber satisfação e vantagem pessoal que o justifiquem, no que o Estado brasileiro muitas vezes não atende aos que gostariam de contribuir com ele com alto nível ético-profissional em benefício de sua nação.

Estes geralmente não ficam satisfeitos nele e perdem sua motivação em cooperar ao perceber que para contribuir com ele, e nem sempre da forma devida, muitos têm que passar pelo recrutamento por critério pessoal para seus cargos e suas funções como os comissionados e de confiança e que, para chegar a eles e se manter neles, quase sempre têm que aderir ou silenciar perante muitos que o comandam ou gerem de modo contrário ou alheio ao fim coletivo. Desse modo, por não arrefecer em sua ética e seu profissionalismo, dificilmente poderão comandá-lo ou exercer sua gestão e, se o fizerem, serão quase sempre apenas mais um a contribuir com seu alto custo e baixo resultado.

Assim, contando com muitos agentes estatais que ascendem ao seu comando ou à sua gestão e se mantêm neles por meio de critério pessoal e apenas pelo compromisso em mantê-lo como ele é, não se pode esperar resultado do Estado brasileiro compatível com seu custo e potencial. Disso se pode concluir que a verdadeira busca pelo fim coletivo nunca prevaleceu nele, tendo quase sempre em seu lugar o interesse pessoal indevido de muitos que o comandam ou gerem descartando a participação, a inovação e a criatividade individual com foco no resultado em benefício de sua nação. A observação de seu funcionamento e seu resultado ratifica bem essa conclusão.

O esforço maior de seus comandantes ou gestores e dos que almejam também sê-los é quase integralmente despendido nos arranjos com os que possuem poder de recrutar para o comando ou a gestão e manter nele. Nesse tipo de Estado, a coletividade é coagida a contribuir com cada vez mais tributos porque nele, de forma bastante clara, não predomina a busca pelo fim coletivo. Muitos que buscam combater seu mau funcionamento são impedidos de comandá-lo ou exercer sua gestão até que se juntem aos que o comandam ou gerem, somente assim podendo ser ouvidos e participar do processo decisório, só que voltados para dentro, contrários ou alheios também à busca do benefício à sua nação.

Em Estados desse tipo, há em todas as suas partes e em todos os seus níveis hierárquicos indivíduos ética e profissionalmente reprovados que são responsáveis pelas decisões e pelas principais ações estatais. O controle é total e, para comandá-los ou exercer sua gestão, tem-se que aderir a eles ou silenciar perante eles. De acordo com a Teoria Comportamental, o processo decisório depende das características pessoais de quem decide, da situação envolvida e da maneira como o tomador de decisão a percebe, o que faz ser ingênuo pensar que normas, regras, regulamentos e métodos previamente definidos permitirão levar esses Estados a resultados satisfatórios para suas nações com os comandantes ou gestores que possuem.

Seus resultados em benefício da coletividade jamais ocorrerão de acordo com seu custo e potencial, principalmente por três motivos: Muitos responsáveis por suas normas, pelo seu comando ou pela sua gestão são indivíduos contrários ou alheios ao fim coletivo, sendo quase sempre por isso que adquiriram essa condição, assumindo, tácita ou explicitamente, o compromisso de manter o Estado como ele é; a complexidade do processo decisório faz com que as decisões sejam altamente subjetivas, com diversas limitações em sua racionalidade, sendo de alta importância a característica e o caráter pessoal de quem decide; e, por último, o Estado possui alta complexidade em sua relação entre entrada de recursos e benefícios que pode gerar.

Por não existir uma maneira ótima, mas apenas satisfatória de tomar decisões nas organizações e por serem tomadas sem se conhecer ou ter analisado todas as alternativas possíveis e suas consequências, o controle pela manutenção de uma situação de apropriação indevida pode ser muito eficaz nos Estados. Não existe gestão exclusivamente objetiva ou matemática, pois feita por pessoas, só prevalecendo a boa gestão com gestores de alto nível ético-profissional. Aqui ocorre o controle sistêmico para manter o Estado brasileiro como ele sempre foi, com seu processo eleitoral recrutando muitos agentes eleitos de alto nível de personalismo e patrimonialismo e de baixo nível ético-profissional, e estes recrutando por critério pessoal, direta ou indiretamente, muitos agentes gestores e outros de mesma característica, em seus entes, seus poderes e suas organizações, em todos os níveis hierárquicos.

Assim, todo processo é controlado por muitos que o dominam e controlam em benefício pessoal indevido, de dentro ou de fora dele, sendo comandado ou gerido, muitas vezes, por quem não recebeu a devida repressão pelos delitos que cometeu, ficou impune a eles e obteve os elevados status, poder e riqueza que lhes permitem se perpetuar nele. As normas e regras para o comando ou a gestão, a ação e o julgamento estatal são criadas e mantidas por eles e, implícita ou explicitamente, em benefício deles. Por isso, o Estado brasileiro sempre as mantêm e cria outras de mesmas características, permitindo como seus agentes eleitos e gestores muitos que se comprometem com elas, o que o torna refém e impossibilita seus resultados em benefício da coletividade compatíveis com seu custo e potencial.

Ocorre que, mesmo que se consiga modificar suas normas por pressão da população e outros motivos, a mudança não trará efeito se não se modificar o modo como recruta e mantém seus agentes que o comandam ou gerem. Como há muitas alternativas de ação em ambientes cujos problemas e cujas oportunidades, opções de ação e consequências não são totalmente conhecidos, o campo será sempre fértil para os que buscam se apropriar indevidamente dos Estados. Assim, muitos comandantes ou gestores estatais que o fazem recrutam outros para seu comando ou sua gestão e para outros cargos que não os ameacem. Desse modo, a tomada de decisão como uma das funções primárias da Administração e que determina o curso de ação a seguir fica, quase sempre, nas mãos dos que ascendem e se mantêm em seu comando ou sua gestão por meio de critérios pessoais, sem fundamentos ético-profissionais.

Nesse tipo de Estado, comandá-lo ou exercer sua gestão e obedecer à autoridade do superior hierárquico implica quase sempre em atuar em benefício pessoal dele, por ação ou omissão, mesmo que ele atue de modo contrário ou alheio ao fim coletivo. Por isso, a atração para o comando ou a gestão de muitos Estados geralmente se dá entre os que aceitam atuar em benefício pessoal indevido, próprio ou de terceiros, criando, assim, uma corrente cíclica, permanente e contrária ou alheia à busca do fim coletivo, que dificilmente se deixará quebrar. Por possuírem muito poder e recurso, isso sempre ocorrerá nos Estados se não houver combate permanente a essa situação, impedindo que sejam recrutados para eles ou excluindo-se deles e punindo todos os que agem dessa forma.

Nas organizações privadas, é mais fácil perceber a relação existente entre entradas e saídas de recursos e os resultados delas decorrentes. Isso porque o proprietário está próximo de seu negócio e cuida dele com zelo para remunerar seu capital e assegurar sua sobrevivência e seu sucesso.

Nesse caso, a contribuição do empregado é medida com aproximada precisão, o que não se busca em muitos Estados por se alegar dificuldades em se mensurar a contribuição de seu agente. Nos dois casos, há um contrato psicológico que vai além do formal, porém, em muitos Estados, essa extrapolação geralmente não é no sentido da busca do fim coletivo, mas do interesse pessoal indevido de muitos que os comandam ou gerem.

Neles, a Teoria do Equilíbrio Organizacional, utilizada pelos comportamentalistas, não é devidamente aplicada quando se trata de seus agentes de alto nível ético-profissional, que buscam exclusivamente o fim coletivo, pois o objetivo de muitos de seus comandantes ou gestores não é este, por isso os impedem de contribuir de acordo com seu potencial. Ao perceber que os objetivos de muitos que os comandam ou gerem vão de encontro à busca do benefício à coletividade, esses agentes resistem em contribuir com eles, mesmo que lhes ofereçam remuneração ou recompensa adicional. Passam, assim, a combatê-los, pois sabem que somente desse modo poderão contribuir com sua nação por meio do Estado.

Ocorre que, ao terem sua contribuição ético-profissional inviabilizada, muitos de seus agentes que possuem essa característica deixam de atuar no Estado ou insistem em atuar nele com o fim de combater os que o comandam ou gerem de modo contrário ou alheio ao fim coletivo, apesar de saberem das imensas dificuldades que terão que enfrentar. Não há, assim, incentivo que os façam contribuir com esse tipo de comandante ou gestor da forma que ele pretende, pois não veem utilidade nem valor em incentivos que vão de encontro à sua ética e ao seu profissionalismo e impedem sua contribuição com sua nação de acordo com seu potencial.

Desse modo, a contribuição que buscam dar ao Estado passa a causar insatisfação nos que o comandam ou gerem e que o controlam em benefício pessoal indevido, pois os ameaça. Por esse motivo, estes montam estratégias para dificultar ou impedir sua atuação, utilizando apenas os que aceitam contribuir com eles ou silenciar perante eles em sua busca pelos seus objetivos, o que garante o funcionamento e o equilíbrio do Estado da forma como ele sempre foi. Os demais agentes são subaproveitados ou descartados, fazendo com que no interior do Estado exista uma infinidade de agentes estatais com baixos estima e moral, frustrados e improdutivos ou que procuram compensar com outras atividades sua condição.

Seu comando ou sua gestão procura difundir a falsa afirmação de que o agente estatal somente produz como deveria se receber os incentivos de cargos e funções como os comissionados e de confiança do Estado brasileiro. Ocorre que, na verdade, estes quase sempre são distribuídos pelos que possuem poder e domínio sobre o Estado, visando mantê-lo como ele é. Os que não os aceitam ou os combatem, quando seu principal objetivo é manter a situação atual, são muitas vezes vistos e tratados como inimigos dos que o comandam ou gerem, sendo-lhes aplicados os regulamentos e as regras do Estado, impedidos de também comandá-lo ou exercer sua gestão, de tomar decisões, de serem ouvidos no processo decisório e até de produzirem.

O conflito geralmente existente entre os objetivos da organização e os dos empregados, a partir das diferenças existentes entre os fins que cada um busca, não é o conflito que prevalece no Estado brasileiro. Nele, o conflito se relaciona mais com a apropriação indevida praticada ou consentida por muitos que o comandam ou gerem do que com a busca dos verdadeiros objetivos do Estado sem comportar os dos demais agentes. O incentivo de seus cargos e suas funções como os comissionados e de confiança em troca da adesão e do silêncio diante de seu alto custo e baixo resultado é uma estratégia até então bem-sucedida de eliminar o pensamento contrário e mantê-lo como ele sempre foi.

Diferentemente do que ocorre nas organizações privadas, em que o ambiente geralmente interrompe seu ciclo e as elimina se focarem exclusivamente nos objetivos pessoais de seu comando ou sua gestão e não obtiverem resultados positivos, o Estado não é eliminado pelo seu ambiente mesmo que não o satisfaça. Por isso, Estados que subaproveitam ou não utilizam devidamente seus agentes de alto nível ético-profissional, utilizando apenas os que se comprometem com eles em sua apropriação indevida e em seus resultados incompatíveis com seus custos e potenciais, continuam existindo, mesmo como fardos para suas nações.

Muitos dos agentes que os comandam ou gerem possuem pouca autoridade e responsabilidade em termos de resultados em benefício de suas nações, como ocorre no Estado brasileiro, em que a autoridade decorre quase sempre de cargos e funções cujo recrutamento é pessoal, sem observar, obrigatoriamente, características ético-profissionais, não possuindo, assim, a legitimidade que decorre destas. A responsabilidade de muitos desses pouco ou nada tem a ver com os verdadeiros objetivos estatais, mas com seus objetivos pessoais indevidos e dos que possuem poder e domínio sobre eles, até de fora do Estado. Sua autoridade se aproxima dos conceitos da Teoria Clássica, que afirma que ela se cumpre a partir do poder de quem a detém, distante do entendimento dos comportamentalistas, em que ela só existe se aceita pelos subordinados.

Como pouco assenta na ética e no profissionalismo dos agentes que o comandam ou gerem, a autoridade geralmente não é legítima nesse tipo de Estado, sendo pouco aceita e até combatida por muitos comandados. É recusada, principalmente, pelos seus agentes de alto nível ético-profissional, que a veem como usurpadora da gestão e passam a hostilizá-la e a não atender às suas ordens, acreditando que assim defendem os interesses da coletividade. Por ser frágil, obtém apoio quase sempre apenas em troca de cargos e funções como os comissionados e de confiança do Estado brasileiro, principalmente pelos que buscam obter também benefícios pessoais indevidos no Estado ou aceitam que outros os obtenham.

Chega-se assim à conclusão de que o conflito existente em muitos Estados não decorre da incompatibilidade entre os objetivos estatais e os de seus agentes, mas porque neles geralmente não prevalecem os verdadeiros objetivos estatais, mas os pessoais, indevidos, de muitos que os comandam ou gerem, que decidem e agem principalmente em busca de alcançá-los. O objetivo de seus agentes de alto nível ético-profissional é o resultado em benefício da coletividade compatível com o custo e o potencial do Estado, ficando satisfeitos com bons salários e valorização profissional, com esta somente ocorrendo se seus comandantes ou gestores possuírem também esse objetivo e atuarem em sua busca com alto nível ético-profissional, o que, de forma clara, nunca prevaleceu em Estados como o brasileiro.

Ao analisar o funcionamento deste, em todas as suas partes, percebe-se claramente quanto seu resultado sempre foi aquém de seu custo e potencial. O incentivo para participar de seu comando ou sua gestão ou de suas decisões e principais ações, de ter opinião ouvida e utilizada geralmente é dado apenas aos que possuem ou buscam seus cargos e suas funções cujo recrutamento se dá por critério pessoal, não sendo a ética e o profissionalismo condição essencial, e que contribuem, pela ação ou omissão, com seus superiores, mesmo que contrários ou alheios à busca do fim coletivo. Os que assim não agem quase sempre passam por frustrações e conflitos permanentes, sendo confinados em tarefas e atividades medíocres, quase sem responsabilidades, subaproveitados ou descartados em suas capacidades técnicas e de gestão.

Com o Estado atuando desse modo, a integração entre seus objetivos e os de seus agentes de alto nível ético-profissional não tem como ocorrer, o que compromete a eficiência e a eficácia estatais. Muitos comandantes ou gestores do Estado brasileiro recrutados por critério pessoal, sem ter a ética e o profissionalismo atestados no recrutamento e em sua permanência no Estado, costumam afirmar que os demais agentes estatais não possuem responsabilidade com este. Na verdade, se esses comandantes ou gestores possuíssem alto nível ético-profissional e focassem os verdadeiros objetivos do Estado, todos os seus agentes seriam utilizados em busca destes, ou excluídos dele se assim não atuassem.

Ocorre que muitos responsáveis pelo comando ou pela gestão e pelas decisões e principais ações do Estado brasileiro, em todas as suas partes e em todos os níveis hierárquicos, não possuem essa característica, formando um conjunto de muitos que possuem como principal fim seus interesses pessoais indevidos e de indivíduos e grupos que de dentro ou de fora do Estado possuem poder e domínio sobre eles. Desse modo, o foco no resultado em benefício da coletividade pouco existiu e existe como deveria existir nele.

Prevalece, assim, a liderança transacional de Burns, sempre implicando algo em troca, enquanto a liderança transformadora, também deste, que conduz à mudança e à renovação quase não existe, sendo combatida para não ameaçar sua situação atual. Mudança aceita só se pontual e para atender a pressões sociais que fogem do controle, mas, quando controladas, o Estado volta à sua situação anterior. Quem conhece bem o Estado brasileiro, de dentro ou de fora dele, percebe claramente que inovação, desenvolvimento, ênfase nas pessoas, confiança, contestação, autonomia, visão de longo prazo e originalidade próprios do líder são raros em seus comandantes ou gestores, prevalecendo o foco na manutenção, na estrutura, nos controles, nas normas, na obediência, no curto prazo e no *status quo*.

Utilizando os conceitos de liderança de Bennis, isso leva ao entendimento de que nele são raros os líderes, prevalecendo os gerentes que aderem à sua situação atual, com muitos deles não buscando o fim coletivo, mas, principalmente, seus interesses pessoais indevidos e dos que os recrutam e os mantêm. O fato é tão grave que a Constituição Federal Brasileira de 1988 instituiu o concurso público e deu estabilidade no emprego para eliminar a dependência do agente estatal em relação a eles, porém, além de manter muitos agentes dependentes deles por meio da distribuição de cargos e funções como os comissionados e de confiança, burlam ou utilizam mal, ainda, o concurso público, visando manter essa dependência em seu benefício pessoal indevido.

Nesse ambiente, mesmo que o busquem, agentes estatais de alto nível ético-profissional não conseguirão transformar o Estado de modo sustentável, sendo combatidos, perseguidos e silenciados de diversas formas nessa tentativa. Isso perpetua o Estado brasileiro como ele sempre foi, caro e de entregas à coletividade apenas do que sobra depois do atendimento dos fins pessoais indevidos de muitos que o comandam ou gerem e de outros que contribuem com eles, de dentro ou de fora do Estado, o que sempre ocorreu em todas as suas partes. Nele, as decisões e ações possuem foco na organização formal, não sendo aceito o foco nas pessoas trazido pela Teoria Comportamental, que valoriza aspectos como estrutura informal, comportamento, cultura, crenças, valores, relações interpessoais, atitudes, desejos e expectativas de indivíduos e grupos para melhorar resultados.

Esse foco na forma não condiz com um mundo atual em constante mudança e transformação, e mesmo assim ela ainda é desvirtuada da verdadeira burocracia, o que tem beneficiado muitos agentes eleitos e gestores que comandam ou gerem o Estado em benefício pessoal indevido. A Teoria Comportamental não é um manual de como fazer, mas traz aspectos humanos que devem ser considerados por ele para o alcance da eficiência e eficácia, pois o investimento apenas em estrutura, normas, regulamentos e recursos materiais e tecnológicos não é suficiente. Apesar de o Estado não ser tão ameaçado em sua existência, deve se modernizar e apresentar resultado satisfatório à sua nação, pois pode causar-lhe o bem ou mal a depender de como é conduzido.

Dos conceitos comportamentalistas, pode-se concluir que o predomínio da gestão estatal autocrática, coercitiva e focada em autoridade x obediência não leva ao melhor resultado. Este depende de conceitos democráticos e humanos de gestão, em que prevaleçam colaboração, consenso e equalização de poder, com menos estrutura hierárquica e mais horizontalização, delegação de responsabilidades, indivíduos e grupos autônomos para buscar resultados, enriquecimento de cargos e tarefas, retroalimentação, como elogios ou críticas construtivas, e desenvolvimento pessoal. Somente assim será possível construir o Estado de alto nível ético-profissional, de baixo custo e alto resultado.

Abdicar das principais teorias administrativas, conscientemente ou não, leva a resultados incompatíveis com o custo e o potencial dos Estados, como sempre ocorreu com o Estado brasileiro e, certamente, com muitos outros também de resultados insatisfatórios para suas nações. Os Estados não podem continuar recrutando seus comandantes ou gestores sem levar em conta critérios exclusivamente impessoais, ético-profissionais, sendo essencial o conhecimento e a aplicação das teorias administrativas na gestão para que aumentem suas chances de obterem resultados compatíveis com seus custos e potenciais, sem ficar reféns de maus comandantes ou gestores.

Teoria e prática administrativa devem estar sempre juntas e atuar na perspectiva global do Estado e individual de seus agentes, permitindo entender e explorar os processos humanos e comportamentais que o compõem com o fim de melhorar seus resultados em benefício de sua nação. A organização formal e a informal se interpenetram e se influenciam reciprocamente, devendo ser trabalhadas para levar o Estado ao alcance de seu fim coletivo. Ocorre que muitos indivíduos que comandam ou gerem Estados sobrevivem em suas práticas de apropriação indevida deles, dominadoras, arcaicas e carentes de resultados em benefício de suas nações, em uma clara separação que deprecia, isola e subutiliza os que não aderem a elas, e que impossibilita a libertação deles das amarras dos que os comandam ou gerem em benefício pessoal indevido.

Ao contrário do que pretendem os comportamentalistas, em Estados tomados por essas práticas, o comportamento cognitivo-racional não se junta ao afetivo-emocional com o fim de levá-los à melhoria de seus resultados em benefício de sua nações. O Estado brasileiro sempre conviveu com uma forte dualidade no primeiro aspecto, em que, de um lado, há forte carência do cognitivo-racional e, de outro, forte influência de estrangeirismos que não se aplicam à sua realidade, mas que muitos insistem em copiá-los, como no início da História nacional. Os aspectos afetivo-emocionais também quase sempre são atropelados pela concorrência por cargos e funções como os comissionados e de confiança, que gera comandantes ou gestores servis ao superior hierárquico e autoritários com o subordinado, sempre temendo perder suas posições ou não ascender a outras, impossibilitando, assim, a melhoria do clima organizacional e da gestão estatal.

Mesmo que às vezes questionados e postos em dúvidas, as teorias motivacionais e os aspectos afetivo-emocionais, trazidos pela Teoria Comportamental, parecem pautar as organizações mais bem-sucedidas em todo o mundo. Por meio de seu desenho de estrutura, de processos e de tarefas, bem como de seu modo de funcionar, as organizações conseguem focar mais ou menos seus objetivos, o que se aplica também aos Estados. A estrutura desenhada e posta em prática no Estado brasileiro e o modo como sempre funcionou claramente não focam nem levam aos verdadeiros objetivos estatais em benefício de sua nação, o que se evidencia em sua constante mudança de estrutura para atender, quase sempre, aos fins pessoais indevidos de muitos que o comandam ou gerem e dos que possuem poder e domínio sobre eles, em uma enorme descontinuidade que não possui lógica na busca de resultados.

O objetivo do Estado deve estar sempre em seu resultado em benefício da coletividade ou de sua nação compatível com seu custo e potencial, o que é obtido por meio de sua estrutura e de seus agentes. Isso somente ocorre por meio de um comando ou uma gestão de alto nível ético-profissional, que valoriza os aspectos internos, monetários, materiais e humanos, mas, principalmente, os humanos e as interações e relações existentes entre eles. Como em quaisquer organizações, a Teoria Comportamental não deve ser tomada como receita para solucionar todos os problemas do Estado, mas é inegável que observá-la e aplicá-la em conjunto com as demais teorias administrativas aqui tratadas tornará seu ambiente mais justo, igualitário e motivador – o que só tem a contribuir com a melhoria de seus resultados em benefício de sua nação.

TEORIA DO DESENVOLVIMENTO ORGANIZACIONAL

Surgiu no início da década de 1960 a partir da Teoria Comportamental, com um grupo de cientistas sociais e consultores organizacionais procurando dar a esta um caráter prático para ser utilizada nas organizações. Tinham a intenção de fomentar o crescimento e o desenvolvimento organizacional por meio de um conjunto de ideias a respeito do homem, da organização e do ambiente. Não é bem uma teoria administrativa, mas um movimento, um desdobramento prático e operacional da Teoria Comportamental em direção à abordagem sistêmica. Vários fatores contribuíram para seu surgimento, como as dificuldades em aplicar e operacionalizar os conceitos das teorias administrativas anteriores e os estudos e as pesquisas surgidos sobre motivação humana e comportamento de grupo.

Também, as necessidades de mudança e inovação decorrentes das transformações rápidas e inesperadas do ambiente, do aumento do tamanho das organizações, da diversidade e complexidade da tecnologia e da mudança do comportamento administrativo. Este, em decorrência de novos conceitos sobre o homem, em substituição ao homem econômico, de poder, baseado na colaboração e na razão, não no poder hierárquico e formal que coage e ameaça, e de valores organizacionais, baseados em ideias humanístico-democráticas, não no sistema despersonalizado e mecânico da burocracia.

Ainda, a fusão de duas tendências no estudo das organizações: estrutura e comportamento humano. A primeira, como seus elementos estáticos e o arranjo de seus componentes, como divisão do trabalho, hierarquia e departamentalização; a segunda, como processo, procedimento ou comportamento em termos de cultura, comunicações, relacionamentos, processos decisórios, formas de exercício da autoridade, liderança e cooperação entre grupos e pessoas. Verificou-se que somente a primeira não é suficiente para mudar uma organização. O Desenvolvimento Organizacional começou com os conflitos interpessoais, passou para pequenos grupos, para a Administração Pública e depois para outras organizações, com modelos, procedimentos e métodos de diagnóstico, ação e tratamento.

Seus principais autores são comportamentalistas a caminho da Teoria da Contingência e seus modelos se baseiam em quatro variáveis básicas: ambiente, organização, grupo e indivíduo. Procuram conhecer e explorar suas interdependências, diagnosticar a situação e fazer intervenções em aspectos estruturais e comportamentais, visando mudanças organizacionais que permitam o alcance simultâneo dos objetivos da organização e de seus participantes. O Desenvolvimento Organizacional se relaciona à mudança e à capacidade adaptativa da organização em relação a ela. Exige o conhecimento de alguns conceitos, como um novo conceito de organização, que a transforme de mecânica em orgânica, já que atua em um ambiente e sua existência e seu sucesso dependem de como se relaciona com ele.

Isso a obriga a se estruturar e dinamizar em função dele. Seus autores utilizam a abordagem sistêmica, realçando as diferenças existentes entre sistemas mecânicos, fechados e típicos da teoria administrativa tradicional, e orgânicos, abertos e flexíveis. Nos mecânicos, ênfase individual e em cargos; relacionamento autoridade x obediência; responsabilidade dividida; rigidez na divisão do trabalho e na supervisão hierárquica; centralização das decisões e dos controles; e conflitos solucionados por meio da repressão, da arbitragem e/ou da hostilidade. Utilizam o sistema orgânico, enfatizando relacionamentos intra e extragrupos; confiança recíproca; participação e responsabilidade grupal; descentralização da decisão; responsabilidades e controles compartilhados; e negociação de conflitos.

Para compreender a mudança organizacional, é necessário compreender o conceito de cultura, que passou a fazer parte da teoria administrativa próximo à década de 1970, em decorrência do sucesso das organizações japonesas. Toda organização possui sua cultura, que tem, ao mesmo tempo, aspectos formais e abertos e aspectos informais e ocultos. Os primeiros são a parte visível e envolvem políticas, diretrizes, objetivos, estratégias, títulos e descrições de cargos, métodos e procedimentos, estrutura, tecnologia e outros, orientados para aspectos operacionais e tarefas cotidianas. Os segundos envolvem percepção, sentimentos, atitudes, valores, interações informais, normas grupais, padrões de influência e poder, orientados para aspectos sociais e psicológicos, mais difíceis de perceber, interpretar e mudar.

Por possuir cultura própria ou por ser uma cultura em si mesma, há grande dificuldade em se mudar uma organização, pois ela é muito mais do que se permite visualizar. Os autores do Desenvolvimento Organizacional reconhecem que cada organização possui sua cultura, e esta pode ser tida como seu próprio modo de vida, com suas crenças, seus valores, suas tradições e seus hábitos comuns e aceitos por todos. Porém, a cultura não é estática nem permanente e sofre alterações com o tempo a partir de condições internas e externas. Promover mudanças necessárias nas organizações não é mudar apenas sua estrutura, pois elas só ocorrem quando se muda verdadeiramente sua cultura.

Diante de um mundo cada vez mais mutável, culturas organizacionais rígidas e conservadoras devem ceder à cultura adaptativa, flexível e maleável, que permite criatividade e inovação e leva a maior eficiência e eficácia dos participantes e de suas organizações. Caracterizam principalmente essa nova cultura: adaptabilidade, que consiste no ajustamento em relação às demandas dos participantes internos e externos; consistência, como conjunto de valores integrados e aceitos por todos; envolvimento, como capacidade de obter comprometimento dos participantes internos e externos; e objetivos claros, com definição, comunicação e entendimento das pretensões da organização.

O conceito de clima organizacional é essencial para entender a mudança nas organizações. É o sentimento psicológico nelas existente e se caracteriza pelo moral e sentimento de satisfação de necessidades de seus participantes, podendo ser saudável ou doentio, positivo ou negativo, satisfatório ou insatisfatório. Envolve fatores estruturais, como tipo de organização, tecnologia utilizada, políticas, metas, regulamentos e fatores relacionados a atitudes e comportamentos encorajados ou aceitos pela organização. Refere-se a aspectos da organização formal e informal, de estrutura, controles, regras, regulamentos e relações interpessoais. Se saudável ou positivo, os empregados se sentem melhor, aproximam-se e contribuem com a organização; se doentio ou negativo, tendem a se afastar dela.

O clima pode e deve ser trabalhado no sentido de melhorá-lo continuamente. Aqui ocorre uma congruência entre os conceitos de cultura e de clima organizacional, pois a organização é composta de seres humanos, sendo a cultura e o clima decorrentes de suas ações, suas atitudes e seus comportamentos. Por isso, deve-se sempre observar, analisar e aperfeiçoar as variáveis organizacionais visando a motivação e a produtividade, como ocorre com o fomento à capacidade inovadora que possibilita a mudança da cultura e do clima sempre que não estiverem levando a organização em direção aos seus objetivos. Aqui aparecem as recorrentes questões da adaptabilidade, da consistência, do envolvimento, da visão e dos objetivos claros.

A flexibilidade é essencial para reagir ao ambiente mutável e inconstante, o que ocorre por meio da adaptação, recepção e integração de novas atividades; da criação de valores e princípios que aglutinem as pessoas e criem senso de identidade coletivo; e da integração dos participantes em termos de compartilhamento e comprometimento em relação aos objetivos organizacionais. É necessário que se compreenda o ambiente e se estabeleçam objetivos de longo prazo que contribuam com a sobrevivência e o sucesso da organização. O Desenvolvimento Organizacional busca criar condições para mudar a cultura e melhorar o clima organizacional por meio da transformação do trabalho em atividade satisfatória e motivadora.

A partir dos novos conceitos de organização e dos conceitos de cultura e clima organizacional se esclarece o conceito de mudança dentro da Teoria do Desenvolvimento Organizacional. Pode-se defini-la como a passagem de uma condição para outra ou de uma situação atual para uma situação futura, o que implica ruptura, transformação, interrupção. Diante de um ambiente dinâmico e mutável, as organizações necessitam de elevada capacidade de adaptação para sobreviver e obter sucesso, tendo que mudar ou adaptar, renovar e revitalizar. O processo adotado pelo Desenvolvimento Organizacional se baseia principalmente no modelo de Kurt Lewin, desenvolvido por Schein[48], aplicável a pessoas, grupos e organizações, que envolve três etapas: descongelamento, mudança e recongelamento.

Descongelamento do padrão atual de comportamento significa que velhas ideias e práticas são abandonadas e desaprendidas para serem substituídas por ideias e práticas novas e melhores. A pessoa, o grupo ou a organização tem como tão óbvia a necessidade de mudar que não resiste à mudança, por isso, entende e aceita que ela ocorra. Sem descongelar, o padrão habitual e rotineiro de comportamento tende a retornar. A mudança surge quando novas atitudes, novos valores e novos comportamentos melhores são descobertos e adotados, as pessoas aprendem novas ideias e práticas e passam a pensar e executar de maneira nova. O recongelamento significa incorporar definitivamente ao comportamento as novas ideias e práticas aprendidas, tornando-lhes a nova maneira conhecida de realizar o trabalho.

O processo de mudança ocorre em um campo dinâmico em que atuam várias forças em vários sentidos. De um lado, forças positivas que lhe dão apoio e suporte e, de outro, forças negativas que lhe são contrárias, opostas e resistentes. Na organização, o sistema funciona em equilíbrio relativo, rompido todas as vezes que se faz alguma tentativa de mudança, que passa a sofrer pressões positivas e negativas para que ocorra ou deixe de ocorrer. Se as forças positivas são maiores que as negativas, a mudança ocorre e acontece uma nova situação. Se as forças negativas são maiores, a mudança não ocorre e permanece a velha situação.

Desse modo, mudanças só ocorrem quando se aumentam as forças de apoio e suporte ou se enfraquecem as de resistência e oposição, sendo a mudança o resultado da competição entre elas. Para implementá-la, é necessário analisar essas forças a fim de remover ou neutralizar as

---

48. Edgar Henry Schein (1928). Nascido em Zurique, Suíça, e cidadão estadunidense. Psicólogo, professor e autor de vários livros de gestão. Foi professor na MIT Sloan School of Management, no campo do Desenvolvimento Organizacional.

restritivas e incentivar as impulsionadoras. Como força restritiva e desfavorável, tem-se o desejo de permanecer e manter tudo como está, por meio das velhas ideias, do conservadorismo, da rotina, da preservação, do conformismo e do foco no passado. As forças impulsionadoras e favoráveis são o desejo de mudar e a vontade de melhorar, representadas pelas novas ideias, pela criatividade e inovação, pelo inconformismo e pelo foco no futuro.

O descongelamento inicia com a percepção e conscientização da inadequação da situação atual. Novas ideias e práticas são aprendidas e surge um novo padrão de comportamento cristalizado que as incorpora ou institucionaliza até que um novo processo de mudança ocorra. A mudança organizacional requer suporte e apoio que vêm por meio de uma estrutura organizacional flexível e adaptável, uma cultura participativa e aberta e um estilo de gestão baseado na liderança democrática. Para que esse suporte e apoio provoquem engajamento e compromisso e a mudança ocorra, é necessário o estímulo da comunicação, da motivação, do reconhecimento e das recompensas, com a participação de todos.

O processo de mudança organizacional é contínuo, pois precisa acompanhar a velocidade da mudança ambiental, requerendo atuação intensa e permanente da organização no sentido de buscá-la quando necessária. As forças que a originam são internas ou externas. As internas criam necessidades de mudança estrutural e comportamental e provêm da tensão existente nas atividades, nas interações, nos sentimentos e em outros fatores, representando equilíbrio já perturbado em alguma parte da organização. As externas vêm de novas tecnologias, mudanças de valores da sociedade e novas oportunidades ou limitações do ambiente econômico, político, social, legal etc., criando necessidades de mudanças internas a planejar de modo que pouco perturbe o equilíbrio estrutural e comportamental.

As variáveis que expõem a organização à necessidade de mudança contínua são muitas, complexas, mutáveis e poderosas, fazendo com que esforços lentos e isolados não sejam suficientes para mantê-la atualizada e garantir sua sobrevivência e seu sucesso. É necessário desenvolver estratégias de mudança de cultura, de melhoria do clima organizacional, de maneiras de trabalhar, de relações e de comunicações, concebendo sistemas de informações que levem à flexibilidade que faz a organização mudar de acordo com seu ambiente. O Desenvolvimento Organizacional é uma resposta às mudanças ambientais, buscando revitalizar e reconstruir sempre a organização de modo planejado e organizado, evitando mudanças ao acaso, pontuais ou no improviso.

Nesse sentido, mudança organizacional significa nova ideia ou novo comportamento assumido pela organização no intuito de mudar sempre que necessário. A mudança começa pela análise contínua das forças exógenas ou ambientais, como a economia, a sociedade, a competição, os clientes, os concorrentes e os fornecedores, e das forças endógenas ou próprias da organização, como as demandas decorrentes de novos processos, novas tecnologias, novos produtos ou serviços e exigências dos empregados. Dessa análise se percebe a necessidade de mudança, que representa a disparidade entre a situação atual e a desejada, pois os procedimentos atuais não são adequados às novas exigências de respostas aos problemas e às oportunidades observados, o que gera o diagnóstico da mudança.

Nesse diagnóstico, define-se o que deve ser mudado, se a estrutura, a cultura, a tecnologia, os produtos ou serviços, os processos, as relações ou outros, para que a mudança seja implementada de forma planejada e organizada no sentido de levar a organização ao melhor desempenho. A mudança pode vir como novo desenho da estrutura organizacional, novo processo de trabalho, novas máquinas, novos equipamentos, novos produtos ou serviços, novo mercado, novas atitudes, novos valores etc. Não é uma atitude pontual que parte do acaso ou do improviso, mas profissional, que leva à atenção contínua no que ocorre dentro e fora da organização e define a necessidade de mudar, o que, e como.

A organização tende a crescer e a se desenvolver em função de seus fatores internos e externos, o que tende a ocorrer de modo lento e gradual, porém constante, a fim de que suas potencialidades se realizem. Esse desenvolvimento permite o conhecimento dela própria e da informação sobre a mudança e a adaptação de suas respostas a ela, conhecendo suas possibilidades e potencialidades, seu ambiente interno e externo e sua flexibilidade estrutural para se adaptar às mudanças do ambiente.

O desenvolvimento da organização pode ocorrer por meio de três estratégias de mudança, evolucionária, revolucionária e sistemática. A primeira é pequena, lenta e dentro das expectativas, por isso não há muita resistência. Olha o passado e tende a repetir o que deu certo e a abandonar o que não deu; a segunda é súbita e causadora de impacto, rápida, intensa, brutal e vai de encontro ao *status quo*, destruindo antigas expectativas e introduzindo novas; a sistemática é a utilizada pelo Desenvolvimento Organizacional. Os responsáveis por ela apresentam o que a organização deveria ser em relação ao que é, submetem aos que serão afetados para que estudem, avaliem, critiquem e recomendem alterações, resultando daí mudanças que obtêm apoios e compromissos no lugar de resistências ou ressentimentos.

Em sua linha de desenvolvimento, as organizações assumem diferentes fases, que vão do pioneirismo à expansão, regulamentação, burocratização e reflexibilização. Assumem diferentes formas nessas fases, a depender do ambiente e da época, começando mais informais e se tornando mais rígidas e regulamentadas à medida que crescem e se expandem, concluindo com a reflexibilização, principal objetivo do Desenvolvimento Organizacional. Esta visa evitar as amarras que impedem sua adaptação ao ambiente, sua criatividade e inovação. Para que não percam oportunidades nessas fases, seus gestores devem estar atentos para aspectos organizacionais como objetivos e metas, estrutura, estilos de administração, sistemas de controle e tipos de reconhecimento, remuneração e recompensa.

Os especialistas em Desenvolvimento Organizacional criticam as estruturas organizacionais convencionais, acreditando que não estimulam a criatividade nem permitem a adaptação a mudanças. Suas principais críticas são: o poder da administração frustra e aliena o empregado; a divisão e fragmentação do trabalho impedem seu compromisso emocional; a autoridade única ou unidade de comando restringe a comunicação e afeta negativamente o comprometimento com a organização; e as funções permanentes se tornam fixas e imutáveis. Veem o poder e a autoridade formal como pretensões da organização em alcançar seus objetivos sem atentar para os dos empregados, que perdem sua identificação com ela e passam a ser-lhes arredios, com comportamentos e atitudes negativos.

Estes perdem a emoção em contribuir fora da lógica e do racionalismo ao serem obrigados a fazerem apenas o que se define como sua atribuição em normas rígidas e predeterminadas. Assim, suas atividades passam a ser mecânicas e automáticas, sem motivação e comprometimento além delas. A autoridade linear cria apenas um canal de comunicação com o empregado, de cima para baixo, e, caso seu superior hierárquico falhe ou não tenha o compromisso ou o conhecimento necessário, surge uma barreira que o faz perder o único contato com a organização, reduzindo seu comprometimento com ela. Ainda, uma organização estática perde os movimentos, com as tarefas executadas como rotina por longos períodos levando à monotonia e à perda da espontaneidade na participação dos empregados.

Em termos de valores, na administração tradicional: homem mau em sua essência; avaliação negativa ou ausente; homem rígido ou definitivo; resistência ou temor às diferenças; utilização do homem apenas nas tarefas para ele descritas; supressão da expressão dos sentimentos; representação no comportamento; status para manutenção, poder e prestígio; desconfiança nas pessoas; fuga ao risco; ênfase na competição. No Desenvolvimento Organizacional: homem bom em sua essência; homem como ser humano e em crescimento; aceitação e utilização das diferenças; visão da personalidade integral; expressão e uso eficaz dos sentimentos; comportamento autêntico e espontâneo; status para objetivos organizacionais; confiança nas pessoas; desejo e aceitação do risco; ênfase na colaboração.

O Desenvolvimento Organizacional possui como pressupostos básicos: constante e rápida mudança do ambiente em seus componentes científico, tecnológico, econômico, social, político e outros, que influenciam o desenvolvimento e o êxito das organizações; necessidade de adaptação contínua, pois indivíduo, grupo, organização e comunidade são sistemas vivos e abertos que intercambiam com o ambiente para assegurar sua sobrevivência e seu desenvolvimento; interação entre indivíduo e organização, com este dotado de potencialidades que podem permanecer inativas se o ambiente não for propício ao seu desenvolvimento. Se favorável, poderá crescer, expandir-se e obter satisfação e autorrealização, alcançando assim seus objetivos pessoais ao promover os da organização.

Ainda como pressupostos básicos do Desenvolvimento Organizacional, a mudança deve ser planejada para ocorrer em um processo contínuo e permanente, não ao acaso ou no improviso. Deve haver compromisso conjunto com ela, devendo ser liderada pelos que dirigem a organização para que suas atitudes positivas sejam comunicadas de cima para baixo e possam ser assumidas por todos; a necessidade de participação e comprometimento com a mudança planejada deve ser uma conquista coletiva, não apenas o resultado do esforço de poucos. A participação deve ser ativa e aberta, não indevidamente manipulada; e, por fim, melhoria da eficácia e do bem-estar da organização, em que são essenciais os adequados ambiente de trabalho e clima organizacional para que todos possam contribuir.

Há vários modelos e várias estratégias do Desenvolvimento Organizacional, sendo aplicados de acordo com a situação ou com os problemas detectados por meio do diagnóstico. O mais importante é que responda às mudanças necessárias por meio de um esforço educacional contínuo e destinado a mudar atitudes, valores, comportamentos e estrutura da organização, permitindo assim sua constante adaptação ao ambiente. A sensibilidade e a flexibilidade para atuar em um ambiente em constante mudança é uma das características mais importantes de uma organização, talvez a mais importante, pois ela é um subsistema de um sistema maior onde todos interagem e são interdependentes.

Contribui com isso a administração participativa, em que gerentes e subordinados compartilham os rumos da organização, como no Sistema 4, de Likert, em que a tomada de decisão tem a participação de todos, não apenas do nível gerencial. Bons gestores são os que, conscientemente, mudam a cultura organizacional, mudando atitudes, crenças, valores e atividades com foco em adaptação ao ambiente e melhoria de resultados, conseguindo-os de modo sustentável. Equipes são fortalecidas e as condições para seu desenvolvimento são dadas pela organização por meio de liberdade de atuação, participação nas decisões, autonomia e responsabilidade pela realização de atividades e pelos resultados. O gestor não é o chefe, mas o orientador, impulsionador e estimulador.

O método pesquisa-ação pode ser aplicado em uma prática contínua do Desenvolvimento Organizacional para se definir problemas ou oportunidades, planejar soluções e executar as ações necessárias para levar à melhoria de resultados. Consiste em seis fases: diagnóstico preliminar do problema ou da oportunidade; obtenção de dados e informações que apoiem ou rejeitem o diagnóstico; retroação dos dados aos participantes; exploração dos dados por eles; planejamento da ação; e execução da ação. Essas são autoexplicativas e de fácil aplicação, porém, como tudo em gestão, envolvem questões complexas de atitudes, crenças e valores, sendo permitidas ou rejeitadas de acordo com quem detém o poder na organização, de sua pretensão em mantê-lo e do modo como o deseja.

Como características principais, o Desenvolvimento Organizacional pressupõe foco na organização como um todo para que a mudança seja efetiva, com suas partes precisando atuar em conjunto na solução de problemas e no aproveitamento de oportunidades. Pessoas, grupos, estrutura e processos de trabalho devem ter orientação sistêmica, pois pouco importa o que cada um representa isoladamente, mas sua dinâmica e suas relações no processo de adaptação e melhoria de resultados. Foca em solucionar problemas ou aproveitar oportunidades, como na pesquisa-ação, não só na discussão teórica. A organização deve contar com agentes de mudança com habilidades de diagnóstico de situação e implementação de mudanças, o que é o principal papel de seus administradores.

O Desenvolvimento Organizacional dá relevância à experiência, pois, apesar da importância da teoria, a situação real provoca novo aprendizado e ajuda a obter e solidificar aprendizagens. Valoriza os processos de grupo e o desenvolvimento de equipes, como discussão, confrontação, conflitos intergrupais e cooperação, procurando desenvolver equipes, melhorar relações interpessoais, abrir canais de comunicação, construir confiança e encorajar responsabilidades. É antiautoritário e propõe integração e cooperação, ensinando a ultrapassar diferenças individuais ou grupais para obter cooperação e compromisso. Valoriza a retroação ou a informação de retorno, pois todos precisam de informações sobre fatos e comportamentos para compreender a situação, decidir e atuar a partir dela.

Sua orientação é contingencial ou situacional, flexível e pragmática, descartando o procedimento único, rígido e imutável, adequando-se às necessidades de atendimento dos problemas e das oportunidades e discutindo a melhor forma de tratá-los, pois não há uma única melhor forma. Não existe um modelo ideal de organização para todas as circunstâncias, mas deve ser adaptado às especificidades necessárias, de modo planejado, desenvolvendo uma cultura que permita à organização atuar, pois é a cultura o instrumento principal da mudança planejada, o que se faz por meio do desenvolvimento de equipes. A Teoria Comportamental atua sobre pessoas e o Desenvolvimento Organizacional, sobre a cultura, utilizando o comportamento individual e grupal para mudar o comportamento organizacional.

Daí seu enfoque interativo, pois a interação humana e as comunicações constituem aspectos fundamentais para se obter sinergia e multiplicar os esforços que levam à mudança continuada como garantia de existência e sucesso de uma organização. Com todos os seus pressupostos e suas características, o Desenvolvimento Organizacional é um processo amplo e contínuo de mudança organizacional, sendo essencial o apoio da alta administração. Seus diversos modelos geralmente partem da coleta de dados, do diagnóstico da situação e da ação de intervenção como fases contínuas e interdependentes, em que grupos de trabalho, relações intergrupais, desenvolvimento de equipes e participação de todos são imprescindíveis.

Utiliza técnicas para melhorar a eficácia das pessoas e das relações entre elas, dos grupos e das relações entre eles e da organização como um todo. Como técnica de intervenção para pessoas, utiliza o treinamento da sensitividade, que é uma dinâmica de grupo voltada a reeducar o comportamento humano e melhorar suas relações sociais; como técnica de intervenção para duas ou mais pessoas, utiliza a análise transacional, que visa o autodiagnóstico das relações interpessoais; como técnica de intervenção para equipes ou grupos, utiliza a consultoria de procedimentos, o desenvolvimento de equipes e outras; como técnica de intervenção para relações intergrupais, reuniões de confrontação, que objetivam melhorar a organização por meio das comunicações e relações entre áreas diferentes.

Para a eficácia da organização como um todo, utiliza técnicas de intervenção para ela, principalmente a de retroação de dados ou o levantamento e suprimento de informações. Parte do princípio de que, quanto mais dados e informações o indivíduo receber sobre si mesmo, os outros, os processos grupais e sobre a organização, mais possibilidade terá de organizá-los e agir criativamente. Esses dados são obtidos por meio de entrevistas ou questionários para verificar aspectos dos processos organizacionais, como moral, estilo de administração, liderança e comunicações, e são trabalhados sistematicamente por toda a organização. Todas essas técnicas de intervenção individual, interindividual, grupal, intergrupal e organizacional visam melhorar a eficácia das organizações.

Três modelos trazidos por Chiavenato[49] mostram uma dimensão prática do Desenvolvimento Organizacional. O Managerial Grid[50], de Blake[51] e Mouton[52], o modelo de Lawrence[53] e Lorsch[54] e o modelo 3-D de eficácia gerencial, de Reddin[55]. O primeiro traz três premissas a respeito da organização: a primeira é a lacuna da excelência ou a discrepância existente em relação ao seu padrão de excelência, considerada como a diferença entre o que a organização é e o que seus dirigentes acreditam que deveria ser se a dirigissem com critérios de excelência. Isso permite providências que a fazem se movimentar de seu modo atual para o modo de excelência definido por eles.

A segunda é a rubrica da excelência empresarial, que se refere à avaliação quanto à excelência da organização em seis funções básicas: recursos humanos, administração financeira, operação-produção, marketing, pesquisa e desenvolvimento e organização como um todo. E a terceira premissa, o Managerial Grid, é uma grade de dois eixos que representa a preocupação do administrador com a produção e com as pessoas, medindo a preocupação gerencial com elas e com suas interações. O eixo horizontal possui uma série contínua que vai até 9, este representando alta preocupação com a produção. Do mesmo modo, o eixo vertical, com

---

49. Idalberto Chiavenato, *Teoria Geral da Administração*, 7ª ed., Barueri, Editora Manole, v. 2, 2014, p. 232-241.
50. Traduzido como *Grade Gerencial*, no entanto, é marca registrada dos autores como Managerial Grid.
51. Blake, Robert R. (1918-2004). Teórico gerencial estadunidense.
52. Mouton, Jane Srygley (1930-1987). Teórica gerencial estadunidense.
53. Lawrence, Paul R. (1922-2011). Sociólogo e professor de gestão estadunidense.
54. Lorsch, Jay Willian (1932). Teórico organizacional estadunidense, é mais conhecido por sua contribuição à Teoria da Contingência no campo do comportamento organizacional.
55. Reddin, Willian James (1930-1999). Teórico, escritor e consultor britânico em gestão comportamental.

o 9 representando alta preocupação com as pessoas. O ponto 1 de cada eixo representa baixa preocupação com a produção ou com as pessoas.

Na grade, os principais estilos de administração são distribuídos em cinco pontos, nos quatro cantos extremos e no centro, sendo os demais pontos variações destes. No canto inferior direito (9.1), alta preocupação com o resultado da produção e baixa preocupação com as pessoas; no superior esquerdo (1.9), baixa preocupação com o resultado da produção e alta preocupação com as pessoas; no inferior esquerdo (1.1), baixa preocupação com a produção e com as pessoas; no superior direito (9.9), alta preocupação com a produção e com as pessoas; e no meio ou no centro da grade (5.5), há um meio-termo em preocupação com o resultado da produção e com as pessoas.

Figura 3.1 – Principais estilos de administração a partir da preocupação com as pessoas e a produção

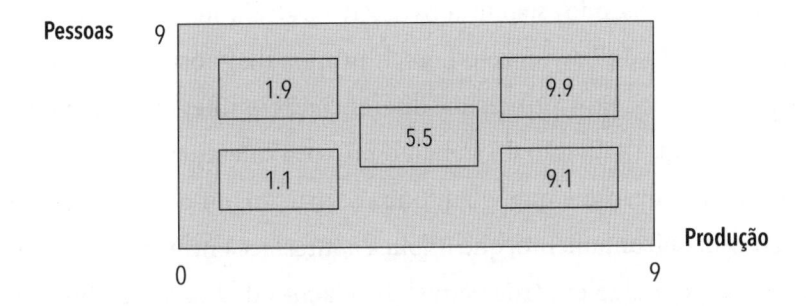

Fonte: elaboração própria, baseada no Managerial Grid de Blake e Mounton.

Cada estilo de administração possui seu significado e tipo de participação. No 9.1, há pouca oportunidade e as pessoas provavelmente serão rejeitadas se tentarem participar voluntariamente; no 1.9, só as pessoas são enfatizadas, por isso procuram não criticar para não serem mal interpretadas ou por receio de não receberem apoio, sendo o comportamento superficial e efêmero; no 1.1, há pouco envolvimento e comprometimento, com as pessoas mentalmente ausentes; no 5.5, há o meio-termo, a mediocridade de se conseguir algum resultado sem muito esforço, sendo a tomada de decisão acomodatícia, deixando a todos descontentes; no 9.9, há esforço sinérgico, com equipes participantes, comprometidas e interessadas no resultado, com conhecimento e competência valorizados.

A partir das três premissas, o Managerial Grid envolve seis fases: seminários de treinamento, do topo para a base, envolvendo a todos para analisar a cultura da organização; desenvolvimento de equipes, partindo do topo e envolvendo todas as áreas para estudar a dinâmica comportamental; reuniões de confrontação intergrupal, para desenvolver a interface entre equipes e melhorar a coordenação entre elas; definição de objetivos pela cúpula, por meio da rubrica da excelência empresarial, que procura mudar de uma abordagem evolucionária ou revolucionária para uma de desenvolvimento sistemático; implementação das ações pelas equipes, para alcançar os objetivos; e avaliação dos resultados ou das mudanças, visando estabilizar os objetivos alcançados e definir novos.

Já o modelo de Lawrence e Lorsch propõe diagnóstico e ação, utilizando três conceitos principais: diferenciação e integração, cuja premissa é a de que a divisão do trabalho provoca diferenciação das várias áreas da organização e que, quanto mais forte, maior a necessidade de integração; defrontamento, que implica a interface entre elementos que dão e recebem algo em troca em suas relações de busca de objetivos, sendo os principais organização x ambiente, grupo x grupo e indivíduo x organização; e definição das fases do processo do Desenvolvimento Organizacional como diagnóstico, planejamento da ação, implementação da ação e avaliação da ação, com cada defrontamento devendo ser submetido a elas.

No diagnóstico, levanta-se o defrontamento entre: organização x ambiente, para verificar necessidades de alterações estruturais; grupos, para verificar necessidades de alterações estruturais e comportamentais; e indivíduo x organização, para verificar necessidades de alterações comportamentais. Observa-se a situação atual e a desejada para dar direção ao Desenvolvimento Organizacional. A partir do diagnóstico, vem o planejamento da ação de mudança, que informará a alteração necessária e o método a ser utilizado. As ações podem ser educacionais, para mudar a expectativa dos participantes; estruturais, para mudar a estrutura organizacional, divisão do trabalho, comunicações etc.; e transacionais, para mudar o contrato psicológico de contribuições e recompensas.

Na implementação da ação, buscam-se o comprometimento das pessoas e os recursos necessários e se acompanha o processo de mudança. Por último, a avaliação da ação fecha as fases do processo do Desenvolvimento Organizacional e pode alterar o diagnóstico e repetir suas demais fases, ganhando dinâmica própria. Esse modelo é composto por fases cíclicas e, assim como com os demais modelos do Desenvolvimento Organizacional, deve ocorrer de modo permanente, buscando sempre conhecer a organização e suas interações com o ambiente no sentido de torná-la adaptada e capaz de responder às suas mudanças contínuas. Isso porque as organizações são sistemas sociais, orgânicos, dinâmicos e abertos, que se não se adaptarem ao seu meio podem ser por ele facilmente eliminadas.

O último modelo, o 3-D de eficácia gerencial, de Reddin, parte do pressuposto de que a única tarefa do administrador é ser eficaz, sendo a eficácia obtida na proporção de sua capacidade de transformar seu estilo de administração de modo apropriado em situações de mudança. A eficácia gerencial está entre seus principais conceitos, devendo ser avaliada em termos dos produtos ou resultados entregues, não do que o administrador faz, pois deve alcançar um fim ou resultado medido. Eficácia não é aspecto da personalidade, mas da correta manipulação da situação. O gerente eficiente faz as coisas de maneira certa, resolve problemas, cuida dos recursos, cumpre seu dever e reduz custos; o eficaz faz as coisas certas, produz alternativas criativas, otimiza os recursos e alcança resultados.

Outro conceito de Reddin são os estilos gerenciais, em que o comportamento gerencial é composto de dois elementos básicos: tarefa e relações com pessoas. Há o gerente orientado para um e para o outro estilo. Estabeleceu quatro estilos básicos como pontos de referência: o relacionado, com exclusiva orientação para as relações com as pessoas; o dedicado, com exclusiva orientação para as tarefas; o separado, com orientação deficiente tanto para as relações quanto para as tarefas; e o integrado, com orientação integrada tanto para as relações quanto para as tarefas. Cada estilo pode ter um equivalente mais ou menos eficaz, dando origem a oito estilos gerenciais, quatro menos e quatro mais eficazes, em três dimensões, básica, mais eficaz e menos eficaz.

O relacionado dá origem ao mais eficaz, promotor, e ao menos eficaz, missionário; o dedicado dá origem ao mais eficaz, autocrata benevolente, e ao menos eficaz, autocrata; o separado dá origem ao mais eficaz, burocrata, e ao menos eficaz, desertor; e o integrado dá origem ao mais eficaz, executivo, e ao menos eficaz, de transação ou transigente. Esses estilos apresentam as maneiras como os gerentes atuam nas organizações e representam seus níveis de eficácia, para mais ou para menos. Sua análise mostra que o estilo executivo tende a oferecer a melhor eficácia e o desertor, claramente, a menor.

O modelo 3-D busca desenvolver três habilidades gerenciais básicas: Sensitividade situacional, para diagnosticar a situação e as forças que nela atuam; flexibilidade de estilo, como habilidade de se adequar a essas forças; e destreza de gerência situacional, como habilidade de gestão situacional ou capacidade de modificar a situação que deve ser modificada. Para alcançar a eficácia, é necessário que o administrador conheça os resultados desejados e possua essas habilidades. O valor central do modelo é a eficácia, apesar de não dar os meios nem a direção para obtê-la e de não propor um estilo ideal, buscando apenas respostas ao que precisa ser feito para ser mais eficaz em dada situação. Possui várias etapas, é flexível e seu objetivo é liberar e canalizar a eficácia potencial existente no executivo.

A mudança deve envolver todas as unidades e todas as pessoas da organização e a flexibilidade é condição essencial para que ela ocorra. A perspectiva do Desenvolvimento Organizacional é aumentar a eficácia da organização diante das mudanças ambientais contínuas, partindo da adaptação de suas unidades e de seus participantes para melhorar a produtividade e da identificação e lealdade destes ao buscar satisfazer também suas necessidades pessoais. Sua aplicação é distorcida quando dirigentes se baseiam em seus status e poder e recorrem a falsos ou inconsistentes procedimentos do Desenvolvimento Organizacional para se proteger, levando-o a ser mais uma demonstração com vistas à legitimação externa do que uma legitimação interna para a verdadeira mudança e eficácia.

O trabalho em equipe é um de seus grandes méritos, podendo incluir pessoas de toda a organização, juntando ideias e pensamentos diferentes com o fim de promover melhores resultados. Ao invés de transferir documentos ou relatórios de uma unidade para outra, as equipes podem constituir um local de encontro onde ideias podem ser compartilhadas e o conhecimento direcionado para as questões mais importantes em termos de resultados. É necessário concentrar na execução das tarefas ou atividades e utilizar o conhecimento especializado de todos de acordo com seus potenciais, sendo essencial a coesão e integração grupal para que todos possam contribuir. Tão importante quanto selecionar seus membros é delegar poderes e responsabilidades para que a equipe possa funcionar.

Uma organização perde tempo ao tentar mudar apenas sua estrutura sem mudar os sistemas, as pessoas, os processos e a cultura. Para isso, existem muitas abordagens sobre a mudança, como sobre a condução, a dinâmica e o direcionamento dela. Em relação à condução, a mudança pode ser: planejada, quando programada e baseada em um conjunto de etapas a serem seguidas, como programas de melhoria da qualidade, treinamentos, programas de desenvolvimento organizacional e planejamento estratégico; conduzida, quando guiada por um indivíduo ou pequeno grupo que a garante; e evoluída, quando espontânea e informal, sem ser guiada por indivíduos que ocupam posições de autoridade.

Quanto à dinâmica, a mudança pode ser: gradativa, quando é constante, nunca para de ocorrer, funcionando mais no concreto e no micro do que no abstrato e no macro; e pela transformação, quando visa reformular de modo rápido uma situação ou renovar uma organização de forma mais lenta e com mudanças abrangentes. Quanto ao direcionamento: de cima para baixo, começando do topo e sendo ampliada para toda a organização por imposição dele; e de baixo para cima, quando pequenas e múltiplas mudanças conduzem todo o processo, partindo das partes para o todo. É importante saber que a mudança cultural não ocorre repentinamente, mas em geral de modo lento, gradual e progressivo.

As organizações geralmente enfrentam condições que as ameaçam, o que muitas vezes as levam à extinção ou à absorção por outras. Elas devem aprender quando e como mudar, buscando se renovar continuamente para se adaptar a um ambiente cada vez mais mutável e competitivo. O Desenvolvimento Organizacional se insere nesse contexto, com o descongelar, mudar e recongelar. Procura trazer maneiras viáveis de manter a organização adequada e ajustada ao seu ambiente, procurando renovação e revitalização constantes por meio de ajustes internos de estrutura, processos, relações, sistemas e cultura, fortalecendo equipes e buscando melhoria contínua de seus resultados.

A TEORIA DO DESENVOLVIMENTO ORGANIZACIONAL E O ESTADO

A Teoria, ou o movimento, do Desenvolvimento Organizacional, como tentativa de expandir as teorias administrativas anteriores, além de evoluir e levar as organizações à melhoria de seus resultados, dificilmente consegue penetrar em muitos Estados. Isso se conclui ao se observar o que ocorre no Estado brasileiro, em que muitos de seus agentes eleitos e gestores que o comandam ou gerem não buscam se adaptar e responder às mudanças ambientais para atingir resultados em benefício de sua nação, mas atender principalmente a eles e a outros, procurando dominar e controlar seus demais agentes para mantê-lo como ele é. Utilizam, para isso, critérios pessoais para ascensão e manutenção em seu comando ou sua gestão.

Criam e praticam a burocracia falsa ou desvirtuada que mantém a situação atual do Estado, combatendo ideias humanístico-democráticas de comando ou gestão que o levem à transformação por meio da inovação e da criatividade. Muitos que comandam ou gerem Estados desse tipo focam sua estrutura, sendo o comportamento humano e grupal tratado pelo Desenvolvimento Organizacional, vigiado e controlado para não os ameaçar. Não focam conhecimento, adaptação e mudança contínuos, como no diagnóstico, na ação e no tratamento a partir do ambiente, da organização, do grupo, do indivíduo e de suas interdependências. Não visam alcançar de modo simultâneo os objetivos do Estado em benefício de sua nação e os de seus agentes que buscam atuar com alto nível ético-profissional, pois isso ameaça o poder e o domínio que exercem sobre ele.

A teoria tradicional, que trata a organização de forma mecânica e fechada, é o forte desses Estados, apesar de seus aspectos positivos nem serem utilizados, pois distorcida para servir aos fins pessoais indevidos de muitos que os comandam ou gerem. Possuem como características a ênfase individual e em cargos, o relacionamento autoridade x obediência, a rigidez na divisão do trabalho e na supervisão hierárquica, a forte centralização na tomada de decisão e no controle, a negação do conflito e a repressão, tácita ou explícita, aos que não aderem aos que o comandam ou gerem de modo contrário ou alheio ao fim coletivo. Por esses meios, estes se mantêm no Estado e mantêm a situação atual dele, com o novo conceito de organização a fim de transformar o mecanicismo em atuação orgânica, praticamente descartado por eles.

Tentam, ainda, incutir a ideia de que a cultura prevalecente nele dificilmente será modificada, o que não deixa de ser verdade, pois recrutam sempre para o comando ou a gestão comandantes ou gestores de mesmas características, que não buscam modificá-la. Todos buscando cooperação apenas dos que aderem a eles, que servem muito mais a si mesmos e a outros que também comandam ou gerem o Estado e até de fora dele do que à sua nação, combatendo ou descartando os que não silenciam ou não arrefecem diante dos que se beneficiam indevidamente dele.

Apesar de difícil de ser modificada, a cultura é o cerne de uma organização, devendo ser construída e modificada continuamente no sentido de acompanhar as condições do ambiente e se ajustar e responder sempre a ele. O Estado brasileiro aparenta, às vezes, buscar atender às expectativas de mudança de seus participantes internos e externos, até modificando pontualmente alguns aspectos de sua estrutura organizacional, mas mantendo a cultura histórica rígida e conservadora, de alto nível de personalismo e patrimonialismo e de baixo nível ético-profissional, que impossibilita seus resultados em benefício da coletividade compatíveis com seu custo e potencial. No lugar de combatê-la, muitos que o comandam ou gerem a fortalecem e impedem sua transformação.

Estes não buscam preservar a existência do Estado por meio do sucesso da adaptação ao ambiente e da resposta a ele em sua constante mutação. Em seu tradicionalismo e na rigidez de sua cultura histórica que geralmente permite a obtenção do benefício pessoal indevido por muitos que o comandam ou gerem, o Estado brasileiro é fortemente afetado por um clima organizacional doentio, negativo e insatisfatório, de onde se percebe claramente o baixo moral e a insatisfação prevalecentes em muitos de seus agentes. Algumas de suas partes até comemoram bom clima organizacional, o que, quase sempre, decorre muito mais de pesquisas direcionadas para que se apresente dessa forma.

Muitos de seus comandantes ou gestores, em todas as suas partes e em todos os níveis hierárquicos, não possuem interesse na melhoria desse clima visando melhorar os resultados do Estado em benefício de sua nação, pois se apropriam indevidamente dele e não pretendem modificá-lo, vendo na melhoria do clima uma forte ameaça às suas pretensões. Quem conhece bem o Estado brasileiro, de dentro ou de fora dele, sabe quanto de seus recursos, monetários, materiais e humanos, são desperdiçados, imperando um clima de desconfiança constante, com baixa ou nenhuma utilização de muitos de seus agentes de alto nível ético-profissional.

Nesse contexto, não se consegue mudar sua cultura e melhorar seu clima organizacional no sentido de transformar suas atividades em trabalho satisfatório e motivador, impedindo-o assim de contribuir com sua nação de acordo com seu custo e potencial, diferentemente do que já ocorre nos Estados de algumas nações. Na verdade, é impossível buscar o descongelamento, a mudança e o recongelamento trazidos pelo Desenvolvimento Organizacional se o Estado não consegue se livrar de fatores que os impedem, como uma cultura e um clima organizacional avesso à transformação, que o impede de buscar adaptação ao ambiente e resposta às suas demandas.

Essa é a situação histórica e persistente do Estado brasileiro, que o faz seguir congelado em um ambiente interno em que novas ideias e novas e melhores práticas geralmente são combatidas e descartadas. Para muitos que o comandam ou gerem, novas atitudes e novas ideias, novos valores e novos comportamentos são ameaças que precisam ser eliminadas para que não modifiquem a situação atual do Estado e ponham fim aos benefícios indevidos que obtêm nele. Por isso, a carga tributária da nação brasileira é alta e o retorno de seu Estado é baixo, utilizando muitas vezes o sistema tributário para beneficiar indevidamente a uns em detrimento de outros. As forças negativas à mudança nele são fortes e, quando ameaçadas, se reorganizam em movimentos que prometem mudá-lo, mas, na verdade, quase sempre são mais do mesmo, com os mesmos atores atuando com o mesmo fim de mantê-lo como ele é.

Por serem a maior fonte de poder e recursos em todas as nações, muitos procuram se apropriar indevidamente dos Estados. Para isso, montam fortes estratégias que dificilmente serão derrotadas. No Estado brasileiro, uma das principais são seus cargos e suas funções como os comissionados e de confiança, de comando ou gestão ou não, sem critério impessoal, ético-profissional, para ascender a eles e se manter neles, utilizados muitas vezes em troca da ação ou omissão voltadas para o fim pessoal indevido de muitos que o comandam ou gerem e dos que possuem poder e domínio sobre eles, estes muitas vezes até de fora dele, não para o objetivo do Estado em benefício de sua nação. Sua estrutura é quase inflexível ao ambiente, sua cultura não permite participação de todos os seus agentes, seu estilo de comando ou gestão não se baseia na liderança democrática, sua comunicação não flui para todos, não há motivação nem reconhecimento e recompensa justos e igualitários e quase sempre apenas os detentores desses cargos e dessas funções e os que os almejam podem participar de suas decisões e principais ações.

As muitas variáveis ambientais que forçam a mudança organizacional pouco o impactam, permanecendo sempre congelado, antiquado, carente de planejamento, organização, direção e controle, improvisado e sobrevivendo muito mais pela coação, com alto custo e baixo resultado, sem utilizar todo o seu potencial. Em alguns de seus entes, seus poderes e suas organizações até existem planos estratégicos, mas quase sempre servem apenas para tentar dar-lhes credibilidade. Na verdade, quando elaborados, o são muitas vezes para impedir a própria implantação, construídos a partir de diagnósticos falhos, sem alinhamento vertical e horizontal, sem resposta a problemas e oportunidades de seu ambiente externo e a forças e fraquezas de seu ambiente interno, fazendo pouco sentido e não gerando compromisso com o resultado estatal em benefício da coletividade.

O Desenvolvimento Organizacional que ocorre em Estados como o brasileiro é geralmente pelo meio evolucionário, sem planejamento, decorrente apenas de fortes exigências ambientais que eliminam elementos passados que não sobrevivem ao tempo. Muitos que os comandam ou gerem temem a mudança revolucionária, pois abalaria suas estruturas seculares montadas para gerar benefícios indevidos próprios e a muitos que possuem poder e domínio sobre eles, de dentro ou de fora deles. Por não aceitar a transformação do Estado atual, combatem também a mudança sistemática utilizada pelo Desenvolvimento Organizacional, dificultando ou impedindo que ela ocorra. Utilizam, para isso, estratégias várias que muitas vezes nem são percebidas por muitos de seus agentes e pela população.

Ao impedir a mudança sistemática e o Estado sempre adaptado ao seu ambiente, criativo e inovador, muitos dos agentes eleitos e gestores que o comandam ou gerem deixam de atender ao que deveria ser seu único fim, o benefício à coletividade. Assumem, assim, o formato tradicional, em todas as suas partes, combatendo tudo que o transformaria e o levaria ao melhor resultado em benefício de sua nação. Isso ocorre quando o nível ético-profissional do Estado é baixo, podendo até existir alguns comandantes ou gestores de alto nível ético-profissional, porém insuficientes para transformá-lo, não constituindo assim a maioria que o transformaria em Estado de alto nível ético-profissional.

A administração tradicional que ainda predomina em muitas organizações até consegue gerar resultado satisfatório e garantir a sobrevivência e o sucesso de muitas delas. No caso dos Estados, o problema não é somente sua utilização, mas o desvirtuamento também dela e o uso para fins pessoais indevidos. A mudança sistemática trazida pela Teoria (ou quase teoria) do Desenvolvimento Organizacional é praticamente impossível de ser implantada neles sem que haja primeiro uma mudança profunda na forma de recrutamento e permanência de seus agentes eleitos e gestores que os comandam ou gerem, com o fim de impedir que indivíduos contrários ou alheios ao fim coletivo sejam recrutados para seu comando ou sua gestão e permaneçam nele.

Enquanto não os impedir, o Estado não priorizará o benefício à sua nação, com seus agentes que o buscam sendo subutilizados ou descartados, impedidos de contribuir com a quase totalidade de suas decisões e ações. Isso leva muitos deles a abandonar o Estado ou a utilizar seu potencial apenas para combater o seu modo de atuar. Por outro lado, muitos que arrefecem e aceitam contribuir, por ação ou omissão, com os que se apropriam indevidamente dele são alçados ao seu comando ou à sua gestão, em todas as suas partes e em todos os níveis hierárquicos, apropriando-se indevidamente também dele e sendo responsáveis pelas decisões e pelas principais ações estatais, como sempre se observou claramente no Estado brasileiro.

Nesse contexto, pode-se afirmar que muitos de seus melhores recursos humanos são subaproveitados ou sequer utilizados, com o Estado contrário ou alheio ao seu ambiente ou à sua nação, de alto custo e baixo resultado. Enquanto isso, muitos que o comandam ou gerem afirmam que não apresentam melhores resultados porque o quadro estatal é insuficiente ou não possui a devida qualificação. Omitem, porém, que a qualificação profissional e o aproveitamento do pessoal são de sua responsabilidade, sendo o problema de seu alto custo e baixo resultado totalmente creditado a eles.

A observação de seu funcionamento e seu resultado permite afirmar que o maior problema do Estado brasileiro claramente é de comando ou gestão, e que os seus dirigentes nunca pretenderam verdadeiramente resolvê-lo. A mudança só ocorre nas organizações por meio do alto nível ético-profissional dos que as comandam ou gerem, o que não ocorre nele porque muitos de seus comandantes ou gestores não possuem essa característica para fazê-la. Em seus entes, nacional e subnacionais, mudam até governantes e partidos políticos no poder, mas o tipo de comando ou gestão continua o mesmo. Não há os devidos planejamento, organização, direção e controle, adaptação ao ambiente e mudança contínua para atendê-lo, existindo em seu lugar, quase sempre, a busca incessante da parte de muitos que os comandam ou gerem pelo fim pessoal indevido, próprio ou de terceiros, de dentro ou de fora deles.

Tudo isso vem vencendo a busca pelo fim coletivo e se tornou o grande mal nacional brasileiro, impedindo a aplicação das teorias administrativas voltadas para resultados em seu Estado, o que muito prejudica a busca destes em benefício da coletividade, pois elas precisam ser antecedidas e permeadas pela ética para poderem ser utilizadas. É o que ocorre com a mudança sistemática trazida pelo Desenvolvimento Organizacional, que jamais ocorrerá se mantidas as condições históricas de recrutamento e permanência por critério pessoal, sem a devida observância da ética e do profissionalismo do candidato ou do já agente estatal. O mesmo acontecerá, se continuar permitindo cargos de comando ou gestão com mandato normatizado de apenas um ou dois anos, com muitos os exercendo por meses ou dias, ou não definidos normativamente, mas que muitas vezes são de curtíssimo prazo ou de prazos muito longos por motivos vários, mas praticamente nunca pela busca do fim coletivo.

Mantidas essas condições, não existe modelo ou estratégia do Desenvolvimento Organizacional que retire o Estado brasileiro de sua situação de alto custo e baixo resultado. O comando ou a gestão de alto nível ético-profissional, com administração participativa e foco em resultados em benefício da coletividade, geralmente não interessa a muitos que o comandam ou gerem, em todas as suas partes, pois o controlam rigidamente em benefício pessoal indevido e de outros, com muitos novos recrutados servindo também para atender a si mesmos e a eles. O ambiente externo é desconsiderado e as pessoas, os grupos e as equipes internos, excluídos das decisões e principais ações estatais se não obtiverem a confiança de que não os ameaçarão. Assim, métodos de mudança adaptativa ao ambiente, como a pesquisa-ação, não são utilizados e o Estado sobrevive apenas pela coação, sem satisfazer à sua nação.

Fazer uma organização atuar como um todo, de forma sistêmica, alinhada e integrada em suas partes, seus processos, suas pessoas e suas equipes, constitui causa para o desenvolvimento e o sucesso de modo sustentável, o que só se consegue por meio de um comando ou uma gestão de alto nível ético-profissional. É o que fazem muitas organizações bem-sucedidas em todo o mundo e que é praticamente descartado em muitos Estados. Neles, observam-se atuações isoladas de suas partes, em completa desarmonia, sem complementação, com muitos que as comandam ou gerem brigando dentro delas e entre elas por mais recurso e poder, afirmando assim preservar suas independências funcionais.

A desarmonia ou a atuação não alinhada nem integrada são a regra, com cada uma atuando de forma independente das demais. Tudo isso é claramente observado no Estado brasileiro, tendo como grande exemplo a atuação histórica conflituosa entre polícias civil e militar, que contribui para o caos bastante conhecido e permanente da segurança pública em todo o território nacional. A atuação dentro de cada uma das organizações do Estado brasileiro é também exemplo da carência de atuação sistêmica e integrada que se reflete em seus persistentes baixos resultados. O conjunto de suas atuações isoladas, sem alinhamento e integração entre entes, poderes e organizações estatais e dentro deles próprios leva a um Estado que não oferece retorno compatível com o que retira de sua nação na forma de tributos.

Diferentemente do Desenvolvimento Organizacional, antiautoritário e descentralizador, sempre prevaleceram claramente o autoritarismo e a centralização no Estado brasileiro. A farta experiência nacional comprova que muitos que assumem seu comando ou sua gestão, em todas as suas partes e em todos os níveis hierárquicos, perpetuam-se muitas vezes nele, revezando-se dentro e entre eles em busca de seus fins pessoais indevidos e de outros até de fora do Estado. Por isso, não praticam a mudança adaptativa continuada que caracteriza o Desenvolvimento Organizacional, o que impede a mudança geradora de melhores resultados em benefício de sua nação. Nele, a orientação contingencial ou situacional, flexível e pragmática, com planejamento e investimento na cultura organizacional com foco no resultado em benefício dela praticamente não existem.

O que interessa primeiramente a muitos que o comandam ou gerem é o poder e o domínio que atende aos seus fins pessoais indevidos e dos que possuem poder e domínio sobre eles, estes muitas vezes de fora do Estado. Montam assim estratégias difíceis de combater e impedem a verdadeira renovação do comando ou da gestão estatal, perpetuando-se nele com seus parentes e adeptos que buscam obter também o benefício pessoal indevido. Suas estratégias não arrefeceram mesmo com o concurso público e a estabilidade no emprego estatal trazidos pela Constituição Brasileira de 1988, com eles continuando no comando ou na gestão dos entes, dos poderes e das organizações estatais brasileiros por meio das eleições de uma democracia próxima da falsidade e de seus cargos e suas funções como os comissionados, de confiança e outros de recrutamento por critério pessoal.

Nesse contexto, o Desenvolvimento Organizacional não alcança o Estado, pois o enfoque interativo dessa teoria ou desse movimento perde o sentido quando seu comando ou sua gestão deixa de focar o resultado em benefício de sua nação. Não vinga, assim, os pressupostos e as características do Desenvolvimento Organizacional em busca de um amplo e contínuo processo de mudança e cujo apoio da alta administração é essencial. É preciso mudar o processo de recrutamento dos agentes eleitos e gestores que comandam ou gerem ainda muitos Estados, a começar por eleições verdadeiramente democráticas que garantam como candidatos a agentes eleitos apenas indivíduos de comprovado alto nível ético-profissional, comprometidos com o fim coletivo, que o garantam também no recrutamento e que sejam acompanhados permanentemente depois de recrutados para que mantenham essa condição.

Quando isso não ocorre, as várias técnicas do Desenvolvimento Organizacional para melhoria contínua da eficácia não têm como ser aplicadas a eles. Elas são libertadoras e sua utilização contínua e sistemática leva à valorização individual e à melhoria das relações entre as pessoas e os grupos e entre estes e suas organizações, o que contribui com a melhoria dos resultados organizacionais. Tudo que um Estado dominador e focado nos fins pessoais indevidos de muitos que o comandam ou gerem não permite que ocorra, permanecendo assim sua apropriação indevida.

O Managerial Grid, o modelo de diagnóstico e ação e o modelo 3-D de eficácia gerencial são exemplos claros de aplicações que poderiam melhorar o resultado dos Estados. Porém, no primeiro, uma análise de suas três premissas no Estado brasileiro é capaz de mostrar como este está aquém de suas potencialidades ou do que deveria ser ou fornecer em benefício de sua nação. Os exemplos do dia a dia, os indicadores de seu funcionamento e seu resultado e vários estudos disponíveis mostram o tamanho de sua lacuna secular de excelência em relação ao seu custo e potencial. Seus avanços são quase exclusivamente os decorrentes de exigências ambientais forçadas e inadiáveis, não do esforço próprio e planejado, visando alcançar a excelência em sua atuação e seu resultado.

Ao avaliar essa lacuna em áreas como recursos humanos, administração financeira, atuação ou operação, comunicação, pesquisa e desenvolvimento, além do Estado como um todo, observa-se no Estado brasileiro um quadro que preocupa. Suas carências são de fácil percepção em áreas mais visíveis e relacionadas à vida e ao futuro das pessoas, como segurança pública, saúde e educação, induzindo à gravidade existente em todas as demais áreas em que ele atua ou deveria atuar. Seu estilo de administração se aproxima do 1.1 do Managerial Grid ou, raramente e de modo pontual, do 5.5, jamais se aproximando do 9.9, o que se comprova pelas suas práticas e pelo baixo resultado que apresenta.

Não há interesse de muitos que o comandam ou gerem em vencer o seu mau funcionamento sempre prevalecente, pois é este que garante seus benefícios pessoais indevidos. Assim, as seis fases e ações do Managerial Grid necessárias para levá-lo à dinâmica busca de resultados em benefício de sua nação, seminários de capacitação, desenvolvimento de equipes, reuniões de confrontação intergrupal, definição de objetivos, implementação de ações pelas equipes e avaliação dos resultados ou das mudanças ocorridas, não têm como ser aplicadas, sendo descartadas como fases permanentes, cíclicas, flexíveis e com a participação de todos.

O modelo de diagnóstico e ação, de Lawrence e Lorsch, também não se aplica nesse tipo de Estado. Seu comando ou sua gestão impede, tácita ou explicitamente, a atuação sistemática que procura enfrentar os problemas advindos da divisão do trabalho e suprir as necessidades de interface entre indivíduos, grupos, organização e ambiente, com diagnóstico, planejamento, implementação e avaliação das ações necessárias. Os conceitos deste processo cíclico e contínuo, que busca o conhecimento permanente da organização e de suas interações com o ambiente, visando se adaptar e responder às suas mudanças, bem como apontar os recursos necessários e buscar o comprometimento de todos com o resultado, representa forte ameaça à apropriação indevida dos Estados, por isso muitos que os comandam ou gerem não têm interesse em sua aplicação.

Ao se fundamentar em normas e regras incompatíveis com a busca de resultados em benefício de suas nações, os Estados também não têm como aplicar os conceitos de eficácia gerencial da Teoria 3-D, de Reddin, em busca de melhores resultados em benefício delas. Muitos que os comandam ou gerem se voltam quase exclusivamente para manter sua situação atual que os beneficia indevidamente. O estilo gerencial executivo, com orientação integrada para as tarefas e as pessoas, praticamente não existe, predominando o estilo básico separado, com orientação deficiente tanto para as tarefas quanto para as relações com as pessoas, do menos eficaz desertor ao mais eficaz burocrata, contribuindo assim com seus altos custos e baixos resultados.

A sensitividade situacional, a flexibilidade de estilo e a destreza situacional do modelo 3-D, com a busca do conhecimento do resultado desejado, imprescindíveis para que o administrador atinja a eficácia, não encontram campo de aplicação nesse tipo de Estado, pois muitos de seus comandantes ou gestores estão altamente comprometidos com os benefícios pessoais indevidos que obtêm para si e para outros que os recrutam e os mantêm, de dentro ou de fora dele. Geralmente não promovem o envolvimento dos participantes internos de alto nível ético-profissional, não permitem flexibilidade na atuação estatal e substituem a ética e o profissionalismo pela adesão e subserviência a eles. A preocupação com o resultado do Estado em benefício da coletividade vem somente depois das sobras, nem sempre existentes, do atendimento de seus fins pessoais indevidos e dos que possuem poder e domínio sobre eles.

Essa é visivelmente a situação predominante no Estado brasileiro, em todas as suas partes, apesar de nunca admitida por muitos de seus quase sempre bem-apessoados e dialéticos agentes eleitos e gestores que sempre o comandaram ou exerceram sua gestão e continuam a fazê-lo. Para comprová-la, basta observar seu funcionamento e seu resultado, o noticiário, procurar o Estado nas áreas em que ele atua ou deveria atuar e comparar os indicadores econômico-sociais nacionais com os de muitas outras nações. A qualidade de vida de muitos de seus comandantes ou gestores e de muitos que possuem relações com eles, muitas vezes indevidas, destoa da qualidade de vida da imensa maioria da população e o patrimônio que muitos deles possuem é certamente incompatível com a renda e a herança que declaram, mas não sendo devidamente investigados, raramente sendo exemplos ético-profissionais para sua nação.

A maioria da população que vive em nações cujos Estados atuam de modo contrário ou alheio ao fim coletivo possui baixo nível de educação geral e ética e não entende o funcionamento deles. Muitos de seus comandantes ou gestores utilizam artifícios vários para manter a situação atual do Estado, não raro apresentando indivíduos, grupos, sistemas, técnicas e modelos como solução para que ele se volte para elas, porém tendo sempre como principal fim disfarçar e dar continuidade ao Estado como ele é, impedindo sua transformação para não perder seus benefícios pessoais indevidos. O que a população não percebe, ou percebe mas não sabe como reagir, é que seu Estado está contaminado por eles. Na verdade, estes não permitem que outros indivíduos ou grupos que se voltem para ela tomem o seu lugar, fazendo de tudo, caso isso aconteça, para retomar suas posições, mesmo que mais uma vez em detrimento dela.

Quem atua em Estados desse tipo e possui alto nível ético-profissional, tendo o benefício à sua nação como único fim, isento de ambição por benefícios pessoais indevidos, sabe que quase tudo que neles ocorre são artifícios que visam mantê-los como eles são e que não levam à sua eficiência e eficácia. Muitos de seus agentes eleitos e gestores que os comandam ou gerem são recrutados, direta ou indiretamente, por meio de uma democracia próxima da falsidade e entre os indivíduos que não ameaçam a situação atual do Estado, enquanto a criatividade, a inovação, o aproveitamento e o compartilhamento do conhecimento, a contribuição com foco no resultado em benefício da coletividade são combatidos, subutilizados ou rejeitados. Equipes coesas e integradas que foquem resultados em benefício de sua nação são impedidas de se constituírem ou são perseguidas e desmembradas para não ameaçarem sua situação atual.

A delegação de poderes e responsabilidades geralmente é dada somente aos que possuem a confiança de que não atuarão para modificar o Estado, sendo retornados à condição anterior se a perderem. Isso tudo ocorre no Estado brasileiro, que nunca muda sua essência em termos de pessoas, processos e cultura organizacional, alterando apenas superficial e pontualmente a estrutura e alguns comandantes ou gestores, estes geralmente apenas quando não atendem aos fins pessoais indevidos de muitos que o comandam ou gerem e dos que lhes dão sustentação, de dentro ou de fora dele. Quando a população deixa de votar por meio do processo eleitoral em alguns de seus agentes eleitos que agem dessa forma, o Estado ainda resiste e os aproveita no comando ou na gestão em alguma de suas partes ou em organizações não estatais com relações indevidas com ele. Quando realmente ficam de fora do Estado, geralmente encontram uma forma de retornar.

Na verdade, mudar em benefício de sua nação não interessa a muitos comandantes ou gestores em muitos Estados, pois o fim coletivo não constitui seu objetivo. Poucos são, certamente, os comandantes ou gestores em muitos Estados, realmente recrutados por critério impessoal, ético-profissional, que combatem sua ineficiência, seu desvio do fim coletivo e sua corrupção, que sejam criativos, inovadores e com vontade e potencial de levá-los aos resultados em benefício de suas nações compatíveis com seus custos e potenciais. Neles, mudanças sistemáticas, planejadas e conduzidas com esse fim dificilmente ocorrem, sendo verdadeiros rochedos, difíceis de modificar. A maioria de seus comandantes ou gestores não quer e a minoria e os que não os comandam ou gerem não podem e, assim, muitos Estados estragam a esperança de suas nações, deixando-as órfãs da maior invenção social da História.

Em Estados desse tipo ou por meio deles, de dentro ou de fora deles, muitos obtêm status, poder e riqueza indevidos, enquanto a maioria da população fica sem segurança, saúde, educação e outros itens essenciais que o Estado deveria fornecer, promover ou não ser empecilho ao seu alcance. Há muitos Estados contrários ou alheios à ordem, à liberdade, à paz, à justiça e à igualdade em suas nações, em maior ou menor intensidade a depender do nível de educação geral e ética da maioria da população. A Teoria do Desenvolvimento Organizacional se aplica a todos os Estados para levá-los a atender às suas nações com eficiência e eficácia, evitando muitos males que as acometem e que podem ser evitados com a atuação de alto nível ético-profissional destes, principalmente da parte dos que os comandam ou gerem.

Estados como o brasileiro sempre viram e veem sem a devida reação a violência, a injustiça e a desigualdade corroerem a estrutura econômico-social nacional e prejudicarem sua nação. Muito já se perdeu, mas sempre há tempo para os Estados de todas as nações se livrarem do alto nível de personalismo e patrimonialismo e do baixo nível ético-profissional de seus comandantes ou gestores e investir em um comando ou uma gestão de alto nível ético-profissional. O Desenvolvimento Organizacional busca descongelar, mudar e recongelar de modo permanente, trazendo maneiras novas e viáveis que podem fazer os Estados sempre adequados e ajustados aos seus ambientes, fortalecendo equipes, renovando e revitalizando estruturas, processos, relações, sistemas e cultura em benefício de suas nações.

ABORDAGEM SISTÊMICA

Na época da abordagem clássica da Administração, início do século XX, as ciências recebiam forte influência e eram dominadas por três princípios intelectuais: o reducionismo, o pensamento analítico e o mecanicismo. O primeiro se baseia na crença de que tudo pode ser decomposto e reduzido em elementos fundamentais ou unidades indivisíveis; o segundo busca compreensão e explicação a partir do reducionismo, consistindo em decompor o todo em partes para tentar explicá-lo a partir da junção delas; e o mecanicismo se baseia na relação simples de causa e efeito entre dois fenômenos, com o efeito sendo determinado por causas suficientes e necessárias para que ele ocorra, excluindo-se o meio ambiente de sua explicação, como se os efeitos fossem determinados unicamente por elas.

Com a Teoria Geral dos Sistemas, a partir do final da década de 1950, esses princípios passaram a ser substituídos pelos princípios opostos do expansionismo, do pensamento sintético e da teleologia, com forte mudança no modo de pensar cientificamente. O primeiro afirma que todo fenômeno é parte de outro maior, com os elementos devendo ser tratados como partes, considerando sempre suas funções no todo. O segundo busca explicar os fenômenos a partir do papel de cada elemento como parte de um sistema maior. E a teleologia afirma que a causa é condição necessária, mas nem sempre suficiente, para que surja o efeito, com relação probabilística, nem sempre determinística ou mecanicista, entre eles. O todo é diferente da soma das partes, com características que elas podem não conter.

TECNOLOGIA E ADMINISTRAÇÃO

A administração das organizações recebe forte, inestimável e imprescindível contribuição da tecnologia, principalmente da informação. As organizações possuem, assim, uma variedade de produtos, serviços, processos, clientes, fornecedores e empregados, e o computador permite lidar com grandes números e em negócios variados e simultâneos a um custo relativamente baixo, com rapidez e confiabilidade. Foi graças à Cibernética, como ciência da comunicação e do controle, que busca integrar e dar coerência aos sistemas, regulando seus comportamentos, que se chegou aos avanços atuais. Ao buscar atuar de modo sistêmico, a Administração é obrigada a utilizar muita tecnologia, principalmente da informação, não como uma nova teoria, mas como ferramenta que muito contribui com ela.

Conceitos cibernéticos muito utilizados pela Teoria da Administração são os de sistema, retroação, homeostase, comunicação e autocontrole. Sistema é um conjunto de elementos inter-relacionados cujo resultado é superior à soma de suas partes. Esses elementos formam atividades que buscam objetivos, operando sobre entradas – dados ou informações, energia ou matéria – e fornecendo saídas processadas – informações, energia ou matéria. Os sistemas são constituídos de outros sistemas ou subsistemas inter-relacionados. As organizações são sistemas classificados como excessivamente complexos e probabilísticos, que, mesmo sem vida biológica, funcionam como se a possuíssem, desenvolvendo técnicas de sobrevivência e sucesso em um ambiente em constante modificação.

Cada sistema é formado de subsistemas hierarquicamente subordinados a ele. A organização faz parte de um sistema maior em que convive com outras organizações e com pessoas que compõem seu meio. Há também uma hierarquia de sistemas na organização, com seu todo formado por diversos subsistemas, como pessoas, áreas, divisões, departamentos e seções. A Cibernética utiliza modelos ou representações de outros sistemas comparáveis para representar e compreender o funcionamento de um sistema. Modelo é a representação simplificada de uma parte da realidade, como a planta de um edifício, o organograma de uma organização e o fluxograma de um processo.

O conceito de sistema traz outros conceitos fundamentais para a Teoria da Administração, como entrada, dados ou informações, energia, materiais, saída, retroação, caixa negra e homeostase. Entrada diz respeito ao que o sistema importa ou recebe do ambiente para poder funcionar, podendo ser constituída de dados ou informações, energia e materiais; informações são o que permite reduzir a incerteza ou aumentar o conhecimento sobre alguma coisa, proporcionando orientações que permitem planejar e programar o funcionamento de um sistema;

energia é a capacidade utilizada para fazer o sistema funcionar; materiais são os recursos utilizados pelo sistema para produzir as saídas; saída é o resultado final produzido pelo sistema e exportado para o ambiente por meio de suas operações.

Retroação é a resposta dada pela saída e serve para comparar o funcionamento de um sistema em relação aos padrões estabelecidos. Havendo diferença, desvio ou discrepância em relação aos padrões, ela permite regular a entrada e o processamento para que a saída se aproxime do padrão estabelecido, este como o objetivo a ser alcançado e a retroação confirmando seu alcance ou não, o que é fundamental para o equilíbrio do sistema. A retroação permite realizar a regulação do sistema para atender ao seu objetivo, sendo positiva, quando emite sinais que estimulam a entrada e o processamento, ou negativa, quando os emite para diminuí-los ou inibi-los.

Exemplo de retroação positiva é quando as vendas superam as expectativas, saídas superiores ao previsto, e o sinal emitido na entrada é pelo aumento da produção. Ao contrário, em vendas aquém do previsto, o sinal pode ser pela redução da produção, retroação negativa. Desse modo, a retroação tem como fim controlar a saída, enviando mensagens ao regulador de entrada e de processamento para manter o sistema estável mesmo com variáveis ambientais que o façam oscilar. Isso torna o sistema eficaz mesmo diante das situações do ambiente externo, pois, ao regular seu funcionamento, permite as correções necessárias para adequar as entradas e o processamento às saídas e reduzir desvios ou discrepâncias.

Ainda nos conceitos, caixa negra diz respeito a um sistema cujo interior não pode ser desvendado, pois seus elementos internos são desconhecidos, só podendo ser observados de fora. Deve-se fornecer estímulos como entradas e observar as respostas, saídas, para que se possa conhecer seu funcionamento; por último nesses conceitos relacionados a sistemas, a homeostase, como equilíbrio dinâmico obtido por ele por meio da autorregulação ou do autocontrole. Vem do mundo animal ou biológico, como necessidade de manter a estabilidade ou o equilíbrio entre as partes do sistema, que se adapta para alcançar equilíbrio interno diante das mudanças externas. Como exemplo, a temperatura do corpo humano, que se mantém estável à temperatura do ambiente, com o sistema humano se adaptando a partir dos estímulos externos. A homeostase funciona a partir de mecanismos de retroação capazes de restaurar o equilíbrio perturbado por estímulos externos.

Como sistemas, todas as organizações possuem semelhanças em relação a algumas características fundamentais, mantendo-se integradas pela informação e pela comunicação, com capacidade de receber e transmitir mensagens e de reagir a mensagens recebidas, o que as tornam dinâmicas e similares a organismos vivos. A comunicação e a consequente retroação positiva ou negativa são as bases do equilíbrio de um sistema, e sua eficiência em manter a homeostase em relação a suas variáveis pode ser avaliada pelos seus erros ou desvios. Se estes aumentam ao invés de diminuírem, o objetivo do sistema pode não ser atingido, podendo oscilar e perder sua integridade.

São conceitos importantes os de dado, informação e comunicação. Dado é o registro de um evento ou de uma ocorrência que deve ser combinado e processado para torná-lo uma informação com sentido, tendência ou inteligência; informação é um conjunto de dados organizados, agrupados e combinados de modo que possua significado e aumente o conhecimento ou reduza a incerteza; comunicação é quando uma informação é transmitida a alguém e este a recebe e a compreende, podendo utilizá-la para uma finalidade. Pode ser entendida como tudo que orienta o organismo perante o meio ambiente. Para a organização, como para o organismo vivo, receber e utilizar uma informação constitui um processo de ajuste à realidade, que a permite se comportar e sobreviver em seu ambiente.

A Teoria da Informação traz estudos e conceitos referentes à informação e à comunicação, como redundância, entropia, sinergia e informática, bem como componentes da comunicação, como fonte, transmissor, canal, receptor, destino e ruído. Todos são importantes para a gestão organizacional por envolver a comunicação e o controle como processos decisivos de adaptação e sobrevivência ao ambiente. O conceito de informática os abrange, como tratamento racional e sistemático da informação por meios automáticos e eletrônicos, constituindo-se no emprego da Ciência da Informação por meio do computador, dando tratamento tecnológico a aspectos formais do modelo burocrático.

Ao produzir informação e fazê-la fluir em tempo real, a informática ajuda a otimizar o uso dos recursos e a agilizar a tomada de decisão, dinamizando a Administração e contribuindo com a produtividade, qualidade, eficiência e eficácia organizacional. Até pouco tempo, a Administração ficava refém da ausência ou dos erros de informação, o que ainda ocorre, porém em menor intensidade a depender dos recursos de informática e do estilo de administração utilizados. A informática trouxe importantes consequências à Administração, como a automação, a Tecnologia da Informação, os sistemas de informação, a integração dos negócios e o *e-business* ou negócios a partir da Internet.

A automação pode ser vista como uma extensão lógica da Administração Científica, de Taylor, com operações analisadas, organizadas e realizadas pela máquina no lugar do homem. Com ela, surgiram os sistemas automatizados e as fábricas autogeridas, como indústrias químicas, sendo comuns também em organizações com operações relativamente estáveis e cíclicas, como centrais elétricas, ferrovias, metrôs, bancos, organizações governamentais e outras. Na Cibernética, os autômatos são invenções humanas com dispositivos capazes de tratar e responder a informações ou estímulos que recebem do ambiente. Muito da automação depende da Robótica, que estuda o desenho e a aplicação de robôs em campos da atividade humana, utilizados em atividades duras, insalubres ou complexas.

A Tecnologia da Informação converge o computador com a televisão e as telecomunicações. Provocou grande transformação no ambiente organizacional, como a compressão do espaço, com o conceito de escritório virtual, a redução ou o fim do papel e a miniaturização, a portabilidade e a virtualidade passando a ser a nova dimensão espacial, reduzindo espaços físicos e custos fixos. Comprimiu o tempo, com a instantaneidade sendo a nova dimensão temporal a partir das comunicações móveis, flexíveis, rápidas, diretas e em tempo real, permitindo a integração de vários processos. Ainda, provocou a conectividade, com o computador portátil e multimídia, as estações de trabalho, o smartphone, o tablet, o teletrabalho e a teleconferência, reduzindo deslocamentos e contatos pessoais.

Passou a estar a serviço do homem e de suas organizações, coletando, guardando, processando, recuperando, divulgando e propagando informações que levam ao conhecimento e à redução da incerteza. O tomador de decisão se baseia em informações obtidas em sistemas de informações, que são sistemas computacionais capazes de buscá-las, coletá-las, armazená-las, classificá-las e tratá-las por meio de dados, processamento e canais de comunicação. Assim como os organismos vivos, as organizações recebem e utilizam informações para sobreviver e obter sucesso em seus ambientes.

Quanto à integração dos negócios, a informática é essencial à agilização dos processos internos, à organização, à logística e ao relacionamento com o ambiente. As organizações buscam modelos e soluções de integração para obter conectividade e mobilidade, visando o sucesso nos negócios tradicionais e virtuais. Incorporar a Tecnologia da Informação é essencial, com sistemas integrados de gestão que ajudem na informação, integração e agilidade para garantir a sobrevivência e o sucesso das organizações em um ambiente complexo e mutável. A integração possui quatro etapas: construir e integrar os sistemas internos; integrar as entradas ou a cadeia integrada de fornecedores; integrar as saídas ou o relacionamento com os clientes; e integrar os sistemas internos com as entradas e as saídas.

A primeira etapa diz respeito à eficiência interna da organização e ocorre pela implantação de módulos específicos para cada área, interligados e compondo um único programa capaz de manter o fluxo de processos e controlar e integrar todas as transações internas; a segunda consiste na obtenção do produto ou serviço dos fornecedores no tempo, no local e na quantidade certos, com o menor custo. Isso significa contribuir com a gestão dos fornecedores, desde o recebimento da matéria-prima, fabricação, atacadistas, transportadores, varejistas e o cliente. É a cadeia logística de suprimento sendo gerenciada em benefício da organização. Busca balancear os custos de aquisição e a satisfação de seu cliente final ao atendê-lo também no tempo, no local e na quantidade certos e com o menor custo.

A terceira etapa busca o melhor relacionamento com o cliente, tendo sempre em mente que este se constitui na finalidade do negócio ou na parte mais importante da organização, por isso ela busca soluções que melhor gerenciem o relacionamento com ele; e a quarta e última etapa busca a integração dos sistemas internos com as entradas e as saídas, fechando o ciclo de integração dos negócios.

Ainda como relevante consequência da informática na Administração, tem-se o *e-business* ou negócio eletrônico. É feito por meio de sistemas informatizados e integrados ao sistema de gestão organizacional, tanto na entrada como nas saídas para o cliente. Os dados vindos dos sistemas organizacionais e os dados externos vindos das entradas e das saídas para os clientes são armazenados em grandes bases de dados, conhecidas como *Data Warehouse – DW* ou armazém de dados. Essas bases são estruturadas para serem acessadas e permitirem a conversão de dados em informações e permitirem análises úteis para o negócio com o fim de aumentar a vantagem competitiva das organizações.

Cria-se, assim, a inteligência do negócio a partir da integração de diversas tecnologias cujo insumo é a imensa quantidade de informações que precisam ser entendidas e estruturadas para permitir a elaboração das melhores estratégias e as melhores decisões. A organização não deve atuar de modo isolado, mas fazer uma combinação de informações internas e externas para se tornar mais dinâmica e produtiva. O objetivo é tomar essas informações, integrá-las e atuar com inteligência na busca da eficiência e eficácia que garantem a sobrevivência e o sucesso organizacional.

A Era da Informação fornece assim elementos para a produtividade e a qualidade, mas continua e continuará a exigir o profissionalismo do gestor para tomar decisões, enfrentar os problemas e aproveitar as oportunidades. A tecnologia serve para integrar as áreas e disponibilizar informações internas e externas em tempo real e que podem ser acessadas por todos em todos os tipos de organizações, de modo inteligente e em benefício do negócio. O homem econômico, social, organizacional e administrativo das teorias anteriores pode até ser chamado hoje de homem digital, que utiliza predominantemente o computador, mas a boa gestão feita pelo homem continua sendo essencial para o sucesso dos negócios e das organizações.

O *e-business* parece ser o motor de uma nova economia proporcionada pela internet, que trouxe ao mesmo tempo condições para a integração de vários sistemas e uma infinidade de outras aplicações totalmente inseridas na gestão organizacional. As organizações não podem perder a oportunidade proporcionada pela Tecnologia da Informação de se conectar à rede mundial de computadores, independentemente do tipo e da área em que atuam, para poder participar das muitas oportunidades que ela oferece. Conceitos clássicos estão sendo modificados, fronteiras derrubadas e possibilidades ilimitadas estão surgindo, nascendo assim as organizações baseadas no conhecimento, sem barreiras e sem paredes internas, sem ilhas e sem fontes exclusivas e monopolizadoras da informação.

Porém, é preciso esforço para aproveitar todas essas oportunidades e buscar os benefícios da produtividade, da qualidade e do desempenho que a Tecnologia da Informação, o computador e a internet oferecem às organizações. Isso não é apenas reduzir custos, tarefas e pessoas, mas, principalmente, utilizar a informação para melhorar resultados. A Tecnologia da Informação não representa uma nova teoria administrativa, uma nova função ou área na organização, mas um recurso essencial que a permeia e que deve ficar à disposição de todos na busca de resultados. O Administrador não pode fazer de conta que ela não existe, mas continuar a administrar com base nas teorias da Administração, que continuam válidas e importantes, porém atualizando sua aplicação com as novas ferramentas tecnológicas que surgem cada vez mais.

A TECNOLOGIA, A ADMINISTRAÇÃO E O ESTADO

O Estado recebeu o mesmo impacto da tecnologia que receberam as organizações públicas não estatais e privadas. No entanto, a diferença fundamental é que as organizações não estatais, principalmente as privadas, atuam em um ambiente em que os ganhos decorrentes de novas tecnologias, invenções e inovações colocam à frente as que tiverem mais agilidade em obtê-los. A tecnologia oferece imensas oportunidades para que também os Estados possam melhorar seus desempenhos. Para tanto, devem estar sempre atentos, como quaisquer outras organizações, para a nova realidade que vem surgindo, principalmente com a tecnologia da informação e das comunicações e seus conceitos, como os que vieram da Cibernética e levaram aos muitos avanços atuais na gestão organizacional.

Eles devem utilizar todas as suas partes de modo alinhado e integrado, entre elas e dentro delas, em busca exclusiva do fim coletivo ou do benefício à sua nação. Não podem utilizar cada uma de modo isolado, como se seus objetivos se encerrassem em si mesmos, nem deixar de buscar necessidades de sobrevivência e sucesso, mesmo com a superproteção de que dispõem. O conceito de organização tratada como sistema, em que busca objetivos por meio de entradas, processamento e saídas, da mesma forma como ocorre com os subsistemas que a integram, oferece visão ampla e integrada de como os Estados devem funcionar.

Seus comandantes ou gestores devem acompanhar continuamente as saídas e compará-las com os objetivos ou os padrões previamente definidos, corrigindo seus rumos para oferecer resultados satisfatórios de acordo com o custo e o potencial do Estado. Porém, isso não ocorre como deveria com o Estado brasileiro, salvo exceções irrelevantes que não conseguem modificá-lo, e certamente com o Estado de muitas nações. Suas saídas ou seus resultados são muito aquém de seu custo e potencial, o que se observa claramente em áreas sob a sua responsabilidade que são essenciais à sobrevivência e ao desenvolvimento da população, como segurança pública, saúde e educação. Por quase não conceber bons objetivos devido à sua carência ou falta de planejamento, não há retroação e ação que visem à melhoria de seus resultados.

Em seu conjunto, claramente sempre atendeu mais ao interesse pessoal indevido de muitos dos agentes eleitos e gestores que o comandam ou gerem e de outros indivíduos até de fora dele que possuem poder e domínio sobre eles do que ao interesse da população que o mantém. A retroação como retorno de suas saídas ou seus resultados para possibilitar correção de suas entradas e de seu processamento ou funcionamento não ocorre como deveria ocorrer. Quando suas saídas são acompanhadas, quase sempre são apenas para fornecer estatísticas, muitas vezes indevidamente manipuladas, e não para corrigir desvios e melhorar resultados. Seus dados quase sempre também não são tratados como deveriam ser, pois tratá-los bem para melhorar suas saídas em benefício da coletividade ameaça os benefícios pessoais indevidos de muitos que o comandam ou gerem, por isso estes muitas vezes não os permitem.

Desse modo, a retroação a partir de seus resultados com o fim de equilibrar seu funcionamento e fazê-lo atuar em benefício exclusivo da coletividade praticamente não funciona. Por esse motivo, os resultados do Estado brasileiro, como grande sistema, e de seus entes, seus poderes e suas organizações, como subsistemas, claramente nunca foram nem são compatíveis com seus custos e seu potencial. Apesar de ser um dos Estados mais caros do mundo, seu formato histórico sempre funcionou como uma anomalia que retira da população mais do que o necessário diante do que ele fornece, impedindo-a de empregar este excedente com mais eficiência e eficácia em seu benefício. Essa situação o leva a ataques constantes da parte de indivíduos e grupos contrários ao Estado mais presente na vida de sua nação, que preferem pedir a solução simplista de sua redução a buscar melhorias em sua atuação.

Ao contrário do que estes pensam, a presença do Estado é sempre positiva desde que sua estrutura e seu funcionamento estejam de acordo com as necessidades de sua nação, administrado com alto nível ético-profissional e, consequentemente, eficiente e eficaz. Para isso, é imprescindível elevar o nível ético-profissional dos que o fazem, principalmente de seus agentes eleitos e gestores que o comandam ou gerem. Em sua estrutura e forma de funcionamento, o Estado brasileiro nunca atuou como sistema que busca se manter de forma integrada com todas as suas partes em benefício de sua nação, mas oscilando e se desintegrando cada vez mais. Sua eficiência e eficácia nunca foram alcançadas de modo satisfatório, pois suas entradas, seu processamento e suas saídas claramente nunca foram adequados, não sendo feitas as devidas medições e correções, prevalecendo assim a ineficiência, o desvio do fim coletivo e a corrupção em sua atuação, no todo e em todas as suas partes.

Ele sempre se constituiu em uma imensa caixa negra, sendo poucos os indivíduos, até que fazem parte dele, que conhecem verdadeiramente o que se passa em seu interior. Tem-se como mais grave que existem estratégias, tácitas ou explícitas, bem definidas para evitar sua transformação, sendo uma delas a carência ou omissão de informações, diferentemente do que deve ocorrer no Estado de todas as nações. Sua autorregulação ou seu autocontrole que levariam à homeostase ou ao equilíbrio dinâmico não ocorrem, já que os estímulos que deveriam ser recebidos para modificar suas entradas e seu processamento visando melhorar suas saídas ou seus resultados em benefício da coletividade geralmente não interessam a muitos que o comandam ou gerem, o que ocorre nele como um todo e em todas as suas partes. Isso o leva à doença interior em todos os seus subsistemas e nele como sistema maior.

Pode-se afirmar assim que é um Estado doente, que dificilmente consegue negar os interesses pessoais indevidos de muitos que o comandam ou gerem e de outros que possuem poder e domínio sobre eles, muitas vezes de fora do Estado, o que dificulta ou impede sua condução em busca do fim coletivo. Informações elementares, úteis e confiáveis sobre seu funcionamento e seus resultados são muitas vezes negadas ou desvirtuadas para vários de seus agentes e para a população, como se não fossem direito de todos que contribuem com o Estado, de dentro ou de fora dele. Quando existentes, muitos que o comandam ou gerem impedem que sejam utilizadas como deveriam ser, impedindo assim sua utilização com foco nos resultados em benefício de sua nação.

Nessa situação, elementos essenciais para o funcionamento do Estado, como dados, informações e comunicação, restringem-se várias vezes aos interesses pessoais indevidos de muitos que o comandam ou gerem e de outros que possuem poder e domínio sobre ele, de dentro ou de fora dele. Não fluem como redutores da incerteza ou aumento do conhecimento que visam corrigir desvios e melhorar de modo contínuo seus resultados em benefício de sua nação. Desse modo, com carência, ausência ou desvio de informação e comunicação ou sem utilizá-las da forma devida, a apropriação indevida do Estado aumenta progressivamente, e a população é obrigada a despender cada vez mais recursos em benefício de um Estado que não lhe traz retorno compatível com o custo e o potencial que possui.

A população que contribui com o Estado brasileiro percebe seus imensos problemas quando se vê diante da grave ausência de itens essenciais sob a sua responsabilidade de fornecer, promover ou permitir que outros os forneçam, como segurança pública, cujas estatísticas colocam a nação brasileira entre as mais violentas do mundo, por exemplo na quantidade de homicídios. Ainda, quando não encontra resposta a necessidades de saúde, educação e outras, apesar de seus altos tributos, entre os maiores do mundo. Assim, o Estado como sistema que recebe informações do ambiente para controlar seu funcionamento, adaptar-se a ele e dar-lhe respostas não funciona como deveria funcionar. Adaptação e resposta se dão quase sempre apenas a necessidades de muitos comandantes ou gestores que evitam que a informação flua livremente, no Estado e fora dele, ou seja utilizada em busca do resultado em benefício do fim coletivo, pois receiam perder seus benefícios pessoais indevidos que obtêm nele ou por meio dele.

O Estado brasileiro, em todas as suas partes, não carece mais de recursos da informação e da comunicação, mas os utiliza parcial ou indevidamente em benefício apenas de muitos que o comandam ou gerem em benefício pessoal indevido, em todos os níveis hierárquicos. Assim, ele não é mais refém da ausência de informação, pois seus fartos recursos de informática já a venceram, mas de muitos comandantes ou gestores voltados para dentro. Estes são avessos à revolução na Administração gerada pela automação, pela Tecnologia da Informação e pelos sistemas de informação e comunicação capazes de integrar os negócios e os recursos estatais em benefício da coletividade.

Muitos que o comandam ou gerem visam, tácita ou explicitamente, beneficiar-se indevidamente dele, sendo responsáveis pelo seu alto custo e baixo resultado em benefício de sua nação. São estes que controlam seus fartos recursos de informática, informação e comunicação, fazendo com que contribuam abaixo de seu potencial com a melhoria de seu funcionamento e de seus resultados em benefício dela. Não se pode negar que os recursos de informática existentes no Estado brasileiro melhoraram seu funcionamento, porém pode-se afirmar tranquilamente que não atingiram o cerne de seu grande mal ou de seu problema histórico que impede seus resultados em benefício de sua nação: o alto nível de personalismo e patrimonialismo e o baixo nível ético-profissional prevalecentes em muitos que o comandam ou gerem, em todas as suas partes e em todos os níveis hierárquicos.

Há muitas situações em que a automação e a informação ainda poderiam ser utilizadas ou aumentadas e outras em que já são utilizadas intensamente por ele, porém ele continua apresentando resultados insatisfatórios decorrentes da carência ou ausência de sua correta utilização para o resultado em benefício da coletividade. Apresenta grandes avanços no campo da Tecnologia da Informação em termos de hardware e software, mas em sua decorrência não se observam melhorias satisfatórias em seus resultados em benefício dela. Soluções de problemas, aproveitamento de oportunidades, decisões e ações continuam demorados e insatisfatórios e seu custo e potencial, incompatíveis com seu resultado.

Seu comando ou sua gestão, composto pelos seus agentes eleitos e gestores, não acompanharam seus avanços na Tecnologia da Informação, com o Estado parecendo alheio a tudo e suas decisões e ações continuando a ocorrer como se pouco houvesse mudado em seu ambiente interno e externo. Seus sistemas de informação gerencial, quando existentes, parecem coletar dados, processar informações e comunicar apenas o que interessa aos que o dominam e controlam em benefício pessoal indevido, não servindo para fornecer inteligência, integração, visão e ação sistêmicas em prol de resultados em benefício de sua nação. Esses sistemas quase não atendem aos propósitos que atendem em outras organizações, de melhorar a eficiência e a eficácia organizacional.

O Estado brasileiro se volta claramente para dentro, quase sempre contrário ou alheio ao seu ambiente ou à sua nação, de baixa resposta às suas necessidades. Nele, há baixa integração e baixo alinhamento em busca de resultados em benefício da coletividade, no Estado como um todo e em cada uma de suas partes, em todos os níveis hierárquicos, apesar de seus fartos recursos tecnológicos. Estes são utilizados nas decisões e ações de organizações bem-sucedidas em todo o mundo, melhorando seus resultados, inclusive nos Estados que já alcançaram o alto nível ético-profissional.

Assim, o Estado brasileiro está distante de atuar como sistema maior e com todos os seus subsistemas conectados em busca do fim coletivo. Ao contrário, cada uma de suas partes atua, quase sempre, isoladamente, dentro delas e entre elas, como se não fizesse parte de um todo organizacional chamado Estado. Há carência de integração interna, também com entradas ou fornecedores e com saídas ou população, com enorme carência de comando ou gestão e ação em planejamento, organização, direção e controle, não conseguindo interligar, integrar e alinhar seu comando ou sua gestão e suas ações com eficiência e eficácia.

São graves suas carências ou falhas de comando ou gestão em todas as suas partes. No caso de fornecedores, sempre houve problemas vários com suas compras, com regras desobedecidas e burladas e benefícios indevidos dados a muitos deles. Atrasos e alto custo, somados à má qualidade de produtos e serviços adquiridos, são corriqueiros, tornando o Estado brasileiro um grande, mau e injusto comprador, que, por conta disto, muito prejudica também o funcionamento do mercado concorrencial. Do lado da população que o utiliza, são muitas as insatisfações, sendo as áreas de segurança pública, saúde e educação as que mais expõem seus graves problemas, permitindo concluir sobre o que ocorre nas demais áreas em que ele atua ou deveria atuar.

Atuando desse modo, o alinhamento e a integração do Estado brasileiro como um todo para a melhoria de seus resultados em benefício da coletividade são praticamente impossíveis de ocorrer. Seus subsistemas internos, entes, poderes e organizações, são quase sempre claramente mal conduzidos ou geridos e suas relações internas e com fornecedores e a população são falhas, fazendo com que suas partes e inter-relações não funcionem como deveriam funcionar. Por isso, ele não se alinha nem se integra em um grande sistema em busca contínua de resultados em benefício de sua nação. Algumas de suas partes até conseguem funcionar com mais eficiência e eficácia, mas geralmente são insignificantes e ocorrem por curtos períodos, sem sustentabilidade.

Com baixo nível de alinhamento e integração, com carências e falhas de informação, comunicação, decisão e ação nas áreas em que atuam ou deveriam atuar, seus poderes executivos, legislativos e judiciários, os ministérios públicos, os tribunais de contas e outras organizações do Estado brasileiro, em todos os seus entes, geralmente tolhem-se uns aos outros na estrutura estatal, dificultando o funcionamento do Estado como um todo e levando ao seu alto custo e baixo resultado em benefício de sua nação. A Tecnologia da Informação veio para ajudar, mas não eliminou muitos de seus problemas, o que, certamente, ocorre em muitos outros Estados, de muitas outras nações. Assim, muitas populações nacionais veem o desperdício da Era da Informação em seu ente maior, o Estado, que não a utiliza como deveria utilizar, assim como ocorre com todas as teorias administrativas aqui apresentadas.

A informática facilitou a visão e ação sistêmicas nas organizações, mas isso está longe de ocorrer em Estados como o brasileiro, que segue desintegrado e dominado por estruturas arcaicas, utilizando instrumentos como sua imensa quantidade de cargos e funções comissionados e de confiança para recrutar, de modo pessoal, muitos que aceitam contribuir, pela ação ou omissão, para mantê-lo como ele é. Possui tecnologia de última geração, mas não consegue o alcance de resultados em benefício de sua nação compatíveis com seu custo e potencial.

Com os recursos atuais da informação e da comunicação, a má atuação dos Estados é facilmente percebida, mesmo com controles indevidos impostos pelo seu comando ou sua gestão, o que aumenta a insatisfação da população com eles. Isso faz surgir também indivíduos e grupos sem compromisso com a nação, de dentro ou de fora deles, muitas vezes transformando seu território em terra arrasada para comandar ou gerir também o Estado, com seu comando atual ou em substituição a ele, visando se beneficiar também indevidamente dele. É imprescindível garantir que a imensa maioria dos agentes estatais, principalmente os que comandam ou gerem os Estados, possuam alto nível ético-profissional e o conduzam ou exerçam sua gestão em benefício exclusivo de sua nação. Isso porque a informação não é mais monopólio dos que os comandam ou gerem, mas a administração que exercem é que define sua eficiência e eficácia ou seu resultado em benefício dela ou não.

A ordem, a liberdade, a paz, a justiça, a igualdade, a segurança e o desenvolvimento econômico-social sustentáveis precisam ser fornecidos ou fomentados pelos Estados em todas as nações, e isso eles só conseguem fazer por meio de uma atuação de alto nível ético-profissional, o que somente é possível por meio de um comando ou uma gestão em que prevaleça essa característica. A tecnologia, principalmente da informação e da comunicação, está expondo os que insistem em se apropriar indevidamente dos Estados, permitindo à população pressioná-los para que sejam excluídos deles ou modifiquem suas formas de atuação.

A nação brasileira é exemplo de como uma nação grande e farta em recursos naturais, que possui um dos Estados mais caros do mundo, não consegue alcançar segurança nem desenvolvimento econômico-social satisfatórios. Isso pode ser atribuído ao alto nível de personalismo e patrimonialismo e ao baixo nível ético-profissional de muitos que comandaram e comandam seu Estado, em todas as suas partes e em todos os níveis hierárquicos, agentes eleitos e gestores que o fazem de mesma característica, levando a maioria da população a carecer de itens essenciais, como segurança pública, saúde e educação. A violência, a injustiça e a desigualdade na nação brasileira estão entre as mais altas do mundo, enquanto muitos se apropriam indevidamente de seu Estado, de dentro ou de fora dele, e permanecem incólumes nele ou em suas relações indevidas com ele, transferindo ainda essa apropriação indevida para seus descendentes e para outros.

Por tudo isso, é possível concluir que todos que atuam com essa característica nos Estados, principalmente em seu comando ou sua gestão, são responsáveis pelos muitos males existentes neles e em suas nações no que é de responsabilidade estatal. Sós, os recursos monetários e materiais não trazem solução para a melhoria dos resultados do Estado em benefício delas, que dependem totalmente de seus recursos humanos para fazê-lo eficiente e eficaz, gerando assim resultados em seu benefício compatíveis com seu custo e potencial. A tecnologia para contribuir com seu comando, sua gestão, sua ação e seu resultado já existe, mas é necessário que a maioria dos que o comandam ou gerem possua alto nível ético-profissional e queira administrá-lo em benefício de sua nação, o que ainda não ocorreu de modo satisfatório no Estado brasileiro e, certamente, no Estado de muitas outras nações.

TEORIA MATEMÁTICA

A Administração recebe importante contribuição da Matemática por meio de modelos constituídos de equações que obedecem a certas leis ou regularidades, simulam situações reais e fornecem soluções para seus problemas. Conhecida como Pesquisa Operacional, não é bem uma teoria administrativa, mas uma corrente que enfatiza o processo decisório e busca tratá-lo de maneira lógica e racional por meio de uma abordagem quantitativa, lógica e determinística. É utilizada principalmente em organização e operações de manufatura e serviços, atividades de planejamento de produtos e serviços e capacidade de produção, estratégia e controle de operações, desenho de processos, localização industrial e organizacional, gerenciamento da qualidade e cadeia de suprimentos e logística.

A administração das operações utiliza fortemente o computador. Foca processos produtivos e produtividade, sistemas de operações de serviços, tratamento estatístico da qualidade, melhoria contínua e qualidade total, movimentação interna e externa de materiais e outros. O estudo do processo decisório, por Herbert Simon[56], e o surgimento da Teoria da Decisão ressaltaram mais a importância da decisão do que da ação dela decorrente. Verificou-se que há decisões qualitativas, não programadas e tomadas pelo homem, e quantitativas, programáveis e adaptáveis para a máquina, com algumas podendo ser quantificadas e representadas por modelos matemáticos. As quantitativas podem ser

---

56. Ver nota 43.

operacionalizadas por computador, apesar da complexidade do processo decisório e de suas variáveis.

Com a Teoria Matemática, pretendeu-se criar uma Ciência da Administração com bases lógicas, o que muito contribuiu com a administração das operações, principalmente da manufatura e dos serviços. Enfatiza a decisão e se fundamenta no processo decisório como sequência de etapas que a formam, não na ação posterior a ela. Para a Teoria da Decisão, todo problema administrativo equivale a um processo de decisão, que vai de um *continuum* de dois extremos, de decisões completamente programadas a não programadas. As primeiras constituem a análise matemática dos problemas administrativos, a Pesquisa Operacional, o processamento de dados, a análise de sistemas, a simulação por computador e os sistemas de integração dos negócios.

A automação e a racionalização da decisão permitem o diagnóstico e a solução integrada de problemas administrativos de forma analítica e objetiva. Os modelos matemáticos são representações de algo concreto, sendo capazes de simular situações reais visando a solução de problemas organizacionais de tomada de decisão, tendo como vantagem o poder de simplificar a realidade para poder manipulá-la. São muito utilizados na simulação de situações futuras e na avaliação da probabilidade de sua ocorrência. Seu valor é inestimável para a Administração por fornecer instrumentos para lidar com os vários e complexos problemas, estruturados ou não, com que as organizações se defrontam continuamente.

Os problemas estruturados são os que podem ser definidos, pois suas principais variáveis são conhecidas. Podem gerar três tipos de decisões em um *continuum* certeza-incerteza: decisão sob certeza, decisão sob risco e decisão sob incerteza. No primeiro tipo, as principais variáveis são conhecidas e a relação entre ação e consequência é determinística. No segundo, as principais variáveis são conhecidas e a relação entre ação e consequência é probabilística. No terceiro, as principais variáveis são conhecidas, porém a relação entre ação e consequência não é conhecida ou não pode ser determinada com algum grau de certeza. Os problemas não estruturados são os que não podem ser definidos, pois uma ou mais de suas variáveis são desconhecidas ou não podem ser determinadas com algum grau de confiança.

Tanto os problemas estruturados quanto os não estruturados podem ser tratados por meio de modelos matemáticos, com algumas vantagens, como: permitir descobrir, entender e compreender as relações entre os aspectos do problema de uma situação real melhor do que uma descrição verbal; tratar os problemas em seu conjunto, considerando simultaneamente todas as variáveis identificadas; poder ser ampliado por etapas, incluindo novas variáveis sempre que surgem ou são descobertas; utilizar técnicas objetivas e lógicas que conduzem à solução segura; e permitir respostas imediatas e em grande escala por meio de computadores e equipamentos eletrônicos. Atuando em problemas estruturados ou não, os modelos matemáticos fornecem várias técnicas para tomada de decisão.

A Teoria Matemática utiliza meios científicos, matemáticos ou lógicos para ajudar na solução dos problemas de decisão enfrentados pelo administrador. Para isso, foca as operações, utilizando a estatística na sistematização e análise de dados, a probabilidade nas decisões sob risco e incerteza e a matemática na formulação de modelos quantitativos. Procura tornar o processo decisório científico, lógico e racional, utilizando a abordagem sistêmica ao reconhecer as variáveis internas e externas inter-relacionadas e interdependentes e fornecer subsídios racionais para tomada de decisões.

A Pesquisa Operacional utiliza principalmente seis fases: definição do problema; construção do modelo matemático; dedução de uma solução do modelo; validação do modelo e da solução; estabelecimento de controles sobre a solução; e colocação da solução para funcionar. Passa pela análise do sistema, de seus objetivos, de suas variáveis, das alternativas de ação e da solução ótima do modelo por meio de processo analítico ou numérico, buscando representar o mais próximo possível a realidade. Busca visualizar uma operação como um todo, principalmente no nível operacional, visando fornecer elementos para a decisão. Possui várias técnicas, como a teoria dos jogos, a teoria das filas, a teoria dos grafos, a programação linear, a programação dinâmica e a probabilidade e análise estatística.

A teoria dos jogos propõe uma formulação matemática para a solução de conflitos quando uma decisão depende da decisão de outros, com o fim de chegar ao equilíbrio ótimo entre os participantes; a teoria das filas se refere à otimização de arranjos em condições de aglomeração ou espera, cuidando dos pontos de estrangulamento e dos tempos de espera ou demora. Dela decorre a teoria das restrições, que constatou que as maiores filas se encontram nos gargalos que atrasam o processo produtivo, com as restrições definindo o andamento dos sistemas e não seus pontos de eficiência, o que requer identificá-las e reduzir os gargalos. Dela veio ainda o *Just-In-Time – JIT*, com o conceito de fábrica enxuta, e o *Kanban*, palavra do japonês para cartão, que buscam evitar desperdícios na produção.

A teoria dos grafos se baseia em redes e diagramas, oferecendo técnicas de planejamento e programação por redes, como no *Program Evaluation Review Technique – Pert*[57], que busca identificar o caminho crítico e indicar o ótimo econômico de um projeto por meio de uma sequência de eventos que permite o melhor aproveitamento dos recursos em prazo otimizado. É aplicada em projetos que envolvem várias operações, etapas e unidades, vários recursos e prazos, tudo articulado, coordenado e sincronizado. Suas vantagens: identificar e tratar eventos críticos que afetam o prazo final do projeto; definir responsabilidades de unidades e pessoas; executar em prazo mais curto e com menor custo; melhor distribuir os recursos; e facilitar redistribuições em caso de modificações.

A programação linear permite analisar e alocar os recursos no sentido de minimizar custos e maximizar lucros. Requer a identificação dos valores das variáveis envolvidas na decisão e busca otimizar um objetivo prefixado diante das restrições, limitações e alternativas existentes.

---

57. Técnica de Revisão e Avaliação de Programa.

Além de quantificáveis, as variáveis devem ter relações lineares entre si, podendo ser escolhida uma entre várias alternativas ou uma composição delas, sempre considerando os limites ou as restrições que cercam a decisão. Já a programação dinâmica cuida de problemas com várias fases inter-relacionadas e em que se deve tomar uma decisão adequada em cada uma visando o objetivo final.

Como última das técnicas mais conhecidas da Pesquisa Operacional, a probabilidade e análise estatística busca produzir o máximo de informação ou obter a mesma informação sobre o todo com a menor quantidade de dados. Consiste em escolher amostras representativas do todo ou do universo de dados e calcular o risco associado à decisão baseada na informação obtida na amostra. Com ela surgiu o Controle Estatístico de Qualidade – CEQ, de Edwards Deming[58], na área de produção. A ideia principal deste é localizar desvios, erros, defeitos ou falhas no processo de produção em relação às especificações, comparando o desempenho obtido com o padrão estabelecido com vistas a realizar ações corretivas e oferecer produtos confiáveis e de qualidade com menor custo.

O CEQ pode ser feito na totalidade da produção ou por amostragem, quando lotes são recolhidos e inspecionados. Neste caso, aprova-se ou não toda a produção a partir da amostra, que pode ser escolhida aleatoriamente. Essas ideias levaram ao conceito de melhoria contínua, que visa reduzir as perdas e aumentar os ganhos incessantemente. Duran[59] estabeleceu os conceitos de qualidade para toda empresa, com o Controle da Qualidade Total – CQT, que conduziu ao conceito estratégico de Qualidade Total. Enquanto o CEQ se aplica apenas no nível opera-

---

58. Willian Edwards Deming (1900-1993). Estatístico, professor universitário, autor, palestrante e consultor estadunidense. Assim como Duran, é considerado o pai da revolução da qualidade no Japão.
59. Joseph Moses Duran (1904-2008). Consultor de negócios romeno que fez carreira nos Estados Unidos da América. Assim como Deming, é considerado o pai da revolução da qualidade no Japão.

cional, principalmente na produção e manufatura, este se aplica a toda a organização, envolvendo fornecedor e cliente final.

Além das técnicas da Pesquisa Operacional, os indicadores de desempenho são das maiores contribuições da Teoria Matemática à Administração e servem para medir o resultado da organização, das unidades e das pessoas. Apresentam o desempenho ou resultado de modo quantificado e objetivo, podendo ser auxiliados por relatórios, gráficos e outros. Permitem avaliar o desempenho e indicar ações corretivas de melhoria, mantendo convergência de propósitos e coerência de esforços para integrar estratégias e ações. Na medição do desempenho, é importante atentar para questões como: medir o quê; para quê: para quem; quais metas ou objetivos, processos críticos e prioridades; quais parâmetros; e como operar ou fazer o sistema de medição funcionar.

Existem vários exemplos de indicadores, a depender de cada organização, área ou processo em que atua e do que pretende medir. São comuns em marketing, produção, desenvolvimento, finanças, logística, suprimentos, recursos humanos etc., como retorno do investimento, lucratividade, participação no mercado, volume de vendas, produtividade, qualidade, inovação, inadimplência de clientes, pontualidade na entrega, satisfação dos empregados e absenteísmo. As organizações buscam medir, avaliar e controlar principalmente em três áreas: resultados que pretendem alcançar em certo período; desempenho, comportamento ou meios que pretendem pôr em prática; e fatores críticos de sucesso ou aspectos fundamentais para obter sucesso em desempenho ou resultado.

Há vários modelos que utilizam medições contínuas e sistemáticas para definir e acompanhar as estratégias da organização em busca da melhoria de seus resultados, como o *Seis Sigma*. Iniciado pela Motorola, no final da década de 1970, busca a melhoria sistemática dos processos da organização por meio da eliminação de defeitos e falhas. É conhecido também como estratégia gerencial para promover mudanças, levando à melhoria dos produtos, serviços e processos da organização com o fim de satisfazer o cliente. Seus principais benefícios são diminuição de custos, aumento da produtividade e qualidade, eliminação de atividades que não agregam valor, mudança cultural e satisfação do cliente.

Medidas e indicadores servem também para definir o comportamento das pessoas na organização, principalmente com o fim de priorizar resultados. O *Balanced Scorecard* (*BSC*), desenvolvido por Kaplan e Norton[60], é outro modelo que utiliza medições constantes e tem trazido muitos benefícios para as organizações. Foca a gestão estratégica para atingir objetivos de curto, médio e longo prazo, alinhando organização, unidades e pessoas com o fim de alcançá-los. Pode ser entendido como um método de administração que busca o equilíbrio organizacional, principalmente na perspectiva de finanças, clientes, processos internos, aprendizagem e crescimento organizacional.

Em finanças, utiliza indicadores como lucratividade, retorno sobre investimento e outros relevantes para o negócio; em clientes, indicadores como satisfação, participação e posicionamento no mercado; em processos internos, indicadores de inovação, criatividade e outros relevantes para o funcionamento da organização; e em aprendizagem e crescimento organizacional, indicadores com foco no futuro, como de competências pessoais, capacidade e motivação. Definem-se objetivos e indicadores em todas as perspectivas com o fim de alinhar estratégias e ações visando os melhores resultados, o que implica coerência e foco no planejar e no executar o planejado. Cada organização estabelece suas perspectivas de acordo com sua área, seu negócio, suas capacidades e limitações.

O *BSC* pode ser visto como um sistema que foca comportamento, não controle, cujos objetivos e indicadores, ou metas, voltam-se para a estratégia e o futuro da organização, tudo monitorado continuamente. O ponto central é a estratégia organizacional, com unidades e recursos, monetários, materiais, tecnológicos e humanos, voltados para ela, que

---

60. Robert S. Kaplan (1940) e David P. Norton (1941). Autores estadunidenses.

deve ser compreendida e acionada por todos, tudo alinhado em uma arquitetura lógica que liga unidades, pessoas e ações.

Afirma que, independentemente do tipo de organização, existem cinco princípios que podem ser utilizados para focar a estratégia: traduzi-la em termos operacionais; alinhar a organização com ela; fazer dela a tarefa diária de cada pessoa; fazer dela um processo contínuo; e mobilizar a mudança por meio da liderança de executivos. O primeiro consiste em comunicar a todos os objetivos globais da organização, de forma consistente e significativa, por meio de um mapa estratégico que mostre a estratégia em uma arquitetura lógica em termos operacionais; o segundo, em alinhar, ligar ou integrar a estratégia de cada unidade à estratégia global, de modo que as barreiras das unidades sejam eliminadas e a estratégia seja uma só, criando sinergia e obtendo mais do que a soma das estratégias das unidades.

O terceiro implica a compreensão da estratégia por todos para que possam conduzir suas atividades em benefício dela, sem esquecer a motivação e a recompensa pessoal; o quarto lida com o processo contínuo e ininterrupto de administração da estratégia; e o quinto princípio trata de envolver a equipe de executivos no sucesso da estratégia, pois esta requer espírito de equipe na coordenação das mudanças e na mobilização de todos, em toda a organização. Esses princípios podem ser utilizados por todas as organizações, estatais, públicas não estatais e privadas, em quaisquer atividades ou negócios.

O *BSC* cria condições para que as decisões nas operações do dia a dia estejam alinhadas com a estratégia e a visão organizacional. Permite divulgar a estratégia, promover o consenso e o espírito de equipe, integrar as partes e criar uma sistemática que envolve e motiva a todos. É um processo cuja participação sistemática e contínua de todos na elaboração e execução dos planos é fundamental na definição e no sucesso da estratégia. Não é um planejamento elaborado e executado de cima para baixo, em que se definem objetivos, indicadores e metas sem a participação de toda a organização.

A Teoria Matemática traz imensa contribuição à Administração na tomada de decisão ao permitir novas técnicas de planejamento e controle no emprego dos recursos organizacionais, monetários, materiais, e humanos, otimizando a execução do trabalho e reduzindo os riscos. No entanto, sua aplicação é mais pontual, constituída de técnicas individualizadas aplicadas em atividades, projetos ou trabalhos, não oferecendo solução genérica ou abrangente para toda a organização, o que requer teoria e prática de gestão organizacional. Ela não se encerra em si mesma com sua contribuição, com a gestão sendo cada vez mais dependente do profissionalismo do gestor, com a utilização necessária de um conjunto de outras teorias administrativas.

Por meio dela, problemas administrativos são quantificados ou reduzidos a números ou expressões matemáticas para serem resolvidos. Ocorre que os inúmeros e imensos problemas administrativos ou organizacionais nem sempre podem ser quantificados ou reduzidos a números, estatísticas ou expressões matemáticas, o que impossibilita sua solução apenas por meio deles. Por isso, a contribuição da Teoria Matemática se dá muito mais no nível operacional ou na execução, o que não significa redução de sua importância na administração das organizações, mas limitação de seu campo de aplicação como solução única e eficaz para todos os problemas administrativos ou organizacionais.

Modelos e representações lógicas, quantitativas ou matemáticas nem sempre conseguem abranger todas as variáveis administrativas, deixando incompleto o problema que se quer resolver. Tenta-se então suplementar os dados possíveis de quantificar com outros recursos matemáticos e estatísticos, como a probabilidade, na tentativa de tornar o problema prático e sujeito a pequenas margens de erro. Há similaridades entre a Teoria Matemática e a Administração Científica, com esta mais ampla e genérica como teoria a tratar do trabalho ou do nível operacional, e a Teoria Matemática aplicada à solução dos problemas administrativos, ou Pesquisa Operacional, sendo mais limitada.

A Administração é muito ampla para ser resolvida apenas por meio da Teoria Matemática, mesmo com o uso do computador, o que faz com que Administração e organização não possam ser reduzidas a processos lógico-matemáticos, apesar de sua importância na teoria e prática administrativa. Como muitos problemas não podem ser quantificados, a Teoria Matemática é ferramenta auxiliar, não a responsável pela tomada de decisão. Mesmo com suas limitações, é muito utilizada como subsídio à decisão na organização como um todo e principalmente nas operações, como na produção *Just-In-Time*, que busca aumentar as respostas às demandas dos clientes pela eliminação do desperdício e pelo aumento da qualidade e produtividade, produzindo só o suficiente para atender à demanda atual.

Este é o conceito de fábrica enxuta, com manufatura ou serviços dimensionados para operações correntes, sem acréscimos desnecessários, com envolvimento e comprometimento de administradores, empregados e fornecedores. É o caso também da Gestão da Qualidade Total (GQT), que se baseia em princípios básicos, como o de que a qualidade é construída, não inspecionada, devendo-se fazer sempre bem feito para prevenir ou evitar erros ou desvios, não para corrigi-los. A melhoria contínua economiza recursos quando a qualidade não depende da inspeção, mas faz parte da organização, que busca melhorar continuamente o desenho de seus produtos e processos, reduzindo desperdícios e aumentando a satisfação do cliente, daí a melhoria contínua da qualidade, do japonês *kaizen*.

A Teoria Matemática contribui ainda: na tecnologia relacionada ao computador na manufatura e nos serviços, no planejamento e no controle da produção; na competição baseada no tempo, em que o tempo de pesquisa e desenvolvimento de produtos e serviços, a produção com qualidade no menor tempo, o menor custo e a entrega rápida ao cliente constitui o tempo de mercado e representa enorme diferencial, facilitado pela tecnologia e administração das operações; e na Reengenharia, como redesenho dos processos para melhorar custos, qualidade, serviços e velocidade, com o descarte de estruturas, processos e sistemas que não contribuem com o negócio. Todas essas aplicações e contribuições visam oferecer produtos e serviços de qualidade, confiáveis e no menor tempo.

Ela está se tornando cada vez mais importante, tanto na aplicação e solução de problemas operacionais quanto táticos e estratégicos. É o que ocorre no impulso que deu ao movimento pela qualidade, que constitui a base para a excelência e a competitividade das organizações, começando pelo chão de fábrica, no Japão, e se estendendo a toda a organização e a suas interfaces com fornecedores e clientes. Porém, deve-se ter o cuidado de não a ter como solução única e eficaz para todos os problemas organizacionais e administrativos, pois sozinha não fornece resposta para a grande maioria deles. É mais uma opção no conjunto de teorias administrativas, ou quase teorias, que permite levar conhecimento a ser utilizado pelo administrador em sua busca contínua por resultados.

A TEORIA MATEMÁTICA E O ESTADO

A Teoria Matemática oferece contribuição imprescindível à administração do Estado, mostrando caminhos lógicos e racionais para a decisão e ação, possibilitando reduzir ou eliminar decisões e ações pessoais e irracionais. São várias suas possibilidades de aplicação, principalmente nas operações estatais, mas podendo ser utilizada também no comando ou na gestão dos níveis operacional, tático e estratégico do Estado. Porém, sua contribuição se resume a fornecer instrumentos e informações que podem levar à melhor direção, com a decisão e ação dependendo totalmente de seus comandantes ou gestores, que, mesmo possuindo instrumentos e informações que apontem a melhor direção, podem segui-la ou não, a depender da ética e do profissionalismo com que atuam.

Apesar dos estudos sobre processo decisório e da farta possibilidade de utilização da matemática e do computador com o fim de promover melhorias de resultados, muitos comandantes ou gestores estatais decidem em benefício pessoal indevido próprio e de outros, pois possuem objetivos diferentes dos verdadeiros objetivos do Estado. Até podem utilizar a Teoria Matemática, mas o fazem com limitações e controles que reduzem sua contribuição quando contrária a eles. São comandantes ou gestores que dificultam ou impedem a obtenção e utilização de informações e as soluções lógicas e racionais com foco no objetivo do Estado em benefício da coletividade. Mesmo com informações que os façam conhecer boas alternativas em benefício dela, optam pelas que mais os beneficiam, mesmo que indevidamente.

Nesse caso, o personalismo, o patrimonialismo e o baixo nível ético-profissional suplantam a ética e o profissionalismo, criando Estados com essas mesmas características, como sempre ocorreu claramente no Estado brasileiro. Seu maior problema não é a carência ou ausência de recursos ou informações, nem a inexistência de teorias administrativas que profissionalizem seu comando ou sua gestão, mas a escassez, em todas as suas partes e em todos os níveis hierárquicos, de agentes eleitos e gestores que o comandem ou exerçam sua gestão com alto nível ético-profissional, comprometidos com o resultado em benefício da coletividade compatível com seu custo e potencial. Muitos que o comandam ou gerem manipulam indevidamente modelos matemáticos e estatísticos, escondem, distorcem e controlam informações para não serem cobrados em suas decisões e ações em relação a elas.

Podem até atuar suportados em modelos matemáticos e informações, mas muitas vezes indevidamente manipulados para justificar suas decisões e ações em seu benefício pessoal indevido e de outros. O Estado é, assim, afetado por problemas vários que nenhum modelo matemático ou teoria administrativa podem resolver, pois a ética e o profissionalismo não nascem nem se mantêm nesse tipo de ambiente. Nele, a Teoria Matemática, lógica e racional, não é devidamente aplicada, pois não é por si só responsável pelas decisões e ações em nenhuma organização, mas pelos instrumentos e pelas informações que levam a elas. Por mais que o processo decisório alcance alto nível científico, lógico ou racional, as decisões que conduzem as organizações dependem e dependerão sempre dos que as comandam ou gerem.

Os vícios e as inconsistências dos Estados jamais serão sanados apenas com a aplicação de tecnologias, como sistemas informatizados e teorias da Administração, como a Matemática e outras, se o nível ético-profissional prevalecente em seu comando ou sua gestão for baixo. Nesse caso, teorias administrativas, modelos matemáticos e estatísticos e outras ferramentas tecnológicas para tomada de decisão e ação pouco contribuem com seus resultados em benefício de sua nação. Isso porque tudo sucumbe à tomada de decisão e ação de comandantes ou gestores que possuem poder para decidir sobre a atuação e o resultado do Estado em benefício dela, mas não o fazem como deveriam fazer.

Modelos científicos, lógicos, matemáticos ou racionais até podem fazer crer que suprirão todas as necessidades de comando ou gestão, porém o Estado brasileiro é exemplo de que os possui de modo satisfatório, mas que não servem para levá-lo ao comando ou à gestão com foco em resultados em benefício de sua nação, que permanece com imensas carências de tudo que é da responsabilidade direta ou indireta dele, como segurança pública, saúde e educação. Seus agentes eleitos e gestores que o comandam ou gerem são responsáveis pelos seus resultados em benefício dela, mas muitos nunca os apresentaram de modo que a satisfaça. Muitos deles focam em si mesmos e nos que possuem poder e domínio sobre eles, de dentro ou de fora do Estado, servindo a uma democracia próxima da falsidade e a uma burocracia falsa ou desvirtuada, mantidas desse modo porque os beneficiam, independentemente do resultado que apresentem.

Certamente, vários Estados, de várias nações, possuem essas mesmas características, o que tem gerado violência, guerra e terrorismo em larga escala, dentro e fora de seus territórios, realizados ou promovidos por eles, permitindo afirmar que, assim como no Brasil, o comando ou a gestão estatal prevalecente de alto nível ético-profissional ainda não chegou a eles. Cada Estado deve possuir seu modo de atuar, mas todos devem possuir o mesmo fim de contribuir com a ordem, a liberdade, a paz, a justiça, a igualdade e com itens essenciais como segurança, saúde e educação em suas nações. Isso contribui com a paz mundial, que jamais será satisfatória enquanto não houver satisfação desses elementos na imensa maioria das nações, que são de alta responsabilidade dos que comandam ou gerem seus Estados. Teorias administrativas, como a Matemática, podem ser aplicadas a todos para melhorar seus resultados em benefício delas, mas dependem da ética e do profissionalismo de seus agentes, principalmente dos que os comandam ou gerem.

Em toda ciência, aplicar ou deixar de aplicar uma teoria ou técnica, por mais racional que seja, depende sempre de decisão humana, e esta varia de acordo com a ética ou o fim de quem decide. Em vários Estados, as teorias administrativas e outras tecnologias existentes ainda não foram suficientes para levá-los aos resultados em benefício de suas nações compatíveis com seus custos e potenciais. As técnicas da Pesquisa Operacional fornecem elementos para identificar dificuldades que impedem ou prejudicam seu devido funcionamento e seus resultados em benefício delas, principalmente em suas operações. Permitem melhor aproveitar seus recursos monetários, materiais e humanos para tornar melhores suas decisões, suas ações e seus resultados.

Fornecem informações que podem levar à maximização do resultado em benefício da coletividade com a minimização dos custos por meio da definição prévia de objetivos e indicadores diante de restrições, limitações e alternativas existentes. Permitem cuidar de problemas que possuem várias fases inter-relacionadas, oferecendo informações que podem indicar melhores decisões, tendo sempre em vista as demais fases e o resultado global que se pretende alcançar. Permitem ainda localizar e combater desvios, erros, defeitos ou falhas em processos em relação a especificações, comparando o desempenho com padrões definidos, corrigindo o necessário e levando a resultados com menor custo e mais qualidade e agilidade.

Tudo isso pode levar os Estados à aplicação dos conceitos de melhoria contínua no sentido de reduzir perdas ou custos e aumentar os ganhos ou resultados em benefício de suas nações. A utilização de técnicas da Teoria Matemática aplicada aos problemas administrativos ou organizacionais permite tratar internamente a qualidade, envolvendo fornecedores e a população que espera seus resultados, reduzindo seus custos e desperdícios e aumentando a quantidade e a qualidade do que fornecem. Porém, nada disso ocorre se a ética e o profissionalismo não prevalecerem em seus agentes eleitos e gestores que os comandam ou gerem, o que justifica o insucesso de vários Estados onde atuam ou deveriam atuar.

Seus comandos ou suas gestões não utilizam devidamente indicadores de desempenho para medir os resultados em todas as suas partes, unidades, processos e agentes. Não os definem ou os definem sem possibilidade de medição ou que não levam a melhores resultados em benefício de suas nações. Muitas vezes os definem e os abandonam logo em seguida, ou nunca os medem ou, ainda, medem e não corrigem o necessário, estabelecendo indicadores que contribuem até com a ineficiência e a apropriação indevida do Estado. Tudo isso causado pela carência ético-profissional de muitos que o comandam ou gerem, que levam à carência ético-profissional dele, à descontinuidade e à falta de compromisso com sua nação.

A comprovação do resultado de uma organização geralmente se dá pelo que pode ser medido e se quer medir. Sem bons objetivos e indicadores de desempenho não se consegue convergir propósitos, dar coerência aos esforços, integrar estratégias e ações e medir, corrigir e avaliar desempenho. Se seus objetivos, suas estratégias, seus recursos, suas ações e seus resultados não são previamente definidos e medidos a partir de sua atuação, os Estados seguem seu curso de acordo com os que os comandam ou gerem. Se indicadores de desempenho não são previamente definidos e devidamente medidos para direcioná-los em busca exclusiva do fim coletivo, seus comandantes ou gestores ficam livres para atuar em benefício pessoal indevido, próprio e dos que possuem poder e domínio sobre eles, de dentro ou de fora do Estado, o que certamente ocorre ainda em todos os Estados, em intensidades diferentes.

A Teoria Matemática se torna assim praticamente inútil, com seu racionalismo anulado ou desvirtuado, posto a serviço de muitos que dominam e controlam o Estado em benefício pessoal indevido, como agentes eleitos, contribuintes de campanhas eleitorais, fornecedores ao Estado, gestores privados e outros que realizam seus fins por meio de comandantes ou gestores estatais recrutados, dentro ou fora dele, com essa finalidade. Princípios que baseiam modelos como o *Seis Sigma* não nascem, com o resultado em benefício da coletividade não sendo prioridade, ocorrendo mais por acaso do que por estratégia definida e aplicada pelo seu comando ou sua gestão. Não há assim redução de custos, aumento da qualidade e da produtividade, eliminação de desperdícios e de atividades que não agregam valor ao Estado, muito menos mudança cultural e inovação, pois ameaçam os que o comandam ou gerem em benefício pessoal indevido.

Também não se aplicam nesses Estados princípios como os do *Balanced Scorecard – BSC*, com suas medidas e indicadores, pois muitos que os comandam ou gerem não pretendem induzir comportamentos em busca exclusiva do fim coletivo. Muitas vezes modelos como o *BSC* são até construídos e comunicados, mas não servem para nada mais do que constar nas paredes em muitas de suas partes, como fotografias a ostentar uma gestão moderna que não existe. Não possuem força porque não são construídos com a participação de todos, não possuindo conteúdo útil e alinhado entre objetivos e estratégias, nem indicadores coerentes e focados no resultado em benefício da coletividade.

Geralmente não passam de construções pontuais, sem alinhamento vertical e horizontal, constituindo-se de ferramentas mal construídas e quase sem possibilidade de aplicação. Exemplificando com o Estado brasileiro, nele quase não se observa alinhamento de seus entes, seus poderes e suas organizações, dentro deles e entre eles. Quase tudo se submete e serve, quase sempre, a um poder secular claramente de apropriação indevida do Estado, limitador ou impeditivo de seu resultado em benefício de sua nação. A descontinuidade e a flexibilidade para atender a interesses pessoais indevidos, com carência ou ausência quase total de comprometimento de muitos que o comandam ou gerem, em todas as suas partes, com os resultados em benefício de sua nação, levam à sua carência crônica de resultados compatíveis com seu custo e potencial.

Assim, modelos como o *BSC* não são utilizados e, mesmo quando o são, seus objetivos não são alcançados, pois fundamentados em versões desvirtuadas, de baixa participação e sem foco em comportamentos e estratégias, sem alinhamento entre unidades, pessoas e ações e sem foco em resultados em benefício da coletividade. A Teoria Matemática, com seus modelos, e todas as teorias administrativas aqui apresentadas, ou quase teorias, encontram dificuldades de aplicação em muitos Estados, pois muitos que os comandam ou gerem buscam apenas mantê-los como eles são para receber deles benefícios indevidos à custa de suas nações.

Isso causa as enormes injustiças e desigualdades e outros imensos males a que a nação brasileira e outras submetidas a esse tipo de Estado estão acostumadas. Muitos agentes eleitos e gestores que comandaram ou exerceram a gestão do Estado brasileiro e muitos que ainda o comandam ou gerem procuraram e procuram atribuir seu mau funcionamento e seu mau resultado em benefício de sua nação à História e à cultura nacional, a um suposto baixo nível moral e ao patrimonialismo da população. Agiram e agem como se não fossem os responsáveis por conduzir o Estado, tentando esconder que muitos deles, em todas as suas partes e em todos os níveis hierárquicos, não foram nem são exemplos de alto nível ético-profissional, não exigiram nem exigem uma atuação com essa característica dos demais agentes estatais, das organizações públicas não estatais e privadas e da população. Não conduziram nem conduzem sua nação por meio do Estado à segurança e ao desenvolvimento econômico-social de forma sustentável.

Não construíram nem constroem bons objetivos, bons indicadores, boas metas e boas estratégias com foco no resultado em benefício dela, por isso não tiveram nem têm o que buscar de forma consistente, não tendo o que alinhar, ligar, integrar ou corrigir, no todo e em suas partes. Se houve ou há objetivos, indicadores, metas e estratégias, geralmente foram ou são construídos por um comando ou uma gestão que dificilmente os buscou ou buscará, até porque se submeteram e se submetem a uma descontinuidade que não tem relação com a busca de resultados em benefício da coletividade. Muitos que comandaram e comandam o Estado brasileiro claramente não buscaram nem buscam o verdadeiro objetivo estatal, por isso não coordenaram nem coordenam mudanças, não mobilizaram nem mobilizam a todos em busca de construir e alcançar seus resultados em benefício de sua nação de modo sustentável.

Princípios que suportam modelos como o *BSC* não deixam dúvidas de que, se elaborados com alto nível ético-profissional e assim implantados, levarão as organizações ao alcance de melhores resultados, pois mostram caminhos para a sobrevivência e o sucesso em todos os tipos de negócios e organizações, estatais, públicas não estatais e privadas. Nas organizações públicas não estatais e privadas, há muito mais elementos internos e externos que podem levá-las ao insucesso ou à extinção do que nos Estados, porém isso não autoriza a estes deixarem de praticar um comando ou uma gestão de alto nível ético-profissional em busca de melhores resultados para suas nações.

Ocorre que o fato de haver pouco risco de extinção para os Estados pode levar muitos que os comandam ou gerem a atuar com ineficiência, desvio do fim coletivo e corrupção ou ser coniventes com estes, implicando em seus altos custos e baixos resultados em muitas nações. Talvez por isso, muitos comandantes ou gestores do Estado brasileiro afirmam não ter como aplicar as teorias administrativas da forma como são aplicadas em outros tipos de organizações. Alegam que o Estado é diferente, quando, na verdade, sob esse pretexto, muitos deles se apropriam indevidamente dele ou permitem que outros o façam em detrimento da maioria da população.

Agem sem definir objetivos, indicadores, metas e estratégias que guiem o Estado, sem consenso, espírito de equipe, integração e sistemática que envolva e motive a todos os seus agentes. Até podem fazer planejamento, porém de cima para baixo, sem participação, definindo objetivos, indicadores e metas para não serem buscados, mas apenas para comunicar um comando ou uma gestão profissional que não existe, muitas vezes até os definindo para eles próprios. Não há como esperar resultado em benefício da coletividade compatível com o custo e o potencial de Estados que agem dessa forma, com estes servindo muitas vezes mais para garantir status, poder e riqueza indevidos a muitos que os comandam ou gerem e aos que os recrutam e os mantêm do que às suas nações.

Agindo desse modo, não tem como haver a devida contribuição da Teoria Matemática na aplicação de técnicas de planejamento e controle para decisão e ação no sentido de melhor utilizar seus recursos e obter melhores resultados para sua nação. O Estado se distancia, assim, da realidade, e suas decisões e ações não atendem à solução de problemas e ao aproveitamento de oportunidades em benefício dela, sendo a Teoria Matemática e suas aplicações lógicas e racionais desvirtuadas e empregadas em benefício dos fins pessoais indevidos de muitos de seus agentes eleitos e gestores que o comandam ou gerem. Descarta-se, desse modo, o comando ou a gestão profissional, que implica decisões e ações baseadas na experiência útil a ela e em teorias administrativas, que incluem experimentos e elementos lógicos, matemáticos ou estatísticos no comando, na gestão ou na administração.

Tudo isso mostra alguns motivos do mau funcionamento e mau resultado que persistem no Estado brasileiro e que acometem também os Estados de muitas outras nações. A tecnologia aplicada à Administração, que inclui a Teoria Matemática aplicada aos problemas administrativos ou organizacionais e outras teorias administrativas aqui apresentadas, permite arrefecer ou até eliminar muitos males existentes nos Estados e que muito prejudicam suas nações. Mas tudo depende do não recrutamento de indivíduos de baixo nível ético-profissional para seus quadros ou da não permanência neles, principalmente eleitos e gestores que os comandam ou gerem. A carência ética leva à carência profissional e, nesse caso, mesmo a Teoria Matemática, que pode contribuir objetivamente com o comando ou a gestão e o resultado estatal em benefício da coletividade, é desvirtuada em benefício pessoal indevido.

Indivíduos de alto nível ético-profissional, comprometidos com a eliminação do desperdício, o corte do desnecessário, o dimensionamento dos recursos de acordo com as necessidades, a continuidade, o aumento da produtividade e da qualidade e o atendimento às demandas da coletividade têm que ser a regra nos Estados, principalmente em seu comando ou sua gestão. Este é o antídoto a Estados de alto custo e baixo resultado, como o brasileiro, que passa pela descontinuidade constante e pelo atendimento prioritário a normas e regulamentos que não levam a resultados em benefício de sua nação compatíveis com seu custo e potencial, sem otimizar processos, reduzir custos e melhorar seus resultados em benefício dela.

Assim, princípios que regem modelos, como *Just-In-Time*, GQT, *BSC* e outros, que contribuem com organizações bem-sucedidas em todo o mundo, estatais, públicas não estatais e privadas, não serão combatidos nem descartados. A gestão estatal não é diferente da gestão não estatal em sua busca por resultados. Os que buscam fazer essa distinção nos Estados oferecem pouco às suas nações por meio deles, sendo caros e de baixa qualidade porque são dependentes de muitos comandantes ou gestores contrários ou alheios a elas, como sempre pareceu ocorrer no Estado brasileiro. A Teoria Matemática e outras teorias administrativas fornecem importantes instrumentos para a profissionalização dos Estados nos níveis operacional, tático e estratégico, mas somente elas jamais serão suficientes.

O comando ou a gestão profissional passa obrigatoriamente pela aplicação, tácita ou explícita, dessas teorias, com a matemática, os sistemas informatizados e a tecnologia da informação fornecendo informações para melhor decisão e ação em relação a fornecedores, ao funcionamento interno e ao resultado estatal em benefício da nação. Porém, o comando ou a gestão profissional depende da ética que a precede e a permeia, e esta tem se mostrado rara no comando ou na gestão dos Estados de várias nações, como no Estado brasileiro, o que os têm levado a ataques constantes, com o avanço de ameaças como o autoritarismo, a violência, a guerra e o terrorismo de indivíduos e grupos que seguem princípios avessos à verdadeira democracia, à ordem, à liberdade, à paz, à justiça e à igualdade em suas nações. Somente o comando ou a gestão estatal de alto nível ético-profissional levará a humanidade à segurança e ao desenvolvimento econômico-social de forma sustentável em lugar da violência e das imensas dificuldades que ainda acometem a população de muitas nações em todo o mundo.

TEORIA DOS SISTEMAS

A Teoria dos Sistemas representa, a partir da década de 1960, a plenitude da abordagem sistêmica na teoria administrativa. É um ramo da Teoria Geral dos Sistemas (TGS) que surgiu com os trabalhos do biólogo Ludwig von Bertalanffy[61]. Não busca uma solução prática dos problemas, mas produzir teorias e formulações conceituais para serem aplicadas à realidade. Ludwig criticou a divisão existente entre as diferentes especialidades, como a Física, a Química, a Biologia, a Psicologia e a Sociologia, pois, segundo ele, a natureza não se divide dessa forma. Procurou entender as áreas brancas existentes entre elas e que não são tratadas, estudando os sistemas em sua totalidade, envolvendo a interdependência de suas partes.

A TGS fundamenta-se em três premissas básicas: os sistemas existem dentro de sistemas; os sistemas são abertos; e suas funções dependem de sua estrutura. Na primeira, existe o suprassistema, que ao mesmo tempo possui seus subsistemas, sucessivamente, em um encadeamento que parece infinito. A segunda decorre da primeira: o sistema existe dentro de um ambiente constituído de muitos outros sistemas, no qual energia

---

61. Karl Ludwig von Bertalanffy (1901-1972). Biólogo austríaco, fundador da Teoria Geral dos Sistemas.

e informação são trocadas em um processo infinito de intercâmbio com ele. Na terceira, cada sistema possui objetivo ou finalidade, que constitui seu papel no intercâmbio com outros sistemas no ambiente. Os conceitos de sistema passaram a dominar a Administração, assim como a quase totalidade das ciências.

Um sistema pode ser entendido como um conjunto de partes interligadas, inter-relacionadas e interdependentes que forma um todo organizado em busca de resultados. Apresenta propriedades e características próprias e seu todo muitas vezes não se identifica com nenhuma de suas partes, ao que se denomina emergente sistêmico. Possui propósitos ou objetivos, que decorrem dos arranjos e relacionamentos de seus elementos, e globalismo ou totalidade, em que modificações em um elemento implicam modificações ou ajustamentos em outros e em seu funcionamento como um todo, o que se dá por meio de um processo contínuo de entropia e homeostase. Os sistemas existem em um meio ambiente, que é tudo que existe fora e ao redor de suas fronteiras e que exerce influência sobre ele.

O sistema é uma totalidade cujo resultado vem dos elementos ou subsistemas que o formam, os quais atuam e se relacionam com o fim de atender aos seus propósitos ou objetivos. Podem ser físicos ou concretos, abstratos ou conceituais e fechados ou abertos. São físicos ou concretos quando constituídos de objetos ou coisas reais, como máquinas e equipamentos; abstratos ou conceituais quando compostos de conceitos, filosofias, planos, hipóteses, ideias etc. Os físicos ou concretos se complementam com os abstratos ou conceituais, pois os físicos precisam de conceitos e planos e os abstratos, de máquinas e equipamentos para transformá-los em realidade e produzir algo. Como em uma organização, com planos e ideias, equipamentos e recursos para realizá-los.

Os sistemas abertos são os que apresentam intercâmbio contínuo com o ambiente por meio de suas entradas e saídas, influenciando e sendo influenciados por ele, o que se aplica a indivíduos, grupos, organizações e sociedades. São adaptativos no sentido de se ajustarem continuamente ao meio para poder alcançar seus objetivos, sobreviver e obter sucesso, o que requer processo contínuo de aprendizagem e auto-organização. Os sistemas fechados são os que se fecham à influência do meio ambiente por não precisarem de intercâmbio com ele para funcionar, não o influenciando nem sendo influenciados por ele. Seu comportamento é determinístico, programado e estruturado para produzir saídas invariáveis de acordo com programações prévias, como em máquinas e equipamentos.

Os sistemas abertos recebem entradas na forma de informação, energia e recursos, transformando-os ou processando-os e fornecendo informação, energia e recursos transformados ou processados. Há constante interação e circularidade entre o sistema aberto e seu ambiente, pois ambos são inter-relacionados e interdependentes, só existindo viabilidade do sistema quando adaptado ao seu ambiente, pois este fornece informação, energia e recursos e requer respostas às suas necessidades. Os sistemas abertos possuem cinco parâmetros básicos: entrada ou insumo; processador ou transformador; saída, resultado ou produto; retroação ou retroalimentação; e ambiente.

Eles necessitam de um processo contínuo de ajustamento sensitivo e dinâmico para responder às mudanças do ambiente, pois este lhes fornece seus insumos e suas oportunidades, mas representa também ameaça à sua sobrevivência. Por isso, os sistemas abertos mantêm intercâmbio constante com o ambiente, buscando manter-se na mesma condição, autorregulação, por meio de um equilíbrio dinâmico, conhecido como homeostase, apesar de influenciá-lo e serem influenciados por ele. Esses conceitos repercutiram positivamente na evolução da teoria administrativa, que não concebe mais organizações fechadas em si mesmas, mas reagindo ao ambiente por meio de ajustes e adaptações que buscam alinhamento com mercado, produtos, processos, técnicas e outros, visando sobreviver e obter sucesso.

Isso se aplica a todos os tipos de organizações como sistemas criados pelo homem e que interagem com seu ambiente, composto de fornecedores, clientes, concorrentes, associações, governos etc. Essas organizações influenciam e são influenciadas pelo ambiente, com suas partes, unidades e pessoas, relacionadas entre si de forma harmônica em busca de objetivos, tanto das próprias organizações como das pessoas que nelas atuam, com resultado superior à soma do resultado de suas partes. As principais características de uma organização como sistema aberto são: comportamento probabilístico e não determinístico; ser parte integrante de uma sociedade maior; ser constituída de partes menores; ter suas partes interdependentes; possuir fronteiras ou limites; morfogênese; homeostase ou estado firme; e resiliência.

As organizações atuam em um ambiente vasto, difuso e complexo, de variáveis desconhecidas e incontroláveis, recebendo consequências ambientais probabilísticas e não determinísticas, de comportamento imprevisível. São sistemas dentro de sistemas, partes de uma sociedade maior, constituídas de partes menores que interagem de modo recíproco e cujo foco não é exclusivo no que cada uma faz, mas no como interagem na construção do todo. Não atuam isoladamente, mas se relacionam com o ambiente que as circunda, com seus participantes fazendo parte também de outros grupos. Existe independência de suas partes, mas todas se relacionam e, como nos organismos vivos, a mudança em uma afeta todas as demais e o todo, precisando de integração, coordenação e controle.

Possuem fronteiras ou limites que demarcam o que está dentro e fora delas e lhes dá identidade. Suas fronteiras variam de acordo com seu grau de abertura ou de permeabilidade e das trocas que realizam com o ambiente. Nas fronteiras estão as interfaces entre sistema e ambiente e é nelas que o sistema recebe e fornece informação, energia e matéria. Diferentemente dos sistemas mecânicos e biológicos, as organizações possuem a característica da morfogênese, que é a capacidade de modificar a si mesmas, podendo alterar seus elementos, como constituição e estrutura, pessoas, atividades, processos, produtos e serviços, dispensando antigos e admitindo novos de acordo com suas necessidades.

A homeostase, ou estado firme, consiste em uma condição de equilíbrio interno que mantém a constância de direção e o progresso em relação ao objetivo, mesmo com mudanças ambientais ou na própria organização. Esta utiliza vários meios para atingir seus objetivos, mesmo em condições adversas ou de mudança. A constância de direção e o progresso em relação ao seu objetivo exigem liderança e comprometimento com este, principalmente pela necessidade de conciliar dois processos opostos e contraditórios, como a homeostase e a adaptação. A homeostase está ligada à manutenção e preservação do sistema, enquanto a adaptação requer mudanças para ajustá-lo ao ambiente, fazendo com que identidade, manutenção e ajustamento devam ser dosados com mudança, ruptura e inovação.

Como última característica das organizações como sistemas abertos, a resiliência é a capacidade que elas possuem de enfrentar e superar perturbações externas sem perder sua capacidade de auto-organização, o que determina seu grau de defesa ou vulnerabilidade perante pressões externas. Apesar de suas vantagens, a alta resiliência pode levar a organização a dificuldades de mudança e adaptação em relação à inovação e à modernidade, o que pode gerar imunidades que a mantêm arcaica e desatualizada em relação a novas tecnologias, teorias, práticas, necessidades e exigências ambientais.

Conceitos e modelos da Teoria dos Sistemas aplicados à organização foram elaborados por diversos autores, sendo bastante conhecidos os de Schein[62], Katz[63] e Kahn[64] e o modelo sociotécnico de Tavistock[65]. Esses autores seguiram caminhos similares, com pequenas diferenciações. Schein

---

62. Ver nota 48.
63. Daniel Katz (1903-1998). Psicólogo estadunidense, foi professor emérito de Psicologia na Universidade de Michigan e especialista em Psicologia Organizacional.
64. Robert Louis Kahn (1918-2019). Psicólogo e cientista social estadunidense.
65. Modelo proposto por sociólogos e psicólogos do Instituto de Relações Humanas de Tavistock, em Londres, com base em resultados de pesquisas em minas de carvão inglesas e em empresas têxteis indianas.

propôs conceitos da Teoria dos Sistemas na definição de organização, considerando-a como sistema aberto composto de subsistemas mutuamente dependentes, com objetivos definidos e em constante interação com o ambiente, sendo difícil definir claramente suas fronteiras. Katz e Kahn desenvolveram um modelo de organização baseado na aplicação da Teoria dos Sistemas, considerando-a como sistema aberto.

Os dois utilizaram conceitos como: importação ou entrada; transformação ou processamento; exportação ou saída; repetição cíclica dos três eventos anteriores; entropia negativa; informação como insumo, retroação negativa e processo de codificação; homeostase dinâmica; diferenciação; equifinalidade; e limites ou fronteiras. Deles, cabe anotar a entropia como processo pelo qual todas as formas organizadas tendem à exaustão, à desorganização e à morte. Por isso, cabe aos sistemas abertos se moverem para evitá-las, o que se dá por meio de um processo de entropia negativa, que consiste no acúmulo de energia ou informação suficiente para manter a integridade e a sobrevivência do sistema.

Cabe anotar ainda que a informação serve como insumo, retroação negativa e processo de codificação. O insumo implica que as entradas não são apenas de materiais e energia, mas também de informações sobre o ambiente e o funcionamento da organização em relação a ele. Na retroação negativa, informações geradas em partes do sistema sinalizam para correções em relação a desvios indesejáveis. O processo de codificação consiste em permitir reação seletiva em relação a informações para as quais o sistema esteja sintonizado, rejeitando o indesejável e admitindo o útil para o sistema ou a organização. A equifinalidade implica que um sistema pode chegar a um mesmo objetivo partindo de origens distintas e por meios e formas diferentes. Seus outros conceitos já foram vistos neste capítulo.

Katz e Kahn utilizaram ainda conceitos de cultura e clima organizacional, eficiência e eficácia. Nestes dois últimos, o importante é que a organização importe energia do ambiente para seu consumo e para fornecer as saídas necessárias à sua sobrevivência. A eficiência em relação ao quanto de energia de entrada é retida ou utilizada por ela e quanto é fornecida como produto ou serviço; a eficácia, como maximização do rendimento. Trataram a organização como sistema de papéis, em que cada participante os tem subentendidos ou definidos por ela, contribuindo com o resultado global. Este depende de cada contribuição no conjunto de papéis que forma o todo, com a organização devendo recrutar seus participantes e harmonizar seus papéis, visando à sinergia que permite o melhor resultado.

Por fim, o modelo sociotécnico de Tavistock considera a organização como um sistema aberto e sociotécnico, composto de dois subsistemas, o técnico e o social. O primeiro é o responsável pela eficiência potencial da organização e envolve território, tempo, tecnologia, tarefas, atividades, instalações, máquinas, equipamentos, ambiente interno, arranjo físico, técnicas operacionais e outros. O segundo é o responsável pela transformação da eficiência potencial em eficiência real. Este é composto pelas características físicas e psicológicas dos participantes, pelas suas relações sociais, habilidades, competências, necessidades e aspirações e pelas exigências da organização formal e informal no exercício do trabalho.

Os dois estão em interação recíproca, sendo fortemente influenciados um pelo outro. A natureza da tecnologia e das tarefas é responsável pela estrutura organizacional e influencia a natureza da organização e das pessoas, enquanto as características psicossociais destas influenciam a forma como a organização atua. No modelo sociotécnico, a organização busca sobreviver em um processo cíclico de importação, que são as informações sobre o ambiente, as matérias-primas, o dinheiro, os equipamentos e as pessoas; de conversão, que é a transformação das importações em produtos e serviços; e de exportação dos produtos e serviços para o ambiente. O conjunto das funções técnicas e sociais determina o funcionamento, a sobrevivência e o sucesso de uma organização em seu ambiente.

A Teoria dos Sistemas desenvolveu conceitos dos estruturalistas e dos comportamentalistas e parece ser uma das teorias administrativas menos criticadas. No confronto entre as teorias de sistema aberto e fechado, o primeiro leva imensa vantagem na teoria administrativa atual. Isso porque, em um mundo cada vez mais dinâmico, não tem como se conceber uma organização rígida ou estática, que não consegue atuar de acordo com as exigências de seu ambiente. Este é o responsável pela absorção de seus produtos ou serviços e só os adquire se necessitar deles. Essa interação, em que a organização influencia e é influenciada pelo seu ambiente, só ocorre quando ela possui um bom sistema de informação que a retroalimenta para corrigir e direcionar seus esforços em relação a ele.

Esse entendimento mostra as desvantagens existentes em teorias que tratam as organizações como sistemas fechados, com uma administração focada em seu ambiente interno, suas regras e seus procedimentos rotineiros e obrigatórios. Mostra que nestas há carência de sensibilidade às exigências do ambiente, às suas diferenças e à interdependência existente entre ele e a organização. Isso explica o início já fracassado de tecnologias, teorias, instrumentos e procedimentos que dão certo em outras organizações e outros ambientes e que, importados acriticamente, não servem para a organização que os importa. A organização que atua como sistema fechado não muda nem se adapta a um ambiente em mudança rápida e constante, podendo ir ao fracasso ou à extinção por não atender às necessidades deste.

Visando evitar o descasamento entre organização e ambiente e permitir a sobrevivência e o sucesso organizacional, a teoria administrativa moderna foca o ponto de vista sistêmico e a abordagem dinâmica, multidimensional, multinivelada, multimotivacional, multidisciplinar, probabilística, descritiva, multivariável e adaptativa. Isso implica visualizar a organização como um sistema constituído de cinco parâmetros básicos (entrada, processamento, saída, retroação e ambiente); enfatizar o processo dinâmico que ocorre em sua estrutura, adicionando a esta a ênfase na interação entre suas partes; considerar a organização do ponto de vista micro e macroscópico, o primeiro, em relação ao seu ambiente, composto de pessoas, grupos, organizações e sociedade, e o segundo, ao seu interior; considerar suas partes importantes, que devem interagir para construir sinergia e fazer o todo maior do que a soma delas; reconhecer que um ato possui várias motivações e que as organizações existem porque seus participantes esperam realizar objetivos diversos por meio delas; utilizar conceitos e técnicas vindos de vários campos de estudo no desenvolvimento da teoria administrativa, como a Sociologia, Psicologia, Economia, Ecologia e Pesquisa Operacional; ser probabilística ao invés de atuar com certezas, substituindo o determinismo pelo indeterminismo; descrever as características da administração e da organização ao invés de sugerir o que fazer e como fazer, procurando compreender e explicar os fenômenos que ocorrem, mas deixando para o administrador as escolhas a serem feitas.

Ainda, assumir que um evento pode ser causado por muitas variáveis inter-relacionadas e interdependentes, não por uma causa simples que produz obrigatoriamente o mesmo efeito ou o mesmo resultado esperado; e, por fim, assumir que a organização é um sistema adaptativo ao ambiente para poder sobreviver e obter sucesso, ajustando-se a ele e atuando junto com ele, em equilíbrio dinâmico. Essa abordagem adaptativa leva ao foco em resultado ou eficácia, ao invés de focar apenas nos processos internos, nas atividades ou na eficiência de partes da organização tratadas isoladamente.

A Teoria dos Sistemas é uma Teoria Geral da Administração primordialmente abstrata e conceitual, que dá uma forma sintética e integrativa para os conceitos clássicos, neoclássicos, estruturalistas e comportamentalistas. Cobre amplamente os fenômenos organizacionais e predomina na teoria administrativa e nos diferentes tipos de organização. Há uma clara fusão entre seu campo de estudo e o da cibernética, vista no capítulo da Tecnologia e Administração, já que atuam baseadas em conceitos de sistemas. Apesar de não ter aplicação predominantemente prática, a utilização dos conceitos da Teoria dos Sistemas possui imensa responsabilidade pelos resultados organizacionais.

Por meio da sinergia obtida nas organizações administradas como sistemas abertos, conseguem-se resultados em quantidade e qualidade superiores à soma dos resultados de suas partes. Os resultados de suas saídas podem ser inferiores, iguais ou superiores às suas entradas, sendo o resultado positivo das saídas em comparação com as entradas o que justifica, em regra, a existência de uma organização. Por isso, as organizações devem buscar integração e sinergia em seus recursos monetários, materiais e humanos para construir um todo maior do que a soma de suas contribuições individuais. Suas estratégias devem se voltar para seu funcionamento e para o efeito sinérgico que possuem como sistema aberto, o que faz potencializar seus resultados, produzindo o valor necessário ou a riqueza que a justifica.

O emergente sistêmico, como propriedade do todo que pode não aparecer em nenhuma de suas partes, requer administração da organização como sistema complexo, como um todo e não como o simples somatório do resultado de suas partes. A Teoria dos Sistemas utiliza o conceito do homem funcional no lugar do homem econômico, da Teoria Clássica, social, da Teoria das Relações Humanas, organizacional, da Teoria Estruturalista, e administrativo, da Teoria Comportamental. Ele se comporta de acordo com seu papel como parte da organização, inter-relacionando-se e atuando também como sistema aberto. Possui expectativas no papel dos outros e cria expectativas em relação ao seu, reforçando ou alterando o papel de cada um e transformando a organização em um sistema de papéis.

Os conceitos da Teoria dos Sistemas encontram bastante aceitação no modo de ver e administrar as organizações atuais. São imprescindíveis, porém, como toda teoria administrativa, não excluem as demais teorias, mas as complementam. Mesmo com tendências modernas de se pensar as ciências a partir do caos e da desordem que muitas vezes caracterizam as situações reais, a observação e a utilização da Teoria dos Sistemas é um modo de fazer com que as organizações funcionem com certo equilíbrio, de acordo com as necessidades ambientais, que jamais poderão ser desprezadas. Isso porque, independentemente do tipo de organização, estatal, pública não estatal ou privada, é para o ambiente que elas se destinam, e é ele que garante ou não sua sobrevivência e seu sucesso.

A TEORIA DOS SISTEMAS E O ESTADO

A Teoria dos Sistemas não traz uma prática de comando ou gestão, mas um conjunto de conceitos abstratos para fazer entender e administrar organizações com foco em resultados. Estas podem atuar em desacordo com ela, como se fossem autossuficientes, existissem eternamente e não tivessem que atuar integradas com seu ambiente, recebendo seus insumos e suas informações e atendendo às suas necessidades. Seus comandantes ou gestores podem não as visualizar dentro de um sistema maior em que lhes compete contribuir com ele e serem aceitas por ele. Podem também não utilizar devidamente seus subsistemas com o fim de se desincumbir de seus propósitos, suas finalidades ou seus objetivos por acreditar na garantia de sua sobrevivência e seu sucesso independentemente de alcançá-los ou não.

Nos Estados, o fim coletivo pode não ser o objetivo de muitos de seus agentes eleitos e gestores que os comandam ou gerem, fechando-os em si mesmos para atender aos seus fins pessoais indevidos e de outros, sem atuar como um conjunto de partes inter-relacionadas, interdependentes e integradas, como um todo em busca de resultados em benefício de sua nação. Muito disso sempre foi observado no Estado brasileiro, com suas partes, compostas de seus entes, nacional e subnacionais, seus poderes e suas organizações, atuando de modo isolado, não como um todo integrado. Muitos que o comandam ou gerem, em todas as suas partes e em todos os níveis hierárquicos, acreditam que pessoas, grupos, organizações e nação têm que se ajustar a eles, mesmo sem a devida reciprocidade, com sua estrutura e organização voltadas para atender a eles e a outros que possuem poder e domínio sobre eles, muitas vezes de fora do Estado.

Muitos desses comandantes ou gestores agem por meio da centralização e do autoritarismo, de modo contrário ou alheio ao fim coletivo, tendo seus principais parceiros e aliados internos também com essas características. Os sistemas físicos e concretos do Estado, mais fáceis de visualizar, são, muitas vezes, claramente adquiridos, construídos e utilizados para atender aos seus fins pessoais indevidos e de outros, estes muitas vezes de fora dele, como contribuintes de campanhas eleitorais e fornecedores ao Estado. Se esses sistemas, palpáveis, são indevidamente apropriados por muitos que o comandam ou gerem, mais ainda o são os abstratos ou conceituais, mais difíceis de adquirir, construir e utilizar em busca de resultados em benefício da coletividade.

Essa é uma atuação típica de Estados de alto nível de personalismo e patrimonialismo e de baixo nível ético-profissional, que possuem fortes características de sistema fechado para evitar o ambiente e impedir cobranças por resultados em benefício de suas nações. Seus comandantes ou gestores que se beneficiam indevidamente deles praticam quase sempre a mesma estratégia de fuga do ambiente e de suas cobranças, deixando de utilizar ou desvirtuando teorias administrativas que levam ao comando ou à gestão profissional do Estado, fechando-o não como estratégia de melhoria de seus resultados em benefício de sua nação ou de blindagem contra interferências indevidas do ambiente, mas para obter e manter seus benefícios pessoais indevidos.

Ficam alheios em seu comando ou sua gestão aos parâmetros do sistema aberto (entrada, processo, saída, retroação e ambiente), sem foco no resultado em benefício deste, da coletividade ou de sua nação. Por esse motivo, o ambiente é obrigado a aceitar o Estado como ele é, pouco recebendo em relação ao que lhe entrega na forma de tributos, que constitui uma das principais entradas estatais. Quando a população recebe algum resultado, é mais em decorrência de sobras da distribuição indevida a muitos de seus participantes internos, principalmente agentes eleitos e gestores que o comandam ou gerem, e a outros que possuem poder e domínio sobre eles do que de estratégias focadas em benefício dela. Ao perceber que seu Estado age dessa forma e tentar reagir, é muitas vezes acalmada com a distribuição momentânea de promessas e recursos até tudo voltar a ser como antes, o que impede sempre a verdadeira transformação estatal.

O baixo nível de educação geral e ética da maioria da população somado à sua forte dependência em relação ao Estado e aos seus agentes é um dos principais motivos que mantêm os Estados contrários ou alheios ao seu ambiente ou à sua nação, voltados para muitos que deles se apropriam indevidamente, de dentro ou de fora deles. Isso ocorre na nação brasileira e em seu Estado, como mostram diversos indicadores de seu funcionamento e seu resultado e econômico-sociais nacionais. Um comando ou uma gestão de alto nível ético-profissional, baseado, explicitamente ou não, em teorias administrativas e práticas da Administração que dão certo em organizações bem-sucedidas em todo o mundo, junto com uma população de alto nível educacional e de baixa dependência em relação ao Estado e aos seus agentes são fortes ameaças aos que se apropriam indevidamente dele, por isso fortemente combatidos por estes.

A adaptação do Estado brasileiro ao seu ambiente pode até ocorrer, mas quase sempre apenas em seus subsistemas físicos ou concretos no que é imposto por um ambiente que evolui continuamente em termos de equipamentos e materiais. Porém, em termos de sistema, interagindo com o ambiente como parte dele e dando-lhe respostas, o Estado brasileiro é arcaico e fechado, atuando em benefício primeiro ou exclusivo de muitos agentes eleitos e gestores que o comandam ou gerem e de outros que possuem poder e domínio sobre eles, de dentro ou de fora dele. Muitas de suas partes atuam claramente de modo isolado, não como um todo integrado em busca de resultados.

Seus subsistemas físicos ou concretos, prédios, móveis, equipamentos e outros se juntam aos seus mal elaborados ou desvirtuados planos, organogramas, fluxogramas, normas, regulamentos e outros que não servem à melhoria de seus resultados em benefício de sua nação, mas, muitas vezes, apenas ao seu funcionamento interno em benefício pessoal indevido de muitos que o comandam ou gerem, em todas as suas partes, e dos que possuem poder e domínio sobre eles, muitas vezes de fora do Estado. Dentro dele, uma quantidade enorme de indivíduos mal alocados e desmotivados, combatidos, subutilizados e desprezados se ameaçarem os muitos que o comandam ou gerem de modo contrário ou alheio ao fim coletivo.

Pouco conhecendo o âmago do Estado brasileiro, uma imensa população obrigada a contribuir com cada vez mais tributos, custeando sua ineficiência, seu desvio do fim coletivo e sua corrupção, alegrando-se com notícias pontuais e isoladas que de vez em quando aparentam indicar alguma transformação. Só exemplificando o quanto é difícil transformá-lo, basta lembrar as vezes em que já se mudou sua forma de governo, Monarquia, República, Presidencialismo, Parlamentarismo, ou em que a população tentou eliminar indivíduos e grupos do poder, mas toda tentativa levou ao mesmo Estado avesso ao comando ou à gestão de alto nível ético-profissional, contrário ou alheio à sua nação, com pouca diferença em relação aos seus resultados.

Em todas as suas partes e entre elas nunca houve verdadeira integração e coordenação, nem o devido controle em busca de resultados em benefício da coletividade. Cria-se e modifica-se constantemente sua estrutura, movimentando continuamente, também, os comandantes ou gestores que a integram, impedindo assim a constância de direção e o progresso que levariam à busca do fim coletivo, como se essa movimentação visasse apenas o interesse pessoal indevido dos responsáveis por ela.

A homeostase que predomina em Estados desse tipo é a que os mantém livres das exigências do ambiente, que ficam sem respostas em decorrência da ausência planejada de adaptação e atendimento a ele. Não há neles mudança e inovação representativas, mas uma atuação antiquada e desatualizada que se perpetua e não responde ao seu ambiente, contando com a coação e a força como únicos meios para se manter. Suas fronteiras se confundem com o ambiente, não porque estão integrados a ele, mas porque sua força e seu poder não permitem que algo ou alguém lhes fique alheios. Espalham-se, assim, como deuses onipresentes, causando e permitindo que causem imensos males às suas nações, que seriam evitados ou eliminados se seus Estados fossem administrados com alto nível ético-profissional, o que ocorreria se essa característica prevalecesse na maioria de seus comandantes ou gestores, em todas as suas partes e em todos os seus níveis hierárquicos.

A morfogênese, como capacidade de uma organização modificar a si mesma, também é utilizada por muitos que comandam ou gerem esse tipo de Estado para atender aos seus fins pessoais indevidos, não às exigências de seu ambiente. Estes desenvolvem também alto grau de resiliência no Estado, não para resistir aos ataques indevidos vindos do ambiente, mas para blindá-lo das cobranças deste por atuação voltada para ele, para o fim coletivo ou para sua nação. O conceito de organização como sistema aberto em constante interação com o ambiente, influenciando e sendo influenciada por ele, composta de subsistemas integrados e mutuamente dependentes em busca de objetivos comuns, pouco se aplica a esse tipo de Estado.

Todo Estado pertence à sua nação, mas, se a maioria da população possuir baixo nível educacional e baixa capacidade de se organizar, de acompanhar e cobrar dele, predominará o fim pessoal indevido de muitos que o comandam ou gerem, em lugar do fim coletivo. Somente elevando o nível ético-profissional de seu comando ou sua gestão é possível elevar também o do Estado e utilizar experiências úteis à gestão e teorias administrativas que levem a resultados em benefício da coletividade compatíveis com seu custo e potencial. Um comando ou uma gestão formado em sua maioria por agentes de alto nível ético-profissional atentará, certamente, para os conceitos da Teoria dos Sistemas de entrada, transformação, saída, entropia negativa, informação como insumo, como retroação negativa e como processo de codificação, homeostase dinâmica, diferenciação, equifinalidade e limites ou fronteiras — todos apresentados no capítulo anterior, em busca do resultado em benefício de sua nação.

Se seguidos, esses conceitos permitem a qualquer tipo de organização atuar em busca de seus objetivos sem esquecer os objetivos de seus participantes internos, e sem que estes representem empecilho aos objetivos organizacionais, mas esforço em direção a eles. Isso é muito diferente do que ocorre em vários Estados que se voltam principalmente para os fins pessoais indevidos de muitos que o comandam ou gerem e de outros que possuem poder e domínio sobre eles, de dentro ou de fora deles. Existem atualmente fartos recursos tecnológicos que podem contribuir com o comando ou a gestão estatal, porém isto requer alto nível ético do comandante ou gestor, trazendo como consequência alto nível profissional, o que exige experiência útil à gestão, conhecer o negócio e conhecer, entender e utilizar as teorias administrativas aqui apresentadas, que são usadas, tácita ou explicitamente, em organizações bem-sucedidas em todo o mundo.

Tudo passa por planejamento, organização, direção e controle, com a definição de objetivos a alcançar e planos que levem a eles, a execução do planejado e o alcance dos objetivos previamente definidos, com tudo isso totalmente dependente da ética e do profissionalismo dos comandantes ou gestores. Como estes dirigem o Estado, é deles a responsabilidade por elevar o nível ético-profissional deste, o que os obriga a possuir também essa característica, exercendo o comando ou a gestão em benefício exclusivo da coletividade, pois somente assim atenderá à razão de sua existência. Ocorre que muitos comandantes ou gestores estatais carecem de ética, o que impede o profissionalismo, impedindo assim o resultado do Estado em benefício de sua nação compatível com seu custo e potencial.

Eles não desempenham papéis que, de forma sistêmica, integrada e harmônica, levem ao fim coletivo, impedindo ainda que outros agentes os desempenhem e contribuam com um conjunto de papéis que levem a ele. Os principais papéis desenvolvidos por esses comandantes ou gestores não são, muitas vezes, direcionados para o benefício à coletividade, mas, principalmente, para seu benefício pessoal indevido e dos que possuem poder e domínio sobre eles, como os que os recrutam e os mantêm.

Desse modo, a aplicação e a contribuição do modelo sociotécnico de Tavistock encontra dificuldades em Estados comandados ou geridos por eles, pois não há a devida integração entre seus subsistemas técnico e social, além de não tratar devidamente o Estado como sistema aberto que busca se adaptar ao seu ambiente e ao mesmo tempo atender a ele nas suas necessidades. Seu subsistema técnico pode até ser bem suprido em alguns de seus entes e poderes e algumas de suas organizações, mas sua eficiência potencial não é transformada em eficiência real em benefício da coletividade. Isso porque a parte humana, que constitui o subsistema social e é responsável pela transformação da eficiência potencial em real, é manipulada em benefício pessoal indevido próprio e de muitos que se apropriam indevidamente deles.

Para que haja interação recíproca entre os subsistemas técnico e social no Estado em prol de seus resultados em benefício da coletividade, é preciso bem coordenar e integrar seus agentes em busca desse fim, o que somente se dá se seu comando ou sua gestão possuir alto nível ético-profissional. Isto é imprescindível e urgente a todos os Estados pela relevância e pelo poder que possuem cada vez mais em todas as nações.

Tratar o Estado predominantemente como sistema fechado, rígido e estático em relação ao seu ambiente em um mundo cada vez mais dinâmico é assumir que ele está estruturado para não funcionar como deveria. Isso sempre ocorreu em muitos Estados, em que a busca pelos fins pessoais indevidos de muitos agentes eleitos e gestores que os comandam ou gerem ficam evidentes ao se analisar seus funcionamentos e seus resultados, os indicadores econômico-sociais nacionais comparados internacionalmente e as muitas notícias sobre as apropriações indevidas que neles ocorrem. As evidências destas no Estado brasileiro por parte de muitos que o comandaram ou exerceram sua gestão e que o comandam ou gerem, em todas as suas partes e em todos os níveis hierárquicos, são fartas e nunca foram devidamente combatidas, pois quase sempre coube a eles mesmos e a outros recrutados por eles a obrigação de fazer.

Nem é preciso conhecê-lo profundamente para compreender como se dá sua apropriação indevida por muitos que o comandam ou gerem; basta atentar para os fartos noticiários e o que ocorre no cotidiano da população nas áreas em que ele atua ou deveria atuar, como segurança pública, saúde e educação. Seu exemplo de apropriação indevida não deve ser único, existindo certamente muitos outros Estados de atuação similar, ocorrendo também, talvez em menor intensidade, até em Estados de nações mais desenvolvidas. Os que a praticam utilizam estratégias várias, muitas tão sutis que passam despercebidas até por atentos observadores, de dentro ou de fora deles.

Para identificar um comando ou uma gestão estatal em que prevalece o alto nível de personalismo e patrimonialismo e o baixo nível ético-profissional e um Estado com essas mesmas características, deve-se compreender este sob uma visão sistêmica, sendo um bom caminho conhecer indicadores de seu funcionamento e seu resultado, de confiança nele e em seus agentes e econômico-sociais nacionais, comparando-os com os de outros Estados e outras nações. Como nem tudo pode ser representado por estatísticas, e como muitas destas podem ser indevidamente manipuladas, deve-se utilizar em complemento aos indicadores os noticiários trazidos pela mídia e conversar com pessoas próximas ao Estado, principalmente agentes estatais de comprovado alto nível ético-profissional, recrutados por meio de critério impessoal, ético-profissional, e pessoas que muito necessitam dele. Feito isso, pode-se identificá-los e atuar para transformá-los em Estados de alto nível ético-profissional.

Esses Estados se voltam para dentro, com regras, regulamentos e procedimentos rotineiros e obrigatórios, mas pouco úteis ao resultado em benefício de sua nação. Muitos que o comandam ou gerem não se sensibilizam com exigências ambientais, diferenças de situações e interdependência com o ambiente. Gastam mal com aquisições e construções desnecessárias e de baixa qualidade, com modelos, métodos e instrumentos de funcionamento que não respondem a ele. Interessa mais a muitos agentes eleitos e gestores que os comandam ou gerem, em todas as suas partes e em todos os níveis hierárquicos, seus fins pessoais indevidos e dos que possuem poder e domínio sobre eles, de dentro ou de fora dos Estados. Em seus recrutamentos e em suas permanências no comando ou na gestão, comprometimento com o fim coletivo e resposta ao ambiente pouco são cobrados, daí a ineficiência, o desvio do fim coletivo e a corrupção persistentes no Estado.

A teoria administrativa moderna, do ponto de vista sistêmico e da abordagem dinâmica, multidimensional, multinivelada, multimotivacional, probabilística, multidisciplinar, descritiva, multivariável e adaptativa, possui pouco espaço nesse tipo de Estado, vista como ameaça a combater ou a evitar, com descasamento quase completo entre ele e seu ambiente ou sua nação. Para muitos que o comandam ou gerem, a estrutura física é o que mais interessa, com a interação entre as partes que o compõem combatida ou desprezada para evitar que ameace seus fins pessoais indevidos e de outros. Isso sempre ocorreu claramente no Estado brasileiro, com seus entes, nacional e subnacionais, seus poderes, suas organizações e seus agentes atuando de modo isolado, quase sem responsabilidade com o seu resultado global em benefício de sua nação. Tudo isso praticado e fomentado por muitos agentes eleitos e gestores que o comandaram ou exerceram sua gestão e que o comandam ou gerem.

Muitos destes atuam como se o Estado fosse propriedade sua, não de sua nação, com muitos agentes estatais de alto nível ético-profissional, que não aderem a eles, tidos como ameaças a combater, sendo subutilizados e até impedidos de atuar. Por isso, a abordagem adaptativa ao ambiente da Teoria dos Sistemas, com foco na eficácia ou no resultado, quase não foi nem é aplicada no Estado brasileiro, tendo em seu lugar o foco em processos internos e em partes e atividades isoladas que o mantêm controlado e impedem a sinergia que levaria ao seu melhor resultado em benefício de sua nação.

Se a Teoria Matemática já é difícil de ser devidamente aplicada nesse tipo de Estado, a Teoria dos Sistemas, abstrata e conceitual, é praticamente impossível. Não segui-la é de grande perda para os resultados estatais, pois ela integra a totalidade das teorias administrativas modernas e seus conceitos muito contribuem com a sobrevivência e o sucesso das organizações em um ambiente em constante transformação. Chama para si, no abstrato e conceitual, a responsabilidade pelo profissionalismo que gera o resultado organizacional positivo, o que é, certamente, contrário ao funcionamento de muitos Estados, que não possuem sinergia decorrente da integração, interação e harmonização de todas as suas partes em busca de resultados em benefício de suas nações, sendo, por isso, de alto custo e baixos resultados.

As saídas do Estado brasileiro em benefício de sua nação sempre foram e são claramente bastante inferiores às suas entradas, o que provoca a tomada coercitiva de cada vez mais recursos da população e sempre mais financiamento de alto custo. Se atuasse em um ambiente competitivo de alto nível ético-profissional, certamente não sobreviveria a ele. Quem nele atua, com ele convive, dele necessita ou bem o observa, percebe que muitas são suas decisões e ações contrárias ou alheias ao benefício à coletividade, atendendo menos à sua nação do que a muitos de seus agentes eleitos e gestores que o comandam ou gerem. Muitos destes com foco em si mesmos e nos que possuem poder e domínio sobre eles, de dentro ou de fora dele, como os que os recrutam e os mantêm por meio do critério pessoal.

Não se vê no Estado brasileiro estratégias para seu funcionamento continuado e global, como sistema aberto, em benefício de seu ambiente ou de sua nação. Suas partes não atuam de modo conjunto e integrado em busca de um todo maior do que a soma delas, por isso não se observa nele o emergente sistêmico da Teoria dos Sistemas, mas cada parte atuando isoladamente, o que implica imenso desperdício de seus recursos, monetários, materiais e humanos, em detrimento de sua nação.

Desse modo, o papel de muitos agentes estatais brasileiros, principalmente eleitos e gestores que o comandam ou gerem, torna-se obscuro, neutro ou negativo na busca do fim coletivo. Normas, regulamentos e procedimentos voltados quase sempre para o funcionamento interno do Estado amarram seus agentes aos interesses de muitos que se apropriam indevidamente dele, de dentro ou de fora dele, prejudicando e até impedindo, assim, o êxito de papéis de alto nível ético-profissional que alguns de seus agentes buscam desempenhar visando o resultado em benefício de sua nação.

Por isso, muitos destes, que focam o resultado em benefício da coletividade e não silenciam diante do Estado que não funciona como deveria funcionar, são subutilizados ou têm sua produção descartada. Tudo isso faz com que o Estado brasileiro não aplique os conceitos da Teoria dos Sistemas nem de outras teorias administrativas de que não poderia prescindir se a maioria de seus comandantes ou gestores se comprometessem, verdadeiramente, com os resultados em benefício de sua nação. Assim, pouco se pode esperar que seus entes, seus poderes e suas organizações funcionem de modo sistêmico, harmônico e integrado para responder a ela ou ao seu ambiente. Como consequência, devido ao alto poder que o Estado possui, indivíduos, grupos e organizações não estatais são coagidos a tolerá-lo e a contribuir com cada vez mais recursos sem a obtenção do devido retorno.

ABORDAGEM CONTINGENCIAL

Contingência é algo incerto ou eventual, que pode acontecer ou não. A abordagem contingencial afirma que não existe um melhor modelo ou uma única forma de as organizações alcançarem eficácia, objetivos ou resultados. Sua estrutura e seu funcionamento dependem da interface entre o ambiente e cada situação particular, com diferentes tecnologias levando a diferentes desenhos organizacionais. Se o ambiente ou a tecnologia variam, varia também a estrutura organizacional, com o impacto ambiental incidindo sobre a organização e seu funcionamento. A Teoria da Contingência sai da visão anterior, de dentro para fora, e passa a ver a organização de fora para dentro.

O foco dessa abordagem é o ambiente e suas demandas perante a organização, o que a condiciona e explica. Não há uma melhor maneira de organizar e administrar organizações, com tudo dependendo das características ambientais. A Teoria da Contingência vai além da Teoria dos Sistemas e sugere que a organização é um sistema composto de vários subsistemas, definida por limites que a identificam em relação ao suprassistema ambiental. Analisa as relações intra e entre suas partes ou seus subsistemas e entre a organização e seu ambiente, buscando desenhos organizacionais e sistemas gerenciais adequados para cada situação. Utiliza as principais teorias administrativas para desenhar e modelar a organização de modo contingencial, observada a dinamicidade e mutabilidade ambiental e tecnológica.

TEORIA DA CONTINGÊNCIA

Enfatiza que nada é absoluto na teoria administrativa e nas organizações, mas relativo, ou seja, depende da situação. As teorias e técnicas administrativas necessárias ao alcance dos objetivos organizacionais dependem das variáveis ou condições ambientais, variáveis independentes. Não há causalidade direta entre essas variáveis, mas uma relação funcional, em que, para determinadas variáveis ambientais, as teorias e técnicas administrativas a utilizar, variáveis dependentes, são as que melhor respondam a elas. Não há apenas reatividade, mas um aspecto proativo, em que reconhecimento, diagnóstico e adaptação às condições ambientais precisam ser realizados ou ajustados continuamente.

É também denominada Escola Ambiental e surgiu a partir de pesquisas que procuraram identificar modelos de estruturas organizacionais mais eficazes aplicados a determinados tipos de organizações. Tinham a pretensão de confirmar se as organizações mais eficazes seguiam pressupostos da Teoria Clássica, como divisão do trabalho, hierarquia de autoridade etc., tendo como resultado uma nova concepção de organização, em que sua estrutura e seu funcionamento dependem das características do ambiente externo. Segundo essas pesquisas, não existe uma única melhor maneira de organizar e administrar, mas tudo depende do ambiente ou das contingências externas, que oferecem oportunidades, ameaças ou restrições, que influenciam a estrutura da organização e seus processos internos.

Chiavenato trouxe em seu livro *Teoria Geral da Administração*, da Editora Manole (2014), as pesquisas de Chandler[66] sobre estratégia e estrutura; Emery[67] e Trist[68], sobre contextos ambientais; Burns[69] e Stalker[70], sobre organizações; Joan Woodward[71], sobre tecnologia; e Lawrence e Lorsch[72], sobre ambiente. Chandler pesquisou mudanças estruturais ocorridas em grandes organizações americanas, examinando-as comparativamente e demonstrando como foram sendo adaptadas e ajustadas à estratégia. Segundo ele, as estruturas organizacionais eram gradativamente determinadas pela estratégia mercadológica. Estrutura é o desenho ou a forma utilizada para integrar os recursos da organização; estratégia, o plano global de alocação de recursos para atender às demandas ambientais.

Essas organizações passaram por um processo histórico que abrangeu quatro fases: acumulação de recursos; racionalização do uso dos recursos; continuação do crescimento; e racionalização dos recursos em expansão. Diferentes estruturas organizacionais foram necessárias para tocar diferentes estratégias e enfrentar diferentes ambientes, em que estes eram

---

66. Alfred D. Chandler Jr. (1918-2007). Foi professor de Administração e História Econômica na Harvard Business School. Para chegar a suas conclusões, estudou a experiência de quatro grandes empresas americanas: DuPont, General Motors, Standard Oil Co. (New Jersey) e Sears Roebuck e Co.
67. Frederick Edmundo Emery (1925-1997). Psicólogo australiano e um dos pioneiros no campo do Desenvolvimento Organizacional.
68. Eric L. Trist (1909-1993). Psicólogo britânico, teórico no campo do Desenvolvimento Organizacional e um dos fundadores do Instituto de Pesquisas Sociais de Tavistock, em Londres.
69. Tom Burns (1913-2001). Sociólogo industrial britânico.
70. George Macpherson Stalker (1944-2002). Sociólogo, ficou conhecido pelas suas pesquisas sobre organizações mecanicistas e orgânicas realizadas com Tom Burns, cujos resultados constituem uma das bases da Teoria da Contingência.
71. Joan Woodward (1916-1971). Socióloga industrial britânica.
72. Ver notas 53 e 54.

o principal fator de alteração estrutural. Verificou-se que, se os mercados, as fontes de suprimento e a tecnologia pouco se modificam, poucas mudanças ocorrem na organização. Porém, se mudam rapidamente, os defeitos de estrutura se tornam mais relevantes, o que lhe permitiu afirmar que diferentes ambientes levam a diferentes estratégias e estas, a diferentes estruturas.

Emery e Trist enfatizaram o estudo da organização como sistema aberto, trazendo novos conceitos ao relacionamento entre suas partes, subsistemas, e entre ela, sistema, e o ambiente. Afirmaram que, além das trocas internas, a organização realiza trocas externas e que a compreensão de seu comportamento depende da compreensão de seu relacionamento com o ambiente. Há quatro contextos ambientais, que propiciam diferentes tipos de organização ou de estrutura e comportamento organizacional: concorrência pura; concorrência monopolística; oligopólio; e monopólio. Possuem características próprias quanto à natureza do produto, à quantidade e ao tamanho das empresas no mercado, à penetração de novas empresas, à estratégia, ao controle de preços e ao processo decisório.

A partir dessas características, cada tipo de ambiente propicia diferentes tipos de influência no processo decisório da organização e em sua adaptabilidade em relação a ele, provocando diferentes características organizacionais, decididas pela organização, mas impostas pelo ambiente. Isso levou os autores a sugerirem que a mudança organizacional é em grande parte provocada pelo ambiente externo e que a adaptabilidade da organização em relação a ele depende de sua capacidade de aprender e atuar de acordo com suas contingências. É o ambiente externo que define as características da organização e também sua continuidade e seu sucesso de acordo com sua adaptação e resposta a ele.

Burns e Stalker pesquisaram vinte indústrias inglesas com o fim de verificar as relações existentes entre suas práticas administrativas e o ambiente externo, classificando-as como organizações mecanicistas ou orgânicas. As primeiras tinham como características: estrutura burocrática e rígida; autoridade baseada na hierarquia e no comando; desenho de cargos e tarefas estáveis e ocupados por especialistas; processo decisório centralizado na cúpula; comunicações com predomínio vertical; maior confiança em regras e regulamentos formais, escritos e impostos por elas; princípios predominantes da Teoria Clássica; e ambiente interno estável e permanente. Eram adequadas para tarefas simples e repetitivas, eficiência produtiva e condições estáveis do ambiente externo.

As características das organizações orgânicas eram: estrutura flexível, mutável e adaptativa; autoridade baseada no conhecimento e na consulta; desenho de cargos e tarefas provisório, com cargos mutáveis, redefinidos continuamente e ocupados por funcionários polivalentes; processo decisório descentralizado; comunicações quase sempre horizontais; maior confiança nas pessoas e em suas comunicações informais; princípios predominantes da Teoria das Relações Humanas, democráticos; e ambiente interno instável e dinâmico. Eram adequadas para tarefas únicas e complexas, criatividade, inovação e condições de mudança do ambiente externo.

Observaram que, nas organizações mecanicistas, as tarefas eram executadas separadamente; a coordenação, na cúpula; os métodos e as obrigações, predefinidos; a interação e comunicação, verticais; as operações e o comportamento, definidos pelos superiores hierárquicos por meio de regras, regulamentos e instruções; e se supunha que o conhecimento da organização e das tarefas estava sempre no nível hierárquico superior. Já nas orgânicas, as tarefas eram realizadas pelo conhecimento dos funcionários sobre o todo; os trabalhos, sempre redefinidos; a interação e a comunicação, verticais e horizontais; e não se atribuíam poder total e onisciência à chefia. Os autores concluíram que existe um imperativo ambiental que determina a estrutura e o funcionamento das organizações.

Woodward pesquisou cem organizações inglesas, com cem a oito mil empregados, para saber se os princípios da Administração propostos pelas teorias administrativas correspondiam ao êxito dos negócios. Atuavam em três grupos diferentes de tecnologia de produção: produção unitária ou de oficina, com processo produtivo menos padronizado e menos automatizado, de confecções sob medida à produção de navios e aviões; produção em massa ou mecanizada, com participação humana, mas de forte predomínio da tecnologia, como montadoras de automóveis; e processos produtivos fortemente automatizados, com participação humana mínima, como refinarias de petróleo e siderúrgicas.

Para a autora, os três tipos de tecnologia envolvem diferentes abordagens na manufatura, o que extrapola a produção e influencia toda a organização, concluindo: o desenho organizacional é afetado pela tecnologia; há forte correlação entre estrutura organizacional e previsibilidade das técnicas de produção; organizações com operações estáveis e permanentes requerem estruturas burocráticas, com administração mecanicista; e há predomínio de funções na organização, como vendas, finanças e produção, a depender da tecnologia predominante. Há, assim, consequências da tecnologia em termos de áreas predominantes, previsibilidade de resultados, quantidade de níveis hierárquicos, padronização e automação, com um imperativo tecnológico a determinar a estrutura e o comportamento organizacional.

Esses autores muito contribuíram, mas foram Lawrence e Lorsch que marcaram o aparecimento e a denominação da Teoria da Contingência por meio de sua pesquisa sobre defrontamento entre organização e ambiente. Pesquisaram dez empresas em diferentes meios industriais para verificar como o ambiente as influenciava, resultando em suas conclusões de que os problemas organizacionais básicos estão na diferenciação e integração. A primeira se refere à divisão da organização em subsistemas ou unidades para desempenhar uma tarefa especializada para um contexto ambiental também especializado. O ambiente requer respostas diferentes e a organização deve ser dividida em subsistemas ou unidades para fornecê-las.

Daí a necessidade de integração, em que ocorre o oposto, com a organização necessitando integrar subsistemas ou unidades para obter unidade de esforços e responder ao seu ambiente. A estrutura organizacional deve ser coerente com o nível de complexidade requerido pela integração em resposta à estrutura concebida para responder à diferenciação exigida pelo ambiente. Diferenciação e integração são antagônicas e opostas e, quanto mais diferenciada for a organização, ou o sistema, maior o esforço para integrá-la. A diferenciação e a integração são requeridas pelo ambiente e a organização é bem-sucedida ou não à medida que se aproxima ou se afasta de suas exigências ou condições.

Em suas pesquisas, os autores concluíram que as organizações são de natureza sistêmica ou sistemas abertos; apresentam relações entre suas partes e com o ambiente externo, o que explica a interação íntima existente entre o ambiente e suas características de diferenciação e integração; e as variáveis ambientais são independentes, enquanto as variáveis internas dependem delas. Afirmaram que nada há de absoluto nos princípios gerais da Administração, devendo substituir seus aspectos universais e normativos pelo critério de ajuste contínuo entre organização, ambiente e tecnologia. Por meio de suas pesquisas, originaram a Teoria da Contingência ao revelar a estreita dependência existente entre estes.

Concluíram que as características da organização não dependem dela mesma, mas das circunstâncias ambientais e da tecnologia que utiliza, sendo essencial o estudo desses componentes para entendê-la, organizá-la e administrá-la. Não adianta tratá-la apenas por meio dos padrões lógicos e racionais trazidos pelas teorias tradicionais sem atentar para o tipo de ambiente em que ela atua e a tecnologia que utiliza, pois, desse modo, pode-se alcançar eficiência interna, mas não a eficácia requerida pelo ambiente, o que a ameaça em sua existência. Formularam assim a Teoria da Contingência, que afirma não haver uma única melhor maneira de organizar e administrar organizações, com estas precisando ser ajustadas contínua e sistematicamente às condições ambientais.

Ambiente é o contexto externo à organização ou o meio em que ela está inserida. Sendo ela um sistema aberto, mantém transações e intercâmbio permanente com ele, influenciando-o e recebendo suas influências. A interação existente entre organização e ambiente começou a ser analisada principalmente pelos estruturalistas. À medida que as análises passaram a adotar abordagens de sistema aberto, aumentou a ênfase no estudo do meio ambiente como base para a compreensão da eficácia organizacional. Desse modo, as teorias administrativas foram enfatizando aspectos internos e externos à organização em um *continuum* de teorias, como as Clássica, das Relações Humanas, da Burocracia, Estruturalista, Comportamental, do Desenvolvimento Organizacional, dos Sistemas e da Contingência.

O ambiente é muito amplo, variável e complexo e, por isso, as organizações não conseguem compreendê-lo totalmente. Para reduzir suas incertezas, precisam explorá-lo e discerni-lo por meio do mapeamento de seu espaço ambiental e da seleção de partes em seu enorme conjunto ou variáveis, visando melhor conhecê-lo e explorá-lo a partir de informações e motivos que estão em jogo. As organizações percebem subjetivamente seu ambiente de acordo com suas expectativas, suas experiências, seus problemas e suas convicções e motivações. Essa percepção é o conjunto de informações selecionadas e estruturadas em função de sua experiência, de suas necessidades e de suas intenções ou de seus dirigentes, sendo dependente e exclusiva do que a organização considera relevante.

No fundo, é a percepção obtida por todo organismo capaz de se deslocar e mobilizar em busca de um melhor posicionamento em seu ambiente, ligada à captação e ao tratamento de informações úteis, a que a organização deve responder no sentido de se adaptar, desenvolver e sobreviver. Constitui-se em mecanismo regulador essencial da atividade organizacional, em que a percepção e seleção ambiental são realizadas por pessoas que possuem a função de interligar organização e ambiente e que se submetem a padrões e critérios adotados por ela, que são diferentes em cada organização. Buscam a consonância da organização com o ambiente para ajustá-la de acordo com suas ideias e seus pensamentos em relação a ele, reduzindo a dissonância a partir das informações obtidas.

À medida que observam desvios ou incoerências em relação a suas percepções ou crenças, buscam restabelecer o equilíbrio, promovendo modificações ou revendo informações. Conceito importante é o de limite ou fronteira organizacional, que são os aspectos que definem ou separam a organização e o ambiente. Várias abordagens podem ser utilizadas para diferenciá-los, o que às vezes não é fácil e depende da visão de quem lida com eles, podendo ser ambíguos, de acordo com os fenômenos observados ou percebidos. Organização e ambiente possuem dimensões contíguas, sendo importante tratar os componentes ambientais relevantes para perceber seus elementos de ligação e lidar com eles, visando criar estratégias de sobrevivência e sucesso, apesar de complexos e mutáveis.

Pode-se separar o ambiente nos segmentos geral, macroambiente, e de tarefa, microambiente. O geral é genérico e comum a todas as organizações; o de tarefa, mais próximo e imediato a cada uma. No geral, há elementos humanos, sociais, políticos e econômicos, condições tecnológicas, legais, políticas, demográficas, ecológicas e culturais similares a todas as organizações, que sempre mudam. Não é um ente concreto com que se lida diretamente, mas um conjunto de condições genéricas e externas que afetam a todas, como novas tecnologias, normas, decisões e definições políticas, desenvolvimento econômico ou retração, inflação, renda, crescimento da população, raça, religião, clima e cultura. Estas variam e interagem, com efeito amplo, sistêmico e difícil de prever. A complexidade desse ambiente causa muitas incertezas e exige atenção das organizações no sentido de sobreviver e obter sucesso.

Já o ambiente de tarefa é o ambiente de operações de cada organização, de onde extrai suas entradas e onde deposita suas saídas. Constitui-se, principalmente, de fornecedores, matérias-primas, recursos humanos, financeiros etc.; clientes, de seus produtos ou serviços; concorrentes, quanto aos recursos de entrada ou de saída, produtos ou serviços obtidos ou ofertados; e entes reguladores ou fiscalizadores, como sindicatos, associações de classe, órgãos governamentais, de proteção ao consumidor e outros, podendo ser indivíduos, grupos e organizações.

O ambiente de tarefa é definido pela organização ao decidir sua área de atuação ou o mercado de seus produtos ou serviços. É nele que ela assume suas obrigações em termos de produtos ou serviços e inclui tecnologia utilizada, população a ser servida ou atendida e serviços a serem prestados. É o local em que estabelece seu nicho ecológico para desenvolver suas atividades e estabelecer seu domínio. Este representa sua influência e seu poder sobre o ambiente, que também pode não ser obtido e representar sua dependência em relação a ele. Quando suas decisões afetam as dos fornecedores de suas entradas ou dos tomadores de suas saídas, possui poder sobre seu ambiente de tarefa, mas, quando dependem de seus fornecedores ou dos consumidores de seus produtos ou serviços, há sujeição a ele.

A estratégia organizacional busca o domínio desse ambiente, aumentando poder ou reduzindo dependência, o que é definido e conquistado por meio da competição e da negociação com outras organizações pertencentes ao mesmo ambiente. Para não o perder, pode haver consenso de domínio no sentido de minimizar a competição entre elas, o que passa pelo comprometimento com fornecedores, clientes, concorrentes e grupos reguladores para mantê-lo. Ao contato existente entre organização e ambiente de tarefa se denomina interface e é neste ponto que entradas e saídas passam pelos limites ou pelas fronteiras entre eles. A análise desse ambiente permite perceber o alcance da interação da organização com ele, como influências e reações, estímulos e respostas, contingências e ajustamentos.

Essa percepção permite reconhecer os componentes ambientais relevantes para as atividades da organização e para o alcance de seus objetivos. O reconhecimento do ambiente de tarefa responde à indagação sobre quais elementos ambientais fornecem oportunidades ou ameaças e quais clientes, fornecedores, concorrentes nas entradas e nas saídas e elementos regulamentadores são reais e potenciais. Quanto mais conhecimento de seu ambiente de tarefa, menor a incerteza em relação a ele e maior a possibilidade de a organização evitar suas ameaças e aproveitar suas oportunidades. Apesar de sua complexidade, a incerteza maior pode estar na forma como os administradores percebem e interpretam o ambiente de tarefa de sua organização do que nele próprio.

Isso explica o avanço das teorias administrativas em direção à abordagem de sistema aberto, pois, como sistemas fechados, as organizações não percebem oportunidades e ameaças ambientais e se fecham em busca de uma eficiência que interessa mais a elas do que ao ambiente em que atuam e que as mantém. Ele oferece oportunidades ou situações potencialmente favoráveis que devem ser reconhecidas e exploradas, mas impõe também restrições, coações, contingências e problemas, obrigando as organizações a atuarem em função dele. A estrutura, a estratégia e o comportamento organizacional dependem de muitos elementos do ambiente, como controle de preços, políticas governamentais, situação econômica do país e do mundo, pedidos de falências, greves e abastecimento de mercado.

O ambiente oferece recursos e oportunidades, mas também pressões e ameaças, o que exige capacidade dos administradores para reconhecer e administrar esses elementos em busca do resultado organizacional. São as forças ambientais, que exigem respostas da organização e a fazem procurar aproveitar as influências positivas e amortecer, absorver ou se ajustar às influências negativas vindas do ambiente. Essas respostas realimentam todo o processo, fazendo com que ela aprenda a identificar seu ambiente e a se comportar diante dele, evitando, reduzindo ou neutralizando seus impactos negativos e aproveitando suas oportunidades para sobreviver e obter sucesso. É a aprendizagem organizacional que faz a organização se mover em um ambiente cada vez mais mutável e complexo.

Cada organização está exposta a apenas uma parte do ambiente, que possui características que a influenciam e a diferenciam das demais. Há vários modelos de análise ambiental, como os que classificam o ambiente segundo a estrutura, em homogêneo e heterogêneo, e a dinâmica, em estável e instável. O homogêneo é o ambiente composto de fornecedores, concorrentes e clientes semelhantes, com pouca segmentação ou diferenciação; o heterogêneo é o que possui muita diferenciação entre fornecedores, concorrentes e clientes e uma grande variedade de problemas diferentes; estável, o que se caracteriza por pouca mudança ou mudança lenta, progressiva e previsível; e o instável, em que há muitas mudanças, com turbulências permanentes que geram instabilidades e incertezas na organização.

Nesses tipos de ambientes, há um *continuum* da homogeneidade à heterogeneidade e da estabilidade à instabilidade. Possuem características próprias que influenciam a estrutura, a reação e o comportamento organizacional, exigindo respostas de acordo com o que neles ocorrem. Ambiente de tarefa homogêneo exige menor diferenciação, estrutura organizacional simples e centralizada e pouca departamentalização; heterogêneo provoca estrutura organizacional complexa, descentralizada e com maior necessidade de diferenciação e maior departamentalização; estável permite estrutura burocrática e conservadora, já que o ambiente possui pouca contingência, mudança e inovação; ambiente de tarefa instável possui maiores contingências, o que exige estrutura organizacional mutável e inovadora.

Além do ambiente, a tecnologia é outra variável independente que influencia fortemente as características da organização, variando de uma para outra, que a utiliza de acordo com suas atividades e operações. Ela se constitui no conhecimento desenvolvido e acumulado sobre gestão, atividades, operações ou tarefas, sendo responsável por transformar entradas ou insumos em saídas ou produtos e serviços. Está contida em bens físicos ou de capital, como máquinas, equipamentos e instalações, e nas pessoas, como gestores e técnicos, existindo na forma de conhecimento intelectual ou operacional e, ainda, na forma de documentos, manuais, projetos, patentes, relatórios e outros.

Permeia toda atividade humana e organizacional e é utilizada para transformar insumos materiais, como matérias-primas, ou simbólicos, como dados e informações, em bens ou serviços, modificando sua natureza ou característica. Pode estar no ambiente externo ou interno à organização. No primeiro, influencia de fora para dentro, como força externa e estranha à organização, que possui pouco entendimento e controle sobre ela. Quando interna, influencia como recurso próprio que atua com os demais recursos e proporciona capacidade e desempenho para a organização lidar com as forças ambientais. Alguns autores afirmam que a tecnologia não é algo concreto, mas conhecimento acumulado pelo homem de como fazer, que cria instrumentos para alcançar seus objetivos.

Abrange conhecimentos técnicos, com seus aspectos físicos e concretos, conceituais e abstratos, como máquinas, equipamentos, instalações, fórmulas, manuais, planos, projetos, métodos de direção e administração, políticas, programas, métodos de trabalho e outros, cujo desenvolvimento tem ocorrido de forma rápida e com cada vez mais impacto no ambiente e nas organizações. Alguns autores contingenciais afirmam que a organização é eficaz quando sua estrutura se adapta ao tipo de tecnologia que utiliza e aos resultados que pretende alcançar, com sua estrutura revelada pela natureza da tecnologia que utiliza e pelos fatores ambientais em que atua. É uma inversão da Teoria Clássica, dando ao ambiente e à tecnologia papel central e determinante nas organizações.

Alguns autores propuseram classificações ou tipos de tecnologia, como Thompson[73], Bates[74] e Perrow[75]. Thompson apresentou três tipos, conforme seu arranjo, e os relacionou com as teorias administrativas: tecnologia de elos em sequência, representada pelas linhas de montagem de produção em massa, com cada tarefa dependendo da anterior. Enfatiza o produto, é fixa e estável e está relacionada à Administração Científica, com o esforço humano na tarefa substituído por máquinas e computadores; mediadora, que interliga clientes interdependentes,

---

73. James David Thompson (1920-1973). Sociólogo estadunidense.
74. Frederick L. Bates (1924). Sociólogo estadunidense.
75. Charles Perrow (1925 - 2019). Sociólogo estadunidense.

como nos bancos, entre depositantes e tomadores de empréstimos. As tarefas são dispersas, mas padronizadas. É fixa e estável e o produto, abstrato. Está ligada ao impessoalismo, à padronização e ao regulamento da Teoria da Burocracia.

Por último, a tecnologia intensiva, que representa a convergência de várias habilidades e especialidades sobre um único cliente e depende da retroação que este fornece, como em emergências hospitalares. É flexível e sua ênfase é no cliente, de acordo com sua retroação, utilizando conceitos da Teoria da Contingência. Junto com Bates, classificou ainda a tecnologia em dois tipos básicos: fixa e flexível. A fixa se destina a um único fim, sem outra utilização, como em siderúrgicas. A flexível é maleável, podendo ser utilizada em produtos ou serviços diferentes, como nas oficinas em geral. Classificaram os produtos em concretos, que são palpáveis, tangíveis, identificados, medidos e avaliados, e abstratos, estes intangíveis, não palpáveis, não claramente identificados nem especificados.

Para eles, a influência da tecnologia fixa ou flexível é mais perceptível ao associá-la ao tipo de produto, sugerindo quatro combinações de tecnologia: fixa e produto concreto; fixa e produto abstrato; flexível e produto fixo; e flexível e produto abstrato. A primeira é típica de organizações de pequena ou difícil possibilidade de mudança tecnológica, que se preocupam com a aceitação ou a colocação de seus produtos no mercado. Focam sua estratégia na área mercadológica, como na indústria automobilística. Na segunda, a organização é capaz de mudar, mas a tecnologia inflexível a limita, como nas instituições educacionais, de cursos baseados no conhecimento, que precisam influenciar o ambiente para aceitar novos produtos ou serviços. Sua estratégia foca também a área mercadológica.

Na tecnologia flexível e produto concreto, há relativa facilidade de mudança nos produtos ou serviços oferecidos, sendo possível adaptar máquinas, equipamentos, pessoas, técnicas, conhecimentos etc., como na indústria de equipamentos eletrônicos. A estratégia organizacional foca inovação e criação de novos produtos ou serviços por meio de pesquisa e desenvolvimento. Por último, na tecnologia flexível e produto abstrato, existe alta possibilidade de mudança tecnológica e nela se encontram organizações com grande capacidade de adaptação ao ambiente, como em consultorias e auditorias. Suas estratégias focam pesquisa e desenvolvimento, área mercadológica e pessoal, e consenso externo, quanto a novos produtos e serviços, e interno, quanto a novos processos produtivos.

Os autores associam oportunidades, coações e contingências ambientais a cada tipo de tecnologia e de produto fornecido pela organização. Exemplificando, a tecnologia fixa pode levá-la a perder para outra organização de tecnologia mais flexível a oportunidade de produzir determinado produto ou serviço. Quanto mais fixa a tecnologia, mais difícil e demorada se torna a produção de um novo produto ou serviço. Por outro lado, quanto mais complexa a tecnologia utilizada, mais difícil se torna a entrada de novos concorrentes no mercado. Assim, o tipo de tecnologia utilizada e o tipo de produto ou serviço ofertado são fatores fundamentais para definição da estratégia de atuação de uma organização, o que define também o nível de influência de seus fatores tecnológicos ou humanos.

Quanto mais mecanizada e automatizada a organização, maior a influência dos fatores tecnológicos e menor a dos fatores humanos, como nas siderúrgicas e refinarias de petróleo; quanto menos mecanizada e automatizada, maior a influência dos fatores humanos e menor a dos tecnológicos, como na construção civil, auditoria e consultoria. Em todas as organizações, existe um *continuum* que inicia pela quase ausência de mecanização e automação ao seu uso quase total.

Perrow afirmou que as organizações se dedicam ao trabalho para gerar seus produtos ou serviços, fazendo-o por meio de tecnologias. As máquinas e os equipamentos são seus componentes, mas o mais importante é o processo que transforma insumos em resultados, a tecnologia em si ou a técnica que permite essa transformação. A tecnologia se dá em sentido estrito, por meio do conhecimento que está na mente das pessoas, que ocorre a partir de suas competências técnicas, sendo as máquinas e os equipamentos apenas os instrumentos que as auxiliam.

Para o autor, cada indivíduo recebe estímulos variáveis em forma de ordens, regulamentos e sinais, devendo respondê-los no exercício de seu cargo. Sua abordagem se baseia em quatro fundamentos: a característica da tecnologia que utiliza é o que define a organização; a tecnologia é a variável independente e os arranjos organizacionais para produzir produtos ou serviços, as dependentes; as organizações devem ser estudadas em sua totalidade, não em seus processos específicos ou em suas subseções; e a tecnologia é a melhor base para comparar organizações.

Para os autores contingenciais, a alta influência da tecnologia sobre a organização e seus participantes internos determina a natureza da estrutura e do comportamento organizacional, proporcionando alto impacto em sua natureza e seu funcionamento. Ao analisar ambiente e tecnologia e suas influências nas organizações, concluíram pela não universalidade dos princípios da Administração e que não há uma única melhor forma de estruturar, organizar e administrar organizações. Tecnologia é sinônimo de racionalidade técnica para obter eficiência e eficácia. O conhecimento humano sobre atividades, processos e formas de administrar somado a máquinas, equipamentos e outros instrumentos são ferramentas tecnológicas de alto poder na forma de organizar e administrar organizações.

O ambiente e a tecnologia são as variáveis independentes, que impõem desafios e levam as organizações a se diferenciarem em cada um de seus três níveis, institucional ou estratégico, tático ou intermediário e operacional, enquanto a estrutura e o comportamento organizacional são as variáveis dependentes. O nível estratégico é o mais elevado, que mantém a interface com o ambiente externo, sendo responsável pela tomada de decisão e pelo estabelecimento de objetivos organizacionais e estratégias para alcançá-los. Lida com a incerteza, não tendo como prever acontecimentos atuais ou futuros, não possuindo poder ou controle sobre o ambiente. É composto de proprietários ou executivos.

O nível tático ou intermediário fica entre o estratégico e o operacional, ligando os dois. Tenta traduzir e adequar ao nível operacional os objetivos e as estratégias definidos pelo nível estratégico. É composto pela média administração, responsável por transformar as estratégias em programas de ação para atingir os objetivos organizacionais. Defronta-se com o risco e a incerteza do nível estratégico, que lida com um ambiente externo complexo e mutável, e com a certeza e a lógica do nível operacional, que lida com operações bem definidas e delimitadas. Amortece e limita os impactos da incerteza do primeiro nível para que programas e procedimentos de trabalhos definidos no nível operacional sejam executados com eficiência, atendam ao ambiente e alcancem os objetivos organizacionais.

No nível tático, é preciso flexibilidade ou elasticidade para absorver, amortecer, cadenciar ou conter pressões ambientais para não prejudicar as operações no nível operacional, que é o núcleo técnico e se localiza na parte inferior da organização. Este se relaciona com os problemas na execução das tarefas, operações ou atividades cotidianas, com os recursos a serem processados e com a cooperação técnica dos especialistas. Nele, localizam-se máquinas, equipamentos, instalações físicas, linhas de montagem, especialistas no trabalho etc., para que produtos e serviços sejam elaborados. Atende a rotinas e procedimentos programados, regulares e contínuos estabelecidos ou aceitos pela organização, no intuito de assegurar a utilização plena dos recursos e a máxima eficiência das operações.

Analisando seus níveis estratégico, tático e operacional, é possível perceber como as organizações enfrentam o ambiente externo. De um lado, são sistemas abertos e lidam com oportunidades, problemas e incertezas decorrentes de coações e contingências ambientais que lhes penetram pelo nível institucional ou estratégico, com a eficácia ocorrendo quando são capazes de se antecipar às oportunidades, de se defender das coações e de se ajustar a essas contingências. Por outro lado, são também sistemas fechados na medida em que seu nível operacional funciona na lógica da certeza e da previsibilidade, utilizando tecnologias de acordo com critérios racionais que buscam eficiência por meio de rotinas e procedimentos padrão, repetitivos e que visam à melhor aplicação dos recursos.

O nível institucional relaciona a organização ao ambiente externo em um contexto de imprevisibilidade e incerteza, com comportamento para fora, visão de longo prazo, processos não programados, preocupação com a eficácia e lógica de sistema aberto. O nível intermediário procura amortecer a incerteza, integrar e coordenar as atividades internas, com comportamento de ligação, visão de médio prazo, processos programados e não programados e lógica dual, de sistema aberto e fechado. O nível operacional procura cumprir metas e programas cotidianos, com previsibilidade e certeza, comportamento para dentro, visão de curto prazo, processos programados, busca da eficiência e lógica de sistema fechado.

As organizações procuram reduzir suas incertezas por meio da percepção, captação e compreensão dos fenômenos que ocorrem em um ambiente de tarefa difícil de ser completamente conhecido, buscando compreender suas ameaças e oportunidades com o fim de evitá-las ou aproveitá-las. A incerteza não está totalmente no ambiente externo, mas também na organização, e seu nível depende da forma como ela lida com ele e o compreende. Para Thompson, a incerteza é o problema fundamental das organizações à medida que se tornam complexas, sendo a luta contra ela a essência do processo administrativo. Elas procuram reduzir a incerteza por meio da racionalidade, protegendo seu núcleo técnico das variáveis que possam afetá-lo.

Para isso, procuram dar racionalidade às atividades de entrada, de funcionamento e de saída. Problemas decorrentes da aquisição de insumos e da colocação dos produtos ou serviços no mercado, que dependem do ambiente e são incertos e problemáticos, precisam ser afastados do núcleo técnico para outros níveis, a fim de que este siga seu curso de racionalidade e eficiência. Assim, adotam mecanismos em sua defesa, como: amortecimento das influências ambientais nas atividades de entrada e saída; suavização das transações de entrada e saída, diminuindo flutuações ambientais; previsão ou adaptação das variações ambientais por meio da descoberta de fatores de sazonalidade; e racionamento dos produtos ou serviços quando são procurados em demasia ou sua oferta não pode ser aumentada.

Fica claro então que as organizações são sistemas abertos que lidam com as incertezas provocadas pelo ambiente, buscando a racionalidade interna para atuar em resposta a elas. Isso faz com que sua estrutura e seu comportamento sejam contingentes, pois cada uma enfrenta fatores tecnológicos e ambientais diferentes que impedem a existência de uma única melhor forma de estruturá-las, organizá-las e administrá-las. Procuram minimizar as contingências lidando apenas com as necessárias, respondendo com estrutura e comportamento adequados a cada situação, pois suas variáveis internas, sobre as quais possuem mais controle, subordinam-se às contingências tecnológicas e ambientais.

Isso significa que as organizações devem manter seu funcionamento e sua integridade mesmo que a tecnologia e o ambiente de tarefa lhes sejam adversos, sendo sua estrutura e seu comportamento considerados ótimos apenas quando compatíveis com eles. A Administração Científica focou a organização com base na certeza e na previsibilidade; na atualidade, a organização é mais visualizada do ponto de vista da incerteza provocada pelo ambiente. Essas diferentes visões fazem com que se incorporem aos seus sistemas internos os fenômenos de sistema fechado e de alta racionalidade e, na periferia ou no contato com o ambiente, os de sistema aberto e de racionalidade mais limitada.

Assim, a Teoria da Contingência procura desenhar as organizações utilizando a abordagem de sistema aberto, configurando sua estrutura e nela arranjando seus órgãos e suas pessoas para aumentar sua eficiência visando à eficácia. Para desenhá-las, algumas variáveis relevantes devem ser observadas e tratadas. Por exemplo, na entrada: fornecedores de recursos, concorrentes em sua obtenção e entidades reguladoras; no processamento: tecnologia, física ou concreta, abstrata ou conceitual, tarefas, funções, operações ou processos, estruturas, indivíduos e relações entre eles, cargos ou unidades, hierarquia de autoridade e esquema de diferenciação e integração; e na saída ou resultado: medidas de eficácia.

O desenho organizacional deve considerar ainda fatores de: contexto da organização, como papel que desempenha, ambiente, tecnologia e recursos humanos; dimensões anatômicas, como tamanho, configuração e dispersão das unidades; feições operacionais, como autoridade, atividades e controles; e consequências comportamentais, como desempenho, satisfação, *turnover*, conflito, ansiedade e padrões informais de relacionamento. Como estes variam e são diferentes em cada organização, não há como existir princípios gerais para o desenho organizacional, que se constitui em uma das prioridades da Administração no alcance dos objetivos organizacionais.

Porém, mesmo sem princípios gerais, o desenho organizacional deve abranger três aspectos básicos: estrutura, a partir da descrição de cargos, organogramas, fluxogramas etc., visando melhor alocar pessoas e recursos e melhorar a coordenação; instrumentos de operação, para comunicar o que se espera de cada participante, que se dá por meio de procedimentos de trabalho, padrões de desempenho, sistemas de avaliação e recompensas e outros; e mecanismos de decisão, que permitam meios para que ela ocorra, a partir de arranjos para obter informações do ambiente externo e de procedimentos para cruzá-las, avaliá-las e disponibilizá-las. Agrupar funções, alocar responsabilidades e tomada de decisão, coordenar e controlar são requisitos no desenho e na operação das organizações.

Jay Lorsch propõe um desenho de estrutura a partir de conceitos de diferenciação e integração, na lógica de agrupar atividades em unidades, estruturá-las e desenhar esquemas integrativos. Em termos de desenho organizacional, o ambiente em que as organizações atuam é complexo e mutável e, por isso, suas estruturas devem ser flexíveis e adaptadas a ele, o que fez surgir novas estruturas organizacionais desde a Administração Científica até os dias atuais. É o caso da estrutura matricial ou organização em grade, que combina a departamentalização funcional e por produto ou projeto. Nela, desconsidera-se o princípio da unidade de comando, com dupla subordinação dos empregados, aos gerentes de função e de produto ou projeto, de modo simultâneo.

É uma tentativa de tornar a estrutura funcional mais ágil e flexível a mudanças. Porém, apesar de importante na resposta às demandas ambientais por agilidade e flexibilidade, a estrutura matricial possui limitações. Como vantagem, potencializa os dois tipos de estrutura, por função e por produto ou projeto, neutralizando suas fraquezas e desvantagens, como o foco da primeira apenas na especialização e o da segunda apenas no negócio. Como limitação, viola a unidade de comando, com conflitos de duplicidade de supervisão, enfraquecendo a cadeia de comando e a coordenação vertical, apesar de melhorar a horizontal. Seu grande ganho é estimular nova cultura organizacional, nova mentalidade e novo comportamento, melhorando as respostas à complexidade e aos desafios atuais.

Os conceitos que tratam de equipes também vêm sendo bastante utilizados pelas organizações modernas. A cadeia vertical de comando concentra responsabilidade no topo e acaba por centralizar decisões e enfraquecer e subutilizar equipes e pessoas que poderiam acrescentar suas contribuições aos resultados organizacionais. Percebendo isso e procurando mais flexibilidade, agilidade e melhores resultados, as organizações passaram a delegar autoridade e a dar mais responsabilidade aos níveis inferiores por meio da criação de equipes participativas. Elas são utilizadas de forma permanente ou temporária e geralmente são compostas de integrantes com conhecimentos multidisciplinares, dando-lhes força, autonomia, liberdade de comportamento e responsabilidade pelas metas organizacionais.

Possui vantagens, como: proporcionar economia de escala e maior relacionamento grupal; reduzir barreiras entre unidades e aumentar responsabilidades ao aproximar pessoas; dar rapidez às respostas ao ambiente ao dispensar aprovação hierárquica nas decisões; enriquecer e ampliar tarefas, aumentando participação e motivação das pessoas ao retirá-las da rotina e monotonia das tarefas departamentais; e reduzir estrutura hierárquica e custos. Possui limitações, como: conflitos, por exigir dupla lealdade de compromisso nos participantes, à equipe e à estrutura funcional; dispêndio de tempo e recursos em reuniões, aumentando o tempo de coordenação; e risco de descentralização excessiva e não planejada e de troca do foco no objetivo da organização pelo foco no objetivo da equipe.

Outra abordagem de estrutura organizacional recente e muito utilizada pelas grandes empresas é a das redes dinâmicas. Consiste em desagregar suas funções e transferi-las para outras empresas ou unidades, interligando-as por uma pequena organização coordenadora, que passa a se constituir em seu núcleo central. Produção, vendas, engenharia, contabilidade e outras passam a compor uma rede por meio de centros de serviços que atuam por meio de contratos e são conectados eletronicamente a um ente central que as integra e coordena. A empresa se concentra apenas em seu negócio essencial e central e transfere para outras as atividades não essenciais que elas podem fazer melhor e mais barato. É algo similar às alianças estratégicas, que estão eliminando as fronteiras existentes entre as empresas.

Suas vantagens: competitividade em escala global, aproveitando oportunidades no mundo todo e obtendo qualidade e menor preço em seus produtos e serviços; flexibilidade da força de trabalho e habilidade em fazer as coisas onde são necessárias, reduzindo tecnologia fixa e obtendo maior flexibilidade na atuação; e redução de custos administrativos, principalmente ao reduzir níveis hierárquicos. Limitações: falta de controle global, a depender de contratos, coordenação e negociação com outras empresas; incerteza e potencial de falhas, já que não existe controle direto sobre toda operação; e enfraquecimento da cultura corporativa e da lealdade dos empregados à organização.

Como desenho de estrutura organizacional, surgiu ainda a adocracia, como o inverso da burocracia, com estrutura flexível e capaz de se moldar de forma rápida e contínua às mudanças ambientais. Busca redução do formalismo, descentralização, direção participativa e democrática e autocontrole, com base em equipes temporárias, focadas em solução de problemas e orientadas para resultados. Vem das forças-tarefas utilizadas por militares para enfrentar situações urgentes de forma rápida e objetiva, criadas e dissolvidas logo depois. Caracteriza-se por pouca regra, equipes temporárias e multidisciplinares, autônomas e autossuficientes, autoridade descentralizada em equipes autoadministradas, atribuições e responsabilidades fluidas e mutáveis e liberdade de trabalho.

A partir da abordagem contingencial, a estratégia passou a ser vista também de outra forma. Deixou de ser um processo formal, rígido e sequencial, que segue etapas preestabelecidas no sentido de definir meios de alcançar objetivos, e passou a ser um comportamento global e contingente em relação ao ambiente. Deixou de ser um evento unilateral da organização, que busca compatibilizar suas condições internas às condições externas, e passou a ser um processo contínuo de definição de alternativas de comportamento no sentido de aproveitar oportunidades e prevenir ou evitar ameaças ambientais. Entre as abordagens contingenciais aplicadas à estratégia, é importante mencionar as da escola ambiental, da escola do design ou do desenho estratégico e da escola do posicionamento.

Os autores contingenciais têm o ambiente mais como ator do que como fator, sendo a organização o elemento passivo e reagente a ele, às suas exigências, demandas e condições. Assim, subordina-se a ele e monta suas estratégias em reação às suas forças. É o nicho ecológico, para a escola ambiental, ou o mercado, para a escola do posicionamento, em que deve competir com outras organizações em seu ambiente de tarefa. As principais características da escola ambiental são as de que o ambiente se compõe de um conjunto de forças gerais e é o agente central no processo de definição da estratégia da organização, fazendo-a percebê-lo, entendê-lo e montar suas estratégias para responder a ele, defendendo-se de suas ameaças e aproveitando suas oportunidades sob o risco de ser eliminada.

A escola do desenho estratégico é a mais influente e prática no processo de formulação da estratégia organizacional. Procura compatibilizar os aspectos internos e externos à organização e tem a formulação da estratégia como um processo consciente e voltado para a definição prévia de objetivos. O modelo de formulação da estratégia deve ser simples e formal, com a estratégia sendo exclusiva de cada organização e com o executivo principal sendo o responsável por ela. Seu processo se constitui no mapeamento do ambiente externo, na avaliação interna, na compatibilização dos aspectos internos e externos e na definição da estratégia. No mapeamento, procura-se descobrir o ambiente externo por meio de diagnóstico que objetiva encontrar oportunidades a explorar e ameaças a neutralizar.

Na avaliação interna, o diagnóstico procura descobrir a organização com o fim de identificar suas forças, para ampliá-las, e suas fraquezas, para corrigi-las ou melhorá-las. Depois dos diagnósticos externo e interno, procura-se compatibilizar, conciliar ou harmonizar os aspectos internos e externos da melhor forma, definindo-se então os objetivos organizacionais. Na definição da estratégia, ocorre a intenção declarada de fazer com que estrutura organizacional, processos internos, recursos humanos, cultura, produtos ou serviços e todos os elementos organizacionais estejam aptos a buscar os objetivos globais declarados pela organização e a seguir os rumos definidos por ela para o longo prazo.

A escola do posicionamento procura desenvolver posicionamentos estratégicos a partir de conceitos e análises de mercado, buscando relações entre condições externas e estratégias internas, principalmente em termos de perspectivas de crescimento e participação no mercado, concorrência, rivalidade, ameaças, fornecedores e clientes. Tudo com o fim de gerar estratégias de sobrevivência e sucesso específicas para cada organização, esta considerada sempre diante de um ambiente complexo e mutável, que exige situações genéricas para atendê-lo conforme suas demandas, exigências e condições. Para essa escola, o poder das forças ambientais define a estratégia organizacional, sendo interessante o trabalho de Porter[76] nesse sentido.

Segundo ele, as organizações devem analisar cinco forças ambientais: intensidade da rivalidade entre concorrentes; ameaça de novos entrantes no mercado; poder dos fornecedores; poder dos clientes; e ameaça de produtos substitutos. A partir dessas análises, devem seguir três modelos de estratégias abrangentes e genéricas, visando o alto desempenho: liderança em custo; diferenciação; e foco. Na primeira, almejam produção de baixo custo, contando ganhos de experiência, investimento em instalações para produção em larga escala, economias de escala e monitoramento de custos; na diferenciação, procuram desenvolver produtos ou serviços únicos ou exclusivos, buscando lealdade do cliente por meio de melhor qualidade, melhor desempenho etc., o que justifica preços mais elevados.

Na estratégia de foco, buscam atender a segmentos de mercado definidos e estreitos, como grupos de clientes, mercados geográficos e linhas de produtos, podendo combiná-la com a liderança de custo ou a diferenciação. O autor trouxe o conceito de cadeia de valor para atender a essas estratégias, sugerindo que a organização pode ser desagregada em atividades primárias e de suporte e sua gestão fornece suas margens de lucro. As primárias são o fluxo de produtos ou serviços até o cliente, como: logística de entrada, recebimento, armazenagem etc.; operações ou transformações; logística de saída, processamento de pedidos, distri-

---

76. Michael Eugene Porter (1947). Consultor e autor estadunidense na área de estratégia organizacional e economia.

buição etc.; marketing; e vendas e serviços, instalações, reparos etc. As de suporte as apoiam, como suprimentos, desenvolvimento tecnológico, pessoal e finanças.

A Teoria da Contingência eleva os fatores ambientais à mais alta relevância no funcionamento de uma organização, observada sempre a tecnologia existente. Ao lidar com o homem, eleva-o também à categoria de alta complexidade e considera diversos fatores que influenciam sua motivação para contribuir com a organização e com o alcance dos objetivos organizacionais. Utiliza para tanto o conceito do homem complexo, que vai além do conceito do homem funcional, da Teoria dos Sistemas, administrativo, da Teoria Comportamental, organizacional, da Teoria Estruturalista, social, da Teoria das Relações Humanas, e econômico, da Administração Científica.

Considera-o como sistema complexo de valores, percepções, características pessoais e necessidades, capaz de manter o equilíbrio diante das demandas das forças ambientais. Além de complexo, é variável e contingencial, com motivações sujeitas a mudanças de acordo com suas relações com o ambiente. Suas características básicas são: ser transacional, que não só recebe insumos do ambiente, mas, como sistema aberto, reage a ele e o influencia; possuir comportamento dirigido para objetivos, desenvolvendo seus próprios padrões de percepções, valores e motivos; e não ser estático, mas em desenvolvimento contínuo, apesar de manter no tempo sua identidade e individualidade.

Com o conceito do homem complexo da Teoria da Contingência, o ser humano passou a ser visto como sujeito ativo, não como objeto da ação, o que contribuiu para que a variabilidade humana fosse aceita pelas organizações no lugar de tentar selecionar pessoas para padronizar seu comportamento ou adestrá-las, como nas teorias administrativas tradicionais. Passou-se a respeitar e a realçar, assim, sua personalidade e suas diferenças, buscando aproveitar suas habilidades e capacidades em benefício dos objetivos organizacionais. É uma nova forma de tratar o homem por meio da motivação e utilização de seu potencial para agregar valor ao negócio ou à organização.

Assim, os autores contingenciais avançaram em relação às teorias de McGregor, Maslow e Herzberg, vistas na Teoria Comportamental, que se baseiam em estruturas uniformes, hierárquicas e universais, rumo a uma concepção que reconhece as diferenças individuais e as diferentes situações em que as pessoas estão envolvidas. Como no modelo de Vroom[77], que parte do princípio de que a produtividade depende de três forças básicas que atuam no indivíduo: expectativa, recompensa e relação entre elas. A primeira se refere a objetivos individuais, como reconhecimento, dinheiro e segurança; a segunda, à relação percebida entre produtividade e alcance de objetivos individuais; e a terceira, à percepção de poder aumentar a produtividade para satisfazer expectativas de recompensas.

A partir dessas três forças, o autor sugere três dimensões básicas da motivação do indivíduo para que produza em quaisquer circunstâncias: Força do desejo de alcançar objetivos individuais, expectativas; relação percebida entre produtividade e alcance dos objetivos individuais, recompensas; e capacidade percebida de poder influenciar sua própria produtividade, relação entre expectativas e recompensas. O indivíduo possui expectativas de que, por meio de resultados intermediários e produtividade, alcançará o resultado que objetiva, dinheiro, benefícios, apoio, promoções, reconhecimento, aceitação etc. No entanto, muitas vezes nada disso ocorre, pois, entre outros motivos, a própria organização costuma restringir as decisões dos empregados sobre sua produtividade.

É importante que as organizações tenham alta noção da complexidade e potencialidade que existe em cada ser humano e invistam para obter o máximo de contribuição que ele está disposto a oferecer a partir de suas expectativas. Contribui com a produtividade fazê-lo sentir-se competente

---

77. Victor Harold Vroom (1932). Professor, consultor e autor canadense na área de motivação. Desenvolveu a Teoria das Expectativas da Motivação, com a qual procurou explicar as motivações humanas nas organizações.

e capaz de alcançar alto desempenho, o que pode ser feito por meio de um bom recrutamento, da capacitação, do apoio ao esforço individual e do esclarecimento sobre os objetivos de seu desempenho. A partir da identificação de suas necessidades, é fundamental que ele compreenda e confie que as recompensas almejadas virão pelo seu desempenho, o que ocorrerá por meio do esclarecimento do contrato psicológico e da comunicação do retorno que receberá pelo desempenho obtido.

Os autores contingenciais trataram também do clima organizacional como as influências do ambiente interno sobre a motivação. Pela alta importância que possui na Administração, o clima é tratado em várias teorias administrativas, sendo definido como a qualidade ou propriedade do ambiente organizacional percebida ou experimentada pelos seus participantes, que motiva ou influencia seus comportamentos e suas atitudes. Aspectos internos como estrutura organizacional, responsabilidade, risco, calor, apoio, justiça, conflito e recompensas são suas propriedades mais evidentes. A estrutura pode impor tanto limites ou controles quanto liberdade de atuação e se relaciona com a ordem e os limites ou as restrições no trabalho, como autoridade, normas, regras, regulamentos e procedimentos.

A responsabilidade pode coibir, inibir ou incentivar comportamentos e se relaciona a fatores como dependência em relação ao superior, negação da iniciativa ou restrição a decisões individuais; o risco se refere a situações de trabalho: protetora, para evitá-lo, ou impulsionadora, para incentivar a novos e diferentes desafios; calor e apoio se referem a um clima frio e negativo ou de calor humano, convivência agradável e apoio a iniciativas individuais e grupais; a justiça se refere ao tratamento justo e igualitário, assim percebido por todos; o conflito se refere a atitudes para evitar choques de opinião ou incentivá-los e administrá-los por meio da confrontação; e as recompensas, ao posicionamento prevalecente, se de críticas e punições ou de recompensas e incentivos pelo alcance de resultados.

O clima organizacional possui poderosa influência na motivação, na satisfação no trabalho e no desempenho das pessoas e a variação ou dosagem desses aspectos internos caracteriza suas diferenças. Em um ambiente cada vez mais complexo e mutável, com cada vez mais informações circulando no ambiente interno e externo das organizações e com uma diversidade de pessoas vindas de diferentes culturas e pensamentos e que se encontram e convivem diariamente nelas, há de se admitir que a administração do clima organizacional seja um fator preponderante de melhoria de seus resultados. Isso porque o fator humano possui peso fundamental no gerenciamento e no resultado de toda organização.

Os autores contingenciais realizaram ainda pesquisas no sentido de obter estilos de liderança que promovessem desempenho mais eficaz no trabalho. A partir delas, entenderam que o estilo de liderança mais apropriado é o situacional, isto é, depende da situação em que líderes e subordinados estão envolvidos. Fiedler[78] identificou três dimensões situacionais que acreditou influenciar a liderança eficaz: relação líder--membros, ou sentimentos de aceitação recíproca; estrutura da tarefa, ou seu nível de estruturação em um *continuum* que vai da rotina e programação à vagueza e indefinição; e poder de posição do líder, que se refere à autoridade atribuída ao líder independentemente de seu poder pessoal.

Para o autor, a combinação dessas dimensões proporciona diferentes oportunidades de o líder exercer influência no desempenho do grupo, de oportunidade muito favorável a muito desfavorável de obter bons resultados. Prevê estilos a adotar e posicionamentos a buscar de acordo com cada situação, constituindo-se em instrumento de busca de resultados por meio da liderança no gerenciamento, que depende das circunstâncias e da pessoa do líder. Muito importante em sua abordagem são as relações mostradas entre a liderança voltada para as relações humanas

---

78. Fred Edward Fiedler (1922-2017). Psicólogo austríaco, foi um dos principais pesquisadores do século XX em Psicologia Industrial e Organizacional.

e a liderança voltada para as tarefas, de acordo com as três dimensões, sendo chamada de Teoria Contingencial da Liderança.

A partir do modelo de Fiedler, Hersey[79] e Blanchard[80] desenvolveram uma Teoria do Ciclo Vital da Liderança, em que buscam integrar em uma abordagem única e compreensiva os conceitos de Argyris, Maslow, Herzberg, Likert, McGregor e Reddin, mostrando ser possível tratar estilos de liderança no sentido de chegar a sistemas de Administração com foco em melhoria de resultados[81]. Utilizaram os conceitos situacionais de Fiedler e o Modelo 3-D de eficácia gerencial de Reddin, os conceitos de Argyris, as necessidades descritas por Maslow, os fatores higiênicos e motivacionais de Herzberg, as teorias X e Y de McGregor e os Sistemas de Administração de Likert, todos já abordados neste livro.

A Teoria da Contingência trouxe novas colocações sobre eficiência e eficácia, considerando que as organizações devem tratá-las simultaneamente. Seus autores afirmam que eficácia é medida de alcance de resultados, de capacidade de a organização satisfazer necessidades por meio da oferta de produtos ou serviços, e eficiência, medida de utilização dos recursos para obter produtos e serviços em uma relação entre entradas e saídas, ou custos e benefícios obtidos. Praticamente toda teoria administrativa prescritiva e normativa utilizou o modelo de sistema fechado, preocupando-se basicamente com eficiência, como no burocrático, buscando adequar meios e fins, relação entre recursos aplicados e produtos obtidos, entre esforço e resultado, despesa e receita e custo e benefício.

A Administração Científica se preocupou com a racionalidade em termos de melhor forma de fazer as coisas, método, a fim de que recursos como pessoas, máquinas e matérias-primas fossem bem aplicados. Prevaleceu a eficiência, o meio, com métodos e procedimentos planejados

---

79. Paul H. Hersey (1931-2012). Cientista comportamental, empreendedor e consultor estadunidense.
80. Kennet Blanchard (1939). Autor e especialista estadunidense em gestão.
81. Idalberto Chiavenato, *Teoria Geral da Administração*, 7ª ed., Barueri, Editora Manole, v. 2, 2014, p. 492-494, refs.

e organizados para otimizar a utilização dos recursos, sem preocupação com a eficácia ou com os fins, objetivos ou resultados. Na Teoria da Contingência, as organizações devem atender à eficiência e eficácia ao mesmo tempo, fazendo certo, da melhor forma, com bons métodos e procedimentos, mas adequados, o que deve ser feito para atender às necessidades da organização e, principalmente, do ambiente. Devem atender bem aos aspectos internos, eficiência, mas para o alcance dos objetivos externos, eficácia.

Devem procurar eficiência e eficácia elevadas, com bom desempenho individual e por unidade, métodos e procedimentos racionais, menor custo, tempo e esforço, bons objetivos previamente definidos e alcançados e resultados satisfatórios para quem obtém seus produtos ou serviços e, consequentemente, para a organização. Devem explorar seu ambiente de tarefa para obter seus recursos e entregar produtos ou serviços satisfatórios para garantir sua sobrevivência e seu sucesso. Seu nível operacional deve buscar eficiência, enquanto o nível institucional deve buscar eficácia, adequando a organização ao seu ambiente de tarefa. Já o nível tático ou intermediário deve compatibilizar as necessidades de eficácia do nível institucional com as necessidades de eficiência do nível operacional.

A estrutura organizacional e o processo administrativo, planejamento, organização, direção e controle, devem ser permeados simultaneamente pela eficiência e eficácia, com essas quatro funções atuantes umas sobre as outras e afetadas por todas de modo sinérgico e sistêmico. Por conta do papel que desempenham em cada nível, institucional, intermediário e operacional, essas funções ocorrem neles de forma simultânea e diferente, adquirindo mais ou menos fechamento e foco maior ou menor em eficiência ou eficácia. Devem ser aperfeiçoadas continuamente por meio de ajustes e correções, cujas necessidades são identificadas a partir do processo permanente de retroação.

No nível institucional ou estratégico, estabelecem-se objetivos, indicadores, metas e plano estratégico, desenham-se a estrutura organizacional, estabelecem-se políticas e diretrizes, controles e avaliação do desempenho global; no nível tático ou intermediário, o plano tático e a alocação dos recursos, a estrutura das unidades e os cargos, as rotinas e os procedimentos, a gerência e aplicação dos recursos, controles e avaliação do desempenho departamental; no nível operacional, planos operacionais, métodos e processos de trabalho e de operação, chefia, supervisão e motivação do pessoal, controles e avaliação do desempenho individual. Esses elementos formam o processo administrativo e de sua definição e administração dependem a eficiência e eficácia organizacional.

Segundo a Teoria da Contingência, a eficácia de uma organização está em seu relacionamento com o ambiente e ocorre quando este lhe permite sobreviver e se desenvolver. Bons indicadores, como vendas, lucratividade, participação no mercado, confiança e outros, estão claramente associados à capacidade de a organização atrair e manter talentos de alto nível, manter moral elevado e satisfação dos empregados, baixos absenteísmo e rotatividade, boas relações interpessoais e departamentais, utilização do potencial das pessoas, capacidade de adaptação ao ambiente e outros. Bem administrado, esse conjunto permite à organização atuar em seu ambiente de tarefa, interagir com ele, cumprir suas funções e atender a necessidades recíprocas, sobrevivendo e obtendo sucesso.

As organizações atuam em um ambiente complexo, de transformações rápidas e imprevisíveis, cuja sobrevivência e cujo sucesso dependem de sua capacidade de mudar continuamente para atender às suas demandas, exigências e condições. Flexibilidade é essencial, o que depende de seus recursos humanos, pois deles depende todo processo administrativo, com seus objetivos, planos, organogramas, processos internos e outros. Vários autores procuraram medidas de eficácia das organizações, como integração entre necessidades organizacionais e individuais, Argyris, integração de objetivos pessoais e da organização, McGregor, Sistema 4 de Administração, Likert, e integração com base na produção e nas pessoas, Managerial Grid, de Blake e Mouton, já vistos nesta parte deste livro.

Importante também os critérios de Warren Bennis[82] para avaliar a saúde das organizações: adaptabilidade ou capacidade de resolver problemas e reagir com flexibilidade ao ambiente; sentido de identidade ou conhecer os objetivos de cada parte, compreendidos e compartilhados por todos; capacidade de examinar a realidade ou conhecer, perceber e interpretar o ambiente, principalmente no que se relaciona à organização; e estado de integração interna de suas partes, acrescentado por Edgar Schein[83], com coordenação e integração para que alcancem sinergia. Para a Teoria da Contingência, deve haver critério múltiplo para incluir essas quatro variáveis na análise da eficácia, que são específicas para cada organização dentro do contexto tecnológico e ambiental em que ela atua.

A Teoria da Contingência representa a mais recente, coesa e integrada das principais teorias administrativas. Nela, todas as teorias anteriores são consideradas e seus conceitos redimensionados, atualizados e integrados sob o ponto de vista sistêmico. Utiliza mutuamente as cinco grandes ênfases da Teoria da Administração, na tarefa, Administração Científica, na estrutura, Teoria Clássica, Neoclássica, da Burocracia e Estruturalista, nas pessoas, Teoria das Relações Humanas e Comportamental, na tecnologia, Teoria dos Sistemas e da Contingência, e no ambiente, Teoria dos Sistemas e da Contingência. Ao utilizá-las, tem como fim obter coordenação e integração de toda a organização a partir do ambiente e da tecnologia existente.

Com ela, a administração das organizações passou a ser circunstancial e situacional, pois se entendeu que em Administração nada é absoluto ou aplicável como princípio universal e definitivo. A visão contingencial requer habilidades de diagnóstico situacional para administrar, não apenas habilidades de utilizar ferramentas ou esquemas de trabalho. Seu enfoque proporciona conceitos, diagnósticos, instrumentos, métodos e técnicas de análise e solução de problemas situacionais, tendo como premissa que

---

82. Ver nota 47.
83. Ver nota 48.

administrar é principalmente analisar por que fazer, não apenas indicar o que fazer. Seus conceitos básicos são utilizados em termos relativos, dinâmicos e variáveis, de acordo com as circunstâncias ou as situações, não de modo estático, único, absoluto e definitivo.

Pode-se utilizar, por exemplo, a Teoria X ou Y, de McGregor, ou o modelo mecanicista ou orgânico, tudo a depender da situação que se quer resolver ou aproveitar. Foca de fora para dentro, com ênfase no ambiente, em suas ameaças e oportunidades à sobrevivência e ao sucesso da organização, pois influencia sua estrutura e seu comportamento. As ameaças vêm como hostilidades, coações, pressões, problemas, desafios, restrições, limitações, condições e contingências desfavoráveis; as oportunidades, como receptividade, incentivos, facilidades, condições e contingências favoráveis. Não há uma só forma de planejar e administrar organizações, devendo haver harmonia entre elas e seu ambiente, pois são únicas em estrutura e comportamento, a depender dele e da tecnologia.

A estratégia bem-sucedida depende da capacidade de a organização localizar e aproveitar as oportunidades ambientais, bem como localizar e neutralizar as ameaças, os perigos e as dificuldades. As variáveis ambientais incontroláveis, econômicas, tecnológicas, sociais, culturais, políticas, legais, demográficas, ecológicas e outras devem ser mapeadas para oferecer entradas a processar e saídas ou resultados que atendam ao ambiente, tudo de acordo com a tecnologia, como variável externa ou interna, com seus impactos na estrutura e no comportamento organizacional. A Teoria da Contingência busca compatibilizar as abordagens de sistema fechado, aspectos internos, e de sistema aberto ou orgânico, aspectos de fronteira dos níveis organizacionais mais altos, que fazem interface com o ambiente.

Isso porque as organizações são sistemas abertos com componentes de sistema fechado, que se confrontam com a incerteza do ambiente, mas também requerem certeza e previsibilidade em suas operações. Cada uma com sua própria estrutura, que depende das características de seu ambiente e da tecnologia que utiliza, sendo o processo administrativo, planejamento, organização, direção e controle, contingencial e diferente conforme a organização e o nível organizacional em que é aplicado. Aspectos como autoridade, regras, procedimentos, tarefas, equipes, comportamentos, preocupações com eficiência e eficácia, lógica de sistema fechado ou aberto, visão de curto, médio e longo prazo e muitos outros diferem de uma organização para outra e dentro delas, em seus níveis hierárquicos.

A Teoria da Contingência é eclética e integradora e absorve conceitos das diversas teorias administrativas. Defende que não há uma só teoria, técnica ou método válido, ideal ou ótimo para todas as situações, mas uma variedade deles trazidos por diversas teorias administrativas, que são adequados ou apropriados a cada situação. Se esta muda, é possível alterar também a teoria, a técnica e o método utilizado, pois podem não produzir mais resultados. É preciso diagnosticar continuamente as características do ambiente e da tecnologia existente para verificar as características organizacionais requeridas e adotar as abordagens teóricas mais adequadas da Teoria da Administração.

Ao considerar as contribuições desta e abranger e dosar suas cinco grandes ênfases, na tarefa, na estrutura, nas pessoas, na tecnologia e no ambiente, a Teoria da Contingência ajuda a reduzir as fronteiras teóricas existentes entre ideias e conceitos administrativos e torná-los cada vez mais unificados e integrados. O processo administrativo de planejar, organizar, dirigir e controlar só traz eficiência e eficácia se considerar os efeitos do ambiente e da tecnologia nas organizações, pois são estes que definem a estrutura e o comportamento organizacional para responder às demandas, exigências e condições ambientais. Conscientemente ou não, essa é, claramente, a fórmula utilizada pelas organizações mais bem-sucedidas em todo o mundo, estatais, públicas não estatais e privadas.

A TEORIA DA CONTINGÊNCIA E O ESTADO

Toda organização requer adaptação ao ambiente, o que exige flexibilidade para atuar em harmonia com ele e atender às suas necessidades. A estrutura, o funcionamento e o comportamento delas não seguem receita única, rígida ou estática, mas de adaptação contínua a ele, que as justifica e as mantém. Mesmo mais estáveis, independentemente de seus resultados, os Estados também necessitam de adaptação ao ambiente e flexibilidade para atender a ele e justificar sua existência. Os que não seguem essa premissa geralmente são contrários ou alheios a ele, à sua nação ou à coletividade, tomados pela apropriação indevida de seus agentes, principalmente eleitos e gestores que os comandam ou gerem.

Neste caso, mesmo que estes afirmem considerar o ambiente para definir suas estratégias, quase sempre não agem para atendê-lo, mas para atender aos seus fins pessoais indevidos e de outros que possuem poder e domínio sobre eles, muitas vezes de fora do Estado. Isso leva os Estados a estruturas rígidas ou estáticas, que mudam apenas quando não conseguem reprimir pressões ambientais ou tecnológicas incontidas que se impõem, como no caso de novas tecnologias de utilização universal e fortes conturbações sociais incontroláveis. Mesmo nesses casos, suas mudanças são impertinentes, pontuais e apenas na dosagem que contenha as pressões ou as acalmem, mantendo a prioridade no interesse pessoal indevido e obtendo resultados muito aquém de seu custo e potencial.

Fatores de mercado ou ambientais que afetam diretamente a estrutura, o funcionamento e o comportamento das organizações públicas não estatais e privadas afetam os Estados de forma diferente. Estes vão além desses fatores e servem também para regular o mercado ou o ambiente e permitir que essas organizações atuem com eficiência e eficácia, justiça e igualdade, sem causar dano ou prejuízo a indivíduos, grupos, organizações e nação. É na regulação e fiscalização justa e igualitária do ambiente e da convivência entre indivíduos, grupos e organizações para que não causem danos uns aos outros que está uma das mais relevantes competências do Estado, que deve estar alinhado com o ambiente em suas necessidades recíprocas, buscando sempre o benefício de toda a população.

Esse é o ambiente a ser fomentado pelo Estado, que leva à segurança e ao desenvolvimento econômico-social sustentável de sua nação, à ordem, à liberdade, à paz, à justiça e à igualdade, daí sua obrigação de atuar sempre com ética e profissionalismo, eficiência e eficácia. Sua nobre função deve motivar todos os seus agentes a buscar resultados exclusivos em benefício da coletividade, com sua estrutura, seu funcionamento e seu comportamento voltados exclusivamente para ela. Ocorre que muitos agentes eleitos e gestores que comandam ou gerem os Estados veem no ambiente apenas seu mantenedor, não buscando diagnosticar suas necessidades com o fim de atendê-las, com foco apenas no poder, domínio e controle sobre eles em benefício pessoal indevido, próprio e de outros. Atuam com alto nível de personalismo e patrimonialismo e baixo nível ético-profissional e fazem o Estado de suas mesmas características.

Em regra, muitos destes praticamente não utilizam as teorias administrativas, o que não impede suas aproximações do modelo de organização mecanicista, pois este lhes dá proteção, enquanto o orgânico os ameaça. Assim, seus modelos prevalecentes não são o burocrático, o da Administração Científica ou da Teoria Clássica, mas um modelo desvirtuado e voltado para seus fins pessoais indevidos e dos que possuem poder e domínio sobre eles, muitas vezes de fora do Estado. Tudo em desacordo com as teorias administrativas aqui tratadas, da Administração Científica à Teoria da Contingência, desalinhado da tecnologia e do ambiente, com estrutura e comportamento contrários ou alheios ao fim coletivo.

Nas organizações públicas não estatais e privadas, o capital é de contribuintes diretos ou de proprietários, o que leva estes a responsabilidade e controle para obter eficiência e eficácia, ou resultados que os satisfaçam. Nos Estados, o proprietário, que é o povo, parece distante e, por consequência, suas estruturas, seus funcionamentos e seus comportamentos possuem muitas vezes baixa racionalidade e quase não visam resultados em benefício dele. Muitos de seus comandantes ou gestores buscam atender primeiro ou unicamente a si mesmos e a outros que não deveriam atender; por isso não aplicam as teorias administrativas voltadas para o profissionalismo do comando ou da gestão que, certamente, gerariam resultados em benefício de suas nações de acordo com o custo e o potencial dos Estados, o que explica em grande parte o fracasso de muitos destes em fornecê-los.

Assim, abordagens como as de Lawrence e Lorsch em termos de diferenciação e integração são pouco utilizadas neles, com a primeira não se baseando em exigências do ambiente para responder a ele, não ocorrendo integração para obter essa resposta, pois suas unidades muitas vezes não foram criadas para este fim. Esses comandantes ou gestores utilizam o poder que possuem muitas vezes em benefício próprio, beneficiados pelo fato de não haver nada absoluto em termos de princípios gerais da Administração e de que não há uma só melhor forma de organizar e administrar organizações, deixando de administrar o Estado de acordo com seu ambiente ou sua nação e com a tecnologia existente.

Desse modo, no lugar de atuar em busca de resultados em benefício da coletividade, muitos comandantes ou gestores desses Estados focam seus fins pessoais indevidos e de outros, o que é incompatível com as demandas e exigências ambientais. As teorias administrativas possuem forte contribuição a dar à gestão profissional, independentemente do problema a resolver ou da oportunidade a aproveitar, mas dependem da ética do gestor. Por isso, jamais serão aplicadas nas organizações, principalmente a da Contingência, a mais moderna, integradora e eclética de todas, se não encontrar alto nível ético em seus gestores, pois ética e profissionalismo são inseparáveis em todos os campos do conhecimento humano. Sem alto nível ético dos comandantes ou gestores dos Estados, não há profissionalismo no comando ou na gestão deles, nem resultados em benefício de suas nações compatíveis com seus custos e potenciais.

Exemplificando com o Estado brasileiro, nem as teorias administrativas tradicionais, que trouxeram princípios gerais da Administração prescritivos e normativos e fizeram sucesso nas organizações mais bem-sucedidas do mundo, foram devidamente aplicadas em seus entes, seus poderes e suas organizações. Nele, sempre existiram normas e regulamentos contrários ou alheios à boa gestão, sem foco no resultado em benefício da nação, contrários ou alheios ao fim coletivo, muitos deles voltados claramente para interesses pessoais indevidos, de dentro ou de fora dele. Isso se agrava à medida que as teorias administrativas avançaram para a descrição e a explicação, de aplicação situacional.

Muitos comandantes ou gestores estatais reclamam das normas e dos regulamentos insuficientes, falhos ou excessivos de seus Estados, como no Estado brasileiro. Parecem querer aplicar os conceitos do conjunto das teorias administrativas, mas muitos priorizam seus fins pessoais indevidos e dos que os recrutam e os mantêm e que possuem poder e domínio sobre eles. Isso é mais forte à medida que o Estado se mantém sobre o baixo nível de educação geral e ética da maioria da população e sobre forte dependência desta em relação a ele e aos seus agentes. Essa dependência ocorre por meio de artifícios vários, como na distribuição de benefícios à população e a organizações públicas não estatais e privadas sem contrapartidas ou sem que dependam da defesa coletiva de vulneráveis ou de fatores ambientais imprevisíveis ou impossíveis de evitar.

Ocorre também por meio da criação, distribuição e manutenção de empregos estatais e da distribuição de cargos e funções por meio de critérios pessoais, como nos comissionados e de confiança do Estado brasileiro, em troca muitas vezes da contribuição, por ação ou omissão, para manter a apropriação indevida do Estado. Ainda, por meio da distribuição de benefícios fiscais indevidos, injustos e desiguais, da fiscalização e punição tributária a apenas alguns e da compra estatal desnecessária, superfaturada e indevidamente direcionada para indivíduos e organizações não estatais. Muitos outros artifícios poderiam ser também enumerados, sendo principalmente eles que permitem, com certa tranquilidade e rara ameaça, a permanência de comandantes ou gestores estatais contrários ou alheios aos resultados dos Estados em benefício de suas nações.

Nesse contexto, existe pouca interação estrategicamente construída entre Estado e necessidades ambientais ou da coletividade, sendo essas ignoradas por muitos que o comandam ou gerem em benefício pessoal indevido, próprio e de outros. Estes buscam combater e silenciar seus agentes que atuam com alto nível ético-profissional e procuram atender de modo justo e igualitário a essas necessidades. Impedem, assim, que os elementos existentes na vastidão, variabilidade e complexidade ambiental, com suas demandas, exigências e condições, pautem as decisões e ações estatais. Caso alguns de seus agentes ou a população queiram denunciar a ineficiência, o desvio do fim coletivo e a corrupção que muito ocorrem em todas as suas partes, têm que fazê-lo muitas vezes aos que os praticam, recrutados e mantidos para agir nesse sentido.

Muitos comandantes ou gestores estatais, agentes eleitos e gestores recrutados direta ou indiretamente por eles fecham os Estados em si mesmos para se proteger do ambiente e preservar seus benefícios pessoais indevidos. Para isso, informações ambientais não são utilizadas visando a melhoria de seus resultados em benefício de suas nações, com estruturas e comportamentos estatais sem responder ao seu ambiente, contrários ou alheios às suas demandas, com o Estado apresentando resultado sempre aquém de seu custo e potencial. Sua construção e atuação voltadas para dentro impedem a retroação de suas saídas ou seus resultados para melhorá-los, com estes sendo destinados a partes do ambiente interno e só as sobras destinadas ao ambiente externo, sendo sempre insatisfatórios.

As teorias administrativas não conseguem reverter essa situação, pois o baixo nível ético de muitos comandantes ou gestores estatais não permite sua devida utilização. Diferentemente das organizações não estatais, principalmente que atuam em ambientes de alto nível ético-profissional, que precisam montar suas estratégias para obter recursos do ambiente e devolvê-los na forma de produtos ou serviços aceitos por ele, obtendo assim sua sobrevivência, os Estados geralmente não possuem fatores que representem ameaça iminente à sua existência. Isso faz com que muitos de seus comandantes ou gestores ajam com ineficiência e ineficácia ao buscarem recursos no ambiente, transformá-los e entregá-los transformados a ele ou às suas nações. Seu ambiente parece-lhes distante e a população que mantém o Estado e espera seus resultados muitas vezes é usurpada por indivíduos que buscam nele apenas seus fins pessoais indevidos e de outros.

Devido ao seu imenso poder em todas as nações, os Estados agem nos ambientes geral e de tarefa, influenciando-os até mais do que sendo influenciados por eles. Ocorre que muitos deles exercem más influências nesses ambientes, afetando negativamente a atuação de indivíduos e organizações públicas não estatais e privadas. Se já prejudicam o ambiente geral quando atuam de modo contrário ou alheio ao fim coletivo, no ambiente de tarefa, onde as organizações realmente atuam, sua influência negativa é muitas vezes fatal. A presença de muitos deles é distante quando se trata de oferecer resultados em benefício de suas nações, mas bastante presente quando se trata de retirar-lhes recursos e impor suas condições muitas vezes injustas e desiguais, o que os tornam bastante prejudiciais a elas.

Esses Estados dificultam a criação, prejudicam e até eliminam organizações públicas não estatais e privadas saudáveis e até mesmo as suas próprias partes que tentam se sobressair e mudar sua situação atual. Isso cria um ambiente geral e de tarefa de insegurança e desconfiança, imposto por um Estado que cria normas e regulamentos insuficientes, falhos ou excessivos, impossíveis de se fazer conhecer, compreender e utilizar pela imensa maioria da população, atuando de modo indevido em praticamente tudo que é de sua atribuição e até a extrapolando. Nesse contexto, a complexidade natural é acrescida da complexidade causada por um Estado poderoso, que age como fornecedor, cliente, concorrente, regulador e fiscal e que, ao agir de modo indevido, com injustiça e desigualdade, muito prejudica a todos que participam de seu mesmo ambiente.

O Estado atua e exerce, obrigatoriamente, forte poder e influência no ambiente geral e de tarefa, não cabendo a ele deixar de atuar, diferentemente do que ocorre com os demais tipos de organizações, as públicas não estatais e privadas. Ele é o principal ente a exercer influência no ambiente, o que o obriga a ser administrado com ética e profissionalismo incontestáveis, pois, se assim não for, muito prejudicará a todos. A ética e o profissionalismo devem ser, assim, praticados, fomentados e protegidos por ele no ambiente como sua talvez primeira e mais relevante atribuição, devendo atuar com justiça e igualdade para não favorecer nem prejudicar indevidamente uns em detrimento de outros. Ele deve contribuir e obter a contribuição de todos na segurança e no desenvolvimento econômico-social sustentáveis de sua nação.

Seguindo a Teoria da Contingência, o Estado deve montar suas estratégias como quaisquer outras organizações, avaliando continuamente seu ambiente e procurando responder a ele de acordo com suas necessidades, principalmente atuando com alto nível ético-profissional e protegendo os que assim também atuam, como seus agentes ou não. Sua resposta eficaz somente é possível se atuar com essa característica, como sistema aberto, para captar e satisfazer as demandas ou necessidades ambientais ou de sua nação com justiça e igualdade, sendo mais prejudicial do que benéfico a ela se não agir dessa forma. Quanto mais seu comando ou sua gestão conhecer e compreender o ambiente e buscar atuar em benefício dele, mais responderá a ele de forma satisfatória.

Desse modo, a estrutura, a estratégia, o funcionamento e o comportamento do Estado devem considerar o ambiente, como devem fazer todas as organizações. Estados que se fecham em si mesmos, priorizando os fins pessoais indevidos dos que os comandam ou gerem e de outros, de dentro ou de fora deles, não atuam dessa forma, mas montam suas estruturas para atender primeiro ou exclusivamente a estes. Nesse caso, as estratégias e o comportamento de muitos de seus agentes eleitos e gestores que os comandam ou gerem não focam oportunidades de atuação, visando melhores resultados em benefício da coletividade. Bem o exemplifica o Estado brasileiro com sua atuação histórica voltada para dentro, visão de curto prazo, descontinuidade, desalinhamento com as demandas, exigências e condições ambientais ou de sua nação e, consequentemente, alto custo e baixo resultado em benefício dela.

Agindo dessa forma, não consegue melhorar os indicadores de seu funcionamento e seu resultado, de confiança nele e em seus agentes, principalmente os que o comandam ou gerem, e econômico-sociais nacionais. Ao tempo em que contribui com sua nação devido aos imensos poder e recurso que possui, não os utiliza como deveria, pois se os colocasse verdadeiramente em benefício dela traria resultados muito diferentes dos que sempre lhe forneceu. A força econômica da nação brasileira, como uma das maiores economias do mundo, e a alta carga tributária de seu Estado, superior à de muitos outros, não condizem com os baixos indicadores econômico-sociais nacionais comparados com os de muitas nações. Isso mostra claramente que a estrutura do Estado brasileiro, sua estratégia, seu comportamento e seu resultado nunca estiveram alinhados com as necessidades de sua nação, alternando-se entre menos e mais benefícios a ela, mas sempre insatisfatórios.

Pouco nele possui aderência e coerência ao que se espera de um Estado. Não é necessário conhecê-lo profundamente para chegar a essa conclusão, mas observar apenas diversos indicadores de seu funcionamento e seu resultado, de confiança nele e em seus agentes que o comandam ou gerem, em todas as suas partes e em todos os níveis hierárquicos, e econômico-sociais nacionais, bem como acompanhar o noticiário na mídia e a rotina de muitos que atuam nele ou necessitam dele. Conhecendo-o em profundidade, percebe-se mais claramente a imensa carência ético-profissional que sempre existiu no Estado brasileiro, e que impediu e impede seus resultados em benefício de sua nação compatíveis com seu custo e potencial.

Assim como não atua alinhado com seu ambiente, ele também não atua alinhado com a tecnologia que possui. Suas máquinas, suas instalações e seus equipamentos não suprem a tecnologia mais importante e que define todas as demais, a que existe em muitos de seus agentes de alto nível ético-profissional e que é muitas vezes subutilizada ou desperdiçada, conseguindo ainda esconder ou tornar esse fato despercebido de grande parte da população e até de muitos de seus agentes. Porém, quem o observa atentamente, seu agente ou não, percebe-o claramente, chegando à conclusão de que se não houver mudanças profundas em seu modo de funcionar e se comportar, jamais responderá às necessidades de seu ambiente ou de sua nação.

Muitos agentes estatais brasileiros de alto nível ético-profissional são submetidos ao poder dominante de diversos agentes eleitos por uma democracia próxima da falsidade e de gestores recrutados e mantidos direta ou indiretamente por eles, por meio de critério pessoal, estes dois últimos sem foco no fim coletivo. Por receio de perder seus benefícios pessoais indevidos, estes geralmente dificultam a atuação dos primeiros ou os impedem de atuar, buscando o conhecimento e a ação dos agentes estatais somente no que interessa à manutenção do Estado como ele é, daí seus muitos cargos e suas muitas funções como os comissionados e de confiança, de gestão ou não, de recrutamento por critério pessoal. Retiram, assim, a independência da quase totalidade dos agentes estatais que possuem estes ou os buscam, visando manter o poder, o domínio e o controle sobre o Estado, ocultando ou silenciando os que não aderem a eles.

As estratégias utilizadas para esse fim são várias, mas a mais visível e corriqueira é a que busca destruir a credibilidade de muitos de seus agentes de alto nível ético-profissional, desacreditando seu conhecimento e poder de contribuir com o funcionamento e o resultado do Estado. Para isso, seus comandantes ou gestores que se apropriam indevidamente dele não lhes dão atribuições ou lhes dão apenas as mais medíocres, buscando fazer supor com estas que não os subutilizam ou descartam. Essa estratégia gera injustiças e desigualdades e impede a inovação e a criatividade, criando os inimigos dentro do próprio Estado, com o consequente agravamento do clima organizacional e a baixa motivação e produtividade, o que reduz ou impede seus resultados em benefício de sua nação.

Tudo isso gera imenso desperdício da tecnologia existente nos agentes estatais, dando origem a uma multidão de cérebros inutilizados ou mal utilizados para não ameaçar o benefício pessoal indevido de muitos que comandam ou gerem o Estado brasileiro. Muitos agentes estatais desistem de buscar modificá-lo e ficam iguais a fantasmas, perambulando nele apenas para manter seus empregos, mas quase sem conseguir produzir. Outros continuam no Estado, mas se voltam nas muitas horas que lhes sobram para negócios não estatais, remunerados ou não, para manter sua sanidade física e mental e poder contribuir com sua nação. Outros, ainda, continuam a trabalhar com a força e a motivação que retiram de si mesmos, porém alvos de produções subaproveitadas ou recusadas, muitas vezes utilizadas com autoria oculta ou negada e em benefício pessoal de seus superiores hierárquicos e de outros. Há ainda os que desistem de fazer parte de seus quadros e o abandonam e outros que preferem nem entrar nele.

Isso sempre foi comum nos níveis estratégico, tático e operacional do Estado brasileiro e, certamente, nos Estados de muitas nações. Muitos comandantes ou gestores estatais que atuam nele em busca de seus fins pessoais indevidos e de outros testam, às vezes, muitos de seus agentes de alto nível ético-profissional dando-lhes atribuições e esperando respostas que os atendam nesses seus fins. Porém essas não vêm como esperadas, pois eles não aderem a essa situação e jamais contribuirão com ela por entendê-la como das principais responsáveis por muitos males que acometem sua nação. Assim, a tecnologia neles existente é subutilizada ou rejeitada, principalmente se referente ao comando ou à gestão, pois para ser recrutado para ele e mantido nele quase sempre têm que aceitar e contribuir com o Estado como ele é, sem buscar modificá-lo.

Por esse motivo, muitos agentes estatais de alto nível ético-profissional não aceitam seus cargos e suas funções como os comissionados e de confiança, e até outros de recrutamento por critério pessoal, que servem geralmente para manter o Estado como ele é. Muitos que os aceitam não focam o resultado em benefício da coletividade compatível com o custo e o potencial do Estado, pois geralmente estão amarrados por um contrato tácito ou explícito que os impede de atuar em busca exclusiva do fim coletivo. Muitos Estados até investem bastante em tecnologia, mas na que existe em máquinas, equipamentos e instalações, evitando a que verdadeiramente interessa, a que existe nos indivíduos de alto nível ético-profissional cujo único fim é a busca do benefício ao seu ambiente, à sua nação ou à coletividade por meio do Estado.

Nesse contexto, ambiente e tecnologia são variáveis independentes que pouco influenciam a atuação desse tipo de Estado, pois atua como sistema fechado e focado no status, no poder e na riqueza indevidos de muitos que o comandam ou gerem em busca do benefício pessoal indevido, próprio e dos que possuem poder e domínio sobre eles, de dentro ou de fora do Estado. No Estado brasileiro, a tecnologia contribui muito aquém de seu potencial, pois geralmente sucumbe ao imenso poder de comandantes ou gestores que muitas vezes não focam sua atuação no benefício à coletividade.

Máquinas, equipamentos, instalações, métodos de trabalho e de administração e muitos outros fatores tecnológicos estão mudando tão rapidamente que impactam cada vez mais o ambiente e as organizações. Porém, para contribuir de acordo com seu potencial, tudo isso depende da ética e do profissionalismo dos comandantes ou gestores, algo raro em muitos destes nos Estados de muitas nações, o que impede suas atuações plenas em benefício delas. Isso impede a eficácia desses Estados como organizações em sua busca pelo fim coletivo, pois, para a Teoria da Contingência, esta só é possível se estrutura, funcionamento e comportamento organizacional se adaptarem à tecnologia, ao ambiente e ao resultado que elas pretendem obter, que, no caso deles, claramente não é o benefício à coletividade ou à sua nação.

Para essa teoria, oportunidades, coações e contingências ambientais estão associadas a cada tipo de tecnologia utilizada e a cada tipo de produto ou serviço fornecido pela organização, sendo esses fundamentais na definição de sua estrutura e sua estratégia. Mais uma vez se percebe a forte dependência em relação à ética e ao profissionalismo dos comandantes ou gestores para montar estruturas e definir estratégias organizacionais visando melhores resultados. Estados muito afetados pelo foco no benefício pessoal indevido de muitos que o comandam ou gerem dificilmente terão suas estruturas e suas estratégias considerando o ambiente, a tecnologia e o resultado a fornecer a ele, ou à sua nação.

Seus comandantes ou gestores geralmente são recrutados sem relação com o resultado em benefício da coletividade que devem fornecer, com o comando ou a gestão possuindo alta descontinuidade. O recrutamento e a permanência destes quase sempre não requerem a ética como critério essencial, acompanhada do profissionalismo que decorre da experiência útil à gestão e do conhecimento desta, cujas teorias administrativas aqui apresentadas são imprescindíveis. Assim, recrutam-se e mantêm-se muitos que atendem aos fins pessoais indevidos, próprio ou de terceiros, e que contribuem, pela ação ou omissão, com o Estado como ele é. A carência ético-profissional do comando ou da gestão desse tipo de Estado é certamente a principal responsável pela carência de seus resultados em benefício de sua nação.

Em muitos Estados, claramente, não há interesse na tecnologia utilizada, no produto ou serviço adquirido e fornecido e na resposta às necessidades ambientais ou da nação. A influência de seus fatores humanos ou tecnológicos, em todas as suas partes, não depende da maior ou menor utilização da mecanização e da automação, pois não se baseiam na análise ambiental e organizacional, mas na busca dos fins pessoais indevidos da parte de muitos que os comandam ou gerem. Predominam, assim, em suas estruturas, as unidades e os indivíduos mais alinhados com esses fins, independentemente de sua importância no resultado do Estado ou na resposta deste ao ambiente.

Como a decisão humana sobre aquisição e operação de equipamentos, funcionamento e resultado organizacional sempre predomina sobre a tecnologia física ou concreta, comandantes ou gestores estatais sempre possuem o poder de impedir o melhor resultado do Estado em benefício de sua nação. Por isso, estes devem estar exclusivamente voltados para o fim coletivo, o que, em regra, parece não ocorrer com muitos deles em Estados como o brasileiro, o que pode explicar a carência histórica deste em fornecer resultados em benefício de sua nação compatíveis com seu custo e potencial.

Nesse contexto, a tecnologia existente no ser humano que busca atuar com alto nível ético-profissional geralmente vai de encontro a estes e jamais será utilizada em todo seu potencial na atuação estatal. Quase não se observa incentivo no sentido de comandar ou gerir os entes, os poderes e as organizações do Estado brasileiro com alto nível ético-profissional e, por isso, a utilização de seus agentes nem sempre está relacionada à racionalidade, à eficiência e à eficácia em busca de resultados em benefício de sua nação. O estímulo concedido ao seu agente está muitas vezes desalinhado dessa busca, impedindo assim respostas que a satisfaçam. O alto nível ético-profissional claramente nunca determinou a estrutura, o funcionamento e o comportamento do Estado brasileiro e, certamente, não os determina no Estado de muitas nações.

Máquinas e equipamentos não levam por si só à melhor maneira de organizar e administrar organizações, no que se incluem os Estados. Também não há instrumentos ou princípios universais da Administração que mostrem uma única melhor forma de estruturá-las, organizá-las e administrá-las. Tudo depende da tecnologia e do ambiente e, para atuar a partir destes em busca de resultados, existe total dependência da ética e do profissionalismo do gestor, sem o que não alcançarão eficiência e eficácia de modo sustentável. Nos Estados, somente com alto nível ético-profissional agentes eleitos e gestores que os comandam ou gerem os levarão a responder devidamente ao seu ambiente ou à coletividade a partir da tecnologia existente em seus agentes e em suas máquinas e seus equipamentos.

É principalmente no nível estratégico, o mais elevado e responsável pelo contato ou pela interface com o ambiente, pelas mais altas decisões e pela definição dos objetivos e das estratégias para alcançá-los, que Estados de alto nível de personalismo e patrimonialismo e de baixo nível ético-profissional são estrategicamente tomados para servirem aos fins pessoais indevidos de muitos de seus agentes eleitos e dos gestores recrutados direta ou indiretamente por eles por meio do critério pessoal. Utiliza-se como estratégia para esse fim o recrutamento e a permanência de comandantes ou gestores que aceitem manter os Estados como eles são, geralmente de alto custo e baixos resultados em benefício de suas nações.

É nesse nível que em muitos deles a tomada de decisão estatal em termos de definição de objetivos e estratégias para alcançá-los é indevidamente manipulada contra o fim coletivo. Muitas vezes não existem sequer planos e documentos que afirmem seus objetivos e suas estratégias, sendo às vezes até declarados, mas não para serem seguidos, pois o principal objetivo é priorizar o fim pessoal indevido de muitos que os comandam ou gerem e dos que possuem poder e domínio sobre eles, de dentro ou de fora do Estado. Com essa condição do nível estratégico, não há como a gerência intermediária desses Estados, nível tático, fazer a ligação entre objetivos e estratégias com ações do nível operacional que visem atender às demandas, exigências e condições do ambiente ou da coletividade. Ainda mais que muitos comandantes ou gestores do nível tático focam também atender aos seus fins pessoais indevidos e de seus superiores hierárquicos que estão no nível estratégico.

O nível técnico ou operacional, o último dos três níveis, responsável pelo produto final, executor de tarefas, operações ou atividades, que deve atuar com eficiência para alcançar resultados, tampouco fica incólume à atuação contrária ou alheia ao fim coletivo dos que se apropriam indevidamente desses Estados. Os comandantes ou gestores deste nível são recrutados também pelo mesmo critério pessoal que se recruta nos outros dois níveis, com as operações quase sempre não sendo comandadas ou geridas para o uso eficiente dos recursos e a eficácia dos resultados em benefício da nação, mas para atender principalmente aos fins pessoais indevidos destes e dos que possuem poder e domínio sobre eles — muitos destes, comandantes ou gestores nos outros dois níveis, tático e estratégico.

Assim ocorre o domínio e o controle indevidos sobre muitos Estados, abrangendo os três níveis hierárquicos, com o critério de recrutamento e permanência de seus comandantes ou gestores sendo a lealdade a pessoas e à situação atual. Tudo começa com o interesse pessoal indevido de muitos que dominam e controlam os Estados de fora deles, passa pelo fim pessoal indevido de agentes eleitos por uma democracia próxima da falsidade e vai aos fins pessoais indevidos de muitos que ascendem ao seu comando ou à sua gestão e permanecem nele, em todos os níveis hierárquicos, todos buscando benefícios pessoais indevidos à custa de suas nações. Mesmo quando se consideram competências técnicas e de gestão no recrutamento e na permanência de alguns comandantes ou gestores desses Estados, não os acompanha o alto nível ético que leva ao alto nível profissional e formam, juntos, o alto nível ético-profissional do comando ou da gestão, que faz o resultado do Estado em benefício de sua nação compatível com seu custo e potencial.

Observa-se que, nos três níveis hierárquicos do Estado brasileiro, a ética e o profissionalismo não parecem constituir critérios essenciais de recrutamento e permanência de muitos que os comandam ou gerem. Essa afirmação se evidencia pela falta de definição ou pela descontinuidade de objetivos, estratégias e operações estatais, pela troca constante de comandantes ou gestores, parecendo ocorrer quando reduzem sua lealdade a pessoas e à situação atual, quando se precisa deles em outros cargos para atender a interesses que claramente não têm a ver com a busca do fim coletivo, ou quando seus cargos são requeridos por outros mais leais a pessoas ou à situação atual do Estado. Vê-se, assim, que o convite por não se incomodar com essa situação e prometer, tácita ou explicitamente, não modificá-la, ou a promessa de adesão a ela, por meio da ação ou omissão, são as regras predominantes no recrutamento e na permanência em seu comando ou sua gestão, em todas as suas partes e em todos os níveis hierárquicos.

Isso é, certamente, comum em diversos Estados, cujo principal fim de muitos que os dominam e controlam, de dentro ou de fora deles, não é a coletividade, recrutando sempre comandantes ou gestores que não se voltam exclusivamente para ela, mas para mantê-los como eles são. Assim, o Estado vai de encontro à eficiência e eficácia em benefício de sua nação, que às vezes até ocorrem, mas por acaso, decorrentes de fatos isolados e não de estratégias éticas e profissionalmente concebidas e mantidas em alinhamento entre seus níveis estratégico, tático e operacional. Esse tipo de Estado não atua ao mesmo tempo como sistema aberto e fechado, de modo sistêmico, integrado e em busca de resultados para atender à sua nação. O comando ou a gestão dele geralmente não vem do alto nível ético-profissional decorrente da busca exclusiva do fim coletivo, da experiência útil à gestão e das teorias da Administração para retornar à nação o que dela recebe em tributos, mas da busca do fim pessoal indevido da parte de muitos, de dentro ou de fora dele.

Nesses Estados, as suas partes não seguem a lógica do corpo organizacional, em que cada uma contribui com o resultado global. Suas estruturas formais e informais, instalações, níveis hierárquicos, normas, regulamentos, operações, tecnologia, planejamento, organização, direção e controle não levam à integração em suas partes nem entre elas, dificilmente atuando em prol do todo. A falha ou perda de foco que dificulta ou impede o resultado em benefício da coletividade também impede a retroação para verificar e corrigir o necessário. Quase nada gira em torno do ambiente para responder a ele de acordo com suas exigências e necessidades; por isso, esse tipo de Estado só justifica sua existência por meio da coação.

É desse modo que atuam Estados com características de alto nível de personalismo e patrimonialismo e de baixo nível ético-profissional, cujos interesses pessoais indevidos de muitos que os comandam ou gerem se sobrepõem às necessidades ambientais, coletivas ou de suas nações. Seu nível operacional ou núcleo técnico fica desprotegido e sofre também as consequências de um comando ou uma gestão ineficiente, desviada do fim coletivo e corrupta, neste e nos outros dois níveis, o que impede a eficiência das operações e o alcance da eficácia estatal; daí o alto custo e o baixo resultado históricos de Estados como o brasileiro. Tudo contrário à Teoria da Contingência, que recomenda, entre seus conceitos, forte proteção ao nível operacional para que mantenha intacta sua produção.

Nesse tipo de Estado, não existem as devidas estrutura e estratégia para lidar com as respostas requeridas pelo seu ambiente ou pela coletividade, mas estruturas e comportamentos incompatíveis com elas, com muitos de seus comandantes ou gestores, em todas as suas partes e em todos os níveis hierárquicos, voltando-se indevidamente para si mesmos e para outros até de fora dele. Da Administração Científica à Teoria da Contingência, há nele pouca aplicação das teorias administrativas, o que explica grande parte da ineficiência e ineficácia do Estado brasileiro, refutando a afirmação muito difundida, por desconhecimento ou má-fé, de que a cultura do colonizador português é a responsável pelos males que se perpetuam nele e em sua nação.

O Estado é a força e o poder maior em todas as nações, que não pode ser negado nem recusado e que ao não funcionar devidamente prejudica e até impede sua segurança e seu desenvolvimento econômico-social, mas se mantém mesmo que prejudicial ou que não lhes dê o devido retorno. Por isso, a responsabilidade por muitos males que acometem as nações pode ser atribuída aos agentes eleitos e gestores que comandam ou gerem seus Estados, em todas as suas partes, do mais baixo ao mais alto nível hierárquico. Basta que esses agentes ajam com alto nível ético-profissional, no Estado e fora dele, e façam-no funcionar como deveria que os problemas nacionais certamente serão reduzidos, e muitos até eliminados.

Os Estados jamais poderão deixar de existir, nem devem ter sua estrutura, seu tamanho e seu funcionamento simplesmente reduzidos ou aumentados, mas apenas ser administrados para responder às necessidades de seu ambiente, de sua nação ou da coletividade. Isso somente é possível se antecedido e permeado pelo alto nível ético de seus comandantes ou gestores, algo certamente escasso em muitos deles. Exemplificando com o Estado brasileiro, da forma como ele sempre existiu, não adianta esperar em eleições ou fora delas, em normas, regulamentos, mudanças de forma, sistema de governo e outros elementos que não darão certo enquanto não se elevar o nível ético-profissional de muitos que o comandam ou gerem, em todas as suas partes e em todos os níveis hierárquicos. Só assim o seu resultado em benefício de sua nação será compatível com seu custo e potencial.

Os agentes estatais devem possuir lealdade apenas ao bom funcionamento do Estado e ao seu resultado em benefício da coletividade, não a pessoas que claramente não buscam esse objetivo. Isso nunca ocorreu na claramente desviada burocracia estatal brasileira e, decerto, nunca ocorreu nos Estados de muitas nações. Todo Estado possui margens para ajustes ético-profissionais, da menor à maior, da mais pobre à mais rica, da menos à mais desenvolvida de todas as nações. Ele deve ser comandado ou gerido a partir da tecnologia existente no ser humano e nas máquinas e nos equipamentos que o auxiliam, cuja ética do comandante ou gestor deve anteceder e permear seu profissionalismo para poder gerar resultado em benefício de sua nação de acordo com seu custo e potencial.

Esta é a verdadeira ética, que não está em teorias nem em normas concebidas e mantidas por muitos Estados, mas no interior do ser humano. O cristianismo, com sua ética do amor e do respeito ao próximo, da busca do bem comum, da justiça e da igualdade, assim como outras religiões de ética parecida, fundamentadas em códigos e livros próprios, e até pessoas que nem possuem religião, mas que têm ética similar em seu interior, são exemplos que podem ser seguidos por comandantes ou gestores estatais para que não atuem no Estado nem fora dele em benefício pessoal indevido, próprio ou de terceiros, em prejuízo de outros ou de sua nação. Como se observa, não se trata aqui do Estado religioso, mas de princípios éticos a serem observados que já se encontram bastante sedimentados em códigos e livros religiosos e outros e que são bastante conhecidos de grande parte da população.

Somente elevando o nível ético dos agentes eleitos e gestores que comandam ou gerem os Estados, estes poderão ser administrados profissionalmente, com foco no fim coletivo. Apesar dos avanços de muitos Estados nesse sentido, mesmo nestes os ataques a eles são recorrentes, ao que se recomenda permanente atenção. O comando ou a gestão estatal profissional somente ocorre onde prevalece a ética do comandante ou gestor, do desenho do Estado aos seus resultados almejados e buscados, o que implica perceber, entender e responder ao seu ambiente de acordo com a tecnologia existente, planejando, organizando, dirigindo e controlando com foco no benefício à coletividade, justificando assim sua existência como quaisquer outras organizações, não por ser forte e poderoso em sua nação.

Os Estados devem ser flexíveis e adaptáveis ao seu ambiente e à tecnologia existente, com ajustes contínuos de desenho, estrutura e comportamento, como recomenda a Teoria da Contingência, mas que são contidos pelos interesses pessoais indevidos de muitos que os comandam ou gerem. Estruturas comuns em organizações bem-sucedidas, como a matricial, em grade, em equipes, em redes e adocráticas, que buscam ajustar o desenho organizacional ao ambiente de acordo com suas exigências e oportunidades, são pouco utilizadas em Estados indevidamente apropriados, pois não interessam a muitos que os comandam ou gerem de forma centralizada com o objetivo de se beneficiar de forma indevida deles.

Também não lhes interessam flexibilidade, agilidade, mudança, aproximação de seus participantes internos, delegação de autoridade, responsabilidade nos níveis inferiores, relacionamento grupal, menos barreiras entre unidades, rapidez nas respostas ao ambiente, enriquecimento e ampliação de tarefas, participação e motivação das pessoas e redução de estruturas hierárquicas e de custos. Não lhes interessam ainda menos regras e regulamentos, estruturas flexíveis que se moldem ao ambiente, inovação, mutabilidade, menos burocracia, equipes temporárias e multidisciplinares, autônomas e autossuficientes, descentralização de autoridade, autoadministração de equipes, atribuições e responsabilidades fluidas e mutáveis e liberdade de trabalho.

Todos esses elementos são ameaças a eles em seus objetivos de alcançar os seus fins pessoais indevidos e dos que os recrutam e os mantêm. Enfim, tudo que leva à adaptação e ao ajuste ao ambiente visando atendê-lo foge aos seus escopos, pois os ameaçam. Desse modo, o tipo de Estado que comandam ou gerem só é possível por meio da coação, ao não poder ser eliminado, o que certamente ocorreria se pudesse sê-lo. É o que sempre ocorreu claramente no Estado brasileiro, em que suas recorrentes modificações têm se mostrado quase sempre iguais à sua situação anterior ou até pior do que ela.

A Teoria da Contingência concebe meios para retirar as organizações do centralismo e do autoritarismo, buscando diferenciação e integração para responder a um ambiente que possui exigências e necessidades contínuas, mas certamente não conseguiu modificar essa situação em muitos Estados. Tomando mais uma vez o Estado brasileiro como exemplo, muitos de seus agentes eleitos e gestores que o comandaram e o comandam visivelmente não possuíram nem possuem interesse em estratégias para responder ao seu ambiente ou à coletividade, pois focaram ou focam o status, o poder e a riqueza indevidos para si e para os que lhes deram ou dão sustentação, de dentro ou de fora dele. Para eles, o ambiente foi ou é uma ameaça a combater ou a evitar, por isso nunca se esperou nem se espera que procurem compreendê-lo visando proteger o Estado e buscar por meio dele o fim coletivo ou o benefício ao seu ambiente ou à sua nação de acordo com seu custo e potencial.

Suas estratégias, táticas ou explícitas, quase sempre foram ou são de defesa de seus interesses pessoais indevidos e dos que possuem poder e domínio sobre eles, muitas vezes de fora do Estado, tendo como principal fim a perpetuação em seus cargos e suas funções e a ascensão a outros. Não aplicaram nem aplicam a abordagem contingencial da escola ambiental para definir as estratégias estatais, pois não tiverem nem têm o ambiente como agente central de suas atuações, não se sentindo obrigados a responder às suas necessidades, pois perceberam ou percebem que quase não há risco de o Estado deixar de existir ou de perderem suas posições. Por esse motivo, quase não se preocuparam nem se preocupam em responder ao ambiente ou à coletividade, mas em retirar dele sua manutenção e lhe dar como retorno apenas as sobras depois de se apropriarem indevidamente do Estado.

O mesmo ocorre com a abordagem contingencial de definição estratégica da escola do desenho organizacional. Embora seja a mais influente e prática no processo de formulação estratégica, o Estado brasileiro e, certamente, muitos outros não a utilizam como deveriam. Assim como ocorre com a burocracia, é mais um processo não utilizado ou com claro desvio de seu objetivo. O diagnóstico do ambiente externo quase não é realizado ou é desvirtuado para atender aos interesses pessoais indevidos de muitos que o dominam e controlam, de dentro ou de fora dele, não aos interesses da coletividade. Assim ocorre também com o diagnóstico do ambiente interno, que é muitas vezes direcionado para os interesses pessoais indevidos de muitos que o comandam ou gerem.

Desse modo, as forças positivas internas que poderiam se voltar para o resultado estatal são geralmente contidas ou direcionadas para o fim pessoal indevido de muitos agentes eleitos e muitos gestores recrutados, direta ou indiretamente, por eles, enquanto as fraquezas são a fortaleza desses. Assim, as forças e as fraquezas internas são identificadas muitas vezes apenas com o fim de manter o Estado como ele é, com a ação e a omissão em benefício pessoal indevido desses agentes sendo a regra e poucos se encorajando a enfrentá-la. Os que o fazem são quase sempre condenados a vaguear pelos entes, pelos poderes e pelas organizações estatais e a encerrar precocemente suas carreiras e contribuições com sua nação por meio do Estado, enquanto muitos que não o fazem aderem ao seu comando ou à sua gestão e atuam, por ação ou omissão, de modo contrário ou alheio a ela, como sempre ocorreu claramente no Estado brasileiro.

Não há, nesse contexto, compatibilização, integração, conciliação e harmonização dos aspectos internos e externos para definir os objetivos do Estado e responder devidamente ao seu ambiente ou à coletividade. Como consequência, seus objetivos são mal definidos ou nem chegam a sê-lo, não havendo, assim, formulação de estratégias para alcançá-los. Desse modo, estrutura estatal, recursos humanos, processos internos, cultura e demais elementos ficam sem objetivos compatíveis com as respostas que deveriam ser dadas ao ambiente ou à coletividade, com o Estado sem rumo para buscar resultados que atendam sua nação no curto, médio e longo prazo.

Não se aplica também nesse tipo de Estado os conceitos da escola do posicionamento, de Porter, em gerência de custos, diferenciação e foco. Estes não são úteis apenas às organizações não estatais que atuam no ambiente concorrencial, mas também aos Estados, com diferenças apenas no modo de aplicá-los. Devem ser conhecidos pelos comandantes ou gestores estatais, principalmente para evitar interferências negativas, indevidas ou prejudiciais ao ambiente. Em custos, administrar sem desperdício, monitorando e obtendo ganhos de experiência e de escala; em diferenciação, atuar com alto desempenho, sempre com melhor qualidade; e, em foco, priorizar áreas ou atividades em que o ambiente mais necessite do Estado.

A utilização dos conceitos de Porter pelos Estados não deve ter como fim posicioná-los no ambiente concorrencial, como nas organizações privadas, mas posicioná-los em benefício deste. Chega-se a partir desses conceitos à sua cadeia de valor, em que deve buscar apenas a estrutura e a organização necessárias ao alcance de seus objetivos em benefício de suas nações, ao que se pode chamar de Estado necessário, nem mínimo nem máximo, com resultado compatível com seu custo e potencial. Nas abordagens da escola ambiental, do desenho organizacional e do posicionamento, as organizações atuam no ambiente em busca de gestão com o objetivo de serem aceitas, sobreviverem e obterem sucesso. Esse deve ser também o objetivo de todos os Estados para poderem existir sem precisar coagir.

Ao atuarem de modo contrário ou alheio ao seu ambiente, à sua nação ou à coletividade, os Estados atuam de modo contrário também aos seus agentes de alto nível ético-profissional. Se o objetivo de muitos de seus agentes eleitos e de muitos gestores recrutados direta ou indiretamente por eles é a apropriação indevida do Estado, muitos agentes estatais que não contribuem com eles são subutilizados e até descartados em seu potencial. Como esses comandantes ou gestores cobram de seus subordinados apoio incondicional, mesmo que atuem de modo contrário ou alheio ao fim coletivo, a resposta de todos os agentes estatais ao ambiente, aderindo ou não a eles, será sempre insatisfatória.

Assim, as contribuições dos agentes estatais que não aderem a eles geralmente são recusadas ou sequer ouvidas quando vão de encontro ao poder e domínio em benefício pessoal indevido que eles exercem sobre o Estado. Na verdade, estes procuram adestrar e padronizar o comportamento dos agentes estatais, visando obter seus fins pessoais indevidos, combatendo as diferenças individuais, as habilidades e as capacidades desses agentes que não aderem a eles, recusando suas contribuições e os desmotivando quando buscam exclusivamente o fim coletivo e, por isso, ameaçam seus objetivos pessoais.

Procuram, assim, substituir teorias como as de McGregor, Maslow, Herzberg, Vroom e outros, que tratam do atendimento de necessidades e expectativas, de recompensas e outros temas relacionados à motivação das pessoas visando aproveitar suas diferenças e utilizar suas potencialidades, por instrumentos como os cargos e as funções comissionados e de confiança do Estado brasileiro. Ocorre que obtê-los pode até representar status, poder e riqueza que motivam alguns, mas não motivam muitos indivíduos que se pautam pelo alto nível ético-profissional e buscam o resultado exclusivo em benefício da coletividade, pois sabem que por meio deles dificilmente conseguirão obtê-lo.

Ao combater o alto nível de personalismo e patrimonialismo e o baixo nível ético-profissional dos Estados, indivíduos de alto nível ético-profissional sabem que serão rejeitados, mas sabem que aderir aos muitos que os comandam ou gerem com essa característica representa contribuir para mantê-los como eles são, usufruindo apenas seus benefícios pessoais indevidos, mas não servindo para transformá-los. Por mais que tentem atuar com alto nível ético-profissional visando à coletividade, sabem que ao aderir a eles isso não será permitido, já que suas expectativas irão esbarrar na impossibilidade de contribuir com sua nação de acordo com seu potencial, pois serão cobrados a atender principalmente aos que dominam e controlam o Estado em benefício pessoal indevido, somente as sobras sendo destinadas à sua nação.

Muitos que comandam ou gerem Estados com essa característica não aceitam contribuições em benefício da coletividade que ameacem seus benefícios pessoais indevidos, por isso buscam impedir os que não aderem a eles de também comandá-los ou exercerem sua gestão. Em todas as organizações, tudo depende do comando ou da gestão e, se o recrutamento e a permanência nele não se derem apenas entre indivíduos de alto nível ético-profissional, a ineficiência e a ineficácia certamente prevalecerão e seus resultados jamais serão satisfatórios. No Estado, a apropriação indevida dele prevalecerá, beneficiando indevidamente a muitos que o comandam ou gerem e a outros que possuem poder e domínio sobre eles, de dentro ou de fora dele, o que o torna de alto custo e baixo resultado, como sempre pareceu evidente no Estado brasileiro.

Há uma quantidade enorme de indivíduos que aceitam comandar ou gerir Estados que apresentam mau funcionamento e baixo resultado, em todas as suas partes e em todos os níveis hierárquicos, para mantê-los como eles são, em benefício pessoal indevido, próprio ou de terceiros. Buscam se livrar dos que tentam atuar com alto nível ético-profissional, desmotivando-os e impedindo-os de utilizar seu potencial, o que impede o resultado do Estado compatível com seu custo e potencial. Assim, não há motivação e apoio ao esforço e à busca do desempenho individual e coletivo para transformar esse tipo de Estado. Nesse contexto, até a capacitação fornecida por este geralmente é apenas a que mantém sua situação atual, não a que busca o profissionalismo de seus agentes com o fim de obter resultados em benefício de sua nação.

Tudo isso afeta negativamente o clima organizacional, como sempre pareceu ocorrer no Estado brasileiro, com muitos de seus agentes de alto nível ético-profissional tendo que combater continuamente sua apropriação indevida, que parece não ter fim. Sabem que no formato atual jamais se chegará ao Estado eficiente e eficaz, promotor da segurança e do desenvolvimento econômico-social sustentáveis de sua nação. A quase sempre baixa qualidade de seu ambiente interno desmotiva esses agentes, pois sabem que dificilmente poderão obter o fim coletivo por meio do Estado, já que este está voltado para atender, principalmente, aos fins pessoais indevidos de muitos que o comandam ou gerem, em todas as suas partes e em todos os níveis hierárquicos, e até de outros de fora dele. Seus elementos como estrutura, organização, responsabilidade, recompensa, calor e apoio são direcionados quase sempre para este fim.

Sua estrutura impõe limites ou controles que impedem a liberdade de atuação em benefício de sua nação. Seus agentes de alto nível ético-profissional muitas vezes são impedidos de comandá-lo ou exercer sua gestão, o que é possível ao se estabelecer critérios pessoais de recrutamento para seu comando ou sua gestão, como em seus cargos e suas funções comissionados e de confiança. Quase toda recompensa motivacional está atrelada à aceitação de cargos e funções como esses, não ao resultado em benefício da coletividade que se pode entregar. Os que não aderem a eles muitas vezes são condenados à baixa produção, ao ostracismo e à crítica indevida à sua atuação. Nesse tipo de Estado, o clima geralmente é frio e negativo, contrário à iniciativa individual e grupal que foca o fim coletivo, mas de amizade e apoio aos que aderem ao seu comando ou à sua gestão para mantê-lo como ele é.

Este é o clima em praticamente todo ente, nacional e subnacional, poder e organização estatais brasileiros, apesar de seus comandantes ou gestores apresentarem, às vezes, pesquisas internas afirmando o contrário. Muitas de suas lideranças são ilegítimas, subservientes a pessoas e à situação atual, com pouca ou nenhuma responsabilidade com a busca e o alcance de resultados em benefício de sua nação. Existem poucos comandantes ou gestores verdadeiramente líderes em busca do resultado em benefício dela, mas muitos que são aderentes a uma situação estatal atual contrária ou alheia ao fim coletivo, de alto custo e baixos resultados. Compõem, assim, uma hierarquia, impeditiva da harmonia e do sentimento de aceitação recíproca entre superior e subordinado, sem liderança com foco no resultado estatal em benefício da coletividade.

A descontinuidade no comando ou na gestão e na ação desse tipo de Estado é imensa e independe de resultados em benefício de sua nação, ocorrendo sempre mudança de comandante ou gestor de níveis hierárquicos inferiores quando há troca de comando ou gestão nos níveis mais altos. É o que sempre ocorreu no Estado brasileiro, em todas as suas partes, em que existe comando ou gestão previamente estabelecido de até um ano, quase não existindo comandante ou gestor líder em seus níveis hierárquicos, mas ocupante de cargos e funções como os comissionados e de confiança, muitas vezes a serviço indevido de si mesmos e de outros que os recrutam e os mantêm. Assim, ensinamentos teóricos em liderança e sistemas de administração são inviabilizados diante de um Estado que quase não visa o fim para o qual foi criado e existe, atuando quase sempre de modo contrário ou alheio ao seu ambiente, à sua nação ou à coletividade, acreditando que não necessita deles para sobreviver.

Muitos de seus comandantes ou gestores e aqueles que os recrutam e os mantêm buscam quase sempre justificativas para não utilizar experiências úteis à gestão e conhecimentos em teorias administrativas, menosprezando-os para facilitar o atendimento de seus fins pessoais indevidos. Sua não utilização os beneficia e o seu descarte mantém a apropriação indevida do Estado, permitindo assim a permanência nele de comandantes ou gestores que não apresentam resultados em benefício de sua nação compatíveis com o custo e o potencial dele. Isso vai de encontro ao pensamento e à ação de muitas organizações bem-sucedidas, principalmente que atuam em ambientes concorrenciais não corrompidos pelo Estado, mas regulados e fiscalizados por ele com alto nível ético-profissional, que utilizam, explicitamente ou não, essas experiências e as teorias administrativas para poderem sobreviver e obter sucesso.

Muitos comandantes ou gestores estatais atuam de modo contrário ou alheio ao ambiente, o que dificulta ou impede os resultados do Estado em benefício deste. Prejudicam pessoas e ambiente concorrencial, pois ao agir desse modo não têm como atuar com eficiência e eficácia e buscam sempre mais recursos para cobrir o alto e indevido custo estatal. Do lado da eficácia ou da entrega de seus produtos ou serviços, no Estado em que prevalece esse tipo de comandante ou gestor, há insatisfação permanente com suas entregas, enquanto propagandas e discursos oficiais tentam omitir ou distorcer a realidade. Não utilizam bons métodos e procedimentos de trabalho, não procuram compatibilizar as necessidades do

Estado com as de seu ambiente, não definem nem alcançam objetivos que atendam a este.

Esse tipo de comandante ou gestor dificulta ou impede, ainda, o desempenho dos demais agentes estatais. Descarta experiências, teorias, métodos, procedimentos e pessoas que levariam ao menor custo, tempo e esforço do Estado e à definição e ao alcance dos melhores objetivos ou resultados estatais em benefício de sua nação. Obtém coercitivamente recursos para o Estado e não os retribui de modo devido para sua nação. O nível operacional de Estados dominados e controlados por ele não busca eficiência, o institucional ou estratégico, não visa eficácia, adequando o Estado ao seu ambiente, e o nível tático não procura compatibilizar a eficiência e a eficácia desses dois níveis, com estas quase não existindo.

Desse modo, o processo administrativo de planejamento, organização, direção e controle perde sua função integrativa, sinérgica e sistêmica, o que impossibilita o melhor resultado estatal. Os objetivos e indicadores estratégicos do Estado como um todo e de seus entes, seus poderes e suas organizações são falhos ou inexistentes, afetando desenhos, políticas, diretrizes, controles e avaliação do desempenho global e de suas partes. Isso faz com que planejamento e alocação de recursos no nível tático não tenham ordenamento superior, afetando gerência e aplicação de recursos, estrutura, cargos, rotinas, procedimentos, controles e avaliação do desempenho das unidades. Inviabilizam-se também planos operacionais, métodos, processos de trabalho e de operação, gerência, supervisão, controle e avaliação do desempenho individual.

Tudo isso impede a eficiência das operações e a eficácia do Estado, levando-o a existir apenas pela coação, não pela aceitação de seu ambiente por contribuir devidamente com ele. Muitos comandantes ou gestores estatais brasileiros sequer buscam essa aceitação, por isso não se preocupam em atrair e manter talentos de alto nível ético-profissional, satisfeitos, com moral elevado e que utilizem todo o seu potencial em busca de resultados em benefício da coletividade. Em seu lugar, investem em indivíduos que contribuem com eles, por ação ou omissão, mesmo que ambos atuem de modo contrário ou alheio ao fim coletivo.

Desse modo, o Estado brasileiro sempre atuou e atua em desarmonia com a complexidade ambiental e com suas transformações rápidas e imprevisíveis, com muitos agentes eleitos e gestores que o comandam ou gerem atuando claramente em benefício pessoal indevido, próprio e de outros que possuem poder e domínio sobre eles, muitas vezes de fora do Estado. Isso leva ao domínio e controle indevidos da estrutura, do funcionamento e do comportamento estatal, fechando o Estado ao comando ou à gestão de alto nível ético-profissional dos que verdadeiramente atenderiam às demandas e exigências de seu ambiente ou de sua nação.

Assim, medidas de eficiência e eficácia trazidas pela Teoria da Administração praticamente não são utilizadas por muitos que o comandam ou gerem, em todas as suas partes e em todos os níveis hierárquicos, pois vão de encontro aos verdadeiros fins destes. É por isso que o Estado brasileiro parece não existir para resolver os problemas, aproveitar as oportunidades e reagir às demandas e exigências ambientais, com muitos que o comandam ou gerem, principalmente no nível estratégico de todas as suas partes, não buscando analisar e compreender o ambiente e coordenar e integrar suas partes para gerar sinergias em atendimento a ele.

Os conceitos mais modernos da teoria administrativa são claramente desprezados por muitos que comandam ou gerem esse tipo de Estado, pois, se as teorias tradicionais já os ameaçavam e eram combatidas por eles, mais ainda os ameaça uma teoria coesa e integradora como a da Contingência, que considera as anteriores, redimensiona seus conceitos, atualiza-os e os integra sob o ponto de vista sistêmico. Se aplicada com alto nível ético-profissional, possui potencial para transformar a situação atual e levar Estados como o brasileiro ao alcance de seu verdadeiro fim, reduzindo ou até eliminando de seu comando ou sua gestão os muitos que se apropriam indevidamente dele.

As cinco grandes ênfases teóricas da Administração, na tarefa, na estrutura, nas pessoas, na tecnologia e no ambiente, vindas principalmente da Administração Científica, Teoria Clássica, Teoria das Relações Humanas, Teoria Neoclássica, Teoria da Burocracia, Teoria Estruturalista, Teoria Comportamental, Teoria do Desenvolvimento Organizacional, Tecnologia, Teoria Matemática, Teoria dos Sistemas e Teoria da Contingência, são fontes poderosas de profissionalização do comando ou da gestão. Seus conceitos e princípios, se antecedidos e permeados pela ética do comandante ou gestor em dirigir o Estado em busca do fim coletivo, observados sempre a situação, o ambiente e a tecnologia existente, levam ao bem administrar e indicam caminhos para o alcance da eficiência e eficácia nos Estados de todas as nações.

Aplicando a visão contingencial ao Estado, ele deve ser administrado de acordo com a situação ou a circunstância, não de forma absoluta ou definitiva. Administrá-lo requer habilidades de diagnóstico situacional para saber o que fazer, não habilidades em utilizar ferramentas ou esquemas de trabalho previamente concebidos, de modo rígido e autoritário. A Teoria da Contingência resume e abrange as demais teorias administrativas, trazendo conceitos, instrumentos, diagnósticos, métodos e técnicas para análise e solução de problemas, todos utilizados em termos relativos, dinâmicos e variáveis de acordo com a circunstância ou a situação, não de modo estático, absoluto ou definitivo. Porém, é necessário elevar o nível ético dos agentes eleitos e gestores que comandam ou gerem os Estados para que possam aplicá-la.

Administrar Estados é principalmente analisar por que fazer as coisas em termos de benefícios à coletividade, considerados sempre a experiência útil à gestão e o conhecimento desta. Como não existem conceitos, leis ou normas gerais de Administração fixos e concretos aplicáveis a todas as situações, alheios às circunstâncias, é impossível administrá-los apenas por meio de normas e regulamentos previamente elaborados pelos seus agentes eleitos e gestores que os comandam ou gerem. Muitas vezes estes são recrutados, ainda, sem critérios ou fundamentos ético-profissionais, o que dificulta ainda mais. Somente com base na ética e no profissionalismo, este com a utilização da experiência útil à gestão e do conhecimento dela vindo das principais teorias administrativas, aqui apresentadas, a depender sempre do ambiente e da tecnologia existente, o comandante ou gestor estatal decide e atua da melhor forma em benefício de sua nação.

O enfoque deve vir de fora para dentro, partindo do ambiente, para só então se definir a estrutura, o funcionamento e o comportamento do Estado, aproveitando as oportunidades e rechaçando as coações e ameaças ambientais. Ao comandante ou gestor estatal, cabe identificar os problemas e as oportunidades do ambiente e responder com estrutura, comportamento e ação em benefício da coletividade. Se prevalecer no Estado o desejo à ascensão ao comando ou à gestão e a permanência nele mesmo que de modo contrário ou alheio ao fim coletivo, a apropriação indevida será sua marca. Desse modo, além de todos os outros males que ele provoca, torna-se ainda um empecilho à ética e ao profissionalismo não só nele mesmo, mas também no ambiente em que ele atua, como sempre ocorreu com bastante evidência no Estado e na nação brasileiros.

Como não há uma só melhor forma de organizar e administrar organizações, mas um conjunto delas a partir do diagnóstico ambiental, o comandante ou gestor estatal que não possui sólidos fundamentos ético-profissionais não tem como fornecer o resultado que o ambiente ou a coletividade espera do Estado. Sem esses fundamentos, ele não focará as melhores entradas, o melhor processamento nem as melhores saídas ou os melhores resultados estatais em benefício de sua nação. Essa situação acomete, certamente, os Estados de todas as nações, em menor ou maior intensidade a depender do nível de educação geral e ética da maioria da população. Para enfrentá-la, é necessário investir na ética e no profissionalismo dos agentes estatais, principalmente eleitos e gestores que comandam ou gerem os Estados, para que os resultados destes em benefício de suas nações sejam compatíveis com seus custos e potenciais.

O Estado brasileiro, com seu alto custo e baixo resultado, sem que a retroação seja suficiente para corrigir e melhorar sua atuação, parece ter um longo caminho a percorrer. Sempre foi do conhecimento de seus agentes e da população que há muito a corrigir e a melhorar, mas ele tem vencido todas as batalhas pela manutenção de sua situação histórica de atuação contrária ou alheia à sua nação, em todas as suas partes. As tecnologias que avançaram em seus ambientes interno e externo, em máquinas, equipamentos e pessoas, não conseguiram realizar as mudanças necessárias, pois estas dependem totalmente dos seres humanos que o comandam ou gerem, em todas as suas partes e em todos os níveis hierárquicos.

Os agentes eleitos e gestores que comandam ou gerem os Estados não podem fugir de suas responsabilidades com a ética e o profissionalismo, pois necessitam organizá-los e administrá-los para responder ao seu ambiente, pelo menos, de acordo com o custo que lhe impõem. Cabe a esses comandantes ou gestores definir estrutura, atuação, comportamento, planejamento, organização, direção, controle, tipos de autoridade, regras, procedimentos, tarefas, equipes, preocupações com eficiência e eficácia, visão de curto, médio e longo prazo e outros elementos organizacionais de acordo com o ambiente e a tecnologia existente, devendo defini-los sempre em benefício da coletividade ou de sua nação.

A Teoria da Contingência, com sua característica eclética e integradora, que absorve os conceitos das principais teorias administrativas e procura aplicá-los nas organizações, considerando cada situação e de acordo com o ambiente e a tecnologia existente, dá os meios para essa definição. No entanto, não é devidamente aplicada no Estado brasileiro e, certamente, no Estado de muitas nações, o que dificulta a resposta destes aos problemas e às oportunidades nacionais. É preciso que os Estados façam diagnósticos contínuos de seus ambientes interno e externo, de como e onde atuam ou devem atuar, bem como da tecnologia existente para que possam utilizar as abordagens teóricas da Administração mais apropriadas a cada situação e construir os elementos mais adequados para obter resultados satisfatórios em benefício de suas nações.

Ocorre que isso somente é possível se a ética anteceder e permear o profissionalismo nos agentes eleitos e gestores que os comandam ou gerem, com atuação de alto nível ético-profissional, não subserviente à situação atual nem a pessoas que refutam a boa gestão e o foco no fim coletivo. As teorias administrativas são abrangentes e mostram como atuar nos principais componentes organizacionais, tarefa, estrutura, pessoas, tecnologia e ambiente, com a Teoria da Contingência as integrando e as unificando em torno de objetivos ou resultados, o que se aplica a todos os Estados. Planejá-los, organizá-los, dirigi-los e controlá-los com eficiência em busca da eficácia requer conhecer e compreender o ambiente e a tecnologia existente para definir sua estrutura, seu funcionamento e seu comportamento em resposta a ele ou à coletividade, tudo a partir de fundamentos verdadeiramente legítimos e democráticos.

Somente a ética permite utilizar a experiência e as teorias da Administração no comando ou na gestão dos Estados visando atender aos seus objetivos em benefício de suas nações, devendo estar fortemente presente em cada um de seus agentes (eleito, gestor e não eleito nem gestor). Não se deve administrar o Estado apenas com normas e regulamentos, mas com a garantia de que a imensa maioria dos que o comandam ou gerem possuem alto nível ético, pois é a partir desta que se garante o alto nível profissional para conduzi-lo ao resultado em benefício de seu ambiente, de sua nação ou da coletividade compatível com seu custo e potencial. Somente uma atuação de alto nível ético-profissional de seus agentes, principalmente que o comandam ou gerem, fará com que a maior e mais poderosa invenção social da humanidade, o Estado, fique à disposição de suas nações no sentido de fornecer ou permitir que forneçam a segurança e o desenvolvimento econômico-social de modo sustentável para todos, razão única de sua existência.

PARTE IV

A CONSTRUÇÃO DO ESTADO DE ALTO NÍVEL ÉTICO-PROFISSIONAL

A IMPORTÂNCIA, A FINALIDADE E OS PROBLEMAS DO ESTADO

O Estado é uma organização composta de indivíduos que precisa ser administrada. Como toda organização, necessita passar pelas fases cíclicas e permanentes do planejamento, da organização, da direção e do controle. As teorias administrativas modernas refutam o pensamento fortemente dominante na era industrial de gerir organizações apenas como máquinas, fechadas e programadas para produzir resultados sem levar devidamente em conta o ambiente interno, principalmente o ser humano, e o externo, para o qual devem produzir ou servir. Esse formato evoluiu, apesar de ainda aplicado em várias organizações e em partes delas, à medida que é útil em seu fim de produzir resultados para seu ambiente e serem aceitas por ele, garantindo, assim, sua sobrevivência e seu sucesso.

Exceção a essa regra poderiam ser os Estados na questão da sobrevivência, pois são entes praticamente imortais e, todas as vezes que perdem seu território ou deixam de existir, não deixam de ser Estado, mas apenas assumem outro formato ou outra denominação ou, ainda, são incorporados por outro. Ao se pensar em quaisquer povos habitantes do mais longínquo território, mesmo que completamente afastados da modernidade das grandes cidades ou alheios a ela, pode-se observar que os princípios gerais de comando que os regem se equiparam ao comando dos Estados, com foco na coletividade como forma de sobrevivência dos indivíduos. Além do mais, onde quer que um povo esteja na atualidade, não deixa de ser parte de uma comunidade, que faz parte também de um Estado.

Até os animais vivem em comunidades similares a Estados em termos de comando, em que, mesmo sem regras plenamente explícitas ao entendimento humano, atuam com espírito coletivo, defendendo o território e a vida da espécie. Sempre atuando como ente coletivo obrigatório, o Estado dispõe de elementos que o diferenciam das demais organizações não estatais. A ele toda nação é obrigada e, ao mesmo tempo, ninguém pode se eximir de contribuir com ele ou deixar de atender ao seu comando e controle, sob o risco de perder a liberdade e até a própria vida. O Estado é o ente terreno mais poderoso e de maior responsabilidade com o presente e o futuro de sua nação, e até da humanidade.

Ao Estado, é dado poder exclusivo de tirar a liberdade e, em algumas situações, até a vida de um ser humano – apesar de indevido do ponto de vista cristão e de outras religiões e pessoas. Poder que não é dado a nenhum indivíduo e nenhuma organização, que suplanta em muito o destes, pois dispõe de características que não existem neles. Porém, por todo poder dado ao Estado, torna-se obrigatório que sua condução ou gestão seja elevada ao mais alto nível ético-profissional, já que, apesar de quase não possuir ameaça à sua existência, dele depende todo ser humano e toda organização em seu território. Muitos indivíduos e muitas organizações públicas não estatais e privadas não obterão sucesso ou até nem sobreviverão se permanecerem sob o jugo de um Estado mal conduzido.

Ele jamais será excluído de seu ambiente, estando sempre presente em todo espaço e na vida de toda nação. É ao mesmo tempo seu ente mais poderoso e mais perigoso, por isso, não há alternativa ao alto nível ético-profissional de seu comando ou sua gestão para que seja sempre útil a ela. Para ser bem gerido, é necessário que seus comandantes ou gestores possuam alto nível ético, o que lhes permite servir-se da experiência útil à gestão e do conhecimento em teorias administrativas que, conscientemente ou não, permitem o profissionalismo nela. Somente uma atuação de alto nível ético-profissional de seus agentes, principalmente eleitos e gestores que o comandam ou gerem, levará o Estado também a ela e à busca do benefício à sua nação compatível com o custo que lhe impõe e o potencial que ele possui. Obterá, assim, o respeito e a atuação também de alto nível ético-profissional dos indivíduos e das organizações não estatais, levando à ordem, à liberdade, à paz, à justiça, à igualdade, à segurança e ao desenvolvimento de sua nação.

Pelo seu poder e pela sua importância em todas as nações, é necessário que os Estados façam seu diagnóstico ético contínuo para elevar sempre seu nível profissional, chegando, assim, ao alto nível ético-profissional e vencendo os males do personalismo, do patrimonialismo e do baixo nível ético-profissional que insistem em não ceder em muitos deles. A elevação do nível ético de seus agentes eleitos e gestores que os comandam ou gerem não faz por si só a boa gestão, mas dá a base fundamental para que ela ocorra, pois sem base ética não há profissionalismo, nem comando ou gestão que leve ao melhor resultado.

O verdadeiro proprietário do Estado, o povo, geralmente fica distante da gestão estatal em relação ao proprietário dos outros tipos de organizações, as públicas não estatais e as privadas. Por isso, muitos de seus agentes e dos que de fora do Estado possuem poder e domínio sobre eles procuram se beneficiar indevidamente dele. A elevação do nível ético de seus agentes, principalmente eleitos e gestores que o comandam ou gerem, é, portanto, fundamental, sendo necessário impedir o recrutamento e a permanência nele de indivíduos que não atendam a critérios ético-profissionais devidamente estabelecidos.

Para completar a base ética que fundamenta a boa gestão estatal, fornecedora de resultados em benefício da coletividade compatíveis com o custo e o potencial dos Estados, é necessário que haja diagnóstico contínuo deles para verificar como buscam seus resultados. É o comando ou a gestão com fundamento na experiência útil a esta e nas teorias administrativas – estas utilizadas, conscientemente ou não, pelas organizações mais bem-sucedidas do mundo – que permite a sobrevivência e o sucesso das organizações em seus ambientes, mesmo sem a quase garantia de sobrevivência própria dos Estados.

Devem-se juntar, assim, as bases éticas e profissionais no sentido de proporcionar a boa gestão dos Estados, o que somente é possível por meio da redução do personalismo e do patrimonialismo e da elevação da ética e do profissionalismo de seus agentes, principalmente eleitos e gestores que os comandam ou gerem. Se os Estados agirem desse modo, darão imensa contribuição para amenizar os muitos males existentes em suas nações e no mundo, certamente não os eliminando, mas reduzindo-os consideravelmente e contribuindo com a redução do sofrimento de bilhões de seres humanos que ainda carecem de condições básicas de sobrevivência.

Os Estados adquiriram cada vez mais importância e poder ao longo da História. Se agirem com alto nível ético-profissional, indivíduos e organizações não estatais certamente também agirão dessa forma, espelhados neles e impulsionados por eles. Se antes possuíam como principal fim proteger e promover o interesse coletivo local, alguns Estados adquiriram poder, indevido em quase todos os casos, até sobre populações de nações à imensa distância de seus territórios. As tecnologias de comunicação instantânea e de imagens em tempo real de toda superfície terrestre, de bombas e instrumentos não tripulados quase imperceptíveis, capazes de atuar em qualquer ponto do planeta, exemplificam o poder de alguns Estados atuais, que podem utilizá-lo contra outras nações e até contra suas próprias nações.

Essas tecnologias bélicas desenvolvidas e controladas por muitos Estados são parte dos elementos destrutivos à sua disposição. Muitos que não as possuem correm para obtê-las e a humanidade fica cada vez mais fragilizada por instrumentos cada vez mais poderosos e eficazes que podem ser utilizados para seu mal ou até para sua destruição total. Nessa situação, aumenta cada vez mais o poder do Estado, tanto como detentor dessas ameaças como responsável por controlá-las e por se proteger delas. Alguns Estados que as possuem buscam evitar que outros também as possuam, em uma tentativa praticamente insustentável a longo prazo de evitar uma catástrofe humanitária.

Por motivos como esses, no lugar de tentativas vãs de reduzir o poder dos Estados, é essencial criar um tipo de Estado que atenda verdadeiramente aos fins de sua criação e existência. Como ente voltado para assuntos terrenos de mais importância e poder em todas as nações, e para que não se transforme em mal maior delas e de toda humanidade, é essencial que seja transformado em ente coletivo que busca recursos da população para retornar em benefício exclusivo dela. Isso é o mesmo que pensar na construção e manutenção de Estados do bem, mantida a permanência de governos nacionais locais e a cultura nacional, mas formando uma rede mundial de Estados bem administrados, amigos e pacíficos que se apoiam mutuamente em busca do benefício exclusivo ao ser humano onde quer que ele esteja.

Essa é uma ideia que vai além do indivíduo e extrapola o coletivo local para o coletivo planetário, não como modelo de pensamento único e autoritário, de poder e domínio sobre os demais, mas de convivência pacífica e saudável entre nações a partir de ações integradas e complementares de seus Estados. Complementa atos como a Declaração Universal dos Direitos do Homem e as ideias sobre globalização, garantindo a estes, mas tendo o Estado como ente de fomento e vigilância constante dentro das nações e entre elas para evitar abusos humanitários. É uma espécie de globalização do Estado, que passa a ser assim o ente integrador de todas as nações, impedindo que atos que atentem contra o ser humano prosperem por meio de atos ou omissões de alguns deles onde quer que estejam.

Não se trata de dar novos poderes ou novas atribuições ao Estado, mas de utilizar os que ele já possui, mas que muitas vezes utiliza de forma seletiva e indevida para beneficiar indivíduos e grupos em detrimento de outros. Aqui se busca o Estado democrático, pacífico, justo e igualitário, que possui a coletividade como seu único fim, o que somente é possível por meio da garantia de que seus agentes, principalmente eleitos e gestores que o comandam ou gerem, sejam em sua imensa maioria de alto nível ético-profissional. Caso cometam ou fomentem injustiças e desigualdades, que sejam decorrentes apenas da fragilidade humana em sua capacidade de gestão e ação, não de uma atuação que claramente leva a elas.

Diante da finalidade e importância cada vez maior dos Estados para a humanidade, resta a esta buscar com persistência o Estado de alto nível ético-profissional em escala global. Isso requer ações locais, porém integradas e cobradas dos Estados de todas as nações para que o todo conseguido seja maior do que a soma das partes em busca da melhoria da qualidade de vida de cada vez mais seres humanos independentemente de onde estejam ou da nação a que pertençam. Essas ações em termos globais darão sustentabilidade ao planeta por meio de ações locais e ao mesmo tempo globais em combate às principais causas dos grandes males que atormentam e ameaçam todos os seres humanos ainda neste século XXI.

A imensa maioria destes decorre, certamente, da apropriação indevida de muitos Estados, desde a menor organização estatal, da menor, mais pobre e mais nova nação, à maior organização estatal, da maior, mais rica e mais antiga nação. Para toda denominação de Estado, somente a ética e o profissionalismo garantem sua condução ou gestão em benefício da coletividade ou de sua nação de modo sustentável, o que faz bem mais sentido em Estados que mais se aproximam da verdadeira democracia. Assim, indicadores econômico-sociais que indicam a segurança e o desenvolvimento das nações e dos seres humanos em qualquer parte do planeta não devem possuir grandes disparidades dentro delas nem entre elas.

O domínio das organizações na sociedade moderna afeta seus participantes internos e o ambiente em que elas atuam, podendo criar imensas dificuldades de várias formas aos seus participantes internos e à população que depende delas. Se esse domínio organizacional já é intenso, mais ainda se torna quando essa organização é o Estado, tanto em relação aos seus agentes quanto à população local, nacional e até mundial. Por isso, a garantia da ética e do profissionalismo de seus agentes, principalmente eleitos e gestores que o comandam ou gerem, cresce em importância. Com o Estado poderoso e dominador, em regra, esses elementos presentes no espírito de seus agentes são cruciais para a obtenção de seus resultados em benefício da ordem, da liberdade, da paz, da justiça, da igualdade, da segurança e do desenvolvimento em sua nação e no mundo.

Não apenas um Estado tomado isoladamente, com poder, domínio e controle sobre a população local ou nacional, mas o Estado como ente integrado a outros em relação a toda a humanidade. Quanto mais poderoso, maior sua influência interna e sobre outras nações, que não dependem mais de si mesmas para se proteger e se desenvolver, mas de ações integradas dos Estados de todas as nações. Por isso, independentemente de sua localização ou de sua nação, todos os Estados devem se voltar para a proteção e o desenvolvimento humano, local e globalmente. Essa é uma verdadeira globalização para o ser humano, que ainda não veio, mas que já é possível com a ajuda das tecnologias existentes, como as da informação, da comunicação e do transporte, e com a cada vez maior consciência humanitária global.

Assim, considerados o domínio e o poder exercidos pelos Estados, a atuação de alto nível ético-profissional de seus agentes, principalmente que os comandam ou gerem, deve ser garantida mundialmente, sendo a harmonia entre Estados a forma de garantir a segurança e o desenvolvimento das nações em tempos em que a tecnologia bélica é capaz de criar algo parecido com o apocalipse bíblico a partir do próprio ser humano, com potencial de destruir toda a humanidade. Essa ameaça real tem como principal combustível as injustiças e desigualdades trazidas por Estados com características de alto nível de personalismo e patrimonialismo e de de baixo nível ético-profissional, ineficientes, desviados do fim coletivo e corruptos, tendo como consequência o alto custo e o baixo resultado para suas nações. O Estado brasileiro parece estar aqui representado, mas, certamente, existem muitos outros em situação bem mais grave do que a dele.

Nada suplanta a ética e o profissionalismo do comando ou da gestão para construir resultados organizacionais positivos e sustentáveis. Em se tratando dos Estados, seu poder e domínio capazes de desenvolver ou destruir suas nações, e até outras nações, obriga seus comandantes ou gestores a atuarem sempre com alto nível ético-profissional. Isso os levará a possuir também essa característica, passando a ser exemplos para indivíduos e organizações não estatais, que passarão a atuar também com base no que eles praticam, transmitem e exigem de suas nações.

Indivíduos e organizações não estatais podem exercer muito poder e domínio em suas áreas de atuação e em seus ambientes, mas jamais suplantarão o poder e o domínio exercidos pelo Estado. As grandes multinacionais costumam ser mencionadas como mais poderosas do que alguns deles, o que permitiria a elas atuarem com baixo nível ético-profissional em algumas nações sem serem alcançadas pelo poder e controle estatal. Na verdade, sua influência e seu poder não são maiores do que os que existem no menor e mais pobre dos Estados se por trás deles não houver um comando estatal ineficiente, desviado do fim coletivo ou corrupto que as proteja e aceite que atuem de modo contrário à sua nação.

Ainda sobre isso, a racionalidade que deve predominar no ambiente concorrencial não pode ser assim denominada quando organizações sobrevivem e obtêm sucesso por atuarem com baixo nível ético-profissional ou por obterem benefícios injustos, indevidos e prejudiciais a ele concedidos ou consentidos pelo Estado. Nesse caso, a livre concorrência e o ambiente de negócios são prejudicados e o poder e domínio exercidos por elas são decorrentes de um Estado que não funciona como deveria funcionar.

Não se pode admitir assim a superioridade de indivíduos e organizações em relação ao Estado, mesmo que estes atuem nele ou estas sejam estatais, pois apenas a ele são dados poder e domínio sobre sua nação. Isso não nega que indivíduos e organizações não estatais sejam essenciais em sua capacidade de proteger a população e contribuir com o seu desenvolvimento econômico-social, requerendo atuação do Estado apenas em sua ação, regulação e fiscalização para que contribuam com ela e não lhe causem o mal. Cabe a ele evitar que indivíduos e organizações que atuam em seu território prejudiquem o ser humano onde quer que ele esteja, o que caracteriza uma atuação estatal global responsável pela proteção e pelo desenvolvimento deste independentemente de onde ele habite ou se encontre.

Essa visão é diferente da atuação de muitos Estados atuais, voltada quase exclusivamente para o benefício só de sua nação, e apenas quando não tomados pelos que se apropriam indevidamente deles. Devem ser dados aos Estados poder e domínio sobre indivíduos e organizações não estatais, mas com o cuidado de garantir que sua condução ou gestão seja sempre de alto nível ético-profissional, voltada exclusivamente para o fim coletivo, em sua nação e no mundo. Eles devem cuidar também para que indivíduos, de dentro ou de fora deles, e organizações não estatais atuem sempre com alto nível ético-profissional, em benefício de sua nação e de outras ou não contrários a elas.

Como se observa, além de garantir a segurança e o desenvolvimento dos indivíduos em suas nações, os Estados devem evitar que sua ação ou omissão prejudique também os de outras nações, pois a humanidade é uma só e a segurança e o desenvolvimento de todo ser humano dependem cada vez mais do que ocorre em cada parte do planeta. Ao Estado é dado muito poder e domínio e a ele cabe cuidar da proteção e do desenvolvimento do homem não só em seu território, mas onde quer que ele esteja no que depender de sua atuação, evitando que seja obstruído em sua liberdade e excluído do acesso a itens essenciais, como segurança, saúde, educação, água e alimento. Aos indivíduos e às organizações públicas não estatais e privadas cabe contribuir também com todo ser humano, coibidos pelo Estado de agir contra ele ou de causar-lhe o mal.

Por isso, o Estado tem que ser uma organização composta de indivíduos somente de alto ético-profissional para atuar em benefício de sua nação, protegendo-a e fomentando seu desenvolvimento econômico-social de modo sustentável, em contribuição também com outras nações e com o mundo neste mesmo sentido. Não sendo assim, pode torna-se tão prejudicial quanto o poder e o domínio que possui. Tudo isso o obriga a recrutar e a permitir que permaneçam nele apenas indivíduos de alto nível ético-profissional, principalmente em seu comando ou sua gestão, pois só assim ficará livre dos que agem em busca de seus fins pessoais indevidos e de outros e aumentará suas chances de obter resultados compatíveis com seu custo e potencial.

Faz parte da fragilidade do ser humano buscar o fim pessoal, mesmo que muitas vezes indevido e em detrimento de outros, o que leva muitos agentes estatais a atuarem em sua busca. Apesar de seu imenso poder, o Estado é presa fácil de indivíduos e grupos que buscam nele apenas seus fins pessoais indevidos, de dentro ou de fora dele, sendo uma das principais causas deste fenômeno a dificuldade de seu proprietário, o povo, acompanhar e interferir em seu funcionamento e seu resultado. O freio para que ele não seja tomado pelo fim pessoal indevido jamais virá de decisões e ações de alguns de seus agentes ou de normas e regulamentos elaborados por eles, mas de estratégias sistemáticas de recrutamento e permanência de todos os seus agentes por meio de critério impessoal, ético-profissional, principalmente eleitos e gestores que o comandam ou gerem.

A ética do agente estatal, neste livro, relaciona-se à contribuição do candidato a sê-lo ou do já agente estatal com a coletividade ou em não prejuízo dela em sua vida pregressa e presente, com transparência em suas ações e em sua renda e seu patrimônio, este visivelmente obtido com alto nível ético-profissional. O profissionalismo, também aqui, vem da educação geral e específica, formal e informal, bem como da experiência individual em organizações e na sociedade. Para o comando ou a gestão estatal, são necessários a ética, a experiência útil à gestão e o conhecimento do negócio e das principais teorias administrativas apresentadas na parte III deste livro. Conhecer estas permite compreender o que é a gestão e o que é o processo administrativo de planejamento, organização, direção e controle, tudo a partir da tarefa, da estrutura, das pessoas, da tecnologia e do ambiente, devendo ser aplicadas, explicitamente ou não, em todo Estado, em todas as suas partes, visando o seu melhor resultado em benefício de sua nação.

Como maior poder terreno de todos os tempos, cabe a ele próprio impedir a busca do fim pessoal indevido da parte de seus agentes, principalmente os que o comandam ou gerem, como busca a Teoria da Burocracia, mas até ela encontra resistência diante de uma população de baixo nível de educação geral e ética, bastante dependente do Estado e de seus agentes, que pouco os acompanha e cobra seus resultados. Isso permite a estes se fecharem em si mesmos e atuarem em benefício pessoal indevido em detrimento dela.

Quando não predomina o alto nível ético-profissional no comando ou na gestão estatal, a verdadeira burocracia não é implantada, mas uma falsa ou desvirtuada, constituindo-se em empecilho aos que não a querem infringir e levando à obtenção de benefícios indevidos os que no Estado ou por meio dele atuam com esse fim. Estes recrutam e mantêm ainda outros que, por ação ou omissão, contribuem com eles, sem estabelecer e buscar o verdadeiro objetivo estatal, com todos buscando manter o Estado como ele é, impossibilitando assim seu resultado em benefício da coletividade compatível com seu custo e potencial. Os indivíduos de alto nível ético-profissional que não aderem a essa situação geralmente são impedidos de comandar ou gerir o Estado ou de atuar nele como deveriam, inibidos assim de colaborar com a eficiência e eficácia estatal em benefício de sua nação.

A estes resta buscar alternativas para contribuir com ela, pois dificilmente poderão fazê-lo por meio do Estado, já que são impedidos de comandá-lo ou exercer sua gestão e de participar de muitas de suas decisões e ações, muitas vezes não sendo sequer ouvidos sobre elas. Somente um comando ou uma gestão de alto nível ético-profissional é capaz de levar ao Estado de mesma característica, elevando assim o nível de educação geral e ética da maioria da população e construindo uma democracia próxima da verdadeira e um Estado devidamente voltado para o fim coletivo. Isso jamais ocorrerá por meio dos que conduzem Estados buscando se apropriar indevidamente deles, combatendo, ainda, os que não o buscam.

Indivíduos que possuem essa característica e comandam ou gerem Estados que também a possuem criam e mantêm políticas compensatórias para a população na tentativa de pacificá-la para continuar se apropriando indevidamente deles. Criam assim forte dependência dela em relação a eles e ao Estado, deixando de fomentar a educação geral e ética que a libertaria de suas amarras e poria fim aos seus benefícios pessoais indevidos e dos que os recrutam e os mantêm. Infestam, desse modo, os Estados de agentes eleitos e gestores nocivos às suas nações, que se perpetuam neles e impedem sua eficiência e eficácia nas áreas em que atuam ou deveriam atuar, como mostram claramente muitos indicadores de seu funcionamento e seu resultado, de confiança neles e em seus agentes e econômico-sociais nacionais.

Um grande problema enfrentado pelas nações nas áreas em que seu Estado atua ou deveria atuar é que muitos de seus agentes que o comandam ou gerem não estão dispostos a libertá-las de suas amarras, mas buscam mantê-las para obter status, poder e riqueza indevidos por meio delas. Esses convivem em grupos restritos que compartilham do mesmo objetivo, controlando a parte da população que não adere a eles ou os combate, de dentro ou de fora do Estado. Esses grupos são estrategicamente montados com base em uma democracia próxima da falsidade e em cargos e funções estatais de recrutamento por critério pessoal, muitos destes claramente utilizados para manter o Estado em benefício pessoal indevido deles e de outros de fora do Estado, mantendo-se, assim, eternamente em seu comando ou sua gestão e ainda o repassando para outros que agem como eles.

No conforto dessa situação, não concebem nem executam estratégias de libertação de suas nações em relação a eles e ao Estado. A resistência em oferecer ou permitir que ofereçam educação geral e ética à imensa maioria da população é prova incontestável do domínio do Estado por comandantes ou gestores que não buscam por meio dele resultados em benefício de sua nação. Como no ambiente concorrencial, em que monopólios e oligopólios buscam se manter, muitos desses também o fazem, geralmente impedindo que indivíduos de alto nível ético-profissional sejam recrutados e mantidos em seu comando ou sua gestão.

Nesse sentido, fortes barreiras de entrada são montadas e vigiadas permanentemente para impedir que estes também o comandem ou exerçam sua gestão, o que se constitui em um dos principais problemas desses Estados e que acarreta muitos outros. Quebrar essa barreira é difícil, pois geralmente compete aos que se beneficiam indevidamente dela e que atuam para manter a imensa maioria da população fora de combate por meio da baixa educação geral e ética e da forte dependência em relação a eles e ao Estado, o que os permite se manter no comando ou na gestão estatal. Quando erros de estratégia permitem quebrá-la e indivíduos de alto nível ético-profissional ascendem ao comando ou à gestão desses Estados, os que se apropriam indevidamente deles utilizam estratégias de expulsão ou de adesão recíproca para evitar mudanças e manter o Estado como ele é.

Isso sempre foi claramente observado no Estado brasileiro, em todas as suas partes, e, certamente, ocorre no Estado de muitas nações cuja população se perpetua na insegurança e no baixo nível de desenvolvimento econômico-social. Nelas, muitos que possuem poder e domínio sobre o Estado, de dentro ou de fora dele, possuem recursos em abundância, superior aos da maioria da população de sua nação. Em seus Estados, o personalismo, o patrimonialismo e o baixo nível ético-profissional imperam, e a ineficiência, o desvio do fim coletivo e a corrupção de muitos de seus agentes eleitos e gestores que os comandam ou gerem não são combatidos nem punidos, pois isso cabe a eles mesmos. A riqueza de muitos destes e de muitos que contribuem com eles, de dentro ou de fora do Estado, é tanto maior e inexplicável quanto maiores suas posições e seus poderes no Estado ou melhores suas relações indevidas com ele.

Para manter essa situação, geralmente são recrutados agentes eleitos por meio de uma democracia próxima da falsidade, que recrutam, direta ou indiretamente, agentes gestores e outros dos entes, dos poderes e das organizações estatais, em todos os níveis hierárquicos, criando, assim, uma casta de agentes eleitos e gestores de baixa responsabilidade com o resultado do Estado em benefício de sua nação. O comandante ou gestor comanda ou gere para si próprio e para outros de modo indevido, como para o agente eleito que o recrutou, e este atua também para si e para outros de modo indevido, como para os contribuintes com sua eleição, ambos buscando se manter em suas posições ou ascender a outras, quase sempre em benefício pessoal indevido. Isso gera uma multidão de comandantes ou gestores estatais que até podem possuir bons currículos formais obtidos nas melhores universidades do mundo, mas que pouco geram benefícios para suas nações.

Nessa estrutura, há pouco espaço para o Estado fornecer ou permitir que outros forneçam itens essenciais, como segurança, saúde e educação para sua nação, mas grande espaço para que muitos de seus agentes eleitos e gestores que o comandam ou gerem sem se pautar pela ética e pelo profissionalismo em suas decisões e ações obtenham benefícios indevidos para si e para outros em detrimento dela, condenando-a a imensas dificuldades. Uma nação somente será segura e desenvolvida de forma sustentável se seu Estado cumprir a função coletiva que lhe foi reservada, agindo com alto nível ético-profissional e fomentando e cobrando a ética e o profissionalismo também dos indivíduos de dentro e de fora dele e das organizações não estatais.

Cabe a ele corrigir distorções sociais, fomentar a desconcentração de renda e se comprometer com a qualidade de vida de toda a população, com regras claras que ofereçam retorno do que obtém em tributos. Há o desvirtuamento dele quando muitos responsáveis pelo seu comando ou sua gestão se distanciam da busca do fim coletivo, servindo aos seus fins pessoais indevidos e de outros, de dentro ou de fora dele, o que gera enorme desperdício de recursos e o faz buscar cada vez mais da população. Parece ser por isso que muitos agentes estatais brasileiros até recebem bons salários e benefícios, como estabilidade no emprego, mas não geram resultado de acordo com seu potencial, com sua experiência e seu conhecimento técnico e de gestão sendo subutilizados ou descartados, por iniciativa própria, em busca de seus fins pessoais indevidos, ou por iniciativa de outros que os têm como ameaças a combater e a controlar.

No Estado brasileiro sempre existiu uma infinidade de cargos e funções em que não prevalecem critérios impessoais, ético-profissionais, de recrutamento e permanência neles, muitas vezes entregues aos que aderem aos que o comandam ou gerem independentemente do compromisso destes com o resultado em benefício da coletividade ou de sua nação. Muitos ocupantes desses cargos e dessas funções, em todas as suas partes e em todos os níveis hierárquicos, muitas vezes os recebem em troca de fidelidade aos que os recrutam e os mantêm e ao Estado como ele é, mesmo que a atuação destes seja contrária ou alheia ao fim coletivo. Certamente existem muitos Estados que atuam dessa forma, por isso de alto custo e baixo resultado, cujas nações não conseguem se libertar deles, não conhecendo ainda sua verdadeira importância e finalidade em benefício delas.

O GRANDE PROBLEMA DAS NAÇÕES E UMA POSSÍVEL SOLUÇÃO

Os agentes estatais eleitos pela população e recrutados pelo Estado têm como principal atribuição definir políticas públicas e implementá-las. Para isso, necessitam de recursos monetários, materiais e humanos, sem o que não conseguirão defini-las nem implantá-las. Assim, os Estados dispõem de estruturas construídas principalmente a partir dos recursos obtidos da população e, caso necessitem de mais recursos, sempre conseguirão obtê-los, porém não se deve esquecer que precisam atuar sempre com eficiência e eficácia para que possam oferecer bons resultados sem a necessidade de recorrer a cada vez mais busca por eles junto à população ou ao endividamento de alto custo.

Definidas as políticas públicas pelos agentes eleitos, ao lado dos agentes gestores, deve-se buscar a gestão e ação estatal para implantá-las. O agente não eleito nem gestor é o responsável pela execução das atividades e dos serviços estatais, que, com os agentes eleitos e gestores, implantará as políticas definidas, considerados os recursos monetários, materiais e humanos existentes. Nesse contexto, para que o encadeamento entre definição de políticas públicas, gestão e execução funcione em benefício da coletividade ou da nação, é imprescindível o alto nível ético-profissional dos três tipos de agentes estatais: eleito, gestor e não eleito nem gestor.

Caso estes sejam mal recrutados, não possuam atribuições e responsabilidades bem definidas e suas atuações e seus resultados não sejam sempre aferidos, sendo mantidos, recompensados, punidos ou excluídos do Estado de acordo com eles, este não oferecerá retorno à sua nação compatível com seu custo e potencial. Sem critério impessoal, ético-profissional, de recrutamento e permanência em seus cargos para os três tipos de agentes, obedecidas as eleições para o agente eleito, os Estados jamais possuirão alto nível ético-profissional, sendo, assim, de alto custo e baixo resultado em benefício dela. É isso o que certamente ocorre em nações carentes de ordem, liberdade, paz, justiça, igualdade, segurança e desenvolvimento, pequenas ou grandes, pobres ou ricas, novas ou antigas, cujos Estados se caracterizam, provavelmente, pelo alto nível de personalismo e patrimonialismo e pelo baixo nível ético profissional.

Sendo poderosos e onipresentes em todo espaço e toda situação, por meio de suas ações ou omissões, os Estados podem contribuir para o bem ou para o mal de suas nações, podendo beneficiar ou prejudicar, assim, uns em detrimento de outros. Reduzir ou aumentar seus tamanhos, estabelecer novas formas ou novos modelos de atuação, reformá-los, criar normas e copiar o que existe em Estados de outras nações não darão certo sem elevar o nível ético-profissional de seus agentes, principalmente eleitos e gestores que os comandam ou gerem. Enquanto isto não ocorrer, os Estados serão certamente contrários ou alheios às suas nações, a serviço de muitos de seus agentes que os comandam ou gerem em benefício pessoal indevido próprio e de outros que possuem poder e domínio sobre eles, de dentro ou de fora deles.

É de seus agentes que os comandam ou gerem que deve partir a iniciativa de fortalecer a educação geral e ética da imensa maioria da população, com a consequente redução de sua dependência em relação a eles e ao Estado e o aumento da participação neste e do acompanhamento e da cobrança de seus resultados. Isso a levará a exigir o recrutamento dos agentes estatais somente por meio de critérios impessoais, ético-profissionais, focados no resultado em benefício da coletividade, fazendo, assim, o Estado de alto nível ético-profissional de modo sustentável.

Exemplificando com o Estado brasileiro, mantido seu formato de recrutamento e permanência de seus agentes que o comandam ou gerem, poderá até conseguir avanços pontuais por meio de reformas ou mudanças de grupos no comando ou na gestão, mas insuficientes para melhorar seus resultados em benefício de sua nação de modo sustentável. Pode até avançar em relação ao passado e ao presente, mas por uma evolução natural em que a demora da mudança não reparará as vítimas decorrentes da forma de atuação que nele sempre prevaleceu e que ainda prevalece sem previsão de acabar. É urgente repensar o Estado, não só no sentido de reformá-lo, mas de prepará-lo para poder decidir sobre seu tamanho, sua estrutura, seu funcionamento, seu comportamento e seu resultado, o que passa, obrigatoriamente, pelo critério impessoal, ético-profissional, de recrutamento e permanência de todos os seus agentes, principalmente os que o comandam ou gerem.

Negligenciar essa etapa é decretar o insucesso do Estado verdadeiramente voltado para sua nação, parceiro dela, que contribui com sua segurança e seu desenvolvimento de modo sustentável, protegendo-a da injustiça, da desigualdade, da violência e das muitas carências que a atormentam e que não se resolvem sem atuação estatal. Essa negligência é o que tem feito muitas reformas anunciadas com pompas pelo Estado brasileiro não resultarem em melhoria de seus resultados. São quase sempre concebidas e executadas por indivíduos que claramente não têm a coletividade como seu único fim, muitas vezes voltadas para os fins pessoais indevidos deles e de outros, até de fora do Estado, em detrimento de sua nação.

O Estado brasileiro sempre possuiu fortes características de alto nível de personalismo e patrimonialismo e de baixo nível ético-profissional, sendo por isso bastante afetado pela ineficiência, pelo desvio do fim coletivo e pela corrupção. Esse mal, certamente, está incrustado no Estado de várias nações e contamina a estrutura econômico-social destas ao afetar os indivíduos e as organizações públicas não estatais e privadas, tornando muitos desses também de baixo nível ético-profissional para conviver com ele e obter sucesso. Nessas nações, muitas organizações públicas não estatais e privadas já nascem maculadas por indivíduos que as utilizam em prejuízo do fim coletivo, não em cooperação ou complemento a este ou à atuação estatal, obtendo assim status, poder e riqueza indevidos por meio do Estado e muito prejudicando sua nação.

Ao não agir com alto nível ético-profissional nem exigir que todos ajam dessa forma, agentes estatais eleitos e gestores que comandam ou gerem os Estados, em todas as suas partes e em todos os níveis hierárquicos, são os principais responsáveis pelos males que os acometem, pelo seu alto custo e baixo resultado, pelo baixo nível ético-profissional desses Estados, dos demais agentes estatais e de indivíduos e organizações não estatais. Nesse caso, muitos seguem o Estado e são acometidos pelos seus mesmos males, marcados por eles em uma forte concorrência maléfica em que muitos querem se dar bem em detrimento do outro ou da coletividade, influenciando negativamente a segurança e o desenvolvimento nacional. A população é vítima desses Estados ao ser coagida a contribuir com cada vez mais tributos para mantê-los como eles são e não obter o devido retorno. Assim, eles perdem sua confiança e ela contribui com eles apenas por coação, pouco acreditando que o Estado lhe pertence.

Em nações que possuem Estados com essa característica, a população sofre forte carência de segurança e desenvolvimento econômico-social. Muitos que os comandam ou gerem gastam muito tempo, esforço e recursos estatais digladiando-se em busca de espaço que se converta em atendimento aos seus fins pessoais indevidos e de outros, até de fora do Estado. Não importa que suas conquistas prejudiquem sua nação, mas somente que esses seus fins sejam alcançados. Suas lutas quase sempre não são contra inimigos do Estado em benefício de sua nação ou da coletividade, mas pela ascensão e permanência em seus cargos e suas funções, como nos comissionados e de confiança de recrutamento por critério pessoal do Estado brasileiro, muitas vezes transmitindo-os como herança aos seus descendentes e a outros de mesmas características.

Nesse caso, a ética e o profissionalismo da gestão, este vindo da experiência útil a ela e do conhecimento do negócio e das teorias administrativas que deveriam pautar o comandante ou gestor, são combatidos para manter o Estado como ele é. Muitos que o comandam ou gerem podem até aparentar profissionalismo, mas nada que suplante seus fins pessoais indevidos e dos que possuem poder e domínio sobre eles, impedindo o Estado de se planejar em benefício de sua nação ou levando-o a fazê-lo apenas na forma, para não ser executado. A impessoalidade e o foco no fim coletivo quase não direcionam suas decisões e ações, pois a regra é atuar em benefício próprio e dos que os recrutam e os mantêm, combatendo tudo que os ameace.

Quase não existem planos nesse tipo de Estado com foco no resultado em benefício de sua nação, e os poucos que existem são elaborados pelas suas partes sem objetivos, indicadores e metas claros, existindo apenas como fotografias estáticas para satisfazer aos que os cobram. Muitos agentes eleitos e gestores que o comandam ou gerem, auxiliados por muitos não eleitos nem gestores que almejam também comandá-lo ou exercer sua gestão, atuam de acordo com seus fins pessoais indevidos e dos que possuem poder e domínio sobre eles, muitas vezes de fora do Estado. Toda ética, todo conhecimento do negócio, toda experiência e toda teoria administrativa que ameace seus fins pessoais indevidos são combatidos, com muitos que agem com alto nível ético-profissional sendo vistos como inimigos a combater ou a ocultar, subutilizados ou rejeitados em suas contribuições.

Quando existem planos formalmente elaborados, sua elaboração e execução geralmente não são conforme a ética e o profissionalismo requeridos pela boa gestão. De outro lado, a população vê sua vida dificultada pela violência, injustiça e desigualdade e por uma infinidade de outros males que a acometem sem que o Estado mostre reação. Ao contrário, percebe que aumentam cada vez mais os tributos a pagar e os recursos que deveriam retornar-lhe em benefícios são mal-empregados, servindo quase exclusivamente ao status, ao poder e à riqueza indevidos de muitos comandantes ou gestores estatais que deveriam agir e não o fazem. A maioria da população sofre, assim, com enormes carências de itens essenciais, como segurança, saúde e educação, com o Estado não cessando de coagi-la sempre por mais recursos.

Se a maioria dos que comandam ou gerem o Estado não possuírem alto nível ético-profissional para definir os objetivos deste em benefício de sua nação e elaborar e executar planos para alcançá-los, não há tecnologia, norma, método, experiência ou teoria administrativa que os façam, não permitindo, assim, que o Estado apresente resultados em benefício dela compatíveis com seu custo e potencial. No contexto do alto nível de personalismo e patrimonialismo e do baixo nível ético-profissional estão Estados em que muitos de seus agentes eleitos com essa característica o são por uma população de baixo nível de educação geral e ética, fortemente dependente deles e do Estado, em que esses agentes recrutam outros que a possuem para o comando ou a gestão e outros cargos estatais relevantes, todos agindo ou se omitindo para mantê-los como eles são.

Isso sempre se observou claramente no Estado brasileiro, em que muitos de seus comandantes ou gestores, em todas as suas partes e em todos os seus níveis hierárquicos, são leais à situação atual do Estado e aos que os recrutam e os mantêm e que possuem poder e domínio sobre eles, mesmo que estes não tenham como foco o resultado em benefício da coletividade. Parece predominar assim em seu comando ou sua gestão indivíduos que não possuem o fim coletivo como condutor de suas decisões e ações, que buscam apenas ascender ou se manter em seu comando ou sua gestão pelos benefícios que obtêm, mesmo que em detrimento de sua nação.

Quanto mais alto o nível de personalismo e patrimonialismo e mais baixo o nível ético-profissional dos agentes que comandam ou gerem os Estados, mais estes atuam em desacordo com o fim coletivo. Desse modo, nas decisões e ações estatais, tanto a ética quanto o profissionalismo são combatidos, esta como foco no fim coletivo, e este como experiência útil à gestão e conhecimento do negócio e das teorias administrativas aqui apresentadas, tudo com o objetivo de não prejudicar os fins pessoais indevidos de muitos que os comandam ou gerem, elevando o custo do Estado e reduzindo ou impedindo seus resultados em benefício de sua nação.

Nesse caso, a distribuição e aplicação dos recursos estatais priorizam os fins pessoais indevidos destes e dos que possuem poder e domínio sobre eles, muitas vezes de fora do Estado. Diante dessa realidade, o Estado é visto com desprezo pela sua nação, sendo percebido mais como empecilho do que aliado dela, que precisa ser transformado para poder lhe atender. O resultado desse tipo de Estado é visivelmente muito aquém de seu custo e potencial e os recursos que a população despende por coação nunca satisfazem seu comando, que recorre permanentemente a ela para obter sempre mais.

Se no lugar da busca do fim coletivo predomina a atuação voltada para os fins pessoais indevidos dos que possuem poder e domínio sobre o Estado, de dentro ou de fora dele, a ética não está presente, sendo impossível haver profissionalismo em sua condução ou gestão. Passa a prevalecer assim o fim pessoal indevido de muitos até de fora do Estado, como doadores de campanhas eleitorais que obtêm benefícios indevidos nele, desde a sonegação fiscal consentida até benefícios fiscais concedidos indevidamente e vendas em desacordo com as normas e em prejuízo dele.

Os interesses pessoais indevidos atendidos pelo Estado não se resumem à corrupção. A entrega do comando ou da gestão estatal a indivíduos que não possuem alto nível ético-profissional, com o consequente status, poder e riqueza indevidos que obtêm, são mais prejudiciais do que a corrupção popularmente conhecida. Isso porque eleva ao processo decisório e à ação estatal indivíduos que claramente não apresentam resultado compatível com o custo e o potencial do Estado, descartando outros que atuam com alto nível ético-profissional e se comprometem com sua busca. É assim que se produz a ineficiência, o desvio do fim coletivo e a corrupção estatal, mesmo que às vezes até aparentem estar de acordo com as normas, mas desperdiçando imensamente os recursos obtidos da população.

O Estado como ente mais poderoso em todas as nações não pode se submeter a indivíduos e grupos que buscam se apropriar indevidamente dele. A população deve contribuir com sua estrutura e seu funcionamento e cobrar dele transparência e resultados em benefício dela. Para isso, ele deve possuir estratégias de sobrevivência e sucesso como quaisquer outras organizações, buscando ser útil ao seu ambiente, adaptando-se a ele e respondendo às suas necessidades, cuidando para reduzir sempre seu custo e criar valor em benefício de sua nação. Deve recrutar e manter seus agentes, principalmente para seu comando ou sua gestão, sempre por meio de critério impessoal, ético-profissional, e apenas se forem úteis a ela.

Semelhantes ao ser biológico, as organizações possuem ciclo de vida, que se inicia com a concepção e se encerra com a morte. Diferentemente dele, elas possuem o privilégio de poderem se perpetuar ou não conhecerem a morte. Para isso, têm que se adaptar ao seu ambiente ou viver em harmonia com ele, gerando resultados que permitam sua sobrevivência e seu sucesso. Isso é verdade para toda organização, sendo o Estado a única que pode se perpetuar mesmo sem se adaptar ao seu ambiente, sem viver em harmonia com ele e sem lhe oferecer resultados satisfatórios. Só não se garante que permanecerá como ele é ou que seus agentes permanecerão nele, pois muitos Estados já foram incorporados a outros ou seus principais agentes foram eliminados, muitos até, infelizmente, com grande violência.

A maior probabilidade que o Estado possui de se perpetuar em relação a outras organizações vem de sua característica de ser a mais poderosa e mais importante organização em assuntos terrenos de todos os tempos, o que o torna bastante resistente. Ele influencia muitos indivíduos e muitas organizações, pois lhe é dado o poder de garantir a ordem, a liberdade, a paz, a justiça, a igualdade, a segurança e o desenvolvimento em suas nações, o cumprimento dos contratos mesmo entre entes não estatais e até o poder de decidir sobre a vida e a morte em algumas situações. Tamanha importância o faz cobiçado por muitos, com a população buscando protegê-lo mesmo sem adaptação, harmonia e contribuição com ela ou com seu ambiente, possuindo portanto baixo risco de ser eliminado.

Assim, os desafios para que os Estados sejam eficientes e eficazes são muitos e complexos, podendo-se mencionar três pontos básicos a partir dos quais estarão aptos a responder ao seu ambiente ou à coletividade: devem ser estruturados e organizados como um todo, com objetivos, indicadores, metas e planos claramente definidos, integrados e complementares em todas as suas partes e entre elas; devem ser bem administrados para definir e alcançar seus objetivos, o que requer planejamento, organização, direção e controle; e a imensa maioria da população deve possuir alto nível de educação geral e ética, pois só assim saberá como o Estado funciona, terá independência em relação a ele e saberá eleger seus agentes eleitos, podendo acompanhar e cobrar os resultados estatais.

Sua estruturação como um todo requer que todas as suas partes sejam concebidas e mantidas para oferecer resultados positivos para sua nação, previamente definidos e possíveis de medir e acompanhar. Todos que atuam no Estado devem buscá-los, e a estratégia para alcançá-los deve ser formulada de modo global e em cada uma de suas partes, sempre com a visão do todo. Bem administrá-lo implica definir objetivos, indicadores e metas e elaborar planos, estratégico, tático e operacional, que levem a eles em todas as suas partes, comunicando-os e fornecendo informações para que seus agentes e a população possam acompanhar sua execução, no todo e em cada parte. Só com planejamento, organização, direção e controle feitos por agentes estatais de alto nível ético-profissional os Estados poderão obter resultados em benefício de suas nações compatíveis com seus custos e potenciais.

A educação geral e ética da imensa maioria da população deve ser suficiente para que ela perceba e entenda o ambiente à sua volta e tenha consciência de sua importância em sua nação. Para atingir esse nível, o Estado precisa investir ou permitir que outros o façam em educação a fim de que, em prazo previamente definido, ultrapasse os 70% da população acima dos 15 anos na série adequada, lendo, interpretando e criando textos lógicos, entendendo e resolvendo problemas lógico-matemáticos intermediários. Deve colocar ainda no currículo da creche ao ensino superior o ensino da ética com foco no bem comum, no amor e no respeito ao próximo, na ordem, na liberdade, na paz, na justiça e na igualdade. Esse pode ser suprido pelos ensinamentos cristãos e de outras religiões, ou até não religiões, que possuem essa ética como foco. Tudo isso tornará possível à população recrutar agentes eleitos de alto nível ético-profissional, ter independência em relação a eles e ao Estado, participar dele, acompanhar e cobrar seus resultados em benefício dela.

Existem ainda muitas nações com enorme carência de educação geral e ética da população, por isso tem-se que iniciar com uma meta urgente de ultrapassar os 70% dela com alto nível nesse quesito e avançar continuamente ao mais próximo da totalidade. O resultado mais nefasto dessa carência é a eleição e o recrutamento de agentes eleitos contrários ou alheios a ela por conta do baixo conhecimento que possui e de sua dependência em relação a eles e ao Estado, levando-a muitas vezes a trocar seu voto por favores de toda espécie e a ser enganada por informações falsas. Como cabe a esses agentes eleitos definir políticas públicas e normas de recrutamento e permanência de agentes estatais e até o recrutamento direto de muitos destes, é comum que muitos sejam recrutados com suas mesmas características, principalmente para o comando ou a gestão estatal, tornando perene assim o problema histórico de nações pouco seguras e pouco desenvolvidas, prejudicadas pelos seus Estados, como sempre ocorreu com a nação brasileira.

Muitos comandantes ou gestores estatais não priorizam a educação, certamente por não possuírem interesse em libertar a população e acabar com os benefícios pessoais indevidos que obtêm no Estado ou por meio dele. Tem-se, assim, a imensa maioria da população em baixo nível educacional, muito dependente do Estado e de seus agentes, e que elege muitos destes sem que possuam o compromisso de elevar esse nível para melhorar o recrutamento dos futuros agentes eleitos. Junta-se a esse tipo de agente eleito o agente gestor e outros recrutados, direta ou indiretamente, por ele, sem que nenhum destes busque investir de verdade na formação educacional de seu recrutador original, o povo.

É, principalmente, desse modo que se obtém e mantém a apropriação indevida dos Estados. Isto ocorre mais em nações menos desenvolvidas, mas não é próprio apenas delas, pois em todas as nações há fortes tentativas de se apropriar indevidamente deles. Entretanto, sua apropriação indevida é minimizada à medida que o nível de educação geral e ética da população é suficiente para votar em candidatos a agentes eleitos somente de alto nível ético-profissional e, depois de eleitos e recrutados, acompanhar e cobrar seus resultados, mitigando assim o risco de apropriação indevida de seu Estado.

Para alcançar os três pontos básicos aqui mencionados a partir dos quais o Estado estará apto a responder ao seu ambiente ou à coletividade, é imprescindível elevar o nível ético-profissional de seus três tipos de agentes: eleito, gestor e não eleito nem gestor. Isso é fundamental, pois do contrário não se evitará sua apropriação indevida como sempre ocorreu no Estado brasileiro por muitos de seus agentes eleitos e gestores que o comandaram ou exerceram sua gestão e o comandam ou gerem, com exceções tão insignificantes que não serviram nem servem para transformá-lo. Há nele uma armadilha que sempre impediu a substituição desses agentes e o faz permanecer como ele é, o que certamente ocorre também nos Estados de muitas outras nações.

Assim, para não ser tomado pelos fins pessoais indevidos, o Estado deve ser estruturado e organizado como um todo integrado em busca de resultados em benefício de sua nação, ser bem administrado e ter a imensa maioria da população de alto nível de educação geral e ética, o que somente é possível de modo sustentável com agentes estatais, principalmente eleitos e gestores que o comandam ou gerem, de alto nível ético-profissional, existindo completa interdependência entre esses elementos, como na Figura 4.1:

Figura 4.1 – Esquema de um Estado voltado para o resultado em benefício de sua nação

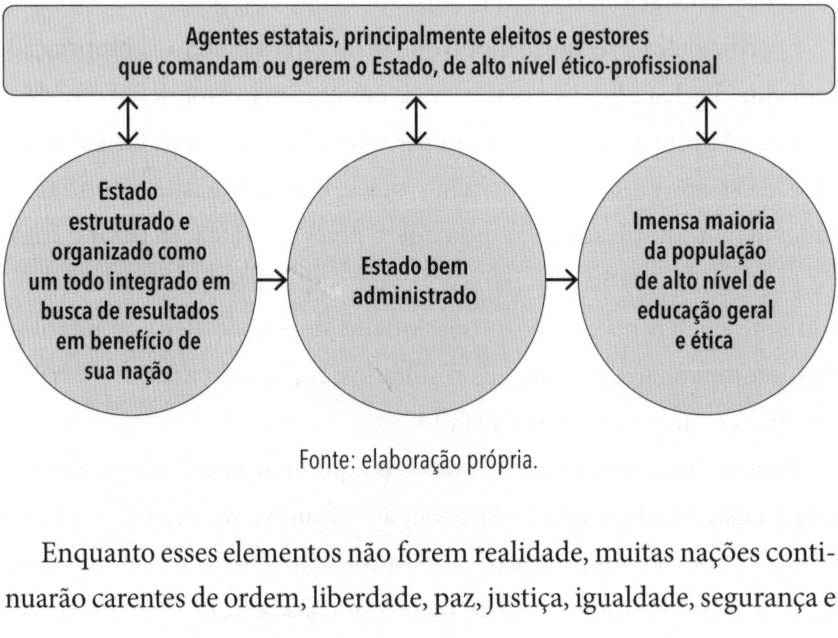

Fonte: elaboração própria.

Enquanto esses elementos não forem realidade, muitas nações continuarão carentes de ordem, liberdade, paz, justiça, igualdade, segurança e desenvolvimento econômico-social de modo sustentável. As que já avançaram em relação a eles retrocederão se arrefecerem em sua vigilância e permitirem a tomada de seus Estados pelos que buscam se apropriar indevidamente deles.

Provavelmente, uma forma bastante eficaz de evitar a apropriação indevida de um Estado é colocar ou permitir que se coloquem à disposição da população para serem votados como agentes eleitos somente indivíduos de comprovado alto nível ético-profissional, sem constatação de prejuízo à coletividade, em benefício próprio ou de outros, em período pregresso, podendo ser razoáveis 12 anos. Se depois de eleitos constatações nesse sentido vierem contra eles, não devem ser recrutados e, se já recrutados, devem ser prontamente excluídos do Estado e de suas relações econômicas com ele por longo período, podendo ser razoáveis também 12 anos. Em até seis meses depois de acusações contra qualquer agente estatal, o Estado informará a investigação realizada e seu resultado, absolvendo-o ou não.

Uma boa vigilância prévia e permanente para garantir o alto nível ético-profissional dos três tipos de agentes estatais (eleito, gestor e não eleito nem gestor), garantindo o alto nível ético-profissional do Estado, pode se constituir da seguinte forma: detectado prejuízo à coletividade em benefício próprio ou de terceiros nos últimos 12 anos, um indivíduo não pode ser candidato a agente eleito nem recrutado como agente estatal; se o prejuízo se der como agente estatal, deve ser imediatamente excluído do Estado após a confirmação. Em caso de denúncia ou suspeição contra agente estatal, a investigação ocorrerá em até seis meses, com pagamento de salário, prazo no qual o Estado a confirmará ou não. Assim sendo, só pode ser candidato a agente eleito, recrutado como agente estatal, permanecer no Estado ou possuir relações econômicas com ele o indivíduo que nos últimos 12 anos não cometeu prejuízo à coletividade, em benefício próprio ou de terceiros, por meio do Estado ou não.

Comete esse prejuízo o denunciante do candidato a agente estatal ou do agente estatal que não o fizer com evidências irrefutáveis. As normas sobre a vigilância aqui tratada serão elaboradas somente por indivíduos recrutados por critério impessoal, ético-profissional, investigados em sua atuação em relação à coletividade nos últimos 12 anos por investigadores recrutados também por esse critério. Isso se aplica também aos investigadores de candidatos ao recrutamento como agente estatal e dos agentes estatais. Somente com medidas como essas, o Estado terá condições de ser estruturado, organizado e administrado com eficiência e eficácia, podendo elevar o nível de educação geral e ética da imensa maioria da população e reduzir a dependência dela em relação a ele e aos seus agentes.

Ao impedir a entrada ou excluir de seus quadros indivíduos que buscam se apropriar indevidamente dele, o Estado estará apto a servir exclusivamente à sua nação ou à coletividade, o que jamais conseguirá por meio apenas de estrutura, normas, métodos, máquinas, sistemas informatizados ou outros. Por esse motivo, os elementos aqui trazidos devem ser aplicados em todas as suas partes e em todos os níveis hierárquicos para os três tipos de agentes estatais, com os Estados deixando de ser assim fardos a serem carregados de forma coercitiva por suas nações.

Tudo isso pode parecer complexo e difícil de implantar, mas é imprescindível para livrar os Estados das atuações contrárias ou alheias ao fim coletivo praticadas por muitos de seus agentes, principalmente que os comandam ou gerem. Vale a pena investir principalmente e com urgência nas nações em que mais de 50% de sua população de 15 anos possui baixo nível de educação medido por indicadores confiáveis de comparação internacional, como série adequada, leitura, criação e interpretação de textos e resolução de problemas lógico-matemáticos. Parece uma forma ideal para levar as nações a se libertarem das amarras de comandantes ou gestores de seus Estados que buscam neles apenas a apropriação indevida em detrimento delas, para si e para outros que possuem poder e domínio sobre eles, estes de dentro ou de fora deles.

ENTRAVES À ADMINISTRAÇÃO ESTATAL

A administração é um meio racional e eficaz para realizar e sustentar o fim que se almeja, desde o indivíduo em sua vida pessoal ou doméstica até as pequenas, médias e grandes organizações, estatais, públicas não estatais e privadas, considerados sempre o ambiente e a tecnologia existente. A administração das organizações se faz com teoria, técnica, arte ou ciência, utilizando os instrumentos adequados para impulsioná-las à definição e ao alcance de seus objetivos, sendo inexistente, escasso ou insustentável seu êxito se forem conduzidas por comandantes ou gestores que buscam se apropriar indevidamente delas. Se tais indivíduos conduzem ou gerem os Estados, certamente impedirão seu êxito e o de suas nações, como se pode observar em muitas nações, em todo o mundo.

Se essa apropriação indevida prevalece neles, indivíduos de alto nível ético-profissional são raros em seu comando ou sua gestão, sendo comum que não participem dele nem consigam contribuir com seu potencial em busca do fim coletivo, pois são, explicitamente ou não, muitas vezes impedidos de colaborar. Os que são leais à situação atual do Estado e às pessoas que possuem o poder de recrutá-los e mantê-los, mesmo que estes atuem de modo contrário ou alheio ao fim coletivo, são geralmente utilizados no comando ou na gestão estatal, em todas as suas partes e em todos os níveis hierárquicos, o que pode ser observado em muitos Estados, de diversas nações. Nesse contexto, as funções administrativas de planejamento, organização, direção e controle, fundamentais para a busca dos resultados estatais, não funcionam como deveriam.

Esse é um dos principais motivos que levam populações a enfrentar grandes dificuldades nas áreas que dependem fortemente de seu Estado. Em suas nações, há atuação dele até onde não deveria existir, o que conturba o ambiente que não necessita de sua presença e é por ele indevidamente influenciado e prejudicado. Ocorre que, de forma sistêmica, o mal que ele muitas vezes provoca se espalha, e os que não aderem aos seus vícios ou aos vícios provocados por ele somente com imensas dificuldades conseguem transpor as barreiras que ele lhes impõe em sua vida econômica, social e profissional. Isso se aplica aos seus agentes que atuam com alto nível ético-profissional e também aos indivíduos e às organizações não estatais que de fora deles atuam com esta mesma característica, não aderindo aos vícios que prevalecem nele, em seu comando ou sua gestão.

Nesse caso, o Estado impõe um ambiente doentio em que, para obter sucesso e, às vezes, até para sobreviver, muitos agentes estatais e indivíduos e organizações não estatais passam a contribuir de forma incondicional com ele, sem contestar o modo como ele atua, mesmo que visivelmente contrário ou alheio à sua nação. Quem o contesta consegue sobreviver por meio do emprego estatal obtido por critério impessoal, ético-profissional, como no concurso público, do emprego privado, formal ou informal, e do empreendedorismo – todos submetidos ao alto tributo e à concorrência injusta e desigual. Esse ambiente hostil dificulta a sobrevivência e o sucesso dos que agem com alto nível ético-profissional, dentro e fora do Estado, e concentra a renda em poucos, muitas vezes indevida e a muitos que possuem baixo nível ético-profissional.

Para amenizar essa situação, muitos Estados distribuem de forma perene renda para indivíduos e organizações em dificuldades, muitas destas provocadas por eles mesmos, ao invés de atuar em suas causas, o que prejudica toda nação. Isso porque essa distribuição não depende de eventos imprevistos e temporários a serem tratados pelo Estado e tem como consequência gerar cada vez mais dependência da população em relação a ele e aos que o comandam ou gerem, fazendo com que dele se espere o que se poderia obter de forma individual com educação, esforço e trabalho. Tudo isso decorre da carência ético-profissional de muitos de seus agentes, principalmente que o comandam ou gerem, e do Estado, que não atende ao seu ambiente, à sua nação ou à coletividade, mas apenas a muitos que o comandam ou gerem e a outros que possuem poder e domínio sobre eles, que se apropriam indevidamente dele e o mantêm como ele é.

O Estado de alto nível ético-profissional é o contrário de tudo isso, pois comandado ou gerido com ética e profissionalismo capazes de proteger sua nação e fomentar seu desenvolvimento econômico-social de modo sustentável. Os Estados possuem a obrigação de socorrer os que não conseguem sobreviver com dignidade por conta de carências naturais, como de saúde e idade avançada, ou de catástrofes naturais pontuais e inevitáveis, como secas, nevascas, inundações, epidemias e pandemias que causem forte efeito negativo à população. Devem fazê-lo com caráter impessoal e coletivo, fundado na ética e no profissionalismo, na justiça e na igualdade, sem provocar dependência indevida em relação a eles e aos seus agentes.

Somente o comando ou a gestão de alto nível ético-profissional, com base no planejamento, na organização, na direção e no controle, é capaz de gerar o melhor resultado de modo sustentável para as organizações, estatais, públicas não estatais e privadas. Nos Estados em que se sobressaem a subserviência e o atendimento aos fins pessoais indevidos, próprios ou de terceiros, contrários ou alheios aos de sua nação, quase não existe lugar para esse tipo de comando ou gestão. O principal objetivo de muitos que os comandam ou gerem, em todas as suas partes e em todos os níveis hierárquicos, claramente não é o fim coletivo, mas o benefício pessoal indevido próprio e de terceiros, estes de dentro ou de fora deles.

Se esses comandantes ou gestores possuem experiência útil à gestão e conhecimento dela, não os põem a serviço de sua nação por meio do Estado, o que fica evidente nos grandes e recorrentes (mas nunca devidamente investigados e esclarecidos, com seus responsáveis punidos) casos de ineficiência, desvio do fim coletivo e corrupção que atingem os Estados de várias nações, como o brasileiro, em seus entes, seus poderes e suas organizações. Os que bem o conhecem sabem que os casos conhecidos desse tipo representam apenas pequena parte dos imensos problemas que o acometem em seu dia a dia e que não há reparo nem penalização para muitos de seus mandantes, praticantes e até julgadores que atuam em conluio com eles, dificilmente sendo excluídos do Estado ou de suas relações econômicas com ele. No Brasil, antes que se esqueça um grande caso desses, muitos outros já vêm ao conhecimento da população.

Muitos, ainda, sequer são conhecidos, e os que aparecem com alarde são apenas uma pequena parte de um imenso problema que se agiganta quando se observa seu funcionamento em seu dia a dia. Muitos dos agentes eleitos e gestores que o comandam ou gerem frequentemente não planejam, não organizam, não dirigem nem controlam com foco no fim coletivo, mas em seu fim pessoal indevido e dos que possuem poder e domínio sobre eles, de dentro ou de fora do Estado. Assim, grande parte do tributo que arrecadam da população não retorna para ela, com pouco ou nada sobrando para aplicar no que seria a função precípua do Estado de proteger sua nação e fomentar seu desenvolvimento econômico-social de forma sustentável.

Nesse tipo de Estado, seus agentes que buscam administrá-lo com alto nível ético-profissional em benefício da coletividade geralmente são proibidos de fazê-lo. Estes são quase sempre os recrutados por critério impessoal, ético-profissional, como o concurso público do Estado brasileiro, mas são colocados em verdadeiros limbos, desmotivados e penalizados por não abdicarem de sua ética e seu profissionalismo em benefício de comandantes ou gestores muitas vezes contrários ou alheios ao fim coletivo ou à sua nação. Suas nações sempre apresentam indicadores econômico-sociais insatisfatórios, mas, diferentemente da maioria de sua população, muitos agentes eleitos e gestores que comandam ou gerem seus Estados e muitos que os recrutam e os mantêm, de dentro ou de fora deles, são repletos de riquezas, geralmente proporcional ao baixo nível ético-profissional que eles possuem.

Os Estados em que prevalecem esse tipo de comandante ou gestor não têm como implantar a verdadeira gestão em busca do resultado em benefício de sua nação, ao contrário do que eles e seus seguidores apregoam. Falta nesses Estados a primeira e maior de todas as reformas, a de seus agentes eleitos e gestores que os comandam ou gerem, pois gestão não se faz apenas com normas, como afirmam falsamente os que deles se apropriam indevidamente e apresentam falsas intenções normativas neste sentido. Gestão se faz com ética e profissionalismo, este com experiência útil a ela, conhecimento do negócio e das teorias da Administração que dão certo em organizações bem-sucedidas em todo o mundo. No Estado, ainda, com foco no benefício à coletividade, ao seu ambiente ou à sua nação, o que nunca se observou nem se observa, em regra, no Estado brasileiro e, certamente, no Estado de muitas nações.

Comandar ou gerir bem o Estado é administrar por resultados em benefício de sua nação, considerando sempre o ambiente e a tecnologia existente, com definição prévia de objetivos, indicadores e metas, bem como acompanhar seu alcance e a correção de rumos, se necessário, como mostram as principais teorias da Administração. Tudo isso acrescido da exclusão e punição de seus agentes que se desviarem de seu fim coletivo. Esse tipo de comando ou gestão somente se faz com indivíduos de alto nível ético-profissional, por isso não devem ser recrutados ou devem ser eliminados dele os que não possuem essa característica, retirando assim o maior entrave ao bom comando ou à boa gestão estatal.

Ocorre que, nos Estados de diversas nações, muitos responsáveis por planejar, definir e acompanhar objetivos, indicadores e metas que visem o fim coletivo certamente não o fazem como deveriam, pois não querem ou não sabem como fazê-lo. Muitos de seus agentes que os comandam ou gerem certamente também não são recrutados por critério impessoal, ético-profissional, para atuarem com foco no fim coletivo, agindo, muitas vezes, de modo contrário ou alheio a ele. Assim, os maiores problemas de mau funcionamento desses Estados geralmente não são os noticiados com frequência pela mídia, mas os que estão em seu dia a dia voltado para o benefício pessoal indevido de muitos que os comandam ou gerem, em todas as suas partes, e de outros que possuem poder e domínio sobre eles.

Esses comandantes ou gestores não administram por resultados em benefício de suas nações, com alto nível ético-profissional, pois isso acabaria com seus benefícios pessoais indevidos e dos que os recrutam e os mantêm. Não há como falar em reforma de estrutura e de funcionamento dos Estados para que obtenham melhores resultados enquanto muitos de seus agentes eleitos e gestores que os comandam ou gerem agirem dessa forma, sendo os principais entraves ao seu comando ou à sua gestão em benefício de sua nação, de seu ambiente ou da coletividade. Só a mudança de critério no recrutamento e na permanência de seus agentes, principalmente eleitos e gestores que os comandam ou gerem, que deve ser sempre impessoal, ético-profissional, fará com que os Estados se voltem verdadeiramente para suas nações.

A ética e o profissionalismo devem ser aferidos no recrutamento e na permanência de todo agente estatal, sendo impedidos de serem recrutados ou prontamente afastados do Estado se sob quaisquer suspeitas em relação a esses requisitos. Sem garantia ético-profissional de seus agentes, principalmente que o comandam ou gerem, é impossível criar e manter o Estado com essa característica, voltado para o resultado em benefício de sua nação compatível com seu custo e potencial. Exemplo a não ser seguido, a forma de recrutamento e permanência dos agentes eleitos e gestores que comandam ou gerem o Estado brasileiro, em todas as suas partes e em todos os níveis hierárquicos, sempre impediu sua transformação neste sentido.

Não se espera que as organizações, entre elas os Estados, sejam constituídas de seres divinos, sem interesses pessoais indevidos, pois o homem é dotado de cobiças e interesses vários. Até em religiões que pregam valores além da matéria, há integrantes dominados pela cobiça material e outras, que buscam também seus fins pessoais indevidos. O cristianismo, por exemplo, em sua origem, teve entre seus doze apóstolos um que trocou o tesouro celeste oferecido pelo Mestre por moedas terrenas, acabando logo depois com sua própria vida, ao se arrepender. A própria Igreja Católica, que credita sua fundação a Cristo, a partir de Pedro, com sua pregação cristã há cerca de dois mil anos, também já vivenciou e vivencia situações indevidas proporcionadas por alguns de seus muitos integrantes que a comandam ou gerem, em todas as suas partes.

O mesmo ocorria entre os antigos judeus, que muitas vezes se deixaram contaminar pelos seus fins pessoais indevidos e foram punidos sem socorro imediato do Criador, que, segundo a Bíblia, escolheu-os como seu povo eleito. Esses e muitos outros exemplos apontam que indivíduos, grupos, organizações e comunidades, essas duas últimas mesmo que centenárias ou milenares e pregando valores éticos do amor e do respeito ao próximo e do bem comum, não estão livres dos imensos problemas inerentes ao ser humano. Do mesmo modo ocorre com o Estado, não se podendo esperar que ele seja totalmente ético-profissional, com todos os seus agentes completos nesse quesito. É ele rico e poderoso em todas as nações e, por esse motivo, atrai indivíduos que não conseguem controlar suas cobiças indevidas próprias do ser humano, devendo-se esperar sempre dele um nível ético não total, mas o mais elevado possível.

Para que a ética e o profissionalismo existam em quaisquer organizações no nível máximo dentro das possiblidades humanas, é necessário estabelecer estratégias que, assim, as encaminhem. Estados de alto nível ético-profissional não surgem naturalmente ou do pensamento e da ação aleatórios de seres humanos. Eles não são natos, mas construídos de modo sustentável a partir de uma população de alto nível de educação geral e ética, que não admita contribuir com a concepção e manutenção de um Estado que lhe seja contrário ou alheio. A partir dela, depende ainda do esforço de indivíduos e grupos que o conduzam com o fim de oferecer o melhor retorno do que obtém de sua nação, utilizando critérios impessoais, ético-profissionais, no recrutamento e na permanência de todos os seus agentes, eleito, gestor e não eleito nem gestor, obedicida sempre a eleição para que a população eleja seus agentes eleitos.

Também não se pode afirmar que nações com nível educacional elevado não sofram ataques dos que querem se apropriar indevidamente de seus Estados. Nenhum ser humano e nenhuma organização alcançará a ética e o profissionalismo em sua totalidade nem será totalmente destituído deles, o que faz com que todo indivíduo e toda organização necessitem de ajustes contínuos visando melhorar sempre nesses quesitos. O alto nível de educação geral e ética presente na imensa maioria da população contribui com o alto nível ético-profissional de seu Estado por meio de participação e vigilância constantes no sentido de evitar a apropriação indevida deste e garantir a busca exclusiva dele pelo fim coletivo.

A descentralização administrativa é uma forma utilizada pelas organizações no sentido de melhorar seu funcionamento, permitindo flexibilidade e adaptação às condições ambientais. É uma estratégia que envolve delegação de poderes e autonomia a administradores para que elas possam se adaptar ao seu ambiente, contribuírem e serem aceitas por ele. Nos Estados, principalmente nos de maior extensão territorial, a descentralização envolve unidades subnacionais distribuídas no território nacional, denominadas estados, distritos, províncias, condados, municípios e outros. Envolve ainda seus poderes e outras organizações estatais, além de suas atividades, como compras, arrecadação de tributos, regulação de mercados, proteção ambiental e outras que visam o benefício à sua nação ou à coletividade.

Como premissa básica, todo Estado deve atuar de modo global, devendo ser um só. Ocorre que a busca por resultados globais com descentralização, autonomia e distribuição ou delegação de poderes e competências é uma prática não desejada por muitos comandantes ou gestores estatais, porque leva ao que não aceitam: repartir o poder ou as competências com o nível local ou com níveis hierárquicos inferiores. Se nas organizações não estatais a descentralização se relaciona à sobrevivência e ao sucesso, em muitos Estados ela ameaça os benefícios pessoais indevidos de muitos comandantes ou gestores de níveis hierárquicos superiores que se apropriam indevidamente deles, com o poder e a autonomia distribuídos apenas entre os que não os ameacem.

Mantêm assim a centralização do Estado, com muitos comandantes ou gestores, em todas as suas partes e em todos os níveis hierárquicos, passando a utilizar práticas centralizadoras comuns que mantêm o poder no comando ou na gestão superior, com descentralização apenas na forma e onde não ameace os seus fins pessoais indevidos, controlando indevidamente os demais agentes estatais e suas ações. O poder fica assim em poucos indivíduos e grupos, e o Estado, mesmo que próximo fisicamente da população, atende apenas aos que obedecem a um comando central, que muitas vezes dele se apropria indevidamente e permite que outros também o façam. Criam-se e mantêm-se, desse modo, Estados altamente centralizados, voltados para indivíduos e grupos autoritários, que praticam e distribuem, ou permitem, a apropriação indevida também dos que contribuem com eles, em todas as suas partes, em prejuízo de suas nações.

Por esse motivo, mesmo quando o Estado é forçado a se descentralizar para entes subnacionais e outras organizações estatais, a prática continua a mesma do topo. Isso é observado no Estado brasileiro, em que muitas vezes os entes subnacionais (Distrito Federal, estados e municípios) e as organizações estatais descentralizadas possuem os mesmos problemas ético-profissionais existentes no topo do ente nacional, na União. Destrói-se, assim, o Estado descentralizado e uno em propósitos que beneficiem sua nação, deixando de se fazer presente e de alcançar resultados compatíveis com seu custo e potencial em benefício da população local e nacional.

Em Estados constituídos de grandes territórios, a descentralização e a delegação de poderes são essenciais para que possam obter resultados eficientes e eficazes, local e globalmente, a partir de uma orientação central que deve ser de alto nível ético-profissional, a ser cobrada de todas as suas partes. Essa orientação deve construir a estruturação e a integração do Estado como um todo, com seus entes, seus poderes, suas organizações e seus agentes possuindo competências e responsabilidades próprias ou delegadas para atender ao seu ambiente ou à coletividade, local e nacional, não sendo fins em si mesmos, mas criados como meios ou instrumentos para o alcance do fim coletivo.

O costume corrente de se denominar o Estado de máquina pública possui o propósito de tratá-lo como máquina a produzir resultados em benefício de sua nação. Essa denominação contempla o conceito mecanicista da Teoria da Administração, que considera as organizações dessa forma, tentando fazê-las previsíveis e produtivas, operadas para gerar resultados de acordo com programações previamente definidas e acompanhadas em um ambiente considerado estável, previsível e controlável, que pouco existe atualmente. O termo em si não seria tão problemático não fosse incompleto em sua aplicação e se o Estado não se fechasse em si mesmo para atender aos benefícios pessoais indevidos de muitos de seus agentes, principalmente eleitos e gestores que o comandam ou gerem, sem buscar atender à sua nação ou à coletividade a partir de um ambiente que muda cada vez mais.

As organizações possuem várias perspectivas, entre elas, a mais importante, a humana, não estando também em ambientes controlados, como o da máquina. Ao contrário, atuam em ambientes complexos, com vários fatores internos e externos a administrar continuamente, por isso seu comando ou sua gestão deve possuir alto nível ético-profissional em todas as suas partes e em todos os níveis hierárquicos, estratégico, tático e operacional. As atividades ou tarefas podem até ser mecânicas ou rotineiras, mas os que decidem ou agem sobre elas possuem alto poder de definir o que, como, quando, para que e para quem realizar.

Assim, a centralização excessiva e voltada para o domínio e controle dos que comandam ou gerem Estados em benefício pessoal indevido faz com que muitos deles possuam má atuação até na aparente simplicidade de definir e executar tarefas ou atividades rotineiras, como de atendimento ao público. Sua má atuação fica ainda mais evidente quando têm que definir estratégias em assuntos de maior complexidade e grandeza, que envolvem mais recursos e importantes temas nacionais.

Daí se observa quanto os núcleos centrais de decisão e ação de muitos Estados estão tomados por comandantes ou gestores que buscam claramente se apropriar indevidamente deles, possuindo por conta disso imensas dificuldades com a descentralização.

Desse modo, a tão denominada máquina pública passa a ser não uma ferramenta ou um instrumento produtor de resultados em benefício de sua nação, mas um conjunto de entes, poderes, organizações e pessoas fechados em si e para si mesmos, como máquinas paralisadas ou subaproveitadas em prejuízo dela. Verdadeiras máquinas que produzem apenas para elas mesmas, para um comando ou uma gestão constituído de muitos agentes eleitos e de gestores recrutados e mantidos direta ou indiretamente por eles e para os que contribuem com eles, por ação ou omissão. Há, portanto, um processo de retroalimentação interna em que muito do que é produzido pelo Estado nele se encerra, servindo mais para seus agentes, principalmente que o comandam ou gerem, do que para o fim coletivo a que deveria servir.

Desse modo, o Estado contribui aquém de seu custo e potencial com sua nação, principalmente nas nações que são pouco seguras e desenvolvidas, carentes de itens essenciais, como saúde e educação. É um Estado que se volta para muitos que o comandam ou gerem sem que possuam como objetivo servir à sua nação de acordo com o custo que ele lhe impõe e o potencial que possue.

A população é vista por muitos que comandam ou gerem esse tipo de Estado como elemento que apenas lhes dá sustentação por meio da coação, mas que deles não deve esperar resultados de acordo com o que lhes entrega na forma de tributos, pois seus fins pouco avançam além deles mesmos. Em períodos eleitorais ou em que estes se sentem ameaçados, recorrem a essa mesma população excluída com o discurso de que são os defensores dos interesses coletivos nacionais. Ocorre que ela quase sempre cede aos seus falsos discursos, por coação ou por acreditar que a situação poderia piorar sem eles, pois, mesmo que ineficientes e ineficazes, outros comandantes ou gestores poderiam trazer-lhe ainda mais dificuldades. Ocorre que muitas vezes essa população excluída tem razão: muitos novos comandantes ou gestores estatais conseguem ser piores dos que os seus antecessores.

Como quaisquer organizações, o Estado deve ser administrado para fornecer sempre o melhor resultado de acordo com seu custo e potencial. O mau recrutamento de seus agentes, principalmente eleitos e gestores que o comandam ou gerem, e a descontinuidade de sua gestão e de suas ações são fortes entraves ao seu resultado em benefício da coletividade. Não existe um prazo mínimo nem máximo defensável para exercer o comando ou a gestão estatal, mas períodos inferiores a seis anos certamente não permitem ao comandante ou gestor conhecer os ambientes interno e externo e montar boas estratégias que visem o melhor resultado do Estado.

No Estado brasileiro, há períodos de comando ou gestão anual e bianual estabelecidos em norma, como nos tribunais de contas e nos poderes Legislativo e Judiciário, com enorme descontinuidade em sua gestão e em suas ações. Talvez seu propósito seja dar oportunidade de presidi-los a uma quantidade maior de indivíduos, o que indica um pensamento contrário ou alheio ao fim coletivo, sem racionalidade, servindo apenas para dar oportunidade de melhorar currículos em visível prejuízo à nação. Alguns defendem os curtos períodos de comando ou gestão afirmando que, se fossem mais longos, poderiam ser prejudiciais se o comandante ou gestor não possuísse alto nível ético-profissional, condição esta que não existiria se houvesse um bom critério de recrutamento e permanência do agente estatal.

Os curtos períodos de gestão acarretam muitos problemas que dificultam ou impedem a atuação planejada do Estado no curto, médio e longo prazo, gerando imensa descontinuidade e prejudicando sua eficiência e sua eficácia. Essa situação no Estado brasileiro é tão grave que permite gestões mensais e até de dias, cuja posse no cargo ocorre muitas vezes com pompas de início de uma nova gestão, custeadas por uma população que só tem a perder com isso. O zelo com os recursos estatais somado a uma análise do efeito perverso que essa situação impõe à administração por resultados são suficientes para abolir esses curtos períodos de gestão definidos normativamente.

Outro imenso problema ocorre no Estado brasileiro quando o período de gestão não está definido em norma e o comandante ou gestor, em quaisquer níveis hierárquicos, é substituído com frequência independentemente do resultado que apresenta. Nesse caso, o mal não é o curto período de gestão estabelecido em norma, mas a mudança corriqueira do gestor por motivos contrários ou alheios ao resultado que ele apresenta. Nessa situação, o gestor tem que estar atento não ao negócio que gere ou ao resultado que deve apresentar, mas aos fins pessoais indevidos dos que possuem poder de recrutá-lo e mantê-lo no cargo, pois o que define seu recrutamento e sua permanência nele não é o resultado que gera ou pode gerar, mas o atendimento ou não a esses fins.

Os curtos períodos de gestão, normativos ou não, inibem ou impossibilitam o melhor resultado estatal tanto quanto os longos períodos de gestão dos que não apresentam resultados que os justifiquem. Os longos períodos ocorrem muitas vezes quando comandantes ou gestores estatais atendem em nível muito satisfatório aos fins pessoais indevidos dos que verdadeiramente comandam o Estado e possuem poder e domínio sobre ele, muitas vezes de fora dele.

Também aparece como grande entrave ao bom funcionamento e ao melhor resultado do Estado brasileiro a gestão realizada pelos mesmos indivíduos, em curtos períodos, em várias áreas e partes dele e em vários níveis hierárquicos. Esses são tidos por alguns desavisados ou mal-intencionados como grandes comandantes ou gestores por exercerem a gestão em muitos lugares, no mesmo ente, nacional ou subnacional, no mesmo poder e na mesma organização estatal, ou em vários deles. Não fixam raízes e, independentemente do resultado que apresentam, estão sempre no comando ou na gestão, que dificilmente se conclui, sendo sempre requisitados para novos cargos de comando ou gestão no Estado e em organizações públicas não estatais e privadas com fortes relações com ele, muitas vezes indevidas.

Em resumo, os curtos períodos de gestão definidos normativamente, os curtos e incertos períodos de gestão não normatizados, os longos períodos de gestão sem resultados que os justifiquem e os gestores que migram com frequência, todos característicos do Estado brasileiro, muitas vezes em claro benefício pessoal indevido, próprio ou de terceiros, são claros entraves ao bom funcionamento e ao melhor resultado dos Estados em benefício de suas nações. Geralmente, não são definidos estrategicamente com o fim de obter resultados em benefício delas, mas de manter o Estado como ele é, quase sempre de alto custo e baixo resultado, mantendo o poder e o domínio de alguns sobre ele em prejuízo de sua nação.

Como quaisquer organizações, os Estados não funcionam de modo adequado sem sintonia entre suas partes. Como um ser biológico, em que a cabeça e todos os demais membros formam um só corpo, as partes devem se juntar, de modo integrado, para compor o todo e gerar o resultado global esperado. Partes desnecessárias devem ser eliminadas para não prejudicar o corpo como um todo, pois, se mantidas, atrapalharão o funcionamento e o resultado das partes verdadeiramente necessárias. Para o alcance de resultados, as partes necessárias ainda não sintonizadas com as demais devem ser trabalhadas no sentido de formar um só corpo. Todo esse trabalho deve ser realizado somente por comandantes ou gestores de alto nível ético-profissional, com planejamento, organização, direção e controle.

Os Estados devem possuir objetivos globais claros definidos previamente, com todas as suas partes sintonizadas em sua busca, o que não parece ocorrer em muitos Estados, como o brasileiro. Nele, muitos agentes eleitos e gestores que o comandam ou gerem claramente não atuam dessa forma, mas isolados, sem buscar sintonia em suas partes nem entre elas. Existe até permissão, tácita ou explícita, para que partes não possuam função ou não se sintonizem com as demais e com os objetivos globais, sendo que muitas vezes seu comando ou sua gestão nem define objetivos ou os define apenas para mostrar que existem caso sejam cobrados por eles.

Muito se observa nele, em todas as suas partes, nacional e subnacionais, indivíduos perambulando em seus espaços físicos sem saber como se encaixam nos objetivos estatais, se é que estes existem e eles se encaixam. Acima deles na hierarquia, observam-se muitos outros, inclusive comandantes ou gestores, igualmente perdidos em relação aos objetivos do Estado. Muitas vezes sequer existe um plano estratégico, mas é possível encontrá-lo, elaborado até por consultorias contratadas fora do Estado, mas que não representa os objetivos deste em contribuir com sua nação de acordo com seu custo e potencial. Se existe, não está no espírito de seus agentes (eleito, gestor e não eleito nem gestor) e não possui objetivos, metas ou indicadores claros em benefício de sua nação, nem boa estratégia para alcançá-los.

Seus agentes recrutados de modo impessoal, ético-profissional, como no concurso público, são muitas vezes subaproveitados ou descartados se não aderirem à apropriação indevida do Estado prevalecente em muitos que o comandam ou gerem, sem contar as vezes em que o concurso é ainda burlado. Isso ocorre quando os Estados se voltam principalmente para o fim pessoal indevido de muitos agentes eleitos e gestores que os comandam ou gerem e para os que possuem poder e domínio sobre eles, muitas vezes de fora deles, impedindo assim sua busca pelo fim coletivo. Nesse caso, eles não são planejados nem estruturados de modo adequado, não possuem objetivos, indicadores e metas globais e locais previamente definidos nem estratégias e planos para alcançá-los, com tudo dependendo da ação ou omissão pontual dos que os comandam ou gerem, muitas vezes em claro benefício pessoal indevido.

É por esse motivo que muito do que esse tipo de Estado faz é de forma incompleta, quase sempre descontinuada, com ineficiência e ineficácia, sem foco no interesse de seu ambiente, de sua nação ou da coletividade.

Ainda que fartos recursos lhe sejam disponibilizados, a ineficiência, o desvio de fim coletivo e a corrupção não lhe permitirão atuar em benefício de sua nação de acordo com seu custo e potencial, pois está voltado quase sempre para si mesmo, principalmente para seus agentes eleitos e gestores que o comandam ou gerem e para os que possuem poder e domínio sobre eles, muitas vezes de fora do Estado. Com todos esses entraves à sua administração, o subaproveitamento e o desperdício de recursos são evidentes, e a população é obrigada a contribuir com cada vez mais recursos sem receber o devido retorno, o que certamente ocorre nos Estados de muitas nações e lhes causam imensas dificuldades.

ÉTICA, PROFISSIONALISMO, LEGITIMIDADE E CONFIABILIDADE DO ESTADO

De modo geral, os agentes estatais eleitos e gestores comandam ou gerem os Estados e são os responsáveis pela definição de objetivos, indicadores e metas, assim como pela elaboração e execução dos planos que levam a eles, tudo a partir de objetivos maiores geralmente declarados em suas constituições. Os agentes não eleitos nem gestores possuem como atribuição executar ou operacionalizar esses planos, sem poder de decisão e ação para definir objetivos, elaborar planos e executá-los. Na nação brasileira, a população vota no agente estatal eleito, que é recrutado pelo Estado e geralmente recruta, direta ou indiretamente, por critério pessoal, o agente gestor por meio de cargos e funções, como os comissionados e de confiança – com o agente não eleito nem gestor devendo ser recrutado por meio de concurso público, por critério impessoal, ético-profissional.

Nesse tipo de organização, nada pode prejudicar mais os objetivos e planos estatais do que a carência ético-profissional de agentes eleitos e gestores que comandam ou gerem o Estado. Nesse caso, os agentes não eleitos nem gestores não conseguem contribuir com a nação por meio dele de acordo com seu potencial, mesmo que recrutados por critério impessoal, ético-profissional, como o concurso público, pois muitas vezes serão utilizados ou deixados de sê-lo por muitos agentes eleitos e gestores que buscam apenas seus fins pessoais indevidos. Se seguirem a condução contrária ou alheia ao fim coletivo, serão tidos como leais a eles, podendo ascender e se manter também em seu comando ou sua gestão. Se não, geralmente serão subaproveitados ou descartados, tidos como ameaças a combater e a controlar.

Isso ocorre no Estado brasileiro, que atua quase exclusivamente baseado em cargos e funções como os comissionados e de confiança de recrutamento e permanência neles por critério pessoal, o que tem gerado imenso desperdício de muitos de seus agentes de alto nível ético-profissional que não aceitam esse tipo de critério de recrutamento por conta da dependência ao fim pessoal indevido que ele pode gerar. Esse tipo de Estado faz nascer quatro características claras de agentes estatais, que:

1. Aderem ao superior hierárquico e a outros que possuem poder de recrutá-los para algum cargo ou mantê-los nele, mesmo que seu recrutador ou mantenedor atue de modo contrário ou alheio ao fim coletivo, produzindo com foco no fim pessoal indevido próprio e de outros.
2. Não aderem ao superior hierárquico e a outros quando contrários ou alheios ao fim coletivo, produzindo com foco na coletividade e com sua produção utilizada, pois não os ameaçam.
3. Não aderem ao superior hierárquico e a outros quando contrários ou alheios ao fim coletivo, produzindo com foco na coletividade, porém com sua produção subutilizada ou descartada, pois os ameaçam.
4. Não aderem ao superior hierárquico e a outros quando contrários ou alheios ao fim coletivo, mas perdem a motivação e quase não produzem, fazendo parte do Estado apenas porque o ambiente externo não lhe traz mais segurança e compensação do que ele.

Os agentes estatais da segunda e da terceira características são os que mais possuem condições de contribuir com sua nação por meio do Estado. Atuam sem subserviência e sem acomodação e buscam modificá-lo quando atua de modo contrário ou alheio ao fim coletivo, sendo os principais responsáveis pelas melhorias que nele ocorrem em termos de resultados em benefício dela. Os que possuem essas características dificilmente ascendem ao comando ou à gestão estatal e se mantêm nele em Estados em que prevalece a apropriação indevida. O comando ou a gestão destes se constitui de muitos agentes que possuem a primeira característica vindos indiretamente do voto de uma população em sua maioria de baixo nível de educação geral e ética, que elege muitos agentes eleitos de alto nível de personalismo e patrimonialismo e de baixo nível ético-profissional, que recrutam outros agentes que possuem suas mesmas características para comandar ou gerir o Estado.

Pela evidente característica de muitos agentes eleitos e gestores que o comandam ou gerem, o Estado brasileiro atua claramente dessa forma, possuindo, por esse motivo, pouca legitimidade e confiança da população. Muitos dos seus agentes eleitos atuam principalmente para se perpetuar em seus cargos ou ascender a outros, em benefício pessoal indevido próprio e dos que contribuem com eles em suas eleições. Muitos dos agentes gestores atuam também principalmente para se manter em seus cargos ou ascender a outros, em benefício pessoal indevido próprio e dos que possuem poder de recrutá-los e mantê-los.

Tudo isso pode ocorrer em todas as nações, e certamente ocorre, mas em maior intensidade nas nações em que a maioria da população possui baixo nível de educação geral e ética, mais próximas da falsa democracia. Ao perder a confiança em seu Estado, a população deixa de contribuir voluntariamente com ele, que passa a coagi-la para obter sua contribuição. Indicadores insatisfatórios de funcionamento e de resultado do Estado, de confiança nele e em seus agentes e econômico-sociais nacionais apontam claramente Estados em que ocorre essa situação. Sinais claros deles ocorrem ainda quando uma situação sob a sua responsabilidade apresenta problemas graves e evidentes por longo período sem a devida ação estatal que a iniba ou corrija, como o alto nível de violência e o baixo nível educacional da população.

O Estado e a nação brasileiros parecem exemplificar muito bem toda essa situação. Apesar de ser uma nação aparentemente pacata por quase não participar de guerras declaradas, ela se corrói em uma quantidade de homicídios muito superior aos ocorridos naquelas que vivenciaram e vivenciam as maiores, mais terríveis e mais conhecidas batalhas internas ou externas da História, sem que seu Estado apresente reação eficaz. Muitos de seus indicadores também levam a confirmá-la.

Seu mau funcionamento e mau resultado ficam bastante evidentes em sua atuação em áreas mais visíveis e essenciais à sua nação, como segurança pública, saúde e educação. Também os mostram os muitos e persistentes casos de ineficiência, desvio do fim coletivo e corrupção noticiados diariamente pela mídia em seus entes, nacional e subnacionais, seus poderes e suas organizações com quase nenhuma punição e exclusão de agentes do Estado e de suas relações econômicas com ele. Tudo notório e estatisticamente comprovado, levando à conclusão de que ele não contribui como deveria contribuir com sua nação. Isso obriga a população a contribuir com cada vez mais tributos, com o Estado retirando indevidamente dela muito do que ela própria poderia aplicar com mais eficiência e eficácia em seu benefício e de sua nação.

Por conta disso, grande parte da população pouco confia no Estado e contribui com ele somente por coação, deixando de fazê-lo sempre que é possível. Muitos burlam suas normas apostando na relação indevida que mantêm com muitos de seus agentes, principalmente eleitos e gestores que o comandam ou gerem. Os grandes e recorrentes casos de apropriação indevida dos Estados que ocorrem no mundo sem que haja uma reação levam à baixa confiabilidade nos Estados e à sensação de que não é possível implantar a verdadeira ética e o verdadeiro profissionalismo neles de modo sustentável. Ocorre que a não reação se deve muitas vezes ao fato de serem seus agentes eleitos e gestores que os comandam ou gerem os principais responsáveis por reagir, mas não o fazem porque se beneficiam indevidamente deles da forma como eles são, não sendo do interesse deles mudar essa situação.

A partir de comandantes ou gestores que agem desse modo, os Estados não têm como se transformar, pois se beneficiam indevidamente deles os que são responsáveis pela sua transformação. As mudanças por que devem passar os Estados para atuar com foco no fim coletivo são impossíveis de ocorrer a partir de agentes eleitos e gestores que os comandam ou gerem de modo contrário ou alheio a este, beneficiando-se indevidamente deles como eles são. Obtêm benefícios pessoais indevidos para si e para os que possuem poder e domínio sobre eles, buscando se perpetuar nos Estados em benefício próprio. Como responsáveis por transformá-los, não se interessam em fazê-lo, pois, se o fizessem, perderiam o status, o poder e a riqueza indevidos que obtêm neles ou por meio deles.

Isso ocorre claramente no Estado brasileiro, que nunca conseguiu se libertar dessas amarras. As forças ambientais que poderiam forçar a mudança são enfraquecidas por forças internas que as inibem e o prendem com êxito à sua situação atual. Há nele enorme dificuldade em avançar em termos de resultados em benefício de sua nação compatíveis com seu custo e potencial. A pressão da população não conseguiu nem consegue transpor as fortes barreiras montadas por muitos dos agentes eleitos e gestores que o comandaram ou exerceram sua gestão e o comandam ou gerem em busca de se apropriar indevidamente dele. Mesmo com as habituais derrubadas ou substituições de governos realizadas em muitas nações por motivos aparentes de melhorar o funcionamento de seus Estados, muitos não conseguem focar o benefício à coletividade, pois os novos governantes passam a agir quase sempre da mesma forma ou pior que os antecessores.

Nações inseguras e de baixo nível de desenvolvimento econômico-social são geralmente vítimas de Estados que mantêm uma situação atual que beneficia indevidamente muitos que os comandam ou gerem e os que possuem poder e domínio sobre eles, de dentro ou de fora do Estado. Estes não pretendem transformá-los em benefício delas, por isso esses Estados só mudam no que é impossível conter, não avançando em direção ao benefício à sua nação porque sofrem fortes resistências dos que os dominam e controlam em benefício pessoal indevido. As forças ambientais que exigem transformação contínua das organizações, incluindo os Estados, para que estas sobrevivam e obtenham sucesso cedem ao forte poder e domínio desses comandantes ou gestores que não as aceitam e, mesmo assim, continuam os comandando ou gerindo.

Por esse motivo, muitas nações, pobres e ricas, pequenas e grandes, jovens e antigas, não alcançam ordem, liberdade, paz, justiça e igualdade satisfatórias, sendo carentes em itens essenciais, como segurança, saúde e educação. Nelas, nada ou quase nada funciona como deveria funcionar, apesar das altas cargas tributárias que muitas vezes lhes são impostas pelos seus Estados, quase sempre em elevação. Em contraste, muitos agentes estatais eleitos e gestores que os comandam ou gerem e outros que contribuem com eles, de dentro ou de fora deles, gozam de altos status, poder e riqueza, muitas vezes obtidos indevidamente.

Esses agentes recebem altos salários e benefícios formais e ainda usufruem de outros benefícios indevidos do Estado ou por meio dele. Muitos que de fora dele contribuem com eles sonegam tributos, vendem de modo indevido ao Estado em troca de benefícios também indevidos e descumprem normas comuns a todos sem que sejam coibidos como deveriam ser. Em suas nações, as injustiças e as desigualdades são várias, e muitos indivíduos, de dentro e de fora dele, são beneficiados indevidamente em detrimento da maioria da população, por esse motivo defendendo fortemente o Estado da forma como ele é.

Muitos que o comandam ou gerem, dominam e controlam tão bem o Estado para atender aos seus fins pessoais indevidos e dos que os recrutam e os mantêm que conseguem comandá-lo ou exercer sua gestão por longos períodos, apesar de assentarem visivelmente no baixo nível ético-profissional, sem legitimidade nem confiança de grande parte da população. Quando ameaçados, aparentam mutações e mais uma vez se mantêm no comando ou na gestão estatal ou, se excluídos dele, retornam com mais força do que possuíam antes. Para isso, podem até conturbar o ambiente e propagar o caos, sempre pensando no benefício pessoal indevido, com interesse apenas em se manter no comando ou na gestão do Estado ou se relacionar indevidamente com ele.

Tornam assim muitos Estados praticamente imutáveis, garantindo o benefício pessoal indevido próprio e dos que contribuem com eles, por ação ou omissão, em detrimento de sua nação. A educação não funciona para a maioria da população e muitas amarras são impostas, tácita ou explicitamente, para que jamais funcione, sob vigilância constante para que seja obtida apenas pela parte da população que continuará no comando ou na gestão e no controle do Estado ou que contribua para mantê-lo como é. A situação é agravada ainda pelo fato de que muitos que conseguem romper essa barreira educacional e avançar por conta própria são também cooptados por comandantes ou gestores estatais e outros que se apropriam indevidamente do Estado, e passam a contribuir também com eles em sua atuação contrária ou alheia ao fim coletivo ou à sua nação.

Todas as ações alardeadas como transformadoras do Estado e da sociedade por comandantes ou gestores estatais que agem dessa forma nada mais são do que estratégias de comunicação para a sua manutenção como ele é, levando a muitas dificuldades a imensa maioria da população. Desse modo, a transformação do Estado em benefício de sua nação dificilmente será alcançada de forma sustentável.

Como toda organização, o Estado somente se justifica se atender ao seu ambiente, porém, se prevalecer em seu comando ou sua gestão indivíduos que atuam de modo contrário ou alheio a ele, jamais obterá resultados em benefício dele de acordo com o custo e o potencial que possui. As teorias da Administração buscam a melhor utilização dos recursos monetários, materiais e humanos pelas organizações, considerando sempre o ambiente e a tecnologia existente para garantir sua sobrevivência e seu sucesso. Estados que não as utilizam, explicitamente ou não, decerto não atenderão devidamente ao seu ambiente, mas principalmente aos que os dominam e controlam em benefício pessoal indevido, de dentro ou de fora deles.

A rigidez hierárquica típica da visão mecanicista, ainda assim desvirtuada em muitos Estados, dificulta a administração destes em busca do fim coletivo ao não atentar para a interação e o alinhamento que devem existir entre eles e seu ambiente, influenciando-o e sendo influenciados por ele. O não alinhamento em suas partes, entre elas e delas com seu ambiente, não decorre mais da carência de informação, pois esta não representa mais obstáculo ao comando ou à gestão, assim como não o representa mais a distância geográfica, pois estão minimizados pelas facilidades trazidas pelas tecnologias da informação e da comunicação, que permitem muitas vezes respostas imediatas do Estado ao seu ambiente ou à sua nação.

Diante de um ambiente cada vez mais complexo, dinâmico e mutável, as organizações procuram utilizar o máximo de seus participantes internos, pois são eles que continuam comandando ou gerindo todos os demais recursos e fazendo-as sobreviver e obter sucesso nele. Isso se aplica também aos Estados que possuem como verdadeiro fim o benefício à sua nação, que buscam obter contribuição e apoio de todos os seus agentes para poderem oferecer resultados compatíveis com seu custo e potencial e obterem a confiança dela. Essa situação ocorre em Estados que atuam com alto nível ético-profissional, com os que não atuam com essa característica sobrevivendo apenas pela coação, independentemente da confiança que possuem e do resultado que entregam ao seu ambiente ou à sua nação.

Prevalecem no comando ou na gestão destes não a busca do fim coletivo, mas do fim pessoal indevido, utilizando a centralização, o autoritarismo e outros meios para evitar sua transformação. Assim, a gestão baseada nas teorias administrativas que motivam a participação de todos com base no conhecimento é a primeira a ser atacada, sendo estas pouco utilizadas e valorizadas pelo comando ou pela gestão estatal, que põe em seu lugar a subserviência do comandante ou gestor ao superior hierárquico e a outros que possuem poder e domínio sobre ele. Os que não aceitam essa condição são combatidos para não ameaçar a busca prevalecente pela apropriação indevida do Estado. Nesse contexto, muitos agentes estatais de alto nível ético-profissional que poderiam ser utilizados para atuar em resposta ao seu ambiente ou à sua nação são subutilizados ou descartados, tidos como ameaças a combater e a controlar.

Ao agirem desse modo, muitos Estados não fornecem resultados às suas nações compatíveis com seus custos e potenciais, esses só sendo possíveis por meio da elevação do nível ético-profissional dos que os comandam ou gerem. Enquanto isso não ocorre, a população espera pela sua transformação natural, o que é muito demorado e prejudicial, já que as ações deles podem implicar em males irreversíveis para ela. Sabendo do poder transformador de um comando ou uma gestão de alto nível ético-profissional, com valorização do ser humano e integração com seu ambiente, os que comandam ou gerem Estados de características de alto nível de personalismo e patrimonialismo e de baixo nível ético-profissional, possuindo também esta característica, fazem-lhe diversos ataques, em uma verdadeira guerra em que estratégias não faltam para mantê-los como eles são.

Para que a população possa confiar em seu Estado e bem contribuir voluntariamente com ele, os seus agentes devem atuar em busca exclusiva do fim coletivo, com sua ética e seu profissionalismo sendo atestados no recrutamento, em períodos previamente definidos e a qualquer momento. Seus três tipos de agentes (eleito, gestor e não eleito nem gestor) devem possuir conhecimentos e habilidades que os permitam atuar de modo eficiente e eficaz, interagindo com seu ambiente ou com a coletividade a fim de atendê-lo. Artifícios que possam gerar dependência do agente estatal em relação à situação atual do Estado quando indevidamente apropriado e a pessoas, de dentro ou de fora dele, que se apropriam indevidamente dele devem ser eliminados, como os inúmeros cargos e funções comissionados, de confiança e outros existentes no Estado brasileiro, em todas as suas partes e em todos os níveis hierárquicos, cujos ocupantes são recrutados quase sempre por critério pessoal. Deve-se eliminar assim do Estado todo agente e todo instrumento que possa gerar ineficiência, desvio do fim coletivo e corrupção.

O critério de recrutamento de todo agente estatal deve ser impessoal, ético-profissional, justo e igualitário, respeitadas sempre as eleições para o agente eleito. Este submetido ao voto da população e recrutado pelo Estado somente se possuir alto nível ético-profissional devidamente comprovado por outros que também o possuam. Os assim recrutados que dedicarem sua vida à sua nação devem receber proteção de violências físicas e mentais, bem como de cooptações para fins diferentes do fim coletivo. Depois de recrutados, devem ser acompanhados continuamente para que sua atuação se paute exclusivamente pela ética e pelo profissionalismo, confiáveis em suas decisões e ações em benefício de sua nação, remunerados de acordo com o resultado que forneçam. Devem ser tidos como o maior patrimônio de um Estado, vigiados permanentemente para que não se deixem contaminar pela busca do fim pessoal indevido, próprio ou de terceiros.

Para a população, é essencial que o resultado do seu Estado seja pelo menos compatível com o que ela contribui com ele, o que o obriga a recrutar e manter nele apenas os que servem exclusivamente ao fim coletivo. Para isso, é necessário dispor de um comando ou uma gestão capaz de impedir o recrutamento de indivíduos que não possuam alto nível ético-profissional, eliminando de seus quadros os já agentes estatais que também não o possuam. Não sendo assim, indivíduos contrários ou alheios à busca do resultado em benefício de sua nação poderão se incrustar no Estado e se perpetuar nele em benefício pessoal indevido próprio, dos que os recrutam e os mantêm e de outros até de fora dele, encarecendo-o e o desvirtuando de seu fim. Se esses indivíduos prevalecerem no comando ou na gestão do Estado, ele também será assim e não dará o devido retorno à sua nação.

Indivíduos que não conseguem sustento fora do Estado nem ser recrutados e mantidos nele por critério impessoal, ético-profissional, justo e igualitário, não devem ser recrutados e mantidos nele. O Estado deve ser composto exclusivamente de indivíduos de alto nível ético-profissional, independentes em relação a pessoas, de dentro ou de fora dele, o que somente ocorre quando recrutados por meio desse critério. Fora deste, perdem muitas vezes sua independência e são utilizados para atuar de modo contrário ou alheio ao fim coletivo, atendendo, principalmente ou apenas, aos seus fins pessoais indevidos e de outros, de dentro ou de fora do Estado.

Isso se aplica a todos os agentes estatais (eleito, gestor e não eleito nem gestor), do recrutamento à permanência no Estado, em todas as suas partes e em todos os níveis hierárquicos. Somente devem ser recrutados e mantidos nele indivíduos que comprovadamente atuem com ética e profissionalismo suficientes para fornecer resultados em benefício de sua nação ou da coletividade. Essa é a única forma capaz de combater os males que resistem em Estados como o brasileiro e que dificultam ou impedem seus resultados. A dificuldade em recrutar e manter neles somente indivíduos de alto nível ético-profissional não pode justificar jamais o recrutamento e a permanência neles de agentes estatais que não atuem em benefício exclusivo de suas nações.

Somente o comando ou a gestão de alto nível ético-profissional é capaz de criar e manter o Estado com essa mesma característica, com seus agentes capazes de produzir de acordo com seus custos e potenciais, cada um com seu papel, mas formando um todo integrado em busca de resultados em benefício de sua nação. Somente normas e recursos não humanos jamais serão suficientes, por melhores que sejam, para administrar quaisquer tipos de organizações, no que se incluem, logicamente, os Estados.

Assim, é imprescindível que estes invistam no ser humano de alto nível ético-profissional como seu recurso mais importante, sendo as normas e os recursos não humanos também importantes, mas principalmente complementares e dependentes dele. Desse modo, os agentes, as normas e as ações estatais devem concentrar esforços na barreira de entrada para evitar que indivíduos contrários ou alheios ao fim coletivo e sementes vigorosas da apropriação indevida do Estado façam parte dele. Ao falhar, devem concentrar esforços na pronta eliminação desse tipo de indivíduo que não foi contido na entrada, punindo-o exemplarmente e o impedindo de retornar ao Estado e de possuir relações econômicas com ele por longo período, se for o caso, podendo ser razoável 12 anos.

As normas estatais devem buscar teorias e práticas de gestão e funcionamento dos Estados, mas jamais garantirão, por si só, que sejam bem administrados. Somente poderão garanti-lo se protegê-los de maus agentes estatais (eleito, gestor e não eleito nem gestor) que buscam obter neles seus fins pessoais indevidos em detrimento de suas nações. Com o Estado atuando preventiva e corretivamente por meio da garantia ético-profissional de seus agentes, estará apto a utilizar experiências úteis à gestão e teorias administrativas em seu comando ou sua gestão, definindo previamente bons objetivos, bons indicadores, boas metas e bons planos, buscando alcançá-los em benefício de seu ambiente ou de sua nação.

Nesse modelo simples, amplo e genérico, baseado no recrutamento e no acompanhamento permanente de seus agentes no sentido de garantir o alto nível ético-profissional destes e, como consequência, do Estado, as teorias administrativas ganham espaço no comando ou na gestão estatal para contribuir com a eficiência e eficácia de todas as suas partes e do Estado como um todo. Elas reduzem o espaço do personalismo, do patrimonialismo e do baixo nível ético-profissional, que geram a ineficiência, o desvio do fim coletivo e a corrupção que inibem ou impedem o resultado do Estado em benefício da população e a confiança dele perante ela. A experiência negativa do Estado brasileiro evidencia que não são apenas normas buscando definir infimamente o funcionamento de um Estado que permitem seu bom resultado em benefício de sua nação.

Quem verdadeiramente o permite são seus agentes de alto nível ético-profissional, principalmente em seu comando ou sua gestão, e que fazem o Estado de mesma característica. Utilizam, de modo explícito ou não, em um extremo a Administração Científica e em outro a Administração Contingencial, passando pela Teoria da Burocracia e outras teorias administrativas, todas visando impedir a apropriação indevida dele para que obtenha o melhor resultado em benefício da coletividade. Na administração burocrática, podem errar ao buscar a proteção excessiva dele e esquecer de buscar seu melhor resultado, mas não se alcança este sem protegê-lo. O comandante ou gestor estatal mal recrutado e mal acompanhado em sua permanência no Estado tende a atuar não com base na experiência útil à gestão, no conhecimento do negócio e nas teorias administrativas, mas na busca do fim pessoal indevido, próprio e de outros.

Não adianta pregar o Estado burocrático, gerencial ou outro se prevalece em seu comando ou sua gestão seus agentes que não possuem alto nível ético-profissional. Sua questão principal não está em sua estrutura e seu funcionamento rígidos ou flexíveis, mas no recrutamento e no acompanhamento de seus três tipos de agentes (eleito, gestor e não eleito nem gestor). A partir desse recrutamento e desse acompanhamento, todas as suas partes devem definir objetivos, indicadores e metas, bem como planos e sua execução que levem a eles, no nível local e global, com participação, acompanhamento e cobrança da população. Sem que prevaleça em seu comando ou sua gestão seus agentes de alto nível ético-profissional, nada disso é possível.

Os Estados não podem atuar sem definir de modo prévio, claro e objetivo o retorno que se comprometem a oferecer às suas nações. Por isso, seu comando ou sua gestão deve definir previamente objetivos, indicadores e metas, bem como os planos que levam a eles, jamais podendo se eximir dessa obrigação com foco no resultado em benefício delas. Se não conseguir definir bons objetivos, bons indicadores e boas metas, elaborar bons planos e executá-los em benefício de suas nações, os Estados não justificam sua atuação e não obtêm legitimidade nem confiança da população. Nesse caso, os agentes eleitos e gestores que os comandam ou gerem devem ser substituídos, pois fracassaram em suas missões.

À população devem ser dados meios claros e objetivos de participar das decisões e ações do Estado, acompanhar e cobrar seus resultados. Com o recrutamento e a permanência de agentes estatais somente de alto nível ético-profissional, principalmente em seu comando ou sua gestão, tudo isso é possível, com a eliminação de suas normas falhas ou excessivas, contrárias ao seu melhor funcionamento e melhor resultado. Cada uma de suas partes atuará em busca de seus resultados e de um todo que resulte em benefícios à coletividade no lugar de atuar para dentro, para elaborar e cumprir normas falsamente burocráticas e contrárias à boa gestão, ao melhor funcionamento e ao melhor resultado estatal, que servem apenas para a apropriação indevida do Estado por indivíduos e grupos, de dentro ou de fora dele.

Seu comando ou sua gestão promoverá, assim, a ética e o profissionalismo no Estado, permitindo o reconhecimento de seus agentes pela população que os acompanha, que contribui com eles e que cobra seus resultados. Esse é o Estado de alto nível ético-profissional, próximo da verdadeira democracia, em que seus agentes eleitos, gestores e não eleitos nem gestores são recrutados e permanecem nele por critério impessoal, ético-profissional, atestados continuamente pelo próprio Estado em sua ética e seu profissionalismo, confiáveis perante sua nação. A população que contribui com ele o fará de forma voluntária, pois confia nele e o legitima. Esse tipo de Estado representa sua nação por meio de normas que estão em sua Constituição ou fora dela, compreendidas, obedecidas e defendidas pela população.

Ele e todos os seus agentes agem em busca da segurança e do desenvolvimento econômico-social de modo sustentável de sua nação, atuando para que indivíduos e organizações não estatais também ajam dessa forma. Quando fatores fora de controle levam a dificuldades que recomendam proteção estatal, aí entra o Estado protetor em benefício de sua nação. Esse amparo deve ocorrer para necessidades permanentes e pontuais, mas sempre considerada a coletividade ou todos que necessitam da proteção e da ajuda do Estado. Essa é das mais importantes funções que ele possui e sua regra deve ser leve e fácil de cumprir e fiscalizar, jamais devendo atender aos que recorrem a ele para suprir necessidades pessoais indevidas próprias e de outros em prejuízo de sua nação.

Cabe ao Estado ser impessoal, recebendo a colaboração de todos e colaborando com todos na necessidade coletiva vinda de fatores imprevisíveis e incontroláveis ao ser humano, sempre com justiça e igualdade, valorizando o trabalho individual e a responsabilidade para com o outro. Ele deve ser sempre eficiente e eficaz, justo e igualitário, para que obtenha a confiança e a colaboração espontânea da imensa maioria da população, devendo ser livre dos que buscam se apropriar indevidamente dele, de seu poder e sua riqueza, em prejuízo de sua nação. Estados que não agem dessa forma não fornecem nem fomentam a ordem, a liberdade, a paz, a justiça e a igualdade, a segurança e o desenvolvimento em suas nações, pouco ou nada contribuindo com elas.

Para se chegar ao Estado de alto nível ético-profissional, eficiente, eficaz, justo, igualitário, legítimo e confiável de modo sustentável, é essencial combater o baixo nível de educação geral e ética da maioria população, fomentando a informação e o conhecimento sobre seu funcionamento e seu resultado. Não existe esse tipo de Estado se a maioria da população não possui alto nível de educação geral e ética, informação e conhecimento para recrutar seus agentes eleitos e participar, acompanhar e cobrar seus resultados. São contrários a ele a ausência de eleições e as eleições que permitam que saiam vencedores e sejam recrutados agentes eleitos que se apropriam indevidamente do Estado, que são contrários ou alheios à sua busca pelo fim coletivo, que recrutam, direta ou indiretamente, agentes gestores e outros de mesmas características.

O Estado somente alcançará alto nível ético-profissional quando permitir que se coloquem à disposição para serem votados como agentes eleitos somente indivíduos de comprovado alto nível ético-profissional. Ainda, quando impedir condições injustas e desiguais de um candidato a agente eleito em relação a outros e quando permitir que a maioria da população conheça os candidatos, ficando livre de informações falsas contra ou a favor deles. Não são de alto nível ético-profissional, legítimos e confiáveis, Estados que não procedam dessa forma, estando sob a inexistência democrática ou sob uma democracia próxima da falsidade, levando ao seu comando ou à sua gestão indivíduos que não atuam em busca exclusiva do fim coletivo, mas de seus fins pessoais indevidos e de outros.

Ao permitir a eleição e o recrutamento destes para seu comando ou sua gestão, o Estado é mais uma farsa do que um ente que contribui com sua nação como deveria contribuir. Como mais poderoso ente voltado para assuntos terrenos de todos os tempos, ele somente será de alto nível ético-profissional, legítimo e confiável se prevalecer em seu comando ou sua gestão, em todas as suas partes e em todos os níveis hierárquicos, agentes eleitos e gestores de alto nível ético-profissional, recrutados na origem, iniciada nos agentes eleitos, com a contribuição de uma população em sua maioria de alto nível de educação geral e ética, informada e com independência suficiente em relação a eles e ao Estado para poder votar.

O agente estatal eleito deve ser acompanhado continuamente e excluído do Estado se atuar em benefício pessoal indevido, próprio ou de terceiros. Não se pode acusar a população, como muitos buscam fazer no Brasil, de que o agente eleito e recrutado com essa característica é responsabilidade dela. Impedir seu recrutamento ou eliminá-lo do Estado é responsabilidade deste, devendo, inclusive, estar disponíveis para votos somente os de alto nível ético-profissional, atestados previamente por ele. Daí sua obrigação, mais uma vez, de possuir alto nível ético-profissional, para que suas decisões nesse sentido sejam de alta confiabilidade perante a imensa maioria da população. A esta cabe também se responsabilizar pelo próprio voto, mas sem jamais eliminar a responsabilidade legítima do Estado.

Assim, é obrigação do Estado utilizar instrumentos que impeçam indivíduos que buscam se apropriar indevidamente dele de serem candidatos a agentes eleitos, de serem recrutados e de atuarem em seus quadros. Nações de nível de segurança e desenvolvimento alto certamente já possuem Estados em que a ética e o profissionalismo prevalecem em sua atuação, não estando livres dos que buscam se apropriar indevidamente deles, mas os combatendo sempre, principalmente por meio da educação geral e ética da maioria da população, permitindo-lhe participar, acompanhar e cobrar seus resultados.

UMA NOVA GESTÃO ESTATAL E UM NOVO ESTADO

O comandante ou gestor deve estar fortemente voltado para aspectos de gestão sem descuidar do conhecimento do negócio que comanda ou gere. No caso do Estado, cabe ao seu comandante ou gestor conduzi-lo para o alcance do resultado em benefício de sua nação. Para isso, deve ser bastante alto seu nível ético, além de possuir experiência útil à gestão, conhecimento do negócio e das teorias administrativas aqui apresentadas, que deram certo em organizações bem-sucedidas em todo o mundo. São esses elementos que devem permitir seu recrutamento e sua permanência no comando ou na gestão do Estado, em todas as suas partes e em todos os níveis hierárquico, permitindo, assim, que forneça resultado em benefício de sua nação compatível com o custo que ele lhe impõe e com o potencial que possui.

Somente desse modo o comandante ou gestor estatal poderá definir objetivos, indicadores e metas, elaborar e executar planos em benefício da nação, protegendo, assim, o Estado da ineficiência, do desvio do fim coletivo e da corrupção. Não se pode permitir seu recrutamento e sua permanência no comando ou na gestão estatal atrelados à declaração, tácita ou explícita, de fidelidade a uma situação atual do Estado contrária ou alheia ao fim coletivo e a pessoas que possuem poder e domínio sobre ele, de dentro ou de fora dele, tanto ao solicitar o cargo quanto ao ser convidado para ele. Isto é comum no Estado brasileiro, em todas as suas partes e em todos os níveis hierárquicos, e, certamente, é o principal instrumento utilizado por muitos que o comandam ou gerem para se apropriar indevidamente dele.

O objetivo amplo e genérico de todo Estado deve estar declarado em sua origem, quase sempre sua Constituição, e os demais objetivos mais específicos, em seus normativos e no planejamento de suas partes. Este deve trazê-los para serem buscados em períodos determinados, como recomenda a gestão profissional, devendo constar de modo claro e objetivo para o curto, médio e longo prazo de todas as suas partes e do Estado como um todo. Para isso, é necessário que os comandantes ou gestores estatais possuam experiência útil à gestão e conhecimento da teoria aplicada a ela, independência e autonomia para focar o objetivo exclusivo do Estado de fornecer resultados em benefício de sua nação.

Deve haver sempre critério impessoal, ético-profissional, de recrutamento e acompanhamento de todo agente estatal (eleito, gestor e não eleito nem gestor), com sistema de remuneração, recompensa e punição claro, objetivo, justo e igualitário, o que constitui premissa básica para a concepção e o funcionamento do Estado de alto nível ético-profissional, eficiente e eficaz, voltado exclusivamente para sua nação. Mais do que reformar o Estado, é preciso reformar o modo como ele recruta seus agentes, como os acompanha e como responde quando atuam de modo contrário ou alheio ao resultado em benefício de sua nação. Todo agente estatal deve atuar com alto nível ético-profissional visando o fim coletivo, mas são os eleitos e gestores que o comandam ou gerem os principais responsáveis pela condução do Estado e pelo que nele ocorre.

Ao ser recrutado, o agente gestor deve construir com o agente eleito pela população, ou pelo comandante ou gestor de nível hierárquico superior, os objetivos que ambos pretendem alcançar, em todos os níveis hierárquicos, devendo vir acompanhados de indicadores, metas e planos que levem a eles. A missão desses agentes eleitos e gestores é conduzir o Estado para o resultado exclusivo em benefício da coletividade. Para cumpri-la, está sob a sua responsabilidade não deixá-lo ser desviado de seu fim coletivo, pois, mesmo que utilize o agente não eleito nem gestor em todo seu potencial, são eles os responsáveis diretos pela condução do Estado, pelo que nele acontece e pelo seu resultado em benefício de sua nação.

Se o comandante ou gestor estatal não atuar dessa forma, estará conduzindo o Estado de modo indevido, utilizando-o também de modo indevido e permitindo que outros o façam. Antes de quaisquer reformas, os Estados devem elevar o nível ético-profissional de seus três tipos de agentes: eleito, gestor e não eleito nem gestor – sendo dos dois primeiros a principal responsabilidade por essa elevação, pois são responsáveis maiores e últimos pela condução do Estado e pelo seu resultado. Contribuirão com a elevação desse nível ao não se submeterem indevidamente a outros agentes estatais, seus superiores hierárquicos ou não, que agem de modo contrário ou alheio ao fim coletivo, nem a outros de fora do Estado que busquem o benefício pessoal indevido nele ou por meio dele.

Se a maioria dos agentes eleitos e gestores que comandam ou gerem os Estados possuírem a ética e o profissionalismo como fundamentos de sua atuação, certamente ocorrerá o resultado do Estado em benefício de sua nação, de seu ambiente ou da coletividade compatível com seu custo e potencial. Por isso, deve-se exigir o bom recrutamento e o acompanhamento de todo agente estatal. Não devem ser dadas a ele garantias de permanência no cargo independentemente do resultado que apresentem, mas somente se o apresentar em claro benefício de sua nação. Daí, cria-se o círculo virtuoso da gestão por resultados, que influencia positivamente todos os agentes estatais, resolvendo o problema secular do alto custo e baixo resultado de Estados como o brasileiro.

Toda organização é altamente complexa, o que torna sua gestão também altamente complexa e a exigir alto nível ético-profissional do gestor. A complexidade do comando ou da gestão do Estado é aumentada ainda pela distância que possui de seu verdadeiro proprietário, o povo, e também pela dificuldade de se medir seu resultado, que não deve ser apenas em termos de receita e custo, mas de resultado em benefício dos que o mantêm esperando suprir nele suas necessidades coletivas. Não é uma fórmula simples em que se subtrai os custos das receitas e se obtêm os lucros, mas complexa, em que a satisfação da coletividade deve ser igual ou superior aos recursos que ela despende na forma de tributos.

Em regra, o Estado detém o maior poder e a maior riqueza em todas as nações e deve buscar sempre a satisfação da coletividade de forma pelo menos equivalente ao que ela lhe entrega na forma de tributos. Somente as normas e os recursos monetários e materiais não são suficientes para levar a essa satisfação, sendo exigido como base fundamental do Estado para que a alcance a garantia do alto nível ético-profissional de seus agentes, principalmente eleitos e gestores que o comandam ou gerem, sobretudo porque estes não estão sob o comando e o controle direto da população que os mantém.

O grande desafio de todas as nações é fazer com que seus Estados sejam administrados somente por indivíduos com essa característica, cujo fim coletivo seja o foco de sua atuação. Ocorre que isso não é o que se tem observado em muitos Estados ao longo da História, com o poder e o domínio que exercem atraindo cada vez mais indivíduos de alto nível de personalismo e patrimonialismo e de baixo nível ético-profissional, ineficientes, desviados do fim coletivo e corruptos para seu comando ou sua gestão, buscando neles apenas status, poder e riqueza indevidos em detrimento de suas nações. O resultado é que muitos deles, em várias nações, resumem-se a atender aos fins pessoais indevidos de muitos que os comandam ou gerem e de outros até de fora do Estado, tanto mais quanto menor o nível de educação geral e ética da população.

Esse é o motivo pelo qual o nível educacional desta é crucial e muitos comandantes ou gestores estatais buscam controlá-lo no mais baixo possível, de forma explícita ou não, mantendo assim o domínio e o controle sobre o Estado e sobre sua nação.

Já Estados de alto nível ético-profissional induzem a possuir essa característica os indivíduos que atuam neles ou não e as organizações não estatais, fazendo com que todos contribuam com a melhoria da segurança e do desenvolvimento econômico-social de sua nação. Isso é visível principalmente por meio do estabelecimento e da cobrança de tributos justos e igualitários por parte do Estado e de seus resultados compatíveis com eles.

O fato de haver mais dificuldade em se medir seus resultados do que em outras organizações não implica que não se deve medi-los nos Estados. Se não o fizer, poderão facilmente ser desviados de seu fim coletivo, ainda mais por conta de sua complexidade e da distância em relação ao seu verdadeiro proprietário, o povo, que dificilmente receberá resultado compatível com seu custo e potencial.

Estados que já alcançaram o alto nível ético-profissional dão contribuição direta e significativa à segurança e ao desenvolvimento econômico-social sustentáveis de suas nações. Nelas, o alto nível de segurança e desenvolvimento humano é facilmente percebido em seu dia a dia e em seus indicadores econômico-sociais. A ética e o profissionalismo no comando ou na gestão são os dois elementos fundamentais que permitem ao Estado alcançar esse nível e, consequentemente, a eficiência e a eficácia, gerando resultado satisfatório para sua nação. Isso passa obrigatoriamente pelo espírito coletivo ou do bem comum presente em seus agentes, principalmente os que o comandam ou gerem, e pela devida utilização das teorias administrativas, utilizadas de forma explícita ou não por organizações bem-sucedidas em todo o mundo, que inclui a burocracia necessária, racional-normativa ou legal.

A partir dessas teorias, tendo a burocrática como base e proteção, tem-se a gestão voltada para resultados, que direciona o Estado para sua nação, que o custeia e espera em seus resultados. Elas lhe dão sustentação em sua busca pelo fim coletivo, cujos objetivos, indicadores, metas e planos devem ser claros para impedir sua apropriação indevida e focar o resultado em benefício da coletividade.

A carência burocrática ou o desvirtuamento burocrático não permitem a existência do Estado voltado para sua nação, para seu ambiente ou para a coletividade. A burocracia deve existir apenas no que contribui com sua busca pelo fim coletivo, sem aumentar seu custo nem inibir seu resultado. É sobre a burocracia insuficiente, falha ou excessiva que assenta o comando ou a gestão ineficiente e ineficaz do Estado. Ao contrário, a burocracia apenas necessária leva à sua eficiência e eficácia, não apenas porque está escrita em normas, mas porque entendida e praticada pelos seus agentes, eleitos, gestores e não eleitos nem gestores, e pela população para evitar sua apropriação indevida e permitir seu melhor resultado. Nenhum Estado se volta para o fim coletivo sem uma base burocrática essencialmente direcionada para ele.

É sobre a Teoria da Burocracia que assenta o comando ou a gestão de alto nível ético-profissional do Estado necessário à sua nação, nem mínimo nem máximo, eficiente e eficaz, dosada para levar ao seu resultado em benefício dela compatível com seu custo e potencial. Se no Estado, em seus agentes, prevalece o alto nível ético-profissional, sua burocracia pode ser reduzida; se não, ela deve ser aumentada. O importante é que ela deve ser apenas a necessária para que ele obtenha o melhor resultado em benefício de sua nação. Quando nem ela é capaz de reduzir o personalismo, o patrimonialismo e o baixo nível ético-profissional do Estado, isso representa que ela nunca foi verdadeiramente implantada, como é claramente o caso do Estado brasileiro.

Somente a burocracia devidamente dosada é capaz de levar o Estado à gestão por resultados em benefício da coletividade, com planejamento, organização, direção e controle, em observância tácita ou explícita às teorias administrativas aqui apresentadas, o que requer alto nível ético-profissional de seus comandantes ou gestores, em todas as suas partes e em todos os níveis hierárquicos. Se as normas burocráticas do Estado são insuficientes, falhas ou excessivas, muitos são os que buscam nele apenas status, poder e riqueza indevidos em detrimento de sua nação, de dentro ou de fora dele, pouco se podendo esperar de seus resultados. Nesse caso, o ataque feito à sua burocracia muitas vezes não é em busca de melhorar o resultado do Estado, mas de desacreditá-la no pouco que ainda existe e aumentar ainda mais a apropriação indevida dele.

A verdadeira burocracia tem como fim levar as organizações a produzirem melhores resultados, sempre atentando para não se cair na armadilha de pensá-las como máquinas inflexíveis. A utilização dos recursos humanos é fundamental em seu funcionamento e na busca de seus resultados, jamais devendo ser utilizados como peças de uma máquina, inanimados e a serviço da organização, como tentam fazer agentes eleitos e gestores que comandam ou gerem Estados voltados para seus fins pessoais indevidos e dos que possuem poder e domínio sobre eles.

Isso é típico de Estados que atuam de modo contrário ou alheio às suas nações, centralizadores e autoritários, que quase não utilizam a Teoria da Burocracia ou que a desviam de seu fim, que não têm o elemento humano que atua neles como peça viva e fundamental para a busca de seus resultados em benefício delas e em que muitos de seus comandantes ou gestores se voltam para seus fins pessoais indevidos e dos que os recrutam e os mantêm. Seu mais alto nível decisório, o estratégico, geralmente é tomado por comandantes ou gestores com essa característica, dominando e controlando os demais níveis, tático e operacional, que também a possuem. Nesses Estados, geralmente não há, em nenhuma de suas partes, os devidos planejamento, organização, direção e controle voltados para resultados em benefício de suas nações.

Comandantes ou gestores estatais que agem dessa forma não utilizam a verdadeira burocracia, mas apenas a que serve aos seus fins pessoais indevidos, negando-a e combatendo-a para encobrir a verdadeira causa do mau funcionamento e mau resultado do Estado. Tudo isso, certamente, ainda prevalece em muitos Estados, deixando de proteger suas nações e de fornecer ou fomentar seu desenvolvimento econômico-social de forma sustentável. É a partir do alto nível ético-profissional de seus comandantes ou gestores que se fará com que a burocracia exista na medida certa nos Estados e contribua com o alcance de seus resultados em benefício de suas nações. Isso levará ao Estado necessário a elas, nem mínimo nem máximo, mas apenas o suficiente.

Não dá para eliminar uma administração estatal burocrática para pôr em seu lugar uma administração gerencial sem que o Estado tenha já implantado a verdadeira burocracia. Deve-se comandá-lo ou exercer sua gestão com alto nível ético-profissional, com base na experiência útil a esta, no conhecimento do negócio e nas teorias administrativas, tendo como base a burocracia apenas necessária, sem subserviência a interesses contrários ou alheios ao fim coletivo, próprios ou de terceiros. Consultorias externas, até de Estados de alto nível ético-profissional, não servem a Estados em que prevalecem esses interesses, enquanto não se livrarem de suas amarras e elevarem o nível ético-profissional de seus agentes, principalmente eleitos e gestores que os comandam ou gerem, e, consequentemente, deles próprios.

Não é a simples redução ou eliminação de suas normas burocráticas que tornará o Estado mais ético-profissional nem gerador de melhor resultado, pois o mal que existe na insuficiência de normas e em normas falhas ou excessivas é o mesmo que existe em normas não exigidas igualmente de todos ou utilizadas para beneficiar indevidamente uns em detrimento de outros. Em todos esses casos, persistirá o Estado indevidamente apropriado por indivíduos e grupos, de dentro ou de fora dele, que o utilizarão principalmente para obter seus benefício pessoais indevidos em detrimento de sua nação.

Assim, muitos contribuirão com ele apenas por coação e farão tudo que puderem para se proteger dele, em atitude de defesa contínua em relação ao Estado, a outros indivíduos e a organizações não estatais, tendo a todos como inimigos potenciais, o que prejudica toda vida em coletividade. Prevalece, desse modo, o pensamento de muitos que ele é um intruso que retira recursos além do necessário de sua nação, cabendo a eles contribuir menos com ele e aderir a ele para se dar bem na vida e nos negócios, acreditando que quem não agir dessa forma estará condenado ao fracasso. Esse é um dos maiores males causados pelos Estados que atuam de modo contrário ou alheio às suas nações, que fragilizam a vida em coletividade e dificultam ou impedem a justiça e a igualdade para todos, a ética e o profissionalismo neles e fora deles.

Daí surge o fato de muitos quererem apenas se dar bem no Estado e fora dele, na vida pessoal e coletiva, sobrevivendo e obtendo sucesso muitos que vencem o jogo de se apropriar indevidamente dele ou de se livrar dele, contribuindo com ele da forma como ele é e deixando de combatê-lo para poder obter benefícios pessoais indevidos. A solução não é libertá-lo de sua burocracia, como muitos afirmam por desconhecimento ou má intenção, mas de sua doença que contamina também sua nação. Isso somente é possível com agentes estatais de alto nível ético-profissional, principalmente eleitos e gestores que o comandam ou gerem, contribuindo, assim, com a elevação do nível ético-profissional do Estado e de toda sua nação.

O Estado deve buscar sempre a eficácia, agindo com eficiência. Deve buscar equilíbrio ou compatibilidade entre objetivos, estratégias, estrutura, tecnologia, compromissos e necessidades de seus agentes, observadas sempre as necessidades de seu ambiente ou de sua nação e a tecnologia existente. Como é difícil medir seu resultado e como a Administração não é uma ciência ou técnica tão exata, como também não o são quase todas as ciências, indivíduos desprovidos de alto nível ético-profissional tendem a ser recrutados e mantidos no comando ou na gestão dos Estados para utilizar seus recursos apenas em benefício pessoal indevido, próprio ou de terceiros.

Tomando como exemplo o Estado brasileiro, muitos são os indivíduos que querem ascender e se manter em seu comando ou sua gestão, em todas as suas partes, e muitos são os que conseguem, porém, pelo seu funcionamento e pelos seus resultados, observa-se que são poucos os que possuem alto nível ético-profissional para administrá-lo exclusivamente em benefício da coletividade. Somente o recrutamento e a permanência de comandantes ou gestores estatais por meio de critérios impessoais, ético-profissionais, farão com que os Estados ofereçam às suas nações resultados compatíveis com seus custos e potenciais. No caso do Estado brasileiro, essa situação é tão grave que até no recrutamento de juízes do Poder Judiciário existe forte margem para o personalismo, o patrimonialismo e o baixo nível ético-profissional, como na prova oral que faz parte de seu concurso público.

A Administração das organizações como ciência, técnica ou arte em busca de seus resultados deixa de existir quando interesses pessoais indevidos prevalecem sobre a gestão. No caso do Estado, o que seria uma organização protetora de sua nação e fomentadora de seu desenvolvimento passa a ser uma organização de burocracia insuficiente, falha ou excessiva, com foco em seus agentes, principalmente eleitos e gestores que o comandam ou gerem, e nos que possuem poder e domínio sobre eles, de dentro ou de fora dele. Não há como administrá-lo em benefício da coletividade sem que a ética e o profissionalismo estejam fortemente presentes em seus comandantes ou gestores, deixando-se transparecer para sua nação no sentido de levá-la a contribuir voluntariamente com ele e a participar de suas ações.

Além da garantia ética, é imprescindível que o comandante ou gestor estatal possua experiência útil à gestão, conhecimento do negócio que gere e ciência, técnica ou arte do bem administrar, estas baseadas nas teorias administrativas aqui apresentadas, sem o que a população será cada vez mais coagida a contribuir com um Estado que retira seus recursos e não lhe retorna como deveria retornar. Agindo desse modo, os tributos aumentam cada vez mais e o principal beneficiário do Estado não é a população que contribui com ele, mas muitos de seus agentes que o comandam ou gerem em busca de se apropriar indevidamente dele e outros que possuem poder e domínio sobre eles, até de fora do Estado. Isso faz com que os recursos estatais sejam sempre insuficientes e a população obrigada a contribuir com cada vez mais tributos sem obter o devido retorno.

Estados pensados e tratados como máquinas, com ênfase na estrutura formal, nos recursos monetários e materiais, planejados para alcançar os objetivos para os quais foram criados, já poderiam constituir avanço se não fossem indevidamente apropriados por comandantes ou gestores contrários ou alheios ao fim coletivo. Já poderiam alcançar bons resultados com o avanço burocrático, não os melhores sem atentar para o conjunto das teorias administrativas que enfatizam o ser humano, o ambiente e a tecnologia para dar a dosagem burocrática ideal de acordo com estes. Isso porque a administração burocrática não pode ser descartada no Estado nem em quaisquer organizações, mas utilizada de acordo com o comportamento dos participantes internos, as necessidades ambientais e a tecnologia existente.

Os Estados devem focar os aspectos humanos para, junto com os demais recursos e os aspectos burocráticos, alcançar o fim coletivo, sendo o alto nível ético-profissional dos que o comandam ou gerem imprescindível para alcançá-lo, com todos os seus agentes devendo estar alinhados e serem valorizados nesse sentido. Os que buscam se apropriar indevidamente deles ou permitir que outros o façam, de dentro ou de fora deles, devem ser impedidos de compor seus quadros ou prontamente excluídos deles, sem o que não alcançará o fim coletivo ou o benefício à coletividade compatível com seu custo e potencial.

Em um comando ou uma gestão estatal em que prevalece a busca do fim pessoal indevido, muitos agentes estatais de alto nível ético-profissional que poderiam contribuir com o verdadeiro objetivo do Estado são subaproveitados ou descartados. É assim que o Estado brasileiro chega a fornecer estabilidade no emprego a muitos de seus agentes como forma de protegê-los dos que, de dentro ou de fora dele, buscam apenas seus fins pessoais indevidos, mas não tem garantido a atuação estatal voltada exclusivamente para o fim coletivo, pois esta depende de seu comando ou sua gestão. Nele, o concurso público não garante a ascensão profissional de seus agentes de alto nível ético-profissional, sendo mesmo aprisionados a uma estabilidade que os tortura psicologicamente ao desmotivá-los em buscar melhorias fora de um Estado que garante seu emprego, mas que geralmente não lhes satisfaz profissionalmente ao impedir o uso de seu potencial.

Desse modo, muitos de seus agentes que possuem essa característica são impedidos de produzir ou têm sua produção subutilizada ou descartada, levados a permanecer em um Estado que os motiva a ficar nele por meio da estabilidade no emprego, porém de forma quase sempre improdutiva e sem perspectiva de crescimento profissional se não aderir a muitos que o comandam ou gerem em busca do fim pessoal indevido. Observa-se, no entanto, que o mal não está no concurso público que os recruta nem na estabilidade no emprego que os mantêm, mas na forma utilizada pelo Estado que, de um lado, protege o emprego de alguns agentes concursados e, de outro, permite seu domínio e controle por muitos agentes eleitos e gestores que o comandam ou gerem em busca do fim pessoal indevido, próprio ou de terceiros, recrutados por critério pessoal, com o concurso público e a estabilidade no emprego somente para alguns contribuindo pouco com seu resultado em benefício de sua nação.

É preciso proteger o Estado dos que buscam nele seus fins pessoais indevidos, sendo o concurso público e a estabilidade no emprego apenas algumas das formas de fazê-lo. O ser humano é o principal elemento a ser trabalhado para se conceber uma nova gestão estatal e um novo Estado, melhorando assim a estrutura, o funcionamento e o resultado deste, com uma verdadeira burocracia voltada para o resultado em benefício de sua nação, considerando sempre o ambiente e a tecnologia existente. Todo agente estatal deve ser submetido a critério impessoal, ético-profissional, no recrutamento e na permanência no Estado, devendo ser-lhe concedido, na entrada e periodicamente, certificado de alto nível ético-profissional para que não haja dúvidas quanto à sua atuação em benefício de sua nação ou não contrária a ela, nele e fora dele, com a origem ético-profissional de seus recursos e seu patrimônio sempre atestada pelo Estado se quiser entrar e permanecer nele.

A TRANSFORMAÇÃO DO ESTADO PARA O ALTO NÍVEL ÉTICO-PROFISSIONAL

Muitos comandantes ou gestores estatais insistem em seguir, de forma tácita ou explícita, conscientemente ou não, algo próximo das teorias mecanicistas da Administração, com evidentes desvios em relação a elas. Não que recorram a essas teorias para melhorar a atuação estatal, mas porque, mesmo não conhecendo seus fundamentos ou não os querendo aplicar, conseguem obter próximos a eles mais poder e domínio em busca de seus fins pessoais indevidos. Assim, surge a figura do "chefe" do Estado brasileiro e, certamente, do Estado de muitas nações, que quase sempre não são administradores profissionais, mas, por meio da hierarquia, criam verdadeiras fortalezas administrativas para obter e manter seus benefícios pessoais, muitas vezes indevidos, em detrimento de sua nação.

Esse poder e domínio por meio apenas da hierarquia claramente não estão a serviço do fim coletivo, mas de muitos que comandam ou gerem o Estado em benefício pessoal indevido e de outros de fora dele que também se beneficiam de forma indevida dele. Por esse motivo, são impostos níveis hierárquicos e controles rígidos, aliados à centralização e ao autoritarismo de cima para baixo, como forma de comando ou gestão em todas as suas partes. Ao mesmo tempo, a gestão criativa e inovadora focada no resultado em benefício da coletividade é combatida, pois, por meio dela, o Estado deixaria de servir aos fins pessoais indevidos de muitos que o comandam ou gerem e de outros que possuem poder e domínio sobre eles, de dentro ou de fora dele, e passaria a servir, assim, aos verdadeiros interesses da população que o mantém.

Daí as críticas que muitos agentes eleitos e gestores que comandam ou gerem o Estado brasileiro fazem à burocracia, que, na verdade, são tentativas de justificar seu alto custo e baixo resultado, afirmando combatê-la para se apropriar ainda mais indevidamente dele. Não param de surgir adeptos a esses agentes quase sempre em busca também de obter os benefícios pessoais indevidos que o Estado pode lhes oferecer. Todos esses veem o resultado estatal em benefício da coletividade como secundário em relação aos seus fins pessoais indevidos e dos que os recrutam e os mantêm; por isso, impõem fortes obstáculos, quase intransponíveis, aos que buscam transformar o Estado em benefício de sua nação, atuando como seus agentes ou não.

Nesse ambiente, a mudança própria do tempo e de suas transformações naturais também ocorre, porém de modo lento, deixando muitas vítimas que poderiam ter sido poupadas se o Estado de alto nível de personalismo e patrimonialismo, de baixo nível ético-profissional e, como consequência, ineficiente, desviado do fim coletivo e corrupto tivesse sido contido há mais tempo. Nada é mais importante e urgente para uma nação do que conter esse tipo de Estado, transformando-o em Estado de alto nível ético-profissional, eficiente e eficaz, reduzindo, assim, as muitas vítimas de sua ação ou omissão. São exemplos os milhões de refugiados de guerras internas e externas, passadas e presentes, em várias partes do mundo e os muitos indivíduos assassinados diariamente no Brasil e em outras nações sob a vista passiva do Estado.

As teorias administrativas aqui apresentadas, das mecanicistas às orgânicas, possuem alto poder de modificar as organizações, inclusive os Estados, desde que antecedidas e permeadas pelo alto nível ético de seus participantes internos, principalmente de seus comandantes ou gestores. É preciso modificar o Estado de acordo com elas, que vão muito além das teorias mecanicistas que prevaleceram no início do século XX e não respondem mais, sozinhas, à complexidade organizacional e ambiental. Por meio delas, os Estados poderão abolir sua dependência exclusiva à hierarquia e aos controles centralizados, rígidos e autoritários, voltados para dentro, para o fim pessoal indevido de muitos que os comandam ou gerem e de outros que possuem poder e domínio sobre eles, criando, assim, um novo Estado que pensa e se transforma de acordo com o ambiente e a tecnologia existente, em busca do resultado satisfatório em benefício de sua nação.

O conhecimento científico já alcançado melhorou a qualidade de vida de grande parte da população mundial. No entanto, bilhões de seres humanos continuam em situação crítica de sobrevivência e muitos não possuem acesso sequer a itens essenciais, como segurança, saúde, educação, habitação e até água e alimento. Enquanto muitos não os possuem, muitos outros usufruem desses e de outros itens em plenitude, com patrimônio muito além de suas necessidades, muitas vezes obtido indevidamente. A humanidade passou por diferentes fases desde seus primeiros registros históricos, que envolveram elementos sociológicos, políticos, econômicos, científicos, religiosos e outros, mas ainda não foi capaz de obter ordem, liberdade, paz, justiça e igualdade satisfatórias para muitos seres humanos.

Como exemplo, os cristãos reúnem imensa quantidade de adeptos em todo o mundo e pregam estes elementos há cerca de dois mil anos em praticamente todo o planeta, porém a violência, a injustiça e a desigualdade nele parecem não ter fim. Mesmo integrantes de organizações que sustentam e pregam a tradição e a fé cristã, com todo seu pacifismo e foco no amor ao próximo e no bem comum, muitas vezes praticam atos em desacordo com eles, concentrando poder e domínio, escravizando e contrariando seu belo discurso. Percebe-se, assim, que o poder e o domínio destrutivos são práticas inerentes ao ser humano, potencializados quando este forma organizações. Suas práticas e de suas organizações contribuem para o bem ou para o mal, a depender de como agem, com seu poder e domínio sendo tanto maiores quanto mais recursos possuem.

É nesse contexto que aparecem os Estados, com grande poder e domínio sobre suas nações. Suas diversas formas de organização vão de Estados unitários, que atuam sobre extensas áreas geográficas, a federações, que, fazendo parte de um Estado nacional, dividem-se em outros estados, províncias, municípios e outras denominações, estes podendo ser classificados como estados subnacionais. Todos assumem função coletiva e possuem como fundamento fornecer e fomentar a segurança e o desenvolvimento econômico-social para suas populações, não justificando existirem para outro fim. Ocorre que os Estados, em todas as suas partes, podem praticar o bem ou mal para suas nações a depender de como agem os muitos indivíduos que os formam, principalmente os que os comandam ou gerem.

Ao assumir o comando ou a gestão do Estado, em todas as suas partes e em todos os níveis hierárquicos, muitos indivíduos assumem também seus fins pessoais indevidos como principal fim, apesar de sempre tentarem omitir e de comunicar atuação exclusiva voltada para o fim coletivo ou para sua nação. Quando formam maioria, têm-se, assim, uma organização poderosa e dominadora que arrecada muitos recursos por meio do poder que possui e que não os devolve com justiça e igualdade à população que os despende. Cria-se, desse modo, um Estado que obtém recursos por meio da coação, não pelo voluntarismo porque a população confia nele e acredita em sua legitimidade para obter e administrar seus recursos em benefício dela. Na verdade, contribui com ele apenas por obrigação, procurando sempre se libertar dele por não ficar satisfeita com o retorno que recebe do que é obrigada a lhe entregar.

É comum o poder e o domínio exercidos pelas organizações em relação aos seus participantes internos e à população. No entanto, ao se admitir de modo genérico três tipos de organizações, estatal, pública não estatal e privada, percebe-se que seus poderes e domínios assumem características diferentes. Na pública não estatal e na privada, os riscos de causarem mal à sua nação podem ser fortemente reduzidos pela atuação de um Estado de alto nível ético-profissional. Porém, quando o mal está no próprio Estado e é causado por ele, não há a quem recorrer, pois quem o causa é o mesmo que deveria combatê-lo. É nesse aspecto que se deve atentar para o caráter assumido pelos Estados, pois neles reside, como único fim de sua existência, a esperança de que ofereçam e promovam o benefício às suas nações, principalmente a segurança e o desenvolvimento econômico-social de modo sustentável.

Nesse contexto, a ação dos indivíduos de fora do Estado e das organizações não estatais também são cruciais para a segurança e o desenvolvimento das nações, obrigando-os a se comprometer também com eles. Pode-se raciocinar mais uma vez em termos dos três tipos de organizações e do poder e domínio superiores que os Estados possuem sobre suas nações. Isso faz com que eles possuam a obrigação de atuar com alto nível ético-profissional, sendo exemplos a serem seguidos pelos indivíduos de fora dele e pelas organizações não estatais, devendo eles próprios possuírem instrumentos que os previnam e corrijam do fim pessoal indevido, para servirem sempre à sua nação.

O Estado de alto nível ético-profissional pode ser tido, assim, como o único formato ou a única via capaz de garantir que bilhões de seres humanos ainda sem acesso a condições mínimas de sobrevivência usufruam do progresso já obtido pela humanidade. Não há como os Estados não se envolverem de modo eficiente e eficaz com as grandes questões nacionais e até internacionais. Seus agentes, principalmente eleitos e gestores que os comandam ou gerem, devem abandonar práticas históricas de buscar neles seus fins pessoais indevidos, para si e para outros que possuem poder e domínio sobre eles, de dentro ou de fora deles. É necessário definir com urgência estratégias de entrega ou de devolução dos Estados às suas nações, pois enquanto isso não ocorrer o mundo continuará violento, injusto e desigual, apesar dos muitos avanços científicos e tecnológicos já alcançados pela humanidade.

O Estado não é de alguns nem para alguns, mas de todos e para todos, ou seja, para a humanidade, pois as divisões geográficas que separam as nações não impedem mais que suas populações interajam e circulem de uma para outra, intercambiando benefícios e dificuldades. Os gastos bélicos bilionários jamais trarão ordem, liberdade, paz, justiça e igualdade, como mostram as tragédias humanitárias históricas e atuais e o avanço da guerra e do terrorismo em todo o mundo. A tecnologia bélica nuclear que avança, os indivíduos, os governos, os grupos e as denominações que praticam a violência de todas as formas e os muitos outros meios de destruição que saíram do controle ou nunca estiveram controlados somente arrefecerão com Estados de alto nível ético-profissional, globalmente integrados.

É nesse ponto que entram os novos Estados, em que os avanços da humanidade serão direcionados por meio deles para o fim coletivo de suas nações e de outras, não mais para os fins pessoais indevidos de muitos de seus agentes que os comandam ou gerem, de forma genérica, seus agentes eleitos e gestores. O Estado indevidamente apropriado tem que ceder ao Estado eficiente e eficaz, voltado para o resultado em benefício de seu ambiente, de sua nação ou da coletividade compatível com seu custo e potencial. Tudo isso ocorrerá somente quando os Estados atuarem com alto nível ético-profissional, legitimados por suas nações, vindos de uma democracia próxima da verdadeira, cobrando o alto nível ético-profissional também dos indivíduos de fora dele e das organizações não estatais, sendo exemplos para estes, pois somente assim eles atuarão também com alto nível ético-profissional.

Os avanços científicos e tecnológicos já alcançados pela humanidade, principalmente em relação às teorias administrativas aqui apresentadas e à tecnologia da informação e das comunicações, podem resolver grande parte dos problemas de funcionamento dos Estados. Devido ao seu tamanho, à sua complexidade e ao seu ambiente, é difícil compreendê-los, principalmente ao se considerar a imensa quantidade de informações que os envolvem e ao seu ambiente. Até pouco tempo, era muito difícil e complexo para eles obterem informações sobre seu ambiente, seu funcionamento e seu resultado e se comunicarem devidamente com seu verdadeiro proprietário, o povo, o que já foi bastante amenizado com a tecnologia disponível, que permite muito de tudo isso em tempo real.

Ocorre que, mesmo assim, a população continua necessitando de alto nível de educação geral e ética, sem a qual é o equivalente a não possuir informação, pois muitos não sabem como utilizá-la. É necessário investir em educação para que a imensa maioria da população possa obter e interpretar informações e fazer o devido uso, conhecendo, participando e cobrando a atuação de seu Estado e de seus agentes em seu benefício. Vencidas as etapas da carência de informação e de educação geral e ética da população, a apropriação indevida do Estado certamente cederá, e os benefícios indevidos que muitos obtêm nele serão reduzidos ou eliminados. Obtém-se, dessa forma, a transformação do Estado, como já ocorreu claramente de modo satisfatório em algumas nações.

A carência de informações pode ser resolvida com a tecnologia já existente, mas a capacidade de compreendê-las e utilizá-las, só com boas estratégias em educação. No entanto, tudo isso é fortemente combatido por muitos que comandam ou gerem diversos Estados. Mesmo sem apresentar resultados satisfatórios em benefício de suas nações e mesmo que grande parte da população saiba que buscam apenas seus fins pessoais indevidos em detrimento dela, estes permanecem comandando ou gerindo ainda muitos Estados, como ocorre claramente no Estado brasileiro. Assim, cabe à população montar suas estratégias para se libertar de suas amarras – como será visto nos dois últimos capítulos deste livro.

Mesmo já tendo vencido as etapas da carência de informação e de educação da população, ainda assim podem existir Estados cujos comandantes ou gestores continuam a se apropriar indevidamente deles, obtendo recursos da população sem lhe dar o devido retorno. Porém, estes estão mais próximos de serem transformados em Estados de alto nível ético-profissional do que os que ainda não venceram a etapa do baixo nível educacional em suas nações, como é o caso do Estado brasileiro.

O melhor meio de uma organização obter sucesso de modo sustentável é o recrutamento e a permanência nela somente de indivíduos de alto nível ético-profissional, principalmente em seu comando ou sua gestão, o que se aplica a todos os Estados. Somente seus agentes que possuem essa característica são capazes de levá-los a atuar em benefício de suas nações de acordo com seus custos e potenciais, atentando, em seu comando ou sua gestão, implícita ou explicitamente, para as teorias administrativas aqui apresentadas, planejando, organizando, dirigindo e controlando em busca de seus resultados em benefício delas, considerando sempre o ambiente e a tecnologia existente.

O planejamento do Estado deve nortear sempre objetivos nesse sentido. Não que tudo em sua nação deva existir apenas em função dele, mas, como ente mais poderoso em todas as nações, deve haver sempre harmonia entre ele e tudo o que mais existe, pois, se não houver, será empecilho praticamente instransponível à segurança e ao desenvolvimento delas. Por isso é necessário que atue sem perder de vista seu ambiente, sua nação ou a coletividade, com eficiência e eficácia nas áreas em que atua ou deva atuar, contribuindo, assim, com sua nação pelo menos em equivalência ao que recebe dela.

Isso é uma enorme mudança no modo de agir de muitos Estados atuais, devendo ocorrer de forma planejada, organizada, dirigida e controlada para que não se detenha diante dos muitos obstáculos que serão impostos pelos que deles se apropriam indevidamente. O Estado sempre estará presente na vida de todas as nações, por isso sua transformação para o alto nível ético-profissional é imprescindível e deve começar pelo recrutamento para seu comando ou sua gestão e pela permanência nele de indivíduos somente que possuam o alto nível ético-profissional como característica, sem o que todos os esforços para transformá-lo de modo sustentável serão inúteis, sem chances de obter sucesso. A partir daí suas normas serão elaboradas e cobradas igualmente com essa característica e o seu comando ou a sua gestão e a sua atuação também a possuirão.

O Estado não foi criado nem é mantido para atuar em busca do fim pessoal indevido de seus agentes nem de outros indivíduos de fora deles. Somente por meio de agentes estatais de alto nível ético-profissional (eleito, gestor e não eleito nem gestor) ocorrerá o verdadeiro comando ou a verdadeira gestão estatal voltado para a busca do resultado em benefício de sua nação, pois será realizado por indivíduos nos quais não se encontrarão máculas nem suspeitas de atuarem de modo contrário ou alheio a ela, não contribuindo, não permitindo nem silenciando diante dos que o buscam.

Como quaisquer organizações, os Estados precisam pensar e se transformar continuamente, com o comando ou a gestão focado em seu ambiente ou na coletividade para que possam justificar sua existência por meio de resultados em benefício de suas nações compatíveis com seus custos e potenciais, não por meio da coação. Isso não se consegue apenas por meio de uma Constituição e de um sistema normativo estruturado, pois, por melhores que sejam, não conseguirão sozinhos garantir um bom comando ou uma boa gestão e um bom resultado estatal em benefício da coletividade. É certo que muito podem contribuir, ao menos não dificultando, porém o comando ou a gestão de alto nível ético-profissional é o que define o melhor resultado do Estado em benefício de sua nação, da mesma forma como define a sobrevivência e o sucesso de modo sustentável de toda organização não estatal.

Em uma organização simples, que produz um único produto e com receita modesta, uma gestão simples pode garantir-lhe resultado positivo, porém essa mesma organização pode ser gerenciada de várias formas, e, de acordo com elas, o custo, a produção, a qualidade, as vendas e os lucros são diferentes. Em todo empreendimento, conscientemente ou não, as teorias administrativas aqui apresentadas são fortemente aplicadas e definem o resultado para o proprietário, sendo fundamental o formato de comando ou gestão que ele possui. É esse formato que define o resultado de todas as organizações, estatais, públicas não estatais e privadas, tendo-se que atentar sempre para as particularidades existentes em cada uma e em seu ambiente, assim como para a tecnologia existente, para só então se decidir sobre qual teoria administrativa ou formato de comando ou gestão utilizar.

É o comando ou a gestão que define o resultado organizacional a alcançar e o seu alcance ou não. Um dos fatores principais que diferencia o tipo de comando ou gestão nas organizações é a consequência quando o comandante ou o gestor não define previamente, de modo claro e aceitável, o resultado a alcançar ou o define e não o alcança sem justificar. Em organizações de alto nível ético-profissional, estatal, pública não estatal e privada, os comandantes ou gestores respondem pelo resultado de seu comando ou de sua gestão, quase sempre deixando de sê-los quando não o define previamente de modo claro e aceitável ou não o alcança sem justificar. Em muitos Estados, isso geralmente não ocorre.

Exemplificando mais uma vez com o Estado brasileiro, são muitos os casos conhecidos de seus comandantes ou gestores que não definem previamente os resultados a alcançar ou os definem e não os alcançam nem justificam o motivo. Mesmo assim permanecem em seu comando ou sua gestão, sendo muitas vezes promovidos ainda a outros cargos equivalentes ou mais relevantes. Se bem observá-lo, se verá que isso ocorre em todos seus entes, seus poderes, suas organizações e seus níveis hierárquicos, apesar de a Constituição nacional estabelecer expressamente a eficiência como princípio da administração estatal, o que é impossível de alcançar com o Estado funcionando dessa forma.

De tudo isso, pode-se concluir que a maior contribuição que um Estado pode fornecer à sua nação é impedir que indivíduos contrários ou alheios a ela, ou ao fim coletivo, sejam recrutados e permaneçam nele, principalmente em seu comando ou sua gestão. São seus agentes eleitos e gestores que o comandam ou gerem os responsáveis por definir previamente, de modo claro e aceitável, o resultado a ser atingido e o seu alcance, o que somente conseguirão com atuação de alto nível ético-profissional, fazendo com que todos os seus agentes também atuem dessa forma.

O comandante ou gestor estatal, em quaisquer de suas partes e seus níveis hierárquicos, jamais pode se eximir de sua responsabilidade pelo resultado do Estado em benefício de sua nação compatível com o custo e o potencial deste. O fato de não se cobrar dele essa responsabilidade faz com que suas nações sejam prejudicadas por um Estado de alto custo e de baixo resultado. Pouco contribuem com seu resultado seus agentes de alto nível de educação geral que o comandam ou gerem sem possuir alto nível ético-profissional para focar o resultado em benefício da coletividade. Isso ocorre em Estados que podem até possuir em seu comando ou sua gestão muitos agentes de muita educação geral, porém que sucumbem facilmente à lealdade tanto à atuação estatal contrária ou alheia à sua nação quanto a pessoas que agem dessa forma e possuem poder de recrutá-los e mantê-los em seus cargos ou suas funções.

É como se uma equipe de futebol possuísse treinador de alta qualidade técnica, porém desviado do objetivo da vitória de sua equipe em troca de seus fins pessoais indevidos. Comandantes ou gestores do Estado que pensam apenas em se manter em seus cargos ou ascender a outros para obter status, poder e riqueza indevidos e em detrimento de sua nação jamais o levarão ao alcance do fim coletivo. Este será alcançado quando ele contar somente, ou pelo menos em sua maioria, com agentes de alto nível ético-profissional, principalmente eleitos e gestores que o comandam ou gerem, em todas as suas partes e em todos os seus níveis hierárquicos, cujo fim pessoal é somente o salário transparente e defensável perante sua nação, sempre de acordo com as normas também aceitas por ela, decorrendo apenas do salário e da contribuição com ela o status, o poder e a riqueza que obtêm no Estado.

Não é suficiente a uma nação possuir uma Constituição e demais normas com textos que remetam seu Estado ao mais alto nível ético-profissional, pois o problema não está na existência ou não de normas nesse sentido, mas em quem administra e como administra seu Estado. Aqui se define o nível de ordem, liberdade, paz, justiça, igualdade, segurança e desenvolvimento econômico-social existente em uma nação, sendo esses, certamente, proporcionais ao nível ético-profissional de seus agentes, principalmente eleitos e gestores que o comandam ou gerem. É preciso criar, assim, o novo Estado que pensa e que se transforma de acordo com o ambiente e a tecnologia existente, que forneça ou fomente esses itens à sua nação, o que passa obrigatoriamente pela elevação do nível ético-profissional de todos os seus agentes — longo caminho a percorrer ainda, com certeza, por muitos Estados, como o brasileiro.

A CONSTRUÇÃO DA VERDADEIRA DEMOCRACIA E DO VERDADEIRO ESTADO VOLTADO PARA SUA NAÇÃO

Os Estados não podem beneficiar uma minoria em detrimento da maioria da população, nem atuar apartados de suas nações. As premissas para que sejam úteis é que sejam verdadeiramente democráticos, legitimados por elas, e que atuem exclusivamente em benefício delas. Seus agentes não podem possuir benefícios que não sejam justos e igualitários, ratificados pelas normas, plenamente transparentes e justificáveis perante suas nações. Estas jamais deverão permitir que eles atuem em prejuízo delas, sem transparência, em desacordo com as normas aceitas por todos, obtendo recursos da população apenas pela coação e sem comprovar sua devida aplicação e seu resultado em benefício dela.

Para se chegar a esse ponto, é necessário investir na educação geral e ética da imensa maioria da população, permitindo-lhe votar em seus agentes estatais eleitos e acompanhá-los com independência, participando do Estado, de dentro ou de fora dele, e cobrando seus resultados. Fora dessa realidade, os Estados dificilmente priorizarão o fim coletivo, sendo contrários ou alheios a ele, deixando de atuar na construção da verdadeira democracia e do verdadeiro Estado voltado para sua nação. Os indivíduos não devem jamais obter benefícios pessoais indevidos nele, como no recrutamento para seus cargos e suas funções, ou na permanência neles, sem que possuam competências técnicas ou de gestão suficientes ou sem que seja para atuar com alto nível ético-profissional, com foco no benefício à coletividade ou à sua nação.

Figura 4.2 – Componentes da verdadeira democracia e do verdadeiro Estado voltado para sua nação

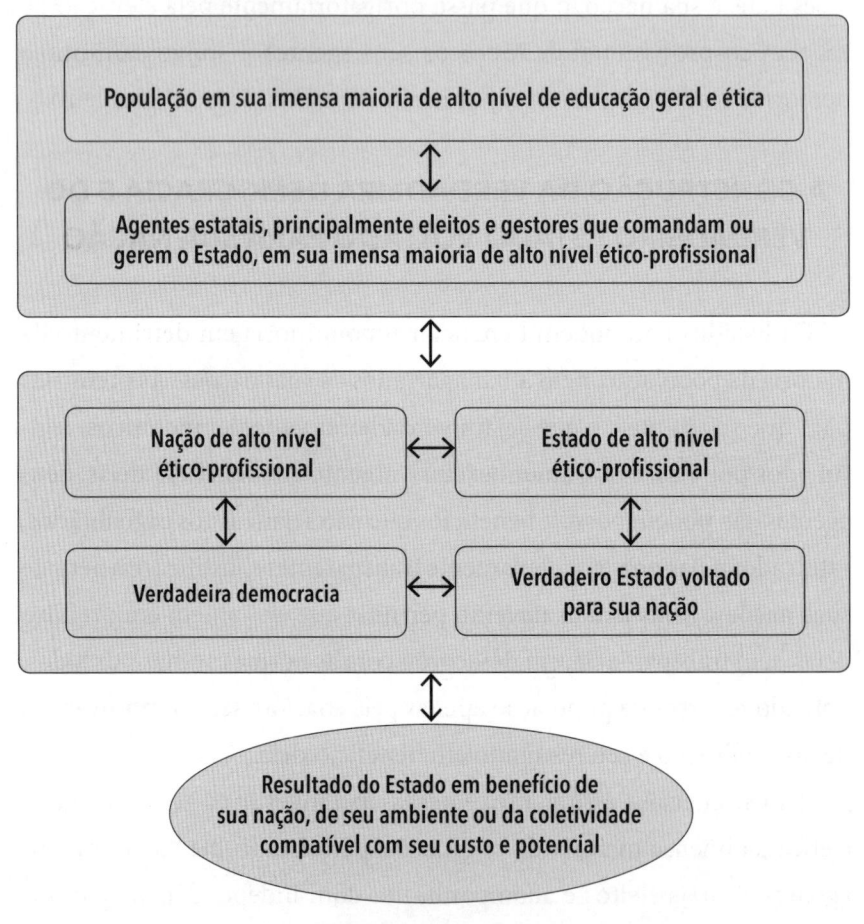

```
┌─────────────────────────────────────────────────────────────┐
│  ┌───────────────────────────────────────────────────────┐  │
│  │ População em sua imensa maioria de alto nível de      │  │
│  │ educação geral e ética                                │  │
│  └───────────────────────────────────────────────────────┘  │
│                            ⇅                                │
│  ┌───────────────────────────────────────────────────────┐  │
│  │ Agentes estatais, principalmente eleitos e gestores   │  │
│  │ que comandam ou gerem o Estado, em sua imensa         │  │
│  │ maioria de alto nível ético-profissional              │  │
│  └───────────────────────────────────────────────────────┘  │
└─────────────────────────────────────────────────────────────┘
                             ⇅
┌─────────────────────────────────────────────────────────────┐
│  ┌──────────────────────┐      ┌──────────────────────┐     │
│  │ Nação de alto nível  │ ←→  │ Estado de alto nível │     │
│  │ ético-profissional   │      │ ético-profissional   │     │
│  └──────────────────────┘      └──────────────────────┘     │
│           ⇅                              ⇅                  │
│  ┌──────────────────────┐      ┌──────────────────────┐     │
│  │ Verdadeira democracia│ ←→  │ Verdadeiro Estado    │     │
│  │                      │      │ voltado para sua nação│    │
│  └──────────────────────┘      └──────────────────────┘     │
└─────────────────────────────────────────────────────────────┘
                             ⇅
            ╭──────────────────────────────────────╮
           │ Resultado do Estado em benefício de    │
           │ sua nação, de seu ambiente ou da       │
           │ coletividade compatível com seu custo  │
           │ e potencial                            │
            ╰──────────────────────────────────────╯
```

Fonte: elaboração própria.

Somente com a imensa maioria da população de alto nível de educação geral e ética e com agentes estatais em sua imensa maioria de alto nível ético-profissional, principalmente eleitos e gestores que o comandam ou gerem, será possível construir de modo sustentável o Estado e a nação de alto nível ético-profissional, a verdadeira democracia e o verdadeiro Estado voltado para sua nação. Só assim o Estado obterá resultado em benefício dela, de seu ambiente ou da coletividade compatível com seu custo e potencial, retroalimentando todo o processo, como na Figura 4.2.

O Estado e sua nação jamais serão de alto nível ético-profissional de modo sustentável com o comando ou a gestão estatal, agentes eleitos e gestores, recrutado e mantido, na origem, por uma população em sua imensa maioria de baixo nível de educação geral e ética, com a nação próxima assim da falsidade democrática. Existe um processo cíclico e permanente com os elementos da figura, em que o Estado constrói a verdadeira democracia e esta constrói o verdadeiro Estado voltado para sua nação, sustentando-se um ao outro. Na figura, percebe-se como se constrói o Estado de alto nível ético-profissional, voltado para sua nação, para seu ambiente ou para a coletividade, de modo sustentável.

O Estado em que prevalecem o alto nível de personalismo e patrimonialismo e o baixo nível ético-profissional, voltado para o fim pessoal indevido de muitos que o comandam ou gerem e dos que os recrutam e os mantêm, estes até de fora do Estado, é a antítese do que se vê na Figura 4.2. Mesmo que busque o fim coletivo em determinado momento ou assunto, não o busca como regra, não construindo a verdadeira democracia e dificultando ou impedindo que outros a construam. Não que sua construção seja tarefa exclusiva do Estado, mas com o poder e o domínio que ele possui, pode muito contribuir com seu surgimento ou com sua destruição. As barreiras que esse tipo de Estado impõe à existência da verdadeira democracia e do verdadeiro Estado voltado para sua nação são muitas e quase intransponíveis, iniciando, de forma tácita ou explícita, pelo controle dos instrumentos de educação geral e ética da maioria da população.

É principalmente na educação que muitos que o comandam ou gerem não possuem interesse em gerar resultado em benefício de sua nação. Somente o Estado de alto nível ético-profissional utiliza seus recursos monetários, materiais e humanos para elevar o nível educacional da população. Não é o tecnicismo contrário ou alheio ao povo ou à democracia que transforma os Estados, como muitos acreditam ou fazem de conta acreditar, mas o fortalecimento ético-profissional de seu comando ou sua gestão, em todas as suas partes e em todos os níveis hierárquicos, e a educação geral e ética da imensa maioria da população. É esse conjunto que constrói a verdadeira democracia e o verdadeiro Estado voltado para sua nação, impedindo, assim, que se apropriem indevidamente dele em prejuízo dela.

Fornecer e fomentar a segurança e o desenvolvimento econômico-social sustentáveis de sua nação, com ordem, liberdade, paz, justiça e igualdade, deve ser o único fim da existência de um Estado. Ao se atacar, de dentro ou de fora dele, seus agentes de alto nível ético-profissional, não é a estes nem ao Estado que se ataca, mas à nação que contribui com ele e espera seus resultados. A ineficiência, o desvio do fim coletivo e a corrupção evidentes no funcionamento de um Estado e a carência de seus resultados em áreas essenciais como segurança pública, saúde e educação dão fortes sinais de que ele não possui alto nível ético-profissional e que não está verdadeiramente a serviço de sua nação.

Diversos indicadores de seu funcionamento e seu resultado, de confiança nele e em seus agentes, e econômico-sociais nacionais insatisfatórios indicam Estados que não satisfazem suas nações, em que prevalecem o alto nível de personalismo e patrimonialismo e o baixo nível ético-profissional. Os Estados devem responder clara e objetivamente ao que é o seu fim, mantendo o domínio e o controle sobre tudo que assumiu como sua competência ou responsabilidade. Exemplificando, a segurança pública é uma área típica em que indivíduos de fora dele e organizações não estatais não possuem mais poder e responsabilidade do que o Estado, pois a este é atribuído a proteção da vida em última instância.

A garantia à vida pode ser tida, assim, como o mais nobre fim de um Estado, devendo responder prontamente a toda investida contra ela, o que faz da segurança pública a melhor área para se medir seu resultado. Em torno dela orbitam muitas outras áreas e competências sob a responsabilidade dele, como a educação, a justiça e o trabalho, afetando-a e a agravando se não funcionarem muito bem. A segurança pública pode ser apenas uma vitrine, em que, expondo uma nação em má situação, certamente estará mal também em outras áreas essenciais, como saúde e educação, sendo alta a possibilidade de haver forte injustiça e desigualdade afetando toda a população, com o Estado deixando de cumprir suas funções como deveria cumprir. Nesse caso, se nem a vida como bem maior do ser humano é protegida por ele, pode-se questionar totalmente sua atuação.

O Estado é uma realidade da qual ninguém consegue fugir, restando aperfeiçoá-lo e trazê-lo para o bem da coletividade, sem o que, pode-se estar diante de um grande mal que mais subtrai do que agrega, que toma recursos de sua nação e não lhe retorna como deveria retornar, podendo até matar ou o permitir sem que haja condenação. Para que possa atuar da melhor forma, não é tão importante adotar uma ou outra forma ou sistema de governo, sistema econômico ou político, mas que busque sempre a eficiência e a eficácia em sua atuação em benefício de sua nação. Carente de ética e profissionalismo, ele não justifica sua existência, mas sempre existirá, porém como grande mal que aprisiona sua nação e do qual ela dificilmente conseguirá se libertar. Enquanto existirem Estados com essa carência sufocando suas nações, a segurança e o desenvolvimento econômico-social não chegarão a elas e ainda ameaçarão os de outras nações.

O grande salto nesses elementos de modo sustentável em todas as nações somente ocorrerá com o Estado de alto nível ético-profissional. Por isso as regras de funcionamento e controle do Estado devem ser claras, objetivas e facilmente compreendidas por todos, a impedir sua apropriação indevida, pois do contrário o mal estará criado e muito dificultará a vida em sua nação. Ele não é um ser em si mesmo, mas o conjunto dos que o fazem e que definem seu nível ético-profissional e, como consequência, sua eficiência e eficácia; por isso não se deve permitir nele os que agem sem alto nível ético-profissional, principalmente em seu comando ou sua gestão, em todas as suas partes e em todos os seus níveis hierárquicos.

Somente Estados de alto nível ético-profissional podem dar esperança às suas nações de que atuarão sempre em seu benefício, pois, não possuindo essa característica, seu ente mais poderoso atuará contra ou alheio a elas, dele pouco ou nada se podendo esperar e dificilmente conseguindo se libertar. Ocorre que muitos Estados ainda estão tomados pela busca do fim pessoal indevido de muitos que os comandam ou gerem, não adiantando reformar apenas suas estruturas nem estabelecer novas formas de atuação por meio de normas se no espírito deles persiste e até prevalece essa busca. Estruturas e normas apenas não os transformarão, mas apenas a elevação do nível ético-profissional de seus agentes, principalmente eleitos e gestores que os comandam ou gerem.

O problema é que muitos destes não os querem transformar, fazendo com que o mais poderoso ente nacional, essencial em todas as nações, seja facilmente tomado pelos que buscam nele apenas seus fins pessoais indevidos e de outros, estes muitas vezes de fora dele. São Estados quase impermeáveis à ética e ao profissionalismo, que os levariam ao resultado em benefício da coletividade compatível com seu custo e potencial, o que a obriga a contribuir sempre mais com ele sem obter o devido retorno.

Os Estados possuem poder capaz de definir o destino de suas nações e até a vida das pessoas. Nenhum ente é tão poderoso e essencial à segurança e ao desenvolvimento das nações quanto ele, por isso deve haver sempre garantias de que seus agentes possuem alto nível ético-profissional. Sem essa garantia, suas decisões e ações serão sempre questionáveis, afetando negativamente os que buscam atuar nele ou fora dele com essa característica, e, ainda, sua legitimidade e credibilidade perante sua nação.

Ao não fornecer, direta ou indiretamente, educação geral e ética à imensa maioria da população para que ela possa votar em seus agentes eleitos, acompanhar suas ações e cobrar seus resultados com independência em relação a eles e ao Estado, e ao não disponibilizar ou permitir para recrutamento por meio do voto somente indivíduos de alto nível ético-profissional, o Estado fomenta a eleição e o recrutamento de agentes eleitos contrários ou alheios ao fim coletivo, não contribuindo assim com a verdadeira democracia e o verdadeiro Estado voltado para sua nação. Agindo desse modo, impede a elevação do nível ético-profissional de seus agentes eleitos e do Estado como um todo, pois estes interferem negativamente em sua estrutura e seu funcionamento, como no recrutamento e na permanência de outros agentes estatais com suas mesmas características.

Aqui está a maior dificuldade em retirar muitas nações da carência de segurança e desenvolvimento econômico-social a que estão submetidas pela ação ou omissão de seus Estados. É recomendável a criação de um plano internacional de condução de todos os Estados ao alto nível ético-profissional, apesar das muitas dificuldades que certamente serão impostas pelos que são contrários a eles. Esse plano deve ter como objetivo contribuir com a segurança e o desenvolvimento de todos os seres humanos, com medidas para construção da verdadeira democracia e do verdadeiro Estado voltado para sua nação, em todas as nações, com o mundo cada vez mais integrado neste sentido.

A principal contribuição deverá vir com duas medidas: que aumentem o nível de educação geral e ética da imensa maioria da população e que estabeleçam critérios impessoais, ético-profissionais, de recrutamento e permanência dos agentes estatais, principalmente eleitos e gestores que comandam ou gerem os Estados. Ambas como condição para realização de contribuições e negócios entre Estados, o que levará à verdadeira e sustentável reforma do Estado em todo o mundo. Não mais a realizada no serviço público por algumas nações desde séculos passados para reduzir o nepotismo e o clientelismo, nem a reforma da gestão pública realizada por algumas para reduzir a burocracia e melhorar o resultado estatal. É a reforma ético-profissional dos quadros estatais em todo o mundo, em busca de eliminar dos Estados suas atuações contrárias ou alheias à suas nações, que impedem seus resultados em benefício delas compatíveis com seus custos e potenciais.

Essa reforma passa obrigatoriamente pela educação geral e ética da imensa maioria da população, dada pelo Estado ou fomentada por ele, tornando-a mais independente dele e de seus agentes para que possa participar, acompanhar e cobrar seus resultados. Abrange as reformas do serviço público e da gestão pública já realizadas por algumas nações, reduzindo ou eliminando o nepotismo, o clientelismo e a ineficiência, mas também os males da mesma espécie como o personalismo, o patrimonialismo e o baixo nível ético-profissional, estes mais abrangentes e mais difíceis de combater. Ela elevará o foco no resultado do Estado a partir da ética do bem comum, da experiência útil à gestão, do conhecimento do negócio e das teorias administrativas aqui apresentadas, podendo ser complementadas por outras. Somente assim será possível construir a verdadeira democracia e o verdadeiro Estado voltado para sua nação.

Nações que possuem Estados cuja atuação lhes é contrária ou alheia devem exigir sua correção. Ocorre que não há como corrigi-los com os agentes que os comandam ou gerem que possuem essa característica, que elaboram e executam suas normas, que comandam ou gerem todas as suas partes e todos os seus níveis hierárquicos e cujos resultados dependem deles. Somente a instituição de critérios impessoais, ético-profissionais, de recrutamento e permanência do agente estatal (eleito, gestor e não eleito nem gestor), respeitado sempre o voto da população para o eleito, será capaz de evitar ou corrigir a tomada dos Estados pelos que buscam neles apenas seus fins pessoais indevidos e de outros que possuem poder e domínio sobre eles.

O recrutamento e a permanência de seus agentes fora desses critérios jamais poderão ser aceitos pelas suas nações. A eleição e o recrutamento do agente eleito somente serão verdadeiramente legítimos com critérios impessoais, ético-profissionais, para todos os candidatos, com a participação de uma população em sua maioria de alto nível de educação geral e ética. Também só serão legítimos o recrutamento e a permanência dos agentes gestor e não eleito nem gestor por critério impessoal, ético-profissional, comum a todos. Todo agente estatal deve passar por certificação ético-profissional no recrutamento, a qualquer momento e em períodos determinados enquanto permanecer no Estado, sendo imediatamente afastado dele sempre que houver suspeita de atuação em benefício pessoal indevido, próprio ou de terceiros, em detrimento de sua nação, nele ou fora dele, até que seja devidamente esclarecida e descartada.

O Estado de alto nível ético-profissional jamais nascerá e se sustentará por meio de agentes eleitos graças a uma população em sua maioria de baixo nível de educação geral e ética e se existirem dúvidas sobre a ética e o profissionalismo deles. Isso porque pouco se confia nos demais agentes que eles recrutam, direta ou indiretamente, para comandar ou gerir o Estado junto com eles, como nos cargos e nas funções comissionados e de confiança de recrutamento por critério pessoal do Estado brasileiro. Para alcançar o alto nível ético-profissional, responsável pela verdadeira democracia e pelo verdadeiro Estado voltado para sua nação, é preciso impedir a existência no Estado de indivíduos que não possuam como característica o alto nível ético-profissional, principalmente em seu comando ou sua gestão.

Para isso, constitui excelente instrumento a certificação ético-profissional de todos os agentes estatais (eleito, gestor e não eleito nem gestor) aplicada até a eleição, para o candidato a agente eleito, no recrutamento (inclusive para este) e na permanência no Estado, em períodos determinados e a qualquer momento, em todas as suas partes e em todos os níveis hierárquicos. Eles devem possuir estabilidade no emprego, alguns por tempo determinado, como os eleitos e gestores, desde que atestados pela certificação ético-profissional. Esta deve ser concedida por Conselho de Administração do Estado estabelecido para este e outros fins apresentados neste livro (ver definição e características nos conceitos, p. 836). Não será recrutado nem mantido no Estado o indivíduo sobre o qual haja dúvidas sobre sua ética e seu profissionalismo, devendo ser esclarecidas e eliminadas no recrutamento ou para que permaneça no Estado no caso dos já agentes estatais.

As regras de recrutamento e de permanência no Estado, bem como de certificação ético-profissional do agente estatal devem ser criadas pelo Conselho de Administração do Estado. Serão reduzidos, assim, os riscos de que as regras fundamentais de construção e manutenção do Estado de alto nível ético-profissional sejam criadas por indivíduos que não possuam essa característica e que jamais o construiriam e manteriam com ela.

Para possibilitar o comando ou a gestão do Estado voltado para os resultados em benefício de sua nação, de seu ambiente ou da coletividade, todo comandante ou gestor deve ser recrutado para ele e mantido nele, em todos os níveis hierárquicos, apenas se conhecer as teorias administrativas aqui apresentadas. Isso se dará por meio de curso de graduação em Administração ou de especialização, mestrado ou doutorado em Administração de pelo menos 360 horas-aula, com forte conteúdo nessas teorias, principalmente em planejamento, organização, direção e controle, cujos cursos serão certificados pelo Conselho de Administração do Estado. O indivíduo que pretender se candidatar a cargo eletivo de comando ou gestão, como para os poderes executivos do Estado brasileiro, terá que possuir essa habilitação ou outra estruturada ou aprovada pelo Conselho de Administração do Estado, de acordo com sua educação geral.

Todos esses critérios de recrutamento e permanência dos agentes estatais que comandarão o Estado ou exercerão sua gestão constituem forte estratégia para eliminar agentes eleitos e gestores que utilizam o baixo nível de educação geral e ética da população para se perpetuar em seu comando ou sua gestão em busca de seus fins pessoais indevidos e de outros, assim como para garantir a competência ético-profissional no comando ou na gestão estatal. São forte proteção também aos que buscam fazer nascer e manter a ética e o profissionalismo no Estado, mas que são perseguidos e combatidos pelos que os percebem como ameaças à apropriação indevida que fazem dele. Esses critérios se juntam ao alto nível de educação geral e ética da maioria da população e à sua independência em relação ao Estado e aos seus agentes como estratégias essenciais à criação e manutenção dos Estados de alto nível ético-profissional, enfraquecendo e eliminando, assim, os que atuam no Estado de modo contrário ou alheio ao fim coletivo ou à sua nação.

Mesmo depois de implantado, o Estado de alto nível ético-profissional deve ser acompanhado permanentemente por meio de indicadores de seu funcionamento e seu resultado em benefício de sua nação. Certamente se observará melhoria em muitos indicadores econômico-sociais nacionais, pois o Estado deixará de retirar recursos da população para os fins pessoais indevidos de seus agentes que o comandam ou gerem e de outros que possuem poder e domínio sobre eles, de dentro ou de fora dele, o que muito o encarece e inibe seus resultados. É uma verdadeira revolução pacífica, que derrotará os que buscam se apropriar indevidamente dos Estados e que geram seu alto custo e baixo resultado, em detrimento de suas nações.

Essa revolução deve ocorrer no Estado de todas as nações, pois mesmo que a situação econômico-social de algumas seja melhor do que a de outras, suas populações podem ser também prejudicadas por agentes estatais que buscam se apropriar indevidamente de seus Estados. Sem medidas impessoais, ético-profissionais, de recrutamento e permanência dos agentes estatais (eleito, gestor e não eleito nem gestor), o mundo, com suas nações, continuará a assistir às enormes dificuldades por que passa grande parte da humanidade ainda no século XXI enquanto indivíduos, de dentro ou de fora dos Estados, obtêm imensas riquezas indevidas neles ou por meio deles, pela ação ou omissão de seus agentes, principalmente que os comandam ou gerem.

Algumas nações já alcançaram o alto nível de educação geral e ética da imensa maioria da população e muito avançaram na independência desta em relação ao Estado e aos seus agentes. Ela o acompanha, participa dele e cobra seus resultados, reduzindo assim sua apropriação indevida. Por isso, possuem Estados mais eficientes e eficazes, e melhores resultado em benefício dela, com poucos se arriscando a atuar neles desprovidos da ética e do profissionalismo necessários, pois sabem que serão cobrados e, se for o caso, devidamente punidos. Ocorre que, para a obtenção da paz mundial em tempos de forte globalização e encurtamento de distâncias, principalmente por meio da tecnologia do transporte, da informação e da comunicação, todos os Estados e todas as nações devem possuir situação idêntica à delas.

Medidas de transformação dos Estados em direção ao alto nível ético--profissional, em todas as nações, evitarão que muitos indivíduos vivam sem esperanças ou percam até suas próprias vidas, vítimas de Estados indevidamente apropriados que muito lhes retiram e pouco lhes retribuem, obrigando-os, muitas vezes, a migrar para outras nações. O recrutamento para o Estado e a permanência nele somente de indivíduos de alto nível ético-profissional, principalmente em seu comando ou sua gestão, é o que trará a verdadeira democracia e o verdadeiro Estado voltado para sua nação, amenizando, assim, as dificuldades e os sofrimentos por que ainda passa grande parte da humanidade nos dias atuais.

Tudo isso até parece uma fórmula simples, mas muitos Estados ainda não a alcançaram e prejudicam imensamente suas nações. Seus Estados são muitas vezes seus algozes, entes maléficos que as dominam e controlam, escravizam e impedem sua segurança e seu desenvolvimento econômico-social. Para a implantação do Estado de alto nível ético-profissional, são necessários esforços e atenção contínuos, pois muitos o combatem, de dentro e de fora dele, explicitamente ou não. A dificuldade é que muitos se apropriaram indevidamente dos Estados e utilizam fortes estratégias para mantê-los como eles são, em seu benefício pessoal indevido e dos que possuem poder e domínio sobre eles, de dentro ou de fora deles. Para isso, deixam de investir na educação geral e ética da maioria da população, buscando desacreditar indivíduos, teorias e práticas a eles contrários, apresentando-se falsamente como defensores de suas nações.

Dispõem dos meios de comunicação e geralmente possuem educação geral obtida nas melhores escolas de suas nações e do mundo, representam elites nacionais e não estão dispostos a ceder o status, o poder e a riqueza indevidos que obtêm no Estado ou por meio dele. Muitos agentes estatais que não aderem a eles ou tentam elevar o nível ético-profissional dos Estados dominados e controlados de forma indevida por eles dificilmente obtêm sucesso, tendo quase sempre sua produção subutilizada ou descartada. Estes geralmente são os recrutados por critério impessoal, ético-profissional, justo e igualitário, comum a todos, como no concurso público do Estado brasileiro, e que não aderem a muitos agentes eleitos e gestores que comandam ou gerem o Estado para si mesmos e para outros em prejuízo de sua nação.

Em Estados em que prevalecem comandantes ou gestores contrários ou alheios ao fim coletivo dificilmente são permitidos poder de decisão e ação aos seus agentes que não agem dessa forma. Seu comando ou sua gestão e suas ações mais relevantes geralmente ficam sob a responsabilidade dos que não se interessam pela transformação do Estado, como muitos comandantes ou gestores e outros recrutados e mantidos por eles por meio do critério pessoal e outros que também almejam sê-los. Muitos indivíduos que estão fora do Estado veem também nele alta fonte de obtenção de benefícios pessoais indevidos e se relacionam indevidamente com ele ou procuram fazer parte dele para também obtê-los. Por isso, muitos Estados não cessam de causar mal às suas nações, com alto custo e baixo resultado em benefício delas, hostis aos que querem atuar neles ou contribuir com eles em benefício exclusivo de sua nação.

De dentro e de fora deles, insuficientes são os que se dispõem a enfrentar o combate para transformá-los em Estados de alto nível ético-profissional, verdadeiro Estado voltado para sua nação, base da verdadeira democracia, sustentado por ela e a sustentando, em equilíbrio recíproco. Essa nobre missão exige alto nível ético-profissional dos agentes estatais e de outros, abdicando de obter benefícios pessoais indevidos no Estado ou por meio dele e combatendo sua atuação contrária ou alheia à sua nação.

Para obter essa transformação, deve-se comunicar fortemente à população o que é um Estado de alto nível ético-profissional e sua diferença em relação aos Estados que não possuem essa característica. Devem ser apresentados assim casos concretos de ambos e comunicar a obrigatoriedade de implantar de modo sustentável o Estado de alto nível ético-profissional, voltado para sua nação, em benefício exclusivo dela.

A partir daí, deve-se definir e implantar estratégias que enfraqueçam o poder e o domínio dos que comandam ou gerem Estados em benefício pessoal indevido e dos que contribuem com eles, de dentro ou de fora deles, buscando os que acreditam em sua transformação e a almejam, comprometendo-se verdadeiramente com ela. Não se trata de ruptura irresponsável do funcionamento dos Estados, mas de uma forte estratégia mundial pautada na ética e no profissionalismo no sentido de construir, sempre de modo pacífico e em respeito mútuo entre Estados e nações, verdadeiras democracias e verdadeiros Estados voltados para suas nações, o que já ocorre de modo satisfatório em algumas delas. O Estado será assim transformado, não destruído, em conjunto entre seus agentes e a população, compatibilizando seus custos e resultados de modo contínuo e sob vigilância permanente, evitando assim retornar à situação anterior.

Tudo isso baseado na premissa de que o Estado, como quaisquer organizações, não é um ser autônomo, com vida própria e independente, mas criado e mantido pelo conjunto dos indivíduos que o compõem. Sua ética, seu profissionalismo e, por consequência, seu custo e seu resultado decorrem da forma como seus agentes atuam, principalmente os eleitos e gestores que o comandam ou gerem, em todas as suas partes e em todos os níveis hierárquicos. Isso obriga os Estados de todas as nações a utilizar critérios impessoais, ético-profissionais, para recrutar e manter seus agentes, principalmente os que os comandam ou gerem, pois, se a maioria destes não possuir alto nível ético-profissional, o Estado e sua nação certamente também não o possuirão.

Por não querer perder seu status, seu poder e sua riqueza indevidos, muitos agentes eleitos e gestores costumam afirmar ser impossível a criação e manutenção de Estados exclusivamente voltados para suas nações, atribuindo, muitas vezes, à História e à cultura nacional o baixo nível ético-profissional que os acometem. Propagam inverdades que os beneficiam, ao invés de combater a verdadeira causa do mal que acomete muitas nações: o alto nível de personalismo e patrimonialismo e o baixo nível ético-profissional de muitos que comandam ou gerem seus Estados. Estes merecem desprezo e combate, mas impõem amarras difíceis de quebrar e se mantêm ainda no comando ou na gestão do Estado de muitas nações, prejudicando-as imensamente e até a outras afetadas por eles.

Agem em benefício pessoal indevido para si e para os que contribuem com eles, por ação ou omissão, de dentro ou de fora do Estado, como na elaboração de normas e na exigência de seu cumprimento, nas compras estatais, na cobrança de tributos e na isenção deles, na distribuição de empregos, cargos e funções estatais por meio de recrutamento para os que já estão nele ou não e no fornecimento de emprego em organizações públicas não estatais e privadas com relações com o Estado, todos realizados de forma indevida. Tudo isso sempre foi e é observado no Estado brasileiro, em seus entes, seus poderes e suas organizações, em todos os níveis hierárquicos, como mostram fartos estudos, trabalhos e investigações mostrados pela mídia.

Para construir a verdadeira democracia e o verdadeiro Estado voltado para sua nação de modo sustentável, somente o Estado de alto nível ético--profissional, eliminando a carência de educação geral e ética da imensa maioria da população e a forte dependência desta em relação ao Estado e aos seus agentes. Desse modo, os agentes estatais que mais retiram do que agregam valor à sua nação darão lugar aos que buscam o resultado em benefício dela, de seu ambiente ou da coletividade compatível com o custo e opotencial dele. Essa é certamente a única via ou forma capaz de reduzir ou eliminar os agentes eleitos e gestores que comandam ou gerem os Estados em benefício pessoal indevido e dos que os recrutam e os mantêm, de dentro ou de fora deles, agindo de modo contrário ou alheio às suas nações.

Estas somente alcançarão ordem, liberdade, paz, justiça e igualdade satisfatórias quando ficarem livres de Estados de alto nível de personalismo e patrimonialismo e de baixo nível ético-profissional, momento em que a ética e o profissionalismo prevalecerão em seus agentes, nos indivíduos de fora deles e nas organizações não estatais. Serão construídos, assim, a verdadeira democracia e o verdadeiro Estado voltado para sua nação, com um suprindo o outro, e toda a população contribuindo com a segurança e o desenvolvimento econômico-social de sua nação. Toda humanidade ganhará com isso, pois ficará livre de Estados que impõem pesados fardos às suas nações, o que tem levado a grandes instabilidades e violências em todo o mundo e forçado muitos indivíduos a migrarem constantemente para sobreviver.

UM MODELO GLOBAL DE DIAGNÓSTICO E AÇÃO PARA CONSTRUÇÃO DO ESTADO DE ALTO NÍVEL ÉTICO-PROFISSIONAL

Os Estados devem definir previamente e de modo claro e objetivo os resultados que pretendem alcançar e os planos que levam a eles, considerando sempre o foco no benefício à sua nação, ao seu ambiente ou à coletividade no curto, médio e longo prazo. Devem ser flexíveis na busca de seus resultados, utilizando sempre a experiência útil à gestão e as teorias administrativas aqui apresentadas ou outras para planejar, organizar, dirigir e controlar em direção a eles. Para isso, é imprescindível possuir administração totalmente fundamentada na ética e no profissionalismo, sem o que será tomada por indivíduos que buscam neles apenas seus fins pessoais indevidos e de outros que possuem poder e domínio sobre eles, de dentro ou de fora deles, não obtendo, assim, resultado em benefício de sua nação compatível com seu custo e potencial.

Para se conhecer o nível ético-profissional de um Estado, deve-se analisar o seu funcionamento, o nível de confiança nele e em seus agentes e o seu resultado nas áreas em que ele atua ou deve atuar, o que é possível obter por meio de itens como: critério de recrutamento e permanência de seus agentes eleito, gestor e não eleito nem gestor; nível ético-profissional dos candidatos a agentes eleitos colocados à disposição da população para serem votados; nível de educação geral e ética da população que elege seus agentes eleitos; critério de recompensa, promoção e punição dos agentes estatais; nível de independência de indivíduos de fora do Estado, organizações públicas não estatais e privadas em relação a ele e aos seus agentes; probabilidade de punição para os que infringem, nele e fora dele, as normas elaboradas e mantidas pelo Estado; indicadores de funcionamento e resultado estatal; e indicadores econômico-sociais nacionais.

Não parece razoável, por exemplo, agentes eleitos e gestores que comandam ou gerem os Estados com mandatos inferiores a seis anos estabelecidos em norma, pois não são suficientes para conhecer o que se vai gerir, definir os resultados a alcançar e alcançá-los no curto, médio e longo prazo. Tomando como exemplo o Brasil, pode-se ter: seis anos de mandato eletivo nos poderes executivos municipal, distrital, estadual e federal, sem reeleição; seis anos no cargo de ministro, secretário de Estado e presidente de organização estatal; e seis anos de presidência nos poderes Legislativo e Judiciário, tribunais de contas e ministérios públicos. Todos recrutados por critério impessoal, ético-profissional, que inclui saber definir objetivos, indicadores e metas a serem alcançados, assim como os planos que levam a eles, possíveis de acompanhar e cobrar pelos demais agentes estatais e pela população.

Os agentes eleitos pela população para cargos de comando ou gestão, como para os poderes executivos do Estado brasileiro, devem possuir, assim, mandatos de seis anos e só deverão ser candidatos depois de apresentarem seus objetivos, seus indicadores e suas metas nas eleições, ratificados no recrutamento. O agente gestor não eleito diretamente pela população deve ser recrutado para mandato, também, de seis anos, podendo ser reconduzido. Deve apresentar seus objetivos, seus indicadores e suas metas no recrutamento. Esses dois tipos de agentes estatais só deixarão o cargo no final do mandato, a pedido ou se não obtiverem a certificação ético-profissional fornecida a cada três anos pelo Conselho de Administração do Estado, sendo um dos critérios para não conceder a falta de definição de objetivos ou o não alcance sem justificativa aceita por esse Conselho.

A responsabilidade pelos objetivos, pelos indicadores e pelas metas apresentados pelos candidatos a agentes eleitos para cargos de comando ou gestão deve, depois de eleitos e recrutados, ser compartilhada com os agentes gestores para elaboração de planos e, então, execução. O Conselho de Administração do Estado deve disponibilizar informações de modo permanente para que a população possa acompanhar os mandatos em relação ao planejado e realizado. Deve-se aplicar aos demais agentes eleitos pela população critérios similares, no que couber, aos dos recrutados para cargos de comando ou gestão, com objetivos, indicadores e metas a serem também apresentados por eles nas eleições, de preferência similares ao do candidato ao cargo de comando ou gestão apoiado por eles.

Para operacionalizar esse modelo, todo ente, nacional e subnacional, todo poder e toda organização estatal deve ter o comando ou a gestão estabelecido por meio de objetivos, indicadores, metas e planos compatíveis com os submetidos à população pelos agentes eleitos e recrutados pelo Estado, observada sempre a independência entre entes, poderes e instituições, quando for o caso de observá-la. Isso evitará o Estado fragmentado em suas partes, permitindo o globalismo estatal, com essas em busca de objetivos que beneficiem a nação ou a coletividade sem que isso represente dependência ou não separação entre entes e poderes estatais.

Busca-se, desse modo, estrutura e organização estatal sólidas, ético-profissionais, que busquem exclusivamente o fim coletivo por meio do planejamento e de sua execução de acordo com objetivos, indicadores, metas e planos previamente definidos e orientadores da decisão e ação estatal. Os agentes eleitos, gestores e não eleitos nem gestores devem se comprometer com eles desde o recrutamento do agente eleito, o que permitirá a montagem de estrutura e organização estatal compatíveis com o alcance do resultado do Estado em benefício de sua nação.

Será dada ao Estado uma atuação sistêmica, reduzindo decisões e ações centralizadas em pessoas e grupos que atuam para manter a apropriação indevida deste em benefício próprio e de outros. A atuação sistêmica é uma estratégia de atuação planejada para fazer sempre mais e melhor, cujas decisões e ações devem estar focadas na definição e no alcance de objetivos voltados para o fim coletivo. O Estado carente de planejamento dará lugar, então, ao Estado planejado a partir das necessidades da nação para fornecer resultados em benefício dela compatíveis com seu custo e potencial, eliminando dele os que agem em busca apenas de seus fins pessoais indevidos e de outros, de dentro ou de fora dele.

Os objetivos, os indicadores, as metas e os planos do Estado devem possuir alinhamento vertical e horizontal em todas as suas partes e entre elas, aprovados pelo Conselho de Administração do Estado, o que elimina a descontinuidade e o baixo comprometimento com os resultados estatais em benefício de sua nação. Deve-se estabelecer carreira profissional de gestor do Estado, com a criação de banco de gestor composto por administradores ou especializados, mestres ou doutores em Administração em pelo menos 360 horas-aula, todos em escola e curso certificados por esse Conselho, não remunerados e sem prejuízo de suas atividades. Seus componentes ficarão disponíveis para assumir a gestão em todas as partes do Estado e em todos os níveis hierárquicos, recrutados para esta por meio de sorteio entre os que possuem perfil para o cargo requerido, de acordo com o Conselho de Administração do Estado.

Esse banco será composto de agentes estatais não eleitos, recrutados para ele por meio de critério impessoal, ético-profissional, já recrutados anteriormente para o Estado por esse critério, e levará em conta experiências úteis à gestão e conhecimento do negócio e das teorias administrativas aqui apresentadas. Ministros e secretários de Estado, presidentes de organizações estatais e outros cargos equivalentes, presidentes dos poderes Legislativo e Judiciário, de tribunais de contas, como os existentes no Brasil, e outros similares, apesar de recomendável também utilizá-los, poderão ser exceções ao banco de gestor e ao sorteio. Todos os cargos estatais deverão ser preenchidos por critério impessoal, ético-profissional, podendo-se utilizar banco de profissionais e sorteio para o recrutamento do equivalente a ministro do STF do Estado brasileiro, entre outros cargos para os quais talvez não seja recomendável a eleição pela população nem o concurso público.

Todo comandante ou gestor estatal deve ser graduado em Administração ou possuir especialização, mestrado ou doutorado em Administração de pelo menos 360 horas-aula em escola e curso certificados pelo Conselho de Administração do Estado, com forte conteúdo nas teorias da Administração aqui apresentadas, com foco em planejamento, organização, direção e controle. O indivíduo que pretenda se candidatar a cargo eletivo de comando ou gestão, como aos poderes executivos do Estado brasileiro, terá que possuir um desses cursos ou outros nesse sentido aprovados pelo Conselho de Administração do Estado, de acordo com seu nível de educação geral.

Em complemento ao critério impessoal, ético-profissional, de recrutamento e permanência do comandante ou gestor estatal, a amplitude administrativa, de comando ou de controle, não pode ser superior a 15% dos quadros estatais, o que corresponde, em média, a 6,67 subordinados por gestor, no Estado como um todo e em cada uma de suas partes. Haverá no máximo três níveis hierárquicos, com remuneração adicional do gestor em cada um deles de 10%, 20% e 30% de sua remuneração como agente estatal, do mais baixo ao mais alto nível, não existindo outra gratificação além do salário. Gestor que já não for agente estatal, exceção aprovada individualmente pelo Conselho de Administração do Estado, receberá salário do agente estatal equivalente mais adicional que este receberia pelo exercício da gestão.

Tudo que os agentes estatais recebem do Estado deve ser claramente informado à população para que não haja dúvidas de quanto ela lhes paga e de que é compatível com o quanto eles contribuem com ela. Deve haver similaridade entre o que pagam o Estado e as organizações não estatais, sempre com justiça e igualdade e de acordo com a atribuição, a complexidade, a responsabilidade e o risco ao alcance dos objetivos estatais em benefício de sua nação. Depois de recrutados, os agentes estatais devem ser permanentemente acompanhados e submetidos à certificação ético-profissional a cada três anos e a qualquer momento pelo Conselho de Administração do Estado, não deixando de exigi-la de nenhum agente estatal (eleito, gestor e não eleito nem gestor) enquanto permanecerem no Estado.

O candidato a agente eleito pela população terá o custo eleitoral pago pelo Estado. Se utilizar outro recurso, será declarado inelegível do momento da decisão até longo período, podendo ser razoáveis 12 anos, não podendo atuar no Estado nem possuir relações econômicas com ele, individualmente, como sócio, proprietário ou dirigente de organização pública não estatal ou privada. Todo agente eleito terá sua conta eleitoral auditada para constar na certificação ética do recrutamento, não sendo recrutado se ela for reprovada. A remuneração dele será definida pelo Conselho de Administração do Estado, sem adicionais, exceto os definidos pela legislação trabalhista para todos os trabalhadores nacionais.

O agente gestor, em todas as partes do Estado e em todos os níveis hierárquicos, virá do banco de gestor por meio de sorteio, podendo ser exceção, apesar de recomendável utilizá-lo, o equivalente no Estado brasileiro a ministros e secretários de Estado e presidentes de organizações estatais, dos poderes Legislativo e Judiciário, de tribunais de contas, e outros similares. Receberá, além do salário estabelecido em carreira pelo Conselho de Administração do Estado, apenas o adicional de gestão, 10%, 20% ou 30% de um dos três níveis hierárquicos existentes, e os adicionais estabelecidos pela legislação trabalhista para todos os trabalhadores nacionais. Se não fizer parte de uma carreira no Estado, terá a remuneração equivalente a esta mais o adicional de gestão.

O agente não eleito nem gestor será recrutado por critério impessoal, ético-profissional, organizado em carreira, para todo o Estado, com remuneração definida pelo Conselho de Administração do Estado, sem adicional, exceto os definidos pela legislação trabalhista para todos os trabalhadores nacionais. Sua atuação ocorrerá em qualquer parte do Estado e em qualquer nível hierárquico, com critério impessoal, ético-profissional, de mobilidade em todas as suas partes e entre elas.

O agente estatal (eleito, gestor e não eleito nem gestor), receberá aumento de remuneração de 2,5% a cada ano, de modo que, em 40 anos de atuação no Estado, em quaisquer de suas partes, ele possa receber o equivalente a 100% a mais do que recebia quando iniciou nele, contados, inclusive, períodos intercalados. Receberá como prêmio o percentual sobre o salário anual da variação positiva do Produto Interno Bruto (PIB), ou outra medida da riqueza nacional, em um único mês, sem que seja incorporado ao salário. Se o PIB for negativo, não receberá prêmio algum nem será penalizado por isso.

Em resumo, são medidas imprescindíveis de garantia do alto nível ético-profissional dos Estados:
1. O critério impessoal, ético-profissional, de recrutamento e permanência de todo agente estatal (eleito, gestor e não eleito nem gestor), obedecendo o voto da população para o agente eleito.
2. A certificação ético-profissional do agente estatal no recrutamento e na permanência no Estado, a qualquer momento e a cada três anos.
3. A obrigatoriedade de graduação, especialização, mestrado ou doutorado em Administração de pelo menos 360 horas-aula para todo gestor, com adaptações para o agente gestor eleito diretamente pela população.
4. A racionalidade, moralidade e transparência na divisão hierárquica, em três níveis, na amplitude administrativa, de 6,67 subordinados por gestor, e na remuneração dos agentes estatais.

Essas medidas devem vir acompanhadas da educação geral e ética da imensa maioria da população para que esta possa recrutar agentes eleitos, acompanhar o Estado e cobrar seus resultados em seu benefício sem depender fortemente dele e de seus agentes para sobreviver e obter sucesso.

Incentivos remuneratórios e outros além dos apresentados até aqui não deverão existir, porém como exceção, devidamente justificados e estabelecidos por meio de critério impessoal, ético-profissional, podem ser instituídos provisoriamente pelo Conselho de Administração do Estado, para o Estado como um todo ou para algumas de suas partes. Toda norma estatal deve ir ao encontro desses comandos e nenhum agente estatal deve ficar fora deles. Devem ser dados aos três tipos de agentes estatais (eleito, gestor e não eleito nem gestor) instrumentos e garantias que os impeçam de serem cooptados ou forçados por interesses contrários ou alheios ao fim coletivo, devendo todos eles participarem das decisões e ações estatais.

Tudo isso parte da premissa de que critérios impessoais, ético-profissionais, objetivos, transparentes, justos e igualitários de recrutamento, permanência, remuneração, incentivo, promoção e punição do agente estatal são essenciais para que os Estados se voltem exclusivamente para suas nações, para o fim coletivo ou para a coletividade. Isso porque são seus agentes que definem o funcionamento e o resultado dos Estados, não os recursos monetários e materiais destes, o que é verdadeiro para quaisquer organizações.

Somente a observância de critérios como esses fará com que os agentes estatais sejam de alto nível ético-profissional, sem subserviência a indivíduos e grupos contrários ou alheios ao fim coletivo, de dentro ou de fora dos Estados. A gestão será, assim, de alto nível ético-profissional, com seus comandos compreendidos e obedecidos de acordo com os objetivos do Estado em benefício de sua nação, condição única para serem cumpridos pelos seus agentes que buscam exclusivamente o benefício a ela por meio dele. Isso é completamente diferente da atuação de Estados cujos comandantes ou gestores são recrutados e mantidos pela confiança e fidelidade a pessoas e à situação atual do Estado, dependentes dos que os recrutam e os mantêm e que muitas vezes cumprem suas ordens mesmo que contrárias ou alheias ao fim coletivo, o que se observa com frequência no Estado brasileiro, com exceções tão insignificantes que não são suficientes para transformá-lo.

Enganam-se ou agem de má-fé os que defendem o personalismo da confiança ou da fidelidade a pessoas e à situação atual do Estado como critério de recrutamento do agente estatal, principalmente para o comando ou a gestão, mesmo que ele já faça parte do Estado, recrutado anteriormente por critério impessoal, ético-profissional, como o concurso público do Estado brasileiro. Todos que dependem dos que os recrutam e os mantêm pelo critério da fidelidade pessoal tendem fortemente a perder a independência profissional, passando a depender destes. Agem, desse modo, em benefício pessoal indevido e dos que possuem poder e domínio sobre eles, para poder ascender a outros cargos ou outras funções ou se manter nos atuais.

Medidas como as aqui apresentadas impedirão que agentes estatais busquem seus fins pessoais indevidos e de outros no Estado em detrimento de sua nação, impedindo que outros também o façam de fora dele. Permitirão, assim, o triunfo da ética e do profissionalismo, nascendo daí o Estado de alto nível ético-profissional, eficiente e eficaz, de resultado em benefício da coletividade compatível com seu custo e potencial. Será, desse modo, verdadeiramente administrado com foco no benefício à sua nação, considerando a tecnologia existente e deixando de ser máquina fechada em si e para si, no qual muitos agentes eleitos e gestores que o comandam ou gerem se perpetuem nele e pouco ofereçam a ela.

Assim, toda a população terá acesso aos cargos estatais, como agente eleito, gestor ou não eleito nem gestor, por meio de critérios impessoais, ético-profissionais, de recrutamento e permanência neles. As medidas aqui apresentadas levam à ruptura no funcionamento de muitos Estados atuais pela simples eliminação do recrutamento e da permanência neles de indivíduos de alto nível de personalismo e patrimonialismo e de baixo nível ético-profissional, que buscam neles apenas os fins pessoais indevidos de status, poder e riqueza em detrimento de suas nações, para si e para os que os recrutam e os mantêm, estes de dentro ou de fora deles. São medidas que possuem potencial de elevar o nível ético-profissional dos Estados e de suas nações, gerando segurança e desenvolvimento econômico-social de modo sustentável para estas, reduzindo ou eliminando assim o sofrimento que ainda acomete grande parte da humanidade no século XXI.

Iniciativas como as dos Objetivos de Desenvolvimento do Milênio (ODM)[84] e Objetivos de Desenvolvimento Sustentável (ODS)[85], da Organização das Nações Unidas (ONU), são sempre bem-vindas, porém não obterão êxito se mantidos os critérios pessoais de recrutamento e permanência de agentes estatais que permitam ser recrutados e mantidos como tais indivíduos contrários ou alheios à busca do resultado em benefício do fim coletivo ou de suas nações, principalmente eleitos e gestores que comandam ou gerem os Estados – o que certamente ocorre na maioria destes. É preciso elevar o nível ético-profissional de todos os agentes estatais, principalmente dos comandantes ou gestores e, consequentemente, dos Estados e de suas nações, pois somente dessa forma se alcançará de modo sustentável objetivos como estes apresentados pela ONU.

O ser humano é o recurso mais importante em quaisquer organizações, por isso é essencial para a estruturação e o funcionamento dos Estados em busca de seus resultados. Sem medidas como as aqui apresentadas, que elevem seu nível ético-profissional, tem-se sempre o Estado em que prevalecem a ineficiência, o desvio do fim coletivo e a corrupção,

---

84. Disponível em: <https://nacoesunidas.org/tema/odm/>; <http://www.agenda2030.org.br/sobre/>. Acesso em: 7 jan. 2020.
85. Disponível em: <https://nacoesunidas.org/pos2015/>. Acesso em: 2 dez. 2019.

comprovados por indicadores de seu funcionamento e seu resultado, de confiança nele e em seus agentes e econômico-sociais nacionais, como sempre pareceu bem exemplificar o Estado brasileiro e sua nação. Muitos indicadores deste, além dos dados econômico-sociais nacionais, mostram uma nação carente de ordem, liberdade, paz, justiça, igualdade e de itens essenciais, como habitação, segurança, saúde e educação, mesmo com um Estado que se encontra entre os mais caros do mundo, mas que não tem fornecido resultados compatíveis com seu custo e potencial.

Instrumentos impeditivos do personalismo, do patrimonialismo, do baixo nível ético-profissional e, consequentemente, da ineficiência, do desvio do fim coletivo, da corrupção, do alto custo e do baixo resultado estatal devem estar presentes nas normas que estruturam e organizam os Estados de todas as nações, buscando garantir, assim, o alto nível ético-profissional de seus três tipos de agentes (eleito, gestor e não eleito nem gestor). Os objetivos, os indicadores e as metas do Estado, bem como os planos que levam a eles, devem ser definidos e comunicados previamente de forma clara e objetiva para que possam ser compreendidos e acompanhados por todo agente estatal e por toda a população como garantia de que o foco do Estado é o benefício ao seu ambiente, à sua nação ou à coletividade.

Se não houver forte estratégia e comando ou gestão nesse sentido por meio de uma imensa maioria de agentes estatais de alto nível ético-profissional, complementados por uma imensa maioria da população de alto nível de educação geral e ética, nada levará ao resultado do Estado compatível com seus custo e potencial de modo sustentável. Seus objetivos, seus indicadores, suas metas e seus planos devem ser claros e de observância obrigatória por todos os seus agentes, com forte controle social, constituindo-se, dessa forma, em seu principal instrumento de direção, orientação e controle. São somente seus agentes de alto nível ético-profissional, principalmente eleitos e gestores que o comandam ou gerem, que permitem toda organização e todo funcionamento do

Estado com foco no benefício à coletividade, que garantem a elaboração e o cumprimento de normas, bem como o comando ou a gestão em benefício exclusivo de sua nação.

A imensa maioria da população deve confiar plenamente em seus agentes estatais, pois são eles os principais entes de proteção a ela e de fomento ao seu desenvolvimento econômico-social em complemento às suas ações individuais, sendo remunerados por ela exclusivamente para esse fim. Nenhum agente estatal pode possuir renda e patrimônio sem que os declare e os justifique, por isso é obrigatória a certificação ético-profissional no recrutamento deste, a qualquer momento e a cada três anos em relação à sua renda e ao patrimônio, às decisões e às ações dele no interesse da coletividade ou em não prejuízo dela, ao atuar no Estado e fora dele, a fim de obter a confiança da população, que confiará também em seu Estado por meio dele.

Quanto mais alto o nível de personalismo e patrimonialismo e mais baixo o nível ético-profissional do conjunto dos agentes estatais e, como consequência, do Estado, mais caro ele fica, menos protege sua nação e menos fornece ou fomenta seu desenvolvimento econômico-social. Por isso, em caso de dúvidas em relação ao alto nível ético-profissional do agente estatal, ele deve ser imediatamente afastado do Estado até que sejam esclarecidas, o que deve ser feito em curtíssimo prazo pelo Conselho de Administração do Estado. Se confirmadas, eles devem ser excluídos do Estado e de relações econômicas com ele por longo período, podendo ser razoável o prazo de 12 anos a partir da decisão, devendo também ressarcir possíveis danos e ser punido, se for o caso.

Todas as medidas aqui apresentadas aumentam a motivação do indivíduo de alto nível ético-profissional para atuar no Estado, fornecendo mais benefícios do que custos à sua nação. O Estado que as seguir certamente proporcionará imenso benefício a ela, pois são muitos os que gostariam de contribuir com sua nação por meio dele, mas são impedidos por muitos que o tomam indevidamente para si e para os que possuem poder e domínio sobre eles, estes de dentro ou de fora do Estado, sendo responsáveis pela ineficiência, pelo desvio do fim coletivo, pela corrupção, pelo alto custo e pelo baixo resultado em benefício de sua nação que afetam este. Tais indivíduos que o tomam para si não buscam o resultado do Estado em benefício desta, mas apenas mantê-lo em seu benefício pessoal indevido e de outros em detrimento da população.

Não serão jamais as normas elaboradas e aplicadas por eles nem o comando ou a gestão que realizam que criarão e manterão o Estado de alto nível ético-profissional, mas a quebra das fortes barreiras que eles criam para dificultar ou impedir o recrutamento e a permanência de agentes estatais de alto nível ético profissional, principalmente para o comando ou a gestão do Estado, em todas as suas partes e em todos os seus níveis hierárquicos. Somente a quebra dessa barreira poderá elevar o nível ético-profissional dos Estados e, consequentemente, de educação geral e ética da imensa maioria da população de modo sustentável, mantendo-a menos dependente deles e de seus agentes, permitindo, desse modo, que os acompanhe, contribua com eles e cobre seus resultados. Não se pode jamais ignorar o imenso poder estatal presente em todas as nações, podendo ser direcionado para o seu bem ou para o seu mal.

Os agentes eleitos e gestores que comandam ou gerem os Estados devem ser monitorados continuamente para que não se voltem contra suas nações nem se omitam diante das carências que elas possuam e que estejam sob sua responsabilidade ou sua competência de atuar. Se, por ação ou omissão, priorizam o status, o poder e a riqueza indevidos próprios ou de terceiros, não contribuem com a coletividade como deveriam contribuir. Aumentam, assim, o custo do Estado e buscam cada vez mais recursos da população, enquanto muitos indivíduos, de dentro ou de fora dele, e muitas organizações não estatais buscam se proteger, com muitos destes buscando tirar proveito indevido dele em prejuízo de outros que não o fazem.

Tudo isso prejudica a eficiência e a eficácia do Estado, bem como das organizações públicas não estatais e privadas, afetando indivíduos e a coletividade à medida que muitos buscam se livrar do Estado ou obter benefícios indevidos dele ou por meio dele. Os Estados precisam se globalizar na ética e no profissionalismo, além de cooperar com toda a humanidade para que prevaleçam de modo satisfatório em todas as nações a sua busca pelo fim coletivo. Isso somente é possível por meio do Estado de alto nível ético-profissional, combatente das condições desumanas que ainda acometem grande parte da humanidade.

Como os mais poderosos entes voltados para assuntos terrenos de todos os tempos, os Estados possuem capacidade de se unir e contribuir globalmente para proteger toda a humanidade e fomentar seu desenvolvimento econômico-social de modo sustentável. A cultura, a riqueza e as vantagens competitivas das nações devem, logicamente, continuar a existir como bens de cada uma, assim como suas autonomias. Porém, devem ser respeitadas regras claras e objetivas mundialmente estabelecidas de recrutamento e permanência dos agentes estatais, de estruturação, organização e funcionamento dos Estados e de funcionamento e regulação das organizações não estatais, garantida sempre a livre iniciativa, tudo com alto nível ético-profissional, em benefício de toda a humanidade.

Todos os Estados devem seguir parâmetros mundiais genéricos de recrutamento e permanência de seus agentes, principalmente eleitos e gestores que os comandam ou gerem, no sentido de que os recrutem e os mantenham somente se possuírem alto nível ético-profissional, voltados exclusivamente para o fim coletivo ou para o benefício às suas nações. Devem fornecer e fomentar a educação geral e ética à imensa maioria da população com o fim de gerar sua independência em relação a eles e aos seus agentes, permitindo-lhe participar, acompanhar e cobrar os resultados do Estado em seu benefício. Somente assim muitas nações se libertarão dos imensos males que os seus Estados ainda lhes causam e, como consequência, a outras nações.

O século XXI em diante deve ser caracterizado pelo movimento global do Estado de alto nível ético-profissional, globalizado na proteção do indivíduo e no fomento ao seu desenvolvimento econômico-social, prioridade da humanidade para amenizar os enormes conflitos e sofrimentos atuais. Isso sempre em cooperação entre os Estados de todas as nações, sem dependência doentia e escravizante da população em relação a eles e aos seus agentes, de modo pacífico e respeitados os limites territoriais, a História, a cultura, a religião e as vontades nacionais. O foco não é no combate direto à ineficiência, ao desvio do fim coletivo e à corrupção estatais, mas aos indivíduos que os provocam ao comandar ou gerir os Estados em buscam dos fins pessoais indevidos próprios e de outros em detrimento de suas nações, muitas vezes cumprindo normas feitas por eles mesmos em seu benefício pessoal indevido. Ao combatê-los, combate-se todo o mal que geram por meio do Estado às suas nações.

Nesse contexto, o Estado brasileiro e sua nação são bons exemplos a serem analisados. Uma nação não tão jovem, de território e riqueza imensos, porém historicamente violenta, injusta e desigual, carente de itens essenciais, como habitação, segurança, saúde e educação, com um Estado que sempre foi pouco confiável, de alto custo e baixo resultado em benefício dela, como mostram diversos indicadores de seu funcionamento e seu resultado, de confiança nele e em seus agentes e econômico-sociais nacionais. Diferentemente do que muitos gostam de afirmar, o mal maior das nações não está na corrupção estatal, pois essa é apenas a consequência última de um emaranhado de outros males que a permitem. Está principalmente no alto nível de personalismo e patrimonialismo e no baixo nível ético-profissional de muitos agentes eleitos e gestores que comandam ou gerem seus Estados, em todas as suas partes e em todos os níveis hierárquicos, apropriando-se indevidamente deles e permitindo que outros também o façam.

Quando esses agentes predominam no comando ou na gestão do Estado, fazem este também com as mesmas características, o que é visível em sua estrutura e seu comportamento, em indicadores de seu funcionamento e seu resultado, de confiança nele e em seus agentes, principalmente eleitos e gestores que o comandam ou gerem, e econômico-sociais nacionais. Nos itens a seguir, são mencionadas algumas importantes características desse tipo de Estado:

1. Incompatibilidade, desarmonia ou baixa clareza entre objetivos, estrutura e organização do Estado como um todo e de cada uma de suas partes, com objetivos, indicadores, metas e planos inexistentes, falhos ou inconsistentes.
2. Incoerência entre a atuação do Estado e as necessidades de seu ambiente, de sua nação ou da coletividade.
3. Fortes evidências de que o resultado do Estado é incompatível com seu custo e potencial.
4. Foco no meio, no ambiente interno, em pessoas de modo indevido, nas normas e nos regulamentos, não no resultado em benefício de seu ambiente, de sua nação ou da coletividade.
5. Baixas clareza e transparência da atuação estatal.
6. Centralização excessiva em níveis hierárquicos superiores e autoritarismo do comando ou da gestão.
7. Predomínio do critério pessoal no recrutamento para o comando ou a gestão e para outros cargos estatais, assim como na permanência neles, geralmente a partir da declaração, tácita ou explícita, de fidelidade a pessoas, de dentro ou de fora do Estado, e à situação atual dele, mesmo que estes ajam claramente de modo contrário ou alheio ao fim coletivo.
8. Carência de lideranças legítimas, claramente fundamentadas no alto nível ético-profissional, por isso, poder, domínio e controle por meio da ameaça ou da entrega de benefício pessoal indevido a partir da confiança ou da lealdade a pessoas, de dentro ou de fora do Estado, e à situação atual dele, mesmo que estes ajam claramente de modo contrário ou alheio ao fim coletivo.
9. Imediatismo e forte descontinuidade da atuação estatal.

10. Curtos períodos de gestão estabelecidos em normas, até de um ano, e períodos de gestão indefinidos, sem relação com o resultado estatal, muito curtos ou muito longos.
11. Utilização dos recursos estatais com pouca ou nenhuma racionalidade, como se fossem ilimitados ou infinitos.
12. Foco no status, no poder e na riqueza indevidos de muitos agentes eleitos e gestores que comandam ou gerem o Estado em lugar do foco no resultado em benefício da coletividade.
13. Subserviência de muitos que comandam ou gerem o Estado, ou almejam comandá-lo ou exercer sua gestão, aos que possuem poder de recrutar e manter no cargo, mesmo que estes atuem, por ação ou omissão, de modo claramente contrário ou alheio ao fim coletivo.
14. Forte combate ao pensamento contrário ao dos que comandam ou gerem o Estado, quase sem diálogo com os níveis hierárquicos inferiores e com os agentes estatais não eleitos nem gestores.
15. Subaproveitamento ou descarte de muitos agentes estatais que não aderem aos que comandam ou gerem o Estado claramente em benefício pessoal indevido, de modo contrário ou alheio ao fim coletivo.
16. Discurso de muitos agentes eleitos e gestores que comandam ou gerem o Estado dissociado do mundo real, mudando constantemente de posição sem justificativa racional.
17. Mudança constante de ente, poder e organização estatal, ou de área ou nível hierárquico, por parte de muitos indivíduos que sempre são recrutados para o comando ou a gestão e para outros cargos estatais, mesmo sem que comprovem resultado positivo de sua atuação.
18. Baixa amplitude administrativa, de comando ou de controle, como na imensa quantidade de cargos e funções comissionados e de confiança, de comando ou gestão ou alguns podendo até não ser, mas possuindo tratamento similar, existente no Estado brasileiro,

cujo critério de recrutamento e permanência neles se dá por meio de critério pessoal[86].

19. Alta quantidade de agentes estatais recrutados e mantidos por critério pessoal, como nos cargos e nas funções comissionados, de confiança e outros do Estado brasileiro. Ver nota 86.
20. Baixa confiança da população no Estado e em seus agentes, principalmente eleitos e gestores que o comandam ou gerem ou que são responsáveis por decisões e ações de alta relevância. Ver nota 3.
21. Fortes evidências de que comandantes, gestores e outros agentes estatais estão quase sempre omitindo a verdade ou mentindo quando falam pelo Estado para a população.
22. Alta dependência dos indivíduos e das organizações públicas não estatais e privadas em relação ao Estado e aos seus agentes.

---

86. O relatório de fiscalização do Tribunal de Contas da União (TCU), Processo nº 011.954/2015-9, de 2016, observou: "Considerando as 278 unidades da amostra, observa-se que a Administração Pública Federal (APF) é composta de 69,07% (773.814) servidores não comissionados, 25,51% (285.824) titulares de FC e 5,42% (60.774) investidos em CC". Conclui assim que 30,93% dos servidores da União possuem cargos e funções comissionados e de confiança, um em cada três. No parágrafo 38: "Já a média de servidores comissionados dos 278 órgãos examinados na Administração Pública Federal foi calculada em 34,61% com desvio padrão de 20,44%. Essa média servirá como parâmetro de comparação nas análises posteriores dos órgãos e entidades". Em outra parte do relatório: "De forma geral, não há definição de requisitos de qualificação, como escolaridade e experiência profissional, para acesso a CC ou FC. Quando é necessário suprir uma vaga, a chefia responsável considera as tarefas que precisam ser executadas e, a partir de indicações e com base em critérios subjetivos, realiza a seleção do profissional que considera ter potencial para executá-las". O TCU considera ainda riscos de: "Investidura em FC e CC de pessoa que não possui os requisitos e as competências necessários para o bom desempenho das atribuições correspondentes. A principal causa desse risco é a ausência de definição quanto aos requisitos de acesso e às competências desejáveis. O nível do risco é considerado alto; investidura em FC e CC de pessoa enquadrada nas hipóteses de nepotismo; e investidura em FC e CC de pessoa com impedimentos legais, como demissão a bem do serviço público e cassação de aposentadoria."
Constatações como essas são fartamente noticiadas pela mídia. No próprio TCU, existiam 32,31% de servidores com esses cargos e essas funções em 30 de janeiro de 2020, apesar de estarem disponíveis para 37,12%.
Disponível em: https://portal.tcu.gov.br/inicio/; https://portal.tcu.gov.br/transparencia/; e https://portal.tcu.gov.br/transparencia/gestao-de-pessoas/ – tabelas demonstrativas do quadro de pessoal. Junção de dados dos ANEXO I – TAB 1, ANEXO I – TAB 2 e ANEXO III – TAB 1: QUANTITATIVO DE CARGO EM COMISSÃO E FUNÇÃO DE CONFIANÇA (Excel). Acesso em: 25 abr. 2020.

23. Baixa evidência de foco no fim coletivo por parte de muitos agentes estatais, quase não convencendo de que agem sempre ou pelo menos na maioria das vezes em benefício da coletividade como única proprietária do Estado e beneficiária de suas ações.
24. Alto índice de impunidade dos agentes estatais, principalmente eleitos e gestores que comandam ou gerem o Estado, e de outros que de fora dele se relacionam claramente de modo indevido com eles.
25. Clara percepção da ineficiência, do desvio do fim coletivo e da corrupção estatal a partir de notícias recorrentes na mídia e da experiência com o Estado no dia a dia, ao atuar nele ou necessitar dele.
26. Formalismo irracional, dúbio, complexo e ineficaz, cobrado apenas de alguns; instrumentos processuais complexos e intermináveis em vias administrativas e judiciais, sem prazo de conclusão ou com prazos descumpridos, geralmente apenas por alguns que recebem permissão em desacordo com a norma e não por outros que não a recebem; estruturas organizacionais complexas e desnecessárias, ineficientes e ineficazes; má qualidade e debilidade de muitas decisões e ações estatais; claros benefícios indevidos a agentes estatais e a indivíduos de fora do Estado que se relacionam de modo claramente indevido com eles; insuficiência, falha ou excesso de normas; mudança constante, em curto período, de comandantes ou gestores estatais; alto custo e baixo resultado do Estado em benefício de sua nação.
27. Diversos indicadores insatisfatórios de funcionamento e de resultado do Estado, de confiança nele e em seus agentes, principalmente eleitos e gestores que o comandam ou gerem e responsáveis por decisões e ações de alta relevância, e econômico-sociais nacionais.

Todas essas características podem ser evidenciadas em indicadores, trabalhos, estudos e notícias recorrentes na mídia, assim como no dia a dia dos agentes estatais e da população que necessita do Estado. São geralmente mais evidentes em áreas essenciais como segurança pública, saúde e educação, mostrando as muitas diferenças existentes entre Estados e nações. Indicadores como os da Tabela 2.2 (ver p. 216) evidenciam muitas dessas características, sendo possível comparar Estados e suas nações entre si.

Como exemplo de utilização da Tabela 2.2, o primeiro indicador, IDH, é uma medida de bem-estar e qualidade de vida, com o Estado devendo contribuir continuamente com sua melhoria. Pode-se inferir que, quanto melhor o IDH, melhor a convivência entre o Estado e sua nação, com ambos contribuindo com a construção da segurança e do desenvolvimento dela. Os indicadores da tabela comparados entre Estados e nações são capazes de mostrar de forma abrangente o nível de segurança e desenvolvimento econômico-social nelas existente e a contribuição que o Estado fornece para elevá-lo. Eles devem ser calculados sob coordenação internacional pelo mesmo critério em todos os Estados e todas as nações, inclusive dentro delas, em seus entes federativos, para que suas populações possam conhecer como seus Estados funcionam e os resultados que apresentam em benefício delas.

Por possuir o maior poder em todas as nações, o nível ético-profissional de uma nação parece depender claramente de como seu Estado funciona e do exemplo que fornece. A análise de indicadores, como os da Tabela 2.2, em cada Estado e nação e sua comparação com outros Estados e outras nações contribuem com a percepção do nível ético-profissional dos Estados e de suas nações. Pode-se inferir assim que, quanto melhor o conjunto deles, melhor o nível ético-profissional do Estado, de suas partes e de seus agentes, principalmente eleitos e gestores que o comandam ou gerem, dos indivíduos de fora dele e das organizações públicas não estatais e privadas, existindo mais harmonia entre Estado e nação, mais segurança e desenvolvimento econômico-social de modo sustentável. Muitos outros indicadores podem ser utilizados para melhorar essa percepção, mas o conjunto dos aqui apresentados já parece dar uma excelente indicação.

Tomando o exemplo do Estado brasileiro, esse conjunto de indicadores e muitas outras evidências parecem não deixar dúvidas sobre sua característica prevalecente de alto nível de personalismo e patrimonialismo e de baixo nível ético-profissional. Basta observar sua estrutura, seu funcionamento, seu resultado, a confiança da população nele e em seus agentes, principalmente eleitos e gestores que o comandam ou gerem, e o dia a dia de quem necessita dele. Também o evidenciam as muitas notícias de casos de sua apropriação indevida, como no *Escândalo dos Anões do Orçamento*, no *Banestado*, nos *Mensalões*, na *Operação Lava Jato*, na *Petrobras* (apresentados na parte II deste livro) e em muitos outros casos, envolvendo partidos políticos, entes nacional e subnacionais, poderes, organizações estatais, públicas não estatais e privadas, agentes estatais eleitos, gestores, não eleitos nem gestores e outros indivíduos. Quase sempre essa característica do Estado brasileiro fica bastante evidente até em muitos investigadores e julgadores, que muitas vezes beneficiam a si mesmos e a outros claramente de modo indevido por meio de suas decisões e ações sem nenhum pudor de o demonstrar.

Chama a atenção ainda em casos como esses o tratamento claramente desigual dado a muitos que se apropriam indevidamente do Estado ou o permitem, com muitos investigadores e julgadores de baixa credibilidade perante a população, muitos recrutados por critério pessoal pelos mesmos que estão sendo julgados, como em muitos casos julgados nas mais altas instâncias judiciárias brasileiras. Muitas investigações e até decisões do Poder Judiciário deixam claro que demoram tempos diferentes e possuem características diferentes a depender de quem está sendo julgado. Essas fortes características historicamente presentes no Estado brasileiro, sempre fizeram prevalecer nele sua apropriação indevida, sem perspectiva de acabar, daí seu alto custo e baixo resultado em benefício de sua nação, exemplo a não ser seguido pelos Estados de outras nações, apesar de existirem, certamente, muitos outros em situação pior do que a dele.

A análise aqui apresentada pode ser aplicada a todos os Estados e a todas as nações para se ter uma boa percepção sobre o nível ético-profissional deles e atuar para elevá-lo. Percebe-se por meio dela as possíveis relações existentes entre o modo de funcionamento de um Estado, seu resultado em benefício de sua nação, a confiança da população nele e em seus agentes, principalmente eleitos e gestores que o comandam ou gerem, os indicadores econômico-sociais nacionais e o nível ético-profissional que ele possui. Para alcançar a segurança e o desenvolvimento econômico-social de modo sustentável em suas nações, os Estados devem possuir alto nível ético-profissional, o que somente é possível se essa característica prevalecer em seus agentes, principalmente eleitos e gestores que os comandam ou gerem, possibilitando, dessa forma, seus resultados em benefício de suas nações compatíveis com seus custos e potenciais.

Não prevalecendo, cria-se o que chamo de armadilha do Estado de alto nível de personalismo e patrimonialismo e de baixo nível ético-profissional, em que, de modo cíclico e permanente, Estado e nação se retroalimentam na criação e manutenção de uma situação que dificulta ou impede a ordem, a liberdade, a paz, a justiça, a igualdade e itens essenciais, como segurança, saúde e educação para a maioria da população. Isso certamente ocorre no Brasil e faz com que uma das maiores e mais ricas nações do mundo possua um Estado visivelmente afetado pela ineficiência, pelo desvio do fim coletivo e pela corrupção, prejudicando-a e lhe trazendo enormes dificuldades. Essa armadilha é apresentada na Figura 4.3, mostrando de modo claro e abrangente como ocorre a tomada de um Estado em benefício pessoal indevido de muitos indivíduos e grupos, de dentro ou de fora dele, o que certamente ocorre nos Estados de muitas outras nações.

Figura 4.3 – Armadilha do Estado de alto nível de personalismo e patrimonialismo e de baixo nível ético-profissional

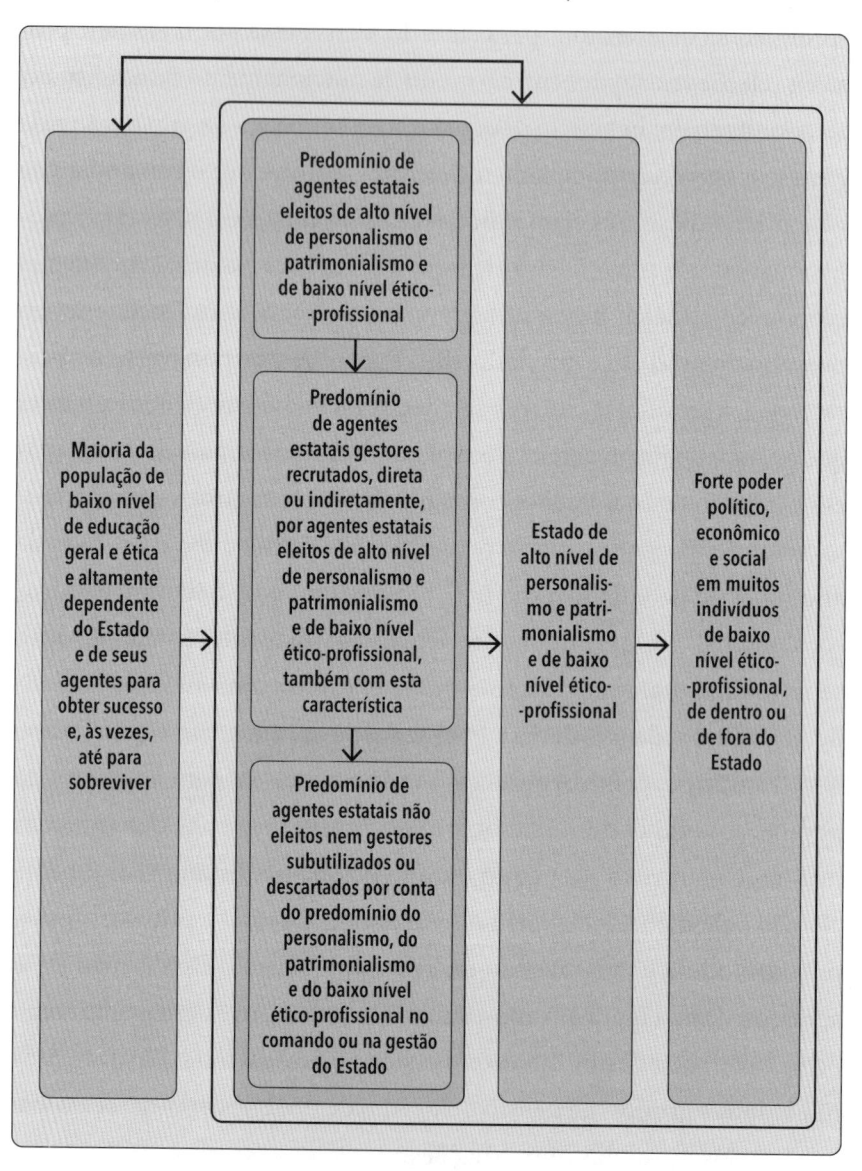

```
                    ┌──────────────────────────────────┐
                    │  Predomínio de                   │
                    │  agentes estatais                │
                    │  eleitos de alto nível           │
                    │  de personalismo e               │
                    │  patrimonialismo e               │
                    │  de baixo nível ético-           │
                    │  -profissional                   │
                    └──────────────┬───────────────────┘
                                   ▼
┌──────────────┐    ┌──────────────────────────────────┐    ┌──────────────┐    ┌──────────────┐
│ Maioria da   │    │  Predomínio                      │    │              │    │ Forte poder  │
│ população de │    │  de agentes                      │    │              │    │ político,    │
│ baixo nível  │    │  estatais gestores               │    │              │    │ econômico    │
│ de educação  │    │  recrutados, direta              │    │              │    │ e social     │
│ geral e ética│    │  ou indiretamente,               │    │ Estado de    │    │ em muitos    │
│ e altamente  │    │  por agentes estatais            │    │ alto nível de│    │ indivíduos   │
│ dependente   │    │  eleitos de alto nível           │    │ personalis-  │    │ de baixo     │
│ do Estado    │ →  │  de personalismo e               │ →  │ mo e patri-  │ →  │ nível ético- │
│ e de seus    │    │  patrimonialismo                 │    │ monialismo   │    │ -profissional│
│ agentes para │    │  e de baixo nível                │    │ e de baixo   │    │ de dentro ou │
│ obter sucesso│    │  ético-profissional,             │    │ nível ético- │    │ de fora do   │
│ e, às vezes, │    │  também com esta                 │    │ -profissional│    │ Estado       │
│ até para     │    │  característica                  │    │              │    │              │
│ sobreviver   │    └──────────────┬───────────────────┘    │              │    │              │
│              │                   ▼                        │              │    │              │
│              │    ┌──────────────────────────────────┐    │              │    │              │
│              │    │  Predomínio de                   │    │              │    │              │
│              │    │  agentes estatais não            │    │              │    │              │
│              │    │  eleitos nem gestores            │    │              │    │              │
│              │    │  subutilizados ou                │    │              │    │              │
│              │    │  descartados por conta           │    │              │    │              │
│              │    │  do predomínio do                │    │              │    │              │
│              │    │  personalismo, do                │    │              │    │              │
│              │    │  patrimonialismo                 │    │              │    │              │
│              │    │  e do baixo nível                │    │              │    │              │
│              │    │  ético-profissional no           │    │              │    │              │
│              │    │  comando ou na gestão            │    │              │    │              │
│              │    │  do Estado                       │    │              │    │              │
└──────────────┘    └──────────────────────────────────┘    └──────────────┘    └──────────────┘
```

Fonte: elaboração própria.

Como se observa na Figura 4.3, os agentes eleitos, gestores e não eleitos nem gestores formam o Estado, cujo nível ético-profissional depende do nível ético-profissional destes, principalmente eleitos e gestores que o comandam ou gerem. Por sua vez, pelo poder e pela riqueza que possui em todas as nações, o Estado é quem define, por ação ou omissão, os indivíduos que possuem mais poder político, econômico e social. Desse conjunto, sai o nível de educação geral e ética da imensa maioria da população, que retroalimenta todo o processo.

Muitos comandantes ou gestores de Estados que possuem a característica da figura, com a contribuição de muitos que de fora deles obtêm benefícios indevidos neles ou por meio deles, montam essa armadilha em suas nações, daí o persistente baixo nível de educação geral e ética da imensa maioria da população ser a maior evidência da existência de Estados desse tipo. O combate a essa armadilha justifica a criação de um modelo global de Estado para todas as nações baseado no recrutamento e na permanência de agentes estatais somente de alto nível ético-profissional, principalmente em seu comando ou sua gestão, altamente confiáveis em suas nações, que elevarão o nível de educação geral e ética da imensa maioria da população, o que cria, de modo sustentável, o Estado de alto nível ético-profissional.

Na Tabela 2.2 (ver p. 216), os indicadores 6 a 9 podem servir para indicar a educação geral da população de uma nação, e os indicadores 44 a 56, o nível ético de seu Estado, representando já uma boa base para análise e conclusão sobre os demais indicadores. Apesar de pesquisas, observações e até a eleição de alguns tipos de agentes eleitos já indicarem o nível aproximado de educação ética de uma nação no conceito aqui trazido, indicadores desse nível devem ser construídos para todas as nações para que possam ser medidos e comparados entre elas, devendo ter como base as ações e a busca de sua população pelo bem comum ou pelo fim coletivo e o respeito ao próximo ou aos próximos que ela possui. Esses novos indicadores e os da tabela devem ser observados pela população e por instituição supranacional para tornar perceptível o nível de educação geral e ética de uma nação e o nível ético-profissional de seu Estado.

A armadilha apresentada na Figura 4.3 é própria da inexistência democrática e das democracias próximas da falsidade. Apesar de a primeira não ser tratada neste livro, nas duas, o Estado é geralmente constituído de muitos agentes que o comandam ou gerem em decorrência do poder econômico-social obtido indevidamente por eles ou por outros que contribuem com eles, permitido e promovido pelo próprio Estado. Na segunda, esses são agentes eleitos e gestores e outros recrutados direta ou indiretamente por eles por meio de critério pessoal, que agem ou se omitem para manter a apropriação indevida do Estado, própria e de outros que possuem poder e domínio sobre eles, de dentro ou de fora do Estado. Muitos de seus comandantes ou gestores elaboram e exigem normas para si mesmos, fazem compras estatais em benefício pessoal indevido, permitem a sonegação fiscal para alguns e muitas outras irregularidades, subaproveitando ou descartando os agentes estatais que não colaboram ou não aderem a eles em suas atuações contrárias ou alheias ao fim coletivo.

Estados assim constituídos possuem baixo nível ético-profissional e contribuem com a formação de uma sociedade de indivíduos e organizações públicas não estatais e privadas também com essa característica, presa a um Estado que lhe impõe imensas dificuldades e dependência dele, que muito lhe retira e pouco lhe retribui. Não fornece nem permite que forneçam educação geral e ética à imensa maioria da população, não lhe permitindo se libertar dele para o empreendedorismo, a participação, o acompanhamento e a cobrança de seus resultados. Muitos indivíduos, de dentro e de fora do Estado, e muitas organizações públicas não estatais e privadas buscam se livrar dele ou se aliam a ele como ele é para poder obter sucesso e até para sobreviver, muitas vezes praticando irregularidades consentidas pelo seu comando ou sua gestão por contribuir indevidamente com ele em troca de benefícios também indevidos.

Quando agentes eleitos e gestores de alto nível de personalismo e patrimonialismo e de baixo nível ético-profissional prevalecem no comando ou na gestão dos Estados, estes não fornecem resultados em benefício de suas nações compatíveis com seus custos e potenciais e ainda levam grande parte da população e das organizações não estatais ao baixo nível ético-profissional, contaminando assim toda a sociedade. No Brasil, tentam justificar a ineficiência, o desvio do fim coletivo e a corrupção estatais que provocam fazendo referências à História e à cultura nacional, enquanto obtêm status, poder e riqueza indevidos no Estado e montam fortes estratégias para mantê-lo como ele é. Muitos contribuem com eles visando obter também benefícios pessoais indevidos no Estado ou por meio dele, retroalimentando uns aos outros pelo interesse pessoal indevido em detrimento de sua nação, fechando, assim, o ciclo que mantém a armadilha apresentada na figura anterior.

Enquanto o alto nível de educação geral e ética da imensa maioria da população não vem, como não vêm a verdadeira democracia e o verdadeiro Estado voltado para o fim coletivo, pois dependem da existência do Estado de alto nível ético-profissional, a população que ainda não possui este pode contribuir com a elevação deste nível em seu Estado. Fará isso votando em candidatos a agentes eleitos somente de alto nível ético-profissional, que atendam ao interesse coletivo que ela busca nele, identificados a partir do conjunto de respostas às questões que seguem:

1. O candidato provocou ou costuma provocar danos ou prejuízos em benefício pessoal indevido, próprio ou de terceiros, por ação ou omissão, ao Estado, à coletividade ou a parte dela? (Neste caso, apesar de recomendável observar a atuação estatal, o julgamento deve ser pessoal, com condenações realizadas pelo Estado tendo que ser bastante avaliadas, pois podem ter sido tomadas por este com baixo nível ético-profissional.)

2. Mesmo sem certeza de resposta positiva à questão anterior, acredito que ele o faz, mas devido à ineficiência e à corrupção estatal, ou por outro motivo, não tenho conhecimento?
3. Em seu cotidiano, o candidato ou muitos que o apoiam praticam atos como: sonegação fiscal; compra de produto ou serviço de origem duvidosa; recebimento de benefícios indevidos do Estado ou por meio dele; obtenção de renda ou patrimônio irregular; cometimento de roubo, furto, homicídio e outros delitos ou se beneficiam deles; criação e difusão de informações que sabe serem inverídicas ou difusão de informações decorrentes de invasão de privacidade em prejuízo de outros; estacionamento em vagas de deficientes e idosos e em locais proibidos; desobediência a filas; falta de respeito ao próximo; desrespeito às normas aceitas por todos, positivadas pelo Estado ou não?
4. Conheço o candidato e seu patrimônio e acredito que foi adquirido com alto nível ético-profissional?
5. O candidato, dentro e fora do Estado, pauta claramente suas ações com alto nível ético-profissional, em busca do benefício ao seu ambiente, à sua nação ou à coletividade, ou em não prejuízo deles?
6. Acredito que o candidato atuará com alto nível ético-profissional como agente eleito, em benefício exclusivo de seu ambiente, de sua nação ou da coletividade?
7. Eu o recrutaria se fosse para gerir meu patrimônio pessoal ou fiscalizar os que cuidam dele, para trabalhar em minha residência ou em minha organização não estatal, pois acredito em seu alto nível ético-profissional?
8. Se o tributo que pago fosse todo para pagar o seu salário como agente eleito, eu o pagaria por acreditar no retorno coletivo que ele dará por meio do Estado?
9. O candidato se mostra verdadeiramente comprometido com o alto nível ético-profissional do Estado, com a verdadeira democracia

e o verdadeiro Estado voltado para o fim coletivo, comprometido com o combate a toda forma de ineficiência, desvio do fim coletivo e corrupção no Estado ou por meio dele?

10. O candidato se mostra verdadeiramente comprometido com a educação geral e ética da imensa maioria da população e com sua independência em relação ao Estado e aos seus agentes?

11. O candidato se mostra verdadeiramente comprometido com o recrutamento e a permanência de agentes estatais (eleito, gestor e não eleito nem gestor) somente por meio de critério impessoal, ético-profissional, respeitado o voto para o agente eleito?

12. O candidato defende interesses coletivos e valores que eu defendo, como os valores cristãos, de outras religiões ou até de não religiões, da verdade, da liberdade, da justiça, da igualdade, do amor e do respeito ao próximo, da busca do bem comum, atuando sempre em defesa da vida e em combate a todo tipo de preconceito, violência, injustiça e desigualdade? (Colocar aqui os interesses coletivos e valores éticos que você defende e que gostaria que pautassem a atuação do agente estatal.)

13. O candidato apresentou objetivos, indicadores, metas e planos em benefício da coletividade com os quais eu concordo e acredito que ele buscará?

14. Com base nas respostas anteriores, o nível ético-profissional do candidato justifica meu voto para que se torne agente eleito? (A contabilização do nível ético-profissional do candidato vai de 0 a 10, e a resposta a essa pergunta depende de cada indivíduo, podendo ser interessante um nível a partir de 7, considerando que 0 e 10 são praticamente impossíveis de ocorrer. É imprescindível que todo indivíduo que for votar busque informações, responda a essas questões, analise as respostas e tire suas próprias conclusões).

Cabe ao Estado impedir que indivíduos de baixo nível ético-profissional sejam colocados à disposição da população para serem votados como agentes eleitos. Entretanto, essa pode não ser a prática em muitos Estados, e muitas vezes ele também não pode fazê-lo em sua totalidade ou sob o ponto de vista de cada eleitor, cabendo à população reprová-los ou não segundo seu ponto de vista, sendo possível abdicar do voto se não houver candidatos com nível ético-profissional suficiente para receber seu voto como agente eleito, podendo ser este a partir de 7, como no comentário à questão 14. Isso levará ao recrutamento de agentes eleitos somente de alto nível ético-profissional de acordo com a análise do eleitor, sendo possível recrutar os demais agentes estatais, gestor e não eleito nem gestor, também com esta característica, o que levará ao Estado de alto nível ético-profissional, à verdadeira democracia e ao verdadeiro Estado voltado para sua nação.

Quanto aos agentes gestores, as respostas às catorze questões anteriores devem ser também observadas no que se aplica a eles, devendo ser recrutados e mantidos no Estado somente se possuírem experiência útil à gestão, conhecimento do negócio e das teorias administrativas aqui apresentadas, com graduação em Administração ou especialização, mestrado ou doutorado em Administração de pelo menos 360 horas-aula em escola e curso certificados pelo Conselho de Administração do Estado. Em relação aos agentes não eleitos nem gestores, as respostas às catorze questões anteriores devem ser observadas no que se aplica também a eles, devendo ainda ser recrutados e mantidos no Estado somente se possuírem os requisitos essenciais para o exercício do cargo.

Além de passar por certificação ético-profissional no recrutamento, a qualquer momento e a cada três anos, deve ser obrigatório a todo agente estatal que mostre sempre total comprometimento com o Estado de alto nível ético-profissional. Por isso, deve combater toda forma de apropriação indevida do Estado, principalmente de seu superior hierárquico.

A observância às respostas das catorze questões anteriores, tanto no recrutamento como na permanência do agente estatal (eleito, gestor e não eleito nem gestor), no que se aplica a cada um, é obrigação do Estado e de toda a população. Ao primeiro cabe observá-las, no que lhe compete, já como condição para permitir a candidatura como agente eleito, enquanto a segunda deve observá-las no momento de votar. Essa é uma excelente forma, ou talvez a única, capaz de impedir a armadilha do Estado apresentada na Figura 4.3. Não se espera nível ético-profissional total da população, do agente estatal nem do Estado, pois isso é impossível ao ser humano e a quaisquer organizações conduzidas por ele, mas a busca incessante da parte da população e dos agentes estatais para se chegar ao nível máximo possível dele no Estado e em sua nação.

Em resumo, identifica de forma bastante clara o nível ético-profissional de um Estado o conjunto formado pelas suas características, pelos indicadores de seu funcionamento e seu resultado, de confiança nele e em seus agentes e econômico-sociais nacionais. Isso pode ser observado no Estado como um todo e em cada uma de suas partes, o que deve ser feito por meio da observação, da pesquisa e da análise constante de indicadores como os da Tabela 2.2 ou de outros construídos para esse fim. É imprescindível que a população se guie pelas respostas às catorze questões anteriores para votar em candidatos a agentes eleitos somente de alto nível ético-profissional e que atenda ao que ela espera deles e de seu Estado. Somente a partir deles se garante o recrutamento e a permanência dos demais agentes estatais também com essa característica, criando e mantendo, assim, o Estado que a possui, voltado para o benefício à sua nação.

Não se deve esperar que apenas o Estado e seus agentes afirmem quem possui alto nível ético-profissional em uma nação, pois nenhum Estado, mas principalmente os Estados e seus agentes em quem não prevalecem essa característica jamais darão essa resposta correta às suas nações. Por isso, elas devem ficar atentas ao nível ético-profissional de seu Estado e de seus agentes, bem como dos que almejam fazer parte dele, participando, acompanhando e cobrando os resultados estatais com o objetivo de melhorá-los cada vez mais. O modelo aqui apresentado é um modelo global de diagnóstico de Estados de alto nível de personalismo e patrimonialismo e de baixo nível ético-profissional, e ação para construção de Estados de alto nível ético-profissional em todas as nações. Ele tem como objetivo fazer com que os Estados se voltem exclusivamente para elas, deixando de impor-lhes verdadeiros fardos, como muitos ainda fazem com várias delas.

A armadilha apresentada na Figura 4.3 sempre foi claramente observada no Brasil – como se pode deduzir de fartas notícias divulgadas pela mídia decorrentes de observações, trabalhos e estudos de indivíduos e organizações estatais e não estatais, como nos casos vistos na parte II, apesar de não ser o objetivo deste livro apresentá-los ou se estender neles. A elevação do nível de educação geral e ética da população e sua independência em relação ao Estado e aos seus agentes para sobreviver e obter sucesso é um forte aliado para se libertar dela, sendo o recrutamento e a permanência de agentes estatais somente de alto nível ético-profissional o único meio ou instrumento eficaz de proporcionar essa libertação.

Quanto melhor a educação geral e ética da população, maior sua independência em relação ao Estado e aos seus agentes, melhor o nível ético-profissional dos agentes estatais eleitos e, como consequência, dos agentes estatais gestores e não eleitos nem gestores, levando ao Estado de alto nível ético-profissional, que retroalimenta e fornece ou fomenta a educação geral e ética da população, com alta possibilidade de fornecer resultado para sua nação compatível com seu custo e potencial. Isso gera indivíduos e organizações públicas não estatais e privadas também de alto nível ético-profissional, com uma nação com essa mesma característica, liberta da armadilha do Estado da Figura 4.3.

Tudo como na Figura 4.4:

Figura 4.4 – Diagrama do Estado de alto nível ético-profissional ou do Estado e da nação libertos da armadilha do Estado de alto nível de personalismo e patrimonialismo e de baixo nível ético-profissional

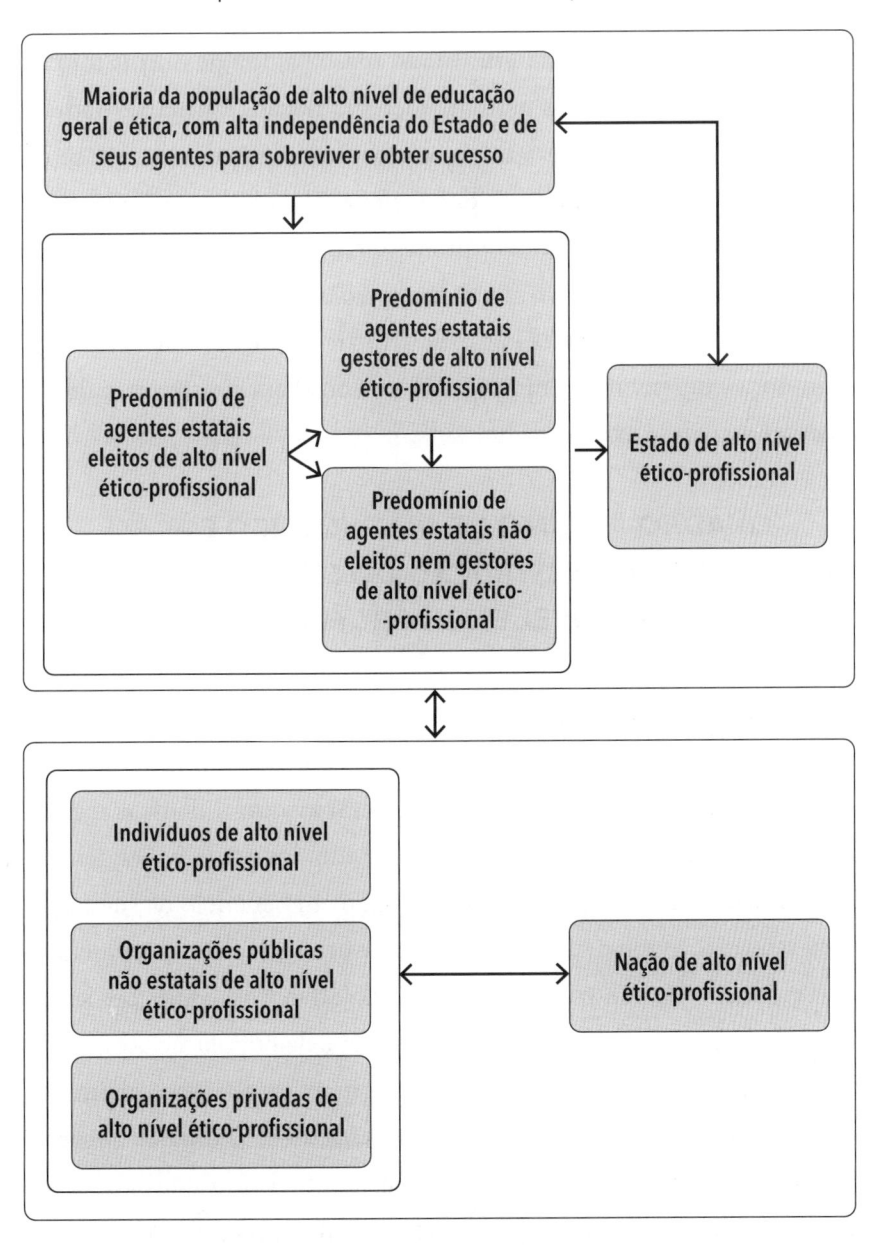

```
┌─────────────────────────────────────────────────────────────────────┐
│  ┌─────────────────────────────────────────────┐                    │
│  │ Maioria da população de alto nível de       │                    │
│  │ educação geral e ética, com alta            │◄──┐                │
│  │ independência do Estado e de seus agentes   │   │                │
│  │ para sobreviver e obter sucesso             │   │                │
│  └─────────────────────────────────────────────┘   │                │
│                        │                            │               │
│                        ▼                            │               │
│  ┌────────────────────────────────────────────┐    │               │
│  │              ┌──────────────────┐           │    │               │
│  │              │ Predomínio de    │           │    │               │
│  │              │ agentes estatais │           │    │               │
│  │              │ gestores de alto │           │    │               │
│  │              │ nível ético-     │           │    │               │
│  │              │ profissional     │           │    │               │
│  │              └──────────────────┘           │    │               │
│  │   ┌──────────────┐       │                  │    │               │
│  │   │ Predomínio de│       ▼                  │    │  ┌──────────┐ │
│  │   │ agentes      │  ┌──────────────────┐    │────┼─►│ Estado de│ │
│  │   │ estatais     │─►│ Predomínio de    │    │    │  │ alto     │ │
│  │   │ eleitos de   │  │ agentes estatais │    │    │  │ nível    │ │
│  │   │ alto nível   │  │ não eleitos nem  │    │    │  │ ético-   │ │
│  │   │ ético-       │  │ gestores de alto │    │    │  │profissio-│ │
│  │   │ profissional │  │ nível ético-     │    │    │  │ nal      │ │
│  │   └──────────────┘  │ profissional     │    │    │  └──────────┘ │
│  │                     └──────────────────┘    │    │               │
│  └────────────────────────────────────────────┘    │               │
└─────────────────────────────────────────────────────────────────────┘
                              ▲│
                              │▼
┌─────────────────────────────────────────────────────────────────────┐
│  ┌──────────────────────────┐                                       │
│  │ Indivíduos de alto nível │                                       │
│  │ ético-profissional       │                                       │
│  └──────────────────────────┘                                       │
│  ┌──────────────────────────┐         ┌──────────────────┐          │
│  │ Organizações públicas    │         │ Nação de alto    │          │
│  │ não estatais de alto     │◄───────►│ nível ético-     │          │
│  │ nível ético-profissional │         │ profissional     │          │
│  └──────────────────────────┘         └──────────────────┘          │
│  ┌──────────────────────────┐                                       │
│  │ Organizações privadas de │                                       │
│  │ alto nível ético-        │                                       │
│  │ profissional             │                                       │
│  └──────────────────────────┘                                       │
└─────────────────────────────────────────────────────────────────────┘
```

Fonte: elaboração própria.

Essa situação deve ser buscada por todos os Estados e por todas as nações, mas também por organização supranacional voltada para a elevação do nível ético-profissional dos Estados. Possuir essa característica deve ser condição para que um Estado receba ajuda de outros fora de casos pontuais e urgentes para atender sua nação. É uma verdadeira globalização da concepção, forma e atuação do Estado, com base no recrutamento e na permanência de agentes estatais somente de alto nível ético-profissional, respeitados os limites territoriais, a História, a religião e a cultura nacionais, com o atendimento voluntário dos requisitos aqui apresentados. É uma forma eficaz de reduzir os imensos problemas de segurança e desenvolvimento econômico-social que ameaçam cada vez mais até a própria existência humana.

QUADRO-RESUMO DE DIAGNÓSTICO E AÇÃO PARA CONSTRUÇÃO DO ESTADO DE ALTO NÍVEL ÉTICO-PROFISSIONAL

As características da primeira coluna do Quadro 4.1 a seguir possuem alta possibilidade de serem reduzidas ou até eliminadas se a população seguir a segunda coluna para votar em candidatos a agentes eleitos. Isso dará condições para que o Estado busque as ações das três colunas à direita e compatibilize o resultado em benefício de sua nação com seu custo e potencial, construindo assim a verdadeira democracia e o verdadeiro Estado voltado para o fim coletivo. Tais condições levam certamente à educação geral e ética da maioria da população, à ordem, à liberdade, à paz, à justiça, à igualdade, à segurança e ao desenvolvimento econômico-social de modo sustentável nas nações. Candidatos a agentes eleitos de alto nível de personalismo e patrimonialismo e de baixo nível ético-profissional não se comprometerão com as ações das três colunas à direita, não melhorando assim as características da primeira coluna, por isso devem ser identificados e recusados pela população nas eleições.

Os Estados de todas as nações devem seguir as ações das três últimas colunas para amenizar ou eliminar as características da primeira; a população deve seguir as ações da segunda para o mesmo fim. São ações básicas e genéricas do Estado e da população, em atuação recíproca de alto nível ético-profissional em benefício exclusivo da nação, razão única da criação e existência de um Estado. Esta é uma provável via única para a segurança e o desenvolvimento econômico-social sustentáveis de todas as nações – com ordem, liberdade, paz, justiça e igualdade, verdadeiro Estado voltado para o fim coletivo, sem ou quase sem ineficiência e corrupção, atuando em uma verdadeira democracia em benefício delas.

Quadro 4.1 – Quadro-resumo de diagnóstico e ação para construção do Estado de alto nível ético-profissional

Características de Estados em que predominam o alto nível de personalismo e patrimonialismo e o baixo nível ético-profissional	Ações da população: participar sempre do Estado, acompanhar e cobrar seus resultados, votando em candidatos a agentes eleitos se e somente se:	Ações estruturantes do Estado		
		Em relação aos agentes estatais eleitos, gestores e não eleitos nem gestores		Outras ações
		Recrutar e manter agentes eleito e gestor, no que se aplica a cada um, se e somente se:	Recrutar e manter agente não eleito nem gestor se e somente se:	
Incompatibilidade, desarmonia ou baixa clareza entre objetivos, estrutura e organização do Estado como um todo e de cada uma de suas partes, com objetivos, indicadores, metas e planos inexistentes, falhos ou inconsistentes.	Tiver certeza de que o candidato não provocou nem costuma provocar danos ou prejuízos em benefício pessoal indevido, próprio ou de terceiros, por ação ou omissão, ao Estado, à coletividade ou a parte dela. (Neste caso, apesar de recomendável observar a atuação estatal, o julgamento deve ser pessoal, com condenações realizadas pelo Estado tendo que ser bastante avaliadas, pois podem ter sido tomadas por este com baixo nível ético-profissional.)	Não provocou nos últimos 12 anos nem costuma provocar danos ou prejuízos em benefício pessoal indevido, próprio ou de terceiros, por ação ou omissão, ao Estado, à coletividade ou a parte dela.	Não provocou nos últimos 12 anos nem costuma provocar danos ou prejuízos em benefício pessoal indevido, próprio ou de terceiros, por ação ou omissão, ao Estado, à coletividade ou a parte dela.	Criar Conselho de Administração do Estado, com membros recrutados por critério impessoal, ético-profissional, com graduação em Administração ou especialização, mestrado ou doutorado em Administração de pelo menos 360 horas em escola e curso certificados por ele. Além da formação em Administração, devem ser exigidas outras formações visando manter sua pluralidade de conhecimento na tomada de decisão. O objetivo é exercer as atribuições aqui sugeridas e outras que exijam decisões com alto nível ético-profissional, impessoais e imparciais. O mandato dos membros deve ser de seis anos, sem recondução.

Incoerência entre a atuação do Estado e as necessidades de seu ambiente, de sua nação ou da coletividade.	Em seu cotidiano, o candidato ou muitos que o apoiam não praticam atos como: sonegação fiscal; compra de produto ou serviço de origem duvidosa; recebimento de benefícios indevidos do Estado ou por meio dele; obtenção de renda ou patrimônio irregular; cometimento de roubo, furto, homicídio e outros delitos nem se beneficiam deles; criação e difusão de informações que sabe serem inverídicas ou difusão de informações decorrentes de invasão de privacidade em prejuízo de outros; estacionamento em vagas de deficientes e idosos e em locais proibidos; desobediência a filas; falta de respeito ao próximo; desrespeito às normas aceitas por todos, positivadas pelo Estado ou não.	Em seu cotidiano, não praticar atos como: sonegação fiscal; compra de produto ou serviço de origem duvidosa; recebimento de benefícios indevidos do Estado ou por meio dele; obtenção de renda ou patrimônio irregular; cometimento de roubo, furto, homicídio e outros delitos nem se beneficiar deles; criação e difusão de informações que sabe serem inverídicas ou difusão de informações decorrentes de invasão de privacidade em prejuízo de outros; estacionamento em vagas de deficientes e idosos e em locais proibidos; desobediência a filas; falta de respeito ao próximo; desrespeito às normas aceitas por todos, positivadas pelo Estado ou não.	Em seu cotidiano, não praticar atos como: sonegação fiscal; compra de produto ou serviço de origem duvidosa; recebimento de benefícios indevidos do Estado ou por meio dele; obtenção de renda ou patrimônio irregular; cometimento de roubo, furto, homicídio e outros delitos nem se beneficiar deles; criação e difusão de informações que sabe serem inverídicas ou difusão de informações decorrentes de invasão de privacidade em prejuízo de outros; estacionamento em vagas de deficientes e idosos e em locais proibidos; desobediência a filas; falta de respeito ao próximo; desrespeito às normas aceitas por todos, positivadas pelo Estado ou não.	Certificar ética e profissionalmente os candidatos a agentes eleitos, garantindo inclusive que o patrimônio deles foi adquirido com alto nível ético-profissional, além de exigir que apresentem as estratégias de mandato à população em termos de objetivos, indicadores, metas e planos, em caso de candidatos a cargos de comando ou gestão, e equivalentes, para os demais. Depois de eleitos, certificá-los mais uma vez no recrutamento e no meio de seus mandatos.

Fortes evidências de que o resultado do Estado é incompatível com seu custo e potencial.	Conhecer o candidato e seu patrimônio e acreditar que foi adquirido com alto nível ético-profissional.	Certificar que seu patrimônio foi adquirido com alto nível ético-profissional.	Certificar que seu patrimônio foi adquirido com alto nível ético-profissional.	Estabelecer custeio total do processo eleitoral pelo Estado de modo a garantir condições iguais para todos os candidatos a agentes eleitos para o mesmo cargo.
Foco no meio, no ambiente interno, em pessoas de modo indevido, nas normas e nos regulamentos, não no resultado em benefício de seu ambiente, de sua nação ou da coletividade.	O candidato, dentro e fora do Estado, pautar claramente suas ações com alto nível ético-profissional em busca do benefício ao seu ambiente, à sua nação ou à coletividade, ou em não prejuízo deles.	Dentro e fora do Estado, pautar claramente suas ações com alto nível ético-profissional, em busca do benefício ao seu ambiente, à sua nação ou à coletividade, ou em não prejuízo deles.	Dentro e fora do Estado, pautar claramente suas ações com alto nível ético-profissional em busca do benefício ao seu ambiente, à sua nação ou à coletividade, ou em não prejuízo deles.	Auditar todas as prestações de contas dos agentes eleitos, sendo o não seguimento das normas eleitorais considerado delito impeditivo de se tornar agente estatal e de se relacionar economicamente com o Estado do momento da decisão até longo prazo, podendo ser razoável 12 anos. A conclusão da auditoria e a decisão final devem ocorrer no máximo até um ano depois das eleições, perdendo o cargo eletivo e sendo devidamente punido o agente eleito que teve sua conta eleitoral reprovada.

Baixas clareza e transparência da atuação estatal.	Acreditar que o candidato atuará com alto nível ético-profissional como agente eleito, em benefício exclusivo de seu ambiente, de sua nação ou da coletividade.	Mostrar verdadeiro comprometimento com o alto nível ético-profissional do Estado, com a verdadeira democracia e com o verdadeiro Estado voltado para o fim coletivo, comprometido com o combate a toda forma de ineficiência, desvio do fim coletivo e corrupção no Estado ou por meio dele.	Mostrar verdadeiro comprometimento com o alto nível ético-profissional do Estado, com a verdadeira democracia e o verdadeiro Estado voltado para o fim coletivo, comprometido com o combate a toda forma de ineficiência, desvio do fim coletivo e corrupção no Estado ou por meio dele.	Estabelecer mandato eletivo de seis anos para todo agente eleito pela população, sem reeleição para cargos de comando ou gestão, como os dos poderes executivos brasileiros. Em todas as partes e em todos os níveis hierárquicos do Estado, estabelecer gestão de seis anos, com gestores recrutados por critério impessoal, ético-profissional, vindos de banco de gestor, conforme item a seguir nesta coluna, podendo sempre ser reconduzidos. Só deixará o cargo no final do mandato, a pedido ou se não obtiver certificação ético-profissional a cada três anos pelo Conselho de Administração do Estado. Um dos critérios para não obtenção de certificação é a falta de definição de objetivos ou o seu não alcance sem justificativa aceita pelo Conselho.

| Centralização excessiva em níveis hierárquicos superiores e autoritarismo do comando ou da gestão. | Recrutasse o candidato se fosse para gerir seu patrimônio pessoal ou fiscalizar os que cuidam dele, para trabalhar em sua residência ou em sua organização não estatal, pois acredita em seu alto nível ético-profissional. | Apresentar objetivos, indicadores, metas e planos em benefício da coletividade e que possui capacidade de buscá-los. | Possuir os requisitos essenciais para o exercício do cargo. | Estabelecer que todo comandante ou gestor estatal deve possuir graduação em Administração ou especialização, mestrado ou doutorado em Administração de pelo menos 360 horas-aula em escola e curso certificados pelo Conselho de Administração do Estado. Deve possuir experiência útil à gestão e conhecer profundamente as teorias administrativas aqui apresentadas, podendo ser acrescidas de outras, com foco em planejamento, organização, direção e controle, de modo que possa estabelecer objetivos, indicadores, metas e planos possíveis de compreender, acompanhar e cobrar pelos demais agentes estatais e pela população. O indivíduo que pretender se candidatar a cargo eletivo de comando ou gestão, como aos poderes executivos do Estado brasileiro, terá que possuir algum desses cursos ou outro nesse sentido aprovado pelo Conselho de Administração do Estado de acordo com seu nível de educação geral. |

Predomínio do critério pessoal no recrutamento para o comando ou a gestão e para outros cargos estatais, assim como na permanência neles, geralmente a partir da declaração, tácita ou explícita, de fidelidade a pessoas, de dentro ou de fora do Estado, e à situação atual dele, mesmo que estes ajam claramente de modo contrário ou alheio ao fim coletivo.	O tributo que pago fosse todo para pagar o seu salário como agente eleito, eu o pagaria por acreditar no retorno coletivo que ele dará por meio do Estado.	Possuir experiência útil à gestão e conhecimento do negócio e das teorias administrativas aqui apresentadas, com graduação em Administração ou especialização, mestrado ou doutorado de pelo menos 360 horas-aula em escola e curso certificados pelo Conselho de Administração do Estado.	Estabelecer carreira profissional de gestor do Estado, com a criação de banco de gestor composto de administradores ou especializados, mestres ou doutores em Administração em pelo menos 360 horas-aula em escola e curso certificados pelo Conselho de Administração do Estado, recrutados por critério impessoal, ético-profissional, para esse fim, não remunerados e sem prejuízo de suas atividades. Os componentes do banco de gestor ficarão disponíveis para assumir a gestão do Estado em todas as suas partes e em todos os níveis hierárquicos, sendo recrutados para ela por meio de sorteio entre os que possuem perfil para o cargo requerido, este definido pelo Conselho de Administração do Estado. Ministros, secretários de Estado, presidentes de organizações estatais e outros cargos equivalentes, presidentes dos poderes Legislativo e Judiciário, de tribunais de contas, como os existentes no Brasil, e outros similares, apesar de se recomentar a utilização deste, poderão ser exceções ao banco de gestor e ao sorteio. Pode-se utilizar banco de profissionais e sorteio para o recrutamento do equivalente a ministro do Supremo Tribunal Federal (STF) do Estado brasileiro e outros cargos para os quais talvez não seja recomendável a eleição pela população nem o concurso público.

Carência de lideranças legítimas, claramente fundamentadas no alto nível ético-profissional, por isso, poder, domínio e controle por meio da ameaça ou da entrega de benefício pessoal indevido a partir da confiança ou da lealdade a pessoas, de dentro ou de fora do Estado, e à situação atual dele, mesmo que estes ajam de modo claramente contrário ou alheio ao fim coletivo.	Mostrar-se verdadeiramente comprometido com o alto nível ético-profissional do Estado, com a verdadeira democracia e o verdadeiro Estado voltado para o fim coletivo, comprometido com o combate a toda forma de ineficiência, desvio do fim coletivo e corrupção no Estado ou por meio dele.		Recrutar todo agente estatal (eleito, gestor e não eleito nem gestor), por critério impessoal, ético-profissional, eliminando toda forma de personalismo no recrutamento para o Estado e na permanência nele, inclusive as sustentações orais nos concursos públicos de juízes do Poder Judiciário existentes no Estado brasileiro. Deve ser sempre fomentada e respeitada a eleição do agente eleito pela população, porém só disponibilizado como candidato se obtiver certificação ético-profissional por meio do Conselho de Administração do Estado até a eleição. Só será recrutado depois de eleito se obtiver nova certificação ético-profissional, observada a aprovação de sua conta eleitoral até um ano depois das eleições, conforme item anterior nesta coluna.
Imediatismo e forte descontinuidade da atuação estatal.	Mostrar-se verdadeiramente comprometido com a educação geral e ética da imensa maioria da população e com sua independência em relação ao Estado e aos seus agentes.		Certificar ética e profissionalmente todo agente estatal (eleito, gestor e não eleito nem gestor) no recrutamento, a qualquer momento e a cada três anos, por meio do Conselho de Administração do Estado. A remuneração desses agentes será definida pelo Conselho, sem adicionais, exceto os definidos pela legislação trabalhista para todos os trabalhadores nacionais e os estabelecidos para os cargos de comando ou gestão estatal.

Curtos períodos de gestão estabelecidos em normas, até de um ano, e períodos de gestão indefinidos, sem relação com o resultado estatal, muito curtos ou muito longos.	Mostrar-se verdadeiramente comprometido com o recrutamento e a permanência de agentes estatais (eleito, gestor e não eleito nem gestor) somente por meio de critério impessoal, ético-profissional, respeitado o voto para o agente eleito.		Estabelecer amplitude administrativa, de comando ou de controle de no máximo 15% do quadro estatal, 6,67 subordinados por gestor, em média, no Estado como um todo e em cada uma de suas partes, todos vindos do banco de gestor e do sorteio, à exceção dos comandantes ou gestores especificados em item anterior nesta coluna.

Utilização dos recursos estatais com pouca ou nenhuma racionalidade, como se fossem ilimitados ou infinitos.	Defender interesses coletivos e valores que eu defendo, como os valores cristãos e de outras religiões, e até de não religiões, da verdade, da liberdade, da justiça, da igualdade, do amor e do respeito ao próximo, da busca do bem comum, atuando sempre em defesa da vida e em combate a todo tipo de preconceito, violência, injustiça e desigualdade. (Colocar aqui os interesses coletivos e valores éticos que você defende e que gostaria que pautassem a atuação do agente estatal.)	Estabelecer no máximo três níveis hierárquicos no Estado, com remuneração adicional do gestor de 10, 20 e 30% da remuneração como agente estatal, do mais baixo ao mais alto nível. Estabelecer carreira de 40 anos para todo agente estatal, com salário aumentado em 2,5% a cada ano no Estado, sem nenhuma gratificação, conforme item anterior nesta coluna. Desse modo, em 40 anos de atuação no Estado, em quaisquer de suas partes, ele pode receber o equivalente a 100% a mais do que recebia quando iniciou nele, contados inclusive períodos intercalados. Será dado como prêmio o percentual sobre o salário anual da variação positiva do Produto Interno Bruto – PIB ou outra medida da riqueza nacional, em um único mês, sem que seja incorporado ao salário. Se o PIB for negativo, não receberá prêmio nem será penalizado por isso. O gestor que já não for agente estatal, exceção aprovada individualmente pelo Conselho de Administração do Estado, receberá o salário do agente estatal equivalente mais o adicional que este receberia pelo exercício da gestão, de 10, 20 ou 30%, recebendo também o prêmio aqui referido.

Foco no status, no poder e na riqueza indevidos de muitos agentes eleitos e gestores que comandam ou gerem o Estado em lugar do foco no resultado em benefício da coletividade.	Apresentar objetivos, indicadores, metas e planos em benefício da coletividade com os quais eu concordo e acredito que ele buscará.	Combater toda forma de apropriação indevida do Estado, eliminando dele todos que agirem dessa forma.
Subserviência de muitos que comandam ou gerem o Estado, ou almejam comandá-lo ou exercer sua gestão, aos que possuem poder de recrutar e manter no cargo, mesmo que estes atuem, por ação ou omissão, claramente de modo contrário ou alheio ao fim coletivo.	Defender e se comprometer a implantar no Estado as ações das três colunas à direita deste quadro.	Comprometer-se sempre com a ética e o profissionalismo em benefício de seu ambiente, de sua nação ou da coletividade, definindo sempre objetivos, indicadores e metas em benefício destes, elaborando e executando planos que levem a eles, possíveis de compreender, acompanhar e cobrar por parte dos agentes estatais e da população.
Forte combate ao pensamento contrário ao dos que comandam ou gerem o Estado, quase sem diálogo com os níveis hierárquicos inferiores e com os agentes estatais não eleitos nem gestores.	Com base na análise a partir dessas questões, em uma escala de zero a dez, acredito que o nível ético-profissional do candidato é de no mínimo sete, justificando meu voto para que se torne agente eleito.	Estabelecer tributos claros, justos e igualitários, fáceis de compreender, acompanhar e fiscalizar por parte dos agentes estatais e da população.
Subaproveitamento ou descarte de muitos agentes estatais que não aderem aos que comandam ou gerem o Estado claramente em benefício pessoal indevido, de modo contrário ou alheio ao fim coletivo.		Estruturar e organizar instituições educacionais ou fomentá-las, transformando a educação em área de excelência, com boa remuneração, valorização e segurança ao professor.

			Estabelecer objetivos, indicadores, metas e planos de forma sistemática no sentido de elevar o nível de educação geral e ética da imensa maioria da população como estratégia de alta relevância nacional.
			Nesse sentido, definir em prazo determinado percentual mínimo de 70% da população acima dos 15 anos na série adequada, lendo, interpretando e criando textos lógicos, entendendo e resolvendo problemas lógico-matemáticos intermediários.
Discurso de muitos agentes eleitos e gestores que comandam ou gerem o Estado dissociado do mundo real, mudando constantemente de posição sem justificativa racional.			O ensino da ética com foco no bem comum, no amor e no respeito ao próximo, na ordem, na liberdade, na paz, na justiça e na igualdade (ver conceito de educação geral e ética, p. 837 deve constar no currículo desde a creche até o ensino superior em toda escola nacional. Os ensinamentos cristãos e de outras religiões, ou até não religiões, que possuem esse foco devem ser reconhecidos pelo Estado.

∨ Mudança constante de ente, poder e organização estatal, ou de área ou nível hierárquico, por parte de muitos indivíduos que sempre são recrutados para o comando ou a gestão e para outros cargos estatais, mesmo sem que comprovem resultado positivo de sua atuação.			Impedir a impunidade do agente estatal que cometa delito, impondo alto custo a todo tipo de crime cometido por ele contra o Estado e contra sua nação, seu ambiente, a coletividade ou a parte dela, em sua atuação como agente estatal ou não.
Baixa amplitude administrativa, de comando ou de controle, como na imensa quantidade de cargos e funções comissionados e de confiança, de comando ou gestão ou alguns podendo até não ser, mas possuindo tratamento similar, existente no Estado brasileiro, cujo critério de recrutamento e permanência neles se dá por meio de critério pessoal. Ver nota 86 do texto.			Estabelecer pena mínima a ser cumprida em regime fechado para todos que cometerem delito contra a vida e de corrupção no Estado ou por meio dele. Isso vale para os que contribuírem conscientemente para que eles ocorram.
Alta quantidade de agentes estatais recrutados e mantidos por critério pessoal, como nos cargos e nas funções comissionados, de confiança e outros do Estado brasileiro. Ver nota 86 do texto.			Estabelecer que todo delito contra indivíduo, grupo ou coletividade praticado conscientemente por agente estatal visando obter fins pessoais indevidos, próprios ou de terceiros, estes de dentro ou de fora do Estado, levam à perda de seu cargo estatal, impedindo-o de retornar ao Estado e de possuir relações econômicas com ele por longo período, podendo ser razoável um prazo de 12 anos a partir da decisão. Incluem-se como delito a não declaração de sua renda, obtida no Estado e fora dele, e de seu patrimônio todas as vezes que solicitado pelo Estado. ∨

Baixa confiança da população no Estado e em seus agentes, principalmente eleitos e gestores que o comandam ou gerem ou que são responsáveis por decisões e ações de alta relevância. Ver nota 3 do texto.	Criar e manter apenas uma instância administrativa, no caso brasileiro, os tribunais de contas municipais, estaduais e o TCU, em suas jurisdições, e três judiciárias, com decisões em, no máximo, um ano em cada uma delas a partir da demanda ou da descoberta de fatos investigados, quando for o caso. A prescrição será sempre de dez anos de todo fato gerador, independentemente de quaisquer condições.
Fortes evidências de que comandantes, gestores e outros agentes estatais estão quase sempre omitindo a verdade ou mentindo quando falam pelo Estado para a população.	Fornecer apoio e segurança total ao agente estatal que atua com alto nível ético-profissional, em busca exclusiva do fim coletivo ou do benefício à sua nação, combatendo todos que agem no Estado em busca de seus fins pessoais indevidos e de outros.
Alta dependência dos indivíduos e das organizações públicas não estatais e privadas em relação ao Estado e aos seus agentes.	Fornecer apoio e segurança total aos indivíduos de fora do Estado e às organizações não estatais que atuam com alto nível ético-profissional, combatendo todos que agem em detrimento de seu ambiente, de sua nação ou da coletividade.
Baixa evidência de foco no fim coletivo por parte de muitos agentes estatais, quase não convencendo de que agem sempre ou pelo menos na maioria das vezes em benefício da coletividade como única proprietária do Estado e beneficiária de suas ações.	
Alto índice de impunidade dos agentes estatais, principalmente eleitos e gestores que comandam ou gerem o Estado, e de outros que de fora dele se relacionam claramente de modo indevido com eles.	

Clara percepção da ineficiência, do desvio do fim coletivo e da corrupção estatal a partir de notícias recorrentes na mídia e da experiência com o Estado no dia a dia, ao atuar nele ou necessitar dele.

Formalismo irracional, dúbio, complexo e ineficaz, cobrado apenas de alguns; instrumentos processuais complexos e intermináveis em vias administrativas e judiciais, sem prazo de conclusão ou com prazos descumpridos, geralmente apenas por alguns que recebem permissão em desacordo com a norma e não por outros que não a recebem; estruturas organizacionais complexas e desnecessárias, ineficientes e ineficazes; má qualidade e debilidade de muitas decisões e ações estatais; claros benefícios indevidos a agentes estatais e a indivíduos de fora do Estado que se relacionam de modo claramente indevido com eles; insuficiência, falha ou excesso de normas; mudança constante, em curto período, de comandantes ou gestores estatais; alto custo e baixo resultado do Estado em benefício de sua nação.

∨	
Diversos indicadores insatisfatórios de funcionamento e de resultado do Estado, de confiança nele e em seus agentes, principalmente eleitos e gestores que o comandam ou gerem e responsáveis por decisões e ações estatais de alta relevância, e econômico-sociais nacionais.	Clara atuação estatal sem observância de ações como as das três colunas à direita deste quadro.

CONCLUSÃO

A ética baseada não apenas nas leis concebidas por alguns homens, mas com base e foco no bem comum, no amor e no respeito ao próximo, na ordem, na liberdade, na paz, na justiça e na igualdade, deve estar sempre presente nos agentes estatais e nos Estados de todas as nações. Nesse assunto, a Bíblia, pelo seu conteúdo e independentemente de religião ou de discussões históricas, desde os antigos judeus, dá talvez a melhor base que a humanidade já conheceu. A essa ética que deve estar contida no espírito de todo agente estatal, principalmente comandante ou gestor, deve ser acrescida a experiência útil à gestão, o conhecimento do negócio e as teorias administrativas construídas ao longo do século XX e utilizadas, tácita ou explicitamente, por organizações bem-sucedidas em todo o mundo para se alcançar o comando ou a gestão de alto nível ético-profissional e o melhor resultado do Estado em benefício de sua nação.

O Estado, como maior ente e poder voltado para assuntos terrenos já construído na História, deve atuar totalmente nesse contexto, com todos, de dentro ou de fora dele, devendo cuidar para que ele atue sempre com ética e profissionalismo. Não existe alto nível profissional no Estado sem que prevaleça nele o alto nível ético, sendo o Estado de alto nível ético-profissional o provável maior responsável pela prosperidade das nações de modo sustentável. Quando tomados pelo alto nível de personalismo e patrimonialismo e pelo baixo nível ético-profissional, com estrutura e organização voltadas para o status, o poder e a riqueza indevidos de poucos, de dentro ou de fora deles, em detrimento de muitos, os Estados não atendem a esses preceitos éticos e profissionais.

Nesse caso, atuam com ineficiência, desvio do fim coletivo, corrupção, alto custo e baixo resultado em benefício de sua nação, não fornecendo nem fomentando ordem, liberdade, paz, justiça, igualdade e itens essenciais, como segurança, saúde e educação satisfatórios. Sem que prevaleçam neles agentes de alto nível ético-profissional, principalmente eleitos e gestores que os comandam ou gerem, não haverá Estado de alto nível ético-profissional, nem segurança nem desenvolvimento econômico-social de modo sustentável em suas nações. Nesse contexto, abre-se imenso espaço para tentativas várias e indevidas de modificar a situação atual das nações, muitas vezes por meio de soluções autoritárias, da violência, da guerra e do terrorismo que se expandem por muitas delas, com suas nefastas consequências em termos locais e mundiais.

É preciso transformar os Estados para que cuidem verdadeiramente de suas nações e expandam suas experiências para o mundo, contribuindo assim com a segurança e o desenvolvimento econômico-social sustentáveis de toda humanidade para que se chegue finalmente a uma paz mundial satisfatória para todos. Os elementos trazidos neste livro, muitos baseados na experiência brasileira, fornecem subsídios para uma verdadeira revolução pacífica e ordeira em busca de combater a apropriação indevida dos Estados em todas as nações, melhorando-os e entregando-os para elas, a algumas, pela primeira vez. As sugestões trazidas nele ou outras similares se constituem certamente na única via para que os Estados se voltem de verdade para o benefício exclusivo às suas nações, com resultados compatíveis com seus custos e potenciais.

CONCEITOS

Agente estatal – Indivíduo recrutado para o Estado a partir de vínculo normativo trabalhista, classificado de forma genérica em três tipos: eleito, gestor e não eleito nem gestor.

Agente estatal eleito – Indivíduo eleito diretamente pela população e recrutado para o Estado.

Agente estatal gestor – Indivíduo recrutado para o comando ou a gestão estatal, em todas as suas partes e em todos os níveis hierárquicos. No caso brasileiro, o Presidente da República, o Governador de estado e do Distrito Federal e o Prefeito de município são, ao mesmo tempo, agentes eleitos e gestores máximos de entes federativos.

Agente estatal não eleito nem gestor – Indivíduo recrutado para o Estado para cargo não eletivo nem de gestão.

Benefício pessoal indevido – Benefício ao agente estatal decorrente de situação criada que não deveria existir ou, existindo, não foi submetida a outros que deveriam obtê-la ou pelo menos concorrer a ela por possuírem a mesma ou mais legitimidade ético-profissional para adquiri-la. É indevido todo benefício estatal recebido por agente estatal, por indivíduo ou por organização não estatal que não tenha como objetivo o fim coletivo ou o bem comum, em prejuízo de outros ou que não seja fornecido de forma justa e igualitária. Geralmente é em desacordo com as normas, mas pode estar até de acordo com elas ou não contrário a elas, no caso de estas serem claramente contrárias ao fim coletivo ou de não existirem ou de não conseguirem impedir o claro benefício indevido.

Cargo e função comissionados e de confiança – No Estado brasileiro, é atribuição de direção, chefia, assessoramento e outras, de comando ou gestão ou não. O recrutamento e a permanência neles geralmente se dá por meio de critério pessoal.

Conselho de Administração do Estado – Conselho aqui sugerido cujos membros devem ser recrutados por critério impessoal, ético-profissional, com graduação em Administração ou especialização, mestrado ou doutorado em Administração de pelo menos 360 horas em escola e curso certificados por ele, com mandato de seis anos, sem recondução. Além da formação em Administração, devem ser exigidas outras formações que visem manter sua pluralidade de conhecimento na tomada de decisão. Decide e age em situações que possuam alto risco de serem contaminadas pelo personalismo, pelo patrimonialismo e pelo baixo nível ético-profissional, que requeiram alta isenção ou que sejam cruciais para o melhor resultado do Estado em benefício da coletividade.

Corrupção estatal – Ação ou omissão do agente estatal conscientemente contrária ao fim coletivo ou em benefício pessoal indevido próprio ou de terceiros, elaborando normas ou as descumprindo, julgando com base nelas, gerindo ou agindo no Estado. Deve ser entendida como corrupção, ainda, qualquer vantagem pessoal recebida por ele além do salário, em desacordo com as normas ou em clara burla a elas, a partir de ato pessoal. Também, normas elaboradas para o fim pessoal indevido próprio ou de terceiros, de modo irracional ou contrário à lógica normativa nacional.

Cultura nacional – Manifestação dos costumes que fazem parte do dia a dia da população de uma nação, estes podendo ser originários ou importados e assimilados de outros povos.

Cultura organizacional – Costumes inerentes a uma organização, estatal, pública não estatal ou privada, que diz respeito ao modo de agir e de se comportar de seus participantes internos.

Desvio do fim coletivo – Ação do agente estatal conscientemente contrária ou alheia ao fim coletivo, em benefício pessoal próprio ou de terceiros, mesmo que atuando em obediência a normas ou não as descumprindo literalmente.

Distrito federal – Localização da capital federal brasileira, Brasília, sendo considerado também ente federativo da República Federativa do Brasil.

Educação geral e ética – A educação geral se refere ao conhecimento que ajuda a entender o mundo e as relações existentes entre seus elementos, como em História, Geografia, Ciências, Línguas e Matemática. A educação ética se refere neste livro ao conhecimento e ao discernimento do bem comum ou do benefício à coletividade, do amor e do respeito ao outro, da busca da ordem, da liberdade, da paz, da justiça e da igualdade para todos, como conhecimento e prática interiorizados. Refere-se a conceitos de cidadania e do pensar no outro também em termos individuais, mas principalmente em termos de coletividade. A educação geral e ética deve ser oferecida pelo Estado ou fomentada por ele na escola e fora dela.

Eficácia – Alcance de resultados satisfatórios com os recursos disponíveis.

Eficiência – Utilização satisfatória dos recursos no alcance de resultados.

Estado – Organização estatal no modo genérico, podendo ser formado por um conjunto de partes (entes, poderes e organizações) e pelos seus agentes, aqui genericamente denominados de eleito, gestor e não eleito nem gestor. O Estado brasileiro é o conjunto formado pelos entes, nacional e subnacionais, pelos poderes e pelas organizações estatais, com seus agentes. Em setembro de 2020, era composto por União, 26 estados, 1 Distrito Federal e 5.569 municípios, além dos poderes executivos, legislativos e judiciários e de outras organizações estatais, denominado República Federativa do Brasil.

Ética – Atuação do agente estatal, no Estado e fora dele, em contribuição com o bem comum ou em não prejuízo dele. Ao atuar no Estado, o indivíduo deve decidir e agir voltado exclusivamente para o fim coletivo, sem subserviência a interesses contrários ou alheios a este, próprio ou de terceiros, buscando sempre o respeito ao próximo, a ordem, a liberdade, a paz, a justiça e a igualdade para todos. A ética precede e permeia o profissionalismo, sendo condição necessária para que este ocorra. Há vários orientadores éticos, sendo aqui utilizada a Bíblia, em seu cuidado com o bem comum, o amor e o respeito ao próximo, a ordem, a liberdade, a paz, a justiça e a igualdade, independentemente de religião ou de discussões históricas. Quando a ética não prevalece nos agentes estatais, principalmente eleitos e gestores que comandam ou gerem o Estado, pode-se afirmar que este possui baixo nível ético.

Fim pessoal indevido – Quando o objetivo pessoal vai além da legitimidade a que têm direto os que trabalham no Estado. O agente estatal jamais pode se beneficiar de forma direta ou indireta de suas decisões e ações de modo que deixe dúvidas quanto à sua atuação imparcial, ética e profissional. Constitui fim pessoal indevido tudo que é praticado pelo agente estatal e que vai de encontro à ética e ao profissionalismo no Estado, desde o recebimento de vantagens que não deveria receber, de acordo com as normas estatais ou não, e que dependem de ato próprio ou ato de outros provocados por ele, até assumir cargos ou funções sem a devida competência profissional ou com o compromisso tácito ou explícito de não focar no benefício à coletividade.

Ineficiência – Utilização dos recursos monetários, materiais e humanos com desperdício ou além do necessário para obter o mesmo resultado que obteria se o aplicasse de outra forma.

Município – É o menor ente federativo da República Federativa do Brasil e o mais próximo da população, distribuído em praticamente todo o território nacional.

Nação – Povo com objetivos, costumes e características semelhantes, principalmente históricas, culturais, religiosas e linguísticas, que habita um território.

Norma – Tudo que regula atos, procedimentos ou comportamentos, elaborada por agentes estatais que possuem tal competência. Inclui a Constituição e as leis nacionais.

Organização – Estrutura criada e mantida para atender objetivos previamente definidos, sendo aqui classificada de forma genérica em três tipos, definidos a seguir: estatal, pública não estatal e privada.

Organização estatal – Organização cujo objetivo é atender ao fim coletivo, à nação ou à coletividade. É aqui considerada a organização que possui mais de 50% do capital de propriedade do Estado. Nas organizações que contam com participação dele inferior a 50% do capital, deve haver clara busca do fim coletivo para que ele mantenha essa participação.

Organização privada – Organização em que mais de 50% do capital é de indivíduos ou de organizações não estatais e que tem o lucro como objetivo principal.

Organização pública não estatal – Organização criada e mantida por indivíduos ou organizações não estatais com o objetivo principal de levar benefícios à coletividade ou a parte dela, podendo ser de orientação espiritual, de fiscalização do Estado e de outros fins, como organizações corporativas de categorias profissionais, organizações beneficentes, sindicatos e igrejas.

Patrimonialismo – Atuação do agente estatal em que prevalece a busca em se apropriar indevidamente dos recursos do Estado em benefício pessoal, próprio ou de terceiros, estes de dentro ou de fora do Estado, em detrimento da coletividade ou da nação. O Estado possui esta característica quando ela prevalece em seu comando ou sua gestão.

Personalismo – Atuação do agente estatal em que prevalecem o individualismo e as convicções pessoais, não a ciência ou a técnica, quase sempre em detrimento da coletividade ou da nação. No comandante ou gestor estatal, quando não prevalecem a experiência útil à gestão, o conhecimento do negócio e das principais teorias da Administração. O Estado possui esta característica quando ela prevalece em seu comando ou sua gestão.

População – Conjunto de indivíduos que habita o território de uma nação.

Povo – Conjunto de indivíduos que constitui uma nação.

Profissionalismo – No agente estatal eleito, profissionalismo é a atuação voltada para o resultado em benefício da coletividade compatível com o custo e o potencial do Estado a partir de objetivos, indicadores, metas e planos apresentados já quando candidato e buscados no exercício do mandato. No agente estatal gestor, é a atuação voltada para o resultado em benefício da coletividade compatível com o custo e o potencial do Estado a partir de objetivos, indicadores, metas e planos previamente definidos, baseada em experiências úteis à gestão, em conhecimento do negócio e em teorias administrativas. No agente estatal não eleito nem gestor, é a atuação voltada para o resultado em benefício da coletividade compatível com o custo e o potencial do Estado a partir das competências que lhe são requeridas. O foco do agente estatal que age com profissionalismo é sempre seu ambiente, sua nação ou a coletividade, nunca o fim pessoal indevido, próprio ou de terceiros, de dentro ou de fora do Estado. Como já afirmado no conceito de ética, esta precede e permeia o profissionalismo como condição necessária para que este ocorra. Quando o profissionalismo não prevalece nos agentes estatais, principalmente eleitos e gestores que comandam ou gerem o Estado, pode-se afirmar que este possui baixo nível profissional.

Resultado compatível com o custo e o potencial do Estado – Quando o resultado do Estado se justifica em relação ao seu custo e ao potencial que ele possui de contribuir com seu ambiente, com sua nação ou com a coletividade.

Resultado positivo da atuação estatal – Quando o retorno oferecido pelo Estado é superior ao recurso que ele obtém da população ou ao retorno que ela obteria se o aplicasse por conta própria.

Sistema – Conjunto de partes integradas e inter-relacionadas que formam um todo organizado em busca de objetivos e cujo resultado é superior à soma de suas partes tomadas individualmente. O Estado atua de modo sistêmico quando suas partes e seus agentes constituem um todo integrado e inter-relacionado em busca do fim coletivo ou do benefício à sua nação.

Território – É a extensão geográfica, que, de acordo com as normas e os tratados internacionais, compreende o espaço em que se encontra uma nação ou que pertence a ela e no qual o Estado exerce sua soberania.

União – É o ente maior da República Federativa do Brasil e que representa o Estado brasileiro, nacional e internacionalmente. Une, representa e conduz a nação brasileira em seu conjunto de estados, do Distrito Federal e dos municípios.

Referências bibliográficas e bibliografia recomendada

ABREU, Marcelo de Paiva et al. *A ordem do progresso*: cem anos de política econômica republicana 1889-1989. Rio de Janeiro: Campus, 1990.

ALMEIDA, Martinho Isnard Ribeiro de. *Manual de planejamento estratégico*: desenvolvimento de um planejamento estratégico com a utilização de planilhas Excel. São Paulo: Atlas, 2001.

ARISTÓTELES. *Política*. Tradução de Mário da Gama Cury. 3. ed. Brasília: Editora da Universidade de Brasília, 1997.

AZAMBUJA, Darcy. *Introdução à Ciência Política*. 9. ed. São Paulo: Globo, 1995.

BOBBIO, Norberto; MATTEUCCI, Nicola; PASQUINO, Gianfranco. *Dicionário de Política*. 11. ed. Brasília: Editora da Universidade de Brasília, v. 1-2, 1998.

BOFF, Leonardo. *Ética e moral*: a busca dos fundamentos. 9. ed. Petrópolis, Rio de Janeiro: Vozes, 2014.

CERTO, Samuel C; PETER, J. Paul. *Administração estratégica*: planejamento e implantação da estratégia. Tradução de Flávio Deni Steffen. Revisão Técnica de Alberto Henrique da Cruz Feliciano. São Paulo: Makron Books, 1993.

CHIAVENATO, Idalberto. *Teoria geral da Administração*: abordagens prescritivas e normativas. 7. ed. Barueri, São Paulo: Manole, v. 1-2, 2014.

DATAFOLHA. INSTITUTO DE PESQUISA. FOLHA DE SÃO PAULO. Grau de Confiança nas Instituições. São Paulo, 10 jul. 2019. Disponível em: http://media.folha.uol.com.br/datafolha/2019/07/10/9b9d682bfe0f-1c6f228717d59ce49fdfci.pdf. Acesso em: 28 abr. 2020.

DELORS, Jacques et al. *Educação*: um tesouro a descobrir. Relatório para a UNESCO da Comissão Internacional sobre educação para o século XXI. 2. ed. São Paulo: Cortez; Brasília, DF: MEC; UNESCO, 1999.

FAORO, Raymundo. *Machado de Assis*: a pirâmide e o trapézio. 4. ed. São Paulo: Globo, 2001a.

FAORO, Raymundo. *Os donos do poder*: formação do patronato político brasileiro. 3. ed. São Paulo: Globo, 2001b.

FAORO, Raymundo. *A República inacabada*. São Paulo: Globo, 2007.

FERREIRA, Aurélio B. C. *Mini Aurélio*: o dicionário da língua portuguesa. 8. ed. Curitiba: Positivo, 2010.

FGV DIREITO SP. Índice de Confiança na Justiça Brasileira - Relatório ICJBrasil 1º semestre/2017. São Paulo, 2017. Disponível em: http://direitosp.fgv.br/publicacoes/icj-brasil; http://bibliotecadigital.fgv.br/dspace/bitstream/handle/10438/19034/Relatorio-ICJBrasil_1_sem_2017.pdf?sequence=1&isAllowed=y. Acesso em: 28 abr. 2020.

FURTADO, Celso. *Formação econômica do Brasil*. 32. ed. São Paulo: Companhia Editora Nacional, 2003.

GALACHE, Gabriel C. et al. *A Bíblia – Tradução ecumênica*. Edição brasileira da *Traduction Œcuméniqe de la Bible – TOB*. 3. ed. Paris: Éditions du Cerf; Pierrefitte: Société Biblique Francaise, 1989. Nova edição revista e corrigida. São Paulo: Edições Loyola/Edições Paulinas, 1995.

HOBBES, Thomas. *Leviatã ou matéria, forma e poder de um Estado eclesiástico e civil*. Tradução de Alex Marins. São Paulo: Martin Claret, 2003.

HOLANDA, Sérgio Buarque de. *Raízes do Brasil*. 26. ed. São Paulo: Companhia das Letras, 1995.

[IBGE] INSTITUTO BRASILEIRO DE GEOGRAFIA E ESTATÍSTICA. *Tábua Completa de mortalidade para o Brasil – 2016*: breve análise da evolução da mortalidade no Brasil. Rio de Janeiro, 2017. Disponível em: ftp://ftp.ibge.gov.br/Tabuas_Completas_de_Mortalidade/Tabuas_Completas_de_Mortalidade_2016/tabua_de_mortalidade_2016_analise.pdf. Acesso em: 28 abr. 2020.

[IPEA] INSTITUTO DE PESQUISA ECONÔMICA APLICADA; [FBSP] FÓRUM BRASILEIRO DE SEGURANÇA PÚBLICA (Orgs.). *Atlas da violência 2019*. Brasília; Rio de Janeiro; São Paulo: Instituto de Pesquisa Econômica Aplicada; Fórum Brasileiro de Segurança Pública. Disponível em: http://www.ipea.gov.br/atlasviolencia/download/19/atlas-da-violencia-2019.pdf. Acesso em: 28 abr. 2020.

LIMA, Oliveira. *América Latina e América Inglesa*: a evolução brasileira comparada com a hispano-americana e com a anglo-americana. Brasília: Senado Federal, 2010.

LOPEZ, Félix; GUEDES, Erivelton. *Três Décadas de Evolução do Funcionalismo Público no Brasil (1986 - 2017)*: Atlas do Estado Brasileiro. Disponível em: http://www.ipea.gov.br/portal/index.php?option=com_content&view=article&id=35222&Itemid=6. Acesso em: 28 abr. 2020.

LUDOVICO, Garmus (Coordenação Geral). *Bíblia Sagrada*. 50ª Edição. Rio de Janeiro: Editora Vozes, 2005.

MAGALHÃES, José Antônio Fernandes. *Ciência Política*. Brasília, DF: Vestcon, 2001.

MAXIMIANO, Antonio Cesar Amaru. *Introdução à administração*. 5. ed. São Paulo: Atlas, 2000.

MORGAN, Gareth. *Imagens da organização*. 2. ed. São Paulo: Atlas, 2002.

NABUCO, Joaquim. *Minha formação*. 2. ed. Brasília: Senado Federal, 2001.

[ONU] ORGANIZAÇÃO DAS NAÇÕES UNIDAS BRASIL. *Objetivos de desenvolvimento do milênio*. Disponível em: https://nacoesunidas.org/tema/odm/. Acesso em: 28 abr. 2020.

[ONU] ORGANIZAÇÃO DAS NAÇÕES UNIDAS BRASIL. *Tag*: objetivos de desenvolvimento sustentável. Disponível em: https://nacoesunidas.org/pos2015/. Acesso em: 28 abr. 2020.

OXFAM BRASIL. *A distância que nos une: um retrato das desigualdades brasileiras*. Relatório da Oxfam Brasil. Setembro de 2017. Disponível em:

https://oxfam.org.br/um-retrato-das-desigualdades-brasileiras/a-distancia-que-nos-une/. Acesso em: 31 maio 2020.

OXFAM INTERNACIONAL. *Tempo de cuidar*. Documento informativo da Oxfam Internacional. Janeiro de 2020. Disponível em: https://oxfam.org.br/justica-social-e-economica/forum-economico-de-davos/tempo-de-cuidar/. Acesso em: 31 maio 2020.

PEREIRA, Luiz C. Bresser. *Construindo o Estado republicano*: democracia e reforma da gestão pública. Tradução de Maria Cristina Godoy. Rio de Janeiro: FGV, 2009.

PERKINS, John. *Novas confissões de um assassino econômico*. Tradução de Mário Molina. São Paulo: Cultrix, 2018.

PLATAFORMA AGENDA 2030. *A Agenda 2030 para o desenvolvimento sustentável*. Disponível em: http://www.agenda2030.org.br/sobre/. Acesso em: 28 abr. 2020.

PLATÃO. *A República*. Tradução de Pietro Nassetti. São Paulo: Martin Claret, 2004.

PORTER, Michael E. *Estratégia competitiva*: técnicas para análise de indústrias e da concorrência. Tradução de Elizabeth Maria de Pinho Braga. Revisão Técnica de Jorge A. Garcia Gomez. 16. ed. Rio de Janeiro: Campus, 1986.

PORTER, Michael E. *Vantagem competitiva*: criando e sustentando um desempenho superior. Tradução de Elizabeth Maria de Pinho Braga. Revisão Técnica de Jorge A. Garcia Gomez. 11. ed. Rio de Janeiro: Campus, 1989.

[PNUD] PROGRAMA DAS NAÇÕES UNIDAS PARA O DESENVOLVIMENTO. *Relatório do Desenvolvimento Humano 2019*. New York, 2019. Disponível em: http://hdr.undp.org/sites/default/files/hdr_2019_pt.pdf. Acesso em: 31 maio 2020.

ROUSSEAU, Jean Jacques. *Do contrato social ou princípios do direito político*. Tradução de Pietro Nassetti. São Paulo: Martin Claret, 2003.

SCHWAB, Klaus; WORLD ECONOMIC FORUM. The Global Competitiveness Report 2017-2018. Insight report. Committed to improving the state of the world. Geneva, 2014. Disponível em: http://www3.weforum.org/docs/GCR2017-2018/05FullReport/TheGlobalCompetitivenessReport2017%E2%80%932018.pdf. Acesso em: 28 abr. 2020.

SOUZA, Jessé. *A classe média no espelho*. Rio de Janeiro: Editora Estação Brasil, 2018.

SOUZA, Jessé. *A elite do atraso*. Rio de Janeiro: Estação Brasil, 2019.

TIFFANY, Paul; PETERSON, Steven D. *Planejamento estratégico*: o melhor roteiro para um planejamento estratégico eficaz. Tradução de Ana Beatriz Rodrigues e Priscila Martins Celeste. 5. ed. Rio de Janeiro: Campus, 1998. (Série para Dummies).

TRANSPARÊNCIA INTERNACIONAL BRASIL. *Índice de percepção da corrupção 2019*. Transparency International. Janeiro, 2020. Disponível em: https://transparenciainternacional.org.br/ipc/. Acesso em: 31 maio de 2020.

TRANSPARÊNCIA INTERNACIONAL BRASIL. *Restrospectiva Brasil 2019*. Transparency International. Janeiro, 2020. Disponível em: https://comunidade.transparenciainternacional.org.br/asset/75:tibr-retrospectiva-brasil-2019?stream=1. Acesso em: 31 maio de 2020.

TRIBUNAL DE CONTAS DA UNIÃO. Relatório de Fiscalização no Processo nº 011.954/2015-9. Disponível em: https://pesquisa.apps.tcu.gov.br/#/documento/acordao-completo/TC%2520011.954%252F2015-9/%2520/DTRELEVANCIA%2520desc%252C%2520NUMACORDAOINT%-2520desc/5/%2520?uuid=8c34a320-86f9-11ea-b676-cd22fa5eea22. Acesso em: 28 abr. 2020.

[UNDP] UNITED NATIONS DEVELOPMENT PROGRAMME. *Human Development Indices and Indicators*. 2018 Statistical Update. New York, 2018. Disponível em: http://www.hdr.undp.org/sites/default/files/2018_human_development_statistical_update.pdf. Acesso em: 28 abr. 2020.

VALADARES, Maurício Castelo Branco. *Planejamento estratégico empresarial*: foco em clientes e pessoas. Rio de Janeiro: Qualitymark, 2002.

VIANA, Oliveira. *Instituições políticas brasileiras*. Brasília: Senado Federal, 1999.

VIANA, Oliveira. *Populações meridionais do Brasil*. Brasília: Senado Federal, 2005.

WEBER, Max. *A ética protestante e o espírito do capitalismo*. Tradução de Pietro Nassetti. São Paulo: Martin Claret, 2004.

WEBER, Max. *Ciência e política*: duas vocações. Tradução de Jean Melville. São Paulo: Martin Claret, 2004.

WOODS JR., Thomas E. *Como a Igreja Católica construiu a civilização ocidental*. Tradução de Élcio Carillo. Revisão de Emérico da Gama. 9. ed. São Paulo: Quadrante, 2014.

WORLD ECONOMIC FORUM. *The Global Competitiveness Report 2019*: How to end a lost decade of productivity growth. Disponível em: http://www3.weforum.org/docs/WEF_TheGlobalCompetitivenessReport2019.pdf. Acesso em: 28 abr. 2020.

Esta obra foi composta em Minion Pro 11 pt e impressa em
papel Offset 75 g/m² pela gráfica Paym.